最高人民检察院法律政策研究室／编
万春／主编

全国检察应用理论研究优秀成果选萃 2015

QUANGUO JIANCHA YINGYONG LILUN YANJIU YOUXIU CHENGGUO XUANCUI

中国检察出版社

图书在版编目（CIP）数据

全国检察应用理论研究优秀成果选萃．2015/最高人民检察院法律政策研究室编．—北京：中国检察出版社，2018.2
ISBN 978-7-5102-2032-6

Ⅰ.①全…　Ⅱ.①最…　Ⅲ.①检察学-中国-文集　Ⅳ.①D926.3-53

中国版本图书馆 CIP 数据核字（2018）第 000125 号

全国检察应用理论研究优秀成果选萃（2015）

最高人民检察院法律政策研究室 编　万 春 主编

出版发行：中国检察出版社
社　　址：北京市石景山区香山南路 109 号（100144）
网　　址：中国检察出版社（www.zgjccbs.com）
编辑电话：（010）86423753
发行电话：（010）86423726　86423727　86423728
（010）86423730　68650016
经　　销：新华书店
印　　刷：北京中献拓方科技发展有限公司
开　　本：710 mm×960 mm　16 开
印　　张：31.5
字　　数：577 千字
版　　次：2018 年 2 月第一版　2018 年 2 月第一次印刷
书　　号：ISBN 978-7-5102-2032-6
定　　价：89.00 元

编 者 按

检察应用理论研究工作是检察工作的重要内容。广泛深入地开展检察应用理论研究，是提高检察决策水平、提升检察队伍素质、保障法律正确适用的重要措施。检察工作要紧跟伟大时代的步伐，服务好党和国家的工作大局，就必须重视和加强检察应用理论研究工作，使检察应用理论来源于检察实践，服务于检察实践。

2015 年 3 月 9 日，我室下发了《关于申报 2015 年检察应用理论研究重点课题的通知》（高检研〔2015〕8 号），确定了 50 个 2015 年检察应用理论研究备选题目，要求各省级人民检察院研究室切实担负起组织、协调责任，做好 2015 年度的检察应用理论研究工作。广大检察人员紧贴检察改革实践，总结检察改革经验；聚焦司法实践中的难点、重点和热点问题，研究和探索解决问题的思路和方法。在全国检察人员的共同努力下，2015 年度的检察应用理论研究工作取得了可喜的成绩。

为方便广大检察人员相互学习和交流检察应用理论研究成果，促进检察应用理论研究成果的转化，以便更好地服务于检察改革和检察业务工作，我们编选了《全国检察应用理论研究优秀成果选萃（2015）》，同时，为方便读者了解 2015 年度检察应用理论研究的总体情况，书中编入了 2015 年检察应用理论研究综述。不足之处，欢迎广大读者提出改进意见，以利更好地开展检察应用理论研究工作。

最高人民检察院法律政策研究室

2017 年 9 月

目　录

编者按 ………………………………………………………………………（1）

2015年以来检察应用理论研究综述……………………李昊昕　谢　玲（1）

检察改革与组织法修改篇

检察机关如何应对“以审判为中心”诉讼制度改革
………………………………………………………………甄　贞　孙利国（15）

跨行政区划检察院案件管辖范围的探索 ……………………闫俊瑛（29）

地方人民检察院的设置与司法管辖制度改革 …………………马　楠（42）

我国跨行政区划司法管辖的解读与设想
——以跨行政区划检察院为视角 …………………康平生　郭娇玉（47）

转变执法理念　深化检察改革
——以新刑事诉讼法实施为视角 …………………张季林　康春景（53）

跨行政区划检察院设立模式及前瞻性研究
——以上海市人民检察院第三分院的实践为视角 …………陆建强（59）

检察院组织法修改若干问题研究 ……………………………李乐平（75）

检察官办案责任制比较研究 ……………………………桂万先　李　艳（86）

从自律到他律：检察管理的范式嬗变与形态转轨
——以检察管理法律规范体系的构建与运行为视角
………………………………………………………………罗　军　刘　毅（99）

依法治国视域里检察工作发展模式及实现路径研究
…………………………………………………………………… 王学军　孙吉祥（121）
检察机关司法责任制的理论基础与功能定位 ………… 孙应征　刘桃荣（129）
关于探索建立检察官权力清单相关问题的研究报告
…………………………………………………………………… 江　涛　邝邦永（145）

刑法适用篇

行贿罪“谋取不正当利益”要件的内涵演绎及反思完善
…………………………………………………………………… 葛志军　刘继春（155）
金融领域刑民聚合案件的解决进路
——一起民事调解结案的票据诈骗犯罪案件引发的思考
………………………………………………………………………… 张铁军（165）
当前我省污染环境犯罪情况调查分析 ……… 乐绍光　陈　艳　周彬彬（177）
当前“大物流”领域犯罪的调查分析
……………………………………… 滕灵辉　彭　中　范文中　魏　干（190）
非法占用农用地罪理论与实务问题研究 ……………… 张保亮　唐　锐（201）
贵州省人民检察院水利系统预防职务犯罪调查报告
………………………………………………… 叶亚玲　赵玉林　涂正鹏（226）
贵州省人民检察院2014年无罪案件专题调研报告
………………………………………………………… 贵州省人民检察院（240）
环境污染犯罪司法解释适用难题及解决对策 ………… 瞿　伟　范青青（245）
刑事错案相关问题研究
——关于判断标准、概念范畴和错案责任 ………… 刘春雷　杨　凯（253）
刑事错案背后的心理偏差及其矫正 ………………… 于新民　林　强（266）
完善我国出罪机制的几点思考 ……………………… 崔　峰　孙　琴（280）

社区矫正法律监督工作的改进途径
…………………………………………… 太原市人民检察院课题组（290）

刑事诉讼法适用篇

违法所得没收程序在我国的适用、问题与前景 ………………… 赵建波（301）
检察机关参加庭前会议的理论与实证研究 …………… 张雪樵　李忠强（311）
自侦案件信息公开之限制 ………………………………………… 陈晓明（335）
刑事诉讼伤情鉴定中存在的问题及对策 …………… 曹建雄　田莹莹（342）
"审判中心"背景下刑事庭审质证交叉询问规则之完善 ……… 薛正俭（346）
非法证据排除规则的司法适用辨析 …………………………… 王树茂（355）
关于广西检察机关刑罚执行监督工作情况的调研报告
………………………………… 广西壮族自治区人民检察院调研组（372）
新刑诉法实施后非法证据排除工作实证分析
——以南昌市人民检察院办案实践为例 …………… 羊忠民　刘彤彤（385）
非法取证诉讼监督问题研究 …………………………………… 李明蓉（394）
规范取证程序　防止错案发生 ………………………………… 周习武（405）

其他篇

检察视角下小产权房的困境及治理对策
——以大连市甘井子区为例 ……………… 大连市人民检察院课题组（417）
受贿罪中退交收受财物的法理解读和司法认定 ……… 陈　洁　肖艳芳（425）
检察监督新领域、新方式研究 ……… 上海市人民检察院研究室课题组（433）
完善涉检信访工作机制探究 …………………………………… 高宗祥（457）

检察机关加强中小微企业知识产权保护机制实证研究
……………………………………………………… 赵凤梅　陈　玲（468）
科学构建司法公信力评价体系 ……………………………………… 任文松（474）
上海自贸试验区刑事检察情况及司法应对
…………………………………………… 朱毅敏　严忠华　付红梅（477）

2015年以来检察应用理论研究综述

李昊昕　谢　玲

2015年以来，检察应用理论研究题材广泛、内容丰富，既有对检察改革的理论研究，也有对法律具体应用问题的探讨；既有对各类实践的专题调研分析，也有实践基础上的理性思考。现将有关检察工作实践的观点及法律具体应用问题的分析综述如下：

一、检察改革和人民检察院组织法修改问题研究

（一）关于检察体制改革

在保障检察权的独立行使方面，有文章提出：检察管理体制改革应在现行宪法框架内，通过修改《中华人民共和国人民检察院组织法》的有关规定，实现地方检察院由省级人民代表大会设置；在此基础上，兼顾依法独立公正行使检察权和满足社会需要，充分考虑基层实际情况，按照适当分离原则、相互衔接原则、方便诉讼原则、平衡办案原则、成本经济原则积极稳妥调整司法管辖区域，建立与行政区划适当分离的司法管辖制度。① 还有文章认为，在省以下地方检察院人财物统一管理改革背景下，应高度重视保障下级检察院依法独立办案。应明确上下级检察院之间宏观运行的职权范围，建立双向制约制度，建立完善的备案审查与请示汇报制度，明确上级检察院指令的执行与撤销程序，建立上下级检察院之间执法过错责任追究机制，切实保障下级检察院依法独立办案的有效实现。②

（二）关于跨行政区划检察改革

《中共中央关于全面深化改革若干重大问题的决定》提出“推动省以下地

① 马楠：《地方人民检察院的设置与司法管辖制度改革》。

② 王青、禹枫：《人财物统一管理背景下如何保障下级检察院依法独立办案》，载《人民检察》2015年第14期。

方法院、检察院人财物统一管理，探索建立与行政区划适当分离的司法管辖制度”，旨在通过调整司法区划，构建一种司法区划与行政区划保持适当分离的司法管辖制度，以保障司法权得到独立公正的行使。有文章认为，在划定跨行政区划的检察院案件管辖范围时，要契合改革目的、依法推进、系统安排，将其管辖范围主要限定在“跨地区”、“重大”刑事、行政、民商事案件范围内。在条件成熟时，可统筹考虑成立跨行政区划基层检察院、开展公益诉讼的改革试点、进一步完善不符合改革初衷的机制，合理平衡各级检察机关的案件管辖范围。① 有文章认为，为了实现对司法地方化的有效治理，跨行政区划司法机关应形成一个独立的体系，在司法层级方面，应该设置具有跨行政区划的三级司法机关；在司法保障方面，人、财、物应实现中央统一配置；在司法管辖方面，按照管辖法定的原则，应确立较为统一的管辖标准，并获得完备的法律支持②。

（三）关于司法责任制改革

《中共中央关于全面深化改革若干重大问题的决定》进一步明确了深化司法体制改革的具体要求，专门部署了司法责任制的改革。有文章认为：检察机关司法责任制是司法责任制的重要组成部分，能否顺利地推进检察机关司法责任制，关系到司法体制改革的成败。检察机关司法责任制要正确处理好检察一体与突出检察官主体地位、司法属性与行政属性的关系、办案与管理这三个关系。③ 还有文章专门对建立检察官权力清单进行了研究，并根据探索建立检察官权力清单的五个基本原则拟定了检察官办案责任制职权配置清单。④

按照中共中央“完善主审法官、合议庭、主任检察官、主办侦查员办案责任制，落实谁办案谁负责”的决定要求，检察机关探索建立突出检察官主体地位的办案责任制，是司法责任制改革的重点之一。有文章客观检视剖析了我国检察官办案责任制改革历程与现状问题，认真研究借鉴了域外检察官办案责任制合理内容，最终提出了检察官办案责任制改革推进中应把握和解决的几个问题：坚持“严格选任、充分放权”的总体思路；完善主任检察官办案责任制下的检察权运行机制；建立科学合理的检察权行使监督制约体系；统筹推

---

① 闫俊瑛：《跨行政区划检察院案件管辖范围的探索》。

② 康平生、郭娇玉：《我国跨行政区划司法管辖的解读与设想——以跨行政区划检察院为视角》。

③ 孙应征、刘桃荣：《检察机关司法责任制的理论基础与功能定位》。

④ 江涛、邝邦永：《关于探索建立检察官权力清单相关问题的研究报告》。

进检察人员分类改革和主任检察官办案责任制改革；尽快建立完善的检察官履职保障制度。①

二、以审判为中心的刑事诉讼制度改革

推进以审判为中心的诉讼制度改革是《中共中央关于全面深化改革若干重大问题的决定》的明确要求。所谓“以审判为中心”，是针对以往“以侦查为中心”的诉讼格局而言的，是在坚持我国宪法规定的公检法三机关分工负责、互相配合、互相制约的分工前提下，要求侦查、起诉、审判等各诉讼阶段都要以法院庭审和裁决对事实认定和法律适用的要求为标准，充分发挥诉讼关系中控、辩、审三方的职能作用，坚持证据裁判原则，确保案件质量。要做到“确保侦查、审查起诉的案件事实、证据经得起法律检验”，检察机关应如何应对以审判为中心的诉讼制度改革带来的压力与挑战？有文章认为：检察机关在诉前程序中，必须恪守公正立场，严格规范自身执法行为，积极引导侦查，全面客观收集审查证据，充分保障诉诉讼当事人合法权益；高度重视庭审工作，切实提升庭审能力，保障庭审效果。具体而言是要做到：坚持严格证据标准扎实做好审前准备；提高公诉能力加强出庭支持公诉工作；合理分流案件公正优先兼顾效率。②

还有文章认为，我国当下正在推进以审判为中心的诉讼制度改革，完善和健全适合我国国情的交叉询问规则成为必需，通过发挥交叉询问在庭审质证中的作用，切实保证庭审能够查明事实、认定证据、保护诉权、公正裁判。③

三、刑事诉讼法实施相关问题研究

2012年修改后的刑事诉讼法新增了“违法所得的没收程序”，这对于我国依法打击贪污贿赂等重大犯罪、改变我国目前刑事司法对特定类型犯罪所得追缴不力的现状等具有十分重要的意义。但在司法实践中，违法所得没收程序的适用仍然比较有限，在适用过程中也存在一些问题。有文章对违法所得没收程序在适用过程中出现的问题以及在我国适用较少的原因进行了分析，提出提高违法所得没收程序适用的努力方向：首先是通过司法解释的方式进一步完善违法所得没收程序的内容，包括进一步明确规定违法所得没收程序的条件；明确违法所得没收程序中的证明标准；符合条件的案件，检察机关经过审查通过后

---

① 桂万先、李艳：《检察官办案责任制比较研究》。

② 甄贞、孙利国：《检察机关如何应对以审判为中心诉讼制度改革》。

③ 薛正俭：《“审判中心”背景下刑事庭审质证交叉询问规则之完善》。

应当启动违法所得没收程序，设置侦查机关的异议和救济机制；加强对犯罪嫌疑人、被告人的近亲属和利害关系人的保障措施等；侦查机关要进一步增强追赃意识。对于犯罪嫌疑人、被告人逃往境外，财产也被转移到境外的案件，侦查部门要敢于、善于通过启动刑事司法协助程序，请求相关国家的司法机关协助，将犯罪嫌疑人转移到境外的犯罪资产调查清楚，并采取查封、冻结或扣押等措施。在此基础上，再通过启动违法所得特别没收程序，作出生效裁定，进而追回境外犯罪资产。①

新修改的刑事诉讼法确立了庭前会议程序。庭前会议对于确保法庭的集中审理，提高庭审的质量及效率，保障控辩双方诉权的行使有着重大意义，但是在司法实践中的适用比例却不高。有文章认为，由于立法规定模糊，实践运用中还存在一些不同认识，各地理解和适用上存在较大差异，成效也不一致，一部分案件召开庭前会议后没有实现程序启动目的，检察机关参与庭前会议的积极性不高，适用案件总体数量少。为有效参与庭前会议程序，实现检察职能，以充分发挥庭前会议的预期功能，有必要根据刑事诉讼法及司法解释规定的立法本意，进一步解决司法实践中存在的问题，加强和完善庭前会议中的检察职能。作为庭前会议的程序参加者，检察机关要准确界定案件适用范围、积极提议启动程序、规范参加路径、行使控方证据知悉权、说服被告人、发现和纠正错误、确定庭审方式、落实被告人的律师帮助权、保障限制行为能力人诉讼权利。②

羁押必要性审查是2012年《刑事诉讼法》新增加的制度之一，该制度对于充分保障犯罪嫌疑人权利具有重大意义。但在实践中羁押必要性审查的运用却并不充分，有文章对羁押必要性审查受制的深层次原因进行了分析：1. 未决羁押和羁押必要性审查制度本身不健全：（1）逮捕决定以及羁押必要性审查决定难以保证公正；（2）逮捕和羁押理由不对当事人公开；（3）被羁押人申请变更强制措施或释放的权利缺乏制度保证。2. 检察权力运行机制限制了羁押必要性审查制度的功能：（1）有罪推定观念下的内部控权机制；（2）违反诉讼规律的办案责任追究机制。3. 打击优先的诉讼机制与羁押必要性审查制度的内在精神相冲突：（1）“口供中心主义”的侦查取证方式导致的高逮捕率，给羁押必要性审查形成了难以逾越的障碍；（2）“逮捕中心主义”的程序辐射效应导致的高羁押率，使得羁押必要性审查成为被“虚置”的对象；（3）缺乏有

① 赵建波：《违法所得没收程序在我国的适用、问题与前景》。

② 张雪樵、李忠强：《检察机关参加庭前会议的理论与实证研究》。

效的羁押替代措施，难以通过羁押必要性审查大幅度地减少羁押。①

四、刑事实体法应用问题研究

我国学界对于刑法中某些罪名的出罪问题存在较大争议，有文章对完善我国出罪机制的制度建构提出了建议：删除《刑法》第3条前半段有罪处罚的规定；确立但书可直接作为判决依据的法律地位；明确期待可能性思想的法定地位；加强立法解释，规范司法解释。②

量刑建议是我国检察机关公诉权的重要体现，与庭审活动中的量刑规范化要求是不同的。有文章认为：量刑建议与量刑规范化之间存在着一种互动的诉讼关系，二者共同推动量刑活动的正常展开，共同保障量刑结果的合法性和适当性。要在量刑建议与量刑规范化中形成一种良性的互动关系，首先要重视实现量刑建议和量刑规范化互动的重大转变和调整，其次要准确定位量刑建议和量刑规范化互动中的控辩审关系，最后要建立四位一体的量刑建议和量刑规范化良性互动体系。③

对于我国司法解释中“家庭成员”、“近亲属”、“有共同家庭生活的人员”等不同表述的理解，有文章从遵循我国传统习俗和宽严相济的刑事政策，尊重社会发展的现状和促进法律适用统一的层面进行综合考量，认为上述概念的关系是“家庭成员”包含但是不限于“近亲属”，但是也不能认为包括整个家族成员。“有共同家庭生活的人员”不应当仅从血缘、亲属关系考虑，而更应从共同生活、抚养、寄居的实际进行考虑。④

如何解决司法实践中办理刑民聚合案件中遇到的难题，有文章认为，对于此类案件的处理可以分三步走：首先判断法律关系。通过对法律关系进行判断，可以明确在涉案事实基础上存在几种法律关系、是否存在法律关系的聚合。其次选择法律程序。对于刑民聚合案件的程序选择，应该区分不同情况进行处理。对于法律责任聚合类的案件，从程序上可以采取刑事附带民事或者先行的、并行的刑民分立方式，选择权在刑事案件的被害人一方。对于法律关系聚合类的刑民聚合案件，刑事案件和民事案件应当分别审理，各自遵循相应的

① 胡波：《羁押必要性审查制度实施情况实证研究——以某省会市十二个基层检察院为对象的考察和分析》。

② 崔峰、孙琴：《完善我国出罪机制的几点思考》。

③ 张国轩：《量刑建议与量刑规范化互动关系研究》，载《人民检察》2015年第21期。

④ 李新、余响铃：《刑事法中“家庭成员”之界定》，载《人民检察》2015年第12期。

程序规定、证据规则。①

我国《刑法》第389条第一款规定“为谋取不正当利益，给予国家工作人员以财物的，是行贿罪”。对其中的“谋取不正当利益”，有文章认为，“谋取不正当利益”应该作为一个整体来分析判断，它是在谋取利益过程中的一种价值判断。既然行为人是为了谋求某种利益，那么，这种利益必然是行为人在实施行为之前或者行为时未实际归属于行为人的，也不必然局限于行为人的可期待性利益。基于这一点，“谋取不正当利益”必然将谋取行为人应该或当然得到的利益排除在外，否则，就将陷入“自己谋取自己的利益”的悖论。因此，“谋取不正当利益”的判断基础之可期待性利益，则只能是行为人行为时可能得到的利益。②

对于《关于办理受贿刑事案件适用法律若干问题的意见》中“国家工作人员收受请托人财物后及时退还或者上交的，不是受贿。”的规定，有文章认为：收受财物及时退交的行为只能限定于不构成受贿罪的行为；符合不是受贿的退交行为应具备主观上不存在受贿故意、客观上存在合理的阻却事由、存在实际的退交行为三个条件。而对于司法实践中对收受财物及时退交行为的认定，要注重对阻却事由的真实性、合理性与及时性的审查。行为人在收受财物时只要存在真实、合理的阻却事由，并且在阻却事由消除后立即归还收受财物的则可以认定为及时退还。③

针对“大物流”领域违法犯罪案件频发的问题，有文章认为，主要原因是物流行业运营模式存在缺陷、职能部门监管困难且协作机制不健全、物流企业自身发展遭遇瓶颈、物流领域法律规范亟待完善。因此，治理“大物流”领域违法犯罪问题应从推动物流行业运营模式优化升级、强化物流主管部门的监管效应和协作机制、加快促进物流企业自身转型发展、不断完善物流领域的法律法规体系四个方面着手。④

对于办理污染环境犯罪案件中存在的问题，有文章认为，办理污染环境犯罪案件的问题主要体现在现行规定不够明确，导致实践执法标准不一；危害后果认定困难，造成“轻刑”现象较为突出；“两法”衔接机制不健全，影响执

① 张铁军：《金融领域刑民聚合案件的解决进路——一起民事调解结案的票据诈骗犯罪案件引发的思考》。

② 葛志军、刘继春：《行贿罪“谋取不正当利益”要件的内涵演绎及反思完善》。

③ 陈洁、肖艳芳：《受贿罪中退交收受财物的法理解读和司法认定》。

④ 滕灵辉、彭中、范文中、魏干：《当前“大物流”领域犯罪的调查分析》。

法办案效果三个方面。①

关于非法占用农用地罪的认定问题，有文章认为：实践中，对于非法占用农用地定罪的标准多局限于具体面积；对于土地质量的好坏没有做进一步的区分，存在不足；对于农用地毁坏的鉴定没有统一的专门机构进行鉴定。因此建议对农用地的非法占用并改变被占用农用地用途的行为以及造成毁坏行为应当按照逐步加重行为进行分解，将非法占用农用地罪的基本犯罪定为数额犯，造成毁坏的定为结果加重，提高法定刑至 7 年有期徒刑，以解决司法实践中占地不用、农改建，以及致使生态失衡、水土流失等不同行为的罪刑相适应问题。②

面对知识产权犯罪案件高发的态势，有文章认为，检察机关要加强对知识产权尤其是中小微企业知识产权的保护。通过加强对中小微企业知识产权的保护宣传、培训等方式帮助中小微企业提升知识产权自我保护能力；与区域内各行政机关建立良好的合作联动。③

五、关于刑事证据问题

鉴定意见作为我国刑事诉讼法规定的证据种类之一，在有关案件的刑事诉讼过程中有着至关重要的作用。而伤情鉴定是司法实践中最为普遍的鉴定意见，也是极为重要的鉴定意见种类。有文章认为：法律赋予了众多主体申请重新鉴定的权利，而重新鉴定的时限、次数等重要问题却缺乏规范性立法，一定程度上阻碍了诉讼的顺利进行。因此，应细化有关重新鉴定、补充鉴定的规定；要制定系统性法规，将参与度作为定罪量刑、赔偿依据；要完善司法鉴定行业的管理与监督。④

我国《刑事诉讼法》第 50 条中“不能强迫任何人证实自己有罪”的规定是不得强迫自证其罪原则在我国刑事诉讼证据制度中的具体表现。有文章认为：不得强迫自证其罪原则的实现应通过坚持无罪推定理念，确立不得强迫自证其罪原则在刑事证据制度中的指导地位，准确适用非法言词证据排除规则，完善审前律师辩护制度等途径来推进。⑤

有文章认为，贿赂犯罪的特殊性要求其证据制度与普通犯罪的证据制度有

---

① 乐绍光、陈艳、周彬彬：《当前我省污染环境犯罪情况调查分析》。

② 张保亮、唐锐：《非法占用农用地罪理论与实务问题研究》。

③ 赵凤梅、陈玲：《检察机关加强中小企业知识产权保护的机制实证研究》。

④ 曹建雄、田莹莹：《刑事诉讼伤情鉴定中存在的问题及对策》。

⑤ 张棉：《不得强迫自证其罪之内涵及实现路径——兼论与犯罪嫌疑人“应当如实回答”义务的关系》。

所区别，或者说需要适用特殊的证据规则。但现行的贿赂犯罪证据体系却严重影响了打击贿赂犯罪的效果。对此，要重塑我国贿赂犯罪制度，对贿赂犯罪“分而治之”，单设贿赂犯罪证据体系。可以从完善强制措施，丰富取证手段；完善贿赂犯罪的证明标准；构筑贿赂案件的次生证据体系；在贿赂案件中增设“推定”制度；建立贿赂案件的直接言词原则；在贿赂犯罪案件中将侦诉协商法律化等方面入手。①

非法证据排除规则是我国刑事诉讼法最重要的证据规则，该规则是充分保障人权的体现。但是自该规则确立以来，实践中运用该规则的案件不多，效果也不理想。有文章认为，这其中既有司法体制机制的制约，又有司法人员的观念素质影响。主要包括排除范围混淆了非法证据与瑕疵证据、违法证据的界限；排除规则遭遇追诉犯罪与保障人权之间的职责冲突；证明手段作用受限，举证责任落实不够，证明标准把握不严；实体、程序问题一并审理，裁决时机颠倒实体结论与排除结论的先后顺序。②

六、关于刑事错案问题

有关刑事错案的研究，有文章对刑事错案的概念范畴和错案责任进行了分析，认为刑事错案是指司法机关在刑事司法活动中，由于对案件的基本事实认定错误，或者适用法律错误，或者严重违反诉讼程序，而导致的对犯罪嫌疑人、被告人的司法处理决定出现错误，或者严重侵犯其合法权益，或者造成恶劣社会影响的案件；并且分别根据刑事错案的内容和性质对刑事错案进行了划分。同时认为错案责任不仅包括司法人员个人的惩戒责任，还应包括司法机关和司法人员对错案的纠正责任、司法机关对损害的修复、赔偿责任。按照错案责任的承担主体和类型，将错案责任分为司法机关和司法人员的纠正责任、司法机关的赔偿责任和司法人员的惩戒责任三种。③

如何预防刑事错案的发生，有文章认为，防止错案的发生，确保办案质量，要靠广大司法人员转变执法观念，树立正确的证据意识。一要从客观、全面的角度认识证据。深入研究案情中有法律意义细节的证据，注重兼顾和吸取来自社会的多方因素；二要依据事实、证据和法律研讨有争议性的问题。在事

---

① 揭向东、张建兵：《我国贿赂犯罪证据制度面临的困境和对策》，载《西南政法大学学报》2015 年第 4 期。

② 王树茂：《非法证据排除规则的司法适用辨析》。

③ 刘春雷、杨凯：《刑事错案相关问题研究——关于判断标准、概念范畴和错案责任》。

先吃透案情，弄清来龙去脉，把握焦点问题后制作审查案件情况的汇报提纲进而汇报、讨论好案件；三要依照法定程序，严格审查把关；四要完善制度遏制刑讯逼供，建立严格的违法办案惩治机制和错案责任追究机制。① 还有文章专门对贵州省检察院 2014 年的 11 件生效无罪案件进行了逐案剖析，提出了转变公诉工作政绩观、充分保障律师执业权利、加强配合沟通提高办案质量、严格规范司法切实履行法律监督职能、改进公诉案件质量标准、有效化解社会矛盾、合理确定公诉人员数量和检察官职数的改进建议。②

七、关于刑事执行检察

有文章认为，针对检察机关刑罚执行监督中存在的监督意识不强、机构建设不统一、检务保障工作不到位、队伍力量薄弱、机制建设不完善等问题，可以从以下几个方面加强和改进：(1) 转变思想理念，切实提升刑罚执行监督工作水平。一是强化监督意识，切实承担起监督责任。二是进一步深化检务公开，积极引入外部监督。畅通检务公开渠道，细化公开内容和公开范围。(2) 严格规范履职，依法全面开展对刑罚执行的监督。一是进一步规范和加强刑罚交付执行和变更执行监督，维护刑罚执行公平正义。二是进一步加强和规范侵害被监管人合法权益的监督。三是进一步加强和规范监管场所安全防范检察，维护刑事执行场所监管秩序安全与稳定。四是进一步加强和规范社区矫正法律监督、财产刑执行监督，维护社会和谐稳定。五是进一步加强对死刑执行临场监督。六是进一步抓好查办和预防刑事执行领域职务犯罪案件工作。(3) 完善体制机制，切实提高监督规范化水平。一是结合检察改革要求，做好监所检察机构更名为刑事执行检察机构的工作。二是进一步规范派出检察院的管理。三是规范派驻检察室的机构设置和人员配备。四是进一步健全考核机制。五是加强顶层制度设计。(4) 坚持强基固本，加强刑罚执行监督检务保障。一是加强派驻检察室基础保障。二是着力加强派驻监管场所检察室信息化建设。三是加强刑事执行检察队伍专业化建设。(5) 完善立法，加强对刑罚执行及检察监督的顶层设计。一是统一刑罚执行机构。二是由人民法院统一行使刑罚变更执行的权力。三是制定统一的减刑、假释计分考核制度。四是赋予检察机关刑罚变更执行程序的参与权和抗诉权。五是赋予检察机关纠正违法通知书和检察

① 周习武：《规范取证程序　防止错案发生》。

② 贵州省人民检察院：《贵州省检察院 2014 年无罪案件专题调研报告》。

建议书具有强制法律效力。①

自社区矫正制度实行以来，检察机关对社区矫正工作的监督力度不断加大，但仍然存在薄弱环节。有文章认为，要从制度落实、队伍建设、密切配合及统一司法依据等方面来改进和完善社区矫正法律监督工作。落实制度，加强矫治，严格管理，最大限度防范再犯罪的发生。人民法院、公安机关、监狱系统、社区矫正机构和检察机关各司其职，密切配合，严格公正执法，切实做好社区矫正工作。顺应发展，充实队伍，规范司法，队伍建设必须与所承担的工作规模相匹配，才能保证检察监督权及时、准确、有效地行使。完善社区矫正相关法律，统一司法依据。同时建议立法机关尽快根据社区矫正的实践经验，修改完善社区矫正法规，并以法律的形式确定下来，以便统一社区矫正执法依据。②

八、关于民事行政检察

检察机关对行政强制措施、行政机关行政违法和行政不作为等行政执法行为的监督以及检察机关提起公益诉讼是党中央对检察机关提出的新要求，也是检察机关开展法律监督新的探索方向。有文章认为：行政执法检察监督保障机制的构建，首先要完善相关立法。应当在《行政处罚法》、《行政许可法》、《行政强制法》等相关行政法律法规中明确规定“人民检察院有权对行政执法活动实行法律监督”，同时规定人民检察院对行政执法实行监督时享有相关的权利，行政执法机关应当履行的义务。其次要加强内外协作。内部在合理配置市院、分院、基层院三级院行政执法检察监督力量，完善一体化办案模式的同时建立检察机关内部一体协作机制；外部要建立起检察机关与行政机关的行政执法信息共享系统，完善行政检察与行政执法监督衔接机制和行政执法机关的案件移送机制，明确移送标准和程序，建立案件协查机制。最后要积极发挥NGO组织在提起公益诉讼中的作用。在公民或非政府组织提起诉讼前设置检察机关审查程序，即公民或非政府组织在向法院提起诉讼之前应当先向检察机关申请提起诉讼，检察机关应立即进行审查。③ 有文章认为，在构建行政执法检察监督机制的同时要建立行政公诉制度作为行政执法监督的衔接程序。检察机关发现行政机关行政执法行为存在重大违法情形的，应首先运用检察建议、

① 广西自治区人民检察院调研组：《关于广西检察机关刑罚执行监督工作情况的调研报告》。

② 山西省太原市人民检察院课题组：《社区矫正法律监督工作的改进途径》。

③ 上海市人民检察院研究室课题组：《检察监督新领域、新方式研究》。

纠正违法通知等监督方式向行政机关提出监督意见。行政机关不予回复或不予纠正时检察机关代表国家公权向人民法院提起行政公诉，通过启动审判程序及时纠正违法执法行为，避免因适格主体缺失而导致在维护和保障国家、社会公共利益领域出现监督真空。①

党的十八届四中全会提出要探索建立检察机关提起公益诉讼制度，这一制度能充分发挥检察机关法律监督职能，维护社会公平正义，维护国家和社会公共利益。有文章认为，检察机关在公益诉讼中兼具两种身份定位，一是法律监督者，二是公益代表人。检察机关提起公益诉讼应当遵循公益法定、本主体先行诉权以及有限处分原则。检察机关提起公益诉讼除遵循民事诉讼、行政诉讼的一般原理和程序外，在程序设计和司法技术层面应当反映出自身的特点。②

对民事执行活动进行监督是修改后的民诉法赋予检察机关的职能。有文章认为，立法机关将此项任务赋予检察机关，是要让检察机关与法院共同承担起保证法院执行程序合法开展的任务。尽管立法者希望通过民事执行检察监督实现缓解“执行难”、解决“执行乱”的“二元化”制度功能，但从制度的实践效果与民事检察权的权能配置出发，将该制度定位为解决“执行乱”的“一元化”制度设计更为妥当。以此为基点，通过纯化民事执行检察监督的目的，确立审慎原则、比例原则和协作原则为总体指引，以进一步厘清执行监督的程序规则。③

九、关于涉检信访工作机制

涉检信访作为我国的信访制度，在化解社会矛盾、稳定社会秩序方面有着十分重要的意义。随着涉检信访数的不断攀升，涉检信访处理工作也暴露出一些问题。有文章认为，要解决涉检信访终而不结、冲击司法、畸形发展的困境，必须从信访人的观念和司法机关的制度双重诱因出发，因势利导，通过构建信访分类甄别机制和涉检信访终结机制提供制度构架，再从建立办案保障机制、树立司法权威、普及法治教育来实现涉检信访的根源治理，达到重构涉检信访、实现诉访分离、社会和谐稳定的目的。④ 对于构建完善的涉检信访工作

---

① 郑锦春、乌兰：《行政执法检察监督的正当性及机制研究》，载《中国检察官》2014年第5期。

② 于天敏：《检察机关提起公益诉讼制度的几个问题》。

③ 吕天奇、张理恒：《民事执行检察监督的现状及改革方向》，载《人民检察》2015年第14期。

④ 马建馨：《涉检信访目前的困境及制度重构——以天津市某检察院民行涉检信访为视角》。

机制，有文章认为，应当进一步明确涉检信访的功能定位、突出法治理念在完善涉检信访工作机制中的核心地位、把程序公正贯穿在涉检信访工作机制构建的始终。在此基础上从完善涉检信访源头治理机制、完善涉检信访处理机制、完善涉检信访终结机制、完善监督保障机制四个方面来进一步健全和完善涉检信访工作机制。

检察改革与组织法修改篇

检察机关如何应对“以审判为中心”诉讼制度改革*

甄　贞　孙利国**

2013年，修订后的《刑事诉讼法》正式施行，将尊重与保障人权写入总则。当年，安徽的张高平、张辉案，浙江的田伟冬、陈建阳案，河南的李怀亮案，福建的吴昌龙案，安徽的于英生案等一批冤错案件得到了纠正。一系列冤错案件的相继曝光，将司法机关推到了舆论的风口浪尖。为回应人民群众对司法公正的强烈呼声，切实提高案件质量，防止冤错案件，中央政法委、最高人民法院、最高人民检察院在认真分析冤错案件原因的基础上，相继出台指导意见，其核心思想强调：司法机关要对案件事实证据进行全面客观审查，高度重视律师辩护意见，坚决排除非法证据。这对于规范司法行为，指导司法机关依法、客观、公正办案，提升案件质量，防止冤错案件，具有重要意义。但只有改变传统的“以侦查案卷笔录为中心”的形式化审判方式，推进以审判为中心诉讼制度改革，才能从根本上消除冤错案件发生的土壤。

在此背景下，2013年10月，最高人民法院组织召开了第六次全国刑事审判工作会议。① 核心精神之一是：首次提出“以庭审为中心”，强调要由以侦查为中心向以审判为中心转移，贯彻直接言词原则，落实证人、鉴定人出庭制度，重要证人应当出庭接受交叉询问，做到事实调查在法庭、证据展示在法庭、控诉辩论在法庭、裁判说理在法庭，推进庭审的实质化。十八届四中全会

---

* 本文系2015年北京市法学会重点课题《北京市推进以审判为中心的诉讼制度改革问题研究》（编号：BLS（2015）A007）阶段性研究成果。

** 甄贞，北京市人民检察院副检察长、中国人民大学法学院兼职教授、博士研究生导师；孙利国，北京市人民检察院法律政策研究室助理检察员。

① 前五次全国刑事审判工作会议分别是：第一次：1963年，讨论以阶级斗争为纲，加强刑事审判工作。第二次：1978年，部署全面复查“文革”期间判处的刑事案件。第三次：1981年，主要是部署“严打”工作。第四次：1997年，部署贯彻实施新刑法、刑事诉讼法，深入持久开展“严打”。第五次：2006年，要求落实死刑二审开庭审理，配合最高人民法院收回死刑复核权。

《决定》明确提出“推进以审判为中心的诉讼制度改革，确保侦查、审查起诉的案件事实、证据经得起法律检验”。其目的是调整以侦查为中心、以书面审查为重点、重相互配合轻监督制约的既有诉讼格局，突出以审判特别是庭审作为诉讼的中心，保证庭审在查明事实、认定证据、保护诉权、公正裁判中发挥决定性作用。这对于强化人权司法保障、确保办案质量、防止冤假错案、实现司法公正具有重要意义。推进以审判为中心的诉讼制度改革给检察工作带来重大挑战，检察机关必须高度重视，积极应对。

一、以审判为中心的基本内涵

以审判为中心，是在坚持我国宪法规定的公检法三机关分工负责、互相配合、互相制约的分工前提下，要求侦查、起诉、审判等各诉讼阶段都要以法院庭审和裁决对事实认定和法律适用的要求为标准，充分发挥诉讼关系中控、辩、审三方的职能作用，坚持证据裁判原则，确保案件质量。① 以审判为中心是法治国家诉讼制度的基本特征②，理解和把握以审判为中心的基本内涵，要注意以下几点。

（一）以审判为中心是指审判环节的中心地位

以审判为中心是针对当前客观存在的以侦查为中心的倾向提出的重大诉讼制度改革，在侦查中心主义背景下，公、检、法三机关流水作业，很多时候，后道程序只是对前道程序形成的卷宗材料的审查确认，审判权对侦查权、起诉权的监督制约被虚置，导致出现一系列重大案件质量问题。以审判为中心强调审判活动在刑事诉讼全过程应处于中心地位并发挥关键作用③，强调审判是决定诉讼结局的环节，侦查、起诉的事实证据都要接受审判的审查和检验，侦查、起诉阶段，要以审判环节对事实认定、法律适用、证据裁判的要求为标准，依法规范收集证据，全面客观审核证据，坚决排除非法证据，确保进入审判环节的证据质量。

---

① 参见樊崇义：《解读“以审判为中心”的诉讼制度改革》，载《中国司法》2015年第2期。

② 张保生：《审判中心与证据裁判》，载《光明日报》2014年11月5日。

③ 顾永忠：《“庭审中心主义”之我见》，载《法制资讯》2014年第6期。

（二）以审判为中心核心在于以庭审为中心[1]

以审判为中心与以庭审为中心，两者之间既有联系，也有区别。以审判为中心，侧重点在于解决法院与外部其他机关之间的关系，是以庭审为中心得以实现的前提与基础。以庭审为中心解决的核心问题是法院裁判权的运行机制问题，对实现以审判为中心具有重要意义。[2] 因为庭审是最中立、最公开透明、内含对抗制约和诉讼参与人最多的环节，比其他环节更有利于正确认定案件事实、证据和适用法律。依据第六次全国审判工作会议文件精神，以庭审为中心就是要改变传统的以侦查案卷笔录为中心的形式化审判方式，贯彻直接言词原则，落实证人、鉴定人出庭作证制度，重要证人应出庭接受交叉询问，做到事实调查在法庭、证据展示在法庭、控诉辩护在法庭、裁判说理在法庭，使庭审真正成为确认和解决罪、责、刑问题的关键环节。

（三）以审判为中心的重点是以一审庭审为中心

理想的庭审中心主义应当是一审中心主义。[3] 通说认为，事实审理以第一审为中心。[4] 由于庭审所要解决的根本问题是依靠证据认定案件事实，一审是所有案件审理的必经程序，会对案件事实证据进行全面分析审理，后续的审理都会以一审为基础，重点围绕争议点进行，且一审离案发最近，利于各类物证的全面收集。诉讼参与人一般并不了解其他案件信息，干扰因素小，提供的案件信息一般更为“单纯干净”、准确全面。因此，无论是英美法系还是大陆法系，凡是严格遵循正当程序的重罪案件的审判，如美国的陪审团、英国的刑事法院、德国州法院和高等法院审理的一审案件，二审都不进行事实审。[5] 这些成熟的法治经验，值得我们在推进以审判为中心的诉讼制度改革过程中学习借鉴。

---

① 甄贞：《如何理解推进以审判为中心的诉讼制度改革》，载《人民检察》2014 年第 22 期。

② 参见陈卫东：《以审判为中心推进诉讼制度改革》，载《中国社会科学报》2014 年 10 月 31 日。

③ 沈德咏：《论疑罪从无》，载《中国法学》2013 年第 5 期。

④ 蔡墩铭：《两岸比较刑事诉讼法》，五南图书出版公司 1996 年版，第 368 页。

⑤ 参见龙宗智：《论建立以一审庭审为中心的事实认定机制》，载《中国法学》2010 年第 2 期。

（四）以审判为中心不等于以法院或法官为中心

以审判为中心是对以侦查为中心的否定，但不是对现行刑事诉讼制度的否定，不等于以法院为中心，也不等于以法官为中心，而是强调审判作为一种职能处于中心地位。我国宪法规定，公检法三机关办理刑事案件，应当分工负责，互相配合，互相制约，以保证准确有效地执行法律。在不同的诉讼阶段，由不同的机关主导，突出某个机关的中心地位，打破各机关之间内在的制约关系，是不符合宪法原则的。① 以审判为中心要坚持宪法对公检法的关系定位，在做好侦查、审查起诉等审前工作的基础上，加强审判工作。以审判为中心的根本目的在于确保办案质量，实现司法公正，而绝不是法官想怎么判就怎么判，② 在推进以审判为中心诉讼制度改革背景下，检察机关仍是宪法规定的国家法律监督机关，依法享有对审判活动进行监督的法定职责，以审判为中心与加强审判监督并行不悖。

（五）以审判为中心的实现是个渐进的过程

以审判为中心的核心原则是直接言词原则，其由直接原则与言词原则两部分组成。所谓直接原则，有两方面含义：一是在场原则，即法庭开庭审判时，被告人、检察官以及其他诉讼参与人必须亲自到庭出席审判；二是直接采证原则，即从事法庭审判的法官必须直接从事法庭调查和证据采纳，证据只有法官以直接采证的方式获得才能作为证据使用。所谓言词原则，也有两方面含义：一是参加审判的各方须以言词陈述的方式从事审理、攻击、防御等各种诉讼行为，所有没有在法庭上以言词方式进行的诉讼行为，均应视同没有发生或不存在，不具有程序上的效力；二是在法庭上提出的任何证据材料均应以言词陈述的方式进行，如以口头方式询问证人、鉴定人、被害人等，以口头方式对实物证据发表意见，任何未经在法庭上以言词方式提出和调查的证据，均不得作为法官裁判的依据。③ 由于受文化传统、历史因素、社会心理以及司法体制、司法理念、司法能力、配套机制等因素的制约，要完全实现直接言词原则，必将是一个长期的发展过程，当前亟须落实的是关键证人、鉴定人出庭作证制度，循序渐进地全面落实直接言词原则。

---

① 甄贞：《如何理解推进以审判为中心的诉讼制度改革》，载《人民检察》2014 年第 22 期。

② 朱孝清：《略论以审判为中心》，载《人民检察》2015 年第 1 期。

③ 参见沈德咏主编：《刑事证据制度与理论》，法律出版社 2002 年版，第 170 页。

二、以审判为中心对检察工作的挑战

当前，刑事司法中证据标准“一头粗一头细”的矛盾依然突出，法院在防止冤错案件，推进以审判为中心的诉讼制度改革背景下，证据标准越来越严，公安在严厉打击刑事犯罪，维护社会稳定的压力下，证据质量没有切实的提高，检察机关夹在中间，要同时承担起打击犯罪与保障人权的重任，压力较大，这给检察工作带来较大挑战。

（一）提升侦查证据质量压力较大

法院在推进以审判为中心的诉讼制度改革背景下，强调审判的中心地位和控辩平衡，提出全面贯彻证据裁判制度要求，落实非法证据排除、直接言词等原则，证据标准越来越严，证据质量要求大为提高，对证据客观真实性、取证合法性的审查会更加细致、全面，证据瑕疵与证据矛盾会更加放大，对于证据不足、定放两难的案件，坚持疑罪从无、坚决放人。公安机关在严厉打击刑事犯罪，维护社会稳定的压力下，由于侦查技术手段的欠缺以及受“口供是证据之王”等传统侦查观念影响，侦查取证工作在短期内甚至较长时间内，还无法主动达到与法庭审判的一致标准。检察机关亟须积极发挥职能作用，通过规范自身执法行为，严把批捕、起诉证明标准来制约和引导侦查取证的办案标准向法院看齐。

（二）提升证据审查能力压力较大

目前，审前程序以侦查为中心的影响还未能彻底消除，有罪推定思想还不同程度地存在，重有罪证据的收集，轻无罪辩解的查证，对卷宗的依赖性还比较高，证据审查仍多数围绕着印证侦查机关的卷宗证据展开。命案、贿赂案件等对口供依赖性较大的案件，仍未能完全摆脱以突破口供为主的取证模式，对于客观证据的取得还不够重视。批捕、起诉环节对证明标准的要求还不够严格，发现问题、主动复核证据的意识和能力还不足，未能充分运用不捕、不诉倒逼侦查质量提高。重配合、轻监督的诉讼格局没有实质性的变化，审前程序中非法证据发现少、排除少，起点错，跟着错。带病案件一旦起诉到法院，无法经受庭审的考验。

（三）提升庭审对抗能力压力较大

以审判为中心，必然强化庭审的举证、质证、辩论，落实侦查人员、证人、鉴定人等出庭制度，公诉人以往依赖庭下沟通的局面将被打破，以往公检法的相互迁就将变为真正的相互制约。言词证据在法庭上可变性大，加上律师辩护权扩张，控辩对抗性将显著增强，这对公诉人的当庭询问、讯问能力证据展示能力、辨析质证能力以及法庭辩论技巧都提出了更高的要求。

（四）消极公诉的压力增加

在以侦查为中心的影响下，诉讼的推进建立在有罪认定基础之上，无论是侦查机关、检察机关，还是审判机关都带有强烈的有罪推定倾向，全部诉讼活动都是围绕着积极指控而展开，庭审只是通过形式化的走过场对侦查取得的证据进行确定和认可。而以庭审为中心，强化程序公正优先，定罪证明标准提高，审判独立、严格依法裁判意识更加突出，协商判案将逐步成为历史，无罪判决可能会增加。基于无罪率的考核指标，错案终身追责的要求，有可能会出现证据稍有欠缺不加补侦就急于作出证据不足不起诉的结论，一旦法院对案件提出存疑、无罪的意见，该补证的不补，该坚持有罪意见的不坚持，一味回避诉讼风险、消极公诉的倾向，大批量地产生不捕、不诉、撤回起诉案件。

三、检察机关如何应对以审判为中心

以审判为中心是对我国诉讼制度进行的一项重要改革，在侦诉审的诉讼关系中，检察机关居于中间，既是诉前程序的主导者，又是诉后程序的重要参与者，既要将审判环节对证据的严格要求准确地传导到侦查环节，又要保证侦查、起诉环节收集的证据得到庭审的认可。为更好地推进以审判为中心诉讼制度改革，在诉前程序中，检察机关必须恪守公正立场，严格规范自身执法行为，积极引导侦查，全面客观收集审查证据，充分保障诉讼当事人合法权益；在庭审过程中，必须高度重视庭审工作，切实提升庭审能力，保障庭审效果，同时加强对审判活动的法律监督。

（一）严格规范职务犯罪案件办理程序

职务犯罪案件侦查、起诉环节全程由检察机关掌控，一旦案件证据出现问题，检察机关即具有不可推卸的责任，“打铁还须自身硬”，正人先正己，检察机关首先要从自身着手，严格规范职侦案件办案流程，严把初查关，切实提升证据收集能力，严格执行全程同步录音、录像制度，充分保障当事人合法权益。

一要严格规范办案流程。

职务犯罪案件的查办，侦查部门的自由裁量权较大，为保障职侦职权的规范行使，要严格依据法律规定及司法体制改革的新要求，明确职务犯罪案件线索受理、初查、取证、立案、强制措施、办案安全等各环节的办案程序、执行标准和操作流程，职务犯罪案件初查报告及立案决定，除加强内部审查外，还要严格落实报上级院审查的制度，严格规范强制措施适用，尤其是制定居所监视居住等强制措施的适用，从源头规范职侦案件侦查权的行使，确保每个侦查环节严格依法、有章可循。

二要严格把好初查关。

所谓初查，是指人民检察院对经审查可能存在职务犯罪的线索，为判明该线索是否具备刑诉法规定的立案条件而进行的具有一定侦查性质的初步调查。① 高度重视职务犯罪案件初查，是职务犯罪案件隐蔽性、复杂性、线索或然性的必然要求。为适应以审判为中心的要求，减少职务犯罪案件对口供等言词证据的过度依赖，要前置办案重心，提前固定立案的主要和关键证据，保证初查秘密、准确。充分利用信息网络，缩短初查周期，提高线索利用率。通过区域联动、内外配合、一体侦查、协同侦查，提高线索成案率，提升初查水平。

三要切实提升证据收集能力。

在提升突破口供能力的同时，高度重视核实取证工作，依案情发展变化，主动、及时固定口供，防止一旦口供发生反复、证据出现出入，工作即陷入被动。加快实现从“由供到证”到“由证到供”“以证促供”“供证结合”的模式转变，逐渐弱化口供对案件的决定作用，更加重视以客观证据为核心构建证据锁链。扩大侦查人员出庭范围，建立健全案件审判旁听机制，让庭审成为侦查人员学习提升的一个重要平台，提升侦查人员立足以审判为中心收集证据的能力与水平。

四要严格执行全程同步录音、录像制度。

讯问职务犯罪嫌疑人实行全程录音录像，是近年来检察机关推进的重大改革举措，是检察机关顺应法治进步的时代要求、强化自身监督、适应打击职务犯罪需求的理性选择。② 针对当前职务犯罪同步录音录像仍存在的一些不规范问题，要严格落实“全面、全部、全程”的要求，对所有讯问活动实行全程录音录像，杜绝不供不录、先审后录、先“突破”后立案、“突破”后再录像以及录制不全程、不同步、选择性录制等做法。严格规范同步录音录像范围，

---

① 卢乐云：《职务犯罪初查：概念、法律依据与原则》，载《检察日报》2009 年 10 月 23 日。

② 张红梅：《检察机关讯问同步录音录像改革的回顾与展望》，载《国家检察官学院学报》2012 年第 5 期。

凡接触犯罪嫌疑人必录，凡讯问必录，凡搜查必录。提请审查逮捕、审查起诉时，按规定同时移送同步录音录像资料，证明取证活动规范合法。

五要依法保障嫌疑人在侦查阶段辩护权。

当前，职务犯罪案件嫌疑人的辩护权利保障问题，焦点之一是如何落实好侦查阶段律师会见权，为此，要认真落实高检院《关于依法保障律师执业权利的规定》，规范律师接待、办理和回复律师申请等工作。严格规范特别重大贿赂案件会见申请的审批程序，严禁违规扩大不许可辩护律师会见的案件范围，依法保障律师知情权，对于犯罪嫌疑人羁押时间、羁押场所以及是否属于限制许可范围等事项，应当及时告知。对于律师申请会见的应及时予以明确答复，作出不予许可决定的，应当明确告知律师法律依据和权利救济渠道。控告申诉部门、刑事执行检察部门、案件管理部门等要积极发挥内部监督职责，依法保障辩护律师的合法执业权利。严禁违规扩大不许可辩护律师会见犯罪嫌疑人范围，严禁无故推诿、拖延甚至刁难限制律师依法履职。职务犯罪侦查部门必须转变观念，摆脱侦查活动对于当事人口供的过度依赖，逐步实现侦查办案“由证到供”的转变，立案后加强证据收集工作，迅速强化固定证据，建立与律师之间的有效沟通、协调，将案件办扎实、办成铁案。

（二）坚持严格证据标准，扎实做好审前准备

证据是诉讼的基石，是保证案件质量的核心。[①] 检察机关控制着裁判的入口，对于保证提交审判的案件质量具有重要的作用。在审前环节，检察机关要严格遵守法定证据标准，完善提前介入侦查模式，构建以公诉为主导的大控方格局，调整证据审查的范围与模式，把握好不同证据的审查重点，注重关键证据的复核，坚决排除非法证据，高度重视辩护人意见，扎实做好卷宗分析工作，发挥好庭前会议的作用。

1. 严格把握法定审查逮捕、审查起诉标准。

针对侦查机关报捕存在证据质量差、入罪门槛低等问题，审查逮捕要把好关口，避免出现“起点错、跟着错、错到底”现象。发挥公诉在审前程序中的主导作用，加强审前把关和审前分流，对不符合起诉标准的案件坚决不起诉，严控捕后无罪处理、严控法院判决无罪，在严格规范的基础上依法适度放开不批捕、不起诉和撤回起诉，将不断提高的证据标准由审判环节向侦查前端传导，提高证据质量。

---

① 樊崇义：《解读“以审判为中心”的诉讼制度改革》，载《中国司法》2015 年第 2 期。

2. 推动建立公诉统领下的大控方格局。

检察机关提前介入引导侦查，有利于从取证源头严把证据关，提升证据质量，对此，《刑事诉讼法》有相关规定，但没有明确提前介入的具体责任部门，实践中做法不一，有的是批捕部门，有的是公诉部门。笔者认为，应以公诉为主导构建大控方格局，提前介入重大案件的侦查，原因在于：批捕权司法属性突出，让批捕部门审查自己提前介入取得的证据，决定是否批捕，难以保证其恪守中立，而公诉引导取证是公诉职能的自然延伸和内在需求，也利于将严格的证据标准由审判环节向侦查前段传导，强化检察权内部制约，切实提高侦查证据质量。探索建立重大、敏感案件信息共享、通报、捕诉沟通会商、侦查人员出庭等制度机制，实现刑事案件侦捕诉互相补充配合、监督制约、有效衔接。制定常见案件证据标准，研究法律适用问题，通过侦捕诉衔接机制的不断完善，将新的执法理念、办案标准传导到侦查机关，从整体上提高案件质量。

3. 调整证据审查范围与模式。

证据审查范围要从“在卷证据”扩展到“在案证据”，从单纯审查在卷材料，转向多渠道、多层次收集案件信息、核实证据。证据审查模式要从“书面审查”转变为“亲历性审查”，通过审查讯问、询问全程录音录像，核实是否存在逼供、诱供、诱证、笔录不全面、不客观等问题；通过当面讯问、询问向犯罪嫌疑人、被害人、证人等核实关键言词证据；通过直接收集、补查相关证据，印证言词证据。

4. 把握好不同证据审查重点。

对言词证据要注重合法性、关联性、合理性审查，讯问犯罪嫌疑人有同步录音录像的，要播放审查，审查时注意录像时间、内容与书面笔录是否一致，对有实质性差异，侦查机关不能补证或者作出合理解释的，不予采信。对鉴定意见，要对鉴定结论、鉴定机构、鉴定资质、鉴定材料、鉴定方法、鉴定过程进行全面审查，必要时要向鉴定人、专业人员了解情况。对物证、书证在注重内容审查的同时，还要注重对取证程序是否合法、有无伪造、调换可能进行审查。

5. 重视关键证据复核。

对主要依靠少量被害人、证人言词证据定罪的案件，审查起诉时，要重新询问，对犯罪嫌疑人翻供，被害人、证人翻证情况要认真审查原因，积极查证相关线索。对重要的案发现场及物证，要尽可能亲临现场检查。对于案卷中显示可能存在的鉴定意见、现场勘验笔录、书证等，没有随案移送的，不能仅限于向公安机关预审部门提出要求，还要向刑侦、技术部门及鉴定机关进行核实，必要时调阅侦查内卷，增强发现侦查人员人为制造证据、隐匿重要证据的能力。

6. 坚决排除非法证据。

确立非法证据排除规则，旨在通过剥夺侦查人员劳动成果的方式，遏制他们实施非法取证行为。① 迄今为止，这是解决程序违法问题的唯一有效途径。②《刑事诉讼法》确立了非法证据排除规则，规定了认定标准和排除程序，但关于采用冻、饿、疲劳审讯等“软暴力”获取的言词证据是否属于非法证据，仍不明晰，且由于此类行为不会导致明显外伤，当事人难以提供证据，因而难以启动非法证据排除程序。对此，要进一步明确非法证据排除范围，禁止疲劳审讯，全面实行讯问全程同步录音录像制度，当事人有要求，即应启动非法证据排除程序。此外，对于“毒树之果”的证据效力问题，值得进一步研究，若肯定其证据效力，非法证据排除规则追求的人权保障、程序正义等价值，可能会从根本上被消解。为排除非法证据，讯问犯罪嫌疑人时，要主动问及是否存在非法取证情形，对当事人、辩护人、证人等提出的非法取证意见要高度重视，提供相关材料或者线索的，应当受理并积极审查，不能仅凭侦查机关的工作说明，就简单认定不存在非法取证行为。对确认或者不能排除存在非法取证情形的，有关证据应依法排除。

7. 切实加强被告人辩护权益保障。

刑事诉讼以审判为中心，需要控辩平衡的诉讼结构作支撑，需要改善被告人的诉讼地位，赋予其足以对抗追诉机关的诉讼权利，增强其防御力量，实现以权利制约权力的目的。③ 刑事诉讼的发展史，就是辩护权的扩大史。不管是知识渊博、能言善辩，抑或阴险狡诈、穷凶极恶的被告人，在强大的国家机关面前，都势单力薄，实力悬殊，为平衡这种巨大的实力差距，必须充分保障被告人自我辩护及获得律师帮助其辩护的权利，并不断扩大权利内容，这是实现公平审判的基础条件。但目前，我国刑事案件律师辩护率过低，刑事法律援助范围较窄、水平参差不齐、部分援助律师责任心不强，法律上对被告人及其律师行使辩护权的限制也比较多，难以构建实力均衡的控辩格局。为此，要完善法律援助制度，扩大援助范围，加强配套机制建设，提高援助质量，扩充被告人及律师的辩护权内容，如明确律师会见时可以向被告人核实“有关证据”

---

① 熊秋红：《刑事证据制度发展中的阶段性进步》，载《证据科学》2010 年第 5 期。

② 陈瑞华：《非法证据排除规则的理论解读》，载《证据科学》2010 年第 5 期。

③ 樊崇义、张中：《论刑事司法体制改革与诉讼结构之调整》，载《环球法律评论》2016 年第 5 期。

的具体内容，打消律师的顾虑，使被告人和律师在审前能有效沟通，制定针对性的辩护策略，有效对抗控诉，推进庭审实质化。要高度重视辩护人意见，对辩护人提出不构成犯罪、无社会危害性、不适宜羁押、侦查活动有违法犯罪情形等书面意见的，必须认真审查分析，在审查报告中叙明情况。辩护人当面提出意见的，应当认真听取，并制作笔录附卷。主动向辩护人了解新证据情况，避免庭审证据突袭导致被动。

8. 扎实做好侦查卷宗研读分析。

强调以审判为中心，不是说卷宗不重要，卷宗是侦查、起诉过程中对案件形成的文字和影像记录，是庭审辩论的基础，只有前期认真做好研读分析，围绕案件焦点做好出庭应对准备，才能在庭审中发现疑点和矛盾，出色完成诉讼程序中的言词抗辩。

9. 合理限制庭前会议的适用。

为防止出现先定后审、庭前准备程序架空庭审，导致庭审流于形式，庭前会议不应作为案件审判的必经程序，逢案必用。① 但对于重大疑难复杂案件，可以充分利用庭前会议，及早听取辩方关于非法证据排除、证人鉴定人出庭、申请回避等事项的意见，全面了解辩护人收集证据情况和对案件事实、证据和法律适用的意见，剥离出庭审的焦点、核心问题，提前补强相关证据，扎实做好庭审准备。还可进一步探索建立“诉前会议”制度，在对刑事案件审查起诉过程中，在决定提起公诉之前，可针对证据合法性、全面性等特定事项，召集侦查人员、当事人以及辩护人、诉讼代理人平等地进行交流沟通、解惑释疑，就相关问题的认识和处理达成意见。②

（三）提高公诉能力加强出庭支持公诉工作

公诉能力既有理念层面，也有技术层面，都需要加强培养与建设。理念层面，检察官要明确自身系法律的守护人，要恪守客观公正立场，理性看待诉讼风险，既要严厉打击各类刑事犯罪，也要依法保障各类诉讼参与人的合法权益；技术层面，可通过庭审观摩点评等形式，进行针对性的庭审能力培训，提升检察人员庭审把控和应急处理能力。

---

① 参见程雷：《审判公开背景下刑事庭审实质化的进路》，载《法律适用》2014 年第 12 期。

② 王祺国：《以审判为中心构建诉前会议制度》，载《检察日报》2015 年 4 月 29 日。

1. 坚持法律守护人角色定位。

检察官是法律的守护人,[①] 在庭审前，检察官要侧重客观公正义务，要有“庭前法官”意识，承担起司法审查职责，居中审查侦查机关（部门）提供的证据和犯罪嫌疑人、辩护人的辩解与意见，核实关键证据，排除非法证据，完善瑕疵证据，确保起诉时的案件证据确实充分。在庭审中，检察官要侧重控诉职能，在控、辩、审三方构造中，既与辩方积极对抗，又依法保障被告人的合法权益，保障诉讼顺利进行。

2. 理性看待诉讼风险，积极公诉。

以庭审为中心，强化程序公正优先，定罪证明标准提高，审判独立、严格依法裁判意识增强，协商判案将逐步成为历史，无罪判决可能会增加。基于无罪率的考核指标以及错案终身追责的要求，易出现消极公诉倾向。刑事检察官要有担当精神，不负国家公诉人的崇高使命，积极公诉，切不可过度放大诉讼风险，更不能出现角色异化，异化成法官、辩护人，只重破不重立，只重辩方思维和辩方证据，不重控方思维和控方证据，该补证的要积极补证，该坚持意见的要积极坚持。

3. 高度重视出庭公诉工作。

为规范公诉人的出庭行为及在庭上的举证、质证活动，最高人民检察院于2004年、2007年先后出台了《公诉人出庭行为规范》、《公诉人出庭举证质证指导意见（试行）》等规范性文件，这些规范实践性、针对性、指导性、操作性都很强，认真学习这些规范，对于提升公诉人庭审能力具有重要意义。检察院领导也应高度重视出庭公诉工作，对重大、疑难、敏感案件，可由主管副检察长作为第一责任人全程参与，加强指导把关，亲自办案、亲自出庭，亲自组织研究审定讯问提纲、举证提纲、答辩提纲和公诉词，参加法庭审理。

4. 灵活应变提升庭审效果。

检察人员要提升庭审把控和应急处理能力，在法庭举证、质证阶段，对辩护人提出的辩护意见，要抓住最佳时机，及时有效回应；在辩论阶段，对于明确的罪与非罪辩护意见，要做出有针对性的反击，提升指控效果。改善庭审语言表达方式，增强感染力，如对旁听人员众多的社会关注案件，要善于用通俗生动的语言分析事实、明辨法理，便于普通民众理解，提升庭审效果。

5. 切实提高公诉庭审能力。

从一些地方的实际情况看，公诉部门的检察人员，多为从事公诉工作仅3－5年的年轻人，这支队伍优点在于学历高、基础素质好，不足点是过于年

① 林钰雄著：《检察官论》，法律出版社2008年版，第16页。

轻，阅历、经验都有所欠缺。针对这支优秀的年轻队伍，可通过庭审观摩、评议、培训等方式提高其交叉询问能力、举证质证能力、当庭应变能力和论辩能力。如可选取一些典型、疑难、争议案件，邀请优秀公诉人及各类检察业务专家参与旁听与评议，加强出庭方法与技巧的研习交流，取长补短，共同提高。

（四）加强监督保障诉讼制度改革顺利推进

案件质量是检察工作的生命线，保证案件质量，是以审判为中心诉讼制度改革的出发点和落脚点。为此，检察机关要切实承担起法律监督职责，加强侦查监督，为指控犯罪提供基础性保障；加强审判监督，监督法院依法规范定罪量刑；加强内部监督，保证检察权规范有序行使。

1. 加强侦查监督，为指控犯罪提供基础性保障。

严格法定案件标准，把好批捕关、起诉关，这是加强侦查监督最根本、最有效的手段。加强沟通协调，积极主动与侦查机关多沟通、多协调、多引导，加强刑事指控体系下侦捕诉一体化建设。积极探索以公诉部门为主、侦监部门配合补充的介入侦查新模式，对于重大、疑难、复杂案件，检察机关可在与侦查机关协商的基础上，通过介入现场勘查、参加现场讨论等方式，提出取证和法律适用意见，引导侦查机关有效、及时、全面取证。高度重视证据质量监督，就当事人反映的证据问题，就侦查机关无法说明的证据疑问，应下决心排除证据或将案件撤回，坚决纠正违法取证、不规范取证问题，提高证据质量。侦监、公诉、渎检、监所等部门应加强内部协作，对侦查环节存在的普遍性、倾向性问题，适时通报或通过检察建议、纠正违法通知书等加以纠正，注意发现隐匿关键证据、有意伪造证据、因违法取证造成冤错案件严重后果或者隐患的监督线索，加大查处力度，涉嫌犯罪的，应立案侦查。

2. 加强审判监督，监督法院依法规范定罪量刑。

在以审判为中心的诉讼制度改革背景下，检察机关要增强紧迫感，不能弃守法律监督职责，要积极认真落实十八届四中全会关于完善检察机关行使监督权的法律制度，在审判过程中，从定案标准到法律适用、从程序运行到实体判断，都应当充分体现检察机关的意见和主张，保障国家法律统一正确实施。要切实加强刑事抗诉，强化裁判审查、完善抗前指导，提高办案效率和抗诉水平。拓展监督范围，研究对法院自行启动再审后改判或判缓刑、二审书面审理和定罪免刑案件的监督，开展对上诉后改判或发回重审案件的监督。通过纠正违法、再审检察建议、情况通报或联席会议等形式积极开展其他方式监督，打好监督“组合拳”。

3. 加强内部监督，不断提升办案质量。

围绕办案质量加强内部监督，是检察机关增强执法公信力、适应以审判为中心诉讼制度改革的基本保证。要充分发挥后道程序对前道程序的监督作用，尤其对证据采信、事实认定、法律适用有分歧的案件，要逐案共同研究，坚持实事求是、有错必纠；案件管理部门要通过汇总分析业务数据、案件监管信息，全面监督办案程序中的违法违规行为；控申检察部门可在办理刑事申诉、刑申赔偿、阻碍律师行使诉讼权利等案件中发挥反向审视作用，分析侦查、审查逮捕、审查起诉等环节存在的突出问题，并及时向相关办案机关（部门）反馈，并可通过检委会讨论、召开研讨会等方式促进各个办案环节办案质量和规范化水平的提升，加强内部监督制约；其他部门也依法分工负责、互相配合、互相制约，共同确保执法程序规范、畅通、高效，保证案件质量。

（五）合理分流案件公正优先兼顾效率

以审判为中心诉讼制度改革，必然使检察官要花费更多的时间和精力在审前审查固定证据上，为更好地兼顾公正与效率，应将实行庭审中心主义的案件，主要限定在重大、疑难、复杂以及被告人不认罪的案件中，切实发挥庭审的实质功能，准确认定案件事实，实现公正审判。根据相关实证研究，司法实践中不认罪案件的比率不超过10%，集中诉讼资源推动这部分案件中重要证人、鉴定人等出庭作证，是我们当前重点努力的方向。① 对于轻微刑事犯罪可充分利用不批捕、不起诉、轻刑快审、速裁程序等分流分类从宽处理，对事实清楚、证据确实充分，犯罪嫌疑人（被告人）做有罪答辩的案件，可简化处理程序，提高办案效率。

① 参见陈卫东主编：《量刑程序改革研究》，中国法制出版社2011年版，第8页。

跨行政区划检察院案件管辖范围的探索

闫俊瑛*

十八届四中全会《说明》指出，随着社会主义市场经济深入发展和行政诉讼出现，跨行政区划乃至跨境案件越来越多，涉案金额越来越大，导致法院所在地有关部门和领导越来越关注案件处理，甚至利用职权和关系插手案件处理，造成相关诉讼出现“主客场”现象，不利于平等保护外地当事人合法权益、保障法院独立审判、监督政府依法行政、维护法律公正实施。为此，十八届四中全会《决定》明确提出“探索设立跨行政区划人民法院和人民检察院，办理跨地区案件”。依据中央改革精神，北京、上海在上级机关的指导下，率先就设立跨行政区划的法院、检察院进行了积极探索，均于2014年12月底成功设立了跨行政区划法院与检察院。北京在研究设立跨行政区划检察院过程中，讨论的核心问题之一是如何合理确定跨行政区划检察院的案件管辖范围，笔者有幸参与其中，本文拟结合北京市跨行政区划检察院的案件管辖范围，谈点个人的初步认识。

一、设立跨行政区划检察院的意义

通过设立跨地区的司法机关，审理一些重大复杂案件，是诸多成熟法治国家为维护司法公正所进行的有益探索。我国地方司法机关的设立与各级行政区划严格对应，分为省（直辖市）、地市（直辖市分院）、县（区）三级，除此之外，还在铁路等行业设立了跨地区的司法机关。2010年，中央六部门联合出台针对铁路检察院、法院管理体制改革的文件，将铁路检察院与铁路企业分离，移交给驻地省级人民检察院管理，但其案件管辖范围和之前没有太大的变化，① 作为行业内的司法机关，仅能处理本行业的相关问题，无权处理我国当前日益增多的易受地方干扰的跨地区案件，因此，设立跨行政区划法院、检察

---

* 作者单位：北京市人民检察院。

① 刘苏建：《铁检改制后的设置及管辖问题研究》，载《人民检察》2012年第7期。

院，对于全面推进依法治国、推进国家治理体系和治理能力现代化，破除司法地方保护主义、提高司法公信力、提高司法效率具有重要意义。

（一）有利于破除司法地方保护主义

司法地方保护主义是指，地方司法机关，由于受当地各种力量的影响干扰，在本地与外地当事人发生利益纠纷时，违背司法中立原则，甚至是违背法律规定，片面保护本地当事人的利益，作出不利于外地当事人的裁定、判决。“由于体制机制等多方面原因，我国现实地客观地存在着司法上的地方保护主义倾向”①。司法地方保护主义具有多种形式，例如在处理本地和外地纠纷时偏袒本地当事人，以对当地有利的方式故意曲解法律，等等。② 当前，由于地方司法机关在人、财、物的使用管理等诸多方面，都要依赖地方政府的支持配合，当相关诉讼涉及当地及当地政府的利益时，在政府的不当压力下，甚至在没有政府的压力下，地方司法机关可能会偏离中立原则，袒护本地当事人，危害司法公正。这种司法地方保护主义，会严重破坏法制统一和司法独立，使司法丧失公信，危害极大。正所谓违法行为污染的却是水流，而不公正的判决污染的是水源。但是，跨行政区划的司法机关，由于其在人、财、物等各方面与地方的关系相对超然，没有直接的利益纠葛，在处理涉及地方政府利益的诉讼时，就能更好秉持客观中立的立场，依法公正裁判，进而有利于破除司法地方保护主义。

（二）有利于提高司法公信力

司法具有公信力是依法治国的必然要求，司法公信力是一个具有权力运行与受众心理两个维度的概念，司法权的内在运行与社会公众的心理认同达到高度契合的状态是我们所追求的理想类型。③ 司法公信力，简单来说，就是社会公众对司法机关裁决的信任程度，司法机关的裁决越公正，社会公众就会越信任司法机关，司法机关的公信力也就越高，反之，司法公信力就会越低。司法公信力是政治国家与市民社会理性沟通的产物，是一种归属于社会资本的制度性资源，是司法在发挥纠纷解决功能、权利救济功能和法律发展功能过程中建

---

① 刘作翔：《中国司法地方保护主义之批判——兼论“司法权地方化”的司法改革思路》，载《法学研究》2003 年第 1 期。

② 张千帆：《司法地方保护主义的防治机制》，载《法学论坛》2012 年第 2 期。

③ 关玫：《司法公信力初论》，载《法制与社会发展》2005 年第 4 期。

构起来的信用关系，是司法权威历史演化的产物。① 但要想获得极高的司法公信力，不仅要求裁决本身客观公正，而且要求裁决过程是客观公正的，即我们常说的，正义不仅要实现，而且要以看得见的方式实现。在我国当前的社会和法治环境下，一个涉及当地政府重大利益的案件，由与当地政府有千丝万缕联系的司法机关去裁决，不论裁决结果在客观上多么公正，从程序正义的角度来说，始终有让人不放心的地方。我们知道，司法是社会解决纠纷的最重要、最核心、最终的机制，一旦司法公信力不足，必然导致诸多纠纷久拖不决，信访不断，制约经济发展，危害社会稳定。通过设立跨行政区划的司法机关，处理跨行政区划的重大案件及易受地方干扰的案件，从客观角度来说，可以避免地方司法机关出于节省自身司法资源、保护地方利益等目的，对案件相互推诿或相互争抢。此外，由于司法机关与地方政府没有直接利害关系，其所作的判决当然会更加客观公正。从形式角度看，由与地方政府没有利害关系的司法机关来裁决，避免了“瓜田李下”之嫌，不管判决结果如何，都易于被当事人接受，有利于增强司法机关的公信力。

（三）有利于提高司法效率

公正是司法的核心价值追求，但并不是司法唯一的价值追求，在复杂的现实生活中，司法如果不顾及其他的价值目标，最终必将影响公正本身，这其中最重要的就是司法效率问题。② 迟来的正义非正义。公正固然是司法的核心价值，但是效率低下的公正不是真正的公正，合理提高司法效率，同样是司法的重要价值追求。司法效率是解决司法资源如何配置的问题，即司法效率的核心应当被理解为司法资源的节约或对司法资源有效利用的程度。③ 设立跨行政区的司法机关，其定位就是处理一些涉及面较广的重大、疑难、复杂的民商事、行政、刑事案件，这些案件的共同特点就是办理难度大，涉及的各类专业性问题多，需要沟通协调的问题多，需要在统一的领导指挥下，由专业化的办案团队办理。在未设立跨行政区划司法机关的背景下，对案件管辖、对诸多问题的协调都是逐案进行，效率低下，办案团队之间协调配合也缺乏默契，许多专业性强的问题解决起来也困难重重。通过设立跨行政区划的司法机关，由其集中管辖上述案件，必然有利于专业化办案团队的形成与沟通协调的机制化，提高司法效率。

---

① 季金华：《司法公信力的意义阐释》，载《法学论坛》2012 年第 5 期。

② 参见陈贵民：《论司法效率》，载《法律科学》1999 年第 1 期。

③ 钱弘道：《论司法效率》，载《中国法学》2002 年第 2 期。

二、跨行政区划检察院案件管辖范围的确立原则

我们在思考如何合理划定北京市跨行政区划检察院案件管辖范围问题时，基本的考虑是，首先，要遵循中央的改革精神，不能和中央的改革精神相违背，这其实也是开展任何一项改革的最基本、最核心的要求。其次，要在法治的框架内，遵循改革规律，循序渐进，摸着石头过河，不能期望一蹴而就，毕其功于一役。最后，跨行政区划检察院作为一个新生事物，在划定其管辖范围时，既不能过于原则，也不能过于宽泛，应注意原则性与灵活性的结合，据此，我们将契合改革目的、依法推进改革、系统安排等确定为划定跨行政区检察院案件管辖范围的原则，在这些原则指导下，合理划定案件范围。

（一）契合改革目的原则

中央决定探索设立跨行政区划法院、检察院的目的，是为从制度上防止地方干扰和地方保护主义，保证法院、检察院的中立性，确保司法公正、保证国家法制统一。在讨论跨行政区划法院、检察院案件管辖范围的过程中，有观点认为，可将原由中级人民法院管辖的行政案件及相关的环境资源等民事案件，都划归由新成立的跨行政区划的法院管辖，对应法院的管辖范围，由新成立的跨行政区划的检察院对相应的行政案件、民事案件履行法律监督职责。笔者认为，此种观点，实际上一种“集中审理”的观点。集中管辖最初的模式是地域集中，即在一个中级法院范围内，选定若干个基层法院作为集中管辖法院，集中管辖辖区内其他基层法院管辖的行政诉讼案件。后来又出现了案件类型集中，即按照案件类型确定管辖法院，将同类行政案件集中到相应法院审理，①即将相关行政案件都划归一个法院集中管辖。这与“跨行政区划”的改革初衷并不完全契合，“跨行政区划”主要是为了解决诉讼中的“主客场”现象，排除地方干扰，因而不能简单地等同于“集中审理”。而是应将可能存在地方干扰的相关行政案件，划归跨行政区划的法院集中管辖，其他行政案件的管辖，仍保持现有的管辖格局。

据此，北京市结合本市实际情况，考虑到以区政府为被告的行政案件，实行跨行政区划管辖的现实意义最为突出，因而决定将以区政府为被告的行政诉讼案件，都划归新成立的跨行政区划的法院管辖，而以北京市政府及其所属机构与国务院部委等为被告的行政案件，在北京市范围内，由跨行政区划法院管

① 李杰、张传毅：《行政案件集中管辖模式初探：理论定位与实践选择》，载《法律适用》2014 年第 5 期。

辖，没有实质意义，因而仍保持原有的管辖关系。相应的，新设立的跨行政区划检察院对行政案件的管辖范围依托于跨行政区划法院的案件管辖范围，两家保持一致。

（二）依法推进改革原则

在改革开放之初，由于我国法治极不完善，在推进改革时，有时不得不采用“良性违法”的方式，这在当时具有合理性，但今天，我们的法治虽仍具有许多不完善的地方，但完整的社会主义法治体系已经形成，各项改革活动都有较为明确的法律遵循，在这样的背景下，我们必须在法治的引领和规范下，遵从法定程序，依法规范地推进改革，这是全面推进依法治国的当然要求。实质法治主义确立了法律须受法的约束，立法须受宪法限制已经成为法治的普遍原则。① 因此，我们在思考跨行政区划检察院案件管辖范围问题时，不能突破宪法法律的明确规定，确实需要突破的，要获得有权机关的授权后才能开展探索试点。

据此，我们在划定北京跨行政区划检察院案件管辖范围时，原则上坚持诉讼法关于地域管辖、级别管辖等的一般规定，保证诉讼关系的稳定，但考虑到跨行政区划检察院的特殊定位，通过“指定管辖”的方式，为灵活掌握跨行政区划检察院的案件管辖范围预留了合理的空间。指定管辖是审判管辖中裁定管辖的一种情况，是相对于法定管辖而言的，通过指定管辖制度，可较好解决司法实践中存在管辖范围和权限不明或有争议，或者有管辖权的公安机关、人民检察院和人民法院无法或不宜行使管辖权的问题。②

就刑事案件的管辖范围而言，我们主要是围绕“跨地区”、“重大”和“指定管辖”几个关键点进行界定，同时综合考虑新设立的跨行政区划司法机关的办理能力。参考2011年“两高”和公安部等六单位制定的《关于办理流动性团伙性跨区域性犯罪案件有关问题的意见》第八条关于“跨地区性犯罪案件是指犯罪案件涉及两个以上县级行政区域”的规定，将“跨地区”明确为犯罪案件涉及两个以上区县级行政区域，既包括本市范围内涉及两个以上区县级行政区域的案件，也包括跨省市的案件。依据现行法律规定，将“重大”案件界定为可能判处无期、死刑的案件，同时也留了一定的“口子”，将有必要交由跨行政区划检察院管辖的其他重大刑事一审案件明确由市院“指定管

① 郑贤君：《宪法实施与法治的中国化》，载《暨南大学学报（哲学社会科学版）》2014年第11期。

② 周常志：《刑事案件指定管辖制度的完善》，载《人民检察》2008年第3期。

辖”。在具体运用指定管辖时，需要明确适用范围，指定主体，考量因素及决定程序，合理设置指定管辖的具体程序，确认公民的管辖异议权与管辖申请权并予以保障。①

（三）系统安排原则

设立跨行政区划人民检察院的改革尚处于探索阶段，许多问题在短时间内尚难以考虑周全，一些不确定的问题也没有显现。在初步确定跨行政区划检察院的案件管辖范围时，应坚持宜粗不宜细、宜少不宜多，以便为今后完善和调整留出空间，使管辖范围逐步调整到位。在具体制度设计上，我们坚持统筹谋划、系统安排，将上级文件对跨行政区划检察院的案件管辖范围所作的原则规定，立足北京检察工作实际，从系统安排的角度进行适当调整。

主要是从构建“大公交”办案格局的角度出发，增加规定公交领域一审重大刑事案件由跨行政区划检察院管辖。原因在于公交、民航、水运、铁路运输等领域的犯罪案件，都具有跨地区等特点，易产生管辖争议，统一归口办理，有利于统一把握管辖原则，促进专业化办案。专业化办案对于保证案件质量、提高办案效率、提升检察队伍的专业化水平具有重要意义。② 实践中，公交领域的案件量占比较大，将其排除在外，不利于构建“大交通”的办案格局。下一步，我们考虑将现由东城管辖的公交领域的基层一审案件移交给北京铁路运输院。公交领域多为扒窃等轻刑案件，绝大多数集中在基层院，统一由北京铁路运输院管辖，既能使二审案件自然转到跨行政区划检察院、法院，有利于专业化办案；也能够减轻东城区检、法两院的办案压力，使其能够集中精力办理重点地区的敏感案件，确保办案质量，维护核心地区的社会稳定。

三、跨行政区划检察院案件管辖范围的具体设定

按照中央相关文件规定，跨行政区划人民检察院的案件管辖范围，主要包括六类：行政诉讼监督案件，跨地区重大民商事监督案件，跨地区重大职务犯罪案件，跨地区重大环境资源保护和重大食品药品安全刑事案件，民航、水运所属公安机关侦查的重大刑事案件，海关所属公安机关侦查的刑事案件以及其他重大案件。仍管辖涉铁路运输案件，业务领导关系和诉讼体系保持不变。我们认为，可以立足北京市检察工作实际，对北京跨行政区划检察院的案件管辖范围进行进一步细化，主要包括以下几项。

① 龙宗智：《刑事诉讼指定管辖制度之完善》，载《法学研究》2012年第2期。

② 邢永杰：《检察机关专业化办案模式探析》，载《中国检察官》2014年第3期。

（一）北京跨行政区划人民法院管辖的行政诉讼监督案件

即北京跨行政区划人民法院审理什么行政诉讼案件，北京跨行政区划的人民检察院就对什么行政案件进行行政检察监督。北京跨行政区划人民法院管辖的行政诉讼案件主要包括：以本市区（县）人民政府为被告的行政案件，但以区（县）人民政府名义办理不动产物权登记的案件，仍由各区（县）人民法院办理。

（二）北京跨行政区划人民法院管辖的跨地区重大民商事监督案件

即北京跨行政区划人民法院审理什么民商事诉讼案件，北京跨行政区划的人民检察院就对什么民商事案件进行民事检察监督。北京跨行政区划人民法院管辖的民商事案件包括：按级别管辖标准，应由本市中级人民法院管辖的金融借款合同纠纷案件，保险纠纷案件，环境污染侵权责任纠纷案件，涉外、涉港澳台的商事案件等。

（三）北京知识产权法院管辖的知识产权类诉讼监督案件

2014 年北京市新成立了北京知识产权法院，但没有设立相应的检察机关对其进行法律监督，原考虑由一分院履行对北京知识产权法院的监督职责，但由于检察机关受理的此类监督案件，主要集中为知识产权行政案件，民事较少，由跨行政区划检察院对北京知识产权法院开展监督，更为符合设立跨行政区划法院、检察院较为集中的办理行政类案件的定位，而且，新成立的跨行政区划检察院总体案件量较少，由其管辖也有利于均衡司法资源和方便当事人诉讼。

（四）北京市人民检察院指定管辖的跨地区重大职务犯罪案件及关联案件

这一条的规定过于原则，应对其中的“跨地区”“重大”等概念，进行进一步的界定，据此笔者认为，可以将上述“跨地区重大职务犯罪案件”进一步细化为以下几类案件，便于其掌握。一是犯罪行为或结果涉及两个以上区（县）级行政区域的，既包括本市范围内涉及两个以上区（县）级行政区域的案件，也包括跨省市案件。二是贪污、受贿数额在 300 万元以上，或者被告人系副局级以上的案件。三是虽不具备前两种情形，但综合考虑犯罪嫌疑人身份、犯罪性质、情节、后果、影响等，实行跨区划管辖有利于案件公正办理的职务犯罪侦查案件。

（五）应由中级人民法院管辖的环境资源保护和食品药品安全刑事一审案件

北京市人民检察院指定管辖的其他跨地区重大环境资源保护和重大食品药品安全刑事一审案件。据统计，2013年，环境资源保护、食品安全等仍然是犯罪高发领域，一些跨地区的重大案件危害大，后果严重，查处难度大。[①] 为进一步明确此类案件管辖范围，加大处理力度，可将上述案件范围进一步细化为下列两类案件，一是犯罪行为或结果涉及两个以上区（县）级行政区域的，既包括本市范围内涉及两个以上区（县）级行政区域的案件，也包括跨省市案件。二是虽不具备跨地区因素，但综合考虑犯罪性质、情节、后果以及影响等，实行跨区划管辖有利于案件公正办理的。

在研究的过程中，有观点认为，跨区划应该是指跨司法管辖区域，因此建议将环境资源保护、食品药品安全等类的刑事二审案件也划归跨行政区划的检察院管辖。笔者认为，跨区划主要是指跨行政区划，而不是跨司法管辖区划。目前的分院架构，已经实现了行政区划与司法管辖的分离，若再将其他分院办理的二审案件都划归跨行政区划的检察院管辖，不仅背离了跨区划检察院的定位，而且不利于诉讼，所以不应将此类二审案件纳入跨行政区划检察院管辖。

（六）应由中级人民法院管辖的发生在民航、公交、水运领域并由其所属公安机关侦查的刑事一审案件

中央相关文件在设定跨行政区划检察院案件管辖范围时，未将公交领域的刑事案件划归跨行政区划的检察机关管辖，但我们从构建统一的“大公交”办案格局出发，对此进行了调整。此外，在表述上，因北京公交分局除侦查公交领域的刑事案件外，还会侦查市公安局交办的其他案件，有关文件中“民航、水运、公交所属公安机关侦查的重大刑事案件”中的“所属”表述不够准确，因此我们将其调整为“发生在民航、公交、水运领域的并由其所属公安机关侦查的重大刑事一审案件”，这样就将案件的范围较好地限定在大公交领域，避免了误读。

（七）海关所属公安机关侦查的刑事案件

上级文件明确规定，海关所属公安机关侦查的走私类案件属于跨行政区划

---

① 冀祥德：《犯罪形势现状与趋势分析》，载《中国刑事法杂志》2014年第3期。

检察机关的案件管辖范围，但我们在研究时，还是有一定的争议。有观点认为，这部分案件在2013年8月北京市人民检察院三分院成立时，刚刚从二分院调整到三分院，相关机构之间的办案机制刚刚捋顺，短时间内调整不利于办案经验的积累和专业化队伍建设，且海关缉私局与新成立的跨行政区划检察院地理位置相隔较远，改变管辖也不便于诉讼。但也有观点认为，海关案件与环境资源保护、食品药品安全案件及民航、公交等案件相似，不仅具有跨区划的自然性，而且具有案件的专业性，纳入管辖有利于保证跨行政区划检察院形成一定的办案规模，同时积累专业办案经验。设立跨行政区划的司法机关管辖相关案件，一般都不太便利于相关案件的诉讼，但为了更高的公正价值，我们要克服相关不利因素，诉讼是否便利，不应成为不将海关所属公安机关侦查的刑事案件移交给跨行政区划检察院管辖的理由。笔者也同意上述第二种观点，最后也决定，将海关所属公安机关侦查的刑事案件仍纳入跨行政区划检察机关的案件管辖范围。

（八）北京市人民检察院指定管辖的其他重大刑事案件

这是一项原则性的规定，便于上级机关统筹配置检察力量，依据检察工作的实际需要，将相关案件指定给跨行政区划的检察院管辖。

（九）北京市人民检察院铁路运输分院管辖的原有案件

由于北京市跨行政区划的检察院是在北京市人民检察院铁路运输分院的基础上筹建的，“北京市人民检察院铁路运输分院”继续保留原名称，另加挂“北京市人民检察院第四分院”牌子，作为跨行政区划人民检察院，故北京市人民检察院铁路运输分院管辖的原有案件仍由新成立的跨行政区划的检察院管辖。

四、完善跨行政区划检察院案件管辖范围的思考

新成立的北京市跨行政区划的检察院属于分院级别，由于处于改革试点阶段，有些问题考虑得还不是十分周全，有些问题经实践检验，正日益显现出来，需要继续研究，提出配套解决方案：如新成立的跨行政区划法院、检察院没有配套的基层司法机关，导致在级别管辖上存在不协调问题；新成立的跨行政区划法院、检察院由于各自定位侧重点存在差别，导致其办案格局出现不对等问题；仅仅依靠跨行政区划的法院、检察院，尚难以实现消除司法地方保护主义的初衷，还需进一步完善配套机制问题以及公益诉讼是否要纳入跨行政区划检察院管辖问题；等等。

（一）如何落实好跨区划司法机关管辖定位

十八届四中全会提出探索建立跨行政区划检察院，并没有从级别上进行限制，笔者认为，同步构建跨行政区划检察分院和基层院有一定的必要性。随着社会的发展，民众法治观念日益增强，就行政诉讼类案件而言，各类针对基层政府的行政诉讼案件（如以乡镇、街道等基层政府为被告的行政诉讼案件）可能大量增加，目前的相关统计也能印证这一判断，这些案件也可能需要跨行政区划的司法机关管辖，但都由中院级别的司法机关管辖，不仅超出了其受案容量，也会破坏法定的级别管辖规定，并不可取。

就北京而言，新成立的跨行政区划法院主要审理跨行政区划的重大民商事、行政一审案件，以及适宜提级审理的跨地区民商事、行政案件，也就是说，北京新成立的跨行政区划法院在民商事、行政案件的审判方面，主要是一审案件，这些一审民事、行政案件当事人若是对判决不服，在向检察机关申请民事、行政检察监督之前，基本上都会先上诉，即此类案件的生效判决基本上都是由北京市高级人民法院作出的，申请检察监督对应的检察机关是北京市人民检察院，而非跨行政区划的人民检察院。同时，由于没有配套设立跨行政区划的基层人民法院，目前北京跨行政区划的法院审理的二审民商事、行政案件数量极为有限，仅限于铁路基层法院审理的民事、行政案件的上诉案件。由此，新成立的跨行政区划的检察院开展同级监督的空间极为有限，仅能对一些程序性违法、执行活动等提出监督意见，造成监督格局上的不对等。因此，也需配套设立跨行政区划的基层法院，将现在提审的，本应由基层法院审理的相关案件交由跨行政区划的基层法院审理，相应的民事、行政检察监督就能调整至跨行政区划的检察分院，可以合理均衡各级检察机关的办案数量，促进跨行政区划检察机关民事、行政检察工作的发展。

但在成立跨行政区划基层检察机关的过程中，也面临一些障碍，即当前普通的基层检察机关和相应的行政区划对应，由同级人大任命产生并向同级人大报告工作，接受其监督。但跨行政区划的基层检察机关没有相应的同级人大与其对应。对此，我们建议，可将跨行政区划的基层检察院、检察分院的工作一并纳入市检察院的报告范围，接受市级人大的监督，人员也由市级人大常委会任命。

此外，法院在设立跨行政区划法院时，其主要侧重点是较为集中审理跨行政区划的行政诉讼案件，其次是跨行政区划的民商事案件，刑事案件并不是其审理的重点，因此，其配备的行政、民商事审判力量较为充足，刑事审判力量较为薄弱，而检察机关在设立跨行政区划的检察院时，其侧重点是审理一些跨行政区划的刑事案件，在检察力量的配置上，主要侧重于刑事方面，导致法检两家在力量配置上不均衡，需要进一步协调解决。

（二）进一步探索刑事案件跨地区管辖的环节和机制

当前探索设立跨地区司法机关的环节限于检察与审判环节，不包括公安机关立案、侦查环节，跨行政区划司法机关级别限于省级行政区域内，对跨省级行政区域的重大案件的管辖问题未有涉及，案件管辖范围一般限于中院级别，制约了跨行政区划检察院管辖的跨地区环境资源、食药安全类案件的范围，建议进行下述三项探索，加以完善。

1. 探索公安立案、侦查环节跨地区管辖。

成立跨行政区划检察院的主要目的，是为从制度上防止司法地方干扰和地方保护主义，但仅在检察及审判阶段由跨地区的检察机关、法院管辖，可能还难以充分实现改革的初衷。因为，就诸多跨地区重大刑事案件而言，刑事立案、侦查阶段的地方保护主义，可能是更为致命的，今后，可考虑从公安机关立案、侦查环节就实行跨行政区划管辖，真正实现跨区划管辖的意义。当前，应加强的是完善提前介入引导侦查取证机制，完善行刑衔接机制，由检察机关加强对公安机关就相关跨地区、重大刑事案件开展的立案、侦查、取证活动的监督，真正排除地方干扰，确保公正司法。

2. 探索设立跨省级重大案件的办理新机制。

目前设立的跨行政区划的检察院、法院，只在北京、上海两地试点，属于中院级别，只能办理各自辖区内的跨地区案件，跨省级的重大案件如何办理，目前设置的跨行政区划法院、检察院仍无法解决这个问题，能否设置跨省级行政区的司法机关办理此类案件，还需要积极的探索研究。

3. 探索进一步完善指定管辖案件范围。

在划定跨行政区划检察院案件管辖范围时，为防止案件数量过多，超出跨行政区划检察院的承受范围，故将其案件管辖范围主要限定为“跨地区”“重大”刑事、行政、民商事案件，但从当前实际的受案情况看，此类案件很少，尤其是跨地区的重大环境资源保护案件，建议下一步可以考虑，进一步完善当前的案件指定管辖范围，如可探索规定，对可能判处5年徒刑以上有期徒刑的破坏环境资源案件，基层检察机关应报请市院，由市院依照相关规定指定管辖。

（三）公益诉讼是否纳入跨区划检察院管辖

十八届四中全会提出“探索建立检察机关提起公益诉讼的制度”，赋予了检察机关新的职责。在改革成立跨行政区划检察院的过程中，就公益诉讼是否应明确纳入新成立的跨行政区划的检察院的案件范围问题，有较大的争议。

有观点认为，实践中，环境资源保护、食品药品安全类刑事案件的背后，往往夹杂着行政不作为或乱作为现象，是检察机关开展公益诉讼以及监督行政违法行为的重要渠道，所以，公益诉讼应作为跨区划检察院管辖的重要案件类型。并且，检察机关开展公益诉讼阻力多、难度大，如能在新成立跨行政区划的检察院组建之初就将其纳入受案范围，也有利于改革项目的推进及对十八届四中全会精神的落实。但也有观点认为，检察机关提起公益诉讼制度，是一项重要的诉讼制度改革，涉及面广、社会影响大，在没有明确法律授权的情况下，就将其列入新成立的跨行政区划检察院的案件管辖范围，于法无据，我们当然应积极落实中央的各项检察改革规定，但要在法治的框架内有序推进。笔者认为，由于公益诉讼关注度高，敏感度高，在相关法制不完善之前，不宜作为跨行政区划检察院的案件管辖范围，但应积极开展前期调研准备工作，在条件成熟时，在上级单位的指导下，积极探索。此外，检察机关提起公益诉讼制度，不排除跨区划检察院试点，但也不应排除其他检察院试点，各类检察机关都可结合本院、本地区的实际情况，积极开展相关工作，总结经验后全面推广。

2012 年修订的《民事诉讼法》、2015 年 1 月实施的《环境保护法》，以及 2015 年 1 月最高人民法院制定的《关于审理环境民事公益诉讼案件适用法律若干问题的解释》，明确了符合条件的社会组织可以提起（环境）民事公益诉讼，初步建立起民事公益诉讼法律制度，规定检察机关可以通过法律咨询、提交书面意见、协助调查取证等方式支持社会组织提起（环境）民事公益诉讼。当前跨行政区划检察院可以紧紧围绕上述规定，加强与环保方面社会组织、法院等的联系，重点把督促、支持起诉作为一项重要工作来开展，积极推进检察机关参与民事公益诉讼工作。检察机关也可以以此为契机，总结、探索检察机关参与公益诉讼的经验，在条件成熟时，适时全面推进公益诉讼工作。检察机关在探索参与公益诉讼制度时，不仅要探索检察机关提起民事公益诉讼制度，也要积极探索检察机关提起行政公益诉讼制度。如政府有关部门在履行危害食品安全违法监管和查处职责不主动或者不充分，从某种意义上形成了对危害食品安全行为的纵容,① 应当承担责任，检察机关可以提起行政公益诉讼。检察机关在探索构建检察机关参与公益诉讼制度的过程中，要特别注意谦抑性原

① 参见胡胜友、陈广计：《危害食品安全犯罪的实证研究》，载《中国刑事法杂志》2014 年第 3 期。

则，原则上检察机关在公共利益的保护中，不应是冲在一线的急先锋，而应把督促相关责任主体，积极履行义务作为首要的方式，如相关违法企业、行政机关制发检察建议，要求其承担责任，履行义务。①

① 参见韩成军：《检察建议的本质属性与法律规制》，载《河南大学学报（社会科学版）》2014年第5期。

地方人民检察院的设置与司法管辖制度改革

马　楠*

党的十八届三中、四中全会明确了司法管理体制改革的具体任务。司法管理体制改革是司法机关依法独立公正行使司法权的制度保障，对于推进依法治国具有决定性意义。笔者认为，司法管理体制改革归根结底是地方司法机关的设置问题。

一、地方人民检察院设置的法律分析

人民检察院依照《宪法》和《检察院组织法》设置。完善地方检察院设置，首先需要对《宪法》和《检察院组织法》的有关规定进行分析。

（一）关于《宪法》有关规定的分析

《宪法》第三章第七节“人民法院和人民检察院”专门规定了人民法院和人民检察院的设置。分析其中第130条第一款、第133条的规定，关于地方检察院的设置包括三层含义：一是我国设立地方各级检察院；二是地方各级检察院由国家权力机关产生；三是地方各级检察院对产生它的国家权力机关和上级检察院负责。根据上述分析，地方检察院的设置至少包含两种可能的宪法模式：一是由同级国家权力机关产生，二是由上级国家权力机关产生。另外，《宪法》对于地方各级检察院的司法管辖区域未作规定。

有观点认为，分析《宪法》第101条第二款的规定，地方各级检察院应由本级国家权力机关产生并对产生它的国家权力机关负责。笔者认为这种观点有待商榷。首先，从《宪法》结构看，第101条规定于《宪法》第三章第五节，是关于地方各级人民代表大会和地方各级人民政府的规定，不是关于地方检察院设置的规定。其次，从具体内容看，《宪法》第101条第二款应理解为地方各级人民代表大会对其产生的本级检察院检察长行使选举权和罢免权，也

* 作者单位：天津市人民检察院。

就是说，如地方人民代表大会产生了本级检察院，则检察长由其选举和罢免，这既是对人民代表大会权限的规定，也是对检察长职业保障的规定。如地方部分人民代表大会不产生本级检察院，与本条规定并无违背之处。笔者认为，《宪法》第101条第二款的规定不能得出地方各级检察院均由同级人民代表大会产生的结论。

综上所述，从《宪法》规定考察，地方各级检察院可以由同级人民代表大会产生，也不排除由上级人民代表大会产生。

（二）关于《检察院组织法》有关规定的分析

结合《宪法》第133条“地方各级人民检察院对产生它的国家权力机关和上级人民检察院负责”的规定，分析《检察院组织法》第2条、第10条的规定，应包含三层含义：一是地方各级检察院的设置要与省、自治区、直辖市和自治州、省辖市以及县、市、自治县、市辖区三级行政区划相对应；二是地方各级检察院对本级人民代表大会和本级人民代表大会常务委员会负责并报告工作，即地方各级检察院由本级人民代表大会产生；三是地方各级检察院由本级国家权力机关产生，其司法管辖区域当然与本级国家权力机关对应的行政区划重合。

（三）《宪法》规定与《检察院组织法》规定的比较分析

从上述对《宪法》和《检察院组织法》有关规定的分析可以看出，在地方检察院的设置方面，两法规定差异较大，主要体现在以下两个方面：一是在地方检察院设置主体上存在差异。《宪法》规定地方检察院向产生它的国家权力机关负责，而《检察院组织法》将这一规定具体化为地方检察院对本级人民代表大会和人民代表大会常务委员会负责并报告工作，实际上收窄了宪法涵义，排除了地方检察院由上级国家权力机关产生的可能性。二是地方检察院司法管辖区域与行政区划的关系不一致。《宪法》对于地方检察院的司法管辖区域没有明确规定，应理解为司法管辖区域可以与行政区划相一致，但也不排除与行政区划相分离。而按照《检察院组织法》的规定，地方检察院由本级人民代表大会产生，其司法管辖区域只能与相应的行政区划一致，排除了与行政区划相分离的可能性。分析《宪法》和《检察院组织法》的规定，可以看出作为下位法的《检察院组织法》选择了地方检察院设置的宪法模式之一，而排除了另一种宪法模式的可能性，应本着保障检察机关依法独立公正行使检察权的原则，在《宪法》框架下进行修改。

二、地方人民检察院设置的应然模式

目前，我国地方检察院采取由同级人民代表大会产生、司法管辖区域与同级行政区划一致的设置模式。这种模式曾经发挥了积极作用，检察机关恢复重建以来地方党委对检察工作给予了充分的支持，但按照依法治国的要求，无论从制度设计层面还是实践操作层面，这种模式越来越暴露出明显的缺陷。在制度设计层面，“我国是单一制国家，司法职权是中央事权。”检察机关作为法律监督机关，重要职责之一就是维护全国人大及其常委会制定的法律在全国范围内统一正确实施。如果地方检察院由地方国家权力机关产生，其行使职权必然受到地方意志的影响，难以切实遵从法律所体现的全国人民的意志。在实践操作层面，“近年来，社会上反映比较多的是司法机关的人财物受制于地方，司法活动易受地方保护主义的干扰，影响法制统一，损害司法权威。”无论从制度设计层面还是从实践操作层面分析，地方检察院的设置模式均应向《宪法》允许的另一种地方检察院设置模式转变，即地方检察院由上级国家权力机关设置。

“考虑到我国将长期处于社会主义初级阶段的基本国情，将司法机关的人财物完全由中央统一管理，尚有一定困难。应该本着循序渐进的原则，逐步改革司法管理体制，先将省以下地方人 民法院、人民检察院人财物由省一级统一管理。”据此，笔者认为在目前情况下修改《检察院组织法》，应采取由省级人民代表大会设置地方各级检察院的模式。同时，考虑《宪法》第 132 条第二款“最高人民检察院领导地方各级人民检察院和专门人民检察院的工作，上级人民检察院领导下级人民检察院的工作”的规定和我国两审终审制的诉讼架构，可以采取以下地方检察院设置方案：在地方设置省级检察院、省级检察院分院和基层检察院三级检察院，其中，省级检察院由省级人民代表大会产生；省级检察院分院由省级检察院报最高人民检察院批准后，由省级检察院提请省级人民代表大会批准设置；基层检察院由省级检察院提请省级人民代表大会批准设置，并报最高人民检察院备案。省级检察院分院、基层检察院均为省级检察院的派出机构。

三、地方人民检察院司法管辖制度改革

地方检察院司法管辖区域与行政区划相分离，更能体现出地方检察院是国家设在地方代表国家行使检察权的检察院，而不是地方的检察院，可以在人财物管理体制层面打破地方检察院与地方利益紧密相关格局的基础上，进一步有效隔断地方检察院与地方利益在观念、心理层面的联系，并在一定程度上解决

检察官跨地区交流力度不足的问题，更彻底地避免地方意志、熟人关系对检察机关依法独立公正行使检察权的负面影响，确保检察机关维护国家法律在地方上的正确实施。只有在地方检察院由上级国家权力机关产生的前提下，建立与行政区划适当分离的司法管辖制度才具有可能性，否则地方检察院的司法管辖区域只能与产生它的同级国家权力机关相对应的行政区划相一致。关于与行政区划相分离的司法管辖制度，理论界曾进行过探讨，其中相对具体的观点集中于在省级检察院之上再设立一级检察院，或者将省级检察院改造为管辖数个省级行政区划的检察院，该观点主要着眼于最高一级的地方检察院的司法管辖区域与省级行政区划的分离。实际上，基层检察院是检察工作的基础，大多数案件在基层，基层检察院司法管辖区域与行政区划的适当分离可以更有效地实现司法管理体制改革的目的。在《检察院组织法》的修订中，应在确定地方检察院由省级人民代表大会设置后，对基层检察院司法管辖区域调整提出原则性要求。笔者认为，建立与行政区划适当分离的司法管辖制度，应兼顾依法独立公正行使检察权和满足社会需要两方面的要求，充分考虑与现行管辖制度衔接，积极稳妥划分司法管辖区域。

（一）调整基层检察院司法管辖区域的原则

1. 适当分离原则。

目前，基层检察院的管辖区域为所在的县、市、自治县和市辖区的行政区划。调整基层检察院的司法管辖区域既要与县、市、自治县和市辖区的行政区划相分离，又要确保管辖区域明晰，相互之间界线分明，易于为人民群众了解、接受。为此在划定基层检察院司法管辖区域中，既要与县、市、自治县和市辖区这一级行政区划适当分离，又不宜另起炉灶完全抛开行政区划设置司法管辖区域。

2. 相互衔接原则。

基层相应法院和检察院的司法管辖区域应保持一致，《检察院组织法》的修改应与《人民法院组织法》的修改同步进行。同时，应考虑与公安机关及其派出所等侦查办案单位、司法行政机关及其司法所等刑罚执行、人民调解单位的衔接，保证诉讼流程顺畅。

3. 方便诉讼原则。

检察机关负责审查起诉和刑事、民事、行政诉讼监督，管辖区域不仅涉及自身工作效率和司法成本问题，还关系诉讼参与人的诉讼成本。应根据基层检察院所在地就近确定管辖区域，方便当事人诉讼，同时保证检察工作效率，降低司法成本。

4. 平衡办案原则。

目前，各基层检察院人均办案量差距较大。应考虑不同区域人口数量、案件量进行司法管辖区域划定，争取省级范围内各基层检察院人均办案量基本持平。

5. 成本经济原则。

检察管理体制改革应充分考虑改革成本，争取用最小的付出、最平稳的过渡实现改革目的。司法管辖制度改革应立足于对现有基层检察院管辖区域的调整，原则上不考虑通过对现有基层检察院增设、合并的方式实现司法管辖与行政区划的适当分离，即保持基层检察院数量与县、市、自治县、市辖区一级行政区划的数量基本持平。采取这一原则，可以充分发挥现有司法资源的效能，不需要在人财物上付出额外成本，不会造成司法资源的浪费。

（二）调整基层检察院司法管辖区域的设想

综合考虑以上原则，笔者认为，应以街、乡、镇为单位划定司法管辖区域。街、乡、镇作为最小单位的行政区划，其区域范围已有明确划定，以街、乡、镇为单位有利于清晰划定司法管辖区域，并为社会大众所了解、接受。另外，公安机关派出所、司法行政机关司法所设置与街、乡、镇一致，以街、乡、镇为单位重组司法管辖区域，有利于与侦查机关、人民调解机关、刑罚执行机关刑事诉讼环节的衔接。

以天津市河北区检察院辖区为例，天津市河北区现设十个街，分别是新开河街、铁东路街、建昌道街、鸿顺里街、宁园街、望海楼街、王串场街、江都路街、月牙河街、光复道街，人口62万。与河北区相邻的红桥区现设十个街，分别是双环邨街、咸阳北路街、丁字沽街、西于庄街、西沽街、邵公庄街、三条石街、芥园道街、大胡同街、铃铛阁街，人口56万。河北区检察院所在的河北区鸿顺里街，与红桥区相邻。可以考虑将与鸿顺里街临近的红桥区三条石街（48105人）、大胡同街（29123人）划归现河北区检察院管辖，将与鸿顺里街距离较远的月牙河街（80891人）划归其他院管辖。调整后的河北区检察院管辖区域人口数量与调整前基本持平，预计案件量将保持目前水平。

我国跨行政区划司法管辖的解读与设想

——以跨行政区划检察院为视角

康平生　郭娇玉*

根据我国《宪法》、《人民法院组织法》、《人民检察院组织法》、《法官法》、《检察官法》等相关法规，我国地方各级法院与检察院主要是依据行政区划来设置的，除少数例外情况，我国地方各层级法院、检察院设置基本上与对应的行政区域相一致。地方各级人民法院、检察院对产生它的国家权力机关负责，人事编制纳入同级公务员人事编制，由同级政府机关的组织人事部门决定，并经过同级人大和人大常委会表决任免。这种司法区划与行政区划高度重叠的体制，造成了司法机关对同级地方权力机关、地方党委、人民政府的高度依附。习近平总书记在《关于〈中共中央关于全面推进依法治国若干重大问题的决定〉的说明》中指出："随着社会主义市场经济深入发展和行政诉讼出现，跨行政区划乃至跨境案件越来越多，涉案金额越来越大，导致法院所在地有关部门和领导越来越关注案件处理，甚至利用职权和关系插手案件处理，造成相关诉讼出现"主客场"现象，不利于平等保护外地当事人合法权益、保障法院独立审判、监督政府依法行政、维护法律公正实施。"为此，党的十八届三中全会通过的《关于全面深化改革若干重大问题的决定》提出改革司法管理体制的方案，即"推动省以下地方法院、检察院人财物统一管理，探索建立与行政区划适当分离的司法管辖制度"，旨在通过调整司法区划，构建一种司法区划与行政区划保持适当分离的司法管辖制度，以保障司法权得到独立公正的行使。本文旨在对该制度的内涵、制度的落实与构建进行探讨，提出一些粗浅的建议。

* 作者单位：临汾铁路运输检察院。

一、我国司法区划调整的方案

各国司法区划的建立，都是以维护司法独立，最大限度地减少地方行政对司法的干预和影响为目的的。关于司法区划的具体设置我国学界有不同的认识，有学者主张不按现有行政区划设置法院，而是按照人口及纠纷的数量、交通状况和通讯状况等重新划分司法区划，重新设置法院，形成跨省、跨市（县）的司法体系。有的学者主张，可以先在全国设立十个左右的大司法区，每个区设立一个巡回法院，等条件成熟时，再设立中司法区和小司法区。还有学者主张，可以把我国先分为十二个司法区域，分别设置高级法院、检察院。

2013 年 11 月 12 日，为确保依法独立公正行使审判权与检察权，保证国家法律统一正确实施，党的十八届三中全会通过了《中共中央关于全面深化改革若干重大问题的决定》，提出了“探索建立与行政区划适当分离的司法管辖制度”的改革方向。2014 年 10 月 23 日，党的十八届四中全会通过的《中共中央关于全面推进依法治国若干重大问题的决定》提出：“探索设立跨行政区划的人民法院和人民检察院，办理跨地区案件。”习近平总书记在《关于〈中共中央关于全面推进依法治国若干重大问题的决定〉的说明》中指出改革的目标是：“构建普通案件在行政区划法院审理、特殊案件在跨行政区划法院审理的诉讼格局。”

从上述文件可以看出，在适度分离原则的指导下，此次改革采取的是设立专门司法机关模式。专门司法机关是以事务管辖和专业性为基础，为解决特殊问题而设立的。将易受地方政府干预的案件、跨行政区划的案件设置为专门法院、检察院的管辖范围，被认为是破除司法地方化困境的一剂良药。铁路运输法院、检察院在人、财、物管理，与铁路公安的关系，独特的跨省、市地域管辖等方面具有天然的阻隔地方干扰的优势。因此，从有效利用司法资源，减少改革阻力的角度看，设置体制完备、覆盖全面的铁路运输法院、检察院系统完全可以担当此次改革大任。

二、跨行政区划检察院案件管辖及存在的问题

（一）跨行政区划检察院案件管辖现状

2014 年 12 月 28 日，中国首个跨行政区划法院、检察院在上海成立。同年 12 月 30 日，北京市第四中级人民法院和北京市人民检察院第四分院同时挂牌成立，集中办理跨地区案件。现对北京市第四检察分院与上海市第三检察分院的管辖案件进行比较分析：

	北京市第四检察分院	上海市第三检察分院
职务犯罪侦查案件	北京市人民检察院指定管辖的跨地区重大职务犯罪案件及关联案件	上级人民检察院指定管辖的跨地区重大职务犯罪案件
审查批捕、起诉案件（公安机关侦查的案件）	1. 环境资源保护和食品药品安全刑事一审案件（中级人民法院管辖的和北京市人民检察院指定的其他跨地区重大案件）； 2. 交通类一审刑事案件（中级人民法院管辖的发生在民航、公交、水运领域并由其所属公安机关侦查的刑事一审案件）； 3. 海关所属公安机关侦查的刑事一审案件。	1. 环境资源保护和食品药品安全刑事一审案件（跨地区的重大案件）； 2. 交通类一审刑事案件（民航、水运所属公安机关侦查的重大刑事案件）； 3. 海关所属公安机关侦查的刑事案件。
诉讼监督案件	四中院管辖的行政诉讼案件和跨地区重大民商事案件；知识产权法院管辖的知识产权诉讼案件。	三中院管辖的行政诉讼案件和跨地区重大民商事案件；知识产权法院管辖的知识产权诉讼案件；海事法院管辖的海事诉讼案件。

从上表可以看出，在职务犯罪侦查案件管辖方面，二者主要通过指定管辖跨地区的重大职务犯罪案件，但指定管辖的范围和指定管辖的机关存在不同；在审查批捕和审查起诉方面，二者的案件类别基本相同：一是环境资源保护和食品药品安全刑事一审案件，二是交通类一审刑事案件，三是海关所属公安机关侦查的刑事一审案件。但在管辖范围上北京市第四检察分院比上海市第三检察分院的管辖范围更大，包括中级人民法院管辖的与其他跨地区重大的环保、食安类、交通类一审刑事案件；在诉讼监督案件管辖方面，二者基本相似，主要包含对应法院审理的行政诉讼案件和重大民商事案件，专门法院审理的案件。

（二）现行跨行政区划检察机关设立存在的问题

1. 设立跨行政区划的检察院缺乏合宪性控制。我国《宪法》第 124 条、第 130 条第三款明确规定，人民检察院的组织由法律规定。可见对人民检察院组织机构的立法我国宪法确立了法律保留原则。我国《立法法》也规定：“各级人民法院和检察院的产生、组织和职权，只能由法律加以规定。”然而，目前我国在设立跨行政区划法院方面缺乏法律依据。这难免会给人一种未经法律授权的感觉，有超越宪法和法律的嫌疑。

2. 人、财、物省级统管难解跨行政区划检察机关的后顾之忧。目前，跨行政区划检察院已经实现了人、财、物省级统管，那么在一般的省级当中，跨行政区划的检察院将不受同级的市、县人民政府的限制。但是，由于省和自治区的检察院并没有脱离同级党政机关的控制，省级的司法地方化反而会得到加强。另外，由于直辖市检察分院的人、财、物本就由直辖市政府划拨，制度设置后，人、财、物分配原则并没有改变，跨行政区划检察院区别于一般检察分院的独立性并不能显现。

3. 职务犯罪侦查案件的管辖范围通过指定管辖来确定，具有随意性。跨行政区划检察院职务犯罪侦查案件管辖的案件标准是跨地区、重大，方式为指定管辖。根据管辖权法定原则，司法案件在确定管辖机关时，应当有一套保障当事人基本程序权利的可预测的机制。因此，跨行政区划检察院职务的管辖范围应以法定为主，指定为辅。且“重大”“跨地区”的界定没有具体的标准，容易造成管辖权争议。

4. 跨行政区划检察体系设置不完善。一方面，跨行政区划检察院的司法管辖权在司法层级角度未进行划分。从北京、上海的跨行政区划法院、检察院的设立来看，并未设立基层跨行政区划法院、检察院，这也许与北京、上海均为直辖市，在行政区划中缺少市级行政有关。但是根据《刑事诉讼法》第20条：“中级人民法院管辖下列第一审刑事案件：（一）危害国家安全案件；（二）可能判处无期徒刑、死刑的普通刑事案件；（三）外国人犯罪的刑事案件。”即中级司法机关仅办理重大、复杂的案件，那么，对大部分省份来讲，仅设立中级、分院级别的跨行政区划司法机关。无法彻底化解司法地方化的问题。设置跨区划检察院应当遵循精简、高效的原则，但必须是以保障司法权有效实施为前提。因此，跨行政区划司法机关的层级设置应当完善，应当考虑设置基层司法机关。还有，目前跨行政区划司法机关的层级中并未设置跨省（市）级的司法机关，在司法地方化的治理方面具有局限性。另一方面，现行跨行政区划检察院与公安在某些领域的衔接不合理。按照现行法律，环境污染犯罪、食品安全犯罪等由行政区划公安机关侦查。即使将环境污染相关犯罪、食品安全犯罪的立案监督、批捕、起诉职能交由跨行政区划检察院承担，也很难预期有好的效果，因为刑事诉讼程序能否有效启动，主要取决于公安机关而不是检察院，而公安机关的地方属性导致这种设置并不能彻底解决司法地方化的问题。

三、跨行政区划检察机关完善的设想

第一，修改相关法律，使设立跨行政区划的人民检察院有法可依。我国《宪法》规定各级司法机关是由各级地方的权力机关产生的，这是导致我国司法的司法区划与行政区划相重合的法律原因，而这种司法机关的产生方式与跨行政区划司法机关的独立性要求是相互冲突的。因此，就目前我国法律的规定而言，设立跨行政区划检察院也是违反宪法的。因此，要设立跨行政区划的人民法院和人民检察院，势必要修改宪法中有关检察院产生的规定，并通过修改《人民检察院组织法》对地方各级检察机关的司法区划和设置作出具体规定，为设立跨行政区划人民检察院提供相关法律依据。

第二，从全国角度统一案件管辖标准，设立完善的跨行政区划司法体系。首先，从制度设计的角度看，每个跨行政区划检察院都应当具有固定的管辖范围。跨行政区划检察院管辖易受地方干扰的重大案件和跨行政区划类案件，对该类案件中的“重大”“跨行政区划”的概念应当通过司法解释予以明确。其次，跨行政区划的两级司法体制应当在全国范围内统一设置。跨行政区划司法机关管辖案件具有覆盖广、类型多的特点，仅设立中级法院、检察院级别的司法机关无法达到改革的初衷，还会造成同类案件有的由跨行政区划司法机关管辖，有的由行政区划司法机关管辖，违反司法统一的原则。因此，应当以基层铁路司法机关为框架设立基层跨行政区划司法机关，管辖一审跨行政区划案件，中级司法机关办理上诉案件和重大、复杂的一审案件。随着司法改革的深入，先后有消息称西安铁路两级法院、广州铁路两级法院、郑州铁路两级法院转变为“跨行政区划法院”，与之相对应的铁路检察院将随之进行改革。希望今后的改革过程中，跨行政区划司法机关的设立在司法层级中能够更加完善，在现有改革的基础上，增设基层跨行政区划司法机关和跨省（直辖市）级的司法机关。最后，为彻底摆脱地方政府的干预，应当从诉讼的源头抓起，对环境保护、食品安全等易受地方干扰的案件，设立专门公安机关管辖，避免地方对此类案件在侦查阶段的干扰。借鉴海事法院设立的经验，合理划分司法管辖范围，统一辖区划分的标准。

第三，实行跨行政区划检察院与省级以下地方检察院的人、财、物管理的区别对待，为设立跨行政区划的法院检察院提供物质与人才保障。我们可以借鉴美国联邦法院的设置经验，由中央财政对跨行政区划检察院的司法经费统一给付。省级财政统筹省级以下司法机关财物，能在一定程度上遏制省内的司法地方化现象，但又为省级司法地方化创造了条件，当涉及省级地方利益时，不能排除司法机关为本省谋利的可能性。从长远来看，跨行政区划司法机关经费由中央财政担负，并且对当前的薪酬制度进行配套改革，才更利于解决司法地方化问题。

综上，司法体制改革是一个渐进的过程，不可能一蹴而就，我国选择通过设立专门的跨行政区划司法机关的改革模式来破解司法地方化的难题符合我国的国情。笔者认为，为了实现对司法地方化的有效治理，跨行政区划司法机关应形成一个独立的体系，在司法层级方面，应该设置具有跨行政区划的三级司法机关；在司法保障方面，人、财、物应实现中央统一配置；在司法管辖方面，按照管辖法定的原则，确立较为统一的管辖标准，并获得完备的法律支持。

转变执法理念　深化检察改革

——以新刑事诉讼法实施为视角

张季林[*]　康春景[**]

随着检察改革的不断深入，新《刑事诉讼法》颁布实施，转变当前不合时宜的观念，树立现代执法理念，全面推进依法治国，使思想观念和法治思维与时俱进，符合检察改革的发展方向，尤其对于确立符合诉讼规律、兼具公正和效率的执法理念是极为迫切的。

一、转变执法理念及其意义

"理念"是柏拉图哲学的核心概念，是指事物的原型或永恒形态，而所有现存事物都是对理念的不完全模仿。刑事诉讼理念也是在这一意义上使用的。刑事诉讼法是规范刑事诉讼活动的基本法律，是保证刑法正确实施的重要法律规范，刑事诉讼是严重社会冲突的制度化解决。正义的理念恰恰是指导刑事诉讼制度建设的完美观念形态。检察机关执法办案涉及刑事诉讼全过程，刑事诉讼法修改对检察工作影响深远、意义重大。理念是行动的指南，是指导实践的思想基础。要贯彻新刑事诉讼法，落实新刑事诉讼法中反映出的保障人权、程序正义、司法公正等新时代的要求，首先要做的就是转变法治理念。检察机关只有牢固树立社会主义法治理念，转变和更新执法理念，才能有效提升自身的执法能力素质，保证法律的正确实施。

二、转变理念中面临的问题与对策

当前，部分检察干警的执法理念还不能完全适应新刑事诉讼法的要求，存在重打击轻保护、重实体轻程序、重权力行使轻权力制约等落后观念，一定程度上阻碍了新刑事诉讼法的贯彻落实。

---

* 作者单位：黑龙江省伊春市人民检察院。

** 作者单位：黑龙江省伊春市汤旺河区人民检察院。

（一）程序意识薄弱

“正义不仅应该实现，而且应该以看得见的方式实现”。程序公正是保障实体公正的基石。但是在现今检察机关中还大量存在着“重实体，轻程序”的错误倾向，认为只要案子办成铁案，犯罪嫌疑人认罪服法，对于程序问题，像是一条弹簧，伸缩性大。这明显是与当前司法改革相悖的，因此，我们必须适应新形势的需要，迅速实现由“重实体，轻程序”向“程序至上”观念的转变，具体应做到以下三点，一是要明确“程序与实体同等重要”、“没有公正的程序，就没有公正的裁判”等观念，抓紧解决思想深处潜存的轻视程序法的意识障碍。二是深入学习新《刑事诉讼法》、《刑事诉讼规则》，摒弃变相刑讯逼供、不出示法律文书和证件即传唤当事人、将检察机关的讯问室当成羁押室等错误做法。三是要潜心研究有关法治国家的程序法及有关案例，横向比较，了解他们在解决复杂、棘手的程序问题上通常会采取哪些做法，弥补我们的不足，在新刑事诉讼法给我们提出更高的要求时不能凭空臆断，要争取看得更远，尽快适应新形势的要求。

（二）人权观念淡漠

所谓“人权”，就是作为一个人所应该享有的权利，与我国宪法理论中所讲的“公民的权利”具有基本相同的意思，只是措辞有别而已，它包括公民的基本权利和普通权利。当今世界主流宪法理论认为，尽管作为国家根本法的宪法涉及国家生活各个方面，但其最基本的内容有两块，即“国家权力的正确行使与公民权利的有效保障”，而后者“居于支配地位”，由此决定了在国家法律体系中，每一部法律的基本出发点都在于保障公民的权利和自由，即保障人权。刑事处罚对财产、自由乃至生命的剥夺都是各种处罚里最严酷的，一旦发生错案，许多情况下造成的损失都是不可挽回的。为此，作为国家法律监督机关的检察机关，必须尽快转变思想，强化尊重人权、保障人权的观念。一是在指导思想上，要认识到随着法学理论的发展和演进，法律的作用已由强化维护国家、集体利益向维护个体利益同等重要的方向转变，法律的定位已由国家专政的工具向人权保障的方向转变，树立打击犯罪与保障人权的理念，更加注重人权的保护。二是办案中，要严格遵循新刑事诉讼法的立法精神，做到依法、廉洁、高效、文明，维护检察公信力和司法权威。三是在法律允许的范围内，倡导“人性化”办案模式。人性化同样是一种理念的范畴。具体体现在执法办案中，既能满足犯罪嫌疑人和被告人对刑事诉讼功能的诉求，又能满足整个刑事诉讼中基本的心理需求。如在应对犯罪嫌疑人行使“沉默权”问题，可以尝试借鉴英美法系国家的做法，即告知犯罪嫌疑人“你有权利保持沉默”，以宣示的方法代替我们当前“坦白从宽、抗拒从严”的冷硬模式；再如对错案和执法过错的赔偿问题上，可以对查证属实的错案实行“先期给付赔偿金”制度，以此彰显我国法律的先进性和开明性，将保障人权的观念渗透到具体办案细节上。

（三）执法神秘主义

法律神秘主义是与刑事诉讼的基本原则背道而驰的。而作为法律神秘主义以及当今社会变相延续的执法神秘主义，认为只要解决争端，维护社会稳定，其执法过程、依据、结果，不必要为民众所知。而罪刑法定原则的思想基础是民主主义与保障人权主义，我国致力于建设社会主义法治国家，应当坚决摒弃落后愚昧的神秘主义思想。这次刑事诉讼法修改更好地统筹了惩治犯罪与保障人权的关系，一方面通过完善强制措施，健全证据、侦查、审判等制度，特别是针对长期困扰职务犯罪侦查工作的突出问题，延长传唤、拘传时间和审查决定逮捕期限，赋予检察机关技术侦查、指定居所监视居住、查封等措施，为检察机关依法惩治犯罪、维护人权提供了新的重要法律依据；另一方面，在强化犯罪嫌疑人和被告人辩护权、不得强迫自证其罪、继续羁押必要性审查、非法证据排除、讯问录音录像、当事人诉讼权利救济等方面作出一系列新规定，进一步强化了刑事诉讼中的人权保障。

三、转变执法理念，全面深化检察改革

新《刑事诉讼法》的颁布实施是中央深化司法体制和工作机制改革的重大成果，是完善中国特色社会主义法律体系的重大举措，是我国社会主义民主法制建设领域的重大成就，对于更加有效地惩罚犯罪、保护人民，更加有效地保障国家安全和社会公共安全、维护社会主义社会秩序，树立社会主义法治国家良好形象，具有重大意义。我们应当加紧转变理念，牢固树立人权意识、程序意识、证据意识、时效意识、监督意识，并贯彻落实到我们执法办案与队伍建设当中。

（一）强化人权保障意识，注重用法治思维法治方式执法办案

刑事诉讼中重视人权保护的价值，要求司法人员改变过去那些带有偏见的办案思路和习惯，改变原有以“阶级斗争”的态度和手段去对待犯罪嫌疑人和被告人。就刑事诉讼的证明过程而言，犯罪嫌疑人和被告人只是可能的犯罪者，他们应该在诉讼过程中享受公平的待遇。检察机关在适用法律的前提下，

还要对具体利益进行权衡，综合考虑特定案件的社会影响、法律精神和立法宗旨等因素，这种综合平衡过程就是法治思维充分运用的过程，进而最大限度发挥法律的保护作用。一是加大监督纠正违法的工作力度，采取检察建议、纠正违法通知书等形式，保护犯罪嫌疑人合法权利，保障律师调查取证、阅卷、会见等权利，实现从“重实体轻程序”到“实体程序并重”的转变。二是注重源头治理，通过积极修复受损的社会关系、预防和减少犯罪以及延伸社会综合治理职能，实现从“重打击轻保护”到“恢复性司法”的转变，以人为本，兼顾案件的法律效果和社会效果，维护社会和谐、稳定。三是加强与审判机关的良性互动，积极开展量刑建议、检察建议工作，推进检察长列席审判委员会工作，实现从“注重监督”到“监督与促进内部纠错相结合”的转变，维护司法公正与权威。四是充分保障公众知情权。知情权是公民的基本权利，因此，我们在执法办案中要切实做到有法必依，确保每一个执法办案环节都符合刑事司法程序规范，严格执行新《刑事诉讼法》关于拘留、逮捕和指定居所、监视居住后通知家属，犯罪嫌疑人在侦查阶段可以委托辩护人，辩护律师在侦查期间可以会见在押犯罪嫌疑人等各项规定，真正做到按程序执法、检务公开，去除人们对执法办案活动的神秘感，以程序的到位和公正保证办案质量。

（二）强化规范执法意识，把办案质量作为执法办案的生命线

检察机关是国家法律监督机关，必须严格规范执法，自觉规范文明执法，规范执法是司法文明进步的体现。

1. 转变办案模式，加大自侦案件的初查力度。新《刑事诉讼法》规定：“不得强迫任何人证实自己有罪”，再之律师作为辩护人身份介入案件提前至侦查阶段，这对自侦侦查工作是一个比较重要的影响，带来了很大的难题。这就要求自侦部门要摒弃以往过度依赖犯罪嫌疑人口供的情况，转变办案模式，将工作的中心从对犯罪嫌疑人的审讯转移到对证人证言、物证的收集上。解决这个问题的重要途径就是要加强自侦案件初查工作的力度，制订周密的初查方案，强化初查阶段的方法、谋略、措施的应用，充分利用第一次讯问犯罪嫌疑人在时间上的主动权，扎实取证、提前介入、取证前移，在律师介入案件之前将重要证据的收集和固定，尤其是原始证据、间接证据、能相互印证形成完整证据锁链的证据，使初查工作精细到位，完整全面。

2. 转变执法理念，提高业务水平。最高人民检察院检察长曹建明强调：“《刑事诉讼法》修改，反映了社会各界在注重保障人权、体现程序正义、维护司法公正等诸多基本问题上达成的广泛共识，充分体现了我国经济社会发展和社会主义法治文明进步的客观要求。”检察机关只有牢固树立社会主义法治

理念，更好转变和更新执法理念，才能有效提升自身的执法能力素质，保证法律的正确实施。面对新《刑事诉讼法》带来的机遇与挑战，检察机关要进一步吃透法律精神，增强业务素质，不断强化人权保障意识、证据意识、程序意识，办案思路要进一步转变，尽快摆脱“由供到证”的传统模式，进一步规范取证方式和执法行为，进一步增强证据意识，切实提高工作能力。

3. 重视审查证据，保证案件质量。这次《刑事诉讼法》修改，充分吸收长期司法实践所积累的丰富经验，在已有规定的基础上完善证据种类，明确举证责任，细化证明标准，规定非法证据排除、证人出庭和保护等制度，进一步健全了我国刑事证据规则体系。要切实改变重证据客观性轻证据合法性、重口供轻其他证据的倾向，更加注重证据的合法性，更加重视提高依法收集、运用证据的能力，不仅重视收集有罪、罪重的证据，而且注意收集无罪、罪轻的证据。要始终把保证办案质量作为执法办案活动的生命线，重视证据的合法性，把排除非法证据落实到侦查阶段。

（三）加强队伍建设，提升执法办案的能力素质。

1. 加强对自身的监督。加强自身监督，最重要的是加强对执法办案活动的监督，特别是要紧紧抓住执法办案的关键环节，抓住容易发生问题的办案进行监督。检察机关既是刑事诉讼的重要主体，又担负着对刑事诉讼实行法律监督的重要职责。在监督纠正侦查、审判机关违法情形的同时，检察机关还要重视监督纠正自身执法中的违法情形，首先做到自身硬。要牢固树立监督者更要自觉接受监督的意识，坚持用比监督别人更严的要求来监督自己，着力强化业务部门之间、执法办案各环节之间的监督制约，强化纪检监察机构的监督，包括落实好修改后《刑事诉讼法》的规定，探索加强对强制措施的监督、对侦查措施的监督、对非法取证行为的监督以及对阻碍依法行使诉讼权利行为的监督路径，严格按照法定权限和程序行使权力、履行职责，确保检察权依法正确行使。

2. 优化和改善检察队伍结构和整体素质。通过公务员招录，遴选、调任、挂职锻炼等方式多渠道引进和培养适应检察工作特点的专业化人才。注重在工作中发现、引进和使用人才，特别是政治素质好、业务能力强，具有扎实法学理论功底、未来可堪重任的年轻后备人才。加大优秀人才使用力度，注重在实践中历练和提高，并重点选拔使用。优化人才环境，对各类人才在政治上给地位，精神上给荣誉，生活上给待遇，调动人才建功立业、贡献检察事业的积极性，引导人才最大限度地发挥聪明才智。着重从精英团队建设、侦查指挥、线索管理评估、情报收集管理、初查、审讯、案件分流和外围取证、预防、协作与保障等方面锤炼办案人才。实施特长集中管理、分类使用，整合优势，多层次培养锤炼专门领域精英化人才，从根本上优化检察队伍素质和结构，为队伍输入新鲜血液，提升整个队伍的专业素质。

3. 开展大规模业务培训。适应新形势、新任务、新标准、新要求，以提升能力素质为中心，以法律职业道德为先导，增强全体检察干警转变执法理念的紧迫感，提高执法办案能力。开展大规模业务培训，迅速提升干警的法学素养，迅速扩充相关知识，尽快满足工作需要。拓展外部资源，积极与知名高等政法院校合作，依托高等院校丰富的法学教育资源建立干警业务培训基地，组织业务骨干分期分批进行培训。鼓励并在资金上支持和选派业务骨干参加最高人民检察院、国家检察官学院组织检察理论培训、理论年会、论坛、专题研讨会等各类活动。加大资金投入，提高培训资金比例，要将培训经费纳入年初预算，同时统筹做好培训的计划、组织、实施、任务分解等各项工作。通过培训，培养造就一支法学素养较高、执法办案能力较强、善于学习和突破难题的检察队伍；培养造就一批既有专业知识、办案经验，又富于创新能力、研究能力的专业骨干和业务能手；培养造就一批在各项业务工作中具有较高造诣、起骨干作用的业务带头人，全面满足检察工作创新发展的人才需要。

跨行政区划检察院设立模式及前瞻性研究

——以上海市人民检察院第三分院的实践为视角

陆建强*

2014年12月28日，为贯彻落实党的十八届三中、四中全会精神及司法改革部署，上海市人民检察院第三分院（以下简称“上海三分院”）成立；两天后，北京市人民检察院第四分院也在北京成立，由此标志着我国首批跨行政区划检察院正式诞生。这是深化司法体制改革迈出的历史性、实质性一步。一项重大制度的出台，必然有其历史背景和现实需要，也有其追求的价值目标。只有厘清这些基本问题，才能保证跨行政区划检察院的正确发展方向。

一、跨行政区划检察院设立的历史渊源、背景及价值目标

（一）跨行政区划检察院设立的历史渊源

跨行政区划检察院是在原铁路运输检察院的基础上加以嫁接改造而成，这是中央改革方案上明确的改革路径。2013年7月，最高人民检察院铁路运输检察厅提出了《关于在铁检基础上设立跨区域专门检察院的若干思考》，对跨区域专门检察院的案件管辖、布局设点、管理体制等作出具体设计，这是跨行政区划检察院改革的由来和雏形。

我国现有的铁路运输检察院是为保障铁路运输秩序和安全，设立在铁路运输系统的专门国家法律监督机关，根据铁路运行管理体系分布而设置，具有跨行政区划的天然属性。1953年，考虑到铁路运输在当时的战略地位和铁路犯罪跨区域、流动性大等特点，为方便管辖和及时调查取证，借鉴苏联的体制，最高人民检察署提出了逐步建立铁路、水上等专门检察署的意见，得到中央批准。同年10月和次年4月，分别成立了天津铁路沿线专门检察署和上海铁路沿线专门检察署，随后不少地方也纷纷成立了铁路检察机关。随着1954年

---

* 作者单位：上海市人民检察院第三分院。

《宪法》、《人民检察院组织法》的颁布实施，铁路运输检察院的法律地位得以确立。至1956年初，建立了最高人民检察院铁路、水上运输检察院，作为地方两级铁路运输检察院的领导机构，在全国15个铁路局和50个铁路分局分别建立了铁路运输检察分院和铁路运输基层检察院。毫无疑问，这些地方的铁路运输检察机关并非按照行政区划建立，而是根据铁路机关管辖的范围而定的。以上海铁路沿线专门检察署为例，其成立之初就受最高人民检察署华东分署领导，虽在1954年10月划归上海市人民检察署领导，但其下辖杭州、上饶、南京、上海等铁路运输分局，并不局限于上海。至2012年全国铁路运输检察系统移交地方，全国共有17家铁路运输检察分院（后增加到18家）和59家基层检察院，相对于内地31个省、市、自治区，大部分的分院都是跨省级行政区划，大部分的基层检察院都跨地市级行政区划。即使在铁路运输检察系统移交地方、人财物管理也划归地方后，铁路运输检察分院仍然对原下辖的铁路运输基层检察院的传统业务进行领导，跨行政区划是铁路运输检察系统最大的特点之一。

其实，我国既有的专门司法机关大多是跨行政区划的。在检察系统，除了铁路运输检察系统外，我国还有军事检察院，分别设置有中国人民解放军军事检察院，大军区、空军、海军军事检察院，地区军事检察院、空军军一级军事检察院和海军舰队军事检察院；垦区检察院和林业检察院在我国设立的较少，但也基本上都是根据垦区或林区设立，并非根据行政区划设立，不少更是具有跨行政区划的特点，如黑龙江省人民检察院农垦分院设在哈尔滨市，但管理黑龙江的所有垦区，涉及48个市县。

（二）跨行政区划检察院设立的时代背景

尽管我国既有专门检察机关如铁路运输检察院、军事检察院、垦区检察院和林业检察院，且大多是跨行政区划的，为什么还要专门设立跨行政区划检察院？这是有其时代背景的。

1. 依法治国被作为治国理政基本方式。十八大以来，党中央从坚持和发展中国特色社会主义全局出发，提出并形成了全面建成小康社会、全面深化改革、全面依法治国、全面从严治党的战略布局。[①] 全面建成小康社会是战略目

① 习近平：《习近平在省部级主要领导干部全面推进依法治国专题研讨班上的重要讲话》，载《人民日报》2015年2月3日。

标，全面依法治国则是推进实现全面建成小康社会目标的双轮之一。① 依法治国是全面建成小康社会的基本战略选择。没有公平正义的小康社会是不完整的，同时没有公正正义制度的保障，小康社会也是难以维系的。正义是社会制度的首要价值目标，对法治而言，公正就是生命线。依法治国的核心理念就是法律至上和法律面前的人人平等，这与小康社会的追求是一致的。

2. 司法公信力不高的当下现实。司法是维护社会公平正义的最后一道防线，“一次不公正的审判，其恶果甚至超过十次犯罪”。随着社会主义市场经济深入发展，一方面跨行政区划乃至跨境案件越来越多，涉案金额越来越大，社会公众对司法裁决的公正性更为关注，司法不公引起的社会反响更为强烈。另一方面，我国司法机关的设置与行政区划高度重叠，司法机关的人财物保障由地方承担，由此导致司法机关与地方利益密切相关。在行政诉讼、涉及地方发展利益的民事诉讼和部分官员的刑事诉讼中，司法机关所在地有关部门和领导关注案件处理，甚至利用职权和关系插手案件处理；同时一些司法机关或人员受地方利益的驱动，执法偏袒，损害了当事人的权利，侵蚀了司法的公信力。

3. 司法体制改革的全面推进。通过设立跨行政区划司法机关，构建普通案件在行政区划法院审理、特殊案件在跨行政区划法院审理的新型诉讼格局，是优化司法职权配置的主要体现之一。当前的铁路司法机关因铁路建设和管理的变革，案件较少，资源相对闲置；同时地方司法机关普遍存在案多人少的矛盾，跨行政区划司法机关的建立，有利于合理配置司法资源，也有利于排除对审判工作和检察工作的干扰、保障法院和检察院依法独立公正行使审判权和检察权。

（三）跨行政区划检察院设立的境外制度借鉴

法律制度的建立是人类文明进步的成果，相互借鉴不可缺少。我国检察制度借鉴了苏联的模式，并受到大陆法系检察制度的深刻影响。俄罗斯建立了集中统一的检察机关体系，分别置于中央的联邦总检察院、联邦各主体的检察院和区（市）检察院。与我国检察制度相似的是，俄罗斯还根据其国情设置有诸多专门检察机关，如交通运输检察制度、自然保护检察制度、监所检察制度和地铁检察制度等，其中交通运输检察制度独具特色、影响也大。这种检察体系以联邦总检察院为最高检察院，在总检察院设立运输和海关立法执行情况监

① 奚洁人：《全面建成小康社会与实现中国梦的五个关系》，载《上海党史与党建》2015 年第 5 期。

督局，负责全联邦的交通运输检察工作；在7个联邦区设立8个第二层级的跨区交通运输检察院（在地域广阔的西伯利亚设立了两个），基本对应7个联邦区；在火车站、大型机场、繁忙航运线路等设立186个区级交通运输检察院作为第三层级。① 在德国，其在16个州的基础上设置了24个州级高等法院及与之相对的检察机关；在审检合署的法国，全国共设450个违警法庭，180个轻罪法庭和民事大法庭，95个重罪法庭，33个上诉法院，法院在哪里设置与行政区域没有关系，原则是要方便诉讼，② 而检察官就派驻在各级法院内。

综上，检察机关的设置可能因各国的具体国情而有较大的差异，但排除行政干预、实行检察一体、防止权力滥用，维护法律的统一实施，实现司法公正是其共同目标。在俄罗斯，为了突出交通案件、自然资源案件的特点，还建立独特的专门检察机关，这可成为我国跨行政区划检察院设立的参考。

（四）跨行政区划检察院改革的价值目标

1. 完善法律监督，构建严密的法治监督体系。十八届四中全会明确提出要形成“严密的法治监督体系”。没有监督的权力必然导致腐败，行政权、司法权也不例外。检察机关作为法律监督机关，在监督保障国家法律统一正确实施中承担着重要职责。较长一段时间以来，因体制改革等方面的问题，我国检察机关对侦查机关、审判机关的监督没能全覆盖或监督体制没理顺，部分执法与司法的监督处于相对的真空状态，留下了权力滥用的空间。如海事法院的民事审判监督，因其并不隶属于地方法院系统，又因其管辖民事案件，没有专门的检察机关与其相对应；虽然有些地方指定检察机关对海事法院的民事诉讼进行监督，但从体制上并不顺。再如新成立的知识产权法院，其主要管辖知识产权类诉讼案件，在知识产权刑事案件还没有完全划归其管辖的情况下，也没有相应的检察机关与之对应，等等。跨行政区划检察院的设立，就是要通过整合原有的铁路运输检察机关，一方面通过明确地域管辖和理顺体制，强化法律监督，另一方面通过将有关机关的诉讼行为纳入其监督的范畴，构建完备的法治监督体系。

2. 回归司法中央属性，保障法律统一正确实施。司法权是中央事权，这是其自身的特质决定的，世界各国也都将司法权作为国家主权的一部分，在单

① 铁路运输检察厅赴俄罗斯培训考察团：《俄罗斯交通运输检察制度概括及启示》，载《人民检察（铁检版）》2012年第1期。

② 王公义、许兵编：《中外司法体制比较研究》，法律出版社2013年版，第75－76页。

一制国家更为明显。长期以来，我国各级检察机关都是由地方权力机关产生、受地方权力机关监督，是地方一府两院的组成部分，人财物都受制于地方，检察机关事实上成为地方治理的工具，有时也被要求承担许多行政职能。针对当前地方对司法的干预，必须将司法权上提到中央。我国是单一制国家，各地司法机关并非本地的司法机关，而是国家设在地方代表国家行使司法权的机关，行使国家的司法权，维护国家的利益，保障国家的法制统一。司法权从根本上只能是中央事权。

3. 排除地方干预，确保司法公平正义。近年来不断被揭露的冤假错案，形成了极大的负面效应，削弱了司法的公信力。当前司法公信力不高的客观现实，与检察机关难以独立行使司法权，没能维护公平正义有密切的关系，[①] 当前检察机关普遍与行政区划平行设置，在人事任免、财政经费及其他各方面的保障上完全依赖同级政府，使得检察权的行使会受制于地方影响，甚至有的地方领导直接借此干预检察机关办案；不仅如此，不少地方还安排包括检察机关在内的司法机关参与招商引资、强制拆迁等所谓的当地“中心工作”，检察机关俨然成为地方的一部分。[②] 正义是司法的生命线，司法又是社会正义的最后防线，司法正义不仅对其本身而言，也将直接决定社会公正的实现程度。检察机关是我国的法律监督机关，肩负着保障法律统一正确实施，实现司法公正的使命。通过设立跨行政区划的检察院，使其人、财、物不受地方的制约，在体制上可以不受或少受地方的干预，公正地依法行使检察权。

4. 优化司法资源配置，最大限度减少改革成本。近年来随着我国公民权利意识、诉讼意识的提高，公民的利益多元化与分化日趋严重，由此导致诉讼案件激增，司法资源日趋紧张，案多人少矛盾普遍存在。与此同时，随着铁路司法体制的改制，铁路法院、检察院“吃不饱”已渐渐成为一个突出问题。铁路司法曾擅长办理的“车匪路霸”案件数量已经很少；高铁的大规模建设、乘车环境的改善、车厢的封闭式管理，列车扒窃案件直线下降；实名制购票的实行，“黄牛”倒票、制贩假票案件也在下降；等等。面对这一迥异的形势，设立跨行政区划检察院，形成普通案件在行政区划内司法机关处理，特殊案件在跨行政区划司法机关处理的新型诉讼格局，具有优化司法资源配置、提高司

---

① 龙宗智：《影响司法公正及司法公信力的现实因素及其对策》，载《当代法学》2015 年第 3 期。

② 参见蔡长春：《疲惫的招商》，载《法治周末》2013 年 12 月 18 日；党会娟、刘勇：《蒲城检察院招商引资成效显著：华元购物中心即将开业》，载 http：//www.sn. xinhuanet. com/2012－11/18/c_ 113714564. htm，2015 年 7 月 13 日访问。

法公正、司法效率的作用。

5. 探索特殊案件的专门办理，推动司法专业化建设。党的十八届四中全会明确提出“推进法治专门队伍正规化、专业化、职业化，提高职业素养和专业水平”。设立跨行政区划检察院，目标之一是构建普通案件在行政区划法院审理、特殊案件在跨行政区划法院审理的诉讼格局。通过特殊案件的集中管辖和专门办理，经过不断学习、积累，形成办理环保、食品药品等专业刑事案件的司法专业人才队伍，促进检察队伍的专业化建设，提升检察人员的理论素养和专业化水平。

二、上海三分院跨行政区划检察工作的探索实践

自从2014年12月28日在全国率先挂牌成立后，根据最高人民检察院、市委关于改革的部署要求，结合上海实际，上海三分院对跨行政区划检察制度的改革进行了有益的探索。

（一）上海三分院的跨行政区划检察改革实践

1. 基本明确案件管辖。案件管辖是检察院的基本职能，三分院开始跨行政区划改革试点之后，即把探索特殊案件的管辖作为整个试点的基础性工作和关键。三分院挂牌后第二天，上海市院下发了《上海市人民检察院关于市检察三分院职能管辖的暂行规定》，确定了三分院的基本管辖框架。2015年7月，在上海市委政法委的组织协调下，上海市检察院与市公安、法院、司法和海关等五部门会签下发了《关于跨行政区划人民法院、人民检察院刑事案件管辖的规定》；市高级法院、市检察院又会签下发了《关于跨行政区划人民法院、人民检察院民事行政监督案件管辖的规定》，标志着上海三分院跨行政区划检察院对外的职能管辖基本形成。此后，在充分调研及反复征求相关职能部门和单位意见的基础上，上海市院下发了《关于明确市检察三分院（铁检分院）案件管辖相关问题的批复》。由此上海三分院从外部、内部两方面明确界定了跨行政区划检察院职能管辖，形成了具有上海特色的管辖模式。

2. 理顺检察院内部诉讼体系。在检察院职务犯罪侦查方面，除原有的铁路系统管辖不变外，明确涉铁企业副局级以上或在系统内有重大影响的案件，由三分院管辖，其余案件由基层铁检院管辖；上海轨交系统涉及副局级以上或者在系统内有重大影响的案件，由三分院管辖，其余案件由上海铁检院管辖；上海海关、航空、水运系统涉及副局级以上或者在本系统有重大影响的案件，由三分院管辖，其余案件逐步指定由上海铁检院管辖。在刑事检察方面，三分院在办理“跨地区”重大刑事案件、危害食品药品安全、侵犯知识产权、破

坏环境资源保护等管辖范围内刑事案件时，对本市相关区、县院行使业务指导职能。在民事行政案件监督方面，除了对上海三中院、上海知识产权法院、上海海事法院实行监督以外，市检察院可以通过交办的形式进一步扩大三分院管辖范围。由此，三分院从上海市检察系统内部在诉讼层级上得到进一步理顺，形成了相对完备的内部诉讼体系。

3. 逐步推进跨行政区划检察改革向基层院延伸辐射。三分院挂牌成立后，仍旧保留了原来上海铁检分院与铁检基层院上下两级院的领导体系，考虑到铁路运输检察院本身就具有“跨行政区划”的制度特点和体制优势，在改革探索中把分院所辖的5个铁检基层院纳入改革视野。5个基层院分为两种情况，一是上海行政辖区内的上海铁检基层院，因为没有体制和机制障碍，将三分院新增管辖案件直接向其延伸，如对三分院管辖的“危害食品药品安全、侵犯知识产权、破坏环境资源保护”的三大类案件，按照“整体规划，分步推进”的思路，一审案件逐步过渡到基层院办理。二是针对分布在江、浙、皖三省的4个基层院，由于行政管辖不一，人、事管理分属不同省院和上海三分院。我们认为，跨行政区划检察院改革的探索向这个层面辐射，更加符合中央顶层设计的要求。在办理自侦案件方面，充分发挥铁检原有体制机制优势，坚持上下一体，两级互动，推进跨行政区划职务犯罪侦查一体化机制建设，截至目前，已办理了7件具有跨行政区划因素的典型案件。在办理传统铁路刑事案件方面，发挥分院对下的业务指导职能，加强联动协调。在民事、行政监督方面，加强分院对基层院的指导，健全职能，强化意识，逐步提高能力，不断增强合力。在对铁路外新增案件上，摸索规律，加强与所在地省院的沟通，提出了跨行政区划民行检察监督的设想，推动与相关省院协调落实，积极探索建立跨区划办案新模式。

4. 办理了一批特殊管辖的案件。截至2015年11月，上海三分院共受理审查逮捕案件67件102人，其中新增类型44件78人，包括走私案件40件64人，危害食药品安全案件2件11人，侵犯知识产权案件2件3人；共受理审查起诉案件90件176人40单位，其中新增类型案件81件157人36单位，包括走私案件64件120人35单位，危害食药品安全案件3件16人，侵犯知识产权案件11件14人1单位，航运系统重大刑事案件2件6人，破坏环境资源案件1件1人。（具体罪名分布情况见图一、图二）

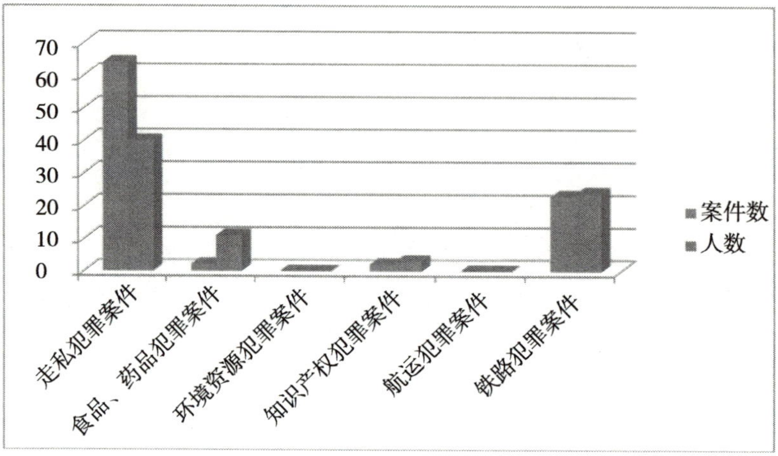

图一　受理审查逮捕案件罪名分布

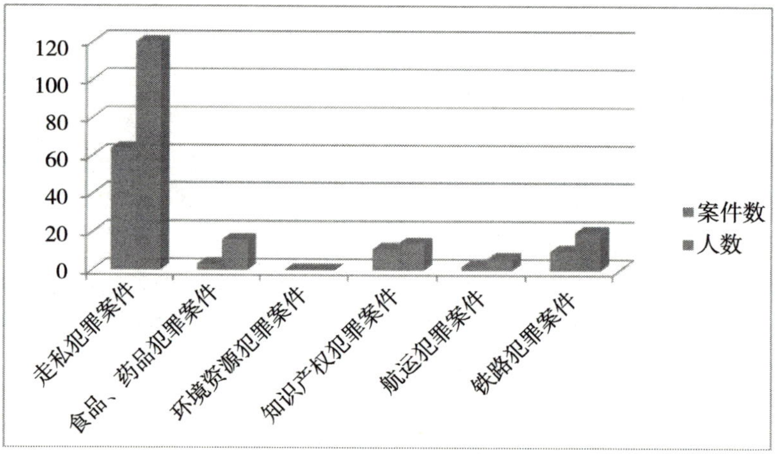

图二　受理审查起诉案件罪名分布

办理了由上海港公安局侦查终结的案值近7000万元的虚开增值税专用发票案、上海市公安局侦查终结的重大假冒注册商标案；批捕了2名以工业盐冒充食用盐销售的犯罪嫌疑人；办理了由高检院和公安部督办的“11·25”特大销售不符合安全标准的食品案；等等。充分发挥跨行政区划侦查一体化办案优势，积极落实指定管辖和异地办案机制，指定基层院管辖案件已立案9件，异地办案7件，分院督办案件6件。截至目前，中央政法委确定的八类跨行政区划检察院特殊案件管辖，目前办理的案件中已涉及七类。

（二）上海三分院改革试点的初步成效

1. 形成了一定范围内特殊案件在跨行政区划法院审理的新型诉讼格局。上海三分院坚持把握司法规律，确立普通案件与特殊案件的全新分类，积极推动建立与行政区划相分离的司法管辖制度，尽管上海原有一、二分院案件管辖同样具有跨区域的性质，但其“跨”是着眼于审判管辖和级别管辖，而三分院案件管辖“跨”的性质着重体现在“案件的特殊性”，是鉴于一些行业领域案件跨行政区划特点，以及一些犯罪危害结果往往具有跨行政区划的特征，由此形成一定范围内特殊案件在跨行政区划检察院、法院审理的新型诉讼格局。

2. 完善了对法院在民事、行政、知识产权审判进行法律监督的对应关系。上海三分院积极应对案件管辖变化带来的挑战，明确职能管辖，注重以多种形式开展民事行政法律监督。审结 1 件民事监督案件，并向市检察院提请抗诉，市检察院已支持抗诉；另对 1 件海事执行案件，制发《检察建议书》，也是上海三分院首次向上海海事法院制发《检察建议书》。受理了一起不服上海三中院行政起诉不予立案的监督申请，对当事人的申请作出了稳妥处理。受理了首起行政诉讼监督案件。

3. 实现了跨行政区划检察院内设机构模式的创新。在铁检分院基础上，整合设立了 12 个内设机构，与上海其他两个分院都有 19 个内设机构相比，数量大为减少，充分体现出改革的精神和跨行政区划检察工作职能特征。新设立知识产权检察处，对上海知识产权法院办理的知识产权案件进行法律监督；将原民事行政检察处分设为民事检察处和行政检察处，新设的民事检察处主要负责对跨行政区划重大民商事以及海事诉讼案件进行法律监督；新设立的行政检察处主要负责对同级法院审理的行政诉讼案件进行法律监督；设立新的反贪局，对反贪、反渎、职务犯罪预防职能进行整合；新设立刑事执行检察处，主要履行监所、社区检察职能，负责对刑事执行进行法律监督。此外还新设立综合业务处和新设立综合办公室。

4. 探索了专业办案组织形式。上海三分院结合正在推进的司法人员分类管理、办案责任制改革，把跨行政区划检察院探索与队伍职业化、办案专业化建设有机结合起来。通过遴选、选调、引进优秀人才；采取挂职锻炼、业务研讨、专题讲座等形式，加强对业务骨干和后备干部培养力度。同时严格实行人员分类管理，择优遴选了 36 名纳入员额管理的检察官，结合跨行政区划案件专业性较强的特点，探索专业办案组织形式，如公诉部门率先结合业务职能和办理案件类型，探索实行专业化分工，分别设立危害食品药品安全类、侵犯知识产权类、破坏环境资源保护类、海关走私类、职务犯罪类、未成年人类、交通类等共 7 个类别的专业刑事案件办案组，将相关专业案件逐步相对集中分配在专业组办理，形成具有跨地区特色的专业化办案小组。

5. 建立了规范高效的工作办案机制。上海三分院在加大办理新增特殊案件的同时，加强了与相关司法、行政等单位的沟通协调，推动建立规范高效的工作办案机制。职能管辖方面，从案件受理、证据标准、材料移送、案卷查阅等具体操作性问题入手，进一步理顺与公安、法院、相关行政执法机关以及其他分院、区县院之间的关系。配合协作方面，加强与海关、海事法院、三中院、知识产权法院的双边联系，强化信息通报和工作配合。在工作联系方面，与上海铁路监督管理局、上海市质量技术监督局、上海市律师协会和上海市法律援助中心签署战略合作框架协议等，增强工作合力。在内部管理方面，制定上海三分院自侦、刑检、民行等内部案件线索移送以及民事、行政、知识产权工作协作配合的相关规定。

（三）跨行政区划检察改革探索中遇到的问题和障碍

1. 实践中的“小跨”与改革的要求有距离。按照现有中央改革方案和上海现有的改革模式，界定了一些“特殊案件”明确了由三分院管辖，但就其实质来说，除了传统的铁路案件以外，这些案件都是发生在上海市行政区划范围之内的，从这个意义上说，只能算是“小跨”。尽管在原有诉讼格局上有所突破，但与中央改革精神和顶层设计所要达到的目标还有距离。

2. 检法指定管辖上的不协调影响诉讼监督。2012 年铁检司法体制改革完成后，华东江浙皖三省针对铁路基层法院涉铁诉讼业务日渐萎缩、工作不饱和的现状，各省高级人民法院根据最高人民法院有关规定并报其同意，授权铁路基层法院管辖部分民商事、行政、知识产权、执行案件。上海铁路运输中级人民法院下辖上海、杭州、南京、合肥、徐州五个铁路基层法院，目前五家法院中，除徐州院尚无指定管辖案件外，其他四家铁路法院都已受理指定管辖案件。除上海院外，对此类案件的同步检察监督职能由谁行使、如何行使没有明确规定，这就导致：一是同级监督缺位。如杭州铁路运输法院办理部分指定管辖案件，而对这部分民商事案件的法律监督却没有同步跟上，造成检察监督缺位。杭州铁路运输检察院就上述案件开展民事检察监督，铁路法院存在认识上的分歧，其认为在指定管辖案件上，两院不存在同级关系，杭州铁路运输检察院开展监督依据不足。二是同级监督业务的上下级监督与既有体制存在矛盾。江苏省高级人民法院 2012 年根据最高人民法院相关规定并报经最高法批准，将知识产权等部分案件授权由南京铁路运输法院管辖，同时指定由南京市人民检察院承担法律监督职责，这意味着虽然上海三分院系南京铁路检察院的业务上级机关，但却不能在基层院提起公诉的同类案件中行使法律监督权。

3. 铁检人事分离的管理机制不利于跨行政区划检察院的发展。2012 年铁检机关体制改革完成后，各地铁检分院与基层院形成了以省为单位进行属地化管理的制度模式。以上海为例，上海铁检分院下辖上海、杭州、南京、徐州、合肥五个基层铁路检察院。五家基层院在工作业务上接受原上海铁检分院的指导，但人财物的保障则由各自所在的省、市负责，同时也要接受所在地区省级检察院组织管理上的领导。类似的情况在北京、成都、甘肃、广东等全国八个铁路运输检察分院下辖的基层院也都存在。这种行政管理体制与业务体制的割裂，使得改革后的铁路检察机关工作出现下述问题，如在办案工作方面，铁检分院对辖下基层院及驻在地省级检察院之间的协调力度不够，使得相关办案工作尤其是职务犯罪侦查一体化的有效性受到削弱。再如业务经费保障方面，年度预算制定、日常保障因管理权的分离而遇到障碍，与业务相关的装备、设施投入因省际差异造成保障不到位。①。

三、设立跨行政区划检察院的前瞻性思考与建议

根据十八届四中全会精神和中央顶层设计，结合上海三分院一年来跨行政区划检察院的探索实践，就下一步深化跨行政区划检察院的改革，谈一下我们的思考和建议。

（一）跨行政区划检察院设立的三种模式

我们设想，跨行政区划检察院改革主要有以下三种模式：

第一种模式，以省级行政区划为单位，设立跨区划专门检察院——“小跨”。

这种模式主要是，参照北京、上海模式，即在对原省、直辖市、自治区（以下统称省）辖区内的铁路运输检察院进行改造，并利用林业、农垦等检察院的机构编制，在统筹、优化配置机构编制资源基础上，在省会城市新设检察分院，形成省院、分院、基层院三层级的跨行政区划检察体系，对特殊案件按照级别管辖的规定实行集中管辖。幅员较小的省可在省会城市设一个检察分院及 1 - 2 个基层院，而相对幅员辽阔的省，可设一个检察分院及 2 - 3 个基层院。以北京、上海为模式加挂牌子，为了不过度增加改革成本，尽量以不增加机构为设置原则。由于机构设置及案件管辖均在省内，跨行政区划检察院无论是人财物等行政管理，还是审级、案件指导等业务管理，都应由所在地省检察

① 徐向春：《铁路运输检察体制改革》，载《国家检察官学院学报》2015 年第 2 期。

院负责。

第二种模式，以原铁检模式为架构的跨省级行政区划专门检察院——“中跨”。

这种模式构想是，以原铁检机构设置及管理机制为基础，整合林业、农垦等专门检察院，设立跨行政区划检察机关，在原有铁路运输领域案件外扩大职能管辖。可以简单归纳为“机构靠铁检、案件跨地区”。总体上形成原铁检基层院在省内跨地级市集中管辖特殊案件，原铁检分院则跨省集中管辖特殊案件的二级跨行政区划检察机构设置。具体机构设置上，第一，对幅员相对辽阔的省，应当在合理调配原铁检资源的基础上，增设机构，如在浙江省内可以在已有杭州院的基础上增设宁波院，在安徽省内可以在已有合肥院的基础上增设芜湖院等作为跨行政区划基层检察院；第二，为实现分院一级检察机构能够跨省集中管辖特殊案件，可以撤并原铁检分院中管辖不跨省的分院机构。

管理机制上，可有以下两种方案：一是沿用铁检改制后的管理体制，即行业务与行政二头管理体制。2009 年 7 月，中央提出了铁路检察院与铁路运输企业全部分离，一次性整体纳入国家司法管理体系，一次性移交给驻在地省党委和省检察院，实行属地管理的总原则。① 截至 2012 年 6 月 30 日，全国原 17 个铁路运输检察分院（现为 18 个）和 59 个铁路运输基层检察院全部移交给 29 个省检察院实行属地管理。在体制改革之后，部分基层检察院出现人财物由驻地省检察院负责，而业务工作却由外省铁检分院领导的情况。二是业务、行政均由分院所在省垂直管理。参照铁检改制前的形式，两级跨行政区划检察机关人财物均归驻在地省级检察院负责。

第三种模式，改造原铁检架构，设立中央直属跨省级行政区划专门检察院——“大跨”。

这种模式构想是，主要以“小跨”为基础，保留该模式的基层院和分院设置，省级跨行政区划检察院（可按正厅级机构配备）跨若干省份设置，形成在最高人民检察院领导下的全国三级跨行政区划检察院。具体机构布局为：第一，增设省级跨行政区划检察院。综合考虑我国区域经济划分、省际间区域经济关联度、流域和生态功能区分布、综合交通运输体系，尤其是国家有关区域经济发展的战略布局，以及 6 个国家环保督察中心、7 个国家铁路监管局、7 个地区航空管理局以及水运海上等监管和执法机构设置情况等因素综合考虑布局，以东北、华北、西北、西南、华东、华南为基础划分 6 个片区（或者再多 2 - 3 个），设置省级跨行政区划检察院，隶属最高人民检察院领导。

① 徐向春：《铁路运输检察体制改革》，载《国家检察官学院学报》2015 年第 2 期。

同时建议在沿海某个省份增加1个院，专门负责办理海上违法犯罪案件，对海警机关执法工作实施法律监督。第二，保留“小跨”布局。片区院的设置目的在于实现对下跨行政区划检察院的业务指导与管理，并对特殊案件的办理进行统筹，最大化实现中央顶层设计的价值目标。但大量的特殊案件办案任务仍需要由下级检察机关承担。因此在片区院之下，即各省在省会城市设立分院，省内则设至多三个跨行政区划基层检察院。

这种模式的管理体制下，我们建议对体系内的跨行政区划检察院实行分级管理。业务上，各级检察机关办案等业务管理均由其直接上级负责，即在最高检统一领导下，片区院领导分院，分院领导基层院。在人员任免等管理工作上，片区院人员的任免由最高检报经全国人大常委会批准；分院和所在基层院的人事权则委托所在地管理，由所在地省检察院报经省人大常委会批准。而三级检察院的经费在有条件的情况下，仍应当由中央财政统一保障。

（二）跨行政区划检察院设立模式的利弊分析

1.“小跨”改革方案的利与弊。

“小跨”主要是以北京、上海试点工作为基础，在省级行政区划范围内对原有铁路运输检察院进行改造和调整，具有操作性较强，法律障碍较小、改革成本相对较低等优势。但这种跨行政区划检察机关无论在机构设置、案件管辖还是在人员、财物的管理上仍在省级行政区划范围内，从而显现出一定的弊端，具体表现为：一是司法中央事权性体现不充分。“小跨”模式不仅在案件办理上并未跨越省级行政区划，甚至业务、行政仍归于地方管理，无从体现司法的中央事权性。二是只能实现地区跨跃，无法实现价值目标以及顶层设计的最终目的。这种跨行政区划检察院的人员任免、财物管理等事务仍由省政府、检察院统一负责，显然仍然受到地方的制约，无法彻底排除地方行政干预弊端，仍未实现司法管辖与行政区划的分离，未能实现中央顶层设计的最终目的。

2.“中跨”改革方案的利与弊。

“中跨”主要是以铁检模式为基础，以铁检与生俱来的跨行政区划“基因”为基础，具有改革成本最低、体制运行成熟等优势。一是改革最为便捷。“中跨”并不改变原有检察体系的基本架构，只需要对原基层铁检机关进行合理调配，增设一定机构即可，对分院的设置甚至可以基本维持现状。二是业务管理机制相对成熟。在业务管理机制上，铁检二级院的管理模式已经运行了多年，相关机制均较为成熟。三是部分实现跨行政区划管辖目标。“中跨”背景下的分院一级检察机关，由于在特殊案件上的管辖范围延伸至辖区驻在地以外的省级行政区划。因此对部分案件来说，真正意义上实现了跨行政区划管辖的目标，更有利于发挥跨行政区划检察机关的特殊职能。

“中跨”改革方案的弊在于：一是管理体制上的缺陷。铁检体制改革后，现有的铁路检察机关管理体制是人事任免、财政经费归属机关驻在地的省检察院、或者省政府相关部门，而业务上却保持铁路检察机关之间的上下领导关系，即受辖区内分院级检察机关领导，因而产生人权与事权不统一的问题，管理和协调的难度较大。若在原有铁路案件范围外新增跨地区案件的管辖职能，矛盾只会越发凸显。二是可能出现诉讼“固定主场”局面，案件的公正处理将受到质疑。三是增加诉讼成本。如以上海铁检机关辖区为例，一旦将三分院管辖范围扩展至原铁检分院所辖三省一市的其他跨地区案件，那么江苏、安徽等外省市所发生的重大危害食品、药品安全犯罪等刑事案件，在相关地方公安机关侦查终结后，需统一将案件向上海三分院进行移送，路途遥远，不仅增加诉讼成本，也会影响诉讼的效率。

3. “大跨”改革方案的利与弊。

“大跨”方案下，跨行政区划检察院在中央统一领导下自成体系，在财物、人事上均不受地方制约，且设有片区院这一特殊机构，在辖区内的法律适用、办案工作管理方面存在一定优势：一是实现司法管辖与行政区划适当分离，有利于消除司法地方化。“大跨”方案在层级上增设了片区院，使得在最高人民检察院领导之下的三级跨行政区划检察机关自成体系，均可不受行政权制约，能够保证特殊案件在跨行政区划体系内流转，而不回转至地方司法机关，有利于构建长久、稳固的跨行政区划检察体系。二是机构布局符合经济发展格局，有利于实现区域司法统一。在片区院的宏观调节下，政治、经济、文化因素较为相似的辖区更容易实现法律适用的统一。而各级跨行政区划检察院的通力配合，也更有利于服务辖区经济社会的发展。三是强化司法的中央事权性，有利于建设统一司法体系。由于片区院以上领导机关的业务管理、人财物等行政管理权限均归属于中央，强化了司法的中央事权性。同时由于人才培养、人员调动均可在同一体系内进行，可以统一对人员进行培训，或根据案件数量适当调整办案力量，能够使体系内的司法资源得到合理的配置，也有利于专业化检察队伍的建设。在全国范围内设立跨行政区划检察机关，尤其是对片区院的设立，也与最高法设立若干巡回法庭相呼应，推动形成全国统一的跨行政区划专门司法体系。

当然，这种模式由于要对现有体制作较大变革，改革成本相对较大。特别由于“大跨”模式体系上不同于《人民检察院组织法》所规定的地方各级人民检察院，亦不属于专门服务军队、铁路、林业等特殊行业的专门检察机关，若要设立，则必须要在《人民检察院组织法》中明确跨行政区划检察院的法律定位。除此之外，因为对案件的审理将会跨省域，对诉讼的管辖原则也要有所修改。

（三）前瞻性思考与建议

相比而言，“小跨”易实现，但改革不彻底；“中跨”运行成熟，但管理体制不通畅；“大跨”能实现目标，但却带来一定的改革成本。总体上，按照中央改革本意，着眼于从根本上排除地方、行政对司法的干预，我们认为，设立中央直属的跨省级行政区划专门检察院就成为必然的选择。根据最新精神，最高人民检察院拟于2016年提出设立跨行政区划检察院的意见，并推动相关法律修改完善。结合上海、北京的试点工作，我们建议下一步跨行政区划检察改革的深入，应该注意把握以下几个方面：

1. 严格界定管辖范围，聚焦“特殊”案件。跨行政区划检察院设置的主要目的是为在特殊案件的办理过程中，排除地方保护及行政干预，更好地实现公平正义。若将所有跨地区发生的案件无差别纳入管辖，则不仅会导致新设立的跨行政区划检察院不能实现整合资源的目的，反而会出现人案矛盾，也会导致与地方检察机关出现管辖交叉的情形，模糊了普通案件与特殊案件的界限，使跨行政区划检察院与地方检察院逐步趋向同化，失去了改革的意义。

具体的案件管辖范围上，我们认为可包括：一是职务犯罪案件侦查方面。管辖的“特殊案件”可包括涉案人员职位较高的案件、中央企业及其派驻机构高级管理人员职务犯罪案件、承担特殊案件如涉铁企业、轨交系统以及海关、航空、水运系统、环保领域、食药品安全监管领域案件办理的行政执法人员。二是普通刑事案件的管辖方面。可界定为具有明显跨地区性质的特殊案件、环境资源保护刑事案件、食品药品安全刑事案件、海关所属公安机关侦查的刑事案件等。同时由于我国幅员辽阔，各地区经济发展不平衡，除上述原则上应当由跨行政区划检察机关管辖的案件外，各地在改革过程中，还可以结合本地实际，根据案件跨地区发生、案件可能受到外部因素干预、案件由跨行政区划检察院集中管辖更为适宜等原则，选择性地将有需要的案件类型纳入跨行政区划检察机关的管辖范围。如上海三分院在改革试点实践中，将知识产权刑事案件的管辖作为跨行政区划检察改革的探索延伸。三是行政、民事、知识产权案件方面。根据最高人民法院《关于全面深化人民法院改革的意见——人民法院第四个五年改革纲要》，我们认为跨行政区划检察院的法律监督案件可包括存在地方保护、行政干预隐患的行政案件、重大民商事案件、知识产权案件、海事案件等。

2. 强化分院层级职能，逐步向基层延伸。就特殊案件而言，从诉讼规定来看也有级别管辖问题，目前上海三分院明确的刑事案件也有一些定性要求，如危害食品药品安全及破坏环境资源案件就定位在“可能判处无期徒刑以上刑罚”、市公安局侦查及“有重大影响”这几类。一则数量相对较少；二则这部分案件更可能受到各类干预，社会关注度更高；三则这类案件在分院层面办理，办案的力量和能力素质更容易得到保障，能确保办案质量和效果。因此，跨行政区划检察院的探索一定要强化分院层级的职能，再逐步向基层延伸。

3. 改革过程中先易后难，实现平稳过渡。在未来全国推进跨行政区划检察院的改革中，可先从“小跨”着手，先从下面理顺机制，积累办案经验，打好基础，再选择1－2个区域开始“大跨”探索，面向全国推广。由于“小跨”是“大跨”的组成部分，并且改革阻力小，成本低，从“小跨”逐步向“大跨”过渡，可以减少震荡，实现平稳过渡。

4. 整合现有司法资源，理顺管理体制。中央提出设立跨行政区划法院、检察院是在对现有铁路运输法院、检察院充实改造的基础上实现的，它既考虑原铁路运输法院、检察院的体制特点，又兼顾了铁路运输法院、检察院当前业务状况变化的现状。顺着这条思路，在整个改革过程中，完全应该把情况类似的林业、农垦、矿区等法院、检察院纳入改革范畴，以便整合力量，优化司法资源的配置。此外，在改革过程中需要进行合理的调配与布局，保证各地区办案力量的相对均衡，同时在此次改革过程中，建议把2012年铁路司法体制改革中遗留的人事分离双头管理的弊端一并解决，理顺管理体制。

5. 细化顶层设计，协调检法步伐。从改革的角度而言，设立跨行政区划法院、检察院涉及两个系统，而构建普通案件在行政区划法院审理，特殊案件在跨行政区划法院审理也是检法两家应该遵循的最终目标。在实际司法运行过程中，检、法两家具有密切的关联，如检察机关的指定管辖，法院在审判时予以认可。因此，在跨行政区划法院、检察院探索过程中，要进一步细化中央的顶层设计，协调检察院、法院两家的改革举措和步伐，形成合力，共同推进，以确保中央的改革要求落到实处。

6. 适时修改完善法律，为改革提供法律保障。改革必须在现有法律框架内进行。现有的法律尽管为当前跨行政区划法院、检察院的探索提供了空间和可能，但随着改革的深入，一些深层次的改革都会遇到法律问题。跨行政区划检察院的改革探索，也需要全国人大常委会尽快出台相关规定，为改革提供法律保障。

检察院组织法修改若干问题研究

李乐平[*]

一、制度、体制与机制：修法应解决的技术问题

（一）检察院组织法解决的是体制层面的问题

不同层级法律需要解决的问题不同，就检察制度而言，宪法解决的是制度层面的问题，组织法解决的是体制层面的问题，诉讼法解决的是机制或方式层面的问题。理论上，检察制度、检察体制、检察机制及方式应分别体现于宪法、检察院组织法和诉讼法及其相关法律文件中。因此，检察院组织法应重点解决以什么样的检察体制来落实宪法层面的检察制度的问题。检察制度与检察体制关系密切，一方面，检察制度对检察体制具有决定作用。检察制度要求检察体制能反映、体现其本质内容，适应并服务于自己。另一方面，检察体制对检察制度产生巨大的制约作用。体现检察制度发展要求的检察体制，可以使检察制度的优越性得到充分发挥；不符合于检察制度的检察体制，则阻碍着检察制度优越性的实现。检察体制是检察制度得以在社会中实现的介质，它的选择和确定，既要遵循和体现检察制度，又必须着眼于当前及今后中国的司法供求，根据不同情况将制度的原则规定和目标要求体系化为检察体制，以更有利于检察制度的贯彻实施，促进检察制度的巩固、发展和完善。我国宪法在制度层面规定，法律监督是检察机关的主要职能，它决定了检察院组织法在检察权独立行使、检察权优化配置及检察领导体制等重要方面时的体制选择。

（二）现行立法及理论研究没有遵循立法规律

1. 现行检察院组织法未能立足体制层面。

首先，体制性内容与机制性内容不分层次地并存于检察院组织法中。检察院组织法具有检察机关“根本法”的地位，其应以实现检察机关在国家权力

* 作者单位：江苏省无锡市人民检察院。

体系中的宪法定位，以及厘清检察机关与其他国家机关的关系为己任，对于检察机关行使职权的程序规则不应直接作出规定。现行检察院组织法以三分之一篇幅，以独立成章的形式规定检察机关执法办案程序，将应由诉讼法规定的程序性规定纳入到检察院组织法的体制性范畴。与此对照，对于检察机关职权等检察院组织法应重点规范的内容，现行立法无论在内容还是形式方面均未形成标准体系，这反映了检察院组织法在立法体例和立法技术方面未能遵循基本的立法规律。其次，检察院组织法中的体制性设计远未达到体系化要求。作为上承宪法下启诉讼法的人民检察院组织法，只有达到体系化的程度才能为检察制度的运行提供顺畅的渠道，才能为机制创新提供规范的框架，才能承担贯彻宪法和统领诉讼法的重任。现行《检察院组织法》条文总数仅 28 条，关乎检察体制的设计更是少之又少，无法支撑检察院组织法在立法层次中的角色担当。最后，未能及时将司法改革和检察改革体制性成果法律化。现行《检察院组织法》在其实施的 30 多年时间里，只对个别条文进行了两次修订，而这 30 多年正是我国司法改革最集中的时期。现行立法未能结合中央司法体制改革的重要部署以及最高人民检察院有关检察工作体制机制改革的探索实践，对检察改革体制性成果进行系统总结提炼并以法律形式加以固定。

2. 现有研究成果未能立足体制层面。

首先，研究论证缺乏对立法规律的基本认知。先前关于《检察院组织法》的修改多围绕“如何入法”而展开，对于“是否入法”的论证鲜有涉及。“立法之良莠与立法技术运用之巧拙关系密不可分”，倘若对于立法规律缺乏基本的认知，修法将再度偏离其居于体制层面的定位。修法同样讲究方法，针对《检察院组织法》与《宪法》、《检察官法》、诉讼法甚至实体法之间差异的技术性论证是《检察院组织法》修改必须解决的前提问题。其次，错位的研究方法对检察制度基本理论产生一定的破坏力。当下，理论研究中对于源与流的问题错误定位，对于检察权运行中存在的体制性、机制性障碍甚至是非正确的权力行使方式，不加区分地加以批评，直至质疑现行宪法层面的检察制度。最后，机制入法的研讨仍在继续。仍然未能把握检察院组织法在体制层面的定位，建议将诸如检察环节防止和纠正超期羁押机制、检察机关职务犯罪侦查内部监督制约机制以及保障律师在刑事诉讼中依法执业机制等应由更低位阶法律来规定的检察机制建设的成果充实到现行《检察院组织法》第二章中。

（三）立足体制层面的修法建议

首先，修法设计应立足体制层面而非制度、机制或方式层面。应正确处理以宪法为依据和设置宪法性规范之间的关系，正确处理统筹诉讼法和设置诉讼法程序规则之间的关系。宪法对于“法律监督机关”的原则性表述，组织法应侧重于对“法律监督”范围的分解细化以及对于检察机关“法律监督”与其他类型监督的界限、边界问题的框定。其次，以检察院组织法统领三大诉讼法。检察院组织法与三大诉讼法之间不是衔接或互补的关系，其应以完备的体制设计统领三大诉讼法。《刑事诉讼法》、《民事诉讼法》的修改对于完善检察制度、健全检察体制、创新检察机制和方式等方面的影响将是长期而深刻的，《检察院组织法》修改时应对影响因素进行扬弃并升华至组织法的体制层面，以居于更高站位统领三大诉讼法。最后，应以“组织”为要义对检察院组织法进行体制化设计。检察院组织法是紧紧围绕检察机关“组织”方面的体制进行规范的，要专门对检察机关的组织制度、组织体系进行体制化设计。检察机关在国家权力格局中的法律地位及与其他国家机关的关系框架，检察机关的组织原则、组织机构的具体设置以及组织机构的具体职责、权限等内容均应在体制层面进行明确。

二、一体化、行政化与地方化：修法应解决的法理问题

（一）一体化与检察机关领导体制

1. 检察一体化原则产生的特定背景。

检察一体化原则是在检察权缺乏独立的情况下为形成有效合力抗衡外来力量而产生的，是与西方国家检察机关地位较低的历史背景和制度背景密不可分的。西方国家三权分立政治体制下，检察权不属于三权之一，大多检察机关隶属于政府的司法行政部门，具有行政权的性质。大多西方国家的检察机关在国家组织结构中具有二级性，与立法、行政、司法机关不处于同一位阶，仅作为政府中司法行政部门的隶属机关。同时，西方多党制国家党派以及行政首长对于检察权的干预，使得检察权难以独立，也使得检察一体化原则成为必要。

2. 检察一体化原则下的检察机关领导体制。

尽管检察一体化原则产生于检察机关地位较低、检察权缺乏独立的西方国家，但是，长期以来，检察一体化原则对于我国检察体制产生了广泛而深刻的影响：一方面，在上下级检察机关之间的关系方面，检察权的集中统一行使被强调，检察机关的整体独立缺失。对于上级检察机关的领导权力，《宪法》和《检察院组织法》均未作出明确规定，上级检察机关拥有的实际权力非常广泛。上级检察机关有发布指令和进行工作部署的权力，有交办、参办、提办案件的权力等。另一方面，在同一检察机关内部，检察官的个体独立缺失。我国检察机关内部实行的是以层层审批式行政模式为特点的办案体制。中国上下级

检察院组织关系建设更多地偏重于对“检察一体”原理中指令权、等级性、统一性等的强调，更多地表现为对检察制度内部职权以及检察制度外部特征的追求，并存在着违背该原理基本内核的倾向。

3. 检察一体化原则与检察机关领导体制的协调设计。

我国的检察权无论在国家权力结构中的地位还是与其他国家权力的关系方面，都与西方国家的检察权有本质区别。在人民代表大会下，我国设立了行政机关、审判机关和检察机关，分别行使国家职能中的行政权、审判权和检察权，即“一府两院”，检察权与行政权和审判权同一时间产生，同处一个位阶，均为人民代表大会制度服务，其完全具备宪法上的独立品质。人民代表大会制度是我国的根本政治制度，是政权组织的基本形式，是构建国家政权体系的前提和基础，检察改革不能也不应该违背人民代表大会这一根本政治制度而独立进行。

检察一体是一个题域有限的原理性表述，源于西方国家的检察一体化原则是在检察权不独立的情况下为形成合力抗衡外来力量而产生的，我国则是在检察权存在地方化倾向的情况下强调检察一体化原则的。但在省级垂直管理改革的今天再强化检察一体化原则不但无益于检察权的独立反而会加速检察权力的过度集中。在有利于实现检察职能的同时，检察一体化机制也会带来权力集中和权力滥用问题，检察一体化的过度强调也将致使检察官个体能动性的减损。正是由于检察权独立在司法运行中的重要作用，在许多实行检察一体化原则的国家，检察官独立的价值被不断强调，上级检察机关的指令权被不断约减。当前中国受检察一体化原则影响，检察权运行过程中已经出现内部干预大于外部干预以及上级对下级权力不断扩张等倾向，因此，检察一体化原则在当前检察改革中的地位需要我们重新考量。

我国的检察权具有司法权的属性，同时，我国上下级检察机关又是领导与被领导的关系，检察权的运行既要遵循司法权的运行规律，又要在一定程度上贯穿检察一体的精神，但是，检察一体化原则应严格受到法治原则的限制。据此，检察一体化原则与检察机关领导体制在修法时应进行两条线设计：各级检察机关拥有对案件证据采信、事实认定及法律适用等司法性行为的独立决定权；在检察工作的部署、总体思路的决定、法律政策的运用方面，上级检察院拥有对下级检察院的指导权。

（二）行政化与检察机关职能机构

1. 作为成熟权力形态的行政权及检察权的复合运行。

行政权作为产生时间最早、运行时间最长、运行机制最为成熟的权力形态，其不仅成为对外获取资源最有力、最直接的手段，而且成为对内配置资源最有效、最经济的方式。“三权分立”学说区分了司法权与行政权，然而司法权与行政权绝非“非此即彼”的关系，严格划分司法权与行政权的界线只是一种理论假设。司法权与行政权的分立并不意味着权力作用方式的断然决裂。权力的实现机制存在共通和交融，规则预设、规则判断与规则实现等权力运行的基本要素同时存在于司法权与行政权中。判断的组织与实施并不能仅凭判断自身，司法权的运作离不开行政方式的参与配合，行政方式为司法权运作提供必要的保障。司法权与行政权的区分体现的仅是国家职能的划分，绝非权力实现机制的分立。因此，以权力复合运行原理审视检察权，国家检察职能的实现不仅依托单一的判断过程抑或诉讼关系，同时必须依赖行政方式的支撑来实现对内配置资源与对外获取资源。

2. 检察权与行政权的异化结合。

检察行政事务的自治和自理注定了检察机关不是单纯的“法律监督机关”，检察权管理与检察行政权管理，共同构成了检察机关管理的完整内涵。检察机关管理的双重内涵与检察机关的职能定位并不冲突，二者统一于检察权的权力特质之中。但是，长期以来行政主导一切的制度传统与制度惯性，导致了检察权与检察行政权关系的异化。检察行政权的扩张与渗透，使检察权距离其权力特质渐行渐远并产生运转困境，检察权行政化弥漫在整个检察体制内：检察系统内部，科层制的行政内控机制被套用，检察系统的组织机构、管理方式、运行机制等，均呈现明显的行政化和官僚化特征；检察系统外部，检察机关为获取生存资源，必须积极向资源分配者靠拢，对作为资源占有者和配置者的权力主体，特别是行政权力系统产生过度依赖，检察系统被行政系统渗透、牵制、支配，构成了检察权外部行政化的主要特征。由于以检察权为中心，以检察行政权为辅助的权力生态遭到破坏，致使检察机关呈现系列异常表现：其一，检察机关的业务机构和行政机构设置不均衡；其二，检察决策受控制于检察行政首脑；其三，检察行政权对检察权的过度渗透；其四，检察独立缺乏体制性前提。

3. 检察权的运行不能完全去行政化。

当下，对“检察体制行政化倾向”的批评是所有问题中最集中也是最尖锐的。有学者明确指出，检察体制行政化倾向就是检察机关组织体系在程序的设置和管理方面采取了类似行政机关的模式。对于把检察体系中存在的主要问题归纳为“检察体制的行政化倾向”的观点，笔者认为应一分为二地看待。上述观点虽然在一定程度上揭示了检察体系中存在的部分突出问题，但是，这种研究方法和研究结果实际上阻碍了对检察体制问题的深入讨论。严格地说，把检察机关的问题简单化为“检察体制行政化倾向”恰恰掩盖了检察机关存在的真实问题。

当前，无论检察职能机构如何改革都无法在本质上脱离行政特点的事实说明，检察权内含检察行政权的权力本质决定了检察权的运行不能完全去行政化。因此，我们应该深刻把握权力本质，充分尊重权力运行规律，一方面，实现检察组织体系和检察行政组织体系的分立。现行的检察组织体系中没有对检察组织体系和检察行政组织体系进行分立，检察组织体系内的机构设置和程序安排缺乏理论基础和法律依据。按照权力运行规律与权力构造相互作用的观点，检察组织体系内应建立两套相对独立的组织体系，确保检察权和检察行政权在各自的组织体系内运转，实现各自的价值和功能。另一方面，确立检察官控制检察机关的组织模式。检察官享有对整个检察组织体系的最终决定权，检察组织体系内的检察行政体系处于服务和隶属地位。在检察机关内成立由检察官组成的检察官委员会，选举出首席检察官作为检察组织体系的代表。首席检察官与检察官委员会的关系方面，应强化检察官委员会权力的实体化运作，限定首席检察官的集权。在以首席检察官为代表的检察官委员会领导之下，设立秘书长，专门负责处理检察行政事务。

（三）地方化与检察机关组织架构

1. 检察权地方化与司法不公。

检察权地方化是近年来被学术界及司法界频繁提及的一个概念，从法理学的角度讲，地方化只是一个中性词。司法权地方化，是指司法机关或者其工作人员在司法活动过程中受到地方党政机关或者地方利益团体的不当控制和干扰，导致司法机关及其工作人员丧失应有的独立地位，从而出现一种在个案中司法屈从于行政的权力异化现象。缘于经济、文化等诸方面差异，当前对于检察权地方化的解释褒贬不一，但检察地方保护主义说显然以绝对优势压倒检察权因地制宜说。检察地方保护主义说认为，检察权地方化是地方保护主义在检察领域的反映，主要体现为地方党政机关将国家赋予的检察权力当作谋取地方不正当利益的工具。检察权地方化的主要诟病在于导致以下两方面的问题：检察权地方化导致地方权力对检察机关执法办案的不当干预，造成司法不公；检察权地方化削弱了检察权对行政权的监督和制约，导致行政权扩张。

2. 检察权的因地制宜与检察权中央化的逻辑冲突。

检察权地方化是一种检察权的因地制宜，属于检察改革常态，强调社会环境的不断变化和法律规范的具体实现。检察权因地制宜是一种检察职能履行方式地方化、多样化、实效化的表现，是应被当代法制建设推崇的行为。我国目前的国情决定了我们的司法改革是与任何国家都不一样，求同存异是必须表明的态度。

针对司法地方化产生的司法不公、削弱司法对行政权的监督和制约等问题，当前主流观点认为，只有实行司法中央化才能从根本上解决这一问题。事实上，司法不公问题是由司法腐败、法律自身局限及司法人员能力较低等多种因素造成的，司法地方化仅是诱因之一，对司法公正的影响有限，也不会严重削弱对行政权的监督，因此，颠覆式的改革对于理顺我国的司法体制，并不是理性的选择。而且，即便实行司法中央化，司法存在的社会环境仍然无法改变，地方行政权为发展地方经济和维持社会稳定而干预司法的动因依然无法消弭；相反，由于减少了地方对司法的监督、制约有时甚至是配合、支持，反而会增加司法腐败的风险，加大司法运行难度，带来更多的司法不公问题。美国在"联邦检察系统和地方检察系统互不干扰"的情况下检察权能够有效运行的事例也表明，地方化对于司法并不是完全排斥的。

3. 省直管体制下组织架构的适度地方化。

在中国这样单一制国家中应该具有统一的国家司法体制，但我国各地区经济社会发展存在巨大差异，这种差异必然会影响到上层建筑，这不仅合乎政治经济理论与实践，也合乎当前社会管理的需要。这也是国务院、发改委在制定《苏南现代化建设示范区规划》的时候，提出"在南京鼓楼区、无锡江阴市开展基层司法体制改革试点"要求的社会基础。

十八届三中全会决定提出"推动省以下地方法院、检察院人财物统一管理，探索建立与行政区划适当分离的司法管辖制度"的举措，即在检察权地方化与中央化之间寻求到最佳的平衡点，既避免地方化对检察权运行产生的不良影响又兼顾检察权地方化的合理之处。尽管省级垂直管理的路径选择还有诸多争议，但省以下人财物的统一管理的规划已释放出强有力的改革信号，省级垂直管理体制下组织架构的适度地方化必然成为今后改革的方向。

三、释权、分权与收权：修法应解决的现实问题

（一）检察权释权体制与检察权弱化

1. 检察机关的宪法定位与检察权结构体系。

我国宪法监督体系分为三个层面：全国人大及其常委会的宪法监督，国务院对其各部委与地方各级国家行政机关的行政监督以及人民检察院的法律监督。这三个层面的监督范围具有特定性与专属性，均属于专门监督，共同构成我国的宪法监督体系。针对宪法监督和行政监督，宪法均作出明确的授权，对

于法律监督，宪法只作出原则规定。检察机关的监督属于法律监督，法律监督应包括对立法活动、执法活动和司法活动这三项公权力行使活动的监督，排除全国人大及其常委会和国务院的专门监督，检察机关的法律监督权力仍应是十分广泛的。

现行《检察院组织法》在条文中以穷尽方式列举了七项检察权，以落实宪法关于“人民检察院依照法律行使检察权”的原则规定，但是，该法对于检察权的细化与检察机关的宪法地位是极不相称的。“检察权”在本质上是“法律监督权”，各检察职权的设置皆应基于“法律监督”的国家性、法律性和监督性而设立。因此，宪法定位中的我国检察权应具有内部构造严密、外部运行独立及监督制约有力的特质。当代中国正处于法治转型期，立法、执法和司法都存在突出问题。这些问题无论对于法治进程还是国家发展、个人利益都构成严重损害，通过行使检察权实现对其他国家权力的监督和制约，维护国家法制的统一，这才符合检察权的逻辑结构原则。因此，以完备的检察权结构体系落实宪法关于法律监督机关的制度定位，是检察院组织法修改不能回避的问题。

2. 检察权弱化突出体现在对行政权监督的乏力和缺失。

行政权渗透于国家政治、经济、文化生活的方方面面，是唯一能使国家权力在宏观和微观上真正进行运转的权力。行政权自身构成一个相对封闭独立的运行系统，权力在相对独立的系统中运行，人民代表大会的监督无法及时、直接的实现，所以客观上需要专门的监督机构代表最高权力机关实施法律监督。尽管我国的检察权能日趋完善，已形成不仅包含刑事检察权还包括支持、督促起诉、公益诉讼等饱含现代检察理念的先进民事检察制度等样态丰富的“权力包”，但是，我国检察权的法律监督职能实际上还仅局限在“小三权”领域，与大陆法系国家控权型检察权的地位相似。当前，检察权弱化突出体现在对行政权监督的乏力和缺失，无法有效遏制行政权力的滥用以及行政权侵犯国家利益、社会公益、个人利益等违法行为的产生。

3. 健全检察权释权体制。

宪法中以抽象形式表现的检察权，必须在检察院组织法修改时以具体法律授权的形式进行具体构建和配置。构建以双重权力监督为特点的中国检察权，既要巩固固有的法律监督职能又要强化对行政权的监督。在今后的修法活动中，建议扩充检察权的非讼行政监督和行政公益诉讼等职能，落实检察权的宪法定位。以此保障宪法和法律的统一实施，充分发挥人大政体的优越性，促进行政机关依法行政。

(二) 检察权分权体制与检察权垄断

1. 建立检察权分权体制的必要性。

虽然我国不乏监督制度机制，但必须客观承认，中国检察制度建立之初的思想基础是政权建构的民主性和集中性，而不是分权与制衡。目前，检察机关内部职能部门虽然权责明晰，体现了刑事诉讼法“权力制衡”的原则，但仍存在诸多不合理之处，尤其是侦监、公诉、自侦等部门之间的制约力度不够大，内部监督效果不显著，这些问题的存在主要在于检察机关自身监督制约机制的失灵。检察机制隶属并内含于检察制度和检察体制中，检察机制的失灵部分源于检察体制的缺陷，因此，在检察机关内部建立检察权分权体制十分必要。

2. 建立检察权分权体制。

分权作为防止权力滥用最有效的手段，其同样适用于检察权自身，作为检察权主要职能的公诉权和职务犯罪侦查权等子权力，分权体制的建立对于这些权能的健康发展是必要的。当前，我国检察机关垄断公诉权的行使，同时以整体的检察机关而不是个体的检察官行使公诉权，导致检察机关的内部分权不足，容易诱发公诉权滥用。现代刑事起诉制度在欧美等国家多趋向分权模式。在美国联邦和保留大陪审团制的州，被告人有权要求由大陪审团决定是否起诉，大陪审团批准起诉的案件将由检察官具体负责法庭控诉。分权模式的设计原理，实质是将诉讼中的权力予以分立，以权力制约权力。《检察院组织法》修改时建议将公诉权进行分解，借以达到防范滥用权力，保障被追诉人人权的目的。

对于职务犯罪侦查权的分权，实践与司法解释早已做出探索，作为包含职权配置职能的《检察院组织法》，在修法时应将此进行体制化设计。2009 年 9 月，最高人民检察院下发了《关于省级以下人民检察院立案侦查的案件由上一级人民检察院审查决定逮捕的规定（试行）》，规定“省级以下人民检察院立案侦查的案件，需要逮捕犯罪嫌疑人的，应报上一级人民检察院决定”。该项改革旨在以较为彻底和相对经济的方式优化检察职权配置，充分发挥审查逮捕的法律监督职能，推进检察权的依法公正行使，防止检察权滥用。职务犯罪审查逮捕权改革虽仅是上下级检察机关对于职务犯罪逮捕权配置的调整，但其同样承载着法治成本，同样会存在因配套机制不健全而影响改革预期的情况。如改革中出现的“立案下沉”等问题，因此，在检察院组织法修改之际建议将此进行体制化设计。

（三）检察权收权体制与检察权扩张

1. 检察机关的法律定位与检察权行使的边界。

宪法、法律均未对检察权的具体权能作出规定，但不能由此认为检察机关可以任意解读检察权或者创设检察权，检察权的行使一定是以检察机关的法律定位为边界的。检察机关的法律定位，主要基于两点：其一，检察机关在国家权力格局中的定位。检察机关作为国家法律监督机关，其专门监督是被严格限定在法律的框架之内的。其二，检察机关在诉讼结构中的定位。宪法规定，“人民法院、人民检察院和公安机关办理刑事案件，应当分工负责，互相配合，互相制约，以保证准确有效地执行法律”。同时，诉讼法又分别规定，检察机关有权对刑事、民事和行政诉讼活动实行法律监督。因此，检察权的主要任务是确保诉讼活动的顺利进行以及法律监督职能的实现，检察机关无论承担怎样的职能，都不应超出法律的边界。

2. 检察机关社会管理角色应被适度限制。

检察机关参与社会管理创新是作为“三项重点工作”之一，在我国社会转型的特殊时期提出的，其本身蕴含着浓厚的政治意味。检察机关作为国家机构之一，具有社会管理的职责。检察机关社会管理者的身份与责任可以根据“社会管理创新”的定义得出，“在现有社会管理的条件下，对现行社会管理理念、方法和机制进行改造、改进、改革，构建新的社会管理机制和制度，健全社会管理体系，以实现社会管理目标及一系列活动的过程”。由此，检察机关作为社会管理者的角色与行政机关扮演的社会管理者的角色不可相提并论，检察机关作为社会管理者的角色应以法律之方法实现，同时是为实现法律之目的。加强和创新社会管理对检察机关提出了新的任务和要求，但其实质是检察机关功能作用上的优化，而非职责身份上的转变。检察机关配合行政机关频繁参与社会管理活动的做法将产生下列负效应：其一，检察机关与行政机关合作的表象会增加公众对于“检察行政一体”的误解，必然为实现检察独立增加舆论阻力；其二，社会管理中行政机关的主导地位会演化成行政行为渗透、干扰、介入检察行为，严重影响检察独立。因此，检察机关参与社会管理角色应被限制在法治的框架之内，以法治理念为社会管理提供理论先导；以法治手段为社会管理提供内控机制；以法治形式推行社会管理创新成果。

3. 完善检察权体制。

检察权的核心价值是实现对行政权、审判权的监督，为适应社会转型需要，中国的检察权被赋予了更多的内涵，被寄予了更多的期待，但不论具体的权能构建呈现怎样的差异，“法律”监督的属性都不应被改变。现行法律规范尚未对检察权具体权能作出规定，检察院组织法修法时应对检察权具体权能作出回应，在体制层面确保检察权的宪法定位不发生变异，完善以“法律”监督为取向的检察权体制。

检察官办案责任制比较研究

桂万先　李　艳*

完善司法责任制，落实谁办案谁负责，是党的十八届四中全会决定的明确要求，也是当前司法改革和检察改革的一项重要内容。2013 年底，最高人民检察院制定下发《检察官办案责任制改革试点方案》，正式启动以主任检察官制度为重点的检察官办案责任制改革试点，上海、北京、湖北、江苏等地纷纷开展主任检察官办案责任制实践探索。从世界范围看，确立检察官办案主体地位，注重保障检察官履职的独立性是各国检察制度的重要特性。在当前主任检察官办案责任制改革的关键时期，客观检视剖析我国检察官办案责任制改革历程与现状问题，认真研究借鉴域外检察官办案责任制合理内容，对深化推进检察官办案责任改革无疑具有积极意义。

一、改革历程：从主诉检察官到主任检察官

建立健全符合检察工作规律、检察职业特点和法律监督运行要求的司法办案机制，一直是我国检察改革的重点内容。1996 年《刑事诉讼法》修订后，全国检察机关围绕建立符合检察权运行规律的检察官办案责任制，不断探索和推进办案工作制度和机制改革，经历了从主诉检察官办案责任制到主任检察官办案责任制的演进和深化。

（一）主诉检察官办案责任制的试行与波折

为打破长期以来的检察业务管理行政化模式，推进检察队伍专业化建设，2000 年 1 月，最高人民检察院（以下简称高检院）在总结各地探索实践的基础上，出台《关于在审查起诉部门全面推行主诉检察官办案责任制的工作方

* 作者单位：江苏省人民检察院。

案》（下简称《工作方案》）。高检院设计的这份方案选择公诉部门作为突破口，[①] 内容涉及办案组织、主诉检察官的选任、考核、职权以及主诉检察官与检察长、检委会之间的关系等多方面内容，是推动检察官向职业化、专业化发展的一次大胆尝试，对明确岗位职责、减少案件审批环节、提高诉讼效率具有积极作用。但自该规定颁布以来，20 余年间主诉检察官制度不但没有在全国检察机关落地生根，反而随着时间的推移逐步萎缩。究其原因，笔者认为主要有以下几点：

1. 主诉检察官制度定位不明晰。从高检院《工作方案》的具体内容看，主诉检察官是能力岗位，是从检察人员中选拔出优秀的业务能手，赋予其承担更多的责任。其并没有从根本上改变检察机关的人事管理体制，也没有改变检察机关原有的内部权力运行方式和办案组织形式，其仅是一个单项办案工作机制改革。这就使得主诉检察官办案责任制的运行缺少必要的配套性制度。

2. 主诉检察官应有职权不明确。高检院《工作方案》的规定：主诉检察官承办案件时，对于法律明确规定应当由检察长、检察委员会行使的职权，以及检察长、检察委员会认为应由其行使的职权，应当提出意见，报请检察长决定。方案列明了八个需由检察长、检委会决定的事项。由于办案压力大，责任风险大，加之缺少激励机制，多数主诉检察官主观上不愿意行使更多的职权、承担更大的责任。有的检察机关即使实行主诉检察官制度，但仍然沿用“三级审批”制，使得主诉检察官制度徒有其名。

3. 主诉检察官选任机制未有效落实。按照高检院《工作方案》的规定，主诉检察官在全院范围内公开选任，有条件的可以在本院及所属下级检察院选任；选任必须经过资格考试和考评两道程序，资格考试又分为书面考试和能力测试，书面考试原则上由省级检察院统一组织，能力测试由市级检察院组织，通过资格考试的人员，经本院检察官考评委员会考评合格的，由本院检察长确定为主诉检察官。这种层层筛选、严格把关的选任办法，能够确保将真正优秀的公诉人选任为主诉检察官。但由于选任组织工作复杂，各地在实践中多没有很好坚持，导致主诉检察官选任程序不同程度地被虚置。

4. 主诉检察官责任制度不健全。一个完善的办案责任制度应对办案主体的责任、权力、义务作出合理配置，但高检院《工作方案》中尚有很多权责关系并未明确。如主诉检察官和办案小组内有办案资格的检察人员之间的关系未予明确，主诉检察官办案小组所办案件出现质量问题，责任是由主诉检察官

---

① 2000 年 5 月，高检院又同时出台了《关于在检察机关侦查部门开展主办检察官责任制试点工作的意见》和《关于在民事行政检察部门推行主诉检察官办案责任制的意见》。

还是由具体承办人承担？有的地方要求主诉检察官对办案小组办理的所有案件的质量承担责任，有的地方则规定主诉检察官仅对本人承办案件的质量负责。此外，主诉检察官应该在何种情形下承担办案责任，责任认定的主体、承担责任的形式等均没有明确规定，使得该制度的优越性无从发挥。

（二）主任检察官办案责任制的内涵与特点

由于权责不统一，责任主体模糊，加之相应的激励制度难以落实，主诉检察官制度渐渐失去生命力。近年来，部分省、市开始试点探索主任检察官办案责任制。主任检察官制度与主诉检察官制度虽然只是一字之差，但却有本质不同。从高检院制发的《检察官办案责任制改革试点方案》以及试点单位的实践做法来看，主任检察官是指经检察长授权，依法履行执法办案职责，享有一定的办案决定权并承担相应责任的检察官。这就明确了主任检察官作为一级办案组织负责人的主体地位，将从根本上改变检察机关现行的处（科）建制内设机构的管理模式，形成以主任检察官为中枢的检察办案组织体系。该制度的特点主要体现在以下几个方面：

1. 以主任检察官为核心形成检察办案组织。检察机关的内设机构不再仿照行政机关设立处（科）室，而是形成各主任检察官负责的办案组，在一定范围内依法独立行使检察权，直接对检察长和检委会负责。各主任检察官办案小组由主任检察官、检察官和辅助人员组成。主任检察官是本组办案质量的第一责任人，负责管理、协调本组办案工作，在带头办理疑难复杂案件的同时，指导、监督本组检察官办理案件。这种办案组织模式更多地体现了检察权运行的司法属性，可在一定程度上实现“去行政化”目的。

2. 重新确立检察权的运行模式。处（科）室的建制设置无法体现检察机关作为司法机关的特殊性，层层审批的办案机制不但无助于诉讼效率和案件质量，也使得初任检察官无法得到有效的指导和监督，更为重要的是，在这样一种权力运行模式中，责任主体淡化，无法有效落实办案责任制。在主任检察官办案责任制下，检察权的行使载体由检察长到主任检察官再到检察官，在适当放权给主任检察官的同时，合理配置权责，可以有效避免“审者不定、定者不审”的弊端，促使办案者进一步强化责任心，提高司法质量。

3. 配套建立主任检察官履职保障机制。长期以来，我国检察官选任、管理、晋升都是依照公务员法规定的行政管理模式，未体现出检察职业的特点。主任检察官办案责任制的确立，在突出检察官办案主体地位的同时，也意味着对于主任检察官应提供充分的履职保障，确保主任检察官不因不当干扰影响其忠诚公正履职，保障主任检察官身份不被不法褫夺。同时，也应建立严格的检察官准入、培训、遴选、薪酬、惩戒制度，实现检察官队伍的职业化、精英化。

二、实践检视：主任检察官办案责任制试点情况与问题

近两年来，北京、上海、湖北等地先后开始试点主任检察官制度，在主任检察官办案组织设置、权责配置、管理机制方面积极探索，积累了一定的经验。

（一）主任检察官办案责任制试点模式

1. 北京模式。北京市昌平区人民检察院、西城区人民检察院、朝阳区人民检察院都是检察官办案责任制试点单位。上述三个院制度改革主要体现在整合办案部门，对工作性质类似的部门予以整合，保留1名部门负责人，其他部门负责人经选任转岗为主任检察官，围绕主任检察官设置办案组织，配备检察官、检察官助手若干；落实主任检察官待遇，将部门整合后释放出的领导职数用于配备主任检察官；厘清职责权限，赋予主任检察官与其他主体地位相比更大程度的执法权限。同时出台《主任检察官选任和管理办法》、《主任检察官办案绩效考评办法》等配套制度，推动主任检察官的精英化，强化主任检察官行权监督履职保障，督促和鼓励检察官恪尽职守，依法独立公正行使职权。①

2. 湖北模式。2013年8月，湖北省人民检察院出台《关于开展主办检察官办案责任制试点工作的实施方案》，在全省59个检察院开展主办检察官办案责任制试点工作。主要做法是明确主办检察官是检察机关内具有较高业务能力的专业人才，其性质是一种执法岗位和能力席位，而不是检察职务或者内设机构；采用主办检察官固定办案组、临时办案组、临时指派办案三种形式；对主办检察官的选配和考核实行员额制，按照院检察官总数的30% －50%配备主办检察官；在明确职权的基础上，建立主办检察官执法责任终身制。②

3. 上海模式。上海市浦东新区、闵行区人民检察院较早推行主任检察官办案责任制改革试点，其制度主要内容是：按照办案专业化和管理扁平化的要求，设立主任检察官办公室；对主任检察官的任职条件设置较高的门槛，并明

① 资料来源：第十届国家高级检察官论坛邹开红、彭智发言，载 http://live.jcrb.com/html/2014/983.htm，访问日期，2014年10月15日。

② 参见郑青：《湖北省主办检察官办案责任制探索》，载《国家检察官学院学报》2014年第3期。

确考核选任程序；注重对主任检察官放权，[①] 并在放权上有较大突破；明确主任检察官的运行模式，科学界定职责权限，在实行专业化办案的基础上，建立办案质量和履职保障机制，确保改革效果。[②]

从上述三个地区主任检察官办案责任制试点模式来看，其优点是在一定程度上明确了主任检察官办案主体地位，对主任检察官进行不同程度的放权，减少了案件审批层级，同时也就主任检察官的履职责任与保障作了相应规定，相较于主诉检察官制度有明显进步。但不能回避的是，也有一些问题是改革中的“硬骨头”，提醒我们在将来的司法改革顶层设计中必须予以明确。

（二）主任检察官办案责任制试点中存在的问题

从试点地区的主任检察官制度规定来看，当前主任检察官办案责任制在实施过程中主要面临以下问题：

1. 主任检察官定位不清晰。从上海、北京、湖北三个地区的主任检察官办案责任制试点情况来看，不同地区对主任检察官的定位尚存区别，表明各地对主任检察官的认识仍不统一。湖北模式将主办检察官定位于检察机关内具有较高业务能力的专业人才，并将其设定为执法岗位和能力席位而非检察职务或内设机构。此种设置的优点是不致对现行管理体制有太大冲击，但缺点是未能明确界定主任检察官与处（科）长、检察长之间的关系，可能导致此种改革模式走入原来主诉检察官改革的老路。北京模式将主任检察官与行政级别挂钩，可能会使得各主任检察官小组演变成新的小处室，使得改革不能实现去行政化的初衷。[③] 如果不改变原有的案件决定方式，“审者定案”和提高司法效率的改革目的仍不能实现。

近年来在检察改革中，我国台湾地区的主任检察官制度屡被提及，但我们忽略了一点，台湾地区的检察系统内部机构纵向上由检察长——主任检察官——检察官三级构成，台湾地区主任检察官设置的初衷是为解决检察长不能和检察官“一对多”的问题，以主任检察官作为中间召集层，但大陆地区检察机关内部管理机构长期以来是检察长——副检察长——科（处）长——

① 如浦东区人民检察院将原来由处长和分管检察长行使的不批准逮捕权改由主任检察官行使。资料来源：第十届国家高级检察官论坛汪伟忠的发言，载 http://live.jcrb.com/html/2014/983.htm，访问日期：2014 年 10 月 15 日。

② 资料来源：第十届国家高级检察官论坛汪伟忠、张晨发言，载 http://live.jcrb.com/html/2014/983.htm，访问日期：2014 年 10 月 15 日。

③ 参见高保京：《北京市检一分院主任检察官办案责任制及其运行》，载《国家检察官学院学报》2014 年第 2 期。

办案人员的层级，并不缺乏检察长与检察官之间的过渡组织者。目前检察办案模式的核心问题是“审者不定、定者不审”导致责任分散无法追责，以及审批层级过多、司法效率不高，因此改革最关注的问题就是如何减少中间层级，实现管理的扁平化，让主任检察官对案件事实、证据的把关。如果仅仅将主任检察官视为一种能力席位或者部门负责人，那么以主任检察官为核心形成的办案组织将会异化为科（处）室的另一种形式，即使授予主任检察官相应的权力，其也会受限于长期以来的“三级审批制”，不敢、不愿承担责任，或是将自己的意见提请主任检察官联席会议讨论决定，抑或是等分管副检察长、部门领导对自己的审查意见签字确认后，再实施自己决定的事项，以分担责任。主任检察官的定位关系到此项的成败，如顶层设计不予以明确，将会导致改革无功而返。

2. 主任检察官授权范围过窄。我国《人民检察院组织法》仅对检察院和检察长依法独立行使检察权作出规定，《检察官法》第6条规定了检察官的职责，[①] 但这并非代表法律确认了其司法主体地位。从《人民检察院刑事诉讼规则》（以下简称《刑诉规则》）的第4条就可以看出，人民检察院办理刑事案件，由检察人员承办，办案部门负责人审核，检察长或者检察委员会决定。由此可见，案件承办人仅仅是审查事实和证据并提出自己的审查意见，但并非案件的决定主体。通读《刑诉规则》也可发现，凡涉及决定主体的条文，主语都是“人民检察院”或“检察长或者检委会”，这也是实践中认为检察官并非办案主体的重要原因。正因如此，我们认为主任检察官办案责任制改革也是一个放权的过程，将原本应由检察长或者检委会行使的权力授予主任检察官行使。不可否认的是，由于受到刑事诉讼法及刑诉规则的限制，主任检察官办案责任改革过程中普遍存在“放权不放心”的问题，导致试点中主任检察官授权范围过窄，享有的大多是程序上的权限或仅仅具有建议权，层层请示处（科）长直至检察长的办案模式并没有彻底改变。

值得注意的是，由于主任检察官定位不清，当前试点中没有解决分管副检察长的职权及定位，以及主任检察官与一般办案人员之间的权责划分问题。一般而言，基层检察院简易程序案件占较大比重，如果主任检察官有权对简易程序案件作出决定，那么分管副检察长的职权内容又是什么？他是将更多的精力投入到办案中，带头办理疑难复杂案件，还是将精力用于承担行政管理职责？这是改革亟须明确的问题。同时，主任检察官与其组内检察官或者说办案人员

---

① 《检察官法》第6条规定，检察官的职责是依法进行法律监督工作，代表国家进行公诉，对法律规定由人民检察院直接受理的犯罪案件进行侦查以及法律规定的其他职责。

的权责问题也需予以重视。从试点地区的主任检察官制度来看，主任检察官需对自己所在办案组案件质量负责，对组内检察官或办案人员承担着指导和管理职责。但是组内检察官、办案人员与主任检察官的权责划分需要明确。如果在检察长与主任检察官之间存在授权关系的话，那么在主任检察官和组内办案人员之间是否还存在二级授权？组内检察人员是否也是办案主体，如果仅仅将组内检察人员视为主任检察官的“手足”，该如何激发其工作积极性与责任心，对于组内办案人员承办的案件，主任检察官是进行实质审核还是形式审批？这些问题都需要我们认真思考。

3. 运行环境准备不充分。与日本、德国及我国台湾地区不同，在我国大陆地区并未实现检察官精英化。尤其是在基层检察院，工作不满五年的青年检察官较多，由于人员力量不足，在不少地区这些青年检察官已经是办案主力，实施主任检察官制度后，这些青年检察官有可能转为主任检察官。虽然他们大多具有本科以上法律学位，通过了司法考试，但是以其现有法律适用水平和生活阅历，承担办案主体责任具有一定的执法风险。主任检察官不仅要自己带头办理疑难复杂案件，还要承担起案件审核把关、对外协调作用，部分青年检察官还不能完全适应新的要求，处理疑难复杂案件的经验也有欠缺，不能完全适应工作需要。

当前各地还普遍面临的一个现实矛盾，就是实行检察官员额制后检察机关的人才流失及人员内部消化问题。由于主任检察官或检察官员额有限，当前一些业务骨干可能因为司改后不再具有检察官身份而选择离开检察院，导致人才流失，进而加剧目前案多人少的矛盾。对于未能选任为主任检察官而仍坚持岗位的办案骨干，如何充分调动其办案积极性与责任心？综合部门和业务部门的干部如何实现正常交流、轮岗？这些问题涉及我国检察机关人员分类管理等根本性问题，并没有在目前的改革试点中得到有效解决。而科学推进检察官员额制，合理界定主任检察官、检察官的选任范围及条件，是实现检察工作科学发展的重要保障，也是主任检察官制度设计的逻辑起点。

三、比较镜鉴：域外检察官办案责任制的主要特点

从世界范围来看，法国、德国、日本、我国台湾地区等大陆法系检察制度对我国检察制度有着深远的影响，这些国家或地区有关检察官办案责任制的具体设计，对我们推进主任检察官办案责任制改革具有积极的借鉴价值。总体而言，其检察官办案责任制的主要特点如下：

(一)承认检察官的司法主体地位

无论是法国、德国、日本，还是我国台湾地区的检察制度，检察官在司法办案中的主体地位是毋庸置疑的。如德国检察官的任务是客观查明案件事实，检察官在履行该义务时，其只遵循在法律规定的，尤其是法定追诉原则所界定的框架内的指令，他们对其工作独立负责，但对其工作范围内的任何重大事项，必须向处长汇报。① 法国《刑事诉讼典》第41条规定了检察院负责人的特有权力，在检察院负责人不遵循其接到的指示时，上级不能取而代之。② 日本检察官被称为“独任制官厅”，即检察官是拥有自行决定权的表达独立国家意思的官厅，不只检察厅厅长，每个检察官都可以独立行使检察权，而不是作为上司的下属行使检察权。我国台湾地区学术界和检察实务界也曾经历过对检察一体和检察独立的激烈讨论，其中也不乏论争检察官独立地位的典型案例，最终正确划定了检察一体和检察独立的分际与原则，确保检察首长指令权、职务收取权与移转权的正当行使。③ 可见，大陆法系国家或地区是在尊重检察官办案主体资格，并赋予检察官相对独立的法律地位的基础上实现检察一体的。

(二)限制基于“上命下从”的指令权行使

大陆法系国家或地区的检察制度大多都体现出等级性的特征。如法国《刑事诉讼法典》第30条第三款规定，司法部长可以向检察长揭露其知悉的违反刑法的犯罪行为，并以附于诉讼案卷的书面指令，命令检察长提起或指派检察官提起追诉或者向有管辖权的法院提出部长认为适当的书面请求。在检察院内部，“下级服从上级”更为严格，助理检察官不能违背检察官的指令。④ 德国检察机关被打造成为一个有等级制结构的国家机构，存在机关内部的指令权，只要检察官的决定是基于起诉便宜原则作出的，上级可以在法律规定范围内，对事实和法律状况作出评价，并将其评价作为决定的基础，以他的裁量取代检察官的裁量。⑤ 虽然具有“上命下从”的特征，但法国、德国检察制度也

---

① 魏武著:《法德检察制度》，中国检察出版社2008年版，第172页。

② 魏武著:《法德检察制度》，中国检察出版社2008年版，第29页。

③ 参见万毅:《中国台湾检察权定位、配置及其他》，载《东方法学》2010年第1期。文中列举了“吴苏案”“萧天赞案”“上上级案”等，这些案件反映出的共同特点就是检察官们逐渐开始争取独立的司法空间，利用媒体促使弊案成为舆论漩涡的中心，以此促进实务界和理论界对检察一体的界限与原则进行科学界定。

④ 魏武著:《法德检察制度》，中国检察出版社2008年版，第28页。

⑤ 魏武著:《法德检察制度》，中国检察出版社2008年版，第171页。

对指令的行使作出了规范，确保不因上级指令权的行使干扰检察官的独立判断。法国检察制度对等级性的限制体现为“书面须服从，言论可自由。”检察官仅在他们的书面结论中遵循服从的规则，但根据个人的内心确信，其可以在庭审中口头展开自己的论据，甚至可以支持书面结论拒绝采纳的意见。德国检察制度中规定了职务收取权和移转权，以保障起诉和终止起诉的一致性和可预见性。① 但检察官对于上级发出的指令有提出异议的权利，② 同时，指令权的行使也有限制，③ 作为保障刑事追诉的统一性而存在的指令权只是在非常特殊的案件中才发挥作用。日本检察制度对指令权的约束主要体现在检察官的身份保障上。日本《检察厅法》第 25 条规定，对于检事总长、检事次长和检事长，经检察官适格审查会决议和法务大臣的劝告，可以罢免其官职；对于检事和副检事，经检察官适格审查会决议，可罢免其官职。除检察官退休之外，不得违反其意愿，使其丧失官职、停止职务或者减少薪俸。④ 我国台湾地区为确保检察事务不受行政力量干预，规定“法务部”对个案须秉持不参与、不介入、不指导原则。“法务部”可依据需要就检察机关的业务作出通案性的提示，但须避免直接干涉个案侦查；对检察官办案有无违法采事后监督原则，避免在侦查过程中介入。⑤ 从上述规定也可看出，指令权的设立在很大程度上是一种“保障”性措施，是在检察官独立的基础上，为防止检察官恣意裁断，达到制衡作用，检察制度的核心还是在于发挥检察官的主观能动作用。

（三）构建防止不当适用裁量权的监督制约机制

为防止检察官的不端行为，大陆法系的检察制度也注重构建监督制约机制以防止检察官滥用起诉裁量权。依照德国法的规定，检察官滥行起诉时，法官得在“中间程序”中程序驳回；检察官滥行不起诉时，被害人得发动强制起诉程序对抗之，请求法院裁定命起诉；对于检察官滥为强制处分问题，更有事先事后双重防范措施，事先乃法官保留原则，处分权人以法官为原则，检察官

① 如德国《法院组织法》第 146 条规定，检察官原则上受其上级官员指令的约束，但根据法治国原则（德国《基本法》第 20 条），只能发出合法的指令。

② 如根据《联邦公务员法》第 56 条第二款，检察官对于一项指令是否合法不能自由评价，而是应当向其直接上级汇报他的看法。如果直接上级命令执行指令，而检察官对指令的合法性仍存质疑，则他可向间接上级汇报他的看法。

③ 如德国《刑事诉讼法》第 261 条规定无论是在主审程序还是最后辩论阶段，上级都不得对出庭检察官发出指令。

④ 参见甄贞等主编：《检察制度比较研究》，法律出版社 2010 年版，第 375 页。

⑤ 参见甄贞等主编：《检察制度比较研究》，法律出版社 2010 年版，第 442 页。

只有申请权，事后则为合法性程序；检察官违法发动或违法执行强制处分时，法官得撤销处分或确认处分违法。① 日本、我国台湾地区对检察官的处分权进行监督和制约，以防止检察官不当适用法律裁量权。如“为了就公诉权的实行反映民意及谋求其公正性”，日本设立了检察审查会制度，负责审查关于检察官不起诉处分是否适当，以及向检察长提出关于检察事务的建议或者劝告事项。②我国台湾地区通过确立送阅制度和再议制度对检察权进行监督和制约。送阅制度指个别检察官做好起诉书后，必须经主任检察官与检察长的审查，并于文书上签章后，退回原检察官办理结案，才能提起公诉。送阅的目的，是通过经验丰富的主任检察官及检察长对个别案件进行指导。送阅属于内部的办案程序，没有明确的法律规定，所以也没有统一的审查标准和流程。再议制度是促请检察机关自我审查的制度，要求检察官作出不（缓）起诉处分时，将载有叙述处分理由的不（缓）起诉处分书以正本送达告诉人、告发人、被告及辩护人，以此加强检察官的自我约束，使检察官作出不（缓）起诉处分决定时能够谨慎行事。

（四）建立完善的检察官履职保障机制

在法国，检察职权行使具有明确的不可归责性，检察官享有“豁免权”，该豁免不是由法律规定，而是由判例发展出来的，适用于其履行职责时的所有决定。在刑事追诉结束时（无罪释放等），检察官并不需要为其追诉行为负责或被判处承担赔偿责任，或承担诉讼费用。检察机关即使错误地提起了公诉，也不会对宣告无罪的被告人给予损害赔偿。但是需要指出的是，如果检察官有犯罪行为时，不可归责原则并不能免除检察官的刑事责任，检察官仍需接受司法机关的审判，同时，不可归责原则也不能免除检察官的纪律责任。在德国，相关主体对于检察官擅权启动侦查、拖延程序的进行或延缓程序的终止、不正确地提起公诉或者错误命令或申请强制措施等违法行为，可以根据德国《基本法》第 34 条和德国《民法典》第 839 条以违反公职义务为由提出请求，但

---

① 参见林钰雄著：《检察官论》，法律出版社 2008 年版，第 43 页。

② 参见甄贞等主编：《检察制度比较研究》，法律出版社 2010 年版，第 405 页。比较典型的案例如 2010 年的小泽一郎案，该案历经东京检方多次审查作出不予起诉的决定，后东京第五检察审查会作出应予起诉的决定，东京地方裁判所指派律师代表检察官，向法院提出针对小泽一郎的强制起诉。案例参见肖建华：《日本的检察制度及其运作特点》，载《人民检察》2011 年第 7 期。

是《民法典》第839条也对国家责任进行了限制，以保护司法独立。① 可见，在法德检察制度中，只有当检察官因为故意或严重过失，才可能承担法律责任，但不排除检察官可能会遭受到包括警告、训诫、降低岗位级别或免职等的纪律处分。②

四、出路探寻：深化主任检察官办案责任制改革的思考

从改革试点情况看，目前的主任检察官办案责任制改革更多地还是从人才选拔、资源配置角度着眼，也正因如此，各地试点做法重点在于整合部门人员力量，设置权限清单，而非系统性地构建保障检察官依法独立办案的权责制度体系，由此也使改革试点面临难以深化的困境，开繁花而难结硕果。为走出困境，使改革试点实现“破蛹化蝶”式发展，我们认为改革推进中应把握和解决以下几个问题：

（一）坚持“严格选任、充分放权”的总体思路

对于检察权恣意擅断的担心虽有必要，但完全可以通过健全完善监督机制予以避免，而不能由此在放权与不放权之间徘徊，陷入“欲放还休”的困境。总的来说，对主任检察官应坚持“严格选任、充分放权”的思路。应在科学确定检察官员额制的情况下，严格设定主任检察官的选任资格，以确保选用的主任检察官品德、才能适应工作岗位的需求。赋予主任检察官与其司法主体地位相适应的办案权限，可考虑除检察机关的终局性处理决定、特别重大、疑难复杂案件的审批权、程序事项决定权由检察长、检委会讨论决定外，其他案件都可由主任检察官决定。根据“谁决定谁负责”的原则，主任检察官对其职权范围内的决定承担责任，主任检察官的决定被检察长、检委会更改的，由检察长、检委会承担责任。主任检察官的决定权不排斥检察长的管理权，检察长有权要求主任检察官汇报案件，在有必要的情况下检察长有权更换承办主任检察官，以实现对主任检察官的事前监督。

（二）完善主任检察官办案责任制下的检察权运行机制

党的十八届四中全会明确提出了要明确各类司法人员工作流程、工作标

① 德国《民法典》第839条第2项规定：公务员在判决诉讼事件时违反其职务上的义务的，仅在义务违反属犯罪行为时，才就因此而发生的损害负责任。前句的规定，不适用于以违反义务的方式拒绝或拖延执行职务的情形。

② 魏武著：《法德检察制度》，中国检察出版社2008年版，第272—274页。

准，在主任检察官办案责任制改革的背景下，完善检察权运行机制，明确各类司法人员的履职标准和程序也显得尤为重要。长期以来，我国检察机关采用的是类似行政机关的管理模式，内设机构越来越多，职责分工越来越细，导致多头管理、效率低下。主任检察官制度的实施对行政化的内设机构管理模式是个巨大的挑战，由于主任检察官制度下，形成的是以主任检察官为核心的办案组织，各主任检察官之间会有相对分工，但这种分工和原来以职权为划分界限的行政管理模式不可同日而语，因此对现有机构职能进行整合，实行大部制改革是主任检察官制度的应有之义。主任检察官制度下的办案小组工作模式也应区别于之前案件的层级审批制，由于主任检察官要对本组所办案件负全部责任，因此主任检察官应对其他办案人员认定的事实和证据采用审核制，即不能简单地对组内办案人员的审查意见表示同意或不同意，需要对事实、证据进行实质审查。如同主任检察官的决定权不能排斥检察长的管理权一样，组内办案人员在审查案件时，也不能排斥主任检察官对本组案件的管理权限，主任检察官有权决定在本组范围内更换承办人，以保障主任检察官能对案件承担全部责任。

（三）建立科学合理的检察权行使监督制约体系

为保障检察权的公正行使，加强检察权运行的内部监督显然十分必要。这就要求要完善各办案环节之间、办案组织之间、办案组织内部之间的制约机制，充分发挥案件管理、纪检监察等部门的职能作用。① 前述主任检察官组内办案人员如与主任检察官审查意见有重大分歧时，主任检察官有权提交检察长或提请主任检察官联席会议、检委会讨论决定；如组内办案人员认为主任检察官的决定明显违法时，有权向检察长反映，以实现对主任检察官的监督。近年来，高检院大力推进统一业务运用软件，可考虑配合该软件的使用，建立办案人员、主任检察官的司法档案，检察院可抽调业务骨干组成专业评查小组对案件进行抽查评议，评查结果可作为评价主任检察官履职情况的重要依据；加强外部监督制约，通过邀请人大代表、政协委员观摩庭审，评议主任履职情况；发挥人民监督员的作用，通过评议出庭、评议不起诉案件等，确保主任检察官正确履职。

（四）统筹推进检察人员分类改革和主任检察官办案责任制改革

长期以来，我国检察人员实行的是行政职级、法律职级混合的管理模式，

① 邹开红：《检察官办案责任制改革若干关系研究》，载《主任检察官办案责任制——第十届国家高级检察官论坛论文集》，中国检察出版社 2015 年版，第 505 页。

所有检察人员均依照普通公务员按照行政职级晋升，形成千军万马过独木桥的现象。[①] 在主任检察官办案责任制改革过程中，这种情形也没有得到明显改善，使得主任检察官办案责任制仅能在司法属性较强的内设机构如公诉、侦查监督、民行等部门推进，而不能在检察机关整体深入进行，改革成效大打折扣。检察人员分类管理是主任检察官制度诞生与培养的必要前提，[②] 根据检察工作特点制定不同序列检察人员的招录规程，逐步实现检察职业的专业化，建立检察官单独序列管理体制，在此基础上合理设置检察官配比，控制检察官职数，体现检察官的尊崇地位，实现检察官的专业化、精英化，使主任检察官依法独立行使职权具备现实基础。

（五）尽快建立完善的检察官履职保障制度

检察官的履职保障机制主要是为确保检察官在作出司法裁量时不会受到不当干扰和影响，确保其检察官地位不被不法褫夺。首要的是上级检察官指令权的合法、规范行使，如同20世纪我国台湾地区检察官改革协会推出的检察一体阳光法草案中所提到，要实现“指令权效力类型化、指令权行使透明化、检察事务民主化、个案分配随机化、争议判断中立化”。[③] 同时，完善相应的培训、遴选、奖惩、薪酬制度，科学设定主任检察官的年均最高办案限数，明确检察官停止职务的法定情形，确保检察官不因正常履职行为丧失检察官身份，实现责任与权利的有机统一。

---

① 上海市浦东新区人民检察院课题组：《检察人员分类管理比较研究及思考》，载《主任检察官办案责任制——第十届国家高级检察官论坛论文集》，中国检察出版社2015年版，第523页。

② 蔡一军、樊华宗：《主任检察官与内设机构、分类管理改革的现实》，载《主任检察官办案责任制——第十届国家高级检察官论坛论文集》，中国检察出版社2015年版，第524页。

③ 万毅：《中国台湾检察权定位、配置及其他》，载《东方法学》2010年第1期。

从自律到他律：检察管理的范式嬗变与形态转轨

——以检察管理法律规范体系的构建与运行为视角

罗　军[*]　刘　毅[**]

治国无法则乱，守法而弗变则悖，悖乱不可以持国。

——《吕氏春秋·察今》①

从任何一个社会公共机构的运作来看，管理存在的价值无一例外地体现了对秩序和效率的追求。这两大目标价值在检察权运作境域中的实现，必然需要以一种良性的管理形态为基本支撑。然而日益凸显的一对矛盾是，检察工作整体的科学发展越来越为当前滞后的检察管理模式所掣肘。尤其是在十八届三中、四中全会提出的深化检察体制改革和依法治国目标任务的双重目标之下，如何将检察管理纳入法治化轨道，以实现检察管理模式的突破和创新，就成为一个亟待反思的命题。

一、管理模式的铺陈：自律性检察管理形态的剖析与审视

检察管理模式并非具有恒定不变的内涵，不同的讨论语境将为其贴上不同的标签。良法为善治之前提，在为检察管理形态贴上"法治化"这一标签的同时，就决定了对当前检察管理体模式的铺陈与反思，必然需要借助检察管理立法这一视角，即循着"检察管理内涵的确定"→"不同版块的管理依据审视"→"检察管理模式的标签确定"这一路径而进行。

（一）检察管理内涵的重新划定

检察管理是一个内涵极其丰富的概念，这从其二级下位概念的多样性划分

---

* 作者单位：江西省人民检察院。

** 作者单位：江西省吉安市人民检察院。

① 吕不韦著：《吕氏春秋》，文渊阁四库全书全文电子检索。

中可得到充分的体现①。以最高人民检察院院刚刚修订的《关于深化检察改革的意见（2013－2017年工作规划）》为参考，可以大致将检察管理区分为组织管理、人员管理、业务管理和检务管理②四大版块。这四大版块又分别由多项微观层面的管理内容所构成（见表1）：

表1　检察管理内涵的三级划分

检察管理	组织管理	检察机关的层级管理
		检察机关内设机构管理
		检察机关派出机构管理
		军事检察机关的管理
		铁路运输检察机关等部门、企业管理的检察机关的管理
		党委、人大与检察机关的关系问题
	人员管理	检察人员统一管理问题
		检察人员分类管理问题
		检察人员任职管理
		检察人员履职管理
	业务管理	办案模式管理
		案件管理
		业务考评管理
	检务管理	检察经费管理
		检察固定资产管理
		涉案财物管理

① 在对检察管理二级下位概念的区分中，分别存在"二分法"与"三分法"。"二分法"按照管理对象的存在状态可区分为动态管理和静态管理，按照管理对象的作用面可区分为宏观管理和微观管理；"三分法"如按照管理对象的客观属性可区分为队伍管理、业务管理和事务管理，有的也表述为对人的管理、对事的管理和对物的管理。尽管在具体的表述（如"人员""队伍"还是"人事""事务"还是"行政"）上还存在一定的分歧，但"三分法"获认同度和使用率普遍较高则是不争的事实。

② 广义上的检务管理应当包含检察业务管理等方面的内容。考虑到表述和行文的便利，本文对所使用的"检务管理"这一概念的外延进行了一定的限制，即特指检察业务管理之外的，包括经费、固定资产、涉案财物等方面的检察行政事务管理内容，特此予以说明。

必须说明的是，被管理的各项目之间往往呈现为错综复杂的网路关系。这无疑为稳定而系统的管理体制的建立增加了难度。而这一问题解决切入点和具体路径的选择，俨然成为不同检察管理模式的分水岭。

（二）传统检察管理权运行依据与载体的实证考察

管理同时意味着权力。在此意义上，权力依附的载体亦即管理权运行的依据。新中国成立后尤其是检察机关恢复重建以来，不同主体针对检察管理问题采取各类形式制定过大量的管理性文件。以是否具有立法属性为界限，可以将这些文件区分为检察管理立法性规范和检察管理文件性规范①。

1. 检察管理立法性规范。

根据制定主体的不同，我国现行涉及检察管理的立法性规范大致包括两类：一类是全国人大及其常委会制定的法律，主要有《检察院组织法》和《检察官法》两部。其中，前者属于国家机关组织法的范畴；后者则专以检察官为调整对象。另一类则是地方人大及其常委会所制定的规范或具有立法属性的决议。

对于《检察院组织法》和《检察官法》中所涉及的检察管理内容，可作如下条文观察和对比（见表2）：

表2　《检察院组织法》和《检察官法》的管理规范考察

管理版块	管理条线	具体管理点	组织法是否规定	检察官法是否规定
组织管理	人员管理	常规检察机关的层级设置	√（第2条第一款）	/（只是第5条对检察机关的内部领导问题作了重复性的规定）
		特殊检察机关（如新疆生产建设兵团）的层级设置	×	
	内设机构管理	内设机构设置的原则性规定	√（第20条）	
		内设机构数量的层级区分	×	
		内设机构的名称	×	
		内设机构的对口管理	×	

① 这一分类方式系建立在狭义的立法概念的基础上。即两者的区分界限在于是否为人大这一立法机关所制定。因此，此处所指的检察管理立法性规范，既包括全国人大及其常委会制定的法律，也将地方人大及其常委会作出的具有立法属性的决议等包含在内。

续表

管理版块	管理条线	具体管理点	组织法是否规定	检察官法是否规定
人员管理	派出机构管理	派出机构的设置主体	√（第2条第二款）	
	专门检察机关管理	设置依据	√（第2条第三款）	
		设置权限	×	
		领导体制	×	
		主要职权	×	
	铁路运输检察机关管理	铁路运输检察机关的设置主体	×	
		铁路运输检察机关的领导体制	×	
		铁路运输检察机关的职权	×	
	检察机关的领导	检察机关的外部关系	√（第10条第一款）	
		检察机关的内部领导	√（第10条第二款）	
	检察人员统一管理	检察人员省以下统管	×	×
		人员编制问题	×（只是授权性规定）	×
	检察人员分类管理	人员分类	√（第27条第一款）	×
		编制员额比例	×	×（第53条只是授权性规定）
		司法警察设置的原则性规定	√（第27条第三款）	
		不同序列检察人员的管理	×	×（第55条的两个条款只是授权性和指示性规定）

续表

管理版块	管理条线	具体管理点	组织法是否规定	检察官法是否规定
	检察人员任职管理检	察官的任职条件和任职禁止	×	√（第10条、第11条）
		高检院检察长至检察员的任免	√（第21条）	√（第12条第二款）
		省级院、分院检察长至检察员的任免	√（第22条）	√（第12条第三款、第四款、第五款）
		地市级及一下检察长至检察员的任免	√（第23条）	
		派出检察机关检察长至检察员的任免	√（第24条）	√
		助检员的任免	√（第27条第二款）	√（第12条第六款）
		书记员的任免	√（第27条第二款）	×
		各级检察长的任期	√（第25条）	√
		对下级院检察长至检委会委员的撤换权	√（第26条）	√（第17条）
		军事检察院检察长至检察员的任免	×	√（第12条第七款）
		初任检察官和检察领导职务的人选提出	×	√（第13条）
		检察官的免职	×	√（第14条）
		检察官的辞职辞退	×	√（第42条、第43条、第44条）
		检察官的退休	×	×（仅属授权性规定）

续表

管理版块	管理条线	具体管理点	组织法是否规定	检察官法是否规定
	检察人员履职管理	检察官的职责	×	√（第6条、第7条）
		检察官的义务	×	√（第8条）
		检察官的权力	×	√（第9条）
		检察官的从业禁止	×	√（第18条）
		现任、离任检察官的任职回避	×	√（第19条、第20条）
		检察官的等级划分	×	√（第21条）
		检察官的等级编制、评定和晋升	×	×（仅属授权性规定）
		检察官的考核	×	√（第24条－第28条）
		检察官的考评委员会	×	√（第51条－第52条）
		检察官的培训	×	√（第29条－第31条）
		检察官的奖励	×	√（第32条－第34条）
		检察官的惩戒	×	√（第35条－第38条）
		检察官的申诉控告	×	√（第47条－第50条）
业务管理	办案模式管理	×		/
	业务考评管理	×		
	案件管理	×		

续表

管理版块	管理条线	具体管理点	组织法是否规定	检察官法是否规定
检务管理	检察经费管理	在任检察官的工资保险福利	×	√（第39条－第40条）
		退休检察官的养老保险和其他待遇	×	×（第46条实际上仍属"指示性条款"）
		其他检察人员的工资保险福利	×	×
	检察固定资产管理	×		/
	涉案财物管理	×		

在全国人大及其常委会所制定的这两部涉及检察管理问题的法律之外，某些省份还通过省级人大决议的方式出台过具有立法性质的管理性规范，这类规范集中于对检察院及其派出机构的设置问题上（见表3）：

表3　部分省级人大及其常委会出台的检察管理立法性文件

管理版块	管理条线	检察管理规范
组织管理	检察机关及其派出机构的设置	新疆维吾尔自治区人大《关于在准东油田设立人民检察院的决定》（1993年7月11日）
		甘肃省人大《关于批准设置林区人民检察院的决定》（1981年）
		山西省人大《关于批准在太原西峪地区、阳泉荫营地区、永济董村地区设立人民检察院的决议》（1983年）
		江西省人大《关于在长口、珠湖、新华地区设置人民检察院的决定》（1985年）
		四川省人大《关于批复设置四川省芦山苗溪地区检察院的决定》（1985年）

续表

管理版块	管理条线	检察管理规范
		江苏省人大常委《关于授权省辖市人大常委会批准在本行政区域内的劳改、劳教场所设置人民检察院派出机构的决定》（1985年）
		新疆维吾尔自治区人民代表大会常务委员会《关于批准自治区人民检察院设立三个派出机构的决议》（1984年）
		贵州省人大《关于批准设置太慈桥、羊艾劳改、劳教单位所在区域人民检察院的决议》（1981年）

从上述检察管理立法性规范可见，不同地方权力机关针对同一性质检察管理问题的处理往往存在差异性。如江苏省更通过人大决定的方式对检察机关派出机构的审批权下放问题进行了规定，而另外一些地区并未对相应权力予以下放，如新疆对于某些派出机构实际上采取了由自治区人大常委会决议的审批方式。

2. 检察管理文件性规范。

检察管理事项的繁杂与琐细远非《检察院组织法》和《检察官法》所能涵盖，这就决定检察管理问题的规制必然朝着多文件性规范的方向发展。而这类规范主要是依据系统内部的约束力来发挥检察管理的功能与作用，其本身并不具有立法属性。相应的制定模式主要包含三类：一是由最高人民检察院单独制定；二是由最高人民检察院会同其他中央国家机关共同制定；三是由最高人民检察院内设机构制定①（见表4）：

① 极个别的例外情形是由中央政法委针对政法机关的某些共同的管理问题制定管理性文件的情况。

表4　检察管理规范的制定情况考察①

管理版块	管理条线	检察管理规范
组织管理	检委会组织	《人民检察院检委会组织条例》（1980年）
		《人民检察院检委会组织条例》（2008年）
		《关于监所检察工作若干问题的规定》（2001年）②
		最高人民检察院、公安部、司法部《关于建立和完善人民检察院派出机构与监狱、看守所、劳教所工作联系制度的意见》（2007年）
人员管理	司法警察管理	《人民检察院司法警察工作试行条例》（1984年）
		《人民检察院司法警察暂行条例》（1996年）
		《人民检察院司法警察条例》（2013年）
		《关于人民检察院司法警察统一佩戴臂章、警号和使用警官证的通知》（1995年）
		会同最高法《司法警察抚恤办法》（1998年）
		《司法警察执行职务规则（试行）》（2001年）
		最高人民检察院《关于进一步加强和改进检察机关司法警察工作的意见》（2006年）
	检察官的任职管理	《初任检察员、助理检察员考试暂行办法》（1995年）
		会同最高法《关于在部分地方放宽担任法官、检察官学历条件的通知》（2002年）
		会同最高法《关于法官、检察官相互交流任职不需要再通过国家统一司法考试的通知》（2005年）

① 为更直观全面地反映检察管理规范的制定状况，此处对检察管理规范的统计和列举，也包含了一些业已废止的规范性文件。另外，由于规范种类和数量的相对繁杂以及资料检索等方面的困难，部分可能对检察管理有所涉及的文件（尤其是一些地方立法机构作出的决定）也可能存在不完全列举的情况。

② 2001年由最高人民检察院制定的《关于监所检察工作若干问题的规定》对派出机构作出了如下规定：一是派出检察院由省级检察院或市、州检察院派出；二是派驻检察室由派出检察院、监管场所所在地的市、州检察院或基层检察院派驻；三是派出检察院、派驻检察室受派出它的检察院领导，各派驻检察室业务均由派出它的检察院监所检察处、科指导。

续表

管理版块	管理条线	检察管理规范
	检察人员履职管理	会同最高法、劳动人事部《关于各级人民法院、人民检察院工作人员奖惩工作参照〈国务院关于国家行政机关工作人员的奖惩暂行规定〉办理的通知》（1982 年）
		会同劳动人事部《检察机关工作人员奖惩暂行办法》（1984 年）
		《关于进一步规范检察机关表彰奖励工作的意见》（2005 年）
		《检察官纪律处分暂行规定》（1995 年）
		《检察人员纪律处分条例（试行）》（2004 年）
		《省、自治区、直辖市、人民检察院检察官培训中心办学章程》（1991 年）
		《检察官培训暂行规定》（1995 年）
		《“十一五”期间全国检察干部教育培训规划》（2006 年）
		《检察官培训条例》（2007 年）
		《检察官考评委员会章程（试行）》（1995 年）
		《检察官考核暂行规定》（1995 年）
		《检察官辞职、辞退暂行规定》（1995 年）
		《中华人民共和国检察官职业道德基本准则（试行）》（2002 年
		会同最高法《关于切实保障司法人员依法履行职务的紧急通知》（2005 年）
		《检察人员执法过错责任追究条例》（2007 年）
		《检察官宣誓规定（试行）》（2010 年）
		《检察官行为基本规范》（2010 年）
检务管理	固定资产管理	《人民检察院业务用枪管理办法》（1983 年）
		《人民检察院枪支管理规定》（1998 年）
		《人民检察院办案用房和专业技术用房建设标准》（2002 年）
		《关于进一步加强检察机关国有资产管理工作的意见》（2004 年）

续表

管理版块	管理条线	检察管理规范
	经费管理	会同财政部《检察业务费开支范围的规定》（1986年）
		会同财政部《检察业务费开支范围和管理办法的规定》（1992年）
		《关于加强经费保障工作的意见》（2002年）
		会同财政部《关于制定县级人民检察院公用经费保障标准的意见》（2005年）
	涉案财物管理	《人民检察院扣押、冻结涉案款物工作规定》（2006年）
		《人民检察院扣押、冻结涉案款物工作规定》（2010年）
		《人民检察院刑事诉讼涉案财物管理规定》（2015年）
业务管理	案件管理	《关于加强案件管理的规定》（2003年）
	案件质量管理	《办理起诉案件的质量标准》（1988年）
		《办理免诉案件的质量标准》（1988年）
		《办理起诉案件的质量标准（试行）》（2001年）
		《办理不起诉案件的质量标准（试行）》（2001年）
		《人民检察院起诉案件公开审查规则》（2001年）
		《人民检察院民事行政抗诉案件办案规则》（2001年）
		会同最高法、公安部、司法部《关于进一步严格执法办案确保死刑案件质量的意见》的通知（2007年）
		《人民检察院审查逮捕案件质量标准》（2010年）
	业务考评管理	《基层人民检察院建设考核办法（试行）》（2010年）
		中央政法委员会《关于建立健全政法机关执法办案考评机制的指导意见》
		《关于进一步建立健全检察机关执法办案考评机制的指导意见》（2011年）

由表4可见，由最高人民检察院会同其他中央国家机关共同制定的文件性规范多涉及人事和经费问题；由内设机构制定的文件性规范则多涉及业务管理问题。其中也会出现一些例外的情况，如《关于监所检察工作若干问题的规

定》还对监狱和劳改场所派驻检察机构的管理问题进行了规定等。

（三）“自律型管理”：传统检察管理模式的标签

通过上述梳理可以得出如下结论：其一，从数量上来看，检察管理文件性规范在整个管理文本体系中占据了绝大部分的比例，其数量远远超过检察管理立法性规范。其二，从调整对象上来看，很多未能被立法性规范所覆盖的空白能够为文件性规范所填补。其三，从制定周期上来看，文件性规范的更新频次也要高于立法性规范。

因此，传统检察管理活动更多地是借助系统内部文件来实现对管理问题的调控，即便存在跨系统联合制定规范的情况，但这也恰恰反证出在某些重要的领域，检察管理远未能借助立法性规范的他律性保障。正是在此意义上，传统的检察管理活动所彰显出的是政策主导下的自律型管理模式。

二、管理瓶颈的解构：检察管理法治化的规范障碍与价值取向

自律性管理模式的出现是一定体制环境下催生的产物。但是，传统检察管理模式在促进制度完善和维系权力运作中的功绩不容抹煞。随着管理经验的成熟和法治意识的觉醒，“自律性”管理模式的瓶颈日益显现，检察管理法治化的规范障碍日益明显。

（一）滞后与拘囿：传统检察管理形态的特征分析

对于传统检察管理形态的特征，本文主要选择法律制定和实施两个角度予以展开。

1. 法律制定层面：乏法可依的困窘。

（1）立法式微：对检察管理立法的相对忽视。在繁杂的检察管理内容面前，检察管理立法性规范的制定无疑是相对式微的。立法阙如的现象尤其体现于检务管理和组织管理层面。在检务管理上，《检察院组织法》对这一问题完全未能涉及，也未有任何授权立法。国外对此往往通过立法予以明确。如《俄罗斯联邦检察机关法》第七编第 52 条对财政保障与物资技术保障予以了规定，亚美尼亚于颁行的《检察院组织法》第五章系统规定了“检察官任职保障”问题①。在组织管理上，如对军事检察机关、铁路运输检察机关和新疆生产建设兵团检察机关的管理，基本处于无法可依的状态。对于派出机构、内设机构的设置和审批等管理问题，一直未能在立法上形成有效条款。

---

① 薛伟宏著：《中外检察法律制度研究》，中国检察出版社 2013 年版，第 436 页。

（2）立法滞后：对立法内容更新得相对缓慢。在检察改革赋予检察管理更多内涵和提出更高要求的背景下，检察管理立法的滞后性暴露无遗。这一滞后性集中彰显于不同管理领域的交织地带。如同时涉及组织管理和检务管理的省以下检察经费统一管理问题、同时涉及人事管理和组织管理的省以下检察人员统一管理问题、同时涉及人事管理与检务管理的检察官履职保障问题，以及同时涉及业务管理、人员管理和组织管理的检察官办案组织形式及办案责任制问题，乃至同时涉及业务管理、人员管理、经费管理的检察行政事务管理与检察业务管理相分离的问题，都亟待在改革经验成熟后通过立法将其纳入法治化管理轨道。

2. 法律实施层面：有法难依的尴尬。

（1）执法乏力：对立法性规范的有限使用。这一点主要体现在人事管理和检务保障层面，而根源于《检察官法》与《公务员法》之间的冲突。在人事管理上，将检察官列入公务员序列进行管理强化了检察人事管理对行政权的依附，制约了人事管理法治化的生成。在检务保障方面，由于缺乏系统自主的管理保障，《检察官法》规定的权力义务和奖惩等内容始终停留在文本层面，实践中真正起作用的仍是党委决定和《公务员法》的相关规定。检察人事与检务实则处于"多头管理"之下，这就需要借助立法确立独立管理为中心的法治化管理模式。

（2）政策主导：对政策管理路径的片面依赖。在管理经验的缺乏和立法活动的慎重之间，检察管理被涂抹上一层浓厚的政策主导色彩。一方面，对于某些应入法的问题只是采取文件性规范的调控方式。如监所地区派驻检察机关仅是在最高人民检察院内部规范中作出了规定。另一方面，在制约检察权独立运行的关键领域多采取跨系统联合下文的方式。如最高人民检察院就曾先后两次就业务费开支范围会同财政部出台规定。这折射出立法力量在这类关键领域的萎缩，也使之成为法治化管理所必须打破的瓶颈。

（二）传统检察管理形态弊端的现实折射

对立法保障功能的忽视，将弱化检察机关在自我管理中的主体地位和独立性，而对政策主导功能的依赖，则容易使检察管理陷入非确定统一性的泥淖。

1. 行政干预式管理的弊端。

在人事管理层面，立法实施的异化加剧了管理主体的多元性特征。地方党委、人大、同级组织部和编办都能分到"一杯羹"，检察机关有时往往需要服从一些不切合检察实际情况的外来管理方式，人事管理和检察工作规律时有脱节。在检务管理方面，由于包括检务管理在内的检察行政事务管理未能与检察业务分离，而检察机关在经费管理上对行政权具有很强的依赖性，经费管理难以被纳入司法管理的领域，因此行政干预便极易通过检察行政事务管理这一媒介实现对检察权独立行使的染指。

2. 非明确统一管理的缺陷。

政策主导的管理形态有两方面的特征：一是管理依据的频变性。如针对司法警察、扣押、冻结款物、机关业务开支等管理问题，就先后数易其规，有些文件更新周期甚至不满5年。二是管理依据的非明确性。某些立法性规范迟迟未能制定，给相应管理带来无法可依、于规失据的局面。三是管理的非统一性。如江苏和新疆在派出机构设置上就存在差异，而最高人民检察院又单独就监所地区派驻检察机关制定有专门的管理办法。这就使得对于同一性质的管理问题，不同区域、不同部门各自为政。

（三）突破与涅槃：检察管理法治化形态的价值维度

通过文献检索可以发现，“科学化”和“规范化”是既往对检察管理目标与模式这一主题研究中的两大关键词，而“法治化”则是一个相对新颖的概念。将检察管理纳入法治化轨道，是检察机关在党的十八届四中全会所提出依法治国的背景下对自身管理范式的反思与定位，它既迎合了检察改革法治化的现实需要，更是实现管理科学化和规范化的必然路径。

1. 行政干预性的弱化和司法管理性的凸显。

检察权的独立公正行使需要一套适合权力运作的管理模式。而与此目标相悖的现实是，在检察管理尤其是在人事和检务管理的诸多领域，行政力量介入的过甚已足使检察管理被迫偏离司法管理的轨道，从而扭转检察权运作的独立公正朝向。而检察管理的法治化形态，实质上是以立法保障逐渐削弱乃至排除行政干预的不当影响，按照检察工作规律开展管理，提升检察管理的司法属性，使检察管理完成向司法主导的嬗变。

2. 自生性管理的淡化和外源性管理的强调。

依赖文件性规范进行管理是一种系统自生性的管理，它具有两个难以为自身所克服的缺陷：一是抗干扰力量有限，这成为行政干预频频介入检察管理的渊薮。二是文件性规范本身的适用程度有限。这既受制于其本身相对较弱的强制力，也源于文件制定中外部协调性的缺失。譬如若单就办案责任在系统内部进行强调，而忽视与系统外因素的协调，就容易使内部文件性规范实效大打折扣。检察管理的法治化强调通过立法这一外源性力量的介入，通过立法协调性的增强，克服内生性检察管理的天然缺陷。

3. 任意性管理的撤离和常态化管理的跟进。

任意性是自生性管理与生俱来的一种品质。它体现在两个方面：一是文件性规范制定上的随意性。检察管理文件性规范的制定与否很难受到外部的监督，在不影响机构运转的情况下，是否着手制定相应的规范完全由系统自身决定，如内设机构管理规范的阙如就充分说明了这一点。二是文件性规范制定的非系统性。相应规范往往因事而立，缺乏系统化的立法步骤。法治化的检察管理形态将直面并力克以无法可依和杂乱无章为特征的任意性管理弊端，通过对空白立法的填补以及系统立法的凸显，在检察管理活动中引入并确立常态化的管理模式。

三、管理依据的建立：他律性检察管理范式的规范保障路径

十八届四中全会提出要求“形成完备的法律规范体系、高效的法治实施体系、严密的法治监督体系、有力的法治保障体系。”① 检察管理的法治化，亦需要通过构建缜密无疏的检察管理法律规范体系、严格的法律规范实施体系和健全的法律规范保障体系，推动检察管理实现从“自律”向“他律”的范式转轨。

（一）构建检察管理法律规范体系的拷问与思索

1. 文本抑或规范：对《检察管理法》立法可行性的反思。

判断一条规范是否属于管理性规范并非十分困难。然而，在将其与检察组织规范、检察人事规范放置在一起时，如何从文本制定的角度划定彼此之间的界限，就无疑是一项较具挑战性的工作。

一个看似便捷且合理的解决方案是制定《检察管理法》或《司法管理法》。论者主要持三方面的理由：一是能够突出检察管理立法的系统性；二是能够较好地划清检察管理规范与组织规范、人事规范的界限；三是这一专法的制定可以显示国家放弃检察管理行政化倾向并将其纳入司法化轨道的决心。

然而，这一构想是有疑问的，最大的障碍源于立法的可操作性。一则很难将检察管理规范从组织法律和人事法律中剥离。很难想象将管理规范独立出来之后，原有的《检察院组织法》和《检察官法》将留下一个怎样残缺不全的轮廓。“组织”一词本身就隶属于管理的概念范畴，管理规范写入组织法并不存在体例上的不当。二则无论是制定有其他专门性或附属性检察法律的国家均不存在专门的“检察管理法”，这也从侧面说明了这一设想是缺乏现实基础的。

① 参见《十八届四中全会公报》。

因此，检察管理法律规范体系的构建不应纠结于文本而更应重视规范。检察管理立法的底限是对那些基础性和关键性问题进行立法规制，而并非一定要走制定专法的道路。

2. 检察管理法律规范体系的构建原则。

（1）位阶提升：一家立规向协调立法转变。检察管理立法性规范的制定，必然是多方参与下多种利益博弈的结果。尤其是在干部人事管理和财物经费管理等需要多方协调的领域，相应立法性规范的制定更应在协调中追求合理。其一，人事管理层面。应纳入立法的问题主要包括：省以下检察人员统一管理问题、检察官准入与选任问题、检察官员额制问题、军事检察官转任问题。其二，组织管理层面。应纳入立法的问题主要包括：跨行政区划检察机关的管理问题，部门、企业管理检察机关的管理问题、地方党委、人大与检察机关的关系问题。其三，检务管理层面。应当纳入法律规制的问题包括：省以下地方检察院财、物统一管理问题、检察官职业保障问题、涉案财物处置管理问题。其四，业务管理层面。应当纳入法律规制的问题包括：行政执法与刑事司法衔接问题、检察机关执法办案考评问题等。

（2）碎片整理：分散立规向统一立法转变。检察管理的法治化要求对呈现出“碎片化”形态的文件性规范进行整合，对确有必要的需及时入法。可以以《检察院组织法》的修改为契机，以组织法为平台，对组织管理、业务管理和检务管理的相应规范进行整合，形成相对完整的组织法文本。而对人事管理规范交由《检察官法》整合和确立。检察管理规范体系未必一定要采取“金字塔”的立法格局。只是对于某些具体问题的入法应灵活处理，如其他检察人员的管理问题可以考虑规定在《检察院组织法》“人员管理”一节中。

（3）法出一门：区域立规向中央立法转变。检察权属于中央事权，检察管理权自不例外。针对当前部分检察管理权力的下行问题，在法治化过程中应予以改变。检察管理的法治化形态要求将检察管理活动的方方面面纳入法律调控的轨道，就决定了除中央立法机关外，任何地方立法机关均不得对检察管理进行立法和进行变相的权力转授。尤其是在检察改革过程中，应尽量避免各试点省份权力机关对某些基础性的管理问题擅自立法，而应当由最高人民检察院在对试点经验进行综合评估与考虑的基础上，及时向全国人大提出修法建议，以立法引领改革，维护检察管理法治化对于统一检察管理权限的题中之义。

（二）检察管理法律实施与保障体系的构建

法律的生命力在于实施，法律的权威也在于实施。这就需要以检察管理法律实施与保障体系的构建为基点，克服检察管理中执法乏力等法律实施异化现象。

1. 强化法律实施监督制度。在检察管理立法性规范的实施过程中，长期存在着监督体制不够健全、监督制度不够完善、监督实施不够规范、责任追究不够严格等问题。对此，需要通过构建系统化的监督体制，综合运用人大监督、社会监督、舆论监督等多重方式和手段来加以改进。一方面，完善检察管理规范的人大备案审查制度，依法撤销和纠正涉嫌违反上位法的管理性规范，同时禁止省以下地方人大针对检察管理问题制发带有立法性质的文件。另一方面，坚持并扩大规范实施过程中的监督主体范围，通过对人民检察院工作报告开展政治协商的方式，有针性地对规范实施不到位等的问题提出批评、意见和建议。

2. 加强和改进党委和人大对检察管理法律实施体系的领导和监督。一方面，在进一步深化检察体制改革的过程中，注重理顺检察管理活动与党的领导体制、人大监督体制之间的关系，为检察管理的法治化运作提供一个良好的体制环境。在坚持党管干部原则的同时建立有别于普通公务员的检察人员管理模式，尽量排除地方党委政府对检察经费管理的干预和制约，探索建立检察行政事务与业务管理相分离的管理体制，合理确定地方党委、人大在检察行政事务管理中的位置与权限，通过“两权分离”，隔断行政权干涉检察权运作的“中间媒介”。另一方面，纠正地方党委干预甚至直接参与检察管理活动的不当做法，建立领导干部滥用权力擅自干预检察管理活动的记录、通报和责任追究制度。

3. 强化检察队伍建设，提升检察人员法治思维和法治工作的能力和水平。“在法律实施中，法律观念、法律意识起着重要的基础性作用。而在法律观念、法律意识中，规则意识则是最重要的归结点。当前中国法律实施的最大障碍是规则意识的缺乏，也是目前法律实施不甚理想的主要症结。”① 一方面，抓住检察机关领导干部建设这个关键，把善于运用法治思维和法治方式推动检察管理工作的人员选拔到领导岗位上来，推进检察队伍正规化、专业化建设，提高职业素养和专业水平。另一方面，把检察管理决策纳入法治化轨道，细化决策流程、标准和责任，改变重大管理问题决策主体不明确、决策权过于集中、决策责任制度不完善的状况，建立重大管理决策终身责任追究制度及责任倒查机制，提升检察管理决策的科学化、规范化和法治化水平。

区别于静态的制度规范，法治体系是“一国法律制度、法律典则、法律

① 刘作翔：《中国法治国家建设的战略转移：法律实施及其问题》，载《中国社会科学院研究生院学报》2011 年第 2 期。

运行、法律实现等有关法的综合交织的因素形成的法之实践体系。”① 作为与检察管理相匹配的一套规则治理体系，检察管理法律规范体系是检察管理法治化的起点和基础，高效有力的法律实施与保障体系则是其生命，只有在三大体系的共同牵引下，检察管理才能够实现从孤立、静态的法律体系向立体、动态法治体系的嬗变与转轨。

四、管理模式的转型：立法保障视域下不同版块管理的法治化形态构想

管理体制层面的改革占据了当前检察体制改革的较大比例。对传统检察管理瓶颈的突破，应当在对这一契机的充分把握之下进行。

（一）组织管理形态法治化转型的方向与路径

1. 对派出机构管理予以立法上的明确。在《检察院组织法》中专设“检察机关的组织”一章，将派出机构审批主体、领导体制等管理问题写入其中，同时将派出机构人员管理、检务保障等问题在“检察机关的管理”一章中“人员管理”、“检务管理”等分节中作出规定。此外，对于我国现存的一些由企业、部门管理的检察机关，通过立法纳入国家统一的司法管理体系。在派出机构审批主体上确立归口审批制，即派出地级检察院的设置由最高人民检察院决定；派出基层院的审批由省级检察院负责。在人员任免上贯彻省以下检察机关统一管理原则，建立派出检察机关检察官统一提名、管理并按照法定程序任免的机制。在检务保障上，建立派出检察机关经费由所在行政区隶属之省级政府财政部门统一管理保障的机制。

2. 对特殊检察机关管理尽量予以明确。《检察院组织法》应单独设置“特殊检察机关”一章对相关问题予以规制。其内容应囊括：一是军事检察机关的法治化管理。明确军事检察院为我国唯一的专门检察院。但同时考虑到军事检察机关人事管理和经费管理与一般性的检察机关有所区别，故可通过另行立法或授权立法的方式，对其实行专法规制。二是跨行政区划检察机关的法治化管理。随着改革经验的成熟，可以考虑专设一节规定这一问题，为构建普通类型案件由行政区划检察机关办理、特殊类型案件由跨行政区划检察院办案的诉讼格局提供法律上的依据。

3. 对内设机构管理予以立法上的明确。主要包括：一是适应办案组织改革对机构设置的要求，对“大部制、精细化”的机构设置方向予以必要的明

① 张淑芳：《法律体系与法治体系之比较》，载《探索与争鸣》2011年第9期。

确；二是适应检察机关司法行政事务管理与检察权相分离的改革要求，包括业务部门的突出、综合管理部门的适当精简。《检察院组织法》中的相应条款至少应当对不同性质内设机构的归类、在不同层级检察机关中的设置标准、不同层级之间的对口管理等问题予以明确，以形成科学合理、规范有序的内设机构管理格局。

（二）人员管理形态法治化转型的方向与路径

1. 对人员分类管理予以立法上的明确。规范至少应包含两个层次的内容：一是检察人员的分类办法。明确规定检察人员划分为检察官、检察辅助人员和检察行政人员；二是对检察官员额制作出原则性规定。其中，对检察官和检察官助理的管理可以在《检察官法》中予以详细规定，在组织法中只需作出指示性的说明；对检察行政人员、书记员则可以考虑规定在《检察院组织法》中。对于司法警察，可以在综合此前制定的管理规范的基础上，在与最高法商定后向全国人大提出制定统一的《司法警察法》的立法建议和草案。

2. 对检察人员省以下统一管理予以明确。在组织法中明确地方检察院人员省以下统管的管理模式，地级院和基层院的检察官统一由省提名、管理并按照法定程序任免。尤须通过立法对人事管理权在党委、人大和检察机关之间的分配予以明确，建立省以下地方检察院政法专项编制统一管理制度，突出人事管理的司法属性，避免为行政化和地方化介入检察人事管理提供缺口。

3. 对不同序列检察人员管理予以立法上的明确。一方面，《检察官法》着重建立检察官专业职务序列，明确行政职级与检察官等级脱钩，推动检察官等级制度的落实，为检察业务管理的法治化提供人事保障；确立检察遴选委员会制度，明确规定初任检察官省级统一招录和基层任职、上级院检察官逐级遴选等检察官选任制度。另一方面，对于检察行政人员、检察辅助人员的职务序列和晋升途径等内容，也应尽可能纳入法律调整范畴，如提升其职级比例、畅通不同序列人员之间的考核流动机制等。

4. 立法健全检察人员履职保障机制。一是确立完善的检察职务任免机制。对检察官的纪律、奖惩问题予以细致的明确和规定，在《检察官法》中明确建立省级检察官惩戒委员会，明确规定非因法定事由、非经法定程序，不得将检察官调离、辞退或作出免职、降级等处分，并明确检察人员的申诉控告制度，完善救济机制。二是建立专业化、系统化的教育培训体系。通过法治思维和方式的训练，为检察管理法治化提供思想保障。

（三）业务管理形态法治化转型的方向与路径

1. 通过立法建立科学的检察业务组织形式。在深化检察官办案责任制改革中，合理探索并科学配置检察长、副检察长、检察官和检委会在执法办案中的权限和责任。待时机成熟时，可以考虑在组织法中对办案组织形式予以明确，同时对上述主体的权限进行划定，以形成权责分明、责任明确的办案责任体系，打破传统业务管理模式下行政审批色彩过浓的办案机制，促进检察执法活动司法属性的提升。

2. 通过立法促进案件管理机制的完善。案件管理机构已经在全国范围内得到推广，其职能主要定位于管理、监督、服务、参谋等四个方面。其中，管理是其基本职能，主要表现为对各业务部门所办案件的整个流转程序进行全程管理，从而对所有案件进行常态性、统筹性和全面性管理，有利于加强检察执法办案的横向监督制约和纵向统筹指挥。还可以考虑对其他案件的管理机制，如检察机关统一业务软件系统、统一信息交换和资源共享平台和服务体系等内容予以明确，促进案件管理工作的规范化和法治化。

3. 通过立法促进业务考核机制的完善。一是制定完善而权威的案件质量标准。尽管最高人民检察院已就不同业务工作制定有相应的质量标准，但它依旧停留于内部性规范，对于一些原则性、基础性的内容远未能及时上升到法律层面；二是案件管理标准的协调。长期以来，各个业务部门往往注重本部门业务质量的管理，而忽视了各业务部门、各业务环节之间的协调，影响了案件质量管理和考评的实效。将质量考核标准纳入立法还应注意不同业务考评标准之间的协调性。

4. 通过立法规范检察业务领导体制。《人民检察院组织法》应着重规范和完善上下级检察机关之间业务领导的程序和制度。其中最为主要的是健全和完善重大事项和重大案件报告制度。在立法中明确规定对于检察工作中涉及的重大事项、重大案件，下级人民检察院应当及时报告上级人民检察院。在实践中，对于下级人民检察院与同级党委意见有分歧的问题，应当由上级人民检察院经商请其同级党委后依法作出决定，由下级人民检察院执行。

5. 通过立法确立检务公开原则。法治思维首先是规则思维，而检务公开恰恰符合规则思维的核心要求。在组织法总则中确立检务公开这一基本原则，运用现代信息技术手段对终结性检察法律文书进行网上公示，构建开放、动态、透明的阳光检察机制，将检察业务活动置于公众的监督视野，防止和杜绝检察执法过程中不法现象的出现，提升检察业务管理的法治化水平。

（四）检务管理形态法治化转型的方向与路径

1. 在检察经费管理问题上，通过立法确立并推动省以下地方检察院经费统一管理。专设“检务管理”一节以系统规定省以下地方检察院经费由省级政府财政部门统一管理机制，即由省级检察院会同省级财政部门根据履行检察职能的实际需要，实行预算管理，给予足额保证，并以不低于全省一般性财政支出增长的速度逐年增长，办理大案要案所需经费，可以追加专项预算。这既有利于不同地区之间的经费平衡，也能够较好地解决贫困地区和基层检察院的经费保障问题。

2. 通过立法建立单独的检察官工资序列，完善检察人员工资、津补贴和福利保险体系。一方面，在《检察官法》“检察官的工资、福利”一节中建立符合检察官特点、与政府机关公务员相分离的独立工资制度，规定检察官的工资待遇不予与行政职级挂钩，而是以检察官等级为基础建立相应的工资保障制度。另一方面，改变由中办、财政部等主体制定人员经费管理办法的模式，通过立法明确其他检察人员的工资、津补贴和保险等福利待遇等由省级财政予以保障的管理体制。

3. 通过立法完善涉案财物处置法律制度。查封、扣押、冻结、保管和处理涉案财物是检察权行使的重要一环，虽然最高人民检察院于年初刚刚制定了《人民检察院刑事诉讼涉案财物管理规定》，但其仍属于内部性管理规范。立法仍应对涉案财物管理的基础性和原则性问题进行规定，从而建立相对完善的检察机关涉案财物内部控制体系。立法应着重构建检察机关涉案财物内部控制框架体系，实施涉案财物工作定期风险评估，将涉案财物处理的授权批准上提一级，设立涉案财物处理审查委员会，科学分配因上缴涉案财物而追加的经费等一系列内部控制措施。

4. 通过立法逐步完善检察行政事务与检察业务相分离的管理体制。检察行政事务本质上属于行政权的一种，从属、服务于检察权。长期以来，行政事务管理与业务管理界限不明，职能混同、运行机制混同、岗位混同等现象普遍存在，既阻碍了检察业务管理的纯粹性，也使包含检务管理在内的行政事务管理的独立性受到浸染，检务管理的法治化程度相对较低。因此，“两权分离”的核心是将检务管理从与业务管理的混同中独立出来，同时维护和增进检务管理与业务管理的法治化水平。对此，应当以确保依法独立公正行使司法权为目标，通过立法实现包括司法经费管理在内的检务管理的民主化和法治化，包括通过立法在检察机关内部设立专门的检察行政事务管理组织机构，以立法维护经费管理和保障的刚性，同时可以考虑由立法“建立司法机关独立编制预算、财政部门审核加注意见、人大审议批准的经费管理模式，强化司法行政事务管理内部分离和外部监督机制建设”①，从而有力地促进检察管理的法治化程度的提升。

最后还必须作出说明的是，检察管理的法治化并不是要求事无巨细地将所有的管理事项纳入立法之中，这既不现实也无必要。检察管理的法治化并非全盘否认检察管理文件性规范的制定必要和功能价值，而只是强调将那些对检察权独立行使和检察管理法治化起着决定影响的管理内容交由法律调整，树立立法在检察管理活动中的绝对权威。

结　语

对规则治理的追求和管理经验的滞后，促使检察管理主体从政策制定而非立法活动中寻求调和，并由此塑造出传统检察管理自律性的独有个性。然而，自律性的传统管理模式存在自身所无法克服的天然缺陷，这一模式之下的检察管理不断受到行政权和地方权的干扰和困扰，传统检察管理模式的“自律性”并不彻底，而是朝着“干预式”管理的方向异化。法治意识的觉醒、法治思维的养成和管理经验的成熟，将使管理者摆脱对政策主导的依赖成为可能。在这个意义上而言，法治化的检察管理模式才可能是一种纯粹意义上的“自主型”管理，才能有助于促进检察管理向法治化的轨道转型和回归。

① 《关于深化检察改革的意见（2013—2017年工作规划）》（2015年修订版）。

依法治国视域里检察工作发展模式及实现路径研究

王学军[*]　孙吉祥[**]

党的十八大报告提出"法治是治国理政的基本方式"，对法治建设提出新要求，作出新部署，提出了法治思维和法治方式的方法论。党的十八届四中全会专题研究了全面推进依法治国的问题，审议通过了《中共中央关于全面推进依法治国若干重大问题的决定》，明确提出了全面推进依法治国的指导思想、目标任务、基本原则和重点举措。全面推进依法治国是一个系统工程，是国家治理领域一场广泛而深刻的革命。检察机关作为国家法律监督机关，更要以高度的政治责任感和历史使命感投入到这个伟大进程之中，切实肩负起实践者、推动者的责任。

一、依法治国的概念与内涵及检察机关的法律地位

依法治国是党领导人民治理国家的基本方略。在我国，依法治国就是广大人民群众在党的领导下，依照宪法和法律的规定，管理国家事务，管理社会事务，管理经济和文化事业，保证国家的一切工作都依法进行。全面推进依法治国，就是要推进科学立法、严格执法、公正司法、全民守法，坚持法律面前人人平等，保证有法必依、执法必严、违法必究。完善中国特色社会主义法律体系，加强重点领域立法，拓展人民有序参与立法途径。推进依法行政，做到严格规范公正文明执法。进一步深化司法体制改革，确保审判机关、检察机关依法独立公正行使审判权、检察权。深入开展法制宣传教育，提高领导干部运用法治思维和法治方式深化改革、推动发展、化解矛盾、维护稳定能力。党领导人民制定宪法和法律，党必须在宪法和法律范围内活动。任何组织或者个人都不得有超越宪法和法律的特权，绝不允许以言代法、以权压法、徇私枉法。

---

* 作者单位：山东省聊城市人民检察院。
** 作者单位：山东省东阿县人民检察院。

检察机关的法律地位，也就是检察机关及检察权在我国宪法和法律中规定或在规定中体现出来的，检察机关及检察权在整个国家政治生活中的本质属性和地位。

《中华人民共和国宪法》第129条及《中华人民共和国人民检察院组织法》第1条均规定："中华人民共和国人民检察院是国家的法律监督机关"。《中华人民共和国宪法》第131条至第133条进一步规定："人民检察院依照法律规定独立行使检察权，不受行政机关、社会团体和个人的干涉；最高人民检察院是最高检察机关，领导地方各级人民检察院和专门人民检察院的工作，上级人民检察院领导下级人民检察院的工作；最高人民检察院对全国人民代表大会和全国人民代表大会常务委员会负责。地方各级人民检察院对产生它的国家权力机关和上级人民检察院负责。"

从以上规定可以看出，检察机关的职能是法律监督，设立目的是维护国家法律的统一正确实施。其设立目的与依法治国的核心内涵基本一致，都是表现为对权力运行的限制规范与约束。

二、检察机关在全面推进依法治国中的作用

（一）保障宪法和法律统一正确实施

我国目前仍处于社会主义初级阶段，人治、特权、家长制、权力过分集中等现象仍然存在，干部制度方面的一些弊端，地方、部门、民族等本位利益的局限，地方保护主义、本位利己主义、行业不正之风也仍然严重，这些现象容易导致产生人民群众深恶痛绝的腐败行为，严重损害了党和国家的声誉形象。这些问题的解决单靠制度是不行的、不够的、无力的，效果也不明显的，必须依靠法治来解决，就是说必须依靠宪法、法律这根底线来规范、来解决。在这种情况下，作为全面担负法律监督职能的检察机关的作用就显得尤为重要。检察机关要敢于监督、善于监督、规范监督、依法监督，坚持法律面前人人平等，坚持依法独立公正行使检察权，坚决依法监督纠正诉讼中执法不严、司法不公的突出问题；认真贯彻实施修改后的《刑事诉讼法》，重点加强对侦查、审判、执行环节的法律监督，加强新增监督职责的实践探索，加强对非法取证、滥用强制措施、侵犯诉讼权利的监督，以及结合贯彻实施修改后《民事诉讼法》和贯彻落实全国人大常委会审议意见，切实转变"重刑轻民"的观念，进一步加强和改进民事行政检察工作，积极主动与有法不依、执法不严、违法不究的行为作斗争，保障宪法和法律正确有效实施。

（二）依法打击各种犯罪

一是坚决打击严重破坏社会秩序的刑事犯罪，为经济建设创造良好的环境。检察机关要与公安、法院等部门密切配合，严厉打击那些危害国家安全、破坏社会秩序的暴力犯罪及各种经济领域内的犯罪，从根本上维护社会稳定，为经济建设创造一个安定的环境。二是加大力度依法惩处渎职侵权犯罪。三是严厉打击贪污贿赂等腐败行为。当今世界，腐败是一个普遍性的社会政治现象，我国也不例外。由于国家权力的行使是由公职人员承担并实施的，一些公职人员经不住各种利益的诱惑，加之权力本身的易腐性，出现了不少的腐败现象和腐败行为，且有愈演愈烈之势，因此，必须对国家机关及其公职人员的各种权力进行制约，而检察监督是一种最有效的手段。

（三）积极参与职务犯罪预防

坚持标本兼治、综合治理、惩防并举、注重预防方针，充分发挥检察机关在惩治和预防腐败体系建设中的职能作用，促进干部清正、政府清廉、政治清明。检察机关既要坚决查处大案要案、查处侵犯群众切身利益和发生在群众身边的腐败问题，又要注重从源头上预防、遏制权力的腐败和滥用。在实践中，要推进侦、防一体化机制建设，结合办案深化职务犯罪预防工作，一要善于了解、发现各种职务犯罪案件的发案特点、规律，发现在权力行使过程中所存在的制度上、管理上的漏洞和隐患，找出相应的解决对策，向有关单位、部门及时发出通报、检察建议及纠正违法通知；二要根据不同行业特点开展重点预防、全程预防、跟踪预防等活动，将事后监督变成事前、事中监督。规范、监督具体行政行为和司法行为，有利于从根本上遏制职务犯罪的滋生和蔓延、降低发案率，推进了依法治国的进程。

（四）尊重和保障人权

“尊重和保障人权”已经明确写进我国宪法、法律当中，并作为我国宪法、法律的一项重要原则，是我国全面推进依法治国的重要里程碑。检察机关是国家的法律监督机关，必须严格执行宪法法律这项重要原则，在履行法律监督职能中，要严格执行修改后《刑事诉讼法》和《民事诉讼法》有关条文规定，在办案当中，坚持实体程序并重，严防重实体轻程序，保证办案质量，依法维护当事人的合法权益，依法保障犯罪嫌疑人的各种诉讼权利。确保每宗案件的实体公正和程序公正既是宪法法律的内在要求和全面推进依法治国、建设平安中国、美丽中国的迫切需要；也是检察机关全面落实习近平总书记提出的

"让人民群众在每一个司法案件中都能感受到公平正义"的必然结果。

三、依法治国对检察工作创新发展的新要求

（一）要正确处理好党的领导与检察机关独立行使检察权的关系

党的领导是政治领导，即组织领导，不是对具体案件的个案领导，党的领导并不妨碍检察机关独立行使检察权的实现。党的十八届四中全会提出了要完善确保依法独立公正行使检察权的制度，这从崭新的高度对于检察机关的权力运作提出了机制构想。各级党政机关和领导干部要支持检察机关依法独立公正行使职权。为了保障检察权的独立建立行使，建立领导干部干预司法活动、插手具体案件处理的记录、通报和责任追究完善和规范外部监督机制。坚持党的领导，重大事项、重大案件主动向党委汇报。主动接受人大法律监督和政协民主监督，积极拓宽人大代表和政协委员监督检察工作的渠道。深化人民监督员制度，建立重大案件通报制度，尝试性开展邀请人民监督员接访涉检信访活动，对于社会影响重大、疑难、复杂案件必要时可邀请人民监督员或法律专家列席检察委员会。充分发挥新闻发言人作用，对重大敏感案件及时向社会发布，积极回应社会关切。要破除办案工作神秘化思想，推进"阳光检务"，建立基层检察机关门户网站，开通检察微博和微信，使检察权在阳光下行使。

（二）要正确处理"以审判为中心"的诉讼制度改革和法律监督的关系制度

建立"以审判为中心"的诉讼制度改革是十八届四中全会提出的司法体制改革举措之一，符合司法规律和我国现阶段的基本国情，具有极强的针对性，但这并不意味着强化了法院地位而忽视了检察机关法律监督权的行使。"以审判为中心"的诉讼制度与检察机关的法律监督权并不矛盾，两种职权齐头并进，都要加强。作为法律监督机关的人民检察院要着重强化对侦查、诉讼和刑罚执行等的监督，尤其是诉讼活动中违反法定程序、侵犯人权、侵犯诉讼权利问题的监督。刑事立案监督的重点是纠正有案不立、有罪不究、以罚代刑、非法插手经济纠纷等问题。侦查活动监督的重点是及时发现遗罪漏犯，及时追捕追诉，纠正滥用和随意改变强制措施的现象，依法排除非法言词证据。刑罚执行监督的重点是监督纠正判决后不依法交付执行和以罚代刑等问题，开展减刑、假释、保外就医专项监督，防止和纠正超期羁押等侵犯人权的现象。诉讼监督的重点是加强对民事和行政诉讼监督，对于确有错误的判决、裁定、

调解书依法提出抗诉或以检察建议的方式要求予以纠正。对因行政干预或地方保护主义导致裁判不公的案件，审判人员贪赃枉法、徇私舞弊导致裁判不公的案件，严重违反法定程序导致裁判不公的案件，坚决依法监督。要进一步完善控告申诉首办责任制和申诉案件公开审查制度，严格执行最高人民检察院关于保障律师在刑事诉讼中依法执业规定，切实保障律师权利，维护犯罪嫌疑人、被告人的合法权益。在该项机制的创建工作中，重点应当完善检察机关各业务部门实施监督的衔接机制。探索建立可行的一些程序性制度规范，比如在监所检察部门建立超期羁押预警机制，杜绝侵犯人权现象发生。探索建立健全线索移送机制，预防、自侦、民行、控申、侦查信息等部门及时互通信息，建立共享机制，实现资源的有效利用，保障案源拓展，实现办案的一体化。

（三）要强化检察机关对人权的保障机制

检察机关领导干部和检察人员要研究党的十八届三中全会以来关于加强人权司法保障的具体措施和国外关于人权司法保障的成功经验。党的十八大报告关于进一步深化司法改革提出了新的具体要求，一是要求“全面推进依法治国”，二是要求“加快建设社会主义法治国家”，三是要更好地满足人民群众对司法工作的新要求、新期待。要推进科学立法、严格执法、公正司法、全民守法，保证有法必依、执法必严、违法必究，在中国特色社会主义建设和发展的承上启下关键时期，我们必须加快法治建设的步伐，到 2020 年实现全面建成小康社会宏伟目标时，“依法治国基本方略全面落实，法治政府基本建成，司法公信力不断提高，人权得到切实尊重和保障。”十八届四中全会对保障司法公正作出了更深入的部署，具体包括：强化诉讼过程中当事人和其他诉讼参与人的知情权、陈述权、辩护辩论权、申请权、申诉权的制度保障，健全落实罪刑法定、疑罪从无、非法证据排除等法律原则的法律制度。检察机关要围绕上述规定履行法律监督职能，不仅要从实体上保障人权，更要从诉讼程序进行多角度、全方位的有效监督，以更好地尊重和保障人权。依法治国，贵在树立法治理念，追求法律至上、公平正义、尊重程序、保障人权的法治精神；培育法治精神，重在让人们对法治形成信仰，使遵守法治变成人们的自觉行动。

（四）对行政违法行为的监督

目前，检察监督集中到了司法权的领域，对行政权监督的法律规定不健全。十八届四中全会提出检察机关在履行职责中发现行政机关违法行使职权或者不行使职权的行为，应该督促其纠正。完善对涉及人身、财产权益的行政措施的司法监督制度。要逐步探索建立检察机关提起公益诉讼制度，对于破坏环境资源，在国有土地流转等过程中损坏国家利益、集体利益的行为，检察机关应当代表国家提起公益诉讼。

（五）完善对限制人身自由司法措施和侦查手段的司法监督

人身自由是宪法赋予每个公民的最基本权利。检察机关在行使法律监督权的时候要体现以人为本，保障对限制公民人身自由司法措施和侦查手段的司法监督。人民群众对自身合法权益保护的意识越来越强。伴随着经济的快速发展和我国法制建设的不断推进，广大人民群众的法治意识、民主意识不断增强，对自身经济、社会、政治、文化等权利越来越关注，对自身权益的实现和保护程度也越来越重视，试图运用法律手段来保障自身合法权益的愿望也越来越强烈。

四、运用法治思维和法治方式实现法律监督的路径选择

（一）改革现有执法办案方式，增强检察权运行的司法属性

修改后的《刑事诉讼法》、《民事诉讼法》强化了检察机关的法律监督职能，加强了检察机关诉讼职能中的司法性要素，对检察机关执法办案的亲历性、判断性、独立性要求增强。因此，检察机关执法办案应当遵循检察权所具有的司法属性规律，这既符合立法精神要求，又顺应司法改革趋势。而现有执法办案主要实行“检察人员承办，办案部门负责人审核，检察长或者检委会决定”的三级审批办案方式，具有上命下从的特点，将案件决定权集中于检察长或检委会，具有典型的行政化特征，实际上也是检察一体化原则的体现。检察一体化原则有形成集体合力的优势，但当其中每一具体的组成部分都不能充分扩张其力度时，其集体合力是难以实现的，结果是“集体负责”成了“谁也不负责”。① 鉴于上述弊端，在我国诉讼制度变革的背景下，适应世界发展普遍的趋势，司法改革强调检察权的司法性并由此强化检察机关的独立性。目前，为保障检察官依法、独立、公正、客观行使职权，建立符合检察工作客观规律和内在要求的检察权运行机制，最高人民检察院已在全国7个省份17个检察院试点实施主任检察官制度。主任检察官制度是将部分骨干检察官确立为相对独立的办案主体，并配备相应的检察官和书记员组成办案组，直接受检察长领导，对检察长负责，按照案件风险等级，对普通低风险案件，实行主任

① 吴学艇：《检察一体原则与主诉检察官制度改革》，载《人民检察》2000年第4期。

检察官办理决定或审批制；对疑难复杂高风险案件，由主任检察官亲自办理，提出审查意见后提交分管副检察长审批决定，需提请本院检委会讨论的，由分管副检察长提交检委会讨论决定。主任检察官制度确立了检察官在执法中的主体地位，主任检察官在职权范围内依法独立办案，独立作出决定或建议，并对自己所办案件承担责任，体现了办案的亲历性，符合司法工作独立、亲历、兼听、公开和“谁办案、谁决定、谁负责”的要求。[①] 主任检察官制度实行检察办案扁平化管理，变三级审批为二级审批，即在检察长与检委会领导下由分管副检察长分别直接领导相应的主任检察官办案组，取消部门负责人对案件的审批权；部门负责人对主任检察官进行日常行政管理和业务监督检查，不再承担原来的办案指导权，同时，部门负责人也是主任检察官，带头办理疑难复杂和新类型案件，负责召集主任检察官联席会议，启动疑难复杂案件咨议机制；主任检察官在检察长的直接领导下开展工作，是检察机关内部办案组的本组负责人，亲自办理或指导本组成员办案，并对案件结论负责。主任检察官制度实行权责利统一，调动了检察官办案的积极性和责任性，提高了办案质量和效率，有利于检察队伍的专业化、职业化建设，凸显了检察工作的司法属性，是检察机关执法办案的改革趋势，符合检察权的运行规律，符合法治思维和法治方式对检察机关执法办案的要求。

（二）提升检察人员运用法治思维和法治方式的能力

检察人员作为法律专业职业人员，长期从事司法实践活动，直接贯彻和执行国家法律，较其他非法律职业人员更易于运用法治思维和法治方式认识、分析和解决问题。当前，随着司法考试准入门槛的提高和各地对人才的日益重视，检察机关人员素质不断提高，执法办案水平不断提升，但法治思维和法治方式的系统化运用水平仍显不足，需要培养和提高。为此，应加强检察人员法治理念、法律规则、法律方法等方面的教育培训，使检察人员头脑中形成恪守法律、公平正义、严守程序、保护人权、客观公正、接受监督等法治观念的法治思维和法治方式，正确认识和把握系统化的法治思维和法治方式要素及其之间的内在联系，并与检察实践相结合，指导检察执法办案工作，使办理的每一起案件、处理的每一个矛盾纠纷都符合法治思维和法治方式的内在要求，实现严格执法、公正司法、权利保护。同时，实践对思维具有反作用和能动性。检察执法办案活动在一定程度上也会影响法治思维的形成和法治方式的效能。因

① 陈旭：《探索建立科学的检察办案组织》，载《检察日报》2013 年 8 月 19 日第 3 版。

此，检察人员在执法办案中要主动依据法治观念和相关法律规则判断、分析、推理、解决问题，有效化解社会矛盾，不断巩固、完善已有的法治思维和法治方式，促进检察人员系统化法治思维和法治方式的形成。

（三）加强检察队伍职业化建设

职业化是现代社会分工日益精细后管理模式的发展趋势和基本要求。检察官职业化意味着以行使法律监督权为专门职业，具有与其他国家公务人员以及其他法律职业人不同而特有的职业技能、职业思维、职业理念、职业地位及职业保障。检察官职业化、专门化是检察改革的发展趋势，检察官职业化、专门化有利于促进检察官法治思维和法治方式的养成和提升，并推动检察官系统化法治思维和法治方式的形成和发展。要培养一支法律专业精通、执法理念先进、业务素能过硬的高素质检察官队伍必须加强检察队伍职业化建设。一是在用人上严把入口，推行检察官准入制。全面落实和执行检察工作人员考录制度，面向社会，从通过国家统一司法考试取得任职资格的人员中公开选拔初任检察官。二是加快检察官队伍的专业化建设和分类管理，培养一批学者型、业务型、综合型检察干警。三是重视检察人才特别是青年检察人才的培养。按照立足岗位、长远发展、注重实效的要求，制定培养计划，开展学习和培训，提高执法能力，提升运用法治思维和法治方式的能力。四是健全检察官职业保障制度。制定相应措施保障检察官社会地位，增强职业认同感及荣誉感，出台相关政策，吸引高学历、高水平的法律人才进入检察机关。

检察机关司法责任制的理论基础与功能定位

孙应征　刘桃荣*

司法责任制是此轮司法体制改革的核心。检察机关司法责任制是司法责任制的重要组成部分，能否顺利地推进检察机关司法责任制，关系到司法体制改革的成败。曹建明检察长在今年7月召开的大检察官研讨班上的讲话中指出："完善司法责任制是党的十八届三中、四中全会部署的重要任务，也是健全检察权运行机制的核心内容，在司法改革中居于基础性地位。"一些人士担心检察机关司法责任制的改革可能会出现与此前主诉检察官责任制推行遇阻而在实践中逐步式微同样的问题，这种担心是否为杞人之忧需要实践来回答。开展检察机关司法责任制的研究与探索，有助于我们在增强改革信心的同时，通过理论的构建和实践的检验，给司法责任制的改革奠定坚实基础、提供样本并由此建立起公正高效的检察权运行机制。

一、检察机关司法责任制的概念

关于检察机关司法责任制目前还没有统一的概念。笔者试图从两个层面予以阐释：

（一）从内涵上加以分析

围绕办案责任制，最引人关注的内容或者关键词有：一是突出检察官主体地位；二是放权于检察官；三是决定者负责。如何定位检察机关司法责任制？笔者认为，可以对上述关键词来作基本概括性解释：

1. 司法责任制的主体是检察官。当前，推行检察机关司法责任制是与检察人员分类管理的改革配套实施的。检察人员按照检察官、检察辅助人员和司法行政人员分为三类后，检察官是办案组织的主体，必须在一线办案，这既有利于解决过去检察办案人员与行政人员混同而导致司法行政化色彩过重的问

---

* 作者单位：武汉市人民检察院。

题，又有利于使检察官专注于执法办案、从而增强职业责任感和荣誉感。因此，检察机关司法责任制是以检察官作为办案主体为基石的。应当明确的是，我们所实行的检察机关司法责任制中，检察官对办案独立负责并不意味着检察官可以以本人的名义对外行使检察权，对外行使检察权并具有法律效力的主体仍然是人民检察院，这一点与西方检察制度中独立检察官或者检察官的独立法律地位具有本质的不同。

2. 办案组织形式是载体和平台，检察官的办案权限是重点。在执法办案中，检察官不是单一的个体，而是根据办案所需要的阅卷、调查、审查判断、决定、记录等分工要求，形成一定的办案组织。过去，检察机关的办案组织依托于处（科）部门架构，具有法律资格的检察员或助理检察员，在办案中没有明确的分工，一般刑事案件的检察官接到案件后从阅卷、提审到撰写法律文书以及出庭公诉，需要承担大量事务性工作，在A案中甲为承办人乙为助手、在B案中乙为承办人甲为助手的情况大量存在。一些办案力量紧张的基层院甚至将没有法律资格的书记员作为承办人，提审和出庭时再请一个有法律资格的检察人员配合工作，因而办案组织相对比较松散。而且，由于采取三级审批制，即案件从承办人－处（科）长－分管副检察长审查把关，大部分案件的中心环节实际上在处（科）层级，形成的是以处（科）为圆点的发散式办案，实际的案件承办人没有决定权。实行检察机关司法责任制就是要建立以检察官为中心并以检察官亲历为基础、以行使决定权为要义的办案组织，或称办案单元。这种办案单元依照不同的检察职能采取不同的形式，有独任的也有组合的，有固定的也有临时指派的，但是以固定办案组织为一般原则；且办案组织中具有明确分工，检察官主要是对案件事实和证据进行审查和判断，检察官助理协助检察官办案，书记员从事记录与档案等工作；办案组织中的检察官在检察长授权范围内独立作出决定。

3. 司法责任是核心。司法责任制最重要的是明确责任。对此，党的十八届三中全会有精辟概括：完善主审法官、合议庭办案责任制，让审理者裁判、由裁判者负责。十八届四中全会进一步明确提出，完善主审法官、合议庭、主任检察官、主办侦查员办案责任制，落实谁办案谁负责。中央司改办负责人在谈到司法体制改革试点工作时表示："司法体制改革的目标，是建设公正高效权威的社会主义司法制度。实现司法公正，关键是要建立符合司法规律的办案责任制，做到有权必有责、用权受监督、失职要问责、违法要追究。"过去，检察机关在办案中的三级审批制以及与此相配套的集体研究、集体把关，导致办案中职责不明、责任混淆，出现瑕疵和过错案件难以追究责任的现象，导致司法公信力的贬损。司法责任制的实施，就是要从根本上改变这样的状况，通过建立责权利相统一的工作机制，使检察官真正地对执法办案负起责任，内心对法律产生敬畏和遵从；出现故意或者过失导致错误的，真正追究相关人员相应的责任，树立司法的威信，促进司法的公平正义。对于司法责任，其一是确责；其二是负责；其三是追责。三者的统一，构成司法责任的内容。

（二）从司法责任制的外延来分析

对司法责任制的改革，在不同的文章中有办案机制、办案组织体系、办案制度、办案模式以及权力运行机制等表达。曾任最高人民检察院法律政策研究室主任的陈国庆在《检察机关司法责任制改革的原则与构想》一文中表述为“实行检察官责任制或者主任检察官办案机制，对检察官的职业素质和职业保障提出了更高的要求”。这里的表述是将办案责任制作为一种办案机制。2014年最高人民检察院在山东临沂召开“主任检察官办案责任制学术研讨会”，高检院李如林副检察长在发言中讨论主任检察官办案责任制的改革背景时谈道：中国特色的检察制度是中国特色社会主义制度的重要组成部分，检察机关行使法律的监督权、行使检察权最重要的一个问题就是我们的办案的机制问题。能否建立一个能够充分体现检察职业特点和符合社会发展需要的机制，是摆在检察机关面前的一个特别重要的政治任务。这里也是将司法责任制放在健全办案机制层面来探讨的。我们认为，司法责任制的改革可以定位为“办案机制”，但是放在整个司法体制改革背景下观之，“办案机制”尚不能涵盖其全部的外延，司法责任制的改革属于整个司法权力运行机制中的重要一环，因此，用“司法权力运行机制”更能准确全面反映改革所涉内容与范围，也更有利于在更高层面认知这一改革的目标及意义之所在。从中央全面深化改革领导小组第三次会议审议通过的《关于司法体制改革试点若干问题的框架意见》（以下简称《意见》）中亦可以看出司法责任制的改革是放在整个司法权力运行机制上来推进的，该《意见》提出：“司法责任制作为改革试点的重要内容之一，要以完善主审法官责任制、合议庭办案责任制和检察机关司法责任制为抓手，突出法官、检察官的主体地位，明确法官、检察官办案的权力和责任，对所办案件终身负责，严格错案责任追究，形成权责明晰、权责统一、管理有序的司法权力运行机制。”最高人民检察院检察长曹建明在今年7月召开的全国大检察官研讨班上亦指出：“完善司法责任制是党的十八届三中、四中全会部署的重要任务，也是健全检察权运行机制的核心内容，在司法改革中居于基础性地位。各级检察机关要按照中央的部署要求，切实加强研究论证和实践探索，推动形成权责明晰、制约有力、运行高效的检察权运行机制。”

综合对检察机关司法责任制内涵与外延的分析，我们认为，检察机关司法责任制是指围绕建立公正高效权威的社会主义司法制度，根植于检察机关法律监督权而体现的检察职业特点和诉讼规律，以检察官亲历性为基础、行使决定权为要义，通过明确检察官在办案中的主体地位，明确检察官的职责权限，明确检察官在办案中所负责任而形成的一种权责明晰、权责统一、管理有序的司法权力运行机制。

二、检察机关司法责任制改革的背景与意义

（一）司法责任制改革的推进进程

检察机关司法责任制最早应当追溯到主诉检察官办案责任制。1998 年，最高人民检察院推出包括主诉检察官办案责任制在内的六大改革措施，1999 年 4 月在北京、天津、上海、重庆等地进行先行试点。2000 年，最高人民检察院办公厅下发《关于在全国检察机关审查起诉部门全面推行主诉检察官办案责任制的工作方案》（以下简称《方案》），决定从 2000 年 1 月起，在全国各级检察机关审查起诉部门全面推行主诉检察官办案责任制。从高检院下发的《方案》来看，主诉检察官制度的建立为司法责任制的推进打下了良好的基础。该《方案》对主诉检察官的选任、职责、考核，办案组织形式以及主诉检察官与检察长、检察委员会、审查起诉部门负责人、助手的关系等作了较为清晰的规定，在一定程度上通过减少部门负责人对案件的审批而赋予了主诉检察官较大的对案件处理决定权，审查起诉部门负责人应当转变职能，根据检察长的授权，监督、检查、协调主诉检察官及其助手的办案工作。如《方案》中提出："主诉检察官在检察长领导下独立承办案件、负责处理相关事项。""审查起诉部门负责人对主诉检察官所承办案件有意见时，应主动同主诉检察官交换意见，或者提出自己的意见报检察长。需要由检察长决定或者由检察长提交检察委员会讨论决定的案件或者事项，主诉检察官应当提出意见，经审查起诉部门负责人呈报检察长。审查起诉部门负责人不同意主诉检察官意见的，可以提出自己的意见一并呈报检察长，但不能改变主诉检察官的意见。"从全国检察机关的实践情况来看，主诉检察官办案责任制经历了十余年的发展，对提高公诉人专业素质和能力、增强责任感 、保证办案质量和效率发挥了积极作用。但是由于在改革中缺乏相应配套制度的跟进以及缺乏司法环境的支撑，主诉检察官办案责任制的改革步履维艰、进展缓慢，主要原因在于：检察人员整体处于行政化管理模式，主诉检察官的职级晋升、福利待遇与行政职级挂勾，在强化责任前提下责权利难以统一，使主诉检察官缺乏动力。同时，由于检察人员未实行分类管理，主诉检察官中表现优秀者往往走向领导岗位或综合

岗位部门负责人，检察官专业化、职业化难以实现。检察机关内部对主诉检察官办案责任制的推行上也一直缺乏配套制度的跟进，各地对主诉检察官的选任、考核、培训、监督、制约上没有统一的标准和程序，导致主诉检察官的素质和能力无法适应执法办案工作的需要。主诉检察官制度逐步在实践中淡化，但是这一改革所积累的经验是宝贵的、对于当前正在推进的司法责任制改革也是具有积极意义和重要启迪作用的。

（二）此轮司法体制改革的背景

党的十八大提出，要“进一步深化司法体制改革，坚持和完善中国特色社会主义司法制度，确保审判机关、检察机关依法独立公正行使审判权、检察权”。2013 年 11 月召开的党的十八届三中全会通过了《中共中央关于全面深化改革若干重大问题的决定》，进一步明确了深化司法体制改革的具体要求，专门部署了司法责任制的改革，强调“改革审判委员会制度，完善主审法官、合议庭办案责任制。”“健全错案防止、纠正、责任追究机制，严禁刑讯逼供、体罚虐待，严格实行非法证据排除规则”。根据三中全会改革精神，2013 年底最高人民检察院出台了《检察机关司法责任制改革试点方案》，决定从 2014 年 1 月起，我国 7 个省份的 17 个检察院试点开展检察官办案责任制改革，保障检察机关依法独立公正行使检察权。高检院政治部负责人在新闻发布会上表示，改革将强化检察官主体地位，依法赋予主任检察官执法办案相应决定权，使检察官在执法过程中能够真正做到办案与定案的有机统一。2014 年 6 月 6 日，在中央全面深化改革领导小组第三次会议上，通过了《关于司法体制改革试点若干问题的框架意见》，习近平总书记专门指出，完善司法人员分类管理、完善司法责任制、健全司法人员职业保障、推动省以下地方法院检察院人财物统一管理、设立知识产权法院，都是司法体制改革的基础性、制度性措施。同时，中央选择上海、广东、吉林、湖北、海南、青海 6 个省市先行进行司法体制配套改革试点。2014 年 10 月召开的党的十八届四中全会通过了《中共中央关于全面推进依法治国若干重大问题的决定》（以下简称《决定》），司法责任制作为公正司法的重要内容，在《决定》中得到更进一步体现，《决定》指出：“建立领导干部干预司法活动、插手具体案件处理的记录、通报和责任追究制度。造成冤假错案或者其他严重后果的，依法追究刑事责任。建立健全履行法律职责保护机制。”“完善主审法官、合议庭、主任检察官、主办侦查员办案责任制。”“实行办案质量终身负责制和错案责任倒查问责制，确保案件处理经得起法律和历史检验。”

应当说，司法责任制的改革在当前具有整体大环境的有力支撑。既体现出中央推进改革的坚定决心，又具有推进中所体现出的至上而下改革设计和至下而上试点实践相互呼应的优势；同时在改革路线图上不是单一的试验，而是与其他体制改革配套实施，从而营造出全面深化改革的强大氛围以及四项体制改革系统性、协调性发展的改革态势。

司法责任制作为此轮司法体制改革的核心，备受关注。其原因在于：

1. 全面推进依法治国成为深化司法责任制改革的强大支撑。党的十一届三中全会提出了“有法可依、有法必依、执法必严、违法必究”的十六字方针，阐述了依法治国的基本内涵，为依法治国方略的最终提出奠定了思想基础。1982 年通过的《宪法》第 5 条第一款规定：“国家维护社会主义法制的统一和尊严”，是依法治国在宪法中的最早表述，初步奠定了依法治国的宪法基础。党的十五大正式将依法治国提升为国家治理的基本方略，指出：“依法治国，是党领导人民治理国家的基本方略，是发展社会主义市场经济的客观需要，是社会文明进步的重要标志，是国家长治久安的重要保障。”1999 年 3 月通过的《宪法修正案》规定：“中华人民共和国实行依法治国，建设社会主义法治国家”，从而正式将依法治国确立为宪法的基本原则，使其有了长期性、稳定性的制度基础。党的十六大进一步丰富了依法治国的内涵，并提出“发展社会主义民主政治，最根本的是要把坚持党的领导、人民当家作主和依法治国有机统一起来”，确立起中国特色社会主义依法治国方略的根本原则。党的十八大进一步强调，依法治国是党领导人民治理国家的基本方略，法治是治国理政的基本方式；并将新时期依法治国的目标任务进一步具体化，作为全面建设小康社会的重要保障，提出到 2020 年全面建成小康社会时，实现“依法治国基本方略全面落实，法治政府基本建成，司法公信力不断提高，人权得得切实尊重和保障。”习近平总书记提出了“建设法治中国”的治国目标，并将其定位为实现中国梦宏伟蓝图的重要内容，表明依法治国的重要性日益凸显。党的十八届四中全会在系统总结党的十一届三中全会以来依法治国经验的基础上，对依法治国进行总体部署和全面规划，提出建设社会主义法治体系和建设社会主义法治国家的总目标，并明确了具体路线图——坚持依法治国、依法执政、依法行政共同推进，坚持法治国家、法治政府、法治社会一体建设，实现科学立法、严格执法、公正司法、全民守法，促进国家治理体系和治理能力现代化。在全面推进依法治国的时代背景下，全面深化改革与之共同成为“促进国家治理体系和治理能力现代化”的双驾马车、一体两翼，司法体制改革既是全面深化改革的重要组成部分，也是全面推进依法治国的重要内容。作为司法体制改革“牛鼻子”，司法责任制改革担当重要角色，无论是对于全面深化改革还是全面推进依法治国来说，都具有牵引器、引擎机的作用，只能成功，不能失败。

2. 尊严和保障人权的宪法原则成为深化司法责任制的内在动力。从1954年以来，我国的宪法就专章规定了公民的基本权利和义务。1982年新中国的第四部宪法在总结历史经验和“文革”教训的基础上，将人权与法治原则提高到了重要位置，对公民基本权利的规定比历次宪法内容更加广泛、明确，并且将发展社会主义民主、健全社会主义法制定为国家的根本任务之一。1991年11月，国务院新闻办公室发表《中国的人权状况》白皮书，这是中国政府向世界公布的第一份以人权为主题的官方文件。1997年召开的党的十五大明确指出：“共产党执政就是领导和支持人民掌握管理国家的权力，实行民主选举、民主决策、民主管理和民主监督，保证人民依法享有广泛的权利和自由，尊重和保障人权。”2002年召开的党的十六大再次将“尊重和保障人权”确立为新世纪新阶段党和国家发展的重要目标。2004年3月14日，第十届全国人民代表大会第二次会议通过了宪法修正案，首次明确规定“国家尊重和保障人权”，是中国人权发展的一个重要里程碑。2012年3月14日第十一届全国人大第五次会议通过的《刑事诉讼法修正案》将“尊重和保障人权”写入，是我国人权保障事业的又一次重要飞跃，“尊重和保障人权”确立为刑事诉讼的重要原则，不仅仅是刑事司法对宪法原则的捍卫，对于实质性推动刑事法制坚持惩治犯罪与保障人权有机统一、朝着人性和理性方向发展而更加注重维护和保障公民基本权利具有重要作用；特别是《刑事诉讼法》还在证据制度、辩护制度、强制措施、侦查措施、审判程序、刑事执行程序和特别程序等分则中将“尊重与保障人权”原则加以具体体现，使之成为刑事诉讼程序的刚性规定，对于刑事司法起到直接规范的作用。贯彻“尊重和保障人权”原则、落实好修改后《刑事诉讼法》的规定，必须真正转变司法观念，树立人权保护意识，坚持实体公正和程序公正并重，规范司法行为，尊重司法和诉讼规律，防止滥用司法权。因此，从刑事司法实践层面上，司法机关在办理刑事案件中加强了对当事人特别是犯罪嫌疑人的知情权、陈述权、辩护辩论权、申请权、申诉权的制度保障，贯彻疑罪从无、非法证据排除等法律原则，强化了对犯罪未成年人的司法保障力度。十八届四中全会通过的《决定》也是旨在落实“国家尊重与保障人权”的宪法原则，通过法治中国建设限制公权从而进一步推动调整国家权力和公民权利逻辑走向。司法责任制改革将是法治中国建设的重要一环，改革围绕着“确保司法机关依法独立公正行使司法权”展开，其内含的“让审理者裁判、由裁判者负责”、“有权必有责、用权受监督、失职要问责、违法要追究”等内容无疑对于司法人员树立尊崇宪法、敬畏权力、服从法律的精神，更好地实践“尊重和保障人权”的宪法原则和刑事司法原则具有重要意义。

3. 纠防冤假错案的现实需要成为深化司法责任制的直接动因。近年来，一系列冤错案件曝光于社会公众视野，引发了人们对司法公正的质疑，也在一定程度上动摇了司法公信力的根基。认真分析这些错案背后的原因，也确实反映出从司法理念、司法程序、司法水平等方面的一系列问题。结合典型案件从检察机关办案层面分析：如湖北佘祥林杀妻案，负责批捕的京山县人民检察院面对只有口供的案件没有提出任何疑问、负责审查起诉阶段的荆门市院（当时的湖北省荆门分院）虽然要求侦查机关对作案工具、衣服是否残留血迹等补充证据，但面对公安机关提交的仅仅是无法补证的材料说明，就作出起诉决定。河南赵作海杀人案，时任省检察院检察长蔡宁在启动纠正错案调查时要求商丘市检察院要“针对检察机关在此案中履行法律监督职责不严格、没有自始至终坚持自己的正确意见、关键时刻不敢坚持原则、没有履行重大事项、重大案件向省检察院报告制度等问题进行深刻反思”。浙江张辉、张高平叔侄奸杀案，浙江省检察院副检察长王祺国在接受媒体采访时说“原办案的检察机关在履行对本案的批准逮捕、审查起诉和诉讼监督职能中，在办案的一些环节上存在着审查不细、把关不严、监督不力等问题。对此，检察机关有着不可推卸的责任。”基于此，从中央到各级政法机关对纠防冤假错案给予的足够关注和重视。2013 年 7 月，中央政法委出台《关于切实防止冤假错案的指导意见》；11 月，最高人民法院发布《关于建立健全防范刑事冤假错案工作机制的意见》，最高人民检察院制定《关于切实履行检察职能，防止和纠正冤假错案的若干意见》，公安部、国家安全部、司法部也就坚守防止冤假错案底线进一步完善了执法办案制度。2013 年底，十八届三中全会提出：“深化司法体制改革，加快建设公正高效权威的社会主义司法制度，维护人民权益，让人民群众在每一个司法案件中都感受到公平正义。”在“坚决守住防范冤假错案的底线”已成为广泛共识的前提下，2014 年政法机关自我纠错得到很大体现，一系列备受社会关注的冤错案件得到纠正或者进入刑事司法复查程序。如福建念斌案在严格贯彻“疑罪从无”刑事司法原则下被宣判无罪；呼格吉勒图案由内蒙古自治区高级人民法院撤销 1996 年呼和浩特市中级人民法院作出的一审死刑判决和二审裁定，被宣告无罪，其父母依法获得国家赔偿；河北聂树斌故意杀人、强奸妇女一案进行经最高人民法院根据河北省高级人民法院申请，指令山东省高级人民法院进行异地复查。这些冤错案件的纠正让我们看到了司法机关切实贯彻“让人民群众在每一个司法案件中都感受到公平正义”的法治精神。从对冤错案件发生之症结的探讨来看，有司法认知和技术因素等客观原因，也有司法人员素质和水平问题，但其中一个重要原因在于责任不明，在集体研究和多层审批过程中，司法干扰化作无形、被动决定成为借口、依法办案曲解变样，司法责任变为踢皮球。因此，我们认为，如果说机制不断完善和个案及时纠正是防范冤假错案不可缺少的部分，那么在体制上用推进司法责任制来构筑防范冤错案件的防线更带有治标的作用。通过司法责任制明晰权责，把体制的笼子扎紧，把防范冤假错案的紧箍咒戴上。

（三）司法责任制改革的意义

前述对司法责任制改革背景的阐述有着宏观层面上对其意义的申明，在全面深化改革、全面推进依法治国、尊重和保障人权、让每一位公民感受到司法的公平正义等时代语境下，赋予了司法责任制改革的宏大意义。因此，下面对司法责任制改革的意义着重从中观和微观层面用“两提升、两促进”加以概括释明：

1. 提升办案效率。检察机关在推进司法责任制过程中，通过减少审批环节，突出检察官主体地位，实行扁平化管理，体现在改革成效上首先就是可以提高执法办案效率。如正义网在报道上海市司法责任制改革成效时，标题用的就是《上海推行检察官办案责任制：减少三级审批 提升办案效率》①。该市闵行区检察院公诉部门主诉检察官表示“实行检察官办案责任制以来，办案周期缩短了，办案效率提升了，检察官的主体地位凸显，顺应了检察工作规律。”成都市检察院作为最高人民检察院确定的全国首批主任检察官办案责任制试点单位，该院案件管理办公室负责人体会明显，认为“办案责任制改革以来，成都检察通过‘去行政化’和‘扁平化管理’，办案综合质率提升明显。办理批捕案件平均缩短 1 天，公诉案件平均缩短 10 天。”②

2. 提升案件质量。“让审理者裁判、由裁判者负责”是司法责任制改革的最直接体现。关键的环节是制定权力清单，明确检察长、检察委员会和检察官的权力，使案件承办检察官有相对独立的决定权。虽然相比于过去减少了层层把关的环节，但是由于要对案件质量终身负责，因而承办检察官的责任感更强，同时案件审查的过程主要建立在亲历性基础上，能够对案件事实、证据和法律适用有更透彻的理解和把握，从而促进办案质量的提高。对此，海南省一名入额法官有切身感受，认为司法改革和司法责任制的落实，给法官带来“三个转变”、“三个提高”、“三个促进”，即办案动力由外部驱动向内部驱动转

① 参见正义网，2015 年 8 月 4 日。

② 阳帆：《成都试点检察官办案责任制，办案效率提高一倍》，载成都全搜索新闻网，2015 年 4 月 7 日。

变、办案模式由主办负责向协同合作转变、办案压力由关系压力向质量压力转变；法官责任意识、质量意识、危机意识明显提高；促进法律效果与社会效果统一、法律实践与法律理论融合、司法权力与司法责任共振。①

3. 促进检察官专业化、职业化发展。早在2013年，最高人民检察院就提出检察队伍建设当前和今后一个时期将走专业化、职业化发展道路。专业化、职业化发展，既是检察机关的专门性、检察职业特殊性的必然要求，也是正确履行法律监督职能、确保依法独立公正行使检察权的重要保障。司法责任制与检察人员分类管理、检察官职业保障配套实施，一方面，在严格员额制基础上通过建立优秀检察官筛选机制，保证检察人员中办案骨干力量、少数精英分子进入检察官队伍，使检察官在办案中的主体地位更加凸显。为了适应当前案件数量多、办案要求高的实际情况，以检察官为中心组建的办案组织，在集中精力办理案件的同时，也会朝着专业化办案的方向发展。另一方面，司法责任制通过放权于检察官，既增加检察官办案压力，也增强其职业荣誉感，伴随着检察官职业保障机制的健全完善，检察官依法独立公正行使检察权的底气会更足，对于职业化的追求将有强劲外部支撑和内心驱动，更多有着职业追求的高素质、专家型检察官将会脱颖而出。因此，司法责任制改革将成为检察官专业化、职业化的重要助推力。

4. 促进司法公正与司法公信。曹建明检察长强调，司法责任制让检察官既成为司法办案主体也成为司法责任主体，着力解决“责任分散、主体不明、责任难追”的状况。因此，落实司法责任制必将倒逼司法公正。司法办案人员对所办案件担负责任，必然心存敬畏，一旦出现冤假错案会被追究相应的责任。为了强化责任体系，不仅对检察官承办案件需要追究责任的分情形分层次建立故意、重大过失、监督管理以及瑕疵责任，而且对不当干预司法的行为也建立起记录、通报与责任追究制度。如果说对错案的纠正与追责是对正义的拯救和对非正义的惩罚，那么与司法责任体系相适应的一系列内外部监督制约制度，则是对司法不公正的防御和隔离，其目标均对焦解决司法公正问题。因此，司法责任制改革的深化，将推动司法更好地满足群众期许，提升司法公信力，真正让人民群众在每个司法案件中都感受到公平正义。

三、检察机关司法责任制的理论基础

关于办案责任制的理论基础，也就是该制度正当性的理论来源，目前还缺

① 《聚焦司法责任制的落实：法官办案压力变为内部驱动》，载《人民法院报》2015年8月12日。

乏深入的探讨。有研究者提出，可以从产权经济学的基本原理来阐明，认为案件是裁判者向社会提供的产品，其质量的好坏决定于产权界定是否清晰，当案件的产权明确界定为裁判者时，就会对产品负责①。笔者认为，以产权来定责任过于简单化，不能揭示司法权责任制的实质，且具有不可解答的漏洞。责任与产权不是完全统一的，生产线上的产品并不归属产业工人，但生产者仍要负责任；案件作为产品也不可能将其产权归属于裁判者。因此，这种产权经济学的理论解释只能是附会。对于司法办案责任制，在理论探索上还是应建构在司法责任制的逻辑起点、并回归司法权本身的性质和司法权的权力来源上。

（一）人民主权原则是司法责任制改革的宪法要求

我国是社会主义国家，社会主义民主的本质是人民当家作主，人民是公共权力最终的、真正的来源。我国《宪法》明确规定："中华人民共和国的一切权力属于人民。"在我国，人民行使管理国家和社会事务等民主权主要有以下两种形式：一是直接行使民主权利，通过有序的政治参与，依法实行民主选举、民主决策、民主管理和民主监督，该种形式主要体现在基层自治之中；二是间接行使民主权利，人民把一部分民主权利委托给国家机关和公职人员，由国家机关和公职人员代表人民行使管理国家和社会事务的民主权利，从而形成了公共权力。由此看来，公共权力是人民赋予的，权力的行使者并不拥有权力，只有在人民授予的合法权限内行使权力能代表人民的利益和意志。脱离了人民的利益和意志，也就失去了权力合法化的政治基础。正如毛泽东同志所说："人民把权力委托给能够代表他们的、能够忠实为他们办事的人，这就是我们共产党人。"他还鲜明指出："我们的责任，是向人民负责。每句话，每个行动，每项政策，都要适合人民的利益，如果有了错误，定要改正，这就叫向人民负责。"习近平同志告诫我们："权力是人民赋予的，要为人民用好权。"我国宪法将国家权力划分为立法权、行政权、审判权、检察权、军事权。检察权毫无疑问是国家公权力的重要组成部分，它来源于人民、必须服务于人民、向人民负责。推进司法责任制的改革，实质是从人民性这一根本属性出发，切实解决好对待人民群众的态度问题，解决好权力行使的责任承担问题，充分履行法律监督职能，不断提高执法能力和办案水平，努力让人民群众感受到在每一个执法办案中感受到社会的公平正义。

---

① 胡夏冰：《法官办案责任制的理论逻辑》，载《人民法院报》2015年5月22日。

（二）权责统一原则是推进司法责任制改革的理论前提

权责统一原则，不仅仅适用于行政权，也适用于任何公权力。正如上述所论，行政权、司法权同属公权体系，均源自人民主权，承载重大责任；公权力在授权范围内是一种权力，但相对于人民的要求来说是一种责任。权责统一，就是指法律在赋予公共权力行使者以职权的同时，实际上也赋予公权者相应的义务和责任，公权机关必须依法积极履行职责，滥权或者不作为以及不当作为，应承担相应的法律责任。在现代民主法治社会里，用责任制约权力，保障权力在法治轨道中运行，是一条通行的做法。责任是权力的伴生物，并不意味着责任服从权力，恰恰相反，责任的产生，是为了监督制约权力的运行。实现权责统一首先在于充分发挥责任对于权力的监督制约作用。司法权同样如此。没有责任的司法，是对法治的否定；责任缺失的司法权，是对权力行使合法性的否定。因此，司法责任制改革，实质是构建权责更加统一原则的司法权监督制约运行机制。特别是在内部资源优化配置上，遵循司法规律和诉讼规律，解决由三级审批而产生的权责分离问题，包括制度上有权无责、大权小责和无权有责、小权大责的冲突以及实施上揽权弃责与行权怠责的矛盾。通过强调司法亲历性、权责一致性，确保司法人员既有责任心又有积极性。

（三）司法权所具有的“依法判断”的本质属性是司法责任制改革的理论根源

理论上，对司法的概念存在争议，有狭义、中义和广义之分。狭义的“司法”等同于“审判”，认为司法有十大特性；广义的司法则等同于“政法机关”，包括审判、检察、刑事侦查与司法行政；中义的司法包括审判与检察。我们认为，从我国的司法体系与司法制度来看，采中义的司法概念比较恰当。尽管在很多场合，司法人员涵盖了公安侦查机关、司法行政机关和刑罚执行监管机关人员，比较典型的是《刑法》第94条规定：“本法所称司法工作人员是指有侦查、检察、审判、监管职责的工作人员”，但是这里的司法工作人员只能代表从刑事追究的角度对犯罪主体的界定，而不是从司法权属性上所作的定位。着眼于司法属性之分析，审判权作为司法权是世界通例；检察权兼具司法权和行政权，在各国有不同体现，而在我国宪法定位上是法律监督权，使我国的检察权具有鲜明的中国特色，即检察权是复合权能，除职务犯罪侦查权更多体现行政权特性外，诉讼监督权、审查批捕权更多体现司法权属性。因此，在我国，司法权权属应界定为审判权和检察权。

界定了司法权，对司法的本质的认识上就应有一个前提，即不能单纯从审判权来归纳司法权特性，而应从审判权和检察权的共性上来认识司法权。比如有学者提出“中立性”、“被动性”是司法权的特性，我们认为，对审判权所承载的裁判职能来说，应当保持中立与被动，但司法权的本质应当是依法判断。也就是说，从审判权和检察权的共通性上来定义司法权，则应得出“依法判断”为司法权的本质属性；同时，基于司法本质上的“依法判断”属性，又派生出司法的亲历性、证据性、专业性、个别性等派生属性。“司法所具有的依法判断的本质属性，司法要素之间所形成的必然联系，是司法区别于其他社会活动的根本标志”①。

讨论司法权的本质属性及派出属性，是为了以司法的基本元素为出发点，对办案责任制是否具备理论基础进行探究。司法本质上的依法判断以及相应派生的亲历性、证据性、专业性、个别性要求行使司法权者有独立的主体地位，对所掌握的案件事实、证据及其诉讼主张进行亲历地、专业地审查与判断，所有没有对事实和证据进行审查判断的组织和个人、没有直接参与到案件中兼听诉讼主张的组织和个人，都难以客观公正、依法准确作出司法判断与处理。也就是说，司法责任制改革将案件的决定权交由有资格进行依法判断的主体，作出基于亲历的、专业的、个别的判断与决定，体现了司法权的本质要求。

（四）检察官基于授权和相对独立主体结合是为司法责任制改革提供合法性依据

当前改革的一个重要前提是强调突出检察官主体地位，检察官成为权力与责任相统一的主体。因此，从法理上要首先解决的是“检察官的相对独立主体地位”与“人民检察院依法独立公正行使检察权”是否存在逻辑冲突。关于检察官相对独立行使检察权的法理基础有授权说、独立主体说和代理说等观点。授权说认为检察官行使的职权产生于检察长的授权，检察长作为检察机关的代表，既然检察长可以授权副检察长行使审批决定权，当然检察长亦可以将决定权授权于检察官；独立主体说认为检察官与检察长同为行使行使检察权的主体，两者并行不悖；代理说认为检察官对外行使权力时代表检察院。我们认为，司法责任制中检察官享有的相对独立决定案件的权力是检察长授权与独立主体的结合。我国宪法和法律规定，人民检察院是国家的法律监督机关，不受行政机关、团体和个人干涉。宪法和法律规定了检察机关依法独立公正行使检察权的原则，主要是规范检察机关与其他机关和个人的关系，即对外检察权行使的主体人民检察院。检察机关独立行使检察权的方式，对内主要涉及检察权

① 引自王新清：《把握司法属性》，载《检察日报》2015 年 5 月 14 日。

的配置，如果一切权力都集中于检察长、其他检察官的权力均来自检察长的授权，则会出现检察官独立行使权力的合法性问题。因此，对检察权的内部配置可采取检察长代表检察院、检察官代表检察长以及检察长和检察官共同行使检察权等多种方式。应当说，检察官作为相对独立行使检察权主体在法律上是可以得到支撑的，根据《检察官法》第2条、第6条、第9条的规定，检察官是依法代表国家行使检察权的检察人员，代表国家进行公诉、并享有履行检察官职责应当具有的职权。这里检察官代表国家行使检察权是职责和权力的统一，自然延伸出检察官在履行职责时享有的权力包括案件决定权。与此同时，检察官的权力也可来自于检察长的授权。《人民检察院组织法》第3条规定，人民检察院实行检察长负责制与集体领导相结合的制度。

综上，本文对于司法责任制改革的理论分析采取层层剥笋、递次分析方法，首先明确检察权来自人民对人民负责的权力本源；进而根据权责统一要求，提出检察权应当变集体负责为权责一致。同时，通过分析司法权基于“依法判断”本质属性所要求的亲历性、个别性，提出应当将案件的决定权交由有资格进行依法判断的主体即检察官。最后论证检察官相对独立行使检察权的合法性依据。

四、检察机关司法责任制的功能定位

（一）正确处理好检察一体与突出检察官主体地位的关系

检察机关司法责任制强调的是落实检察官办案职责，赋予检察官独立作出案件处理决定的权力与责任。与此同时，与法官不同的是，检察官还应受检察一体原则约束。检察一体原则是各国检察制度的通例。我国宪法也有明确规定，强调检察机关在纵向关系上的整体性和统一性，即最高人民检察院领导地方各级人民检察院和专门检察院，上级人民检察院领导下级人民检察院的工作。但是，在我国基于国家权力配置和宪法的规定，检察一体原则并不是简单照搬西方检察制度。我国宪法将检察机关定位为专门的法律监督机关，检察权与行政权、审判权是处于同一位阶的国家权力，也就是说，检察权在宪法上其地位独立于行政机关，不能将检察机关混同于行政机关，如，我国宪法还规定，县级以上地方各级人民代表大会选举并且有权罢免本级检察院检察长，但须报上级检察院检察长提请该级人民代表大会常务委员会批准。也就是说，我国宪法并没有将下级检察院检察长的任免权完全交由上级检察院来决定。由此观之，我国宪法既强调检察一体化所要求的上下一体，又构建了同级人大的监督权来防止检察权过度行政化。同样，基于检察机关的法律监督定位，在履行检察权过程中，既要遵循检察长统一领导检察院工作的领导体制，又要遵循司法工作所要求的程序法定、程序正当、程序参与、程序透明等原则，防止在法律之外、程序之外开展法律监督工作。因此，在推进检察机关司法责任制改革中，一定要根植于我国检察制度的宪法定位和自身特性，把握好检察一体化与检察官相对独立主体的关系，处理好上级与下级、整体与个体的关系。当前，基于改革的迫切需要，要着力改变过去检察官依赖领导、依赖审批的惯性做法，更加强调各级检察机关充分履行好法定职能，落实好检察系统内上下级检察机关在案件管辖上的分工，充分调动单个检察官在权限范围内履行好工作职责，把责任制落到实处。

（二）正确处理好司法属性与行政属性的关系

司法权包括审判权和检察权，但是检察权和审判权并不具有完全一致的特征。可以说，审判权体现出鲜明的司法属性，而检察权则兼具司法属性和行政属性。检察权的行政属性既体现在检察机关在领导体制上遵循检察一体化原则，上级领导下级；又体现在检察权的部分权能，如职务犯罪侦查权的行使上具有主动性、讲究效率和服从。检察权的司法属性则体现各级检察机关虽然级别有区别，但其法定职能和职权、根本和任务都是相同的；同时，大部分检察权权能需要与审判权一样进行依法独立判断，如，审查批捕、审查起诉、出席法庭支持公诉等，都讲究客观性、亲历性、个别性，证据性等。正是因为检察权所具有的复合权能、所体现的多元化特点，需要我们在推进司法责任制改革过程中，要根据不同权能所体现出的司法和诉讼规律有针对性进行制度设计，防止简单化、一刀切，也不能因为检察权中所包含的行政属性而否定司法责任制改革的必要性。因此，在司法责任制改革过程中，在领导体制上，一方面基于检察权的行政属性，要坚持检察长、检察委员会对案件的审批、审核、指挥、指令，设置检察长职务移交权；另一方面基于司法属性，又要对审批、指挥权限加以限制和监督，如建立检察长、检察委员会对办案决定和指令记录在案制度，实行审批与指令书面化等。在不同权能权力设定和运行机制上，对于体现行政属性比较突出的侦查权能，检察官的权力设定应主要体现在执行检察长或者检察委员会的决定上，其独立行使职权的范围相对较小；且为更好体现行政效能，应强调集团作战、指挥权威高效。对于司法性质深厚的批捕权、公诉权等，由于其决定大多属于程序性、阶段性和非终局性且有较大程度的审查、判断，应赋予检察官相对独立行使职权的空间。

（三）正确处理好办案与管理的关系

司法责任制改革的关键是遵循司法亲历性和权责一致性规律，赋予检察官的办案主体地位，因此，落实司法责任制的重点是还权于检察官，真正使检察官在办案中具有相对独立的决定权。与此同时，并不能因为司法责任制的推行而简单地“管理”。这里的“管理”应当有以下三层意义：一是在法律程序上，对于一些重大复杂疑难案件，未授权给检察官的，仍然要实行内部审批程序，要通过健全机制，加强部门负责人、分管副检察长、检察长、检察委员会对案件的严格把关，防止擅自作主、简单处理；二是在监督制约上，围绕防范检察权滥用，健全监督制约机制，赋予检察长、检察委员会部门负责人监督、检察检察官办案工作的权力。三是在办案与行政管理上，通过建立案件评查、执法考评、绩效考核等工作制，实现对执法办案的经常化、制度化、规范化管理；同时，在检察官在执法办案之外的政治、业务、廉政建设方面健全行政管理制度，促进检察官综合素能的提升。

关于探索建立检察官权力清单相关问题的研究报告

江　涛　邝邦永*

今年初，我院被省委政法委确定为全省推进“四项改革”的试点单位之一。院党组高度重视，成立了司改领导小组及其办公室，并紧紧抓住司法办案责任制这个“牛鼻子”，积极探索推进“四项改革”试点工作。前段时间，我们采取层层组织学习、开展讲座、问卷调查、专题座谈、对人财物和办案情况深入摸底、赴深圳等试点单位以及市中级法院学习取经等方式，深入调研“四项改革”工作，为落实各项改革任务夯实基础。司法责任制在“四项改革”中居于基础地位，而如何厘清检察官权力是司法责任制改革的核心和难点。因此，我们将检察官权力清单及与检察官助理的职权划分作为司改调研阶段的重中之重，查阅了大量资料，广泛征求了各部门的意见，形成了本研究报告。

一、探索建立检察官权力清单的总体情况

（一）探索建立检察官权力清单的政策导向

党的十八届三中全会首次提出权力清单制度，主要是指各级政府和各个政府部门把所掌握的各项公共权力以列表清单的形式公之于众，主动接受社会各界监督。该制度的基本原则是法无授权不可为，其设置的关键是精确明细，核心是减政放权，围绕减少层次、优化流程、提高效能、方便办事的目标，分析每项权力的运行过程，找准权力运行的关键节点，厘清各个节点的内在联系，优化权力运行流程，固化业务操作程序。顺应司法体制改革大潮，2014 年 7 月，在山东青岛召开的大检察官研讨班上，最高人民检察院曹建明检察长提出检察机关为深入推进检察官办案责任制改革试点，将探索建立权力清单制度，

---

* 作者单位：郴州市人民检察院。

明确应当由主任检察官行使的权力，检察官权力清单制度应势而生。

（二）探索建立检察官权力清单的试点做法

目前，司法改革已进入“深水区”，特别是随着人员分类管理、检察官员额制等相关改革的整体推进，对如何理解和推进司法责任制及其组织形式产生不同认识，如何科学划分、合理配置检察委员会、检察长、（主任）检察官、业务部门负责人、检察官助理的司法办案权限，权力清单如何制定等问题，学术界和司法实务部门的不同观点和声音此起彼伏，各现行试点单位的做法也各有千秋。总体来说，各试点单位坚持突出（主任）检察官办案主体和加强检察一体化相结合，坚持依法、合理放权与加强领导、科学监督制约相统一原则，根据审查逮捕、公诉、职务犯罪侦查等执法环节的不同特点和要求，在法律规定框架内，采用正面授权模式或负面清单管理模式，充分合理下放司法办案权限，弱化其对具体案件审核权，突出（主任）检察官的执法办案主体地位。本文以上海、深圳、海南等试点检察院为例，分析其推出权力清单的成效。

上海市检察院制定《关于检察官办案职权的规定（试行）》，明确应由检察委员会或检察长行使的17项办案职权，除此之外的办案权限授权主任检察官或其他检察官依法行使，并且明确检察官直接承担的工作职责9项。另下发了《关于检察官助理职责的规定（试行）》，明确检察官助理的具体职责9项、书记员职责3项。

深圳市检察院制定《检察官办案责任制职权配置暂行工作规定》及职权配置清单，根据岗位职责和业务类型，对706项逐项依法按检察委员会、检察长、主任检察官三个层级授权，主任检察官拥有392项职权，其中34项来自检察长“放权”。

海南省检察院制定《主任检察官办案责任制职权规范指引》，明确由检察委员会、检察长决定的重大决定事项、重大疑难复杂案件和6类情形的案件，对主任检察官的职权则根据业务类型分别授权。另印发了《主任检察官、检察官助理、书记员职责规范（试行）》，明确了主任检察官应亲自承担的8项职责、检察官助理的9项职责以及书记员的9项职责。

（三）探索建立检察官权力清单的问题梳理

作为一项新鲜事务，我们在调研上述试点检察院在推行权力清单制度过程，以及在与干警的座谈中，了解到检察官权力清单的制定仍然存在问题，主要体现在：

1. 合法性问题。我们对权责事项进行清理的时候发现数量极为庞大，涉及刑事诉讼法及其诉讼规则、民事诉讼法及其监督规则、行政诉讼法，以及各项法律法规及司法解释等，从各试点单位看，现有权力清单的标准都不一样，统一口径不一样，导致了权限数量上的差异。如前所述，上述试点单位的权力清单就各有特色。深圳市检察院清理出706项职权。上海除对检察长或检察委员会行使的17项办案职权进行罗列外，对主任检察官和其他检察官的职权用一句话概括，即“除此之外的办案权限授权其他检察官或主任检察官依法行使”。有的试点单位在编制过程中存在一定程度的越权、违法现象。如广东省检察院制定的《广东省检察机关检察官权责划分暂行规定》中，将查封、扣押涉案财物和文件，搜查、辨认、侦查实验，采取、变更或解除强制措施等权限授予主任检察官决定和组织实施，而《人民检察院刑事诉讼规则（试行）》对上述权限明确规定由检察长决定或批准，授予主任检察官权限违背了法律规定。目前多数试点单位除将重大疑难复杂案件的批准（决定）逮捕、提起公诉权由检察委员会或检察长决定外，将一般案件的批准（决定）逮捕、提起公诉权授予主任检察官决定，今年9月25日，最高人民检察院（以下简称高检院）印发的《关于完善人民检察院司法责任制的若干意见》明确“检察长决定逮捕或是否批准逮捕犯罪嫌疑人、决定是否起诉”，《广东省检察机关检察官权责划分暂行规定》与上述规定相冲突。

2. 合理性问题。推进权力清单制度，是实施简政放权的重要举措。如何在法律允许的范围内合理的放权、提高效能，既突出检察官主体地位，又与法律规定不相冲突，是目前权力清单制定的难点。从各试点单位的情况看，其权力清单对于（主任）检察官、分管副检察长、检察长、检察委员会之间的权力责任分配还不够清晰。如上海市检察院、海南省检察院均将检察长与检察委员会的职权配置在一起，未分别授权加以区别，过于笼统，容易出现二者职责交叉的问题。同时作为检察权的分解，权力清单中应分别体现审查逮捕、公诉、职务犯罪侦查、民事行政检察、诉讼监督等各项检察权能，但从目前我们掌握的资料看，上海市检察院未根据不同的检察权能，对（主任）检察官、检察官助理在不同执法环节的职权进行细化和清单式罗列，缺乏具体操作性；对书记员的职责也过于原则。深圳市检察院则对检察官助理和书记员的职责未予明确和涉及，导致权责不清，容易出现扯皮推诿、效能低下等问题。

3. 立法滞后问题。从各试点单位权力清单看，在编制和公布权力清单的过程中，主任检察官、检察官和检察官助理的权限范围，目前没有法律的明文规定，因此只能根据现有法律规定，结合实践中的做法，进行一些梳理、整合。但要真正突出检察官主体地位，提高效能，就涉及要将检察长或检察委员会的部分职权下放给主任检察官或检察官，这也必将涉及相关法律的修改。

4. 配套机制不够完善。在办案组织内部，没有完全理清检察辅助人员、检察官、主任检察官之间的关系，如何管理协调以及调动其他成员工作积极性的配套措施尚未建立。对检察官及检察官助理的考核机制、监督机制、进退机制、保障机制尚需进一步探索加强，完善配套措施。

二、探索建立检察官权力清单的基本原则

今年9月25日，高检院印发了《关于完善人民检察院司法责任制的若干意见》（以下简称《意见》），《意见》为我们科学划分检察委员会、检察长、（主任）检察官及与检察官助理的权责指明了方向，提供了基本框架，但尚属原则性规定。如何在这个总体框架下进一步细化，制定检察官权力清单及与检察官助理的权责，需要我们在改革中进一步大胆探索。检察权既有司法属性，又有一定的行政属性，权限划分十分复杂。笔者认为，必须以现行法律和《意见》为依据，遵循检察工作规律，坚持五项原则，厘清检察官和检察官助理的权力边界，才能科学划分检察官权力清单及与检察官助理的权责。

（一）职权法定原则

检察委员会、检察长、（主任）检察官的具体职权，应当依照法律法规、司法解释、单行规定及其他规范性文件的规定进行配置。法律、司法解释、单行规定及其他规范性文件明确规定“由检察委员会讨论决定”、“由检察长提交检察委员会讨论决定”的权力，或检察长认为应提交检察委员会行使的权力，应设置为检察委员会的权力。法律、司法解释、单行规定及其他规范性文件明确规定：“由检察长决定”的权力，以及检察长认为应当由其行使的权力，应设置为检察长的职权；副检察长根据检察长的授权，对法律法规规定的案件及事项行使与检察长同等的权力。除法律、司法解释、单行规定及其他规范性文件明确规定由检察委员会或检察长行使的职权外，可以将相关案件和事项处理决定权配置给（主任）检察官行使。

（二）依程序授权原则

法律法规、司法解释、单行规定及其他规范性文件虽明确规定由检察长或检察委员会行使，但根据实践和司法效率等需要将权力授权至（主任）检察官的，应当依照一定法定程序进行授权并予以说明。

（三）分层配置原则

要进一步明晰（主任）检察官、分管副检察长、检察长、检察委员会之间的权责边界，同时进一步理清检察官助理、检察官、主任检察官之间的关系。根据《人民检察院组织法》第 3 条规定，我国人民检察院内部实行的是检察长负责制与检察委员会集体领导相结合的领导体制。（主任）检察官办案责任制不能违背这一规定，（主任）检察官办案责任制改革只是对检察权行使机制的调整，并不改变检察权行使主体的法定性。因此要区分检察委员会、检察长（副检察长）、（主任）检察官和检察官助理四种角色，从检察委员会与检察长（副检察长）、检察长（副检察长）与（主任）检察官及业务部门负责人、检察官与检察官助理及书记员三个层面进行职权配置。

（四）分类配置管理原则

根据不同检察业务和岗位职能，合理协调配置检察委员会、检察长、（主任）检察官及其与检察官助理的权限。业务范围包括反贪污贿赂、反渎职侵权、侦查监督、公诉、民事行政检察、控告申诉检察、刑事执行检察、职务犯罪预防等执行类业务，还有案件管理、法律政策研究室等管理类和保障类业务。

（五）权责一致原则

检察委员会、检察长、（主任）检察官、检察官助理在办案责任机制运作中所拥有的职权应当与其所承担的责任相适应。职权很多情况下也表现为工作职责，要求在建立权力清单的同时，要按照权责一致的原则，逐一厘清与执法职权相对应的责任事项，建立责任清单，明确责任主体，确定责任范围，健全问责和责任追究机制。（主任）检察官办案责任制改革的重点和难点是要改变现有的行政管理模式以及与之相对应的三级审批办案方式。（主任）检察官直接对检察长和检察委员会负责，一般情况下，中间不存在其他层级。检察官及检察官助理对其履行职责的行为承担司法责任，应根据产生的影响力合理区分其责任大小。一是本着“谁办案谁负责、谁决定谁负责”的原则，（主任）检察官、检察长、检察委员会对各自依职权作出的决定负责，检察官助理参与司法办案工作的，根据其职权和分工承担相应的责任。二是本着“谁改变，谁负责”的原则，对于检察长或者检察委员会改变案件事实和证据的认定意见，以及由此产生的决定，（主任）检察官不承担责任。三是因（主任）检察官的意见未被采纳而造成冤假错案的，（主任）检察官不承担责任。四是（主任）

检察官在办理案件过程中如有徇私舞弊、滥用职权等故意或重大过失行为造成冤假错案的，应承担相应法律责任。

三、探索建立检察官权力清单的辩证关系

（一）授权与限权的关系

完善司法责任制改革，必须要给司法权力主体即检察官以充分的授权，同时又要予以必要的限权，关键是要找到一个平衡点。处理好授权与限权的关系，可以按照三个方面的思路进行：一是根据检察业务的司法权属性强弱来授权与限权。对于司法权属性强的业务，如审查批捕、审查起诉等，可以授权充分一些；对于行政权属性强的业务，可以限权多一些。二是根据检察业务运行的程序来授权与限权。对于在检察环节非终局性的业务处理，如追捕、追诉等可以授权充分一些；对于在检察环节终局性的业务处理，如不立案、不批捕、不起诉等，可以限权多一些。三是根据案件的性质和疑难复杂程度来授权与限权。对于一般的案件，可以授权充分一些；对于重大疑难复杂敏感案件，可以限权多一些。

（二）突出检察官主体地位与加强监督制约的关系

既要突出检察官在执法办案中的主体地位，充分发挥其主观能动性，多办案、办好案，做到“用人不疑，疑人不用”。同时又要加强监督制约，对办案实行全程留痕和终身负责。一是坚持检察长对检察工作的统一领导，加强检察长、检察委员会对执法办案活动的领导和监督。二是完善部门管理制度。案件管理部门要强化对司法办案工作的统一集中管理，强化办案质量评查。纪检监察部门要强化监督检查，内设机构负责人应当转变角色，主要负责本部门的执法办案管理工作，监督（主任）检察官行使职权、公正廉洁办案。同时加强办案组织成员之间相互监督和工作制约机制。三是建立科学的检察官业绩评价机制和进入退出机制，业绩优秀、作风优良、经考核合格的方可继续履行（主任）检察官职责，不合格的需退出（主任）检察官序列。四是构建开放动态透明便民的阳光司法机制，自觉接受各方面的监督，做到“以至公无私之心，行正大光明之事”，确保权力规范运行。

（三）责任与激励的关系

责权的统一是改革的基本要求。实行（主任）检察官办案责任制，一方面扩大了检察官办案权力，另一方面又提高了办案要求，加重了办案责任。从

目前上级下发的改革文件看，与正在逐步健全的“权”与“责”相比，“利”的保障机制还相对滞后，不利于职权和责任的真正落实。同时，检察工作运行是一个整体，需要各类人员的通力合作。但目前针对改革的研究相对集中于检察官，对检察辅助人员、司法行政人员的关注不多。而实际上，改革将使大部分检察辅助人员、司法行政人员失去检察官资格，在待遇上也将和（主任）检察官有较大差别。如何在突出（主任）检察官主体地位的同时又调动其他人员的积极性，是当前矛盾所在，也是较为棘手的问题，甚至是关系改革成败的重要问题。在干警座谈中，部分干警反映，人员分类后，如果待遇差距过大，势必影响干警思想稳定，人为造成同一机关上班却有三六九等之分，甚至出现一些负能量，并提出人员分类后工资待遇方面不能差距太大。对此，要按照权责利相协调、相统一的要求，给予检察官激励和保障，“既要马儿跑，又给马吃草”。要统筹考虑检察官、检察辅助人员和行政人员的职业发展通道、职级待遇及工资薪酬制度，还应完善有别于其他类别公务员的招录选任、岗位培训、保险、救助、抚恤等管理制度，建立检察官廉政保证金、检察官功勋荣誉等制度，增强检察官的职业尊荣感、使命感，以激发各类人员支持改革、参与改革的积极性，实现平稳过渡，最大限度地调动各类人员的工作积极性。

（四）（主任）检察官与检察辅助人员、司法行政人员的关系

为防止（主任）检察官把应该承担的司法办案工作推卸给检察辅助人员，调动检察辅助人员的工作积极性，必须明确（主任）检察官与检察官助理、书记员的岗位职责，明确主任检察官直接承担的工作任务，用制度保障检察官司法办案的亲历性。同时建立检察官助理、书记员跨类别交流机制，对优秀的检察辅助人员、司法行政人员符合改革后纳入员额管理检察官任职条件的，可以择优遴选为纳入员额管理的检察官，畅通检察辅助人员、司法行政人员的职业上升通道，最大限度地激发检察辅助人员、司法行政人员工作积极性。

（五）权力清单制定与其他改革措施相互配套的关系

随着司法体制改革的推进，人员分类管理、员额制、内设机构整合、省以下人财物统一管理等相关改革措施将相继出台。因此，在制定权力清单时，还要妥善处理与上述配套措施之间的协调和对接。特别是内设机构整合直接涉及权力清单的制定，权力清单的制定建立在内设机构整合基础上，需要依托内设机构整合这个载体。今年5月，高检院在重庆召开的全国检察机关检察官职务套改和主任检察官办案责任制试点工作经验交流会，提交研讨了《主任检察官办案责任制改革实施意见》，该意见要求“按照精简、统一、效能原则，根

据刑事检察、职务犯罪侦查、民事行政检察以及诉讼监督等类别整合内设业务机构。”作为检察权的分解，权力清单中应分别体现刑事检察、职务犯罪侦查、民事行政检察以及诉讼监督等各项检察权能。同时，应尽快修改完善《人民检察院组织法》、《刑事诉讼法》及其规则、《民事诉讼法》及其监督规则、行政诉讼法等法律法规，实现立法与改革决策相衔接，确保改革于法有据、立法主动适应改革和发展需要。

刑法适用篇

行贿罪“谋取不正当利益”要件的内涵演绎及反思完善

葛志军　刘继春*

“谋取不正当利益”作为行贿罪的犯罪构成要件，无论是要件本身的内容，抑或对其内涵的理解与适用，都存在一定的争议。究其原因，既因司法实践中千差万别的利益类别，尤其是不正当利益的复杂性，更因这一要件概念本身的不确定性。尤其对于“谋取不正当利益”的前置性规范，如政策、行业规范等，拘泥于刑法罪刑法定原则、罪责刑相适应原则及罪责自负原则等基本要求，对其内涵边际及适用效力争议则更为激烈。本文拟在“谋取不正当利益”内涵的历史沿革、判断依据等分析基础上，提出刑法解释学上“谋取不正当利益”的内涵实质与合理范围，并提出法律完善的建议。

一、“谋取不正当利益”的沿革呈现扩张解释趋势

行贿罪在我国古代早有规定，如唐律《职制律》规定：“请有事以财行求，得枉法者，坐赃论；不枉法者，减三等。”又如《元典章·刑郭卷·诸赃三》规定：“与财者，枉法，减受身人罪一等；不枉法者，减罪二等。”但并没有将“谋取不正当利益”作为构成要件。新中国成立后，我国相关刑事立法也没有将“谋取不正当利益”作为行贿罪的构成要件。如1952年《中华人民共和国惩治贪污条例》第6条规定：“一切向国家工作人员行使贿赂、介绍贿赂者，应按其情节轻重参酌本条例第三条的规定处罚。”1979年《刑法》第185条第三款规定：“向国家工作人员行贿或者介绍贿赂的，处三年以下有期徒刑或者拘役。”

直至1985年最高人民法院、最高人民检察院联合发布的《关于当前办理经济犯罪案件中具体应用法律的若干问题的解答（试行）》规定，“个人为谋

* 作者单位：江苏省常州市人民检察院。

取非法利益，向国家工作人员行贿或者介绍贿赂的，应按《刑法》第 185 条第三款追究刑事责任。”将与“谋取不正当利益”相近似的“谋取非法利益”作为行贿罪的构成要件。而真正明确将“谋取不正当利益”作为行贿罪构成要件的，始于 1988 年全国人大常委会《关于惩治贪污罪贿赂罪的补充规定》第 7 条规定：“为谋取不正当利益，给予国家工作人员、集体经济组织工作人员或者其他从事公务的人员以财物的，是行贿罪”。1997 年修订后的《刑法》基本沿袭了这一规定，但对“谋取不正当利益”的内涵却没有具体规定。

1999 年最高人民法院、最高人民检察院《关于在办理受贿犯罪大要案的同时要严肃查处严重行贿犯罪分子的通知》第 2 条首次对“谋取不正当利益”具体内容作出明确界定，是指谋取违反法律、法规、国家政策和国务院各部门规章规定的利益，以及要求国家工作人员或者有关单位提供违反法律、法规、国家政策和国务院各部门规章规定的帮助或者方便条件。其后，1999 年最高人民检察院《关于人民检察院直接受理立案侦查案件立案标准的规定（试行）》中也将“谋取不正当利益”界定为“谋取违反法律、法规、国家政策和国务院各部门规章规定的利益，以及谋取违反法律、法规、国家政策和国务院各部门规章规定的帮助或方便条件。”两者表述方式尽管略有差异，但本质内容却基本相同，都将“谋取不正当利益”界定为谋取非法利益（法律、法规和国务院各部门规章属于广义上的法律）及违背国家政策的利益，也就是既包括本身性质或实体不正当的利益，又包括利益性质正当但取得手段不正当的利益。

2008 年 11 月 20 日，最高人民法院、最高人民检察院《关于办理商业贿赂刑事案件适用法律若干问题的意见》第 9 条规定，行贿犯罪中“谋取不正当利益”是指行贿人谋取违反法律、法规、规章或者政策规定的利益，或者要求对方违反法律、法规、规章、政策、行业规范的规定提供帮助或者方便条件；在招投标、政府采购等商业活动中，违背公平原则，给予相关人员财物以谋取竞争优势的，属于谋取不正当利益。该意见除再次申明“谋取不正当利益”包括实体不正当利益和程序不正当利益之外，还首次将通过不正当手段获得利益的范围从现实的确定性利益扩展至“可能获得的利益”即或然性利益，从而对“谋取不正当利益”的概念进行了颠覆性规定。同时，还将“谋取不正当利益”从违法性、违背国家政策的范围扩展至违背政策、地方政府规章和行业规范的利益，从而使“谋取不正当利益”的内涵更为丰富。然而，由于这一规定仅限于商业贿赂领域，对其他领域中行贿犯罪的适用效力一直存在争议。

2013 年最高人民法院、最高人民检察院《关于办理行贿刑事案件具体应用法律若干问题的解释》第12条规定，“谋取不正当利益”是指行贿人谋取的利益违反法律、法规、规章、政策规定，或者要求国家工作人员违反法律、法规、规章、政策、行业规范的规定，为自己提供帮助或者方便条件；违背公平、公正原则，在经济、组织人事管理等活动中，谋取竞争优势的，应当认定为谋取不正当利益。这一规定显然从三方面拓展了“谋取不正当利益”的内涵范围：一是将商业贿赂“谋取不正当利益”的内涵扩展至普通行贿犯罪；二是将通过不正当手段获取“可得利益”的范围从招投标、政府采购等商业活动扩展至所有的经济活动及组织人事管理等活动；三是在判断谋取“可得利益”采用的手段是否正当时，所依据的原则从公平原则扩展至公平、公正原则。同时，将要求国家工作人员违反法律、法规、规章、政策、行业规范的规定提供帮助的对象，限于行为人本人，则体现了刑法的罪责自负原则，排除了因受贿人为他人提供帮助而归责于行贿人的情况，体现了刑事责任认定上的主客观相统一原则。

梳理“谋取不正当利益”在我国刑事立法和司法的沿革可以看出，“谋取不正当利益”的内涵在规范层面呈现扩张性解释的趋势，认定标准逐渐宽泛化。这一方面反映我国刑事立法及司法对打击行贿犯罪现实需要的及时回应，另一方面也可以看出我国刑事政策要求对行贿犯罪从严惩治的精神，当然，这也符合我国已经加入的《联合国反腐败公约》的要求。

二、“谋取不正当利益”的内涵争议及判断依据

尽管最新司法解释已经对“谋取不正当利益”的内涵作了进一步的界定，但是，由于利益形态的千差万别和不正当利益的复杂性，导致理论争议始终不绝，司法实践标准难以统一。一般而言，对于实体不正当的利益，无论采取何种手段获取，都可以认定为“谋取不正当利益”，但是，对通过不正当手段取得的利益，是否一概认定为“谋取不正当利益”，无论是理论界还是实务部门，均存在不同的认识。

有观点认为，通过不正当手段取得的不确定利益才可认定为“谋取不正当利益”。① 还有观点认为，以行贿手段谋取的“不确定利益”都应当归属于“不正当利益”的范畴。② 但也有相反观点认为，不确定利益不应属于不正当

① 参见邹志宏：《斡旋受贿罪研究》，载于志刚主编：《刑法问题与争鸣》（第7辑），中国方正出版社2003年版，第125页。

② 参见曾凡燕、付治国：《论行贿犯罪中“谋取不正当利益”要件》，载《湖北社会科学》2010年第6期。

利益。[1] 此外，还有观点认为，谋取实体上应得的合法利益的，无论受贿人为其谋取利益的程序是否违规，都不属于“谋取不正当利益”，而谋取实体上尚未确定的可得利益的，如果受贿人为其谋取利益的程序违规，则属于“谋取不正当利益”，如果为其谋取利益的程序并不违规，则不属于“谋取不正当利益”。[2]

笔者认为，上述观点都有不完善之处，对上述问题的分析研究仍不够详尽深入。实际上，“谋取不正当利益”应该作为一个整体来分析判断，它是在谋取利益过程中的一种价值判断。既然行为人是为了谋求某种利益，那么，这种利益必然是行为人在实施行为之前或者行为时未实际归属于行为人的，也不必然局限于行为人的可期待性利益。基于这一点，“谋取不正当利益”必然将谋取行为人应该或当然得到的利益排除在外，否则，就将陷入“自己谋取自己的利益”的悖论。因此，“谋取不正当利益”的判断基础之可期待性利益，则只能是行为人行为时可能得到的利益。

在谋取这种可能得到的利益时，判断是否构成“谋取不正当利益”，则要基于利益的形态是确定性的还是或然性的来分析。对于确定性的利益，如果性质是不正当的，则无论是何种类型的利益，无论采用何种手段获取，都可认定为“谋取不正当利益”。如果性质是正当的，尽管一般情况下谋取此类利益不属于“谋取不正当利益”，但是，在为自己谋取利益过程中，一旦要求受贿人违反法律、法规、规章、政策、行业规范提供帮助或者方便条件的，即通过不正当的手段或程序来谋取的，也可以认定为“谋取不正当利益”。如行贿人本人在不符合条件的情况下，为了升学或就业而行贿，就可以认定为“谋取不正当利益”；但如果行贿人为子女或者亲朋好友在不符合条件的情况下，为了升学或就业而行贿，就不宜认定为“谋取不正当利益”。所以说，对于谋取性质正当的确定性利益，只有在上述特殊情况下，行贿人主动要求受贿人违反规定提供帮助或方便条件，并为自己谋取利益时，才能认定为“谋取不正当利益”，否则不宜认定。

对于谋取或然性利益，如果这种或然性利益性质是不正当的，则无论采用何种手段谋取，均可认定为“谋取不正当利益”。但如果性质是正当的，如获得某种商业机会、竞争提拔优势等，则需要结合谋取利益的手段或程序来进行

---

① 参见卢宇蓉：《行贿犯罪中“谋取不正当利益”的理解和适用》，载陈兴良主编：《刑事法判解（第2卷）》，法律出版社2000年版，第166页。

② 参见黎志慧：《论行贿罪中不正当利益之认定》，载《无锡职业技术学院学报》2007年第2期。

综合判断，一旦手段或程序不正当，违背公平公正原则，则可认定为“谋取不正当利益”。因为，对于这类可能得到的性质正当的或然性利益，由于其在确定利益归属前并没有明确的利益主体，行为人想要获得这类利益，则必须经过一定的程序或手段进行竞争，通过正当手段公平竞争获取该利益便具有正当性，其谋取的就可以认为是正当利益；如果行为人有违公平公正原则，采取不正当的手段去竞争获取此类利益，那么行为人获取的利益就不具有正当性，就可以认定为“谋取不正当利益”。质言之，认定“谋取不正当利益”的决定性条件，既包括取得利益的手段不正当，也包括违背了公平公正原则，两者缺一不可。

在梳理了“谋取不正当利益”的相关立法并深入阐释其法理基础后，我们对在司法实践中如何判断“谋取不正当利益”便有了一个清晰的思路。但是，在进行实务判断时，还需要从以下三个角度予以审慎思考：

一是把握行贿人主观认识原则。谋取不正当利益，是行贿人的一种主观意图，应当从行贿人的角度而不是受贿人的角度去理解，并且，不能因为行贿人获得了某种不正当利益，就绝对地认定其具有“谋取不正当利益”的目的，还要注意辨别其真实的行为动机，否则会犯客观归责的错误。刑事归责原则要求不能将认定行贿人主观内容的行为完全受制于他所不能掌控的受贿人的行为。有时，行贿人只具有谋取正当利益的目的，但是，受贿人在行贿人不明知的情况下给予其违法的帮助或方便条件，行贿人尽管获得了不正当的利益，也不宜认定为“谋取不正当利益”。如行贿人在条件符合的情况下，为及时得到补助而行贿主管单位人员，相关人员得到好处后，在条件发生变化不符合补助时，仍然私自提供帮助给予补助，这种情形下，就不能认定行贿人“谋取不正当利益”。

二是坚持实质认定标准原则。基于违反法律、法规、规章、政策和行业规范等对“谋取不正当利益”进行判断时，不仅要进行形式审查，更要进行实质判断。一方面，要注重对以合法形式掩盖非法目的谋取不正当利益的情况的审查，如无资质企业挂靠有资质企业进行招投标等；另一方面，对一些地方上的“土政策”、甚至对全国性的行业规范等，在将其作为“谋取不正当利益”的依据前，对其本身的内容，也应该进行严格的实质审查，防止因前置性依据本身的违法性而导致后续判断错误。

三是把握职权关联性原则。行贿罪与受贿罪是对合犯（或对行犯），两者的犯罪行为互有交织，互以对方行为的存在为条件，因此，尽管行贿罪的罪状描述中没有涉及受贿人的行为尤其是利用职务之便的行为，但是，对合犯的性质要求在认定是否构成行贿罪及“谋取不正当利益”时，必须充分考虑是否利用了受贿人的职权。如果行贿人谋取的利益与受贿人的职权毫无关联，就谈不上行贿人利用受贿人的职务之便来谋取利益，更谈不上所谓“谋取不正当利益”。同时，受贿人没有利用职权为行贿人谋利，就不构成受贿罪，从出罪举重以明轻的原理角度而言，社会危害性较轻的行贿行为也难以认定为犯罪，此时再谈论“谋取不正当利益”的构罪要件，就变得毫无意义。这也提醒我们，在判断是否构成行贿罪之前，要充分关注受贿行为是否构成受贿罪。

三、“谋取不正当利益”司法解释相关问题

根据最高人民法院、最高人民检察院《关于办理行贿刑事案件具体应用法律若干问题的解释》（以下简称《解释》），“谋取不正当利益”是指行贿人谋取的利益违反法律、法规、规章、政策规定，或者要求国家工作人员违反法律、法规、规章、政策、行业规范的规定，为自己提供帮助或者方便条件。对于法律、法规和规章，由于我国《立法法》规定比较明确，实践中也容易判断。需要深入研究的是内容相对宽泛的“政策”和“行业规范”。

（一）“政策”范围的界定

政策是指国家、政党为实现一定历史时期的路线和任务而规定的行动准则。[①] 与法律相比，政策是对社会生活和政治、经济事务的原则性规定，起着引领和指导作用。一般来说，政策缺乏法律规范所特有的具体性、强制性和稳定性。但笔者认为，《解释》中的“政策”，是指具有某种程度强制性的政策，甚至近似于法律，如我国的计划生育政策等。从我国现实政治生态而言，这里的政策应主要包括中国共产党和各级人民政府（以下简称“党政部门”）制定的政策，从制定主体来说，既包括中央层面的党政部门，也包括地方各级党政部门。之所以作这样的理解，一方面，是因为政策是被我国法律明确规定可以强制适用。如1980年颁布实施至今仍然有效的《全国人民代表大会常务委员会关于刑事诉讼法实施问题的决定》规定：“1979年12月31日以前立案尚未判决的刑事案件，仍然依照刑事诉讼法实施以前有关刑事诉讼的政策、法规和办案程序办理”；我国《民法通则》第6条规定：“民事活动必须遵守法律，法律没有规定的，应当遵守国家政策”；我国现行《著作权法》第59条第二款也规定：“本法施行前发生的侵权或者违约行为，依照侵权或者违约行为发生时的有关规定和政策处理”。可见，我国的诸多政策实际上具有一定的强制规范性。另一方面，与1999年最高人民法院、最高人民检察院《关于在办理

① 参见《辞海》。

受贿犯罪大要案的同时要严肃查处严重行贿犯罪分子的通知》、最高人民检察院《关于人民检察院直接受理立案侦查案件立案标准的规定（试行）》相比，《解释》中的"政策"的语词表达发生了微妙的变化，从"国家政策"变更为"政策"。这一规定的变化，意味着对政策的含义在以下两个层面进行扩展：一是将原有中央层面的政策扩展至地方层面；二是将行政机关制定的政策扩展至中国共产党制定的政策。因此，在谋取利益时，无论是违反了中央政策还是地方政策，抑或是中国共产党还是行政机关制定的政策，只要政策本身是合法正当的，均可认定为"谋取不正当利益"。

可见，我国通常表述上的政策是指具备一定程度强制性的规范，即各级党政部门制定的政策。同时，根据我国法律规定，制定政策的主体是指乡镇以上各级人民政府，不包括乡镇人民政府组成部门、村民委员会、居民委员会。①然而，"谋取不正当利益"的认定标准在引入政策的同时，也带来了实践适用中的困惑：如果政策本身的内容与法律相冲突或者抵触该怎么办；司法机关能否对党的政策合法性进行审查，以及对何种层面的政策进行合法性审查？在上述问题不甚明确的情况下，笔者认为，在当前的司法实务中，在审查是否违反政策谋取不正当利益时，至少可以对省级以下地方党政部门的政策是否符合法律规定进行审查。如果政策本身已经违反了法律规定，丧失了正当性，则对该政策的违背不一定就是谋取了不正当利益，应当结合其他法律规范和具体情况来综合评价。

（二）"行业规范"的理解

一般认为，行业规范是指为了规范行业行为，协调同行利益关系，维护行业间的公平竞争和正当利益，促进行业发展而制定的规则，它是某一行业所普遍遵守的自律规则。由于法律并非万能，加之法律规范的保守特性，导致法律无法对现代的经济、科技领域，尤其是诸如证券、医疗等专业性极强领域的具体行为或操守进行详细有效的指导，因而必须由行业内部经验丰富的企业或专家制定可以形成共识的行业规范，以弥补法律规定的不完备。

在将行业规范作为判断"谋取不正当利益"的依据时，尽管从有利于统一违反行业规范提供帮助或者方便条件的认定、避免地区性行业协会规范差异而导致行贿犯罪法律适用上的地域性差异出发，宜将行业规范解释为由全国性

---

① 我国现行《地方各级人民代表大会和地方各级人民政府组织法》第 61 条规定："乡、民族乡、镇的人民政府具有发布决定和命令的权力"。

行业协会根据法律授权或者职责制定的规范行业行为的准则。① 但是，司法解释在引入这一规范时，仍然没有考虑到行业规范制定主体及类别的复杂性，以及其效力的强制性程度区别。

一是行业规范是国家机关制定或者授权制定的，其中以国务院有关行政主管部门制定的在全国某个行业范围内的统一标准为典型。如 2008 年实施的《国家安全生产监督管理总局主要职责内设机构和人员编制规定》，就规定国家安全生产监督管理总局的职责包括制定煤炭行业标准和规范。此类行业规范尽管不属于法律规范的范畴，但在某种意义上已经具备了法律规范所具有的强制性特征，在制定机关管辖范围内的整个行业都必须遵守，因而可以作为判断“谋取不正当利益”的依据。

二是行业规范是由全国性行业协会制定，其适用得到相关立法的认可。如最高人民法院 2009 年颁布实施的《关于审理物业服务纠纷案件具体应用法律若干问题的解释》第 3 条规定：“物业服务企业不履行或不完全履行物业服务合同约定或者法律、法规规定以及相关行业规范确定的维护、养护、管理和维护义务，业主请求物业服务企业承担继续履行、采取补救措施或者赔偿损失等违约责任的，人民法院应予支持”。此类规范不论制定主体如何，由于得到法律规范的明确认可，因而具有普遍适用的效力，可以作为判断“谋取不正当利益”的依据。

三是行业规范是典型的自律规则，不具有法律规范的强制力，在实践中可以执行也可以不执行。对于此类规范，笔者认为，无论是否系全国性行业协会制定，都应当严格坚持民法上的意思自治原则。即对于自愿加入行业协会，自愿受到行业规范约束的，应该认为行业规范对其行为具有约束力，其违反该行业规范提供帮助或者方便条件的，应当认定为“谋取不正当利益”。如果其没有加入该行业协会，表明其不愿意受到该行业规范的约束，该行业规范对其也没有约束力，其违反该行业规范提供帮助或者方便条件的，一般不宜认定为“谋取不正当利益”。

四、“谋取不正当利益”现行规定的反思与完善

尽管行贿罪“谋取不正当利益”要件的现行解释越来越具体，内涵越来越明确，对司法实践具有更强的指导意义，但详究其内容，不难发现其在两方面仍然存在瑕疵：一方面，该解释没有进一步明确司法实践中争议较大的经济行贿（即《刑法》第 389 条第二款规定的在经济往来中的行贿行为）是否需

① 参见《商业贿赂犯罪刑法适用疑难问题研究》，载《刑事审判参考》第 66 辑。

要以“谋取不正当利益”为构成要件;[①] 另一方面，将政策、行业规范作为“谋取不正当利益”的前置性依据，将给刑法的总则、刑法的确定性原则及罪责刑相适应原则等带来新的困惑或挑战，需要进一步修正完善。一是与入罪“但书”规定的本质不相符合。我国《刑法》第13条“但书”规定，情节显著轻微危害不大的，不认为是犯罪。这是刑法谦抑性的一种体现，希冀刑法作为社会防卫的最后一道防线，不要轻易、过多地介入社会生活。但是，当把违背政策、行业规范所获取的利益作为不正当利益时，实际上刑法已经过多地介入了社会利益之争，将诸多本由民事法调整，或者情节显著轻微危害不大的行为，纳入刑法调整范围。如果说将政策限于国家即中央层面的政策作为依据尚且可行的话，那么，将地方各级政策作为刑法入罪构成要件的依据，既有扩大打击面之嫌，也使刑法的入罪标准过于任意。

二是罪责刑相适应的刑法基本原则没有得到体现。我国《刑法》第5条规定，刑罚的轻重，应当与犯罪分子所犯的罪行和承担的刑事责任相适应，即罪责刑相适应的刑法基本原则。这一原则要求，在分析罪重罪轻及刑事责任的大小时，不仅要考察犯罪的客观社会危害性，还要考察行为人的主观恶性和人身危险性。其目的在于通过区别对待的差异化原则避免量刑的畸轻畸重，追求在同等情况下的量刑平衡。“谋取不正当利益”作为行贿罪的主观构成要件，能够体现行贿人的主观恶性，从而影响刑罚轻重。但是，行为人违反法律、法规、规章（广义的法律）的主观恶性，是比违反政策、行业规范时更加严重的。倘若不加区别同等对待，则主观恶性的差异被掩盖，罪责刑相适应的基本原则没有得到很好地遵守。

三是刑法规范的确定性受到影响。刑法规范要求确定性，既是罪刑法定原则的本质要求，也是司法实务的迫切需要，尤其是入罪条款，更应该清晰明确，尽量减少误读和争议。但是，将一般性的政策、行业规范纳入刑法入罪条款，由于其存在易变性、地方性、模糊性、区别差异性，甚至不排除违法性等特点，容易导致在判断“谋取不正当利益”时出现困惑、争议甚至是错误，使刑法规范的确定性受到挑战。同时，在制定规章的权力已经赋予部分市级地方人民政府的情况下，在全面推进依法治国的形势下，再将地方政策纳入“谋取不正当利益”的前置性判断依据，不免体现刑法规范某种程度的滞后。

根据以上分析，笔者认为，在我国当前情况下，为了确保刑法规范的确定

---

① 经济行贿必须以“谋取不正当利益”为主观要件，但相关法规范至今仍然没有予以明确。参见上海市高级人民法院刑二庭：《贿赂犯罪法律适用问题的解答》，载《刑事审判参考》第75辑。

统一，以及内容的明确具体，不宜泛泛地将政策和行业规范作为“谋取不正当利益”的判断依据，不仅要将两者限制在国家层面，还要明确其具有全国性的强制力和适用力。

金融领域刑民聚合案件的解决进路

——一起民事调解结案的票据诈骗犯罪案件引发的思考

张铁军*

一、基本案情及处理情况

1999 年 5 月 18 日，某公司从个体工商户鲁某处购油漆一桶，价值人民币 320 元，用一张支票结账。鲁某与朱某素有商业往来，遂将该张支票交给朱某用于货款结算，朱某又将该支票转交他人，换得现金人民币 320 元。后该公司发现该支票被划走 78320 元，遂诉至法院，要求鲁某赔偿 78000 元。

在案件审判过程中，公安分局提供了《特大刑事案件立案报告表》、对鲁某及朱某的询问笔录，工行某分理处提供了被涂改的转账支票。主审法官向侦查员进行了调查，侦查员表示“现在这个案子已经基本查实，就差抓人了”。后经法院调解，鲁某赔偿该公司 78000 元。

之后，鲁某起诉要求朱某赔偿 78000 元。在该案审判过程中，公安分局提交了《特大刑事案件立案报告表》、对朱某的询问笔录。经法院调解，朱某亦表示同意赔偿鲁某 78000 元。

其后，朱某不服上述调解，以划走某公司 78000 元的当事人涉嫌刑事诈骗为由，向法院申诉。法院以虽然公安局已立案侦查，但犯罪嫌疑人现在逃为由未支持该申诉。

2001 年 11 月 5 日，法院作出刑事判决，认定：被告人许甲同许乙等人（均在逃）于 1999 年 5 月 20 日上午，从朱某处以现金人民币 320 元换取同等票面金额的某公司转账支票一张，并将该票面金额涂改为人民币 78320 元。后被告人许甲于当月 24 日将该支票通过银行划拨的方式，转入其本人开立的公司账户并提取同等金额的现金，后与他人瓜分赃款，致使某公司损失人民币 78000 元。判决许甲犯票据诈骗罪，判处有期徒刑 11 年，并向同案各被告人

* 作者单位：北京市西城区人民检察院。

追缴赃款。

2000年5月12日，法院将朱某以“拒不履行法律义务为由”拘留，并陆续向朱某收取执行案款及诉讼费共计80850元。

二、概念的厘清

对于此类案件的概念，各方说法不一。① 笔者认为，刑民聚合案件是指既存在刑事法律关系又存在民事法律关系；或者虽然只存在刑事法律关系，但是既存在刑事法律责任，又存在民事法律责任的案件。刑民聚合案件应当只包括由于客观原因而导致的刑民聚合案件，即由于客观发生的事实、行为，依据法律规定，既有刑事法律关系又有民事法律关系的案件；或者虽然只存在刑事法律关系，但是既存在刑事法律责任，又存在民事法律责任的案件。而不包括主观上的认识错误导致的把非刑民聚合案件认定为刑民聚合案件，或者主观上对于是否为刑民聚合案件认识不清的情况。之所以作此强调，是因为司法实践中许多所谓的刑民交叉案件，并非真正的刑民交叉案件，而是由于主观认识错误或者主观认识模糊导致。

（一）法律关系的聚合

刑民聚合案件中法律关系的聚合包括三种：

1. 竞合。

竞合是指作为法律构成要件的行为为单数行为，但该行为既构成刑事犯罪，又构成民事侵权或违约。例如，某甲在餐厅用桌椅打人致人重伤；同时桌椅也砸坏了餐厅的财产，但财产损失尚未达到故意毁坏财物犯罪的入罪数额。在这种情况下，某甲的行为既构成故意伤害罪，又侵犯了餐厅的财产权，因此还要承担侵权的民事责任。金融犯罪中，使用假币罪属于这种聚合，即被告人既构成使用假币罪，破坏了国家金融秩序，又违反了合同的约定，未按约定履行合同的付款义务，要承担相应的民事责任。

2. 牵连。

牵连是指作为法律构成要件的行为为复数，其中一部分构成刑事犯罪，一部分构成民事侵权或者违约。例如，某乙具备合同要求的生产能力或供货渠道，伪造了一枚公司印章，用以与他人签订买卖合同，并在履行合同时提供了有质量瑕疵的货品。某乙前一行为构成了伪造公司印章罪，后一行为并不构成

---

① 张华：《刑、民事诉讼及其交织中若干程序问题探讨》，载 http：//blog. chinacourt. org/wp — profilel. php? author = 11196&p = 393711，访问日期：2014年12月25日。

犯罪，只是违反了合同约定，要承担民事责任。需要进一步指出的是，如果有某丙并没有履约的想法或者履约的能力，伪造公司印章、签订合同后未供货即携款潜逃，那么该案就不属于民行互涉案件，而是一起合同诈骗案。

3. 由于多方法律关系造成法律关系的聚合。

由于多方法律关系造成法律关系的聚合，是指存在三方或三方以上的法律关系，不同的相对方之间可能是刑事法律关系，也可能是民事法律关系。比较典型的多方法律关系有：表见代理中行为人与被代理人之间、行为人与善意相对人之间、被代理人与善意相对人之间形成不同的法律关系；善意取得中无权处分人与真权利人之间、无权处分人与善意取得人之间、真权利人与善意取得人之间；担保关系中债务人与债权人之间、债务人与担保人之间、债权人与担保人之间。多方当事人之中一方出现犯罪行为，会导致法律关系的聚合。例如，表见代理人与善意相对人签订合同后卷款逃跑，表见代理人构成合同诈骗罪，本人向善意相对人承担合同责任。

（二）法律责任的聚合

这里所谓的法律责任的聚合，是指只存在刑事法律关系，但是既引发刑事法律责任，也引发民事法律责任的情况；不包括由于法律关系的聚合导致法律责任的聚合的情况。例如，某丁拳打脚踢致人重伤，在这种情况下，某丁既构成故意伤害罪，承担相应的刑事责任；又要在刑事案件的被害人或其家属等权利人提起附带民事诉讼或单独的民事诉讼的情况下承担侵权的民事责任。又如上文提及的某丙合同诈骗案，某丙也既要承担刑事责任，也要承担违约责任。

之所以要将刑民聚合案件区分为法律关系的聚合与法律责任的聚合，主要在于二者在性质、程序、民事程序具体运行等方面是不同的。首先，在性质上，刑民法律关系聚合的案件中，实际上有两个不同的案件、两个不同的法律关系，刑事案件不阻却和影响民事案件的成立和处理。如上文中某甲故意伤害案中，案件认定为故意伤害犯罪，某甲刑事责任的承担和对被害人民事责任的承担不影响其与餐厅之间的民事关系以及其对餐厅民事责任的承担。而法律责任的聚合中，实质是一个案件、一个法律关系，刑事法律关系阻却对民事法律关系的认定。如上文中对某丁涉嫌故意伤害罪这一案件性质的认定，阻却了将该起案件认定为民事侵权案件。其次，适用的程序不同。在法律关系的聚合案件中，处理刑事法律关系和处理民事法律关系分别适用各自独立的审判程序，两者没有关联，也没有时间上的次序。某甲的故意伤害罪在侦查、审查起诉、审判、执行阶段均适用刑事案件的办案程序、证据规则，虽然该案的处理有可能涉及某甲损害餐厅财产的事实，但仅以与刑事犯罪认定的有关事实为限，且该案的处理完全不会涉及某甲与餐厅的法律关系、某甲应当对餐厅承担的民事责任。而法律责任的聚合则不同，这类案件本质上就是一个刑事案件，处理民事责任的审判在本质上不是独立的，是在一定程度上附属于刑事程序的。某丁故意伤害案中，民事责任的承担并不是独立的，是不应脱离刑事案件独立存在的。从程序上讲，如果被害人要求某丁承担民事责任，应当提起刑事附带民事诉讼，人民法院对于民事责任的承担一并判决，不单独进行审理。只有为了避免刑事判决的过分迟延，才可以在刑事判决后由同一组织继续审理附带的民事诉讼。最后，从责任承担上，虽然无论法律关系的聚合还是法律责任的聚合，行为人都既要承担刑事责任又要承担民事责任，但承担民事责任的基础法律关系、法律事实和权利人是不同的。在法律关系的聚合中，由于其是两个独立的案件，因而权利人也是两个人，即某甲既要基于故意伤害的事实向故意伤害犯罪案件的被害人承担民事责任，又要基于损害餐厅财产这一侵权的民事法律关系和事实向餐厅承担民事责任。而法律责任的聚合则不同，在法律责任的聚合中，刑事责任和民事责任的承担基础都是刑事犯罪的事实；民事责任的权利人一方和刑事案件的被害人一方是一致的。除上述区别外，法律关系的聚合与法律责任的聚合也是有联系的，即法律关系聚合中的刑事案件也可能涉及法律责任的聚合，如某甲在承担故意伤害的刑事责任的同时，也需要承担相应的民事责任。

我国《刑法》关于金融犯罪的规定主要在第二编第三章“破坏社会主义市场经济秩序罪”的第四节“破坏金融管理秩序罪”（第 170 条至第 191 条）和第五节“金融诈骗罪”（第 192 条至第 200 条）中。其中，使用假币罪是比较典型的竞合型法律关系的聚合，非法吸收公共存款罪，擅自发行股票、公司、企业债券罪，内幕交易、泄露内幕信息罪，利用未公开信息罪，编造并传播证券、期货交易虚假信息罪，诱骗投资者购买证券、期货合约罪，操纵证券、期货市场罪，背信运用受托财产罪，违法运用资金罪，吸收客户资金不入账罪也有可能出现竞合型法律关系的聚合；违规出具金融票证罪，对违法票据承兑、付款、保证罪有可能出现牵连型法律关系的聚合；金融诈骗类犯罪基本上都可能出现法律关系的聚合。

三、刑民聚合案件的解决进路

在司法实践中，刑民聚合案件大量存在，有的属于法律关系的聚合，有的属于法律责任的聚合。笔者认为，对于此类案件的处理可以分三步走：

（一）判断法律关系

通过对法律关系进行判断，可以明确在涉案事实基础上存在几种法律关系、是否存在法律关系的聚合；如果存在一种法律关系，是刑事法律关系还是民事法律关系；如果是刑事法律关系，是否存在法律责任的聚合等问题。而法律关系判断的难点和关键点，在于刑事法律关系与民事法律关系的区分。司法实践中，刑民聚合案件大量存在，如果对于某个法律关系属于刑事法律关系还是民事法律关系的问题都不能给出正确答案，那么就无法对案件属于法律关系的聚合还是法律责任的聚合作出正确清晰的判断，也就更无法对刑民聚合案件作出进一步处理。

刑事法律关系与民事法律关系作为两种性质完全不同的法律关系，是有其界分标准的。

1. 位阶关系。

位阶关系主要体现在侵犯人身权利、财产权利的犯罪和民事侵权行为之间。“位于现代刑事法律科学与现代刑事政策核心的，就是以刑法干预的正当性考虑与刑法干预的谦抑性思想为基础的‘道德—第一次法—第二次法’的犯罪化作业过滤原理”，刑法是“在民事法、行政法等第一次法规范对正常社会关系进行调整的基础上，通过追究刑事责任、裁量和执行刑罚的方式对第一次法调整无效的严重不法行为进行的第二次调整。”① 一些侵犯人身权利、财产权利的行为，只有超过民事、行政法律调整的范围，才进入刑法调整范围，这在侵犯人身权利、财产权利的数额犯、情节犯中体现得尤为典型。例如，故意伤害他人身体的行为，只有达到轻伤及以上，才进入《刑法》的调整范围，如果不能，则由《治安管理法》和《侵权责任法》调整。位阶关系的形成，主要是由于某些犯罪行为的构成要件和民事侵权行为的构成要件基本一致，只是情节和数额不同。

2. 阻却关系。

与位阶关系不同，所谓阻却关系，顾名思义，即两种法律关系不仅不可能同时存在，而且对一种关系的认定会导致对另一种关系的排斥。在金融犯罪中，金融诈骗类犯罪和民商事纠纷、尤其是合同纠纷的区分往往是处理刑民聚合案件的难点，二者之间就属于阻却关系，即使违约行为及其造成损失的数额很大、情节很严重，有时甚至达到不能实现合同目的的程度，也不能认定为

① 梁根林著：《刑事法网：扩张与限制》，法律出版社2005年版，第34页、第50页。

犯罪。

具体而言，以下几种民事行为是阻却犯罪的：（1）民事法律行为阻却故意犯罪。根据我国《民法通则》第54条之规定，民事法律行为是公民或者法人单位设立、变更、终止民事权利和民事义务的合法行为。民事法律行为的成立，要求意思表示真实、合法，因而必然阻却故意犯罪，但不阻却过失犯罪。例如，签订、履行合同失职被骗罪，该罪主观上属于过失，行为人签订、履行合同的意思表示可能是真实、合法的，形式和行为可能也是合法的，但是却并不阻却该犯罪。金融犯罪中绝大部分为故意犯罪，因而民事法律行为可以阻却绝大部分金融犯罪，但是在违规出具金融票证罪中，行为人有可能是过失的主观心态，因而民事法律行为是不阻却该犯罪的。（2）合法的事实行为阻却犯罪。事实行为是指行为人主观上并无发生民事法律关系的意思，但是依照法律的规定引起民事法律后果的行为。典型的事实行为有物权法上的遗失物、漂流物的拾得，埋藏物、隐藏物的发现，作为债的原因的无因管理、不当得利。由于行为人主观上完全没有发生法律关系的意思，事实行为的法律后果是因法律规定而产生，因而阻却犯罪。例如，在ATM机自身故障且取款人并未对故障加以利用的情况下，ATM机吐出比取款数额多的现金，无论多出多少，取款人都不构成犯罪，仅构成民法上的不当得利。当然，如果事实行为发生后，行为人不履行法定义务，则有可能构成犯罪，如拾得遗失物后拒不返还，有可能构成侵占罪。（3）违约行为阻却诈骗类犯罪。违约责任与诈骗类犯罪（包括金融诈骗类犯罪）的区分问题在实践中不仅大量存在，而且严重影响着案件处理。笔者认为，虽然违约行为与诈骗行为在外观形式上及给合同相对方造成的损失方面颇有相似，但其界限也是比较明显的。诈骗行为与违反合同的行为最为关键的区别在于是否有履行合同的主观目的，这一点是可以通过行为人的行为进行判断的。如行为人有自始不具有归还能力，卷款潜逃，将案款挥霍，隐匿、销毁账目，抽逃、转移资金，假破产，假倒闭，拒不交代案款去向等行为，可以推断行为人具有非法占有的目的。而事后履行不能、履行瑕疵、不具有非法占有目的的根本违约行为，往往并不能作为认定构成诈骗类犯罪的依据。事后履行不能往往是在合同签订后发生了行为人不能预料、不能避免、不能控制的变化，导致合同无法履行，行为人并不存在欺骗对方、非法占有财产的故意。在质量、数量、时间上的履行瑕疵，虽然履行并不完全符合约定，但是行为人还是在积极履行合同，也是可以排除犯罪的主观故意的。根本违约行为是指导致合同目的不能实现的违约行为，但即使是违约行为导致合同目的不能实现，也不能武断地认定为犯罪。例如，双方约定一方向另一方提供圣诞饰品，但是由于生产、运输等原因，货物在圣诞节过后才到达指定地点。在这种情况下，迟延履行虽然导致合同的目的不能实现，但也不能因此认定卖方构成犯罪。(4) 表见代理的善意相对人、无权处分的善意取得人阻却犯罪。表见代理是指行为人没有代理权、超越代理权或者代理权终止后以被代理人名义订立合同，相对人有理由相信行为人有代理权的，代理行为有效。表见代理的情况下，由于权利外观有理由让合同相对人相信行为人有代理权，因而表见代理的善意相对人是阻却犯罪的。而行为人是否能够阻却犯罪，则要分析具体情况。当行为人将合同款项据为己有拒不返还、全部挥霍、卷款逃跑时，就构成诈骗类犯罪，且如上文所述发生刑民法律关系的聚合。无权处分是指没有处分权而处分他人财产，在符合我国法律关于善意取得的规定的情况下，善意取得人是阻却犯罪的，并且可以依据善意取得制度取得相应的财产权利，而无权处分人是否构成犯罪，要进行具体分析，在其构成犯罪的情况下，发生法律关系的聚合。

（二）选择法律程序

对于刑民聚合案件的程序选择，应该区分不同情况进行处理。

1. 法律责任聚合类的刑民聚合案件的程序选择。

根据《中华人民共和国刑事诉讼法》（以下简称《刑事诉讼法》）第 99 条之规定，被害人由于被告人的犯罪行为而遭受物质损失的，在刑事诉讼过程中有权提起附带民事诉讼。“被害人由于被告人的犯罪行为而遭受物质损失的”案件与本文所述法律责任聚合类的刑民聚合案件相互吻合，由此可见，《刑事诉讼法》第一编第七章“附带民事诉讼”的规定应属对该类刑民聚合案件的程序规定。除附带民事诉讼外，对于此类刑民聚合案件，2012 年发布的《最高人民法院关于适用〈中华人民共和国刑事诉讼法〉的解释》（以下简称 2012 年《解释》）在第 164 条规定了被害人一方在未提起附带民事诉讼情况下另行提起民事诉讼的权利。并且，与 1998 年发布的《最高人民法院关于执行〈中华人民共和国刑事诉讼法〉若干问题的解释》（以下简称 1998 年《解释》）的相关规定不同，2012 年《解释》没有将另行提起民事诉讼的时间限制在刑事判决后。见微知著，从这一细微变化，可以看出虽然颇受争议但却长期以来奉行不变的“先刑后民”的程序选择模式开始动摇。

笔者认为，刑事附带民事与刑民分立是各有利弊的。刑事附带民事的优势在于：首先，其有利于减轻民事诉讼原告一方（即刑事犯罪被害人一方）的举证负担。众所周知，除职务类犯罪、危害国家安全罪之外的普通刑事案件的侦查权是公安机关的专属职权。而在法律责任聚合类案件中，民事案件侵权、违约方面的事实也是刑事案件需要查明的事实。在我国民事诉讼没有实行律师强制代理制度、个人调查取证又存在一定困难的情况下，民事案件直接采信刑事侦查的证据，实际上减轻了民事诉讼原告一方的举证责任。其次，刑事附带民事有利于在刑事判决前依法对民事赔偿情况、刑事被害人一方民事损失的补偿情况予以考虑，将相关的恤刑制度依法体现在判决中，给被告人一个相对公正、相对全面的判决。刑事附带民事可以在查明刑事案件的同时，了解被告人对被害人民事赔偿的主观意愿和客观的可能性。这一过程体现了被告人的认罪和悔罪态度、被害人损失的恢复情况、被害人对被告人能否原谅等刑事判决应该酌情考虑的因素。如果在刑事判决后进行民事诉讼，则难以发挥这样的作用。当然，也由于相同的理由，只有同时的、或者说在刑事判决前就对附带的民事诉讼进行审理的刑事附带民事诉讼，才具备这一优势，在刑事判决后再行审理附带的民事诉讼，则不具备这一优势。

刑民分立可以从时间上分为刑事诉讼之前的民事诉讼、与刑事诉讼并行的民事诉讼、在刑事诉讼之后的民事诉讼三种。由于刑事诉讼之后的民事诉讼存在可能导致对刑事被害人损失补偿的过分迟延、在刑事判决中不能全面考虑相关情节等弊端，因而笔者赞成刑事诉讼之前的民事诉讼、与刑事诉讼并行的民事诉讼。刑民分立的主要目的在于避免对被害人民事损失弥补的迟延。由于刑事案件和民事案件的证明标准不同，刑事案件要求排除合理怀疑，民事案件达到优势证据的证明标准即可。同样的证据情况，在刑事案件中可能尚未达到证明要求，而在民事案件中已经满足优势证据的标准。另外，司法实践中，多人多起的犯罪案件往往要尽可能完全查清后再行起诉，因而在证据已经达到民事案件的证明要求或者多起犯罪事实已经查明一部分的时候，可以先行进行民事诉讼，根据已经查明的事实、已经查明的某一起或某几起事实进行民事判决，弥补被害人、部分已经查明事实的被害人的损失。

因而，对于法律责任聚合类的案件，笔者认为，从程序上可以采取刑事附带民事或者先行的、并行的刑民分立方式，选择权在刑事案件的被害人一方。鉴于对被告人公平的考虑，不建议采取“先民后刑”的刑民分立方式。在证据标准上，无论采取哪种方式，都必须遵循刑事案件和民事案件各自的证明标准。在遵循证明标准的情况下，即使没有被认定的犯罪事实，民事诉讼的原告也有可能获得赔偿和补偿。

2. 法律关系聚合类的刑民聚合案件的程序选择。

对于法律关系聚合类的刑民聚合案件，虽然在相关的司法解释中没有明确提到这类名词，但是却对此类情况的程序选择有所提及。最高人民法院、最高人民检察院、公安部于 1987 年联合发布的《关于在审理经济纠纷案件中发现经济犯罪必须及时移送的通知》第 3 条规定，“人民法院在审理经济纠纷案件中，发现经济犯罪时，一般应当将经济犯罪与经济纠纷全案移送……如果经济纠纷与经济犯罪必须分案审理的……可只移送经济犯罪部分。”1998 年 4 月 9 日最高人民法院颁布的《关于在审理经济纠纷案件中涉及经济犯罪嫌疑若干问题的规定》第 1 条规定，“同一公民、法人或其他经济组织因不同的法律事实，分别涉及经济纠纷和经济犯罪嫌疑的，经济纠纷和经济犯罪案件应当分开审理。”如前所述，由于法律关系聚合类刑民聚合案件本质上是两个或者两个以上不同案件的互涉，且案件中既有刑事案件，也有民事案件，所以对于刑事案件和民事案件应当分别审理，各自遵循相应的程序规定、证据规则。

（三）承担法律责任

1. 法律责任聚合类案件的法律责任承担。

法律责任聚合类刑民聚合案件中法律责任的承担，主要涉及民事责任的承担主体、刑事责任和民事责任之间的关系、民事责任的承担与财产刑、涉案款物发还的关系问题。

法律关系聚合类刑民聚合案件中承担民事法律责任主体的情况可以分为三种：(1) 被告人一方（被告人及其他与被告人共同实施侵害行为、但尚未构成犯罪的人）向被害人一方（包括被害人的近亲属、被害人对其负有抚养、赡养义务的人）承担民事责任。由于被告人一方有共同的犯罪或者侵权的意思联络，所以此类情况一般对外承担连带责任，内部承担按份责任。(2) 几个没有共同的意思联络但是都侵害了被害人权益的人，其中构成犯罪的人和不构成犯罪的人都要向被害人承担民事责任。例如，在事故类犯罪中，可能不同人员的过失导致一个事故的发生，这几个人都要对被害人承担民事责任。这种情况下，由于行为人之间没有共同的犯罪故意，只是几个单独的个体行为由于偶然的原因导致了一个损害后果，因而行为人根据责任的大小承担按份责任。(3) 被告人和对被告人或者发生犯罪的场所负有监管责任的单位在没有尽到监管义务的情况下，对被害人承担民事责任。例如，我国《刑法》第 187 条第一款的吸收客户资金不入账罪，如果金融机构存在管理上的责任，除被告人外，金融机构也要向被害人承担民事责任。再如，在宾馆、酒店发生的盗窃案，如果宾馆、酒店没有履行相应的安全保卫义务，那么除被告人外，案发的宾馆、酒店也要向被害人承担民事责任。这种情况下，一方面由于单位负有监管职责，且存在没有尽到监管义务、管理有所疏漏的情况，因而单位不能以行为人涉嫌构成犯罪为由主张免除单位的责任；另一方面，由于单位不是犯罪行为、侵权行为、违约行为的行为人，因而不能要求单位全部补偿被害人损失，而只是承担补充责任，即视其义务的大小、未能尽到义务的程度，判令其在一定范围内承担相应的责任。

关于刑事责任和民事责任的关系问题，由于民事责任的承担体现了被告人的认罪、悔罪态度，并且可以在一定程度上起到弥补被害人的损失、平复受到损害的社会关系的作用，而这些情节是量刑的酌定情节，因而在刑事判决时应当对民事责任的承担情况酌予考虑。

涉案款物的发还和民事责任的承担均能在一定程度上起到弥补被害人的损失、平复受到损害的社会关系的作用，均以具体的被害人的存在为前提。二者的区别在于产生的条件和发挥作用的空间不同。涉案款物的发还主要存在于以特定物或者已经特定化的种类物为犯罪对象且特定物已被起获的财产犯罪中；或者虽然犯罪对象为金钱这一种类物，但是起获了现金、存折或者虽然没有起获现金、存折，但是被告人自愿用自己的金钱偿还被害人的情况。例如，公安机关在被告人住处起获了其盗窃的戒指一枚，可以发还被害人。再如，被告人用现金归还了其信用卡诈骗银行的金钱。上述都是典型的涉案款物的发还，在其他情况下采用发还涉案款物的方式弥补被害人损失的可能性则比较小。而民事责任承担的产生条件和发挥作用的空间更为广阔。在犯罪对象为特定物或者已经特定化的种类物，但赃物未被起获或者未被全部起获的情况下；在被告人明明有足够的财产却不愿意主动偿还给被告人的情况下；在犯罪给被害人造成身体健康损害的情况下，都可以通过民事诉讼补偿被害人的财产损失。在存在涉案款物发还的情况下，民事诉讼的请求应当以涉案款物发还尚未弥补的损失为限。

对于金融类犯罪，基本都规定了罚金、没收财产的财产刑。罚金、没收财产等财产刑与民事诉讼的目的不同。财产刑作为刑罚的种类，意旨和作用都在于惩罚犯罪而非弥补损失，因而民事诉讼与财产刑可以并存。例如，破坏社会主义经济秩序类犯罪中的生产、销售伪劣商品类犯罪，侵犯公民人身权利、民主权利类犯罪中的破坏环境资源保护类犯罪，都可能同时存在通过民事诉讼赔偿被害人损失和对被告人处以罚金或没收财产的财产刑。金融类犯罪亦如此。在二者同时存在的情况下，应当用被告人的财产先行赔偿被害人的损失，然后再缴纳财产刑。另外，二者的适用范围不同，民事诉讼的提起必须以存在具体的被害人为前提，财产刑则不同。例如，在行贿、受贿类犯罪中，可能对被告人处以没收财产的刑罚，但是不发生涉案款物的发还以及仅因行贿、受贿而引发的民事诉讼。

2. 法律关系聚合类案件的法律责任承担。

（1）竞合型和牵连型。由于法律关系的聚合类案件在本质上是两个或者两个以上的不同案件，且其中既有刑事案件，也有民事案件，因而被告人刑事责任的承担以及其对刑事案件造成的民事损失的承担不应影响到其与刑事案件互涉的民事案件中民事责任的承担，且不能因赔偿了刑事案件的被害人或民事案件的原告中一方的损失就免除或减少其对另一方的赔偿责任。例如，在竞合型法律关系聚合案件中，上文所述犯故意伤害罪的某甲在承担故意伤害的刑事责任并且赔偿了被害人民事损失后，还要赔偿因在餐厅内打架给餐厅造成的财产损失；且其赔偿刑事案件被害人的损失不能与赔偿餐厅的损失相互抵消，也不能因为赔偿了其中一方的损失而减少赔偿另一方的损失。再如，在牵连型法律关系聚合案件中，犯伪造公司印章罪的某乙，在承担刑事责任后还要向合同相对方承担瑕疵履行的民事责任。

(2) 多方型。在由于多方法律关系造成法律关系的聚合类案件中，由于有多方当事人，根据"罪责自负"原理，只能由刑事案件的被告人承担刑事责任，并且只能由作为刑事案件被告人的那一方当事人和上文法律责任聚合类案件中非被告人承担刑事责任的几类人来承担与刑事责任有关的民事责任，而不能由其他当事人承担。

四、对本案处理的评价

(一) 对本案法律关系的评价

本案是一起由于多方法律关系产生的法律关系聚合类的刑民聚合案件。

本案中，某公司为支票的出票人；鲁某作为票据流转中的第一手，与该公司有基础法律关系——买卖关系，取得支票合法；朱某作为支票流转过程中的第二手，与该公司并无基础法律关系，而是与鲁某存在买卖关系，鲁某在涉案支票被涂改前用涉案支票向朱某履行付款义务，朱某依据买卖关系取得涉案支票，并无不当；许甲、许乙等人通过现金换支票的方式，成为本案票据法律关系中的最后一手，通过涂改支票票面金额的方式，骗取了该公司人民币78000元，构成票据诈骗罪。

本案存在某公司、鲁某、朱某、许甲和许乙等多方当事人；某公司、鲁某、朱某、许甲和许乙同为票据法律关系的当事人；某公司和鲁某、鲁某和朱某又同为两个不同的买卖合同的双方当事人；许甲、许乙和某公司之间还是刑事案件的被告人与被害人。

(二) 对本案程序选择的评价

1. 本案先民后刑的处理方式违反了相关司法解释的规定。

根据1998年4月21日发布的《最高人民法院关于在审理经济纠纷案件中

涉及经济犯罪嫌疑若干问题的规定》第12条之规定，人民法院已经立案审理的经济纠纷案件，公安机关或检察机关认为有经济犯罪嫌疑，应说明理由附有关材料函告受理该案的人民法院的，有关人民法院应当认真审查。经过审查，认为确有经济犯罪嫌疑的，应当将案件移送公安机关或检察机关，并书面通知当事人，退还案件受理费；如认为确属经济纠纷案件，应当依法继续审理，并将结果函告有关公安机关或检察机关。

本案审判过程中，公安分局提供了《特大刑事案件立案报告表》、对鲁某和朱某的询问笔录、被涂改的转账支票；主审法官向侦查员进行了调查，侦查员表示“现在这个案子已经基本查实，就差抓人了”。在上述情况下，原审判决在没有任何相反证据的情况下，将本案作为一起民事纠纷处理，明显违反了上述司法解释的规定。

2. 本案通过调解结案有违法理。

调解是民事审判中常见的处理方式，具有办案效率高、化解矛盾效果好的特点，并且体现了当事人有权对自己的权利进行处分的民事法学理论。但是本案并非一起民事案件，而是一起刑事案件，虽然刑事案件的被害人可能是自然人、法人，但是刑事案件损害的是国家利益和社会公共利益，对刑事案件的追诉体现的是国家的公权力，除非法律明文规定，不允许当事人自行处分。并且，在这起票据诈骗案中，朱某既非被告人或犯罪嫌疑人，亦非被害人，更无权对本案的处理作出决定。

（三）对本案民事责任承担的评价

如上文所述，在多方型法律关系聚合类刑民聚合案件中，原则上应由被告人、犯罪嫌疑人承担与刑事责任有关的民事责任。非被告人、犯罪嫌疑人承担与刑事责任有关的民事责任的，只能有以下几个情形：其他与被告人共同实施侵害行为但尚未构成犯罪的人；几个没有共同的意思联络但是都侵害了被害人权益的人，其中不构成犯罪的人；没有尽到监管义务的对被告人或发生犯罪的场所负有监管责任的单位。

在本案中，朱某当然不是刑事案件的被告人、犯罪嫌疑人，也不属于上述任何一种被告人、犯罪嫌疑人之外的应当承担和刑事责任相关的民事责任的人，因而，原审判决其承担全部的民事责任，并以刑事生效判决向被告人追缴赃款的处理方式欠缺法律上的依据。

当前我省污染环境犯罪情况调查分析

乐绍光　陈　艳　周彬彬*

环境是人类生存和发展的基本前提。随着我国社会经济发展，环境问题日益凸显。2013 年底省委省政府作出“五水共治”的战略部署，以“治水”倒逼生态环境建设和经济转型升级。为更好地服务省委省政府重大决策部署，适应我省经济发展新常态，全省检察机关依法加大了对污染环境犯罪的打击力度。最近，我们对 2012 年以来我省检察机关办理的污染环境犯罪的基本情况进行了分析，在坚持问题导向基础上，提出了加大整治污染环境犯罪的初步对策和建议，以期对 2015 年全省“治水”工作、推进“两美浙江”建设有所裨益。

一、我省检察机关办理污染环境犯罪案件的基本情况

2012—2014 年全省检察机关共办理审查逮捕污染环境犯罪案件 634 件 1171 人，批准逮捕 549 件 939 人；共办理审查起诉 823 件 1843 人，提起公诉 638 件 1337 人。从我省情况看，污染环境犯罪案件呈现以下主要特点：

（一）从时间分布看，案件查处量在 2013 年 6 月后增加明显

近年来全省检察机关办理污染环境刑事案件情况分布不均，以 2013 年 6 月为时间节点，之前的污染环境刑事案件查处较少，之后各项数据呈几何数字增长。具体看，2013 年 6 月 19 日前一年半内，全省检察机关仅受理审查逮捕 4 件 22 人、批准逮捕 4 件 13 人；受理审查起诉 6 件 18 人、提起公诉 4 件 16 人。2013 年 6 月 19 日后一年半，查处力度加大，各项数据增长迅猛，受理审查逮捕 630 件 1149 人、批准逮捕 545 件 926 人，受理审查起诉 817 件 1825 人、提起公诉 634 件 1321 人（见表 1）。

---

* 作者单位：浙江省人民检察院。

（表1）

	审查逮捕	批准逮捕	审查起诉	提起公诉
2012年	1件1人	1件1人	5件15人	3件9人
2013年6月19日前	3件21人	3件12人	1件3人	1件7人
2013年6月19日后	99件182人	78件148人	93件210人	40件55人
2014年	531件967人	467件778人	724件1615人	594件1266人

主要原因在于：一是从规范层面看，污染环境罪的入罪门槛有所降低，定罪量刑标准趋向明确。在2011年2月《刑法修正案（八）》公布前，该罪构成要求有“造成重大环境污染事故，致使公私财产遭受重大损失或者人身伤亡的”的严重后果，构罪门槛较高。《刑法修正案（八）》取消了发生实害后果的限定，将结果犯修正为情节犯，降低了犯罪门槛，但由于执行标准不明确，操作性尚待增强；2013年6月最高法和最高检联合下发了《关于办理环境污染刑事案件适用法律若干问题的解释》（下称“新司法解释”），并于6月19日起正式施行，为认定污染环境罪提供了操作性较强的定罪量刑标准及相关规定，这也是2013年6月后相关案件查处大量增加的重要原因。二是从执行层面看，浙江省各级政府、执法、司法机关积极回应当前社会各界对于美好环境的强烈关切，以实际行动依法严惩污染环境违法犯罪，如2013年浙江省检察机关围绕省委推进生态浙江建设的战略部署，明确“以零容忍的态度，重拳出击污染治理，对污染环境犯罪具有较大社会危险性的应予逮捕”；又如2014年围绕“五水共治”的决策部署，浙江省检察机关推出“环保检察”作为当年工作的重中之重，进一步加大惩治污染环境犯罪的力度。

（二）从犯罪主体看，高污染行业无证生产经营者居多

我省是沿海发达省份，经济上的先发优势不少来自于民营经济，这种经济形态在早年的重要表现形式之一就是小作坊式经营。但在社会化大生产背景下，这种生产经营方式在欠缺规模优势的同时，也容易给环境造成严重污染。据统计，仅2014年1月至7月，浙江省检察机关办理的审查逮捕污染环境刑事案件中，未经审批私自设立的小作坊从事非法加工污染环境的案件共228件，占74%。从查处的案件看，高污染行业涉案的比重高，具体可以细分为印染业、电镀业等，这些行业生产流程如电镀、酸洗等环节往往会产生大量的有毒有害物质，若进行无害化处理需要耗费大量成本，这构成部分企业、人员直接排放未经处理污染物的重要原因。从掌握的情况看，印染、电镀行业中犯

污染环境罪的多为没有经过规范审批、没有营业执照的企业，这些企业通过临时租用厂房、以小作坊方式从事高污染性质的加工业务，在不具备任何排污处理设备、对污染物没有任何处理的情况下，直接向外界大量排放含有镍、铬、铜等重金属的废水等污染物，既对环境造成严重污染，更极大损害了人民群众生命健康安全。

另外，有资质处理污染物的企业犯污染环境罪现象也值得警惕，虽然目前发现的不多，但由于这类企业生产规模大，其危害不容小觑。如湖州市工业和医疗废物处置中心有限公司具备处理全市工业和医疗废物处置资质，但为了降低企业运营成本，该公司在 2009 年至 2014 年间多次委托没有处理资质的企业、人员，将库存的 400 余吨有毒工业固体废物和 4000 余吨有毒工业废物偷运至城郊倾倒。

（三）从犯罪方式看，行为隐蔽、逃避监管是其共性

在污染环境刑事案件中，行为隐蔽与逃避监管相生相随、互为诠释，主要表现为：一是直接排放。一些作坊式企业在未经处理直接排放污染物时，通常并非“明火执仗”，而是选择偏僻无人处作为厂址或排污点、或是选择凌晨时段进行排放。如萧山区院办理的张龙等人污染环境案，为逃避监管，张龙等犯罪嫌疑人多选择深夜 1 点至 2 点驾驶载有硫酸水的货车至省道路边或杭州绍兴交界处进行倾倒。二是委托处置。为降低污染物处置成本，生产企业倾向于以支付低廉价格选择委托其他企业、人员进行处置，至于被委托主体是否具备相应处理资质，往往心照不宣，对于是否会给环境造成严重污染，也是听之任之。由于委托处置业务有利可图、利润丰厚，部分地区甚至围绕污染物处理，产生了一批非法倾倒污染物的专门组织，有专门人员联系排污业务、寻找倾倒地点，在生产企业、中介人、具体实施人之间形成了委托、运输、处理污染物的地下产业链。

（四）从犯罪领域看，监管人员职务犯罪往往相伴而生

污染环境罪是贪利型犯罪，行为人实施污染环境犯罪行为起于对经济利润的不当追逐，而监管不力甚至监管缺失则起着助推作用，这背后又隐藏着监管人员职务犯罪。从近年来查处情况看，环保领域职务犯罪案件数量年年攀升。2012 年全省检察机关查处 17 件 21 人；2013 年查处 53 件 61 人，同比上年增长 212% 和 190%；2014 年查处 86 件 91 人。从查处案件看，这类职务犯罪呈现“案发领域集中、窝串案多发”等突出特点，主要表现为：一是环境监管、环境评价和污染治理等重点执法环节成为案发重灾区，据统计，2013 年共查

处这些领域职务犯罪52人，占查处总人数的77.6%；二是环保领域职务犯罪窝串案多发，仅2013年全省检察机关共查处环保领域受贿窝串案38件48人，分别占到当年该领域受贿案件立案总数的74.5%和85.7%，涉案金额2000余万元。

（五）从定罪量刑看，以三年有期徒刑以下刑罚为主

对污染环境类犯罪（不含相关职务犯罪），新司法解释明确以“情节或结果”模式认定犯罪，其中情节犯不要求发生危害环境的实害后果，但只对应污染环境罪“三年以下有期徒刑或者拘役，并处或单处罚金”这一档基准法定刑。从已判决案件看，以情节犯在基准刑内定罪量刑的比例较高，如2014年1月至9月全省一审以污染环境罪判决的608人，绝大多数适用新司法解释第1条第（一）项至第（五）项规定，以污染行为这一情节为依据，在三年有期徒刑以下量刑。这一方面是因为污染环境案件有其特殊性，不仅危害后果显现相对滞后，而且危害行为与危害结果的比例关系难以取证，如不同企业同时排污，难以区分责任比例，但证实被告人有实施污染的行为相对容易；另一方面是目前环境案件的司法鉴定还有待完善，不少危害结果的鉴定费用惊人，如个别案件中公私财产损失鉴定费用高达数十万元，办案机关难以负担，也有碍于深入准确认定危害后果。

二、办理污染环境犯罪案件中发现的问题及原因分析

（一）现行规定不够明确，导致实践执法标准不一

虽然新司法解释对污染环境犯罪提供了操作性较强的定罪量刑标准，但在实际执法办案中仍有不少疑难复杂问题。主要有：

1. 如何界定“处置”行为。《刑法》第338条将污染环境罪界定为“违反国家规定，排放、倾倒或者处置有放射性的废物、含传染病病原体的废物、有毒物质或者其他有害物质，严重污染环境”，从该罪状描述上看，立法者将“处置”与“排放、倾倒”并列。有观点据此认为，处置行为应当是与排放、倾倒行为社会危害性相当的一种行为，具有对有毒有害物质进行抛弃的意思，而不含利用的意思。然而实践中污染环境行为五花八门，比如对装过间二硝基苯的破损编织袋进行大量回收修补利用的行为如何认识，能否归入污染环境罪中“处置”范畴，司法实践尚有争议。

2. 如何理解“乡镇以上集中式饮用水源”。新司法解释将“致使乡镇以上集中式饮用水水源取水中断十二小时以上”作为污染环境罪的定罪标准之

一。关于“集中式饮用水源”，环保部在环办〔2012〕50号文中定义为“进入输水管网送到用户和具有一定供水规模（供水人口一般大于1000人）的饮用水水源”，但司法实践对于如何理解“乡镇以上”意见不一，一种意见认为，“乡镇以上”系饮用水源的供应范围，即涉案饮用水源的供应范围必须达到整个乡镇或至少该乡镇的大部分地区；另一种意见认为，“乡镇以上”系指行政管理层级，即涉案水源由乡镇以上政府统一管理并符合供水人口大于1000人的标准即可，至于该涉案水源是供应整个乡镇还是只供应某几个村与案件没有关系。这种认识分歧直接影响到类似案件的定罪量刑。

3. 如何适用“其他严重污染环境的情形”。新司法解释第一条明确了污染环境罪的定罪标准，其中最后一项为“其他严重污染环境的情形”。如何适用这一项兜底条款意见不一，典型的如焚烧工业垃圾并向空气大量排放氯化氢等气体污染物的行为如何评价。有些工业垃圾本身没有危害，但若以不当方式进行处理就有可能产生较大的毒害性，如橡胶、塑料、金属等自身可能无多大的毒性，但大量焚烧后就会产生超标氯化氢、二噁英等气体污染物，这些污染物一方面对呼吸道、皮肤、眼睛等有强烈刺激作用，另一方面因其易随大气扩散、降解，不属于新司法解释规定的“持久性有机污染物”，难以适用相关规定。对这类行为如何进行刑法评价，能否适用司法解释的兜底性条款“其他严重污染环境的情形”在实践中争议较大，从而影响了司法统一适用。

4. 如何体现宽严相济刑事效果。从查处情况看，全省污染环境刑事案件中共同犯罪情形居多，污染环境罪的共犯认定，不仅是刑法适用问题，同时也关系着宽严相济刑事政策如何把握的问题。如前所述，我省污染环境犯罪中小作坊形式占比高，这些企业多雇用外地务工人员，有些务工人员是临时雇工，对企业主的污染环境行为虽提供了帮助作用，但主观恶性并不深。目前司法实践中在污染环境罪的共犯认定时暴露出不分主次“打包”处理等问题，在正确认定上下游犯罪以及准确体现宽严相济刑事政策等方面还有欠缺。

（二）危害后果认定困难，造成“轻刑”现象较为突出

当前我省打击污染环境犯罪呈现两个较为突出特点：一方面以“零容忍的态度”对待污染环境犯罪，构罪即捕、即诉、即判的现象比较突出①；另一方面，对被告人量刑普遍较低，据统计，从2012年至2014年9月判决被告人

① 从表面看，这类犯罪案件不捕率高于其他案件，但批捕的案件中判处三年以上有期徒刑的很少，可以证实在这类案件办理上，构罪即捕情形突出。同样情形也存在于公诉、审判环节。

三年以上有期徒刑的仅有10人，不到总人数的1%。造成上述问题的主要原因在于：

1. 财产损失数额难以查证。在《刑法修正案（八）》对污染环境罪的罪状修改后，新司法解释在认定犯罪上采取了“情节或结果”择一模式，但在加重情节认定上仍然采用结果犯模式，比如“致使公私财产损失一百万元以上”的，属于后果特别严重，可判三年以上七年以下有期徒刑并处罚金。财产损失数额的主要实践争议有：一是是否包括自身损失，行为人在实施环境污染行为时，也可能给自己造成损害，这类损失是否计入“公私财产损失”司法解释没有规定，实践中也未达成共识；二是是否包括修复费用，环境污染后果严重的表现之一，在于环境难以修复，且修复费用往往远高于目前造成的实际损失。有意见认为，在案件查处时，修复工作常常尚未开展，所需费用系理论上推算，在当前污染环境因果关系难以确定，尤其是在同时犯的情况下，不宜将修复费用计入“公私财产损失”。这也是司法实践回避“公私财产损失后果”而直接以情节犯定罪并判处三年以下有期徒刑的重要原因。

2. 取证方式还有待改进。许多污染环境案件是在政府主导的专项行动中先行发现，因此行政机关的前期取证对案件的最终查处至关重要。但由于行政执法人员证据意识不强或力量相对不足等主客观原因，在执法环节没有及时全面准确收集和固定证据，从而影响了证据的证明效力。如在取证地点上，有的只对污染物进行数据检测，但对污染物是否从实际排污点取得不够重视；又如在取证时间上，对企业加工过程中的中间环节取样检测，但关于工艺环节对污染物的影响认识不全，对最终排放的污染物与中间样本是否差异考虑不够；再如在取证种类上，因实害后果不再影响污染环境罪构成，有的在实践中只专注定罪证据收集，对量刑证据尤其是从重处罚的证据有所忽视。行政执法机关取证不规范导致随案移送的证据材料不符合法定要求，无法在刑事司法中使用，需要司法机关二次取证，不仅造成资源浪费，而且有些证据因灭失而无法补救。

3. 客观条件与办案要求尚有差距。部分案件在案发当时没有对相关损失做出评估，也没有及时采取合理措施防止危害蔓延，主要是受办案时间紧迫和技术力量制约，这导致最终评估的损失比实际要大；还有些案件由于存在多个污染源，在现行条件下对各自责任无法确定具体比例，只能是估值，这虽不影响定罪，但影响量刑。此外，鉴定问题在办理污染环境刑事案件中也比较突出，如各地对“有毒”“有害”鉴定标准和方法不一，影响鉴定意见权威性、科学性；又如鉴定费用过高，客观上对司法鉴定活动起到了抑制作用。

（三）“两法”衔接机制不够健全，影响执法办案效果

1. 信息平台建设相对滞后。行政执法与刑事司法相衔接的信息平台有助于依法追究涉嫌犯罪人员的刑事责任。但从掌握情况看，环境执法机关在行政执法信息报备方面，不及时报备、不按规定报备的情况较为普遍。根据信息平台填报情况，行政执法案件信息的输入量与实际发生量差距较大，输入时间相对滞后、信息量不全等问题较为突出。另外，根据新司法解释规定，两年内因相关污染环境行为受过行政处罚的，又实施类似行为的追究刑事责任，但目前查询行为人相关行政处罚记录的网络共享平台还不健全，这也导致刑罚落空、打击不力现象难以避免。

2. 具体衔接工作尚待加强。随着对污染环境行为的惩处力度加大，近年来环保部门与公安部门、司法部门在衔接工作上进一步加强，如 2014 年省环保厅和省公安厅联合下发了《浙江省涉嫌环境污染犯罪案件移送和线索通报工作程序》和《浙江省涉嫌环境污染违法案件调查取证工作规程》，有力推动了环保领域的“两法”衔接力度。但实践中，具体衔接工作还不够顺畅，主要表现为两个方面：一是证明标准衔接不畅。新司法解释对环境执法机关取证效力作了明确规定，即监测数据等鉴定意见经省级环保部门认可后，可以作为证据使用，但目前省级环保部门对鉴定意见多作形式审查、疏漏难免，实践中已发现经省环保部门认可后依旧不具备证据效力的案例。二是案件流转不顺畅。有的环境执法机关在查办涉嫌犯罪的案件时，未能与公安机关建立有效的沟通联系机制，也未能采取有效保全措施的现象时有发生，突出表现在污染环境案件主要犯罪嫌疑人外逃、在逃现象多发。如台州市检察机关在审查逮捕案件过程中发现，竟有 40% 左右的污染环境案件存在主要犯罪嫌疑人在逃问题。

三、加强环境领域刑事司法保护的对策建议

（一）统一认识，着力解决法律适用疑难问题

污染环境罪于 2011 年经《刑法修正案（八）》作了重大调整，又于 2013 年经新司法解释作了详细规定，短期内再度修订的可能性不大，因此公检法三家首先要对相关法律适用疑难问题达成共识，从而进一步提升环境执法效果，加大环境保护力度。

1. 准确理清定罪内涵。污染环境罪的定罪标准涉及“处置”“私设暗管”“乡镇以上”“其他严重情形”等，这些标准的把握在全省范围内应该一致，以实现“同样情形相同处理”的司法公正。一是处置行为不以具有抛弃意思

为限。刑法的环境污染犯罪体系中包括污染环境罪、非法处置进口的固体废物罪等罪名。从非法处置进口的固体废物罪罪状看，“处置”行为从广义上理解包括“倾倒、堆放、处置”，处置对象既包括不可用作原料的固体废物，也包括可用作原料的固体废物。从刑法体系解释角度出发，在同一犯罪体系中，对“处置”的界定应持相同标准，因此污染环境罪中的处置并不限于抛弃意思，也可以包括利用意思，行为人是否具有抛弃或利用认识，可能影响主观恶性的认定及量刑，但不影响定罪。二是未经批准直接排污可界定为私设暗管行为。私设暗管从字面上看，是指未经批准设置隐蔽管道排放污染物。但实践中有些小作坊采取租用民房或者搭建简易棚形式开展加工业务，在深夜或远离居民区地点随意排放污染物，这种排污方式虽然不是通过私设暗管实现，但危害不容小觑。污染环境罪惩治的是侵害环境法益的行为，集中表现为行为不受相关部门监管，而不在于其行为形态特征，尤其不能从管道等设置的位置是否具有隐蔽性来进行判断。含有毒物质的污水无论是通过未经职能部门审批的隐蔽管道排放，还是利用隐蔽时段或隐蔽地点非法排放，本质上都可纳入“私设暗管”排放范畴。三是“乡镇以上集中式饮用水源”关键要扼住供水规模的户数，而不能仅仅从供应地域范围入手，因此本条款的“乡镇以上”指行政管理层级，这既符合国家机关习惯于从行政管理层级角度对管理对象进行定义的传统，也能更好实现对污染行为的有效惩处。四是正确适用“其他严重情形”的兜底条款。对法律、司法解释的兜底条款，固然不能过多适用，以免因自由裁量权过度扩张而造成兜底条款喧宾夺主，但也不能虚化兜底条款的存在，使其成为摆设性规定，实践中要合理适用兜底条款，从而使法律、司法解释的明确性规定与兜底条款的包容性互为补充，相得益彰。

2. 合理界定财产损失范围。财产损失范围界定与财产损失数额计算息息相关，一般而言，“公私财产损失”包括污染环境行为直接造成财产损毁、减少的实际价值，以及为防止污染扩大、消除污染而采取必要合理措施所采取的费用。在具体认定时，注意把握两点：一是自身损失原则上不计入，但当自身财产作为生态环境一部分时，则应计入损失总额。一方面，采取不计入原则与相关法律、司法解释规定相一致，如故意毁坏财物罪，所针对的是他人财物；又如交通肇事罪，规定无能力赔偿数额在三十万元以上的可以认定为犯罪，也是针对他人损失而言。另一方面，当自身财产损失是指所承包的土地丧失基本功能或遭受永久性破坏，或者是自家林木遭受死亡情形的，就应作为全部损失的一部分，即计入新司法解释第一条第（七）、（八）两项[①]和第三条第（二）、（三）两项[②]范围。因为这些土地或林木损失往往不限于经济价值方面，其本身就是环境的一部分，起到调节气候、保持水土等重要作用，将这些损失列入相应范畴符合污染环境罪入罪门槛降低的立法本意。二是在危害后果可归责于行为人时，修复费用应当计入。当污染行为与危害后果具备因果关系时，行为人就应承担消除污染的责任，“消除污染”理应包括修复环境的费用。当然，如果不能确定污染行为和危害后果间的因果关系，自然不能要求行为人承担后果，修复费用的计算也就无从谈起。这一司法理念也有诸多判例予以支持，如湖南怀化金利公司重大环境污染事故案中，法院在认定金利公司污染行为导致“公私财产损失”时，就明确将“环境治理费用138万元”计入。

3. 依法把握共犯认定。共犯认定与宽严相济刑事政策适用有紧密联系。重点要把握两个方面：一是单位内部的共犯认定。首先是隐名股东。实践中，隐名股东不仅隐去投资事实，有的也确实不参与具体生产经营。对此，要结合其投资份额、投资收益、是否知晓生产经营事实、同案其他犯罪人尤其是主要负责人员的供述等情况综合认定，不能一概而论。如我省查办的一起立案监督案件中，发现房东明知承租人开办非法电镀厂并隐名入股，依法追捕。对于负有查禁污染环境职责的国家工作人员非法入股的，还要认真审查其是否构成相关职务犯罪。其次是生产环节员工。对于这类员工应当以不处罚为原则，因生产污染物并非必然造成污染环境的危害后果，尚需违法排放、倾倒、处置行为作为媒介，[③] 且这类员工仅是为生产污染物提供了一定的便利条件，其与污染环境行为之间的联系相对微弱，认定其构成共犯容易致使处罚范围不当扩大。当然，鉴于污染环境案件的复杂性，若这些员工情节恶劣的，可以认定其构成污染环境罪，具体考量指标有其负责环节在整个生产流程中的重要性、是否直接产生污染物、所获报酬数量、是否具有同类前科等情况。最后是临时雇佣的

---

① 新司法解释第一条第（七）项和第（八）项分别为：“（七）致使基本农田、防护林地、特种用途林地五亩以上，其他农用地十亩以上，其他土地二十亩以上基本功能丧失或者遭受永久性破坏的；（八）致使森林或者其他林木死亡五十立方米以上，或者幼树死亡二千五百株以上的”。

② 新司法解释第三条第（二）项和第（三）项分别为：“（二）致使基本农田、防护林地、特种用途林地十五亩以上，其他农用地三十亩以上，其他土地六十亩以上基本功能丧失或者遭受永久性破坏的；（三）致使森林或者其他林木死亡一百五十立方米以上，或者幼树死亡七千五百株以上的”。

③ 若工作人员既实施了生产污染物行为，又同时实施排放、倾倒及处置行为，可以直接以“其他直接责任人员”认定为污染环境罪。

务工人员。对这类人员要结合其工种、从业时间、从业地点、工作报酬等确认其主观上是否明知，若有证据证实其具有同类前科的，可以作为认定主观故意的依据；在确认主观故意基础上，要查清其在共同犯罪中的地位和作用，如是否积极组织排放、倾倒、处置活动，并领取高额工资的；或根据排放、倾倒、处置有毒、有害物质的数量进行分成的；或参与组织货源、客源，并收取回扣、手续费等，具有以上情节之一的，可认定构成污染环境罪。二是上下游犯罪的共犯认定。从我省来看，委托没有资质的单位或个人处理污染物的情况较多，委托人对被委托人是否具有资质往往心照不宣，对其是否污染环境持放任的心态。从新司法解释的精神看，无论经过多少层委托，只要行为人主观上具有污染环境的意图，委托人与被委托人依法都构成污染环境罪，且委托人系犯意的提起者，被委托人系污染环境行为的实行者，可依法不区分主从犯进行定罪量刑。值得重视的是，具有污染物处置资质的企业，在收取部分单位、个人的管理费用后，允许其挂靠使用其名义对外承揽业务的现象逐渐增多。我们认为，当这些企业明知挂靠企业及个人不具有处置污染物能力和相关设备，却出于逐利目的，没有履行必要的管理职能，对污染行为听之任之，从而导致严重污染环境的，依法构成污染环境罪。

（二）强化程序，进一步加大调查取证力度

调查取证困难是办理污染环境罪的现实难题，也是这类犯罪在惩治力度上“轻刑化”的重要原因之一。因此，要进一步加大取证力度，规范取证行为，尤其是抓好行政执法环节的取证行为，从深层次解决惩治污染环境犯罪“严而不厉”的困局。

1. 规范取证行为，确保行政执法环节证据的有效性。实践中有证据材料因行政机关的取证行为不规范而被依法排除，一定程度上削弱了执法效果。如金陈庚污染环境案中，因为环保执法部门采样时间不当，又没有预留样本供查，导致关键证据存疑，依法不捕。因此要严格执行《浙江省涉嫌环境污染违法案件调查取证工作规程》等有关规定，重点规范：一是取证主体。必须由两名以上执法机关工作人员进行取证，若是现场采样检测的，还需要由具有采样资质的工作人员完成。二是取证地点。既要在实际排污点进行取证，同时为明确污染物与生产环节的联系，也要注意在工艺产污环节进行取证。三是取证程序。进行现场勘验时，尽量邀请无利害关系的第三人作为见证人，并及时制作见证人笔录和勘验笔录，确保检材与污染源的联系具备真实性与合法性。四是检验（监测）报告。制作报告时，应当列明毒物、废物、有害物质的具体种属，并就检材中是否含有“有毒物质”“危险废物”“一般污染物”等做

出结论性论断；对于列入《国家危险废物名录》《医疗废物分类目录》的废物，可以由执法部门直接认定；对于县级以上环保部门及其所属检测机构出具的检测数据，应及时报省级以上环保部门认可。五是在认定“公私财产损失”时，应当制作“环境污染损害（鉴定）评估报告”，具体列明应当计入损失的具体项目。

2. 加大取证力度，确保污染环境行为依法受到严惩。污染环境罪是以“情节或结果”模式认定犯罪，要改变目前重视犯罪行为取证、却忽视犯罪后果取证的现状，既要对定罪事实全面取证，也要对量刑证据尤其是公私财产损失证据的全面收集，从而让后果特别严重的污染环境行为依法得到严惩。此外，针对当前鉴定费用过高等问题，一方面要从源头上解决，争取将该项经费列入专项政法经费预算中予以保障；另一方面要在暂时无法解决经费的情况下，依照罪刑法定原则寻找其他条款进行定罪处罚，如个别案件倾倒大量废物造成环境污染的，虽然无力对其所造成的公私财产损失进行鉴定，若其倾倒情节已经符合“倾倒危险废物三吨以上”这一入罪标准的，可以依法认定为污染环境罪的基本犯。

（三）健全机制，完善行政执法与刑事司法相衔接机制

1. 全面及时共享执法信息。执法信息共享有利于从深层次上规范环境执法行为，从源头上增强惩治污染环境犯罪的成效。目前重点要抓好两项工作：一方面，环保部门要紧密依托现有的“两法衔接”平台，确保录入信息的真实性、全面性、时效性。在发现涉嫌犯罪线索时，应当及时移送司法机关。另一方面，公安机关也应当及时向环保部门通报案件查处情况，提供涉案人员是否具有同类前科等信息查询便利等，从相互配合、相互制约的角度确保对涉嫌违法犯罪案件的有效查处。

2. 做好涉案证据固定、人员控制等工作。环保部门在行政执法过程中发现可能涉嫌犯罪或者存在逃匿、毁灭证据等情形的，可商请公安机关提前介入固定相关证据，必要时也可邀请检察机关引导证据收集；公安机关要加大追捕力度，积极采取有效措施查清在逃人员身份，督促或及时抓捕归案；检察机关要加强在逃人员涉案情况审查，综合运用立案监督、侦查监督、引导侦查等方式强化打击效果。

（四）多措并举，进一步加强环保领域检察监督

1. 探索推广环保领域公益诉讼。党的十八届四中全会通过的《中共中央关于全面推进依法治国若干重大问题的决定》明确指出，探索建立检察机关

提起公益诉讼制度。从历史沿革看，我省公益诉讼开展早、底子厚、成效好，今后可在立足我省先发优势的基础上，进一步探索生态环境领域公益诉讼探索力度，着力构建生态环境刑事、行政、民事三位一体的保护模式。

2. 积极推进环保领域惩防并举。在依法运用刑事手段打击污染环境犯罪的同时，要坚持系统治理、综合治理和源头治理。环保领域职务犯罪既要依法严厉打击，更加注重源头预防，积极围绕生态环境建设重大工程项目和政府投资生态项目建设开展专项预防，在招投标、工程验收和决算等关键环节开展同步监督，综合运用案件查办、检察建议、纠正违法等多种方式对环保领域犯罪等进行检察监督。

3. 进一步加强人才队伍建设。一方面有效整合检察机关内部资源，通过上级院备案审查等方式，加强对下督促指导，建立上下一体的人才机制，形成“传帮带”的良好氛围。另一方面，加强队伍专业化建设，通过岗位培训、学习交流等提升案件办理能力，有条件的检察院可以建立污染环境犯罪案件办案组，在培养专门人才同时，也确保污染环境刑事案件的办理质量和办理效果。

（五）严格执法，着力营造公平竞争的市场环境

政府监管不严是导致环境污染问题的重要原因。历数近年来重大环保事件，可以发现很多事件背后都存在政府不作为或乱作为问题。因此，加强环境监管执法，坚决纠正部分地方监管执法不到位问题，不仅能够推进环境质量改善，也有助于营造公平竞争的市场环境。

1. 坚持执法全覆盖。坚持网格化管理，以行政区划等标准将管辖地域划分为若干网格状单元，将日常监管基本任务和职责确定到具体单位、人员，确保形成“定责、履责、问责”工作机制，着力实现执法全覆盖、监管无盲点。这不仅有利于动态掌握污染源底数，为重点解决主要环境敏感区域、风险隐患点及群众关注的重点环境问题奠定基础；也有助于近距离联系群众，充分发挥公众参与解决环境问题的重要作用，有效惩防污染环境违法行为。

2. 坚持综合性整治。污染环境问题的产生原因是多方面的，在坚持“零容忍”执法的同时，要有针对性地采取多种措施增强执法成效。一方面，要积极运用限产限排、停产整治、停业关闭、行政拘留、查封扣押等行政手段，严厉惩治污染环境违法行为；探索实行“黑名单”制度，限制部分严重污染企业规模扩张和部分市场准入。另一方面，要积极引导和支持各类社会主体自我约束、自我管理，不仅要落实各项环境保护职责具体到单位、个人，更要从畅通联系渠道、积极提供必要的法律帮助、政策指导与技术服务的方式强化支持力度。

3. 坚持信息公开。“阳光是最好的反腐剂”，在环境执法领域坚持信息公开无疑具有重要意义。一是坚持执法信息公开。落实制度上墙制度，公开发布执法检查依据、内容、标准、程序、结果；定期公布区域环境质量状况，有群众举报投诉的，还需要公布受理处理情况；执法中注重统计分析，全面汇总违法违规单位名单并适时进行发布。二是探索建立重点排污单位环境信息强制公开制度，要求重点排污单位如实向社会发布其主要污染物的名称、排放方式、排放浓度、排污总量、危害作用以及防治污染设施的建设和运行等情况。积极引导社会公众参与监督企业排污行为，一经受理超标排放举报或发现超标排放问题，要及时有效进行查处。三是扩大社会参与面，鼓励民众积极参与环保工作，注重邀请社会各界热心人士及专业人员，在严格选任标准、强化日常管理的前提下，选任他们为观察员，授权他们以环保观察员身份对环境执法进行监督。

当前“大物流”领域犯罪的调查分析

滕灵辉[*]　彭　中　范文中　魏　干[**]

物流业是融合运输、仓储、货代、信息等产业的复合型服务业，是支撑国民经济发展的基础性、战略性产业。作为被誉为“新丝绸之路”起点的义乌，物流业是助推其经贸发展、壮大、繁荣，乃至创出国际知名品牌的支柱性产业。经过多年发展，义乌物流产业已逐渐形成独具特色的规模化、便利化、集聚化、效率化和纵深化区域竞争优势，但目前在国内、国际物流等环节衍生出一些违法犯罪现象，亟须引起重视。近期，我们对义乌市检察院 2012 年至 2014 年办理的物流领域犯罪情况进行了调研，分析当前该领域违法犯罪问题情况，有针对性地提出了对策建议，以期为助力打造“一带一路”战略支点营造更加便捷、高效的“大物流”环境。

一、当前“大物流”领域违法犯罪的基本情况

“大物流”是现代物流的一次革新，之所以“大”在于两个向度：一是横向上，“大物流”不仅囊括了生产、加工、包装、运输、仓储、装卸等商品流通环节，而且与“大数据”“云计算”“物联网”等现代信息技术广为联结，形成一个智慧型物流生态链；二是纵向上，“大物流”所涉服务项目，不仅包括各商品流通环节的“直接服务”，而且包括执法司法监督、信息共享系统、社会征信体系等现代社会保障事业的“间接服务”，体现了物流领域更高质量与效能的服务。

据统计，2012 年至 2014 年 12 月，义乌市检察院共办理“大物流”领域犯罪案件 257 件 415 人，其中国内物流领域 68 件 119 人，国际物流领域 189 件 296 人。具体包括合同诈骗案 97 件 153 人，侵犯知识产权案 68 件 109 人（包括假冒注册商标案 32 件 61 人、销售假冒注册商标的商品案 23 件 31 人、

---

* 作者单位：浙江省人民检察院。

** 作者单位：浙江省义乌市人民检察院。

销售非法制造的注册商标标识案13件17人)，职务侵占案27件42人，非法制造、买卖、运输、邮寄、储存枪支弹药案21件37人，买卖国家机关公文、证件、印章案11件15人，其他33件59人（包括非国家工作人员受贿案，非法经营案，走私、贩卖、运输、制造毒品案，生产、销售伪劣产品案，生产、销售假药案等多个罪名)。主要呈现以下特点：

（一）国内快递物流领域①

1. 利用快递物流收寄验视制度缺失频繁作案。根据规定，经营快递业务的企业应建立并严格执行收寄验视制度。为揽取客源，部分快递企业及其业务员不对运送物品进行当场验视，给不法分子运送枪支弹药、管制刀具、毒品等违禁危险物品犯罪以可乘之机。2013年6月至2014年12月，义乌市检察院办理通过快递物流方式走私、非法买卖、运输、邮寄、储存枪支弹药、管制刀具案达17件39人。由于隐蔽性强，快递物流已日渐成为枪支弹药、爆炸物等违禁危险物品的输送渠道之一。

2. 利用快递物流“人货分离”特点隐身作案。犯罪分子通过提供虚假物品名称、地址和姓名，或者填写临时使用的身份和虚构的公司名称，或者不定期地更换收货地址和个人手机号，给公安机关发现线索和侦查取证带来极大困难。如犯罪嫌疑人肖某通过淘宝网向“工艺兔”“季候疯”等人订购“骚本气枪”“秃鹰气枪”零部件并快递运送，公安机关的追查深挖行动因无法获得更多案件信息而被迫中断。

3. 利用快递物流监管漏洞跨域（国境）作案。由于快递物流业监管部门权责不明晰，监管手段传统，监管力度不大，加之快递物流具有流转迅速、收发简便的特点，极易被犯罪分子利用从事跨地域（国境）运送违禁危险物品。一些毒品犯罪分子不再利用人体藏毒等传统方式，而是通过遍布全国的快递物流“包办”，大大降低了毒品犯罪运输环节的犯罪成本。一些犯罪分子还利用快递物流漏洞跨国运送违禁危险物品，如2014年杨某等16人利用国内快递物流企图大肆将假药出关销往境外，共被执法部门查获各类假药38种70余吨，犯罪链跨省、跨国，涉案产品数量之多、生产规模之大堪称近年全国涉假药案件之最，曾被李克强总理等多位中央领导批示。

① 目前国内物流主体（产业组织）主要包括快递和联托运两种。近年来，随着国内联托运和快递行业的发展壮大，两者之间出现相互融合的趋势。本文主要讨论快递物流相关问题，联托运行业的特点及问题也蕴含在快递物流的讨论中。

（二）国际贸易物流领域

1. 外贸代理环节：业务员操纵交易或协助外商侵权犯罪。在义乌外贸市场，经营户同质竞争激烈，外贸公司业务员帮助外商采购货物挑选自由度大，这为一些业务员违法犯罪提供了空间。一是外贸翻译人员违法索取、收受经营户回扣。翻译人员在受外商委托代其采购货物过程中，向市场经营户索取、收受回扣，这已成了外贸市场的“潜规则”。如2012年义乌某外贸公司翻译人员丁某，在代理巴西客商订货过程中，以“账外账”的形式索取经营户回扣3万余元。二是外贸业务员协助外商侵权犯罪。一些外贸业务员受外商委托，在陪同采购、拟定合同、验收货物、代理出口过程中无视法律规定，向市场经营户订购侵权产品并代其签订协议，甚至帮助其逃避商检。如2013年外贸业务员胡某在明知的情况下代理叙利亚外商向市场经营户订购假冒BRAUN牌小家电8835件（价值人民币38万余元），并设法帮助其顺利通关出口。

2. 货运代理环节：不法分子变换手法骗取运费、保证金。一是利用劣质货物骗取保证金或定（订）金。有些不法分子编造虚假身份订购价值低微的“垃圾柜”，虚报货物价格后与物流企业签订运输合同，骗取高额保证金后逃匿。如犯罪嫌疑人徐某等人低价向金华市乐华服饰公司订购6585件棉服，并以虚报数倍的高价委托义乌市龙涛国际货运代理公司将该批货物运至俄罗斯，骗得龙涛公司75.6万元保证金后逃匿。有些不法分子成立虚假货代公司，先少量试做取得加工者信任，后以拿货加工需支付定金为由收取加工者定金后逃匿。如2013年犯罪嫌疑人王某等人用假身份证注册成立义乌凯纳嘉进出口公司，先无偿为加工者提供少量劣质半成品试做，后以拿货加工需加工者先支付一定定金为由，骗得周某等十余人14万余元定金后逃匿。二是虚构个人身份骗取委托方运费或货物。一种情况是成立“空壳”货代公司骗取委托方运费，表现为“空壳”货代公司利用公司法人身份和国际货运代理“运费月结”、“循环押单”物流结算方式的时间差漏洞，在取得委托方信任后，以“低价揽货、高价出货”方式骗取委托方运费。另一种情况是虚构个人身份居间骗取货物，一些货代公司业务员离职后，继续以“业务员”身份开展业务，在控制货物后非法据为己有。如被告人黄某从北京明邦运通国际运输服务公司义乌分公司离职后，利用该公司业务员身份，将受害方发往危地马拉的12箱中的11箱货物非法占为己有。据统计，2012年1月至2014年12月，义乌国际货代领域发生合同诈骗案97件153人，涉案金额达1.3亿余元，累计受骗市场经营户600余人，受骗国际货代公司23家。

3. 检验检疫环节：“特报”“飞单”等形式的逃避商检屡禁不止。一是出口通关中“特报”引发逃避商检行为。不少商家因货物属于《出入境检验检疫实施检验检疫进出口商品目录》中须检验检疫合格才能通关的商品（以下简称法检商品），在明知货物不符合通关条件无法报关出口的情况下，委托外贸公司或报关行，在货物报关时采用伪报品名和编码，将法检商品报成非法检商品，通过“混搭”形式规避商检。情节严重的，涉嫌逃避商检或走私等犯罪。如 2009 年 7 月至 2012 年 3 月，义乌籍被告人吕某以“特报”形式为 160 余家企业非法报关 19000 余次，涉嫌逃避商检的货值高达 10 亿元，非法获利 2800 余万元。二是变造、伪造出口商品检验检疫证引发逃避商检行为。一些不法出口商采取挂单出口（将产品质量低、难以取得某类产品出口资质的企业挂靠在产品质量高的该类企业名下）、套单出口（将出口风险高的产品套用出口风险低的产品名义）、买单出口（购买某类产品检验检疫合格证）、冒单出口（伪造、冒充出口国法检目录外而进口国法检目录内商品的检验检疫合格证）等形式，非法获取检验检疫证，逃避检验检疫及口岸查验。如 2012 年宁波海世国际物流公司义乌业务部经理叶某，利用木制品玩具在我国属非法检商品无须检验检疫证明，伪造商品熏蒸等相关合格证书，将所采购的未经熏蒸的木制品玩具作为熏蒸商品出口至澳大利亚等须检验检疫的国家。

4. 报关通关环节：买卖报关单、套取补贴现象时有发生。一是报关行非法买卖、伪造报关单帮助他人结汇。一些不法报关行在报关时把出口目的国伪报成某些等正受国际社会制裁的国家，完成报关后将该报关单高价转售给该国有结汇需求的公司或个人。更有甚者，还伪造报关单在“黑市”大肆买卖牟取暴利。如 2013 年义乌久华报关行法定代表人叶某，不但把出口国为其他国的报关单改为某国报关，而且向凯云等 13 家报关行大量收购伪报的报关单销售给该国客商，涉案出售 5000 余票伪报的报关单，帮助结汇 2.5 亿美元，非法获利高达 575 万余元。二是报关行利用政策漏洞抽头政府外贸抬头补贴。2012 年以来，义乌市政府规定外贸公司每出口 1 美元货物即可领取人民币 0.08 元补贴。一些不法报关行为牟取暴利，利用行业垄断地位，与部分外贸公司相勾结，一段时期集中使用某一家外贸公司的抬头报关，并从中抽取 1/3 - 2/3 的暴利，报关查验率上升后弃用并启用另一家公司抬头，该行为背离了政府鼓励出口的政策初衷，扰乱了政策应有的导向作用。

二、“大物流”领域违法犯罪案件频发的原因分析

据分析，义乌市“大物流”领域违法犯罪案件频仍发生，主要原因如下：

（一）物流行业运营模式存在缺陷

1. 收寄方式和转委托程序欠规范，使得物流行业运营暗藏风险。在国内快递物流方面，一是未实行强制实名登记制。快递员在收寄快件时，无须寄件人出示身份证，导致寄件人可轻易利用他人名义或者虚假身份办理托运，一旦货物寄出或者被领取，寄件或收件人就无法被有效追踪。二是未执行严格的开箱验视制。快递员对托运货物审查不严，尤其对寄件人已经包装好的托运货物，往往以其自报内容为准，导致大量违法违禁品进入流转。在国际贸易物流方面，货代转委托程序不完善增加了外贸风险。“外商→外贸、货代兼营者→一级货代→船务公司”组成最基本的代理转委托链条，由于各转委托链条大多依靠信誉维系，一些外贸企业为增强竞争力，放弃对委托合同的严格审查，缺乏规范的交接手续，并长期为委托人垫付运费，从而积累了大量运营风险。

2. “经纪人式”外贸物流方式，致使贸易全程过度依赖业务员。在国际通用外贸贸易模式下，外贸公司向本国生产商采购货物，然后接受境外商家的订货，由外商自行联系或者委托其他货代公司代理报关、海运等相关事宜。但义乌外贸市场是颇具特色的“居间中介型”外贸模式，为招揽更多客户，外贸公司、货代公司等物流企业基本实行“经纪人式”服务，由外贸业务员全程负责联系外商、询价定价、代收代付等业务，外商和市场经营户都只与业务员接触。由此，外贸业务员掌握货源和客户群两大资源，成为沟通外商和市场经营户的关键一环，这种关键性地位使得他们极有机会为谋取私利而操纵交易甚至参与犯罪。

3. 国际物流结算方式的时间差漏洞，给不法分子提供作案空间。受国际贸易结算时间差影响，义乌市场形成了“循环押单”“运费月结”的国际物流结算方式，即由客商先支付少量定金，然后经营户发货，待外商将货物通过货代公司运到国外、外国客户将货款支付给外商后，外商再把相应款项支付给市场经营户和货代公司。如此以来，中间货代商便可在未支付任何费用的情况下，只要保证有正常货柜循环在上家（货代公司）出柜，就可以无偿地收到上家交付的提单，也便可以凭借提单向下家（客户）收取现金，这就给诈骗分子带来可乘之机。

4. “拼单”“拼箱”报关方式，为不法报关行“抽头”政府外贸补贴留有余地。一般大宗外贸交易中，一个集装箱内货物品类单一，且大多由同一外贸公司报关，报关单上所填报的申报企业抬头与实际出口公司也应一致。但义乌市场的小商品外贸出口与一般外贸出口有所不同，其货品杂、交易散、单个企业出口量小，故外贸公司订舱时必须进行“拼单”“拼箱”操作，填写报关单抬头企业时，只能从“拼箱”的多家外贸公司中选取一家填写，这客观上导致抬头企业与实际出口企业不尽一致，为报关行非法操作报关“抬头”、抽头政府补贴创造了条件。

（二）职能部门监管困难且协作机制不健全

1. 国内快递物流行业监管机构设置不完善。交通局、市场监管局等执法部门对快递物流行业具有部分监管权，但容易因多头执法出现监管“盲区”，且以行政处罚为主，配套整改措施没有跟进，不能从根本上制止快递领域的违法行为。物流办作为常设临时性机构，主要以议事协调和政策制定为主，并不直接具有行政执法权，对物流业违法行为震慑作用有限。邮政管理局虽具有快递物流监管权，但一般仅地级市以上邮政管理局才有监管权限，大多县（市、区）级没有专设快递物流监管部门，业务量最大的基层营业点恰恰是监管最薄弱的环节。

2. 国际贸易物流行业监管机构的查验方式缺乏精准性。义乌的小商品出口具有种类杂、成交散、利润薄、单个企业出口量少等特点，如果海关按照常规查验方式对所有货物逐一查验，将严重影响出口通关效率。为提高效率，海关对货物的查验以抽查为主，以书面审查为主，导致查验的力度有所降低。如在报关单审核方面，海关查验对商品内容、经营单位、出口国、指运港等常规项目的审核均有所放松，致使一些不法分子产生“冲关”的心理。如吕某逃避商检案涉及的19000多批“特报”业务中，抽查比例仅3%，即使“特报”行为被查获，也仅以货物品名不符对进出口公司处以1000－5000元不等的罚款，处罚结束后，报关行仍可以对货物改头换面再次“冲关”。

3. 相关职能部门间的协作配合机制不健全。一是物流监管部门与司法部门的协作范围狭窄。近年来，检察机关已尝试与物流办、海关等物流监管部门建立物流案件协作办理机制和信息互通机制，但多限于具体办案部门和个案，在物流犯罪的打击中难以充分形成合力。如海关在对出口货物查验时，经常会发现一些报关价值与实际价值严重不符的“垃圾柜”，但很少将该类信息及时反馈给地方公安、检察机关。二是职能部门间的“大物流”信息不共享，各自处于“孤岛”状态。如物流办享有物流企业的基础信息，交通局拥有最全面的行业经营数据，税务局拥有物流纳税单位及个人缴税记录等，由于各部门只掌握各自系统的数据信息，无法形成整体的信用评价。

（三）物流企业自身发展遭遇瓶颈

1. 企业生态“低小散”，服务盈利模式单一化。依托义乌市场巨大的规模化优势，义乌聚集了国内外近2500家物流企业，虽然其中不乏国内知名快递企业和全球快递巨头企业，但总体仍呈现“低小散”状态。据统计，65.9%的企业职工不足10人，62.1%的企业拥有路线仅1条，57.1%的企业自有车量不到5辆，近400家物流运输企业年交易总额最高的也不到1亿元。且义乌物流企业长期停留在“代办运输”的中间角色，服务范围仅限于订货、委托运输、转运订舱等简单项目，不具备独立的增值服务能力和技术，收入以运费差价和订舱佣金为主。随着行业竞争日益加剧，传统物流企业将受到来自国内外大型知名物流企业的横向冲击和船务公司、大型外贸企业拓展上下游服务的纵向挤压，生存空间不断被蚕食。

2. 从业人员素质参差不齐，企业人力资源管理不善。当前大多物流企业没有健全的人事管理制度，企业入职门槛较低，许多企业职工在知识结构和能力层次上得不到及时更新。如在快递方面，从业者大多为从劳务市场招募的民工，文化程度和法律意识较低，无资质人员违规上岗、驾驶员兼押运员等现象大量存在，缺乏必要的岗前培训和职业道德教育，导致有些人员走上犯罪道路。一些知名物流企业为了形成规模效应，采用派设、加盟等多种形式大幅增设办事网点，但却疏于对网点及其工作人员的规范化管理，影响了整个品牌的服务和管理能力提升。

（四）物流领域法律规范亟待完善

当前的立法缺乏系统性和前瞻性。除《海牙规则》《汉堡规则》等国际公约、国际惯例和国际标准外，我国调整物流领域的法律规范有三类：一是涉及物流领域管理的法律，如《海商法》《铁路法》等；二是涉及物流领域管理的行政法规，如《航道管理条例》《中国民用航空货物国内运输规则》《港口货物作业规则》等；三是调整物流争议的法律规范，如《仲裁法》《海事诉讼特别程序法》等。由于物流广泛涉及运输、仓储、包装、配送、搬运、流通和信息等各个方面，相关调整规范散见于各种法规和规章中，缺乏系统性和相互衔接，难以整合各环节、各功能之间的关系，而且立法层次低，规范性不强，一定程度上限制了实践中的适用。随着经济全球化的发展，物流产业也越来越受到来自国际的影响，原有的一些物流法规已经不能适应新形势下的物流产业发展要求，亟须与世界接轨。如在新兴的国际电子商务领域，相关物流立法对网络物流信息集散、网络市场行为性质等规定就比较匮乏，甚至没有相关规范，以致电子商务物流乱象丛生。

三、治理“大物流”领域违法犯罪问题的建议

（一）推动物流行业运营模式优化升级

1. 建立快递实名登记制并严格货物收寄验视制。一是建立快递行业实名登记制度。快递公司在承接业务时，业务员有权要求发件人提供个人真实身份信息和物品详细情况，否则可以拒绝承接业务。二是严格执行快递收寄验视制度。该制度在部门规章和行业规范中早有规定①，但实践中并未落实到位。据悉，经过义乌市检察院的积极推动和义乌市委市政府的努力，义乌市邮政管理局已着手组织快递企业对特定网点、特定客户、特定区域、特定时间段进行实名登记，如在电商集聚的网点，要求快递公司对发往少数敏感地区的快件一律实行实名登记。

2. 规范物流企业的运营机制。一是完善“循环押单”“运费月结”的传统物流结算方式。建议借鉴上海、广州等地实行的“现金结算”方式，在可控范围内改善现有赊账经营方式，不断引导外贸公司和货代企业创新结算模式，最大限度减少时间差，降低外贸交易中的运营风险。二是增强物流企业合同意识。国际物流纠纷大多源于合同约定不明或者未约定，需事先尽可能地以具体的合同条款明确各方权利义务，并对出口货物的价格、质量及异议条件、违约责任、相关费用承担等条款做出详细约定。三是增强物流企业证据意识。在合同履行过程中，物流企业应当兼顾交易效率与交易安全，及时保存涉及交易的往来信函、电子邮件及手机短信、网络聊天记录，对重大事项应采取合同、备忘录等书面形式加以固定。

3. 推动小商品贸易方式转型升级。一是推动小商品产业贸易链升级。深化品牌化、标准化战略，提升小商品的产品附加值和新产品研发能力，推动“小商品义乌造”向“小商品义乌创”转变；搭建“数字市场”“在线中国小商品城”及实体市场会展平台等多样营销方式，提升小商品市场整体竞争力和终端市场控制力；开发“国际—国内物流信息服务系统”，整合船运公司、货代公司、物流企业、出口企业的物流信息，提升物流运输工具的使用率，有

---

① 例如2007年的《快递服务》规定：“快递服务人员应询问和验视内件的性质和种类。若是法律、法规规定禁寄物，应拒收并向寄件人说明原因。”2009年的《邮政法》规定：“邮政企业应当依法建立并执行邮件收寄验视制度。”2012年的《快递服务》要求：“客户寄件时出示身份证，快递员须开包检查、核实，客户拒绝查验的可不予收寄。”2013年的《快递市场管理办法》规定：“经营快递业务的企业应当建立并严格执行收寄验视制度，加强生产安全和应急管理。”

效节省物流成本。二是推进“旅游购物”贸易方式向“市场采购”贸易方式转变①。“市场采购”贸易方式有效简化了出口商品增值税征退管理方式，提高了出口商品通关率，通过先期的市场管理，从源头上遏制了“飞单”、逃避商检等行为的发生。

（二）强化物流主管部门的监管效应和协作机制

1. 明确国内快递物流县（区）级监管部门。2012年《国务院办公厅关于完善省级以下邮政监管体制的通知》（国办发〔2012〕6号）中规定：“县一级原则上不单独设置邮政监管机构，一些业务集中、情况特殊的地方，可依托县级交通运输部门承担有关监管工作，或由上级邮政管理部门设置派出机构履行监管职责，具体形式由上级邮政管理部门与地方人民政府协商确定。”义乌快递发展情况符合上述规定的“一些业务集中、情况特殊的地方”情形②，经过多方努力，2014年6月全国首个县级邮政管理机构在义乌正式挂牌成立，全面负责快递行业的监管工作。在县一级设立邮政管理局的做法在我国尚不普遍，需要尽快在符合相应条件的县（区）级设立邮政管理局，明确快递物流监管机构，在市级邮政管理部门未在县（区）级设置派出机构履行快递物流监管职责前，县（区）级交通局、物流办应承担起快递行业的监管职责。

2. 加强国际物流各环节管理部门的检查监督力度。一是市场监管部门应适当设置物流企业的准入门槛。严格落实法律法规关于物流企业设立在资质获取、设施设备方面的具体要求，确保其履约能力和风险承担能力。对以出借公章、账户、空白单证等方式允许不具相应资质的单位或个人挂靠经营，从中收取管理费牟利的货代企业，应加大查处和打击力度，净化物流企业注册环境。二是进一步加强对进出口商品的检验检疫和监管力度。海关、出入境检验检疫

---

① 市场采购贸易方式，指在经认定的市场集聚区采购商品，由符合条件的经营者在采购地办理出口通关手续的贸易方式。义乌市市场集聚区范围为义乌国际小商品城，义乌市区各专业市场和专业街。2011年3月，国务院同意在义乌市开展国际贸易综合改革试点，要求在国际贸易重点领域和关键环节深化改革、先行先试。之后，八部委联合出台《商务部、国家发展改革委、财政部、海关总署、国家税务总局、国家工商总局、国家质检总局、外汇局关于同意在浙江省义乌市试行市场采购贸易方式的函》，同意自2013年4月在义乌试行市场采购贸易方式。

② 据统计，最近几年义乌快递物流发展速度惊人，每年都以30%左右的增长率增长，以2014年为例，义乌国内快递日处理量高达60万件/天，超过全国绝大多数省会城市的日均量，甚至高于辽宁省全省的日均快递处理量；国际快件日处理量约25万件/天，仅次于北京、上海、广州三座城市，全国排名第四。

等机构应在坚持“内紧外松”的原则下，通过采取加强规范申报管理、加大风险分析力度、鼓励举报违禁品出口等措施，加大对报关单证及进出口许可证、监管证件的审核力度，充分发挥大型集装箱检查设备等高科技设备的作用，强化对进出口商品的日常监管；对手续齐全的进出口小商品，在监管到位的前提下，安排专人专岗快速办理通关手续。

3. 加强监管部门协作配合，增强打击合力。一是推进“大物流”领域的“两法衔接”。一方面，强化物流案件的线索移送。包括主管部门查处物流领域行政违法案时向司法机关移送犯罪线索，以及公检法内部发现涉嫌物流领域犯罪，应及时向公安、检察机关移送。另一方面，强化司法部门的协作配合。监管部门前期查处的物流案件，需要司法机关提前介入的，司法机关应积极配合；检察机关应联合公安机关构建物流职务犯罪“防火墙”，及时开展惩防工作。二是加强职能部门的执法协作和信息共享。应当建立“大物流”征信系统。该征信系统不仅要采集本地区快递、外贸、货代企业信息，还应采集包括外地/外国物流企业信息，尤其要保留违法犯罪记录及其他诚信记录等。应当建立违法信息共享机制。如海关在查获“特报”行为后，应及时将案件信息提供给检验检疫机构，检验检疫机构可以关注所涉及货物的报检情况，避免违规报关行的二次“冲关”，也可以依照检验检疫法律法规，对违规报关行实施商品货值5% - 20%的罚款，在不违反“一事不二罚”的前提下增加企业违法成本。

（三）加快促进物流企业自身转型发展

1. 实现物流业务与组织的整合提升。一是要加强物流业务信息整合。主要是将仓储、分拣等出入库管理和运输等环节与运输代理相衔接，使之能够共享物流信息。在物流服务环节，亟须超越简单货运代理，向制造、销售等上下游领域延伸，推进物流产业与其他产业的相互融合、协同发展，从而整合形成社会化大分工的“大物流”体系。二是要实现国际物流组织整合。在大力加强物流基础设施建设，推进国际与国内物流“无缝对接”的基础上，引进一批国际物流企业，通过标杆企业的成功典范，在物流上游环节引导物流仓储设施的信息化和标准化管理，并加强物流下游环节如运输、运输代理的标准化和规范化，形成具有全球采购、全球配送能力的供应链服务商。

2. 推进物流企业网络化、信息化发展。一是针对国内外市场需求建立物流企业网络平台。加强移动互联、物联网、云计算、大数据等先进信息技术在物流领域的应用，加快企业物流信息系统建设，发挥核心物流企业的整合能力，打通物流信息链，实现物流信息的全程可追踪。尤其要开发海外网络，在保证CIF出口预付货源的同时争当FOB下国外买方的指定货运代理人①，拓宽货源结构。二是加快实现货运场站管理电子化和货运交易网络化。利用互联网进行信息收集、存储，对物流过程各环节进行有效的计划、控制、协调和管理。要尽快启动物流公共信息平台建设，构建以物流公共服务平台为基础，与国内各物流平台互联互通的“1+N”智慧物流协同平台体系，各子系统与公共服务平台对接，实现数据资源共享。

3. 加快创建科学规范的物流企业从业人员管理体制。物流企业应着眼于全球市场，创新服务模式，招募高端人才，打造服务品牌。着重加强物流从业人员队伍管理，开展专业知识培训和法律常识教育，避免出现企业骨干“恶意跳槽”及企业人员“恶性竞争”；建立从业人员信用管理档案，促使业务员规范代理、规范下单、规范存档，对有欺骗客户、虚报价格、“飞单”、索贿等行为的业务员及时追究法律责任。

（四）不断完善物流领域的法律法规体系

1. 提高物流法律体系的系统性、集约性和前瞻性。理顺物流领域不同单行法的层次结构与逻辑脉络，避免跨部门的物流法律体系内部出现重复和矛盾，建立健全适应现代物流产业发展需求的物流法律法规体系，以打破地区和行业壁垒，创造公平公正的市场环境。针对当前物流行业标准化、信息化程度不高，在很多流通环节特别是在市场采购、货运代理、仓储运输、报关通关等环节，都未制定行业规范和技术标准的状况下，应加快立法步伐，以实现物流活动的标准化和规范化。

2. 强化行业协会自律功能，制定适应本行业发展的相关规则。要注重和充分发挥物流行业协会的引导作用，促进行业自律。如督促物流企业依靠科技等手段，加强对装卸货环节的监控力度，建立合同登记备案制度，防止损害物流公司利益的情况发生；规范物流行业用工方式，督促物流企业与劳动者签订正式劳动合同，合法用工；加强对员工的培训教育，尤其注重强化职业责任和法律意识；② 配合海关、商检、出入境检验检疫等做好综治工作，落实外地企业本地化管理的物流业务经营必须向物流协会备案制度等。

---

① FOB（Free On Board的首字母缩写）条件下，卖方要负担风险和费用，领取出口许可证或其他官方证件，并负责办理出口手续。CIF（Cost，Insurance and Freight的首字母缩写），指当货物在装运港越过船舷时（实际为装运船舱内），卖方即完成交货，货物自装运港到目的港的运费、保险费等由卖方支付，但货物装船后发生的损坏及灭失的风险由买方承担。

② 范跃红、江简轩：《快递行业犯罪“五花八门”》，载《检察日报》2011年11月2日第8版。

非法占用农用地罪理论与实务问题研究

张保亮　唐　锐*

前　言

随着人类社会的发展程度不断提高，对自然环境造成的负面影响日益明显。世界各国对于自然资源的珍贵性也早已达成共识，其中，土地资源是人类生存和发展的最基本的资源，其重要性不言而喻。虽然对于不合理利用土地、毁坏土地的行为由来已久，但是对于土地犯罪的研究仍然属于一个相对较新的领域。我国 1997 年刑法规定了非法占用耕地罪，系非法占用农用地罪的前身。2001 年 8 月 31 日的《刑法修正案（二)》中，将《刑法》第 342 条修正为“违反土地管理法规，非法占用耕地、林地等农用地，改造被占用土地用途，数量较大，造成耕地、林地等农用地大量毁坏的，处 5 年以下有期徒刑或者拘役，并处或者单处罚金。”最高人民法院和最高人民检察院将该规定概括为“非法占用农用地”罪名，取消了“非法占用耕地”的罪名。相比二者，新罪扩大了刑法保护对象的范围，将耕地扩大至农用地。在强调低碳环保、创建绿色家园的时代，新规定对于我国进一步打击破坏土地资源犯罪提供了强有力的法律武器。但随着社会的进一步发展，该罪的不足也在司法实践中暴露出来，客体设立的科学性需要进一步验证。对具体的犯罪行为认定存在分歧，导致定罪量刑存在困惑。有些保护范围存在模糊不清，湿地是否属于保护范围，没有明确的法律规定和司法解释。

一、案情简介

自 2006 年 4 月起，被告人×××未经林业主管部门的批准，擅自砍伐某村后大岭林地（国有林地）用于种植芒果等经济作物。经鉴定，被砍伐林地属于公益林地，林种为防护林，被毁林地面积为 6.1 亩，砍伐总蓄积量为

---

* 作者单位：海南省三亚市人民检察院。

12.6372㎥，砍伐株数为356株。2014年9月19日，经林业站护林员的说服教育，被告人×××到该市森林公安局自动投案。

侦查机关以被告人×××犯非法占用农用地罪向人民检察院移送起诉，公诉机关指控其犯非法占用农用地罪，一审法院认为其毁林占用农用地只是为了种植经济作物，增加收入，主观恶性小，因此判决其犯非法占用农用地罪，判处缓刑并处罚金。

本案中被告人×××毁坏国有林地只是为了种植经济作物，既非滥伐自己承包的林地，也不是以非法占有为目的盗伐林木，这种现象在三亚屡见不鲜。为了保持主客观相一致，准确定罪，保护生态环境，我们有必要对非法占用农用地罪进行全面细致的分析。

二、非法占用农用地罪的理论概述

我国对于土地资源的刑法保护主要集中三个条款中，分别是《刑法》第228条“非法转让、倒卖土地使用权罪”、第342条“非法占用农用地罪”、第410条“非法批准征收、征用、占用土地罪”、“非法低价转让国有土地使用权罪”，分列在刑法的第三章、第六章和第九章。其中，理论争议与实践难题多集中在“非法占用农用地罪”这一条文的规定。从其侵害的客体到具体的客观方面，再到行为人的主观方面以及共同犯罪中共同犯罪人的确定问题，都存在理论理解与实践操作的分歧。所以，进一步研究“非法占有农用地罪”对于理论与实践都具有重要意义。

我国《刑法》第342条规定：“违反土地管理法规，非法占用耕地、林地等农用地，改变被占用土地用途，数量较大，造成耕地、林地等农用地大量毁坏的，处五年以下有期徒刑或者拘役，并处或者单处罚金。”该条文经《刑法修正案（二）》修正，与原条文相比较，变化之处就在于保护范围扩大了，增加了一个新的概念，“农用地”。

（一）非法占用农用地罪的非法性依据

非法占用农用地罪属于行政犯，即违反行政法规范，情节严重同时又触犯国家刑事法律的行为。行政犯的前提是以违反国家相应的行政管理法律法规为前提，达到一定程度转化为触犯刑事法律，对于行政犯非法性的认定应依据行政法律法规，而并非一般人的伦理道德认知。

《刑法》第342条中“违反土地管理法规”的前提突出了该罪行政犯罪的特征。全国人大常委会于2001年8月31日作出立法解释：刑法第342条中“违反土地管理法规”是指“违反土地管理法、森林法、草原法等法律以及有关行政法规中关于土地管理的规定。”该立法解释实际上扩大了通常理解的“土地管理法规”的外延，衔接2001年《刑法修正案（二）》将非法占有耕地罪改为非法占用农用地罪。该立法解释不仅没能明确《刑法修正案（二）》第342条“土地管理法规”的内涵，反而增加了我们对包括森林法、草原法及有关规定的“土地管理法规”的理解难度。

关于土地管理的法律法规体系庞大且复杂，不仅涉及土地管理、开发、利用的诸多方面，还涉及承包、纠纷解决、税收等方面的内容。《刑法》第342条中的“土地管理法规”应当仅指违反国家关于农用地用途改变的审批规定，不涉及土地流转和土地税收的管理。违反土地流转管理的、需要依法追究刑事责任的，可以成立《刑法》第410条规定的非法批准征收、征用、占用土地罪，非法低价转让国有土地使用权罪以及《刑法》第228条规定的非法转让、倒卖土地使用权罪；违反土地税收管理的规定的，可以依刑法规定，成立逃税罪、抗税罪、逃避追缴欠税、徇私舞弊不征、少征税款罪等。

我国非法占用农用地罪非法性的行政法律依据具有很多特点，比如，法律法规交叉递进，既有宪法的规定，也有部门法甚至《基本农田保护条例》等。非法性的本质特征，着眼于改变农用地原有用途。国家对耕地、林地、草原等农用地采取特殊保护，针对这些特殊对象，都专门制定了相关法律，比如《土地管理法》第四条明确规定“国家实行土地用途管制制度”，“使用土地的单位和个人必须严格按照土地利用总体规划确定的用途使用土地”。《土地管理法》法规应当属于土地管理的法律体系中的上位法，如果有关林地、草地等农用地的管理，其他法律未作规定的，应当适用《土地管理法》。《森林法》《草原法》等相关法律涉及农用地管理的内容时，以《土地管理法》的原则性规定为原则。除改变用途外，大量毁坏被占用土地的，也属于改变土地自然用途，所以改变农用地的用途应当是非法占用农用地罪的本质特征，是该罪非法性的本质特征。

除此之外，针对不同种类的农用地，法律法规的保护力度不同，影响着刑事司法的打击力度。虽然《刑法》第342条规定中讲耕地、草地、林地予以同等保护，但实际上对于耕地的保护程度要远高于其他农用地，有关耕地的规定要更为繁杂和细密。这样导致了我们在司法实践中认定非法占用林地、草原犯罪行为非法性依据不足，打击重点自然绝对地倾斜于耕地。

（二）非法占用农用地罪犯罪构成分析

1. 非法占用农用地罪的犯罪对象。

通过前述的法条可以得知，本罪的犯罪对象是耕地、林地等农用地，前提是违反了《土地管理法》构成犯罪的情况。① 根据我国《土地管理法》第四条的规定："国家实行土地用途管制制度。国家编制土地利用总体规划，规定土地用途，将土地分为农用地、建设用地和未利用地、严格限制农用地转为建设用地，控制建设用地总量，对耕地实行特殊保护。"这其中的农用地是指"直接用于农业生产的土地，包括耕地、林地、草地、农田水利用地、养殖水面等。"建设用地指"建筑物、构筑物的土地，包括城乡住宅和公共设施用地、工矿用地、交通水利设施用地、军事设施用地等。"未利用地指"农用地和建设用地以外的土地。"

（1）刑法中农用地的几种分类

我国《刑法修正案（二）》将本罪的犯罪对象改为"农用地"的实质是除了耕地以外，还增加了对林地、草地、农田水利用地、养殖水面等的保护。

林地，依据《森林法》的解释为："包括郁闭度② 0.2 以上的乔木林地，灌木林地疏林地，采伐迹地，火烧迹地③，未成林造林地，苗圃地和县级以上人民政府规划的宜林地④。"

草地，依据《草原法》第 2 条的规定："本法所称草原，指天然草原和人工草地。"《草原法》采用"草原"一词，并做了解释，天然形成理解为草原，人工培育理解为草地，所以笔者认为，《土地管理法》中的"农用地"所包括的草地，实质应当是《草原法》中的草原一词。否则，仅对人工草地按照草

① 《中华人民共和国土地管理法》第 74 条规定："违反本法规定，占用耕地建窑、建坟或者擅自在耕地上建房、挖砂、采石、采矿、取土等，破坏种植条件的，或者因开发土地造成土地荒漠化、盐渍化的，由县级以上人民政府土地行政主管部门责令限期改正或者治理，可以并处罚款；构成犯罪的，依法追究刑事责任。"第 76 条规定："未经批准或者采取欺骗手段骗取批准，非法占用土地的，由县级以上人民政府土地行政主管部门责令退还非法占用的土地，对违反土地利用总体规划擅自将农用地改为建设用地的，限期拆除在非法占用的土地上新建的建筑物和其他设施，恢复土地原状，对符合土地利用总体规划的，没收在非法占用的土地上新建的建筑物和其他设施，可以并处罚款；对非法占用土地单位的直接负责的主管人员和其他直接责任人员，依法给予行政处分；构成犯罪的，依法追究刑事责任。超过批准的数量占用土地，多占的土地以非法占用土地论处。"

② 指森林中乔木树冠遮蔽地面的程度，它是反映林分密度的指标。它是以林地树冠垂直投影面积与林地面积之比，以十分数表示，完全覆盖地面为 1。简单地说，郁闭度就是指林冠覆盖面积与地表面积的比例。根据联合国粮农组织规定，0.70（含 0.70）以上的郁闭林为密林，0.20 - 0.69 为中度郁闭，0.20（不含 0.20）以下为疏林。

③ 已被火烧过的林地。其特点是原有的森林环境已不存在或已发生明显改变。

④ 适合于种植林木的土地。凡采伐迹地、火烧迹地、林中空地以及林木生长的一切荒山荒地，统称宜林地。

地进行保护，而排除了更珍贵的天然草原显然不是立法本意。

农田水利用地，即农田水利建设所必须用地。农田水利主要包括灌溉和排水，所以一般农田水利用地即指农用水利灌溉设施和排水设施所必须占用的土地。

养殖水面，通常指人工开挖或天然形成的专门用于水产养殖的坑塘水面或相应附属设施用地。笔者未能从《渔业法》找到准确的定义和解释，仅有“适用养殖的水域、滩涂①”的内容，并未将相应附属设施用地明示。笔者认为，依据农用水利用地的规定，可以推得养殖水面应当包含水面养殖相应的附属设施用地，因为农用水利灌溉和排水即为农业生产相应的附属设施，其所占用地属于农用地范畴，理应承认水面养殖所必须的相应附属设施用地。

耕地，是我国农用地中重点保护对象，《土地管理法》第31条规定：“国家保护耕地，严格控制耕地转为非耕地。”第36条规定：“非农业建设必须节约使用土地，可以利用荒地的，不得占用耕地；可以利用劣地的，不得占用耕地。”根据《土地分类》（国土资发〔2001〕255号）之规定，耕地指种植农作物的土地，包括熟地，新开发、复垦、整理地，休闲地、轮歇地、草田轮作地；以种植农作物为主，间有零星果树、桑树或其他树木的土地；平均每年能保证收获一季已复垦滩地和海涂。耕地中还包括南方宽小于1.0米，北方宽小于2.0米的沟渠路和田埂。我国还实行基本农田保护制度②。基本农田保护区的内容在《土地管理法》第34条也有明文规定：“（一）经国务院有关主管部门或者县级以上地方人民政府批准确定的粮、棉、油生产基地内的耕地；（二）有良好的水利与水土保持设施的耕地，正在实行改造计划以及可以改造的中、低产田；（三）蔬菜生产基地；（四）农业科研、教学试验田；（五）国务院规定应当划入基本农田保护区的其他耕地。”

（2）湿地应当纳入农用地范畴重点保护

虽然我国已经尽可能地将农用地的范围进行扩大，但是作为与海洋和森林一样，被认为是地球上重要的生命支持系统之一，在生态安全体系中的作用不可替代的湿地并未在保护范围之内。中国湿地面积占世界湿地的10%，位居

① 滩涂是海滩、河滩和湖滩的总称，指沿海大潮高潮位与低潮位之间的潮浸地带，河流湖泊常水位至洪水位间的滩地，时令湖、河洪水位以下的滩地，水库、坑塘的正常蓄水位与最大洪水位间的滩地面积。在地貌学上称谓“潮间带”。由于潮汐的作用，滩涂有时被水淹没，有时又出露水面，其上部经常露出水面，其下部则经常被水淹没。

② 《土地管理法》第34条规定：“各省、自治区、直辖市划定的基本农田应当占本行政区域内耕地的百分之八十以上。”

亚洲第一位，世界第四位。在中国境内，从寒温带到热带、从沿海到内陆、从平原到高原山区都有湿地分布，一个地区内常常有多种湿地类型，一种湿地类型又常常分布于多个地区。中国1992年加入《湿地公约》，国家林业局专门成立了“湿地公约履约办公室”，负责推动湿地保护和执行工作。截至2009年11月，列入国际重要湿地名录的湿地已达37处。其实中国独特的湿地何止37处，许多湿地因为养在深闺无人识，至今仍无人问津。我国大部分湿地优势明显，比如水热条件好、有机质丰富、潜在养分高等，合理地利用湿地不仅可以补充我国耕地不足的问题，更可以合理分配和安排农村的剩余劳动力。但目前的现状并不乐观，部分湿地在开发利用过程中存在利用过度、单一经营、经济效益下降、生态环境恶化、湖泊功能退化、开垦与配套建设脱节等一系列的问题。更严重的是，湿地遭受着不可恢复的破坏，湿地面积萎缩，影响着生态系统的循环和气候的变化。笔者建议，应当将湿地归入农用地的范畴，作为非法占用农用地罪的犯罪对象，合理开发，重点保护。

2. 非法占用农用地罪的客体及客观方面。

（1）客体的认定

非法占用农用地罪被置于我国《刑法》第六章之中，属于妨害社会管理秩序罪的内容。依据《土地管理法》规定：“国家实行土地用途管理制度”，本罪客体即为我国的土地管理制度。犯罪客体是我国刑法所保护的、为犯罪行为所侵害的社会关系。笔者认为，我国刑法关于本罪的规定过于笼统，导致对于其客体的认定也存在商榷的余地。对于被占用的农用地、改变被占用地用途的农用地而言，其侵害的客体为我国实行的土地用途管理制度，妨害了社会管理的秩序，可以理解和接受。但毁坏农用地的行为界定其客体仍然为我国的土地管理制度和社会管理秩序恐怕很难说通。目前，我国学者们对于本罪的客体的认识大致存在以下几种观点：国家的土地管理制度，国家对农用地保护的管理秩序，国家对农用地的保护与管理制度，国家对土地资源特别是农用地进行保护的管理制度，国家对土地资源保护制度。

1994年《荒漠化公约》规定：“土地是指具有陆地生物生产力的系统，由土壤、植被、其他生物区系和在该系统中发挥作用的生态及水文过程组成”。1976年联合国粮农组织制定的《土地评价纲要》中，将土地定义为“影响土地利用潜力的自然环境的总称，包括气候、地形、土壤、水文和植被等。还包括人类过去和现在活动的结果，如围湖造田，以及反面的结果，如土壤盐渍化”。结合我国《土地管理法》关于农用地的规定，笔者认为，在土地的公认的含义之中，土地的定性应为生态系统，具有重大的生态价值。所以笔者不赞同将非法占用农用地罪的三种犯罪行为所侵害的客体都认定为我国的土地管理制度和社会管理秩序。参照结合上述国内的五种学说和观点，笔者认为应将占用农用地犯罪行为的侵害客体定为我国实行的土地管理制度和社会管理秩序，将改变被占用农用地用途的犯罪行为和造成农用地大量毁坏的犯罪行为侵害的客体定为国家对土地资源的保护制度。

（2）客观方面的认定

根据我国现行刑法的规定内容来看，非法占用农用地罪属于结果犯，即要求行为人之行为造成了农用地大量毁坏才构成非法占用农用地罪。客观方面表现为非法占用农用地改作他用，数量较大，造成农用地大量毁坏的行为。占用农用地，是指行为人未经国家土地管理部门批准擅自占用耕地、林地等农用地的行为。改作他用，是指行为人将土地管理部门批准专用的土地擅自改变用途。造成农用地大量毁坏，是指行为人之行为导致数量较大的土地、土壤沙化、盐碱化、水土流失等严重不适宜农作物种植的情况发生。农用地的基本用途就是用来种植或养殖，一旦这种种植或者养殖的功能丧失或者土地的种植、养殖能力明显下降，就是对农用地的毁坏，至于是永久性毁坏还是可恢复的毁坏，并不影响毁坏农用地结果成立。

根据《刑法》的规定和关于本罪的相关司法解释，本罪的定罪标准设定为“占用弄个用地数量较大”和“造成耕地、林地等农用地大量毁坏”，对于这两者之间的逻辑关系理论界存在三种不同的认识：双重定罪标准说，该观点认为只有同时具备占用“数量较大”和“造成耕地、林地等农用地大量毁坏”两个结果才能构成本罪。单定罪标准说，该观点认为，只要占用“数量较大”与“造成耕地、林地等农用地大量毁坏”的两个结果具备其中一个就可以构成非法占用农用地罪。有学者认为，为了加大打击力度保护有限的农用地资源，无需将造成耕地大量毁坏的危害结果作为犯罪的构成要件，只要非法占用农用地数量较大，就以犯罪论。

目前我国对于上述三种理论，以第一种学说为通说，这意味着非法占用农用地改为他用、数量较大和造成大量农用地毁坏同时具备才构成犯罪。笔者认为这一标准并不科学，因为非法占用同毁坏本身就是完全不相同概念，如果使用同时构成的标准，且数量要求同时具备，则非常不利于我国土地资源的保护。依据《最高人民法院关于破坏土地资源刑事案件具体应用法律若干问题的解释》的规定，非法占用耕地“数量较大”，是指非法占用基本农田 5 亩以上或者非法占用基本农田以外的耕地 10 亩以上。非法占用耕地“造成耕地大量毁坏”，是指行为人非法占用耕地建窑、建坟、建房、挖沙、采石、取土、堆放固体废弃物或者进行其他非农业建设，造成基本农田 5 亩以上或者基本农田以外的耕地 10 亩以上，种植条件严重毁坏或者严重污染。根据上述的规定来看，假设行为人非法占用基本农田5亩以上，并进行了采石，造成了这5亩基本农田种植条件严重毁坏或者严重污染，才能对其按照 非法占用农用地罪进行定罪处罚。就农用地的特点来说，许多情况下，对于农用地资源的破坏基本是不可逆的，即使拆除建筑或者停止行为人继续实施行为，也无法使农业用地恢复到原先的状态，这也就直接导致了农用地面积减少，可能造成耕地减少粮食减产或者林地减少水土流失等。我国人口众多，耕地面积和质量又不容乐观，这样的定罪标准对于保障国家的生态环境和粮食安全基本没有太多的预防性帮助，只能等待造成了实际损害结果才能打击犯罪，仅能起到“有病治病”效果，“无病预防”的效果却难以体现。

3. 非法占用农用地罪的主体及主观方面。

（1）主体的认定

本罪的主体为一般主体，通常为自然人，即已满16周岁的具备刑事责任能力的自然人，单位也可以构成本罪。在自然人犯本罪的比重之中，农民占据比重较大，究其原因可以归结为以下三点：经济发展迅速，农民收入增加，生活质量提高，收入来源多元化，依附于土地生存的现象弱化甚至消退；传统封建思想根深蒂固，封建迷信，盲目攀比，修建、扩建坟墓现象严重；法律意识淡薄，对于自己的行为是否违反法律甚至犯罪缺乏认知。

依据我国《刑法》第30条的规定，单位包括公司、企业、事业单位、机关、团体。除法定单位之外的组织，不能成为单位犯罪的适格主体。近些年，单位犯本罪的多集中于公司、企业、事业单位、团体。其中，房地产公司圈地盖楼、企业圈地建厂、高校圈地建设校区、基金会违规建设房地产等较为突出。与此同时，需要认清三种情况不能成立单位犯罪：（1）个人为进行违法犯罪活动而设立的公司、企业、事业单位实施犯罪的，不以单位犯罪论处。（2）虽设立公司、企业、事业单位的，但自设立以后，以实施犯罪活动为主要业务的。（3）盗用单位名义实施犯罪的，违法所得由实施犯罪个人私分的。

（2）主观方面的认定

本罪的主观方面表现为故意，包括直接故意和间接故意，即积极追求结果的放生和放任结果的发生。动机虽然多种多样，但不影响本罪的成立。

4. 非法占用农用地罪的既遂标准。

如前所述，本罪作为结果犯，按照我国关于结果犯通说的观点，行为人不仅要实施具体犯罪构成客观要件的行为，而且必须发生法定的犯罪结果才构成犯罪的既遂。本罪的既遂标准为，达到非法占用农用地改作他用，数量较大，造成农用地大量毁坏的行为，非法占用耕地“数量较大”，指非法占用基本农田5亩以上或者非法占用基本农田以外的耕地10亩以上。非法占用耕地“造成耕地大量毁坏”，是指行为人非法占用耕地建窑、建坟、建房、挖沙、采石、取土、堆放固体废弃物或者进行其他非农业建设，造成基本农田5亩以上或者基本农田以外的耕地10亩以上，种植条件严重毁坏或者严重污染。非法占用林地“数量较大”和“造成林地大量毁坏”的标准为违反土地管理法规，非法占用林地，改变被占用林地用途，在非法占用的林地上实施建窑、建坟、建房、挖沙、采石、采矿、取土、种植农作物、堆放或排泄废弃物等行为或者进行其他非林业生产、建设，造成林地的原有植被或林业种植条件严重毁坏或者严重污染，占用并毁坏防护林地、特种用途林地数量分别或者合计达到5亩以上；非法占用并毁坏其他林地数量达到10亩以上。非法占用并毁坏前两项规定的林地，数量分别达到相对应规定数量标准的百分之五十以上，或者其中一项数量达到了相应规定的数量标准的百分之五十以上，且两项数量合计达到该项规定的数量标准。简单来说，即耕地的标准为基本农田5亩以上或者非基本农田以外耕地10亩以上。林地的标准为防护林或特种用途林数量单种或者合计5亩以上，其他林地达到10亩以上。防护林或特种用途林数量与其他林地数量可以交叉合计，前提是其中一种数量达到了相应规定数量的百分之五十以上，两项数量合计达到该项规定的数量标准。除此之外，还包括非法占用其他农用地数量较大的情形。对于非法占用耕地又占用林地的数量如何合计，目前尚没有相关的司法解释。

三、非法占用农用地罪的司法认定

目前，我国存在的非法占用农用地犯罪问题较为突出，虽然法条规定较为简单，但在具体的司法实践中存在着大量的问题。

（一）非法占用农用地罪与一般违法行为及其他罪的认定

1. 非法占用农用地罪与非法占用农用地违法行为之间的界限。

非法占用农用地违法行为通常表现为违反土地管理法规，非法占用农用地。即违反土地利用总体规划或计划，未经批准或采取欺骗等手段骗得批准，占用农用地。常见的表现形式为：未取得有关主管部门的批准而擅自占用农用地；虽然取得占用农用地的批准，但系通过使用欺骗等手段取得的；超过批准的用地数量占用农用地、经无权批准机关批准或者经超越批准权限的机关批准而取得占用农用地的。非法占用农用地违法行为也可以存在变更农用地用途的情节，即表现为行为人违反国家主管部门制定的土地利用规划，未经有关主管机关批准或者骗取批准，擅自变更农用地用途而改作他用的。

结合我国有的刑法条文规定及认定标准，以及相关的司法解释，上述几种行为仅属于一般违法行为，应交由各级人民政府土地行政主管部门予以行政处罚。例如《土地管理法》第74条的规定“未经合法批准占用土地的，由县级以上人民政府土地行政主管部门责令退还非法占用的土地；非法占用土地的单位的直接负责的主管人员和其他直接负责人员，依法给予行政处分。”

非法占用农用地罪是结果犯，按照前述的“双重标准说”，本罪的构成必须具备法定的两个结果要件，“占用农用地数量较大”并“造成农用地大量毁坏”，“数量较大”和“大量毁坏”的标准不再赘述。只有达到以上两个法定结果要件同时具备，才可以构成非法占用农用地罪的犯罪行为，否则即为一般违反行为。

2. 非法占用农用地罪与非法转让、倒卖土地使用权罪的界限。

我国《刑法》第280条规定“以牟利为目的，违反土地管理法规，非法转让、倒卖土地使用权，情节严重的，处三年以下有期徒刑或者拘役，并处或者单处非法转让、倒卖土地使用权价额百分之五以上百分之二十以下罚金；情节严重的，处三年以上七年以下有期徒刑，并处非法转让、倒卖土地使用权价额百分之五以上百分之二十以下罚金。”

我们通过对构成要件的分析可以看出这两罪显著的区别：客体不同，非法占用农用地罪侵害的客体是国家对土地资源，特别是农用地资源的保护和管理制度；非法转让、倒卖土地使用权罪所侵害的客体是国家对土地使用权合法转让的管理制度。对象不同，非法占用农用地罪的犯罪对象是农用地，非法转让、倒卖土地使用权的犯罪对象为土地使用权。犯罪客观方面不同，非法占用农用地罪是结果犯，具体表现为违反土地管理法规，非法占用耕地、林地等农用地改作他用，数量较大，造成大量农用地毁坏的行为；非法转让、倒卖土地使用权罪是情节犯，具体表现为违反土地管理法规，实施非法转让、倒卖土地使用权，情节严重的行为。根据有关的司法解释，这里的“情节严重”分为五种情形，分别为：非法转让、倒卖基本农田5亩以上；非法转让、倒卖基本农田以外的耕地10亩以上；非法转让、倒卖其他土地20亩以上；非法获利50万元以上；非法转让、倒卖土地接近上述数量标准并具有其他恶劣情节的，如曾因非法转让、倒卖土地受过行政处罚或造成严重后果等。只要具有上述情节中任何一种情节，即视为情节严重。非法转让、倒卖土地使用权具有“以牟利为目的”作为构成犯罪的必要条件，而非法占用农用地罪的犯罪目的与犯罪成立无关。刑罚规定的罚金处罚标准不同，非法占用农用地罪没有明确确定的罚金标准；非法转让、倒卖土地使用权罪则采取了倍比罚金制的方式确定罚金标准。

二者也具有一定的相同点，即主体和主观方面的特征两罪相同，主体都可以由自然人构成，也可以由单位构成；主观方面都是故意。

3. 非法占用农用地罪与非法批准征收、征用、占用土地罪和非法低价出让国有土地使用权罪的界限。

我国《刑法》第410条规定："国家机关工作人员徇私舞弊，违反土地管理法规，滥用职权，非法批准征收、征用、占用土地，或者非法低价出让国有土地使用权，情节严重的，处三年以下有期徒刑或者拘役；致使国家或者集体利益遭受特别重大损失的，处三年以上七年以下有期徒刑。"

这两个罪与非法占用农用地罪的共同点为，主观方面均为故意。区别在于：侵害的客体不同。非法批准征收、征用、占用土地罪和非法低价出让国有土地使用权罪所侵害的客体不仅包括国家的土地管理制度，也包括国家机关工作人员职务行为的廉洁性和正当性。客观方面不同。非法批准征收、征用、占用土地罪和非法低价出让国有土地使用权罪的客观表现为国家机关人员徇私舞弊，违反土地管理法规，滥用职权，非法批准征收、征用、占用耕地、林地等农用地以及其他土地，或者非法低价出让国有土地使用权。此二罪的通常表现为弄虚作假、欺上瞒下、掩盖事实真相；或者违反《土地管理法》等有关土地管理法规中关于批准征收、征用、占用土地以及出让土地使用权的规定，不正确行使批准征收、征用、占用土地或者出让国有土地使用权的职权。主体不同。非法批准征收、征用、占用土地最和非法低价出让国有土地使用权罪的主体为特殊主体，即国家机关工作人员，这与本罪的一般主体不同。此二罪也要求"情节严重"，根据《最高人民检察院关于渎职侵权犯罪案件立案标准的规定（高检发释字〔2006〕2号)》的标准，情节严重包括几种情形：非法批准征用、占用基本农田10亩以上的，基本农田以外的耕地30亩以上的，其他土地50亩以上的；虽未达到上述标准，但造成有关单位、个人直接经济损失30万元以上，或者造成耕地大量毁坏或者植被遭到严重破坏的；非法批准征用、占用土地，影响群众生产、生活，引起纠纷，造成恶劣影响或者其他严重后果的；非法批准征用、占用防护林、特种用途林地分别或者合计10亩以上的，其他林地20亩以上的；非法批准征用、占用林地造成直接经济损失30万元以上，或者造成防护林地、特种用途林地分别或者合计5亩以上或者其他林地10亩以上毁坏的；其他严重情节的情形。非法低价转让国有土地使用权情节严重的包括：非法低价出让国有土地30亩以上，并且出让价额低于国家规定的最低价额标准的百分之流失；造成国有土地流失价额30万元以上的；非法低价出让国有土地使用权，影响群众生产、生活，引起纠纷，造成恶劣影响或者其他严重后果的；非法低价出让林地合计30亩以上，并且出让价额低于国家规定的最低价额标准的百分之六十的；造成国有资产流失30万元以上的；

其他严重情形的。

4. 非法占用农用地罪与非法采矿罪的界限。

根据我国《刑法》第343条的规定，非法采矿罪是指，违反矿产资源法的规定，未取得采矿许可证擅自采矿的，擅自进入国家规划矿区、对国民经济具有重要价值的矿区和他人矿区范围采矿的，或者擅自开采国家规定实行保护性开采的特定矿种，情节严重的行为。

两罪的相似之处在于，犯罪主体相同，既可以是自然人也可以是单位。主观方面都表现为故意犯罪。

两罪的不同之处在于：犯罪客体不同，非法采矿罪侵害的客体是有关矿产资源的保护的管理制度；犯罪对象不同，非法占用农用地罪的对象是农用地，非法采矿罪的犯罪对象是矿产资源。尽管在非法采矿的实行过程中可能会对农用地造成破坏，但不影响犯罪对象的认定。客观方面表现不同，非法采矿罪在客观方面表现为违反矿产资源法的规定，无证采矿或有证滥采，经责令停止开采后拒不停止开采，造成矿产资源破坏的行为，具体表现形式为：没有取得采矿许可证擅自采矿；擅自进入国家规划矿区、对国民经济具有重要价值的矿区或他人矿区范围开采；擅自开采国家规定实行保护性开采的特定矿种。

司法实践中，对于非法占用农用地采矿行为的认定，基本都以非法占用农用地罪定罪处罚。比如2008年3月，被告人李某与某县中三家镇利民铁矿签订期限为一年的委托地表铁矿石开采协议，协议签订后，李某又将所承包的矿区分包给被告人赵某等5人。为了谋取利润，在没有经过行政机关审批的情况下，李某允许赵某等5人在批准使用钩机的区域外擅自动用钩机等设备大肆露天开采矿石、堆放毛石、非法占用耕地，最终导致该县中三家镇豆腐房村30公顷的农田遭到严重破坏，失去耕种条件。李某从赵某等5人所开采矿石的收益中提成牟利。经该县有关部门统计鉴定，在上述赵某等5名具体实施采挖的矿主中，赵某非法占用农用地11.56公顷。另外，被告人杨某非法占用农用地12.49公顷，被告人闫某非法占用农用地3.85公顷，被告人王某某、车某某共同非法占用农用地2.5公顷。当地法院认为，李某等6名被告人无视国家法律，在国家批准采矿区域外动用大型机械，违法露天开采矿石，占用农用地，导致大面积的农用地失去种植条件。6名被告人的行为均已构成非法占用农用地罪，为此作出上述判决。

（二）村委会能否成为本罪犯罪主体

根据我国刑法关于非法占用农用地罪的相关规定，该罪的犯罪主体包括自然人和单位。单位包括公司、企业、事业单位、机关和团体。村委会并不属于上述单位的内容，但在司法实践中，在经济效益至上的观念驱使下，村委会等村民自治组织非法占用农用地数量较大，并造成农用地大量毁坏的情况非常普遍。为了打击非法占用农用地犯罪行为，村委会是否能够成为非法占用农用地罪的主体成为关键。

案例：某省某市某村村委会以投票方式，经过集体同意，决定占用本村基本农田 31.54 亩，建设村民住宅楼 4 栋，部分以小产权房形式出售给当地市民，其他房屋分配给本村村民居住。参加会议的 6 名村委会委员均投赞成票，并责成村委委员王某、李某具体负责联系建筑公司和销售公司事宜，该地某某建筑公司承包建设工程，并与次年将楼房建成。大部分村民按照每平米 850 元成本价，缴纳房款，并陆续入住，部分房屋以小产权房形式出售给当地市民，价格为 2800－3600 元/平方米，所得款项由村委会用于支付盖楼的费用，所得资金在次年年底以分红的形式分给全体村民，每户约得钱款 1 万元。

上述案例的行为违反了土地利用总体规划，擅自将基本农用地改为建设用地，种植层已遭到严重损毁，无法进行耕种。该市国土资源局于 2009 年 11 月进行了查处，认为该村委会违反了土地利用总体规划，擅自将基本农田改为建设用地，属于未批先建行为。同年 12 月移交公安机关立案侦查。

根据《村民委员会组织法》第 2 条规定，村民委员会是村民自我管理、自我教育、自我服务的基层群众性自治组织，实行民主选举、民主决策、民主管理、民主监督。村民委员会办理本村的公共事务和公益事业，调解民间纠纷，协助维护社会治安，向人民政府反映村民的意见、要求和提出建议。从该规定来看，村民委员会仅是一个独立的由村民自由结成的组织集体，当赋予行政权力时，行使一定的行政性主体的权力。法学界针对村民委员会能否构成单位犯罪的主体也存在不同意见。第一种观点认为，村民委员会的犯罪行为如果符合单位犯罪的构成条件及特征，依据刑法“罪责刑相适应”原则，应当追究该村民委员会的刑事责任；第二种观点认为村民委员会是村民自我管理、自我教育、自我服务的基本群众性自治组织，不属于《刑法》第 30 条规定的“公司、企业、事业单位、机关、团体”中的任何一个主体之一，依据刑法“罪刑法定”的原则，不能将村民委员会作为单位犯罪的主体对待。公安部于 2007 年就关于村民委员会可否构成单位犯罪主体问题给予了批复，该批复指出：根据《刑法》第 30 条的规定，单位犯罪主体包括公司、企业、事业单位、机关、团体。按照《村民委员会组织法》第 2 条的规定，村民委员会是村民自我管理、自我教育、自我服务的基层群众性自治组织，不属于《刑法》第 30 条举例的范围。因此，对以村民委员会名义实施犯罪的，不应以单位犯罪论，可以追究直接负责的主管人员和其他直接负责人员的刑事责任。

笔者赞同第二种观点，根据罪刑法定主义原则、禁止类推原则，我们不能将村委会确定为单位犯罪的主体，即便目前存在这样的立法疏漏，但在实践中也不能采用类推的方式将村委会确定为单位犯罪的主体。虽然不能将村委会定为单位犯罪的主体，但可以按照共同犯罪理论，追究直接负责的主管人员和其他直接负责人员的刑事责任，按照非法占用农用地罪的共犯处理。既符合罪刑法定原则的要求，又体现了罪责刑适应原则的要求。从我国农村的现状看，实践中，有很多农村往往都设有各种从事经营活动的，属于集体经济组织性质的“实业公司”或者“开发公司”，往往是村委会一套人马两块牌子，倘若以属于集体经济组织性质的“公司”从事了非法占用农用地罪的犯罪行为，则可以按照单位犯罪处理。

（三）非法占用农用地罪常见疑难问题解析

1. 小产权房问题。

“小产权房”不是法律上的概念，而是人们在社会实践中形成的一种约定俗成的称谓。通常所谓的“小产权房”，也称“乡产权房”，是指由乡镇政府而不是国家颁发产权证的房产，即是一些村集体组织或者开发商打着新农村建设等名义出售的、建筑在集体土地上的房屋或是由农民自行组织建造的“商品房”。2011 年 11 月，《关于农村集体土地确权登记发证的若干意见》政策发布，明确指出小产权房不得登记发证。2012 年 2 月，国土部发言人表示将于 2012 年试点清理小产权房。截至去年年底，我国已经建成的小产权面积达到 70 亿平方米，按照我国人均 24－26 平方米的住房标准，该建筑群能够满足 3 亿人的住房需求。

小产权房通常有三类，第一类小产权房：占用集体用地或耕地违法建设，将农民集体用地使用权流转，用于商品住宅开发的违法建筑。第二类小产权房：在政府划拨或出让的土地上，不按规划功能开发或使用，并将限制销售的房屋直接在市场上销售，具有产权纠纷隐患的不完全产权房。第三类小产权房：在军队享有使用权的土地上进行商品房的开发，之后卖给军人以外的地方居民，俗称“军产房”。

结合本文的内容，需要面对的是第一类小产权房，即占用集体用地或耕地违法建设，将农民集体用地使用权流转，用于商品住宅开发的违法建筑。在经济利益的驱使之下，在城乡结合部地区出现大量小产权房，其中不乏大量房屋系通过非法占用农用地改为建设用地，导致大量农用地毁坏的行为。除此外，实践还多见于在山林地区非法占地修建别墅等。为了保护我国土地资源，特别是农用地土地资源，对于采取非法占用农用地改作建设用地，导致大量农用地毁坏的行为必须严厉打击。村集体自治组织——村民委员会在其中扮演了重要角色。结合前文所述，对参与非法占用农用地犯罪的村委会主管人员和直接负责人、积极参与的人员、起主要作用的人员按照共犯处理。

2. 非法占用农用地改作他用的问题。

根据《最高人民法院关于破坏土地资源刑事案件具体应用法律若干问题的解释》，耕地改作他用的表现有：建窑、建坟、建房、挖沙、采石、取土、堆放固体废弃物或者进行其他非农业建设。这些表现方式是结合造成耕地大量毁坏进行解释和规定的。对于林地改作他用的表现有：建窑、建坟、建房、挖沙、采石、采矿、取土、种植农作物、堆放或排泄废弃物等行为或者进行其他非林业生产、建设。这其中有几个问题需要进一步解释。

将耕地改作林地或者鱼塘的行为。《土地管理法》第 31 条明确规定，“国家保护耕地，严格控制耕地转为非耕地”，第 34 条规定，“国家实行基本农田保护制度”。第 36 条规定，“禁止占用耕地建窑、建坟或者擅自在耕地上建房、挖沙、采石、取土等。禁止占用基本农田发展林果业和挖塘养鱼”。结合《土地管理法》的规定，笔者认为，对于占用基本农田改作林地或者鱼塘的，已经被法律命令禁止，属于非法行为，如果造成基本农田大量毁坏，即 5 亩以上的标准时，应当成立非法占用农用地罪。对于一般耕地而言，国家保护耕地的政策和原则是不变的，对基本农田是加强保护，对一般耕地的保护在第 31 条也已经明文规定，即“严格控制耕地为非耕地”。林地、鱼塘建设都属于非耕地范畴，所以不得进行将耕地改作林地或鱼塘的行为。根据司法解释，如果导致 10 亩以上毁坏的，应当按照非法占用农用地罪处理。

《森林法》第 15 条规定，“下列森林、林木、林地使用权可以依法转让、也可以依法作价入股或者作为合资、合作造林、经营林木的出资、合作条件，但不得将林地改为非林地。”第 23 条规定，“禁止毁林开垦和毁林采石、采砂、采土以及其他毁林行为。禁止在幼林地和特种用途林内砍柴、放牧。进入森林和森林边缘地区的人员，不得擅自移动或者损坏为林业服务的标志。”

在林地上种植农作物的案例：2008 年春，张某在承包林地上栽植了部分杨树后，为谋取不正当经济效益，擅自改变林地用途，将其余承包林地全部用于种植花生、玉米等农作物。经查，张某承包林地的原有植被严重毁坏，非法占用改变林地用途面积达 23 亩，根据《刑法》第 342 条及最高人民法院司法解释的规定，张某的行为已涉嫌非法占用农用地罪，后被以非法占用农用地罪判处刑罚，其行为与上述案例相似。

合理保护、培育和合理利用森林资源，可以加快国土绿化，发挥森林蓄水保土、调节气候，改善坏境和提供林产品。《森林法》第 11 条规定，“植树造林、保护森林，是公民应尽的义务。各级人民政府应当组织全民义务植树，开展植树造林活动”，第23条规定：“禁止毁林开垦和毁林采石、采砂、采土以及其他毁林行为。禁止在幼林地和特种用途林内砍柴、放牧。”《最高人民法院关于审理破坏林地资源刑事案件具体应用若干问题的解释》（法释〔2005〕15号）中规定：“违法土地管理法规，非法占用林地，改变被占用林地用途，在非法占用的林地上实施建窑、建房、挖沙、采石、采矿、取土、种植农作物、堆放或排泄废弃物等行为或者进行其他非林业生产、建设、造成林地的原有植被或林业种植条件严重毁坏或者严重污染，并具有下列情形之一的，属于《刑法修正案（二）》规定的数量较大，造成林地大量毁坏的，应当以非法占用农用地罪判处五年以下有期徒刑或者拘役，并处或者单处罚金。”结合上述案例和上述法律法规、司法解释可知，将毁林开垦的、在林地上种植农作物的行为为法律明令禁止的行为，造成防护林或者特殊用途林地毁坏5亩以上的或者其他林地数量10亩以上的，按照非法占用农用地罪定罪处罚。

我国《草原法》详尽地规定了草原的保护制度以及改变草原用途的具体行为方式。《草原法》第2条规定，“在中华人民共和国领域内从事草原规划、保护、建设、利用和管理活动，适用本法。”第12条规定，“依法登记的草原所有权和使用权受法律保护，任何单位或者个人不得侵犯。”第17条规定，“国家对草原保护、建设、利用实行统一规划制度。”第40条规定，“需要临时占用草原的，应当经县级以上地方人民政府草原行政管理部门审核同意。临时占用草原的期限不得超过二年，并不得在临时占用的草原上修建永久性建筑物、构筑物；占用期满，用地单位必须恢复草原植被并及时退还。”第41条规定，“在草原上修建直接为草原保护和畜牧业生产服务的工程设施，需要使用草原的，由县级以上人民政府草原行政主管部门批准；修筑其他工程，需要将草原转为非畜牧业生产用地的，必须依法办理建设用地审批手续。”第46条规定，“禁止开垦草原。对水土流失严重、有沙化趋势、需要改善生态环境的已垦草原，应当有计划、有步骤地退耕还草；已造成沙化、盐碱化、石漠化的，应当限期治理。”第47条规定，“对严重退化、沙化、盐碱化、石漠化的草原和生态脆弱区的草原，实行禁牧、休牧制度。”第48条规定，“国家支持依法实行退耕还草和禁牧、休牧。具体办法由国务院或者省、自治区、直辖市人民政府制定。对在国务院批准规划范围内实施退耕还草的农牧民，按照国家规定给予粮食、现金、草种费补助。退耕还草完成后，由县级以上人民政府草原行政主管部门核实登记，依法履行土地用途变更手续，发放草原权属证书。”第49条规定，“禁止在荒漠、半荒漠和严重退化、沙化、盐碱化、石漠化、水土流失的草原以及生态脆弱区的草原上采挖植物和从事破坏草原植被的其他活动。”第50条规定，“在草原上从事采土、采砂、采石等作业活动，应当报县级人民政府草原行政主管部门批准；开采矿产资源的，并应当依法办理有关手续。经批准在草原上从事本条第一款所列活动的，应当在规定的时间、区域内，按照准许的采挖方式作业，并采取保护草原植被的措施。在他人使用的草原上从事本条第一款所列活动的，还应当事先征得草原使用者的同意。

我国《渔业法》对改变养殖水面的用途也有具体规定。《渔业法》第32条规定，“在鱼、虾、蟹洄游通道建闸、筑坝，对渔业资源有严重影响的，建设单位应当建造过鱼设施或者采取其他补救措施。”第34条规定，“禁止围湖造田。沿海滩涂未经县级以上人民政府批准，不得围垦；重要的苗种基地和养殖场所不得围垦。”第35条规定，“进行水下爆破、勘探、施工作业，对渔业资源有严重影响的，作业单位应当事先同有关县级以上人民政府渔业行政主管部门协商，采取措施，防止或者减少对渔业资源的损害；造成渔业资源损失的，由有关县级以上人民政府责令赔偿。”第40条规定，“使用全民所有的水域、滩涂从事养殖生产，无正当理由使水域、滩涂荒芜满一年的，由发放养殖证的机关责令限期开发利用；逾期未开发利用的，吊销养殖证，可以并处一万元以下的罚款。未依法取得养殖证擅自在全民所有的水域从事养殖生产的，责令改正，补办养殖证或者限期拆除养殖设施。未依法取得养殖证或者超越养殖证许可范围在全民所有的水域从事养殖生产，妨碍航运、行洪的，责令限期拆除养殖设施，可以并处一万元以下的罚款。”

3. 目前亟待解决的问题。

（1）被占用土地的种类及面积界定的实际困难

按照《刑法》第342条的规定，非法占用农用地罪是指违反土地管理法规，非法占用耕地、林地等农用地，改变被占用土地用途，数量较大，造成耕地、林地等农用地大量毁坏的行为。最高人民检察院、公安部《关于公安机关管辖的刑事案件立案追诉标准的规定（一）》第67条规定，非法占用基本农田5亩以上或者基本农田以外的耕地10亩以上的应予立案追诉。依据此条规定，我国耕地被区分为基本农田及基本农田以外的耕地两种，占用不同性质的土地依据不同的追诉标准。在我国司法实践中，界定土地的面积和性质主要依据由土地勘测规划院出具的《土地勘测定界报告书》和国土局出具的地籍资料。但现实情况是，《土地勘测定界报告书》中仅记载耕地的面积，没有具体区分基本农田和基本农田以外的耕地，地籍资料中标注耕地坐标所用的参照物有的不明确，有的则早已不复存在。因此，非法占用土地的性质和面积往往难以确定，存在的争议较大。笔者建议应当建立专业的非法占用土地勘测鉴定机制，对土地性质、面积以及破坏程度指定专业机构进行鉴定，以便于统一标准，便于执法。

（2）多次非法占用农用地的面积能否累加问题

具体到非法占用农用地罪，即行为人在不同时间或不同地点分别实施的非法占用农用地的数量能否累加计算。例如王某在A村非法占用基本农田4亩，第二年王某又在B村非法占用基本农田4亩。单独看每一次的行为，每次占用农用地的行为都没有达到入罪的标准。能否将王某两次行为所涉土地累加计算为8亩从而认定为犯罪，值得进一步研究。从立法本意上讲，多次非法占有农用地且累加后的面积达到入罪门槛的行为无疑应该受到刑法制裁，但是受制于严格的罪刑法定原则的约束，此类行为目前入罪有争议，在没有完善的司法解释条件下，此问题还无从下手。

（3）大量毁坏农用地的鉴定问题

《刑事诉讼法》规定“为了查明案情，需要解决案件中某些专业性问题的时候，应当指派、聘请有关专门知识的人进行鉴定。”1995年原国家土地管理局《土地监察暂行规定》第24条将“鉴定结论”列为处理土地违法行为的八种法定证据之一。我国现行司法解释中对于“种植条件严重毁坏或者严重污染”程度的认定，没有规定专门的鉴定机关、未形成统一的认定标准，给刑事司法带来了很大的困惑。国土资源部与最高人民法院、最高人民检察院、公安部联合发布的国土资发〔2008〕204号文件规定，“需要认定耕地破坏程度的，可以向国土资源行政主管部门提出申请，由国土资源行政主管部门出具鉴定结论”。根据该文件的规定，国土资源行政主管部门应设立专门的耕地破坏程度鉴定机构。但鉴于农用地管理涉及许多行政主管部门，有时还造成多个部门管理职能的交叉或重合，司法解释很难界定一个行政主管部门对农用地毁坏程度进行权威鉴定。仅靠国土资源部门一家也无法将林地、草原等农用地的鉴定囊括其中，需要由政府协调相关部门联合执法、共同鉴定。在鉴定办法方面，《某市耕地破坏鉴定暂行办法》第3条规定“市政府成立耕地破坏鉴定委员会（以下简称鉴定委员会，见附件）负责该市辖区内国土资源行政主管部门申请办理的耕地破坏鉴定工作。鉴定委员会成员由该市国土资源、农业、环保等相关部门和单位负责人员组成。鉴定委员会下设办公室，办公室设在市国土资源局，负责日常工作。”第2条规定“市、县（市、区）国土资源行政主管部门在查处非法占用耕地案件中，对涉嫌犯罪向公安机关、人民检察院移送追究刑事责任的案件，需要对非法占用耕地造成种植条件毁坏进行鉴定的，适用本办法。”采用地方性法规的办法解决鉴定问题不失为一种好的解决途径。一方面可以有效地解决因各地自然条件不同而形成毁坏的标准不同问题，精确“大量毁坏”和“严重污染”的实际损害结果。另一方面，本地行政机关与本地司法机关之间联系较为密切，工作效率高，在鉴定过程中可以减少不必要的浪费，比如交通费、鉴定费用等。

四、非法占用农用地罪缺陷及完善建议

通过中外农用地刑法保护制度比较，指出我国非法占有农用地罪的缺陷，进而提出立法改善建议。

（一）不同模式下的土地资源的刑法保护

国外有许多与土地保护相关的行使法律制度，这对于我国进一步完善土地资源保护的刑事立法具有积极的作用。

1. 采用刑法典模式的规定。

从世界范围内看，明确以刑法典的形式保护农用地，不允许随意占用破坏农用地、改变农用地土地用途者，是比较少见的。相比之下，从环境资源保护的角度出发，通过立法保护农用土地质量，禁止破坏土地，杜绝土地污染，防止土地质量下降的立法还是相对较多的。

1998 年《德国刑法典》第 324 条 a（污染土地）规定："一、违反行政法义务，以下列方式之一，将特定物质埋入、侵入或弃入土地之中，对下列各项进行污染或作不利改变的，处 5 年以下自由刑或罚金：1. 危害人、动物、植物健康，或污染其他贵重物品或水域；2. 污染范围广泛的。二、犯本罪未遂的，亦应处罚。三、行为人过失犯本罪的，处 3 年以下自由刑或罚金。"德国的上述立法被认为是世界上处罚土地犯罪最为严厉的国家之一。实践证明，它对提高公民的土地保护意识，强化刑罚的一般预防功能，加强司法机关对这种犯罪的追究，起到了较好的作用。

1996 年《俄罗斯刑法典》第 254 条（毁坏土地）规定："一、使用对经济活动或其他活动有害的产品，或者由于在肥料、植物生长素、农药和其他危害的化学品或生物物品的保管、使用和运输过程中违反这些物品的处理规则而毒化、污染或毁坏土地，导致人的健康或周围环境受到损害的，处数额为最低劳动报酬 200 倍至 500 倍或被判刑人 2 个月至 5 个月的工资或其他收入的罚金，或处 3 年以下剥夺担任一定职务或从事某种活动的权利，或处 2 年以下的劳动改造。二、在发生生态灾难的地带或在生态形势严峻的地带实施上述行为的，处 3 年以下的限制自由或相同期限的剥夺自由。三、本条第一款或第二款规定的行为，过失致人死亡，处 2 年以上 5 年以下的剥夺自由。"

《阿尔巴尼亚刑法典》第 119 条（非法侵占土地）规定："非法侵占农业合作社的、农业企业的或者其他国家机关或公共机关的用地的，判处劳役改

造，或者一年以下的监禁。”第 117 条（转让被禁止转让的土地）规定：“以任何方式非法地转让农业用地的，判处三年以下的监禁，并且没收已经交付的或者已经应允作为支付履行非法合同的钱款或者物品，和没收或者不没收土地。”第 118 条（滥用农业合作社的土地）规定：“农业合作社的主任扩大合作社社员个人的小块园地超过合作社章程所规定的范围，以及实施其他各种滥用合作社土地的行为的，判处劳役改造，或者三年以下的监禁。”

1995 年《澳门刑法典》第 268 条规定：“（污染）一、违反法律或规章之规定，又或违反法律或规章所作之限制，作出下列行为，因而对他人生命造成危险、对他人身体完整性造成严重危险，或对属巨额之他人财产造成危险者，处一年至八年徒刑：a）污染水或土壤，或以任何方式使其品质降低；二、如因过失而造成上款所指之危险，行为人处最高五年徒刑。三、如因过失而作出第一款所指之行为，行为人处最高三年徒刑或科处罚金。”

2. 采用附属刑法模式的规定。

采用附属刑法模式来保护土地资源的规定不在少数，在那些对农业非常重视，特别是农业在国民经济中比重很大的国家，基本都对改变农用土地用途、随意占用农用地行为作出了较为严格的限制、进行了严厉打击。

日本《农地法》第 4 条规定，“农地所有者将自己的农地改变用途或专卖他人，超过 2 公顷的由国家农林水产大臣批准；2 公顷以下的由都道府县知事批准。”《农地法》第 92 条又规定，违反第四条规定者，处 3 年以下有期徒刑和 100 万日元以下的罚金。

韩国《土地保护利用法》规定，“未获得许可转用绝对农地（现状是农地）的，以及以欺骗或不正当方法骗取许可转用绝对农地的，处 5 年以下徒刑或课土地市场价格 50% 以下的罚款；未获得许可转用相对农地的（现状不是农地，将来准本开发成农地），或以欺骗或不正当方法骗取许可转用相对农地的，处 3 年以下徒刑 或课土地市场价格 30% 以下罚款。”①

新加坡《国有土地侵占法》第 7 条（对侵占土地行为的处罚）规定：“（1）任何人——（a）通过居住在上面建立建筑物或临时性房屋，或通过清理、圈围、耕种其中的一部分来非法占有国有土地。（b）通过在其上贮存、放置、丢弃任何形式的物体或物件或废物、弃物或其他物品来非法侵占国有土地的。（c）直接或间接的教唆其他人为这种行为或侵占行为的，均构成犯罪。并应依法处以不超过五千元的罚款或不超过六个月的监禁，或二者并罚。”

① 韩国《土地保护利用法》。

3. 中外农用地刑法保护制度比较。

从立法的形式上看，只有我国明确以刑法典的方式规定了严格禁止违法占用农用地，改变农用地用途，对农用地进行破坏。大部分国家都以附属刑法的方式对此加以规定。这直接体现了中央政府对于农用地保护的重视程度。鉴于我国人口众多、土地资源及开发现状并不乐观的实际国情，我国将非法占用农用地罪在刑法典中较为系统地加以规定。

从犯罪构成和刑罚角度看，日本、韩国由于人多地少、土地资源稀缺、耕地质量不高等实际国情，对于农用地犯罪的规定较为缜密。相比之下，我国对于非法占用农用地罪的犯罪构成规定得过于繁琐，而且还属于结果犯。日、韩则较为干脆，只要“不经批准，擅自占用农用地的”或者“未获得许可转用的农地”达到一定面积，就构成犯罪，属于行为犯。刑罚上我国的规定也过于单一，对于罚金的标准没有明确规定。日、韩等国规定得较为详细，更具有实践操作性。

从立法的目的看，德国、俄罗斯等刑法典都是以国家保护土地环境和土地质量为核心，侧重保护土地的效能，防止土地污染、杜绝土地质量下降，从而实现保护环境和人身健康的双重目的。根据我国的相关规定，可以看出我国的出发点在于保障土地总量，保护现有农用地资源，避免农用地资源的进一步减少，从而导致危及国家粮食安全。

（二）我国非法占用农用地罪的立法缺陷。

对于本罪的立法缺陷，大致可以归纳为以下几个方面：认为非法占用农用地罪的罪状表述不准确、不合理；认为刑法对现有土地犯罪设计不科学，对其他严重破坏土地资源且应该上升为犯罪的行为没有归置，最突出的主要表现在非法占用农用地罪的设计上，还有的学者提出应该增设“损害土地质量罪”；认为概括式的立法方式对土地犯罪没有明确规定，对责任的追究带来了影响。非法占用农用地罪刑罚配置偏轻，量刑幅度较宽。上述观点基本概括了目前我国关于非法占用农用地罪的立法上的缺陷。不过笔者认为，非法占用农用地罪的立法缺陷主要表现在以下几个方面。

1. 罪名的缺陷。

罪名是刑法分则所规定的每一种具体犯罪的名称，是对该种具体犯罪行为本质特征的高度概括。一般认为，确定罪名要遵循法定、科学、简括、明确、约定俗成的原则。非法占用农用地罪这一罪名基本符合简括、约定俗称的原则，但该罪名是否能符合法定科学的原则还有待商榷。笔者认为，这一罪名未能揭示本罪的本质特征。鉴于我国对于本罪采取结果犯，法定的构成要件为

“数量较大”和“造成大量农用地毁坏”，但从罪名上看，只能体现“非法占用耕地、林地等农用地”。并且，非法占用数量较大和造成大量毁坏根本就是两个不同的方面，立法将其表述为“非法占用”而不是“破坏”农用地，没能正确反映出破坏土地资源的犯罪本质。这种立法表述提供的逻辑似乎是将破坏土地资源的犯罪行为就等同于非法占用农用地的行为，这显然不合适。即便是实践中存在绝大多数破坏土地资源的犯罪行为是通过非法占用农用地来完成的，但也不能排除直接破坏农用地等破坏土地资源的犯罪活动。比如，为了打击报复隔壁村村民，蓄意破坏其村村民所有的耕地的行为。

2. 法条表述有歧义。

“违反土地管理法规”的占用即为“非法占用”，所以本罪的法条表述上就存在重复。本罪最大的歧义之处在于本罪的客观方面的表述，“非法占用耕地、林地等农用地”“改变被占用土地用途”“数量较大”“造成耕地、林地等农用地大量毁坏的”，笔者认为，这些客观方面的表述，非常容易产生歧义。如果说前面所述已经将“造成耕地、林地等农用地大量毁坏”的逻辑关系厘清，那么“非法占用农用地”和“改变被占用土地用途”之间又是什么关系？笔者认为，应当按照两个行为方式来对待。“非法占用农用地”系违反《土地管理法》的占用规定，“改变被占用土地用途”系违反《土地管理法》的使用规定，本身就是两个行为，分别违反的是《土地管理法》的两个方面的规定。如果理解为“非法占用”后，“改变被占用土地用途”“造成大量农用地毁坏”的，才定罪处罚，非常不利于我国土地资源的保护。所以笔者建议将非法占用农用地罪进一步细化，拆分为三个罪，非法占农用农用地罪、非法改变被占用农用地罪和破坏农用地罪。

3. 对土地保护力度较弱。

首先，本罪保护对象有局限性。农用地，更多地体现为农业生产带来的经济利益和其保障社会稳定的秩序利益，但本罪被置于破坏环境罪中，却没能更多地体现出生态利益的法益目标；作为生态系统重要支柱的湿地没有得到法律的明示保护，即便实践中有因破坏湿地以非法占用农用地罪定罪处罚的，但仍然没能体现出立法的科学性。①

其次，刑罚的力度不够和措施欠缺。触犯本罪的后果是“5年以下有期徒刑或者拘役，并处或者单处罚金”，这样的规定没能体现出精准的量刑档次，刑罚裁量权过大。罚金也没有给出倍比制的规定，不够精准。除此外，鉴于本罪的特性，结合《土地管理法》中的类似规定“占多少、垦多少”的原则，应当设定“谁破坏、谁恢复，破坏多少、恢复多少”原则。否则，非法占用农用地罪的社会危害性不仅没有消除和修补，反而会随着时间的推移导致整个人类生态环境的恶化。

目前对于非法占用农用地的定罪标准仅局限于面积，这是不科学的。比如同样是耕地，东北地区的黑土地和黄土高原的黄土地的种植能力就有着天壤之别，如果仅以面积为标准，那么实则是减弱了对优质土地资源的保护。应该根据土地质量的差别，提供更多的定罪标准，进一步细化，更好地保护优质的土地资源。

（三）立法建议

农用地资源极其重要，保护耕地等农用地也是我国的一项基本国策。实践中，破坏农用地罪的犯罪现象屡禁不止，并且愈演愈烈，非法占用农用地罪本应属于最严重的破坏自然资源的犯罪，理应受到严厉的刑事处罚。但现实是，我国《刑法》第342条关于非法占用农用地罪的规定相比于其他破坏自然资源的犯罪而言，入罪条件高、刑罚力度弱，未能对该种严重犯罪作出应有的反应。

笔者建议将该罪的基本犯罪规定为数额犯，将毁坏结果作为结果加重。非法占用农用地罪的本质特征应当是违反土地管理法规，非法改变被占用土地的用途，这种非法性具有充足的行政法依据。如果以被占用农用地是否遭受到实际破坏或永久失去种植条件为该罪区分行政违法与犯罪的界限，不仅无法起到应有的保护作用，甚至在一定程度上放纵了非法占用农用地行为。所以，非法

① 2006年10月，杨某在珲春林业局敬信林场71林班4小班内非法开垦湿地，并于2007年5月在开垦的湿地内种植了水稻。在种植期间，公安人员多次劝告，并在2009年4月下发责令停止通知书，但杨某拒不执行，仍然将所占湿地用于种植水稻。经鉴定，杨某非法所占湿地面积达5.7公顷。这起案件移送到珲春林区人民检察院后，经审查认为，被告人杨某违反土地管理法规，非法占用林地，改变林地用途，数量较大，造成林地（湿地）大量毁坏的行为，触犯了《刑法》第342条之规定，构成非法占用农用地罪。2010年1月11日，被告人杨某犯非法占用农用地罪，被法院判处有期徒刑一年六个月缓刑二年，并处罚金1.2万元。

占用农用地改变占用土地用途的入罪标准应以被非法占用的土地数量为准。建议将本罪的入罪条件规定“违反农用地管理法规，占用并改变耕地、林地、草原等农用地用途，数量较大的”。将“造成农用地严重毁坏或者严重污染的”作为本罪的结果加重犯予以规定。

建议提高该罪的最高法定刑，与其他破坏自然资犯罪的法定刑相协调。我国刑法中关于破坏自然资源犯罪的最高法定刑既有15年有期徒刑的，也有7年有期徒刑的，甚至非法转让、倒卖土地使用罪的最高法定刑也是7年有期徒刑。但是《刑法》第342条规定的非法占用农用地罪的法定刑最高为5年有期徒刑，也就意味着无论多么严重的毁坏程度，最多只有5年的有期徒刑作为刑事处罚。显然，这种规定既破坏了刑法内部相近犯罪之间法定刑的协调性，有悖于罪责刑相一致的原则，也形成一种不良导向，即毁坏土地的行为并不是重罪，导致司法实践中出现大量缓刑判决的情况。这种打击力度远远不能满足对于土地资源的保护要求。笔者建议，将该罪的法定刑提高至7年有期徒刑。同时，鉴于触犯该罪的犯罪分子多为追求经济效益，建议提高罚金档次。基本犯罪的法定刑为3年以下有期徒刑单处或并处罚金；将结果加重犯的法定刑规定为3年以上7年以下有期徒刑并处罚金。罚金比照犯罪所得的1倍以上3倍以下。

参考文献：

［1］高铭暄、马克昌：《刑法学》，北京大学出版社、高等教育出版社2010年版，第57页。

［2］周道鸾：《刑法罪名精释》，人民法院出版社2002年版，第606页。

［3］王灿发：《论新刑法关于环境犯罪的规定及其实施》，载《政法论坛》2002年第3期。

［4］王秀梅：《破坏环境资源保护罪的定罪与量刑》，中国人民公安大学出版社，2001年版，第253页。

［5］王秀梅、杜澎：《破坏环境资源保护罪》，人民法院出版社，2003年版，第271页。

［6］高格：《定罪与量刑》，法律出版社2001年版，第732页。

［7］郑太福：《非法占用农用地罪若干问题探析》，载《中国集体经济》2008年第3期。

［8］高铭暄、马克昌：《刑法学》，北京大学出版社、高等教育出版社2010年版，第656页。

［9］杜澎：《破坏环境资源犯罪研究》，中国方正出版社2000年版，第

20 页。

［10］熊永明、舒洁玲：《简论新刑法中的土地犯罪》，载《南昌大学学报（人文 社会科学版）》2000 年第 3 期。

［11］张哲：《论非法占用农用地罪》，吉林大学出版社 2009 年版。

［12］高铭暄、马克昌：《刑法学》，北京大学出版社、高等教育出版社 2010 年第 4 版，第 159 页。

［13］阮齐林：《刑法学》，中国政法大学出版社 2008 年版，第 730 页。

［14］王秀梅：《最新刑法典分则使用从书·破坏环境资源保护罪》，中国人民公安大学出版社 2003 年版，第 194 页。

［15］冯军译：《德国刑法典》，中国政法大学出版社 2000 年版，第 324 条 a。

［16］于志刚译：《俄罗斯刑法典（1996 年）》，中国方正出版社 2005 年版，第 254 页。

［17］赵秉志、王秀梅、杜澎：《环境犯罪比较研究》，法律出版社 2004 年版，第 293 页。

［18］汪秀莲、王静：《日本韩国土地管理法律制度与土地利用规划制度及其借鉴》，中国大地出版社 2004 年版，第 140 页。

［19］赵秉志、王秀梅、杜澎：《环境犯罪比较研究》，法律出版社 2004 年版，第 169 页。

［20］吕晓伟：《非法占用农用地罪的立法缺陷及其重构》，载《法制与社会》2008 年第 9 期。

［21］蒋兰香：《论我国土地资源刑法保护机制》，载《时代法学》2005 年第 2 期。

［22］王蓉：《论我国刑法应当规定而尚未规定的环境犯罪》，载《环境资源法论丛（第 3 卷）》。

［23］周厚兴：《土地犯罪研究》，吉林大学出版社 2006 年版。

［24］张哲：《论非法占用农用地罪》，郑州大学出版社 2009 年版。

［25］周道鸾：《刑法罪名精释》，人民法院出版社 1998 年版，第 14－19 页。

贵州省人民检察院水利系统预防职务犯罪调查报告

叶亚玲　赵玉林　涂正鹏*

贵州是一个工程性缺水的典型省份。近年来，为守住生态与发展“两条底线”，我省大幅度增加水利基础建设投资，水利建设进入发展快车道，惠及了更多民生，有力地推动了全省社会经济的发展。然而，水利建设战线在取得令人瞩目成绩的同时，却发生了省水利厅原厅长黎平、黔东南州水利系统5县25人窝串案等一系列腐败案件，严重损害了我省水利建设事业健康发展，引发新华社《内参选编》《南方周末》等媒体广泛关注。

为遏制和减少职务犯罪，确保水利工程资金安全、质量安全和干部安全，推进我省水利“三大会战”和“小康水”行动计划等项目顺利实施，贵州省检察院在查办案件的同时，针对水利系统职务犯罪的情况开展了预防调查工作。调研组先后深入黔东南州、黄平县、普定县、关岭县等州、县检察院和水利部门就相关情况进行座谈，查阅了近五年来水利系统职务犯罪案件资料。现将调查情况报告如下：

一、近五年水利系统职务犯罪基本情况、主要特点和趋势

（一）基本情况

1. 从犯罪数量看，近3年逐年上升，呈多发易发态势。2009年至2014年7月，全省检察机关查办水利系统工作人员职务犯罪案件133人。其中，2011年查办10人，2012年查办21人，同比上升110%，2013年查办34人，同比上升61%，占涉农领域犯罪的17%，2014年1月至7月查办31人，占涉农领域犯罪的21%。如图一所示：

---

* 作者单位：贵州省人民检察院。

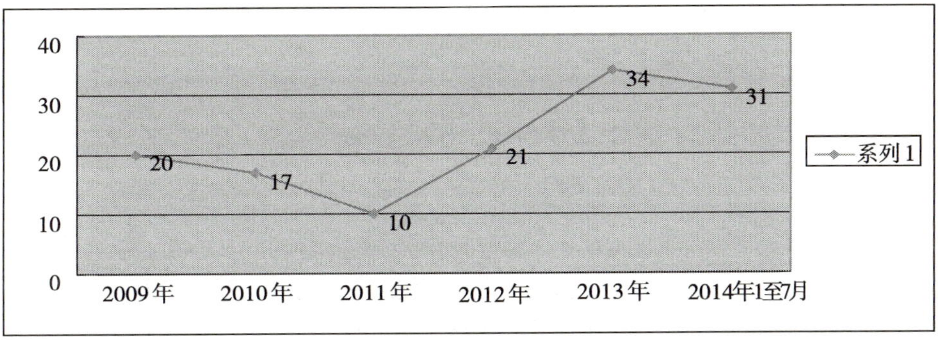

图一　2009 年至 2014 年水利系统职务犯罪每年案发情况

2. 从犯罪罪名看，罪名集中，贿赂类案件突出。在查办的案件中，罪名集中在贪污挪用、贿赂和渎职。贿赂案件 90 人，占 67%；贪污挪用 33 人，占 25%；渎职侵权 10 人，占 8%，渎职罪名全部集中在玩忽职守和滥用职权。如图二所示：

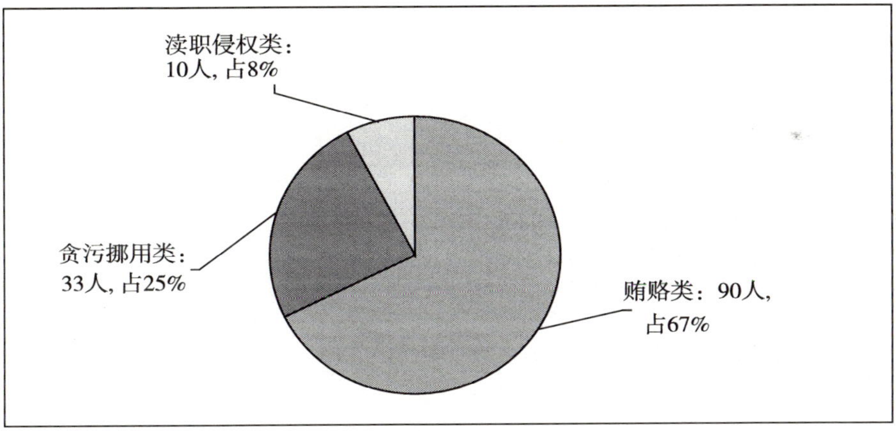

图二　2009 年至 2014 年 7 月全省水利系统职务犯罪罪名分布情况

3. 从涉案金额看，金额较大，5 万元以上大案突出。在查办的 123 人贪污贿赂类案件中，5 万元以上的大案 114 人，占 93%。其中，5 万元以下的 9 人，占 7%，5 万元至 10 万元 38 人，占 31%，10 万元至 100 万元 70 人，占 57%，100 万元以上的 6 人，占 5%。如图三所示：

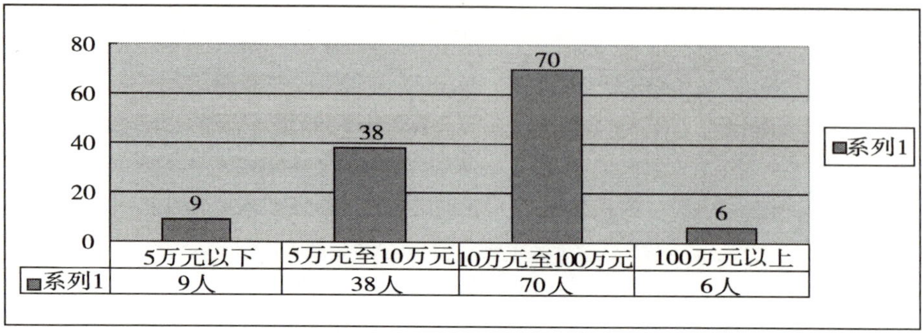

图三　2009 年至 2014 年 7 月全省水利系统贪污贿赂案件金额分布情况

4. 从发案区域看，各市州均有案发，遵义、铜仁、黔东南和安顺较为突出。在查办的案件中，涉及了 46 个县的水利系统国家工作人员，覆盖了全省一半以上的县域，其中遵义市 31 人，铜仁市 23 人，黔东南州 17 人，安顺市 17 人，黔西南州 10 人，黔南州 10 人，毕节市 8 人，六盘水 6 人，贵阳市 4 人，省水利厅 2 人，其他不属于市州的企事业单位等 5 人。如图四所示：

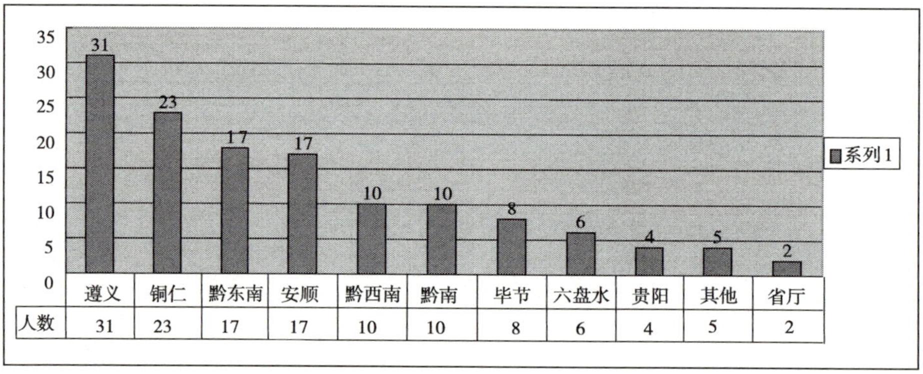

图四　2009 年至 2014 年 7 月水利系统查办职务犯罪案件区域分布

（二）案件主要特点

1. 水利系统职务犯罪随着水利资源配置需要和国家投入重点的变化而变化。近几年来，我省加大水利基础设施投入力度，水利项目投入持续增加，水库除险加固、农村安全饮水工程全面铺开，防洪、灌区等项目大量上马，2013 年完成 171.8 亿元，2014 年计划投入 200 亿元，再创历史新高。职务犯罪的逐利性决定了哪里有资本，它往哪里去。根据对 2009 年以来水利系统贿赂犯罪的 53 份生效判决书统计结果显示，在 53 人的职务犯罪中，涉及农村安全饮水、人畜饮工程等饮水类工程项目 64 个，占 33%，涉及水库建设和水库除险加固工程项目38个，占19%，涉及防洪堤、河道和渠道等工程项目40个，占20%，涉及灌区、农田水利、石漠化治理等水土保持类工程项目26个，占13%，涉及烟水配套工程项目8个，占4%，水电站项目7个，占4%，其他项目类10个，占7%。如图五所示：

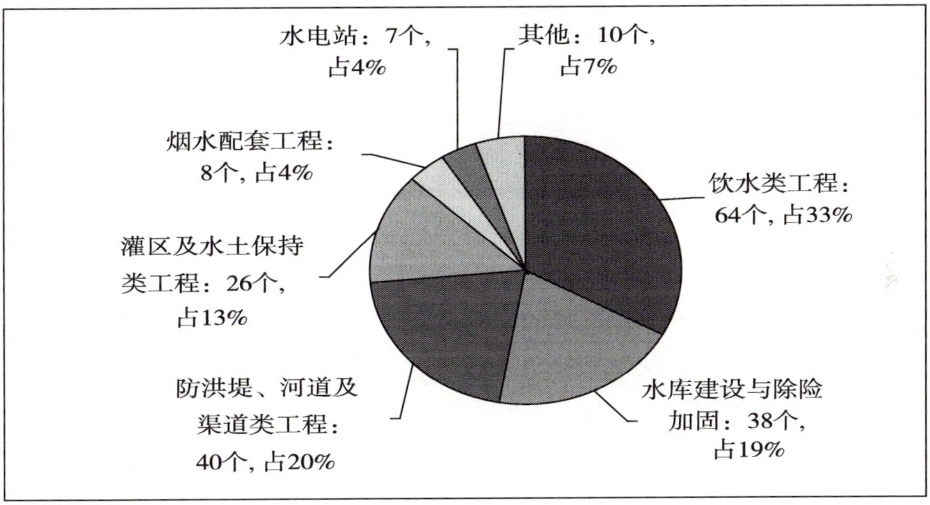

图五　2009年至2014年7月全省水利系统已判决职务犯罪案件涉及的工程类别情况

2. 领导干部犯罪占比较高，“一把手”犯罪在高位运行。从犯罪主体看，查办的案件涉及省、市、县（区）、乡（镇）四级水利行政管理的工作人员。副科级以上干部为66人，约占全部案件的50%，其中科级干部60人，处级干部5人，厅级干部1人。从岗位上看，单位一把手和站所负责人共73人，占查办案件总数的53%。其中，水利系统各级单位一把手38人，占29%，其中省水利厅长1人，市州水利局长1人，另有28个县的36个水利局长先后被查处，全省近1/3的县水利局长落马。站所负责人35人，占26%，副局长23人，占17%，工程师及设计人员8人，占6%，其他如会计、出纳等29人，占22%。如图六所示：

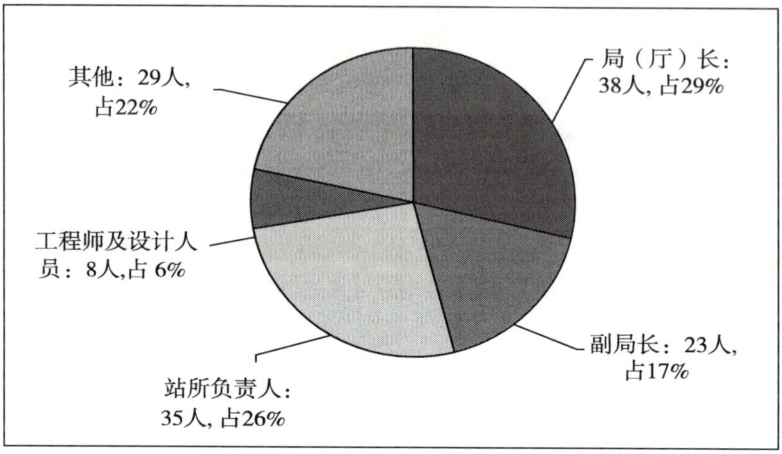

图六 2009 年至 2014 年 7 月全省水利系统职务犯罪岗位分布情况

3. 犯罪继发、重发现象突出，呈现群体性、塌方式腐败的态势。一方面，水利系统职务犯罪重复发案的态势较为严重，“前腐后继”的现象突出，全省有 8 个县的水利局先后有 2 任以上局长被查处，如安顺市普定县自 1997 年以来已有 6 任水利局长被查处，其中近 3 年就相继有 3 任水利局长涉及职务犯罪，影响恶劣，极大地损害了水利系统形象。另一方面，水利系统群体化、塌方式腐败的动向更加明显。办案中牵一发而动全身，查办一个挖出一窝，发现一个带出一串，常常波及整个单位。据统计，2009 年以来，共计 28 个水利单位有 2 名以上工作人员涉嫌职务犯罪。如 2013 年黔东南州检察机关查办了涉及 5 县 25 人的水利系统窝案串案，共涉及国家工作人员 17 人，其中查处州水利局副局长 1 人，县级水利局局长 5 人，涉案金额达 900 余万元。再如 2012 年安龙县水务局窝案中，查处了原局长李芝祥、原副局长王国兴、原纪检组长王济扬、原党组成员向正辉等人受贿案。这些案件涉及人多、面广，各种利益盘根错节，领导班子成员大多涉嫌职务犯罪，出现塌方式腐败，严重危害水利事业发展。

4. 水利系统职务犯罪主要风险点集中在水利工程建设环节。水利系统干部插手水利工程较为普遍，发案主要集中在工程招投标、直接发包、质量监管与验收、工程物资采购和款项决算与拨付等环节。根据对 2009 年以来水利系统职务犯罪的 53 份生效判决书统计显示，仅 53 人犯罪环节就涉及水利工程项目 193 个，平均每个人涉及 3 个以上的工程。这 53 人的犯罪环节涉及多个方面，其中涉及工程招投标环节 68 次，占 34%，涉及工程直接发包环节 57 次，占 29%，涉及工程监管与验收环节 34 次，占 17%，涉及工程物资采购环节 20

次，占10%，涉及款项结算与拨付环节14次，占7%，另涉及水利行政管理环节9次，占5%。如图七所示：

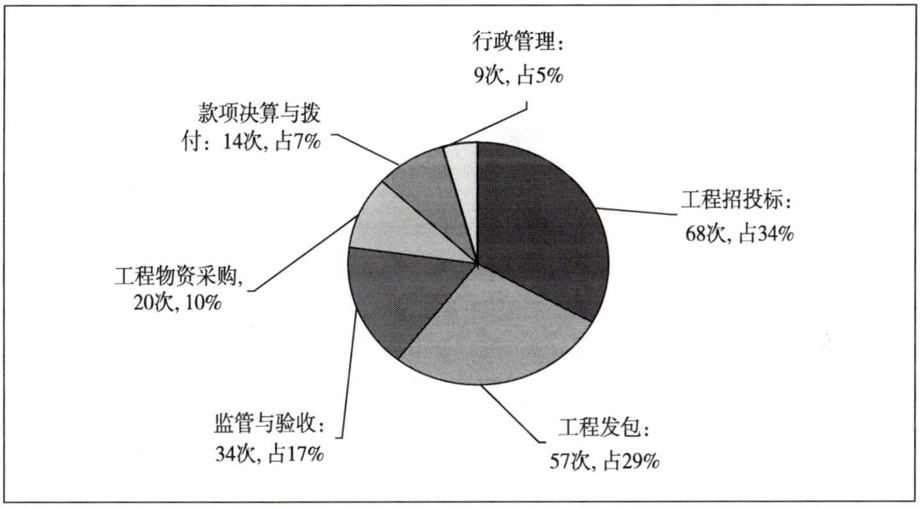

图七　2009年至2014年7月全省水利系统已判决贿赂案件涉案环节情况

5. 犯罪行为具有连续性，作案次数多，单次金额小，积少成多成大贪的现象较为普遍。水利工程项目资金密集，建设点分散，涉及环节众多，相对于其他领域的职务犯罪，水利系统职务犯罪往往持续时间长、作案次数多，单次金额小、累计金额多。在领导干部犯罪中，一人插手多个工程的情况屡见不鲜，一人接受多人贿赂特征明显，积少成多的现象较为普遍。例如黔东南州水利局原副局长冯卡受贿案件中，收受工程招标代理机构、水利工程设计、勘察、建设工程老板、水利工程材料商等共32人68次贿赂，单次金额从几千元至几万元不等，总金额累计110余万元。

（三）水利系统职务犯罪的发展趋势预测

1. 职务犯罪易发多发、高位运行的状况将在一定时期内持续存在。据统计，我省水利投资从2009年的49亿元增加到2014年的200亿元，投资金额增加了近4倍。而建设项目的公益性、建设环节的复杂性以及巨额专项资金支出的分散性，决定了水利系统工程建设管理控制、质量控制和资金控制、廉政控制任务十分艰巨，在短时间内遏制腐败行为易发、高发势头的任务十分困难。近几年，水利系统职务犯罪持续走高，2013年查办34人，同比上升61%，2014年仅1月至7月，就查办31人，与去年全年查办的人数相差无几。而最新的数据显示，2014年8月至10月，检察机关又受理了7

人。未来几年，我省还将加大水利投入，如果不能进一步完善健全相关监管配套制度，水利行业依然会成为以权谋私、贪污挪用、截留私分等职务犯罪多发领域。

2. 职务犯罪将出现贪贿犯罪高发期与渎职犯罪高发期双重叠加的态势。据统计，仅“十二五”期间，我省就有4座中型水库、66座小型水库、410座重点小型水库纳入国家病险水库规划。造成这个现象的原因是多方面的，职务犯罪是其中诱因之一。根据查办的众多案件显示，腐败的钱来源于水利项目资金本身，水利工程标的额3%—5%被用于公关已经成为行业潜规则，有的更是虚增工程量，套取专项资金。这些腐败行为必然导致用于水利工程建设资金减少，工程质量受到影响，而水利工程一旦成了“豆腐渣”，造成的危害巨大，特别容易形成渎职和贪贿犯罪相互交织的案件。

3. 水利系统职务犯罪可能会与社会问题交织，惩防难度加大。水利事关经济安全、生态和农业安全，而水利系统的职务犯罪直接损害群众利益，很容易成为引发群体性事件，激化社会矛盾的导火索。据威宁县检察院调查，该县草海、小海等10余个乡镇普遍存在农村饮水工程久拖不能完工，或者完工多日却仍未正常供水的情况，有些已验收的工程因无法投入使用，成了烂尾工程。此外，余庆等地也存在修好的水池无法蓄水等问题，民生工程没有真正惠及群众，群众意见极大。这些现象极容易使职务犯罪与社会问题相互发酵，使惩防职务犯罪与解决社会问题混搭在一起，一旦爆发，处理起来将愈加艰巨和复杂。

二、水利系统职务犯罪案件多发、高发的原因

（一）体制转轨中行政手段与市场手段并行，存在权力寻租空间，成为制约水利事业发展的深层矛盾和问题

在现有的水利工程建设项目实施运行过程中，由于多种因素影响，水利行政管理部门在项目立项审批、项目规划设计、项目实施、项目监管、项目使用等方面具有很大行政权力。一些本应由市场调节的环节，依靠行政审批来运行，水利工程建设市场发展还处于行政管理手段与市场调节手段并存的阶段，水利行政管理部门能够凭借手中的权力左右市场行为，水利建设资金在各地“跑要”的情况下，“跑冒漏滴”现象较为严重，容易滋生权力寻租。在监管制度有待健全完善的情况下，职务犯罪成为不法分子争取公共资源最便捷的选择。

（二）水利系统改制不彻底，尚未真正建立现代管理机制，多个环节容易出现“体内循环”的弊端

我省曾对水利行政组织管理形式进行调整和改革，起到一定效果。但是从本质上说，水利建设市场还处于转轨阶段，水利“投、建、管、用”主体未真正分离或存在密切关联，权力运行错位，多个环节“体内循环”，内部操作，客观上为权力寻租提供了空间。

1. 规划设计环节存在体内循环空间。水利工程立项后，要由专业的水利工程设计机构进行规划设计，这本应属于市场行为，但是受困于水利工程的专业性，当前还有不少的水利局下设有水利勘测设计院或设计队，而一些水利建设项目的规划设计方的选定，大多由水利行政主管部门决定，存在体内循环的操作空间。例如黔西南州册亨县水利局原副局长吴常军在该县百口乡坝或村移民生产开发引水灌溉工程中，安排本局勘测设计队进行勘测设计，而该局助理工程师冉崇军在未进行地质详勘的情况下就出具初步设计报告，并交由吴常军审核通过，造成施工单位盲目施工，致使所修建的水利灌溉工程无法正常使用，造成国家实际投资损失 313 万元。

2. 施工环节存在体内循环空间。水利工程承建主体的选择，应由市场调节，但是当前有不少水利局下设有水利水电工程公司，因此给体内循环带来了机会。截至 11 月 9 日，黔东南州公开的 2014 年 82 个水利工程（据该州水利局“6 +1”网络系统显示），有 29 个由该局下设的黔东南州水电工程公司及其分公司承建，占所有工程的 35%。这种体内循环的现象给腐败预留了空间。在查办案件中，发现有不少水利工程项目有意向性地安排给水利局下属水利水电工程公司中标，然后又转分包给挂靠的个人施工，收取挂靠费用后，对工程项目的施工监管、竣工验收和决算审查流于形式。

（三）水利工程建设投入大幅增长与水利建设市场结构失调的矛盾诱发职务犯罪

近些年来，我省水利建设资金快速增长，2009 年至 2014 年这 5 年就投入了 842 亿元，比新中国成立至 2007 年以来的总投入还要多出 4.5 倍，工程项目大幅增加，特别是农村新增大量微型和小型水利工程，建设面广量大。而水利工程建设资质门槛要求较高，有资质的工程公司更愿意承建大中型水利工程，对边远地区小微型水利工程市场重视不够，存在大中型水利工程竞争激烈，小微型水利工程竞争不充分的结构失调问题，多个项目由一家或少数几家企业承建，竞争不充分，程序不规范，监管不到位。2014 年黔东南州在网上

公开的 82 个水利工程由 12 家公司承建，其中一个公司承建多个项目的现象较为普遍，如天柱三星公司一家就承建了 14 个工程。这种结构性矛盾反作用于水利建设市场，容易造成非法的转分包和挂靠的二级市场甚至三级、四级市场，使得行业“潜规则”盛行。

（四）部分水利岗位权力集中与现有监督模式乏力的矛盾容易形成预防腐败的真空地带

1. 限额以下非公开招投标工程的数量较多与工程发包制度不健全的矛盾滋生职务犯罪。水利项目点多、面散，且 200 万以下的项目占相当的比例，根据相关规定，200 万元限额以下可以不需要招投标。在实践中，这些项目一般由地方水利行政管理部门运用竞争性谈判或自由选择的方式来确定工程承建方。黔东南州水利局“6 + 1”网络系统显示的该州 2014 年 82 个水利工程中，公开招标的仅为 37 个，占总数 45%，非招投标的 45 个，占总数 55%，其中竞争性谈判 26 个，自由选择 17 个，另有 2 个未明确具体方式。如剑河县 7 个项目全部采用非招投标的方式确定承建单位，而这 7 个项目全部由剑河县建设公司一家承建。据调查，黔东南州黄平县 2011 年至 2013 年有 171 个水利项目，其中公开招投标 78 个，占 45%，非公开招投标 93 个，占 55%。目前，对这种大量用非招标方式进行确定承建单位的情况，尚未形成较为具体有效的制度进行规范，极容易为权钱交易提供方便之门。如榕江县水利局原局长杨秀刚受贿案件，就是将 12 个非招投标工程直接安排给多名行贿人后收受贿赂。

2. 水利行政管理部门在工程招投标、物资采购、监理和设计等环节的权力大，缺乏有效制约。大多数工程由县级水利部门具体负责实施。因此，县级水利部门就拥有指定招投标委托代理公司、聘请监理公司、物资采购的权力，在当前行政机关首长负责制的制度设计下，各县局“一把手”权力较大。从我省查办的 38 个水利行政机关一把手的案件看，工程项目建设基本都是主要领导说了算，班子成员互不监督，干部职工对“一把手”交办的违规操作不敢坚持原则。地方纪工委和上级水利行政部门对水利工程具体项目的监管鞭长莫及。现有监管模式没有形成有效的监督制约机制，权力大而监管弱，极容易导致公权力异化，滋生腐败。如黔东南州水利局原副局长冯卡受贿案件，其任该州水利工程管理局局长期间，收受贵州同辉招标公司、贵州聚龙投资咨询公司等招标代理公司贿赂，然后将多个水利工程的招标代理业务直接安排给这些代理公司。招标公司的代理业务是行贿冯卡而来，因此在招投标业务中也就听命于冯卡。于是冯卡多次通过向招投标代理公司打招呼的方式，让多家与他有关系的承建公司中标，并收受贿赂，在这个过程中，监管形同虚设。

3. 资金数量庞大与监管信息不畅的矛盾给职务犯罪留下空间。政府投资的水利建设项目数量众多、资金庞大，既是水利事业发展的机遇，也对资金监管和预防职务犯罪提出了更高要求。目前水利项目及其资金管理上仍存在一定问题，主要表现在资金监管存在缺位情况、使用欠规范，地方配套资金难以足额到位等。因水利厅、发改委、财政厅及烟水配套工程出资方等资金监管单位隶属不同系统，部门间的资金监管信息交换难免存在不畅通现象，上级监管部门也难以系统、全面地掌握项目资金流向等信息，给职务犯罪留下空间。如在余庆县烟水配套工程11人窝案中，龙家镇原镇长张向才伙同水利站站长毛建书、办公室主任李泉，利用烟水配套工程监管信息不畅的空子，在网管安装工程中通过虚列支出等方式，侵吞工程款13万元。

（五）重视工程项目建设与放松思想廉政教育的失衡现象，致使相关人员利欲膨胀，行为失范

我省水利处于大建设阶段，水利工程任务重，时间紧，从立项到验收，涉及的环节多，牵扯的精力较多，各县级水利部门忙于开展项目工程建设，放松了思想教育，忽视了职务犯罪的预防。通过分析查办的职务犯罪发现，大多数犯罪分子均是“能人”，能跑项目，能要项目，大多存在只要跑来项目，踩踩“红线”也无所谓的心理，甚至把跑来的项目当成个人“私家花园”，而有的单位往往出于扩大项目成果等考虑，不能严格执行相关制度，监管制度难以形成有效约束。由此形成了认识误区，形成“项目至上”观念，认为只要抓好了项目，其他方面可以放松一些，甚至通过违法手段也在所不惜，导致管理混乱的问题凸显，腐败乱象从生。于是出现了沿河县水利局单位受贿，省水利厅下属的贵州省水利水电基本建设工程处单位行贿的尴尬现象，而在黎平县水利局，本应负有监管职责的两名水利站负责人为了自己能承包水利工程，进而行贿本局领导，有的县水利局采取虚增工程量、收受回扣等方式私设账外账，用于发福利、过节、拜年等费用或中饱私囊。例如从江县水利局违反国家规定，将收取的技术协作费、监理费和其他费用等130余万元存于账外保管，将保管的账外资金58余万元以发年终奖金和中秋节补助的名义发给职工，其余70余万元用于跑项目、支付临时工福利、局设计队产值奖金等各种支出。

三、进一步加强和改进水利系统职务犯罪预防的建议

职务犯罪作为一种社会现象，不可能完全避免，但是，从职务犯罪产生的各种因素找准切入点和突破口，多管齐下，采取措施有效遏制职务犯罪滋生蔓延的主客观条件则是可能的。因此，为了有效遏制和减少水利系统职务犯罪案

件的发生，可在以下几个方面下功夫：

（一）结合我省水利体制改革，全方位推动解决影响水利腐败的深层次矛盾和管理问题

按照贵州省委《关于贯彻落实〈中共中央关于全面深化改革若干重大问题的决定〉的实施意见》的要求，紧紧抓住长期制约水利发展的深层次矛盾和问题，加快转变政府职能，建设服务性水利管理部门，从根本上铲除腐败的土壤。

1. 全面启动水利体制“破、改、立”。按照投资、建设、监管、使用分离的原则，在水利部门现有改革的基础上，着力实施监督制约权力运行的顶层制度设计，从水利行政审批制度改革、水利投融资体制改革、水利工程建设、监管体制改革等方面入手，全面、全方位深化水利体制改革，最终形成水利行政部门着力加强对主体资格的审批以及对工程质量的验收，其他环节由市场调节的权力运行机制，减少权力寻租环节。

2. 着力培育和规范水利建设市场。鼓励和支持民间资本投入水利建设，除涉及重大公共利益外，对于企业投资水利基础设施项目，应由企业依法依规自主决策，水利行政部门不再审批。针对水利行业的事务性管理服务，水利行政部门可以通过合同、委托等方式向社会购买。

3. 深化水利行政审批制度改革。最大限度取消行政审批事项，对于市场机制能调节的经济活动，应取消审批，对于保留的行政审批事项要规范管理、提高效率。对于省、州水利行政部门保留的水利工程项目的审批分配权，要出台更具体的制度予以有效的规范。

4. 推进事业单位分类改革。要推动水利规划勘察设计院、工程建设公司等水利公办企事业单位与水利主管部门理顺关系和去行政化的改革，建立水利系统事业单位现代法人治理结构，探索推进有条件的水利事业单位转为企业或社会组织，进一步弱化行政管理人员对工程建设项目的影响力。

5. 建立水利重大工程项目质量领导终身责任追究制。要落实领导干部终身对水利重大工程项目质量负责制度，要健全责任分解、检查监督、倒查追究的完整链条，对发生质量问题的工程，要实行“双查”责任制，既要追究案件当事人责任，又要终身追究相关领导的责任。

（二）进一步健全完善防控机制，扎紧招投标制度的篱笆

针对水利系统腐败案件大多发生在工程建设招投标和直接发包环节的实际，要加强相关配套性的制度防控。

1. 完善水利工程发包的配套政策。针对很多水利项目属于限额以下无须公开招投标的特殊情况，进一步规范全省水利建设市场发包工作，维护好水利建设市场秩序。要在招投标法的框架下，完善健全水利工程招投标工作，特别是要健全200万元限额以下工程发包的相关制度，进一步量化、细化邀请招投标、不实行招标等项目标准，全方位对具体操作程序予以规范，强化对直接发包工程的机制控制、程序控制、节点控制和风险控制。

2. 形成规范严密地选择招投标代理公司的程序，防止个别决策。针对当前水利项目选定招投标代理公司程序不规范的实际，要在招投标法的框架下，进一步细化、量化选择招投标代理公司的配套机制，用制度化、程序化、规范化来约束招投标环节权力运行。探索将选定招投标代理公司的权力与负责招投标的权力适当分离，将全省水利项目选择招投标代理公司的权力统一集中到省、州水利部门行使，由省、州预留项目招投标费用，通过网络远程招投标等形式决定招投标代理公司，然后再将该项目交由地方具体负责招投标，进而形成招投标环节的多方权力制衡，防止利用对招投标公司的影响力实施腐败的现象。要出台可量化的标准，加强对招投标代理公司监管，加大其违法成本，杜绝违规操作。

3. 推进阳光招标。把水利招投标纳入公共资源交易中心，研究电子化招标投标模式，施行电子招标、计算机辅助评标、远程异地评标、网上竞价和网上电子监察技术，尽量减少领导干部干预招投标的环节，从技术上预防职务犯罪的发生，把预防职务犯罪工作贯穿到招投标的全过程。

4. 建立水利建设市场信用机制。黔东南州水利局等部门出台了《建设施工企业及从业人员不良行为记录管理暂行办法》，规定被列入黑名单的，6—12个月不得参与全州投标，这些规定取得一定实效，但是惩戒力度还不够，没有形成高压态势。要进一步完善全省水利工程信用评价办法、不良行为认定标准、守信激励和失信惩戒等制度，依法限制不良记录市场主体进入水利建设市场。

（三）针对水利建设快速增长带来的监管挑战，完善现代化的水利项目监管制度

从当前的实践看，我省水利系统传统的项目监管方式已经不能适应水利项目呈几何倍数增长带来的廉政风险挑战，应当在建立健全现代化的项目监管制度上下功夫。

1. 建立健全重大水利建设项目专项稽查制度。制度的静态特征使其在预防动态腐败行为面前显得力不从心。针对我省水利项目资金巨大，项目多且分

散的实际，在开展的水利工程质量管理年等活动基础上，要建立健全由发改部门牵头，财政、水利、审计等部门参与的水利项目专项稽查机制，根据水利建设发展形势和重点变化，加大稽查力度，对水利重大建设项目的建设内容和标准、工程进度及工程质量控制、投资预算控制及投资效益，以及业主、承建单位和中介机构与重大建设项目有关的行为实施项目稽查。

2. 引入独立第三方监督机制。针对水利工程的专业性强、隐蔽工程多等特征，加强对投资项目全过程的监督控制，严格按照相关规定加强现场监督。适时引入外部监督，在项目建设中引入独立第三方开展过程控制，以专家制约专家，以技术监督技术。及时发现和纠正违规行为，预防和减少失职、渎职行为的发生。

3. 运用技术预防手段加强监管。水利建设项目数量众多、资金庞大，对资金监管和职务犯罪预防提出了更高要求。利用信息化技术，对资金的使用和拨付进行有效监督，对有效地预防职务犯罪行为的发生具有一定作用。在现有的《贵州省水利涉农专项资金备案管理系统》基础上，可借鉴广东等省开发的水利信息化技术，进一步完善和推广黔东南州水利部门开发的《阳光水利“6+1”电子监管平台》监管模式，通过 GPS 技术，ERP 信息化模式进行管理，建设全省水利系统各级用户使用的资金监管平台，实现项目从可研立项到竣工验收全过程的资金使用情况进行全程监控，使全省每一个水利工程建设项目，从审理立项、资金下达、施工队伍选择、项目建设进展、跟踪检查、资金管理使用、完工验收等一系列过程和环节的文件、规模内容、地理定位、实物图片，都能通过电子网络对外公开，对建设进度、资金拨付时限、投资完成等进行在线预警，对关键环节实时监督，流程控制，防止任何权力异化进行操作。

4. 建立水利工程建设职务犯罪全程同步预防机制。对重大水利工程与立项申请同步申报该项目的预防职务犯罪方案，预防职务犯罪方案与立项申请同审批；在项目实施过程中，将预防职务犯罪工作与工程建设同部署同落实同监督。依托阳光水利电子监管平台，将项目建设的内容、程序、要求、预防职务犯罪情况等向社会公开。结合年度目标考核，探索实行项目工程“清廉度指数”评价制度，根据项目有无职务犯罪情况、群众反映、专家评价、纪工委和检察院监督整改情况等进行综合评估，然后每年打一次分，向社会公布，并根据得分情况，在水利项目分配预算时给予差别对待。

5. 完善权力运行监督制约机制。推行水利权力清单制度，在涉及水利系统在工程计设、工程审批、工程招标、重大物资采购等工作中，依法公开权力运行情况。推行主要领导干部不直接分管人事、财务、工程项目建设、物资采购等制度，通过分工和流程管理，形成“副职分管、正职监管、集体领导、民主决策”的权力运行机制，在一定程度上将主要负责人与风险敏感点实行有效隔离。

（四）着力构筑职务犯罪预防工作立体网络

1. 建立社会公众参与水利工程项目监督的机制。针对项目监管力量薄弱的现实，充分利用群众利益与水利工程项目紧密联系的关系，发动群众参与水利工程监督。要把社会公众参与水利重大项目监督的相关制度纳入全省农村小型水利工程管理体制改革，为公众参与提供更充分的制度保障。要在水利工程受益地推进决策公开、管理公开、服务公开和结果公开。探索邀请有直接利害关系的群众参与项目监督，项目验收需要群众监督代表的签字认可，进一步提高群众对民生水利工程的知情权、参与权、监督权。

2. 加强检察机关与水利部门开展职务犯罪预防的协作机制。及时交流沟通，加强对职务犯罪发案原因、特点、规律以及预防对策措施的研究，形成资源共享、联动并进的共同防范机制。检察机关与水利部门纪检监察部门联合，探索建立对水利系统中的重点岗位和存在职务犯罪问题的人员开展预防预警、预防告诫机制，形成反腐倡廉联动机制。

3. 充分运用已经查办案件的预防资源开展专项警示教育。适时在全省水利系统开展一次大型的专项职务犯罪预防警示教育活动，充分利用近几年查办的水利系统案件成果，掀起廉政教育的热潮，发挥廉政宣传的正能量作用，以专项预防带动常态化预防，真正落实省委提出“教导管防在前、察帮诫劝紧随、惩处罚治在后”的要求，达到“预防职务犯罪出生产力”的目标。

贵州省人民检察院
2014年无罪案件专题调研报告

贵州省人民检察院

为强化疑罪从无的司法理念，坚决守住防范冤错案件底线，近期贵州省院组织相关市州院和基层院对2014年11件生效无罪案件逐案剖析，总结教训，提出改进意见。

一、原因及教训

11件生效无罪案件分别为：项廷武故意杀人案、张光祥故意杀人案、潘盛芳故意伤害案、何金鸿职务侵占案、游晓双销售伪劣产品案、吴光辉职务侵占案、唐燕骗取贷款案、安金红诈骗案、张洪勇故意伤害案、丁福军贩卖毒品案、李士秀合同诈骗案。11件生效无罪案件的发生，都存在案件事实不清、证据不足的问题，既与公安机关收集固定证据不力有关，也与检察机关监督不力有关。

一是陈年积案的证据无法经受当前证据标准的检验。2013年《刑事诉讼法》修改后，强化了检察机关排除非法证据、证明取证合法性的义务，一些陈年积案达不到现在证据标准和证据要求。如发生于2004年的项廷武故意杀人案，虽无直接证据证明项廷武确实遭到刑讯逼供，但不能排除存在刑讯逼供的可能：首先，项廷武辩解受到公安机关的刑讯逼供、诱供、强迫在笔录上签名，司法鉴定书证实，项廷武第一次有罪供述笔录上的签名存在一定外部因素影响所形成，属非正常书写，而公安机关对上述事实不能作出合理解释。其次，项廷武的弟弟和妻子也证实在项廷武被抓后，也被公安机关抓了2—3天才被放出。再次，项廷武的有罪供述中，对作案时间、动机、工具、过程以及被害人的损伤情况等反复不一，且与现场勘查笔录、尸检报告等证据存在诸多矛盾。最后，指认现场的录像没有拍摄时间的记载，对指认过程也未完整反映，存在剪辑的痕迹。该案自2007年至2014年5月，一审法院曾经5次作出有罪判决。2014年6月，项廷武再次上诉。随着疑罪从无原则在司法工作中逐渐得到落实，省检察院检察人员出庭时发表了事实不清、证据不足的意见，推动省法院依法作出无罪判决。

二是被告人及辩护人的无罪辩解没有引起足够重视。在游晓双销售伪劣产品案中，证实王世贵、游晓双主观明知所销售的“地沟油”的证据比较单薄，承办人对被告人的辩解没有足够重视，检委会研究时更多考虑“地沟油”案件影响恶劣，应当予以严厉打击，因此作出起诉决定。在安金红诈骗案中，承办人对安金红无罪辩解未予足够重视，仅从安金红曾有盗窃前科、平时有偷偷摸摸的生活习惯、案发前一个月曾向其继父杨亮朝借钱等方面，推断其行为应当是诈骗性质，片面作出有罪推定。

三是时过境迁的补充侦查导致法律监督丧失刚性。在11件案件中，有的案件是在案发很久后才开展侦查取证，如张光祥故意杀人案，公安机关在案发多年后仅凭被害人家人举报被告人未参加被害人葬礼，作为锁定犯罪嫌疑人的依据，并以对犯罪嫌疑人测谎作为突破口获取口供；有的案件甚至诉到法院还在补充必要证据，时过境迁的补充侦查通常是以大量的“情况说明”填补过去工作空白。如项廷武故意杀人案，事隔9年后公安机关补充了42份情况说明。对一些客观上本就难以查清的案件，反复补证难有实际效果，甚至还出现证人翻证、案情“逆袭”的情况。如潘盛芳故意伤害案，公安机关在案发后事隔半年才立案取证，事隔4年后公安机关又重新补充证据，结果证人被再次询问后推翻了原证言，导致案件事实证据存在大量矛盾。检察机关处于诉讼中间环节，不依法果断对存疑案件作不起诉处理，极易导致法律监督丧失刚性。

四是片面强调维稳导致对人权的漠视。11件无罪案件大多存在因维稳压力而久拖不决的情况，有的已经作存疑不起诉处理，在无新证据情况下，仅因为有关部门协调再次启动侦查、起诉程序。如潘盛芳案，该案属邻里之间为土地权属争议引发的轻伤案件，历时6年，经历了2次起诉，1次不起诉，1次撤销不起诉，2次抗诉，2次一审无罪判决，1次二审无罪判决。唐燕骗取贷款案历时7年，经历了4次有罪判决，3次发回重审。张光祥故意杀人案历时11年，经历了3次有罪判决，2次发回重审。这些案件基本都有被害人及其亲属闹访的情况，同时也与各办案部门处理不当有关。如张光祥故意杀人案，被害人亲属在得知张被释放后即多次上访，各办案部门在接访被害人家属时口径不一致，引起被害人家属的不满和不信任。在明知此案时过境迁，无法补充实质性证据的情况下，都不愿在各自环节作终结性处理，导致案件久拖不决最终被判无罪。

五是案件承办人的主体地位没有受到足够重视。如在吴光辉职务侵占案中，承办人两次向检委会提出存疑不诉的处理意见，但检委会却作出起诉决定。在游晓双销售伪劣产品案中，侦监部门承办人提出事实不清、证据不足，建议不批准逮捕的意见，但该院案监室认为构成销售伪劣产品罪，应予批捕。

该案进入审查起诉环节后，经检委会讨论决定起诉，后被法院判决无罪。

六是辨别经济犯罪与经济纠纷的能力不足。11 件无罪案件中经济犯罪占了 40%，集中暴露出两个方面的问题：（1）公诉部门在审查经济犯罪中对涉及财经、市场方面的专业知识严重不足。（2）公诉部门对经济案件审查把关不严，一些普通经济纠纷被错误当作刑事案件处理。在何金鸿职务侵占案中，被告人何金鸿的“名城公司”虽经工商机关登记注册为“集体”性质，但该公司实际只由被告人何金鸿一人管理经营，检察人员在审查时只注重资金的去向，对“名集体、实个体”这一事实未加以关注。在吴光辉职务侵占案中，吴光辉虽然将公司的讴歌轿车落户在自己名下，但将该车购买、上牌及保险等相关费用的票据交回公司入账，并在公司账上有资产折旧，财会记账凭证中也将该车记为公司的固定资产，法院认定其主观上没有非法占有公司财物的故意，客观上也没有侵占公司财产，不构成职务侵占罪。在唐燕骗取贷款案中，唐燕向信用社申请贷款时对抵押物作了抵押登记，具有法律效力，不构成重复抵押，法院认定其行为不构成骗取贷款罪。

七是疑罪从无理念没有在公诉工作中贯彻到位。11 件无罪案件反映了办案人员主观上“四多四少”思想倾向：考虑维稳的多、考虑维权的少；考虑社会危害的多、考虑证据不足的少；考虑考核扣分的多、考虑无罪判决的少；考虑捕后国家赔偿的多、考虑司法公正的少。

八是人案矛盾突出难以适应日益增长的公诉工作要求。11 件无罪案件中，6 件是基层检察院办理的案件，占总数的 60%，有 7 件出现在贵阳，占无罪案件总数的 70%。区域分布不平衡主要有两个原因：（1）贵阳案件类型多、案情较为复杂。（2）基层检察院公诉部门人案矛盾突出，公诉工作不够规范化、精细化。2013 年全省检察机关公诉部门实有人员 683 人，县级院公诉部门 535 人，基层办案人员占公诉总人数的 78%，而县级院公诉部门共办理案件 31938 件，占案件总数的 91%，贵阳市云岩区院等 22 个院人均办案超过 100 件。公诉部门人员流动较大，一些多年积案在处理过程中多次更换承办人，造成办案责任难以确定。“案多人少、案难骨干缺、人新经验差”已经成为制约公诉工作发展的瓶颈。

二、启示与反思

其一，片面追诉不是实现司法公正的方式。《中共中央关于全面推进依法治国若干重大问题的决定》明确了推进以审判为中心的诉讼制度改革，确保侦查、审查起诉的案件事实证据经得起法律的检验。以审判为中心要求公诉程序的办案标准符合审判程序的法定标准，检察机关应当充分发挥公诉的审前过滤功能，运用不起诉等公诉权从源头上减少事实不清、证据不足的案件或者严重违反法律程序的案件“带病”进入审判程序。

其二，疑罪从无是法治必须付出的代价。检察机关提起公诉的案件应当是证据确实充分的案件，如果证据不足的案件流入审判程序被判决无罪，检察机关也应当承担审查把关不严的责任。十八大以来，各地已对多起重大冤错案件改判无罪。从“真凶再现型”“亡者归来型”到“证据不足型”，集中体现了司法观念的重大改变。各级检察机关应当顺应时代要求，及时转变陈旧的办案观念。

其三，必须防止走极端的错误思想。一是将疑难案件“混淆”为疑罪案件。二是将疑罪从无视为检察工作的“绊脚石”，认为其保护被告人，不利于检察机关审查案件。三是将疑罪从无作为司法懈怠的“挡箭牌”，只要发现案件有疑问就索性按照无罪处理。三种错误观念都是对疑罪从无的误读。既要防止理解偏差，又要注意矫枉过正。

三、改进建议

一要转变公诉工作政绩观。一是避免“一刀切”，不能认为所有案件都起诉，所有犯罪嫌疑人都判刑才是工作成绩。二是避免“踢皮球”，不能认为将案件带“病”起诉，检察机关不承担国家赔偿或闹访等压力就是工作成绩。三是避免“要面子”，不能对明知定罪证据不足的案件以抗诉等方式使案件久拖不决。同时，发挥二审检察机关的法律监督作用，对证据不足的案件，勇于发表“事实不清、证据不足”的出庭意见，支持二审法院改判无罪。

二要充分保障律师执业权利。建立长效机制保障律师合法权益，保障律师阅卷、会见、通信、调查取证和申诉控告权的行使；落实听取辩护律师意见制度，充分发挥辩护律师在非法证据排除中的作用，积极听取律师对证据合法性的意见；重视律师提出的被告人不在犯罪现场、未达到法定刑事责任年龄的线索，防止和纠正各种无故拖延、推诿、刁难律师依法履职的情况发生。

三要加强配合沟通提高办案质量。一是加强捕诉配合。统一捕诉案件质量标准，侦监部门对于证据不足的案件坚决不予批准逮捕，同时向侦查机关出具补充证据清单，并抄送公诉部门，公诉部门作为审查案件的重要依据。二是加强与公安机关协作配合。与公安机关建立联席会议、重大案件提前介入侦查和协调配合应急指挥等工作机制，切实提高刑事案件侦查和审查起诉质量。

四要严格规范司法切实履行法律监督职能。一是树立以审判为中心的证据意识，无论是对被告有利或者不利的证据在审查起诉时均应要求侦查机关随案移送，在提起公诉时均应当向法院移送。二是加强对立案、侦查活动的法律监督，加强对非法证据的审查和排除。勇于纠正刑讯逼供、暴力取证、隐匿无罪证据等违法行为。根据侦查违法行为的程度，采取移交职务犯罪线索和发纠正违法通知书、检察建议等多种形式开展法律监督。三是加强公诉环节对经济犯罪案件的审查，防止用刑事手段插手经济纠纷的现象发生。四是加强对超期审判的监督，对审判超期、久押不决的案件及时向法院发出纠正违法通知书。

五要改进公诉案件质量标准。一是将是否在检察环节履行了保障人权的法律规定纳入案件评查范围。二是以终结性法律文书网上公开为契机，大力加强司法规范化建设，通过公诉法律文书评查、抽查等方式促进规范文明司法。三是定期对生效无罪判决案件进行全面清理和逐案评查，以无罪案件的分析评议为切入点，全面查找公诉执法环节存在的问题，对生效无罪案件和检察机关撤回起诉的命案进行通报，定期编辑典型案例加强对下指导。

六要有效化解社会矛盾。一是对因证据不足而不批捕、不起诉、撤回起诉、判决无罪的案件，没有新犯罪事实和确实的定案证据，不能因当事人闹访随意撤销原处理决定，对犯罪嫌疑人再次采取强制措施。二是建立公检法联合接访机制，加大对刑事被害人的救助力度，共同做好矛盾化解工作。三是对于敏感案件及时向党委政法委汇报，会同有关部门做好舆情应对。

七要完善责任追究制度。一是推行司法档案制度，对办理每一起案件的情况都记入公诉人办案档案，作为考核评价、晋升奖惩的重要依据。二是健全执法过错责任追究机制，对于案件证据不足的情况，通过协调作出提起公诉决定的，应当认定在公诉环节存在执法过错，追究相关人员的办案责任。三是建立干预案件报告制度。对于案件处理中有领导干部违规插手案件处理的，案件承办人应当按照相关程序向有关部门报告并备案。

八要合理确定公诉人员数量和检察官职数。一是增加公诉人编制，为公诉人配备速录员等办案辅助人员，减轻公诉人从事事务性工作的负担。在政策允许的范围内，落实公诉人出庭补贴。二是由省级检察院建立公诉人才库，加强动态管理，对公诉业务骨干在挂职锻炼、跟班学习、参与重点课题调研等方面给予政策倾斜。三是在经济犯罪案件高发地区建立专门公诉队伍。四是深入开展岗位练兵和公诉实训，坚持向基层院倾斜，通过公诉人业务竞赛、示范庭、观摩庭、模拟法庭等形式着力提升基层公诉干警的审查判断证据能力、引导侦查取证能力、出庭公诉能力、释法说理能力等。

环境污染犯罪司法解释适用难题及解决对策

瞿　伟　范青青*

《刑法修正案（八）》将“重大环境污染事故罪”的构成要件作了修订，并将罪名修改为“污染环境罪”，扩大污染物的范围，降低入罪门槛。但是由于相关立法与司法实践存在诸多问题和矛盾，污染环境罪在司法实践中适用率极低，未能有效发挥预防和严惩污染环境犯罪的作用。2013 年 6 月 19 日“两高”联合发布《关于办理环境污染刑事案件适用法律若干问题的解释》（以下简称《解释》）进一步降低入罪门槛，对有关环境污染犯罪的定罪量刑标准、取证难、鉴定难、认定难等实际问题作出新规定，本文拟结合司法实践，分析《解释》适用存在的问题，提出破解对策及立法建议。

一、《解释》颁布后对环境污染犯罪惩治成效明显

（一）“两高”及时发布污染环境罪典型案例指导司法实践

首先，“两高”通报四起已经生效的环境污染犯罪典型案例指导司法实践。分别为紫金矿业集团紫金山金铜矿重大环境污染事故，云南阳宗海重大环境污染事故，重庆云光化工有限公司污染环境案，胡文标、丁月生投放危险物质案 4 件典型案件。① 这 4 件典型案例裁判已经生效执行，是《解释》出台前判决的惩治环境污染犯罪的标志性案件，在全国均有重大影响，也是推动司法解释出台的重大案件，对司法实践中指导适用《解释》办理环境污染犯罪案件发挥了重要的作用。

其次，最高法院发布环境污染典型案例指导司法实践。2014 年 3 月 19 日，最高法院发布人民法院保障民生第二批典型案例中，有王永平污染环境案。此案是“两高”发布司法解释后，充分运用司法解释判决的案例，对同

---

* 作者单位：云南省玉溪市易门县人民检察院。

① 王新友：《“两高”通报四起环境污染犯罪典型案例》，载《检察日报》2013 年 6 月 19 日。

类环境污染案件的判决具有示范效应。

（二）司法机关适用《解释》惩治环境污染犯罪力度加大

2001－2010 年全国法院系统总计仅有 37 个既判案件，平均每年 3.7 个；有 6 个年度的既判案件数量在 3 个或者 3 个以下；2002－2009 年每年的既判案件数量都在 5 个以下，平均每年只有 2.6 个。① 随着《解释》的出台，各省市均出现首例“污染环境罪”的案件。截止到 2013 年 12 月，据最高法披露，“全国法院共审结以污染环境罪、非法处置进口固体废物罪、环境监管失职罪判罚刑事案件 100 件，生效判决涉及 97 人，比 2012 年同期分别增长 194% 和 76%。其中，审结以污染环境罪判罚的刑事案件 87 件，生效判决人数 97 人，分别增长 295% 和 155%；以非法处置进口固体废物罪判罚的刑事案件 3 件，生效判决人数 3 人，而 2012 年同期，人民法院未审理过此类案件。”② 最高检的统计数据显示，从 2013 年 6 月至 2014 年 5 月，全国检察机关共批准逮捕涉嫌污染环境罪案件 459 件 799 人，起诉 346 件 674 人，相比 2012 年至 2013 年同期的批准逮捕 56 件 116 人、起诉 49 件 145 人③，办案数量提升六七倍。2013 年，全国检察机关共查办涉及生态环境的渎职犯罪 1196 人；今年 1 月至 4 月，共查办了 349 人。④ 2014 年 3、4 月的统计数据显示，全国检察机关共监督公安机关立案 228 件，批准逮捕 929 件 1375 人、起诉 2158 件 3309 人，成效明显。⑤ 据环保部统计，2013 年各级环保部门共向公安机关移送涉嫌环境犯罪案件 706 件，移送数量超过以往 10 年总和。⑥

二、适用《解释》办理环境污染犯罪案件存在的问题

（一）环境行政执法与刑事司法衔接不顺畅

据 2010 年《全国环境统计公报》显示，2010 年作出环境行政处罚决定的

---

① 焦艳鹏：《我国环境污染刑事判决阙如的成因与反思——基于相关资料的统计分析》，载《法学》2013 年第 6 期。

② 参见《中国污染环境罪案件数比去年涨近 3 倍共 97 人获刑》，载 http://www.dwz.cn/geom6，访问日期 2014 年 10 月 17 日。

③ 彭波：《彻查渎职 深挖污染保护伞》，载《人民日报》2014 年 6 月 13 日第 9 版。

④ 彭波：《彻查渎职 深挖污染保护伞》，载《人民日报》2014 年 6 月 13 日第 9 版。

⑤ 彭波：《彻查渎职 深挖污染保护伞》，载《人民日报》2014 年 6 月 13 日第 9 版。

⑥ 刘毅、武卫政：《生态文明 制度护航》，载《人民日报》2014 年 8 月 26 日第 6 版。

数量为 116820 起，而作出判决的环境犯罪案件仅 11 起。[①] 这说明环保监管部门角色缺失、未能与司法机关形成有效衔接。在现实中若没有接到社会公众报案或因污染酿成较大公共事件，公安机关很少对环境污染事故主动启动刑事调查程序，这是刑事司法较少介入环境污染领域的原因之一。

（二）环境污染行为与危害后果之间因果关系难判定

环境污染造成的人身伤害和财产损害以及对环境的破坏往往具有潜伏性和滞后性，同时污染环境罪中的因果关系由于介入因素过多，同样的危害行为可能导致完全不同的危害结果，同样的危害结果也可能是完全不同的危害行为导致的，甚至由于其他因素的介入，直接导致罪与非罪的区别。目前我国法律尚未对因果关系推定问题有所规定，一定程度上给司法实践中污染行为与危害后果之间因果关系的准确判定带来较大障碍。

（三）共同犯罪主观明知难认定

《解释》第 7 条专门规定，行为人明知他人无经营许可证或者超出经营许可范围，向其提供或者委托其收集、贮存、利用、处置危险废物，严重污染环境的，对行为人与该他人应当以污染环境罪的共同犯罪论处。但是，如何认定“明知”，没有进一步的具体规定。

（四）鉴定意见和检验报告的证据能力不明确

为了有效解决专门性问题，《解释》第 11 条第一款特别规定，对案件所涉的环境污染专门性问题难以确定的，由司法鉴定机构出具鉴定意见，或者由国务院环境保护部门指定的机构出具检验报告。人民法院根据鉴定意见或者检验报告，可以对相关案件事实做出认定。但是，有三个问题尚不明确：一是专门性问题的范围；二是检验报告与环保部门环境污染鉴定评估之间的关系；三是环保部指定的机构具体是哪些。

（五）环境监测数据证据效力的认可程序不明确

环保部门的监测数据是认定违规排放行为的第一手证据。根据《解释》，可直接根据环保部门的检测数据做出认定，无须再做司法鉴定。但考虑各级环保部门的监测条件、水平不同，为确保相关数据的客观、准确，确保相关案件

---

① 汪劲著：《环保法治三十年：我们成功了吗》，北京大学出版社 2011 年版，第 291 - 307 页。

公正处理，《解释》第11条第二款规定，作为认定相关案件事实的证据使用的监测数据，必须是县级以上环保部门出具的，且经省级以上环境保护部门认可。但是，如何规范认可程序并不明确。

（六）环境污染修复费用的范围难界定

《解释》第9条规定：本解释所称“公私财产损失”，包括污染环境行为直接造成财产损毁、减少的实际价值，以及为防止污染扩大、消除污染而采取必要合理措施所产生的费用。其中，“消除污染而采取必要合理措施所产生的费用”范围难界定，判定也存在较大的技术障碍，在没有直接的受害者要求民事赔偿而进行相应损害数额的鉴定与评估时，无论是环境保护行政管理机关还是公安机关，都很难有动力去做这种成本较高的损失核定工作。

三、破解适用《解释》办理环境污染犯罪案件难题的对策

（一）加强环境行政执法与刑事司法的衔接

加强相关资源的供给，增强司法机关与行政机关的互通，提升司法机关的相关能力，是刑事司法在保护环境时冲出藩篱、发挥其应有效能的必经之路。① 一是正确适用《解释》，准确适用法律；二是依法履行职责，严格依照相关法律法规的规定履行职责，既不能不作为，更不能滥作为；三是完善日常监管，及时发现查处，对于以罚代刑的一律追究渎职责任；四是依法取证移送，加强取证和移送工作，在证据采信等方面实现全面共享；五是加强与公安司法机关互相协作配合，形成惩治污染环境犯罪合力。

（二）规范环境污染犯罪共同犯罪认定规则

一是共同犯罪仅针对危险废物提供人或者委托人而言。二是危险废物提供人或者委托人明知他人无经营许可证或者超出经营许可范围。这里的“明知”，应当遵循客观标准来判断，即在正常情况下，行为人履行一般注意义务，就应当知道他人是否有许可证或者是否超出许可证的范围。三是提供或者委托无许可证或超出许可证经营范围的单位或个人收集、贮存、利用、处置危险废物，即存在事实上的提供或委托行为。四是受委托从事危险废物收集、贮存、利用、处置的单位和个人，须符合《解释》的规定，构成污染环境罪，

① 焦艳鹏：《我国环境污染刑事判决阙如的成因与反思——基于相关资料的统计分析》，载《法学》2013年第6期。

如果受委托人没有构成污染环境罪，就不存在共同犯罪的问题。

（三）明确环境污染鉴定意见和检验报告的证据能力

1. 专门性问题的范围。按照《解释》，检验报告只能针对案件所涉的环境污染专门性问题难以确定的情况，《解释》虽没有具体规定，但笔者认为核心判断标准应当是技术领域即案件事实领域的问题，不应涉及法律判断。应包括四个方面：损害后果鉴定；因果关系的判断；排污行为违法性鉴定；污染物的种类鉴定。

2. 鉴定意见与检验报告的证据能力问题。在司法实践中，具有司法行政部门授予司法鉴定资质的司法鉴定机构出具的“鉴定意见”毫无疑问具有证据能力。《解释》的突破，在于授权国务院环境保护部门指定的机构可以出具检验报告作为证据。据此，经国务院环境保护部门通过一定程序和方式指定的机构出具的检验报告与司法鉴定机构出具的鉴定意见并没有本质的区别，具有同等的法律效力。二者证明效力不应存在高低之别，当二者不一致时，可以重新鉴定或重新出具检验报告。

3. 环保部指定机构的范围。目前环保部暂无明确规定，但笔者认为国务院环境保护部门可以考虑将省辖市以上环保部门所属的技术支撑机构，如环境科学研究院（规划院）、环境监测中心（站）、环境应急中心等在省以上环保行政主管部门的直接领导下、长期从事环境管理工作的机构指定为适格机构。

（四）规范环境监测数据认可方式与层级

1. 认可的范围。环保部门及其所属监测机构出具的监测数据，均经省级以上环境保护部门认可，才可以作为证据使用。省级以上环保部门认可的监测数据，是指未取得司法鉴定资质的县级以上环保部门及其所属的监测机构因案件审理需要所出具的监测数据，而经取得司法鉴定资质的县级以上环保部门所属的监测机构出具的监测数据则具有法律效力，无须再经省级以上环境保护部门认可。

2. 认可的方式。笔者认为只能是形式上的审查，因为之所以要求省级以上环保部门对数据进行认可，是基于市县一级环保部门或其监测站，其技术水平和人员能力比较有限，所出具的监测数据，不一定能满足刑事案件审理需要的考虑。因此，省级以上环保部门只对个案监测数据出具的程序规范性及监测报告的完整性进行技术审查，数据的真实性、准确性、有效性仍应由出具数据的监测机构负责。当然，如果省级以上环保部门在审查过程中发现监测数据存在问题，可以重新进行监测后再出具监测数据报告。

3. 认可的层级。基于上述思路，笔者认为县、市环保部门及其所属监测站出具的监测数据，应当由省厅（局）或环保部认可。省厅（局）的监测数据不必报环保部认可，涉及重大污染事故的可以报环保部备案。

4. 认可的内容。重点审查六个方面：一是该监测机构具备国家法定的计量认证资质；二是监测的项目在该监测机构具备的计量认证监测范围之内；三是采样、分析人员符合环保部和省级环保厅局持证上岗的要求；四是监测报告中反映的采样、保存、监测分析过程符合环境监测质量管理体系及相关监测规范的要求；五是监测报告数据与监测分析记录的数据相一致；六是监测报告的内容及审核程序符合环境监测质量管理体系要求。

（五）限定环境污染修复费的范围

《解释》第9条中“消除污染而采取必要合理措施所产生的费用”是否涵盖“被污染的环境的修复费用”争议较大。该理解不一致，将导致不同机构对同类案件“公私财产损失”的计算结果产生巨大的差异。从以往发生的环境污染犯罪案件看，被污染的环境的修复费用往往数额巨大，动辄上百万元、数千万元。“依照《解释》，公私财产损失只需达到30万元，就可以定罪。如果将污染修复费用纳入公私财产损失的范畴，30万元将成为一个极易突破的数值，因此，将消除污染而采取必要合理措施所产生的费用扩张解释成包括所有的污染修复费用未必合适”。① 但如果不把污染修复费用包括在内，带来的问题就是环境本身的损失，仍然游离在刑法保护的范畴外，不能充分发挥刑法保护环境的作用。笔者认为污染修复费用不应计入“公私财产损失”范围。但可以按照“污染者负担”的原则，明确规定污染修复费用由实施污染犯罪行为的企业承担，并规定污染修复费用的计算方法、收缴办法，以确保被污染环境修复时得到必要的资金保障。

四、完善刑法立法的建议

（一）刑法典内专章设立危害环境罪

1. 细化罪名。我国《刑法修正案（八）》虽对污染环境犯罪条款做了修

① 王炜：《环境污染犯罪若干重要问题辨析——从环保部门的角度解读〈关于办理环境污染刑事案件适用法律若干问题的解释〉》，载《中国环境报》2013年7月15日第3版。

改，但这种将水污染、大气污染、土壤污染等环境污染犯罪合并规定在一个罪名的立法模式并没改变。因此从加强环境保护、提高刑法科学性的角度出发，应当采用专条专罪的形式，在保留污染环境罪和非法处置进口的固体废物罪、擅自进口固体废物罪的前提下，增设水污染罪、海洋污染罪、大气污染罪和土地污染罪。同时，《解释》第 1 条所列 14 种严重污染环境的行为不包括排放大量 PM2.5 指标体系物质。为有效治理雾霾，对超越环保标准进行生产的行为进行一定的刑法管控，可考虑在刑法中增设超越环保标准生产罪。①

2. 完善法定刑配置。我国《刑法》规定污染环境罪的最高刑仅为 7 年，刑罚力度普遍低于财产型犯罪，明显低于法定最高刑为 10 年以上有期徒刑的非法处置进口固体废物罪。鉴于污染环境罪属于社会公害犯罪，潜伏时期长、持续时间长、波及范围非常广、破坏作用大的特点，应当提高污染环境罪的法定刑，在具体刑罚设置上，设置三个档次的法定刑幅度：一是 5 年以下有期徒刑或拘役，并处罚金。二是严重污染环境或致使公司财产遭受重大损失或严重危害人体健康的，处 5 年以上 10 年以下有期徒刑，并处罚金。三是后果特别严重的，处 10 年以上有期徒刑，并处罚金。

3. 确立污染环境罪为危险犯。建议《刑法》第 338 条规定两项内容：一是污染环境罪的危险犯，即只要行为人违反国家规定，排放、倾倒或者处置有放射性的废物、含传染病病原体的废物、有毒物质或者其他有害物质的，就构成犯罪。二是规定污染环境罪的结果犯，即环境污染行为造成“严重污染环境”的后果的，在污染环境罪危险犯刑事责任的基础上加重处罚。

（二）完善环境污染罪的刑罚结构

1. 完善罚金刑。我国刑法虽然对环境污染犯罪的罚金刑作出规定，然而立法及相关司法解释均未明确具体的罚金数额和确定标准。笔者认为，应当在考量行为人的过错程度、犯罪事实、性质及对环境造成实际危害后果等因素的基础上作出裁判，根据最高法《关于适用财产刑若干问题的规定》，适当考虑犯罪分子缴纳罚金的能力。

2. 增设单位资格刑。建议参考国外的立法例，在环境污染犯罪的刑罚配置体系中增设资格刑，通过限制或剥夺企业的生产经营行为能力，最大限度地防止危害结果扩大化和降低再犯可能性，包括限期整改、吊销营业执照、刑事破产等。对于法人代表、直接责任人可以取消其从事相关行业的资格。具体而

① 焦艳鹏：《可考虑增设“超越环保标准生产罪”》，载《检察日报》2014 年 6 月 4 日第 3 版。

言可以从两个方面进行处罚：一是限制活动。二是责令关闭、勒令解散、吊销营业执照和刑事破产。

3. 增加非刑罚处罚措施。（1）赔偿损失。赔偿损失并非在刑罚之外承担民事赔偿责任，而是在作出有罪判决的同时，判令其对于受损害的人身、财产和环境利益赔偿经济损失。该方式对自然人和单位均可适用，赔偿的范围除了对人身、财产造成的直接物质损失以外，还应把犯罪行为给环境带来的直接和可预见的间接损失计算在内，将其作为恢复环境生态的费用。（2）责令补救。当行为人的环境犯罪行为已对环境造成一定的实际损害，且受到损害的环境要素存在可以由该行为人进行修复的可能性与可行性时，法院可以有罪判决形式，责令该行为人对污染或破坏的环境要素采取积极措施，通过环境恢复义务的承担，使污染企业积极参与环境污染的治理。

刑事错案相关问题研究

——关于判断标准、概念范畴和错案责任

刘春雷　杨　凯*

一、问题的提出

近年来随着一系列冤错案件的曝光，如佘祥林杀妻案、杜培武故意杀人案、赵作海故意杀人案、张高平叔侄杀人案等，刑事错案问题又一次成为我国刑事诉讼中的热点问题：一方面，对错案的判断标准、概念范畴等相关基础理论问题研究不足，导致司法实务中对错案的发现、纠正、追责、防范机制不统一、不健全、运行不畅，各司法机关内部建立的司法责任制度未能发挥应有的作用，直接影响到司法公信。另一方面，学术界围绕错案的界定以及判断标准、错案责任制度的缺陷与完善等问题展开了长期而热烈的讨论，但在这些重要的基础理论问题上仍然缺乏统一的认识，导致“错案”概念的严密性、科学性降低，在司法实务和理论界有被“执法错误”、“执法过错”、“违法裁判”等概念取代的倾向。

错案的判断标准如何取舍，错案的概念范畴及其边界应该设置在哪里？错案与错案责任的关系如何，错案责任是否仅限于个人责任，这些基本问题在学术界和实务界存在较大的争议。明晰以上问题，将有助于解决我国刑事错案理论和实践中的认识分歧，为刑事错案的处理奠定十分重要基础。

二、思辨刑事错案的判断标准

界定刑事错案的概念，首先要明确刑事错案的判断标准。目前，理论界对于刑事错案的界定，主要有以下几种观点：

第一种观点为处理结果说，认为“错案是指公安机关、人民检察院、人

---

* 作者单位：陕西省人民检察院。

民法院和监狱管理机关违法行使职权，在认定事实，适用法律上确有错误的案件”。[①] 这种观点强调判断一个案件是否错案，关键要看案件的处理结果，看案件事实的认定是否与客观事实相符，如果相符就不是错案，反之则是错案。此种观点强调的是所认定的案件事实与客观事实不相符。

第二种观点为主观过错说，认为“错案是指办案人员在立案、审理、执行案件过程中，故意或过失违反程序法或实体法，导致处理结果错误，依法应当追究责任的案件”。[②] 这种观点强调的是办案人员的执法过错。有的学者还认为，如果办案人员主观上有过错，即使案件处理结果与客观事实相符也应当认定为错案。

第三种观点为主客观统一说，认为错案标准应把主观过错与客观结果结合起来，办案人员主观上有过错，并在客观上造成了错误处理案件的结果，就构成错案。这种观点认为，在错案认定标准上仅采取客观标准或主观标准均显片面，应将主观过错与客观结果结合起来进行综合考察。这种观点将实践中那些无主观过错但客观结果与案件事实相悖的错案排除在外了。

第四种观点为程序违法说，认为严重违反诉讼程序的，即使实体结论正确，也应认定为错案；相反，如果司法人员的诉讼活动没有违反法律规定，没有徇私舞弊、枉法裁判，即使得出的案件结论与客观事实不符，也不认定其为错案。

第五种观点主张三重标准说，认为错案标准可分为错案纠正、错案赔偿和错案追究三重标准。在错案纠正方面，以启动再审的标准为错案标准；在错案赔偿方面，以国家作出刑事赔偿的标准为错案标准；在错案追究方面，对司法人员进行错案追究必须以司法人员违反法律规定为前提。[③]

笔者认为以上五种观点，均从不同的角度和侧重阐释了错案概念的内涵，在传统的刑事错案理论中有其合理性和意义，但缺陷在于：一是均将错案概念当作一个静止、片面的概念，没有根据社会公众的关切和司法实践的发展来深化、完善错案的内涵；二是困囿于错案概念的学术语词含义探讨，没有对错案概念作出合目的性的界定，也就是说没有从解决实际问题的目的出发，顺应公众关切和司法实践关于纠正和防止错案的价值要求；三是混淆错案界定中的错案概念与错案责任追究中的错案及国家赔偿法意义上的错案的区别，混淆了客观意义上的错案与主观意义上的过错的区别。对错案概念的界定不清、研究滞

① 张柏峰：《中国的司法制度》，法律出版社2014年版，第223页。

② 于伟：《错案标准的界定》，载《法学》1997年第5期。

③ 陈学权：《刑事错案的三重标准》，载《法学杂志》2005年第4期。

后，直接导致具体制度设计中的摇摆不定，比如检察机关相关制度的标题一开始是错案责任追究制度，后来又用执法过错责任追究制度取而代之。同时司法系统各部门对于错案概念均有各自的解释和理解，削弱了相关制度在纠正和防止错案方面功能作用的有效发挥。

当基本问题纠缠不清时，先返回到提出问题的逻辑原点。界定错案概念范畴的目的何在。目的应是为了纠正和防止司法实践中错案的发生。如何“对症下药”来解决这一司法“顽疾”，就得分析错案发生的“病理”是什么。除去司法人员徇私枉法、故意违反法律法规或者过失造成错案的情形，假设司法人员受到职业道德的约束，善意、真诚地对案件事实进行认定，单纯从技术层面进行探讨，一个基本问题是：诉讼认识能否完整准确地反映案件的客观实际。从根本上来看，司法办案行为是一种主观判断客观的过程，司法机关及司法者对于案件事实的认定是主观性判断，而且属于回溯性的事后判断，即使司法人员在现有认知和技术水平下已经尽到了必要的注意义务，司法人员主观认识对客观事实的判断发生某些错误在一定意义上是在所难免的。

对以上造成错案的原因分析，有利于我们在界定错案的概念范畴时涵盖到错案的各种类型，使错案的概念范畴具有逻辑上的周延性，从而在一定时期内具有稳定性、统一性和科学性，指导司法实务界科学有效地健全完善纠防错案相关工作机制和制度，回应社会公众的关切和期待，促进司法工作自身的科学发展。基于上述考虑，笔者认为，错案的判断标准应以“客观说”为错案的认定基础，不应涵摄司法人员的主观心态，但这里的“客观说”不同于“处理结果说”，以往认定错案的“处理结果说”，多从实体结果着手对错案进行界定，对处理结果的范围归纳不全面，仅限于事实认定错误、适用法律错误两种实体错误。而客观说强调将作为司法行为后果的客观结果作为错案的判断标准，其内容不限于实体的两种处理结果，还应包括第三种情形，即违反程序法的规定严重侵害他人合法权益，或者违反程序法的规定造成恶劣的社会影响。

将第三种情形作为错案标准客观说内容的理由是：首先，现代刑事司法实体与程序并重的司法理念逐渐深入人心，抛弃过去那种片面强调实体正确而不顾程序违法的陈旧观念，刑事司法活动更加强调按照程序法的规定操作，实现看得见的正义，因此，违反程序法的规定所进行的司法活动以及相关决策，严重侵害他人合法权益的，理应认定为错案的情形之一。其次，我国司法实践长期以来对程序违法问题的关注不够，未建立全面的程序制裁制度和程序瑕疵衡量规则，导致司法活动中的程序违法问题在一定范围和程度上存在，对于追求严谨与精细的司法活动来讲，过程中的某些程序违法往往对结果产生关键性的作用。由于程序违法刚性、外显性、可衡量性等特征，近年来随着社会信息化的快速发展，大众传媒对程序违法问题的报道放大了其负面效应，导致了恶劣的社会影响，严重损害了司法的公信力。笔者认为对这种违背程序法的规定造成恶劣社会影响的，也应认定为错案的情形之一。

三、错案与相关概念的边界问题

“错案”要成为一个专业的法律术语，就得从一般社会意义、其他语境意义中抽取出来，与“冤假错案”、“虚假诉讼”、“国家赔偿案件”、“执法过错”、“执法错误”、“执法瑕疵”、“程序性瑕疵”等关联词语区别开来。针对当前冤假错案主要是出现在刑事司法领域的问题，也是为了科学地设计防止和纠正错案制度机制，这里把“错案”进一步限定为“刑事错案”。

（一）“刑事错案”与“冤假错案”以及“虚假诉讼”

有位资深司法人士深入地分析了刑事司法领域的“冤假错案”。他认为，冤案是客观上存在刑事案件，但被追诉人不是犯罪人；假案是客观上不一定存在刑事案件，进入诉讼程序的案件或被追诉人是假的。冤案和假案的共同点在于，都把没有犯罪事实的人当作犯罪嫌疑人或被告人来追究，通俗地说，就是“把人搞错了”。错案可以有狭义和广义之分，狭义的错案与冤案假案相同，都是指“把人搞错了”。广义的错案还包括将犯罪事实不清、证据不足的疑案作为犯罪来追究，因为这类案件不符合起诉、审判的法定条件，但当作符合条件的案件来起诉、审判，从法律规定来衡量也属于错案。一般所说的冤假错案，首先是指“把人搞错了”，同时，也包括把疑案当作犯罪处理。因为在疑案中，可能有真犯罪的，也可能有未犯罪的，如果把疑案作为犯罪处理，就会使部分犯罪嫌疑人、被告人蒙冤。①

以上分析是从“把人搞错了”的客观视角来进行的，也就是说站在刑事错案受害者的视角来看的，无论司法者的主观方面出于什么目的或者动机，刑事案件客观上造成了错案的后果。这种分析方法，还有一个可贵之处就是把司法工作中客观存在的“疑案”也包括进来，阐述了采用“疑案从轻”或“疑案从挂”做法所导致的错案。可是，这种分析视角没有把刑事司法过程中常见的由于不正确履行职责、不规范执行规程、工作失误、不认真负责、质量上存在瑕疵的错误案件涵盖进来。这一部分问题也许由于在后续诉讼环节得到纠正和补正而没有影响到案件的最终处理，但是如果长期忽视而不予以纠正，将

① 朱孝清：《对“坚守防止冤假错案底线”的几点认识》，载《检察日报》2013 年 7 月 8 日。

会继续增加出现错案的可能性，这也是设计司法责任防止和纠正制度时应该关注的重要内容。

《刑法修正案（九）》草案中出现了“虚假诉讼”的提法。虚假诉讼是指为谋取不正当利益，以捏造的事实提起民事诉讼，严重妨害司法秩序的行为。可以说，这是民事司法领域的“假案”。民事司法领域一般没有“冤案”的提法。关于民事司法领域的错案以及纠错机制，本文不做探讨。①

（二）“刑事错案”与“国家赔偿案件”。

有一种观点认为，符合国家赔偿条件的刑事案件就是刑事错案。按照《国家赔偿法》第三章“刑事赔偿”第一节“赔偿范围”的规定，主要有：司法人员行使职权过程中，出现错误拘留、错误逮捕、再审改判无罪而原判刑罚已经执行、刑讯逼供、暴力殴打、违法使用武器、警械等侵犯公民人身权利，违法查封、扣押、冻结、追缴，再审改判无罪而原判罚金、没收财产已经执行等侵犯公民财产权。

这种观点从侵害公民人身和财产权益的客观结果出发，没有考虑造成错案的司法人员的主观过错，实际上，在国家赔偿的案件中，司法人员没有执法过错是不被追究责任的。《国家赔偿法》是救济法而不是责任法，其立法侧重点只能是如何确保赔偿救济合法及时到位，而不是如何追究失职司法人员的责任。尽管如此，这也绝不意味着，司法人员个人权力使用不当所造成的后果只能慷国家之慨。如果说国家赔偿事例的增多，对于民众意味着权益更加受到尊重和得到保障的话，时有发生的刑事错案则说明，司法者在行使法律所赋予的权力时还缺少有效的监督和制约，以至于缺乏对公民权以及司法权本身足够的敬畏和谨慎，而这也是导致滥用司法权侵犯公民权益案件发生的重要因素。②

（三）“刑事错案”与“执法过错”、“执法错误”、“执法瑕疵”

20 世纪 90 年代，公检法机关出台了一些关于错案责任追究、执法过错追究、办案纪律处分等条例、办法。之后每年全国检察机关查办的司法人员贪赃枉法、渎职侵权案件也有相当数量。近年来，针对接连出现的一些冤错案件，政法系统又发布了一系列防止冤假错案的规定、意见等，其中出现了一些与“错案”相关联的“执法错误”、“执法瑕疵”等新提法。

---

① 梁根林、李洪杰：《刑法修正案（九）草案新增虚假诉讼罪》，载《检察日报》2015 年 1 月 29 日。

② 赵志疆：《冤假错案不应止于国家赔偿》，载《大河报》2013 年 5 月 23 日。

1．“错案”与“执法过错”。以检察系统来看，1998年6月28日颁布施行的《人民检察院错案责任追究条例（试行）》第2条规定：“本条例所称错案是指检察官在行使职权、办理案件中故意或者重大过失造成认定事实或者适用法律确有错误的案件，或者在办理案件中违反法定诉讼程序而造成处理错误的案件。”追究错案责任的范围由该条例第6条、第7条、第8条作了具体规定：一是故意枉法、包庇罪犯；二是故意违反法定诉讼程序，造成处理错误；三是玩忽职守，造成无罪的人受到刑事追究。以上三大类共有10种具体情形。《人民检察院错案责任追究条例（试行）》第10条还专门规定：“根据《赔偿法》有关规定，国家应当承担赔偿责任，但检察官不具有本条例第6条、第7条、第8条规定之一的，不追究个人责任。”

应该说，上述“错案”规定在当时考虑得还是比较全面的，既有客观要件也有主观要件，既考虑到错案结果也考虑到执法过错的故意或者过失，既有“入罪”错案也有“出罪”错案，既有追究检察官个人责任的也有虽是错案但免予追究检察官个人责任的。

也许是由于对“错案”定义的争议太多没有形成共识，2007年9月26日颁布施行的《检察人员执法过错责任追究条例》，废止了《人民检察院错案责任追究条例（试行）》。《检察人员执法过错责任追究条例》没有了“错案”的明确定义，突出了主观方面的“执法过错”，以此划分了执法过错的行为表现和责任追究范围。第2条规定：“本条例所称执法过错，是指检察人员在执法办案活动中故意违反法律和有关规定，或者工作严重不负责任，导致案件实体错误、程序违法以及其他严重后果或者恶劣影响的行为。”这样的概括对于司法人员的主观方面的概括过于简单，也不准确。比如，“故意违反法律和有关规定”的“故意”与“徇私枉法”的“故意”，二者的指向以及涵盖面是不同的。“徇私枉法”既是故意违反办案制度规定，对于执法错误的结果也是故意追求的。而一些不履行、不正确履行职责的司法行为，对于违反办案制度规定是故意的，对于造成执法错误的结果则是过失的。

关于执法过错“责任追究范围”，在该条例第二章第7条、第8条分别从“故意实施”和“不履行、不正确履行或放弃履行职责”两大类进行了规定，共有19种情形。

这两个条例由于制度设计出发点、立足点以及目的角度不同，导致对责任追究范围的划分、排列也就不同，都有可取之处。笔者更认同前一个条例的制度设计基点和视角，当然毕竟时过境迁，如果还要设计新的制度机制，应该吸取之后的条例规定加以修改完善。

2．“刑事错案”与“执法错误”、“执法瑕疵”。在近期政法系统规范性文件中，出现了“执法错误”、“执法瑕疵”两个重要提法。“执法错误”是指政法机关执法办案认定事实错误或者事实不清、适用法律不当、办案程序严重违法、处理结果明显不公等，依法应当通过启动法律程序予以纠正或重新作出处理的。执法错误既包括因故意或过失造成的过错，也包括因客观条件限制或对法律法规、案件事实和证据理解认识偏差等形成的差错。“执法瑕疵”是指对于事实表述、证据收集、法条引用、办案程序、文书制作、执法作风等方面不符合法律和有关规定，但不影响案件处理结果的正确性及效力。

可以看出，这两个新概念仍然是侧重于从案件结果以及外在行为特征来概括。当然，该文件在关于执法错误、执法瑕疵责任追究制度中也明确提出，要区分主客观原因、情节后果，准确认定责任，区别处理。

（四）“刑事错案”与“程序性错案”“程序性瑕疵”

在司法实践中，由于案件实体错误均归入错案的范畴，所以对于程序违法导致的事实认定上的错案和适用法律上的错案区分程序违法的严重程度对错案认定的意义不大。但在单纯的程序性错案中，由于一个案件中存在的程序违法事项一般较多，对程序违法事项进行衡量以确定其属于程序性错案还是仅仅属于程序性瑕疵予以补正或者做出合理的解释后即认可其效力显得迫切而必要。笔者着重对程序性瑕疵与程序性错案的区分进行分析，以厘清其界限。

程序性错案是指那些程序违法行为情节较为严重，要么侵犯了极为重要的利益，要么违反了法律明文确立的禁止性规定，要么通常会造成严重的后果，因此，对于这种严重的程序违法行为，唯有进行最严厉的否定评价，确认其错案的性质，才能对其进行最严厉的程序性制裁和责任追究，从而达到有效地抑制严重程序违法行为的效果。例如，侦查人员通过刑讯逼供取证，并且严重侵害了被告人的身体健康、人格尊严，违背了国际公约中有关禁止酷刑的规定，严重损害了刑事司法的人道性、公正性，对这类严重程序违法行为理应确认其错案的性质。

程序性瑕疵是指那些情节较轻的程序性违法，通常指司法行为的步骤、方式、地点、时间、签名等技术性手续方面不符合法律规定，不构成对基本法律原则的违反，也没有明显侵犯任何一方的利益，更没有造成诸如证据虚假、案件系属错案等严重的后果。对于这些程序性瑕疵，可以考虑进行适当的“补正”。例如公诉方经过必要的补充调查，侦查人员经过重新收集证据材料，原来的程序性瑕疵就可以得到弥补，或者原有的侦查手续违法就可以得到合理的解释。程序性瑕疵若构成错案，将导致错案外延的不当扩张。

四、明晰刑事错案概念及范畴

“范畴”一词在词典中的解释为概括性最高的基本概念，在分类学中可以作为最高层次的类的称呼。故对刑事错案范畴的界定应能够涵盖刑事错案的各种情形，体现对刑事错案的否定性评价，既能在法学理论界和司法实务界达成基本共识，同时也能被社会公众认知和理解。对其界定既要采取司法人员视角，也要重视当事人视角，既要关注错案处理本身，也要关注错案过程和结果对当事人的损害行为，既要包括实体性错误，也要包括严重违反程序行为和程序瑕疵造成恶劣社会影响的情况。

基于以上对刑事错案范畴的分析，笔者认为对刑事错案概念的界定应秉持客观主义的思路，不同于错案责任追究和刑事赔偿中的错案。笔者试表述如下：刑事错案是指司法机关在刑事司法活动中，由于对案件的基本事实认定错误，或者适用法律错误，或者严重违反诉讼程序，而导致的对犯罪嫌疑人、被告人的司法处理决定出现错误，或者严重侵犯其合法权益，或者造成恶劣社会影响的案件。

刑事错案是一个“属”概念，根据不同的角度，刑事错案大致可以划分为以下几种：

首先，根据刑事错案的内容，将刑事错案分为事实认定上的错案、法律适用上的错案和程序性错案三种，这种分类方法是对错案内容的进一步分析，具有基础性作用。

1. 事实认定上的错案。事实有客观事实和法律事实两种理解。在理论上，对案件的事实认定是客观真实还是法律真实存在争议。客观真实说认为，司法机关认定的事实应是原发的案件事实，主张司法机关办理一切案件，都只能以客观事实作为唯一根据，而且这个事实根据必须是绝对真实可靠，完全符合案件的客观真相。法律真实说认为，司法机关认定的事实不是原发的案件事实，而是法律上的真实，主张绝大多数案件中，司法实际上是依据在法定范围内认可的并为一些证据所支持的事实，即法律事实而决定的。尽管法律事实可能与客观事实近似，但并不总是相等，甚至总是不能重合。①

笔者认为，案件事实本身具有相当的复杂性，而时间流逝的不可逆转性又决定了案件事实不可能原原本本地再现。从认识论上讲，特定主体对特定客体的反映总是有限的，会受到自身主观因素或外界客观因素的影响与制约，即使他们愿意积极主动地去发现案件的事实真相，也很难实现客观真实的目标。此

① 苏力著：《法治及其本土资源》，中国政法大学出版社1996年版，第159页。

外，正当程序原则要求司法行为必须在一定期限内做出，再加上诉讼成本的制约，使得对案件“客观真实”的要求变得不可能和不现实。具体到个案来说，司法人员对案件事实的认定很难说是“必然为真”，只能是“确信为真”。故在这一问题上，法律真实说更为可取，即司法机关在刑事诉讼证明的过程中，运用证据对案件事实的认定应当符合刑事实体法和程序法的规定，应当达到从法律的角度认为是真实的程度。与案件事实真相不符，应是指与法律真实不符，即与案件证据所能证明的事实不符。当然，在特定情况下也指与客观真实不符。在犯罪嫌疑人、被告人没有实施犯罪，但证据又能证明其有犯罪重大嫌疑的场合，应当以客观真实取代法律真实。如在发现真凶的场合，立案、逮捕、起诉、定罪即使符合证据要求，也应认定为错案。

2. 法律适用上的错案。适用法律错误一般指适用刑事实体法错误，但也可同时存在适用刑事实体法和刑事程序法均有错误的情况。如对本来是正当防卫，却故意地定为故意伤害的人错误拘留、逮捕后最终被判无罪的。既存在适用刑事程序法错误的情况（对不符合拘留、逮捕条件的人拘留、逮捕），又存在适用刑事实体法错误的情况（将正当防卫故意定性为故意伤害），可谓是错上加错，是刑事实体法和刑事程序法双重意义上的错案。适用刑事实体法错误，比如错误地超出刑法规定的量刑幅度进行畸轻或者畸重的量刑，或者徇私枉法对明知有罪的人故意包庇不追究刑事责任、对明知无罪的人故意追究刑事责任，等等。司法实践中在认定案件事实正确的前提下，因为适用法律错误而作出错误处理决定的情况，对于适用法律错误的原因在所不论，既可以是办案人员故意违背案件事实错误地适用法律，也可以是由于认识不同或者主客观条件限制导致适用法律错误。我国《刑事诉讼法》第 205 条也规定了适用法律错误为再审提起条件之一，即只要生效裁判在认定事实或适用法律上与案件客观事实不相符合，就被视为“错案”而必须再审。

笔者认为，办案人员主观上是否存在过错，不是判定刑事错案的共同标准，而只是需要追究办案人员责任的错案的判断标准之一。另外，是否造成当事人合法权益损害，也不应当是判定刑事错案的共同标准，而只是需要赔偿的错案的判定标准之一。事实上，有些错案没有直接受害人，有些错案发生后尚未造成实际损害就被纠正了，但仍然属于错案，因此，是否造成损失也不是刑事错案的共同判定标准。

3. 程序性错案，即在刑事诉讼过程中严重违反法律程序的案件。首先，这种程序性错案一般要求导致案件处理结果错误、侵害他人合法权益或者造成恶劣社会影响。包括应当立案而不立案、不应当立案而立案、起诉不当、不起诉不当、错误拘留、错误逮捕、超期羁押等情形。比如对完全无辜的人加以起诉，在案情无变化的情况下因缺少犯罪构成要件而被宣告无罪的。又如对同一犯罪事实，已做过刑事处罚，未发现新罪、漏罪又批准逮捕的。又如刑讯逼供造成犯罪嫌疑人身体伤害、查封错误造成犯罪嫌疑人财产损失等。由于逮捕、起诉、刑讯逼供本身要么是一种阶段性的案件处理结果，要么可能严重侵害当事人合法权益或造成恶劣社会影响，因此，这种违反刑事程序法的情形属于程序性错案。

其次，根据发生的不同原因，可分为客观原因造成的错案，办案人员主观原因造成的错案。后者包括因办案人员故意或者重大过失造成的错案，如徇私枉法、滥用职权或者玩忽职守等造成的错案。

最后，根据错案的性质，可分为责任性的刑事错案，如司法工作人员故意或重大过失造成的错案；也包括非责任性的刑事错案，如客观原因或者犯罪嫌疑人、被告人自身行为等原因造成的错案。

五、错案责任辨正与适当扩张

“责任”一词有两个层面的意义：一是指分内应做之事；二是指没有做好自己工作，而应承担的不利后果或强制性义务。分析法学家哈特运用语义分析哲学的方法，分析了“责任”一词所包含的虽有联系但不尽相同的意思，主要有四种：其一是角色责任。哈特认为，在一个社会组织中，向别人提供福利或促使该组织的目标实现等义务，总是归于一定的地位或职务，即归于一定角色。这种义务就是一个人的角色责任。其二是因果责任，即由人的行为（包括作为与不作为）所引起的责任。其三是法律上的应负责任，即当法律规则要求人们作出或抑制一定的行为时，他便负有法律上的应负责任。其四是能力责任，即一个人在行动时应有肉体的和精神的正常能力去做法律所要求之事，并有充分的机会行使他们的能力，这样他对自己的行动才承担责任。①

笔者认为错案责任中的责任应当是法律上的应负责任、不利后果或者强制性义务，与刑事错案的处理紧密相关，应当是刑事错案引起的一系列主体承担的不利法律后果。对于司法理论和实务中将错案责任仅限定在司法人员个人责任，而将司法机关的赔偿责任和司法机关和司法人员对错案的纠正责任排除在外的认识与做法，笔者认为值得商榷。造成这种情况的原因是司法机关制定的错案责任追究条例、违法审判责任追究办法等对错案责任的认定仅限于对司法人员个人的惩戒责任，加之长期以来错案责任制度的顶层设计阙如，我国的国

① 张文显著：《二十世纪西方法哲学思潮研究》，法律出版社1996年版，第471－476页。

家责任制度相对落后，导致错案责任的外延缩小。

笔者认为错案责任不仅包括司法人员个人的惩戒责任，还应包括司法机关和司法人员对错案的纠正责任、司法机关对损害的修复、赔偿责任。从立法上看，我国《国家赔偿法》中刑事赔偿范围的 7 种情形基本也都属于错案的范畴。从理论上分析，由于公正司法是司法机关和司法人员的法定职责，当违反这种法定职责时，必然产生相应的责任，由于上文所述错案的发生既有司法人员过错的原因也有非过错的客观原因，错案既可能导致了损害结果，也可能未导致损害结果。对于由非司法人员过错的客观原因导致且造成当事人损害的错案是否不产生相应的错案责任？笔者认为，这种情况下只是不产生由于司法人员过错而对其个人的惩戒责任，当然产生司法机关和司法人员对错案的纠正责任和司法机关对当事人损害的赔偿责任。如对有证据证明有犯罪事实的犯罪嫌疑人采取逮捕措施后，因证据达不到确实充分的程度而被作存疑不诉、存疑无罪的案件。按照《国家赔偿法》第 17 条的规定，司法机关要承担对当事人损害的赔偿责任，但并不产生对司法人员个人的惩戒责任。故将错案责任限定在司法人员因存在过错而导致的个人责任的认识，在理论上难以与错案的概念范畴进行合理衔接。

基于上述对错案责任概念的辨正，笔者认为应将错案责任的外延进行适当扩张，按照错案责任的承担主体和类型，将错案责任分为司法机关和司法人员的纠正责任、司法机关的赔偿责任和司法人员的惩戒责任三种。

1. 纠正责任。错案纠正责任是指刑事错案发生后，国家司法机关和司法人员对其所带来的消极影响和不利后果通过适当纠正措施予以消除的必须作为，主要针对危害性较小的刑事错案。对于刑事案件立案错误，只要有符合《刑事诉讼法》第 15 条规定情形，都应当撤案，撤案在一定程度上是对立案错误的一种司法纠正，也是检察机关对立案错误的及时纠正。侦查阶段形成的错案，侦查终结后应当作出不起诉决定或者将不具备移送审查起诉条件的案件侦查终结。审查逮捕环节上的错案，逮捕的条件不具备，错误批准逮捕的已经对犯罪嫌疑人构成了司法侵害，应当及时更正为不批准逮捕。审查起诉环节上的错案，不符合提起公诉的条件而提起公诉的案件，应当撤回起诉或无罪判决。另外错误没收受害人财产的刑事错案，可以通过返还财产的方式予以补救；对造成受害人名誉权、荣誉权受损的错案，司法机关应当及时为受害人消除影响、恢复名誉、赔礼道歉等。

2. 赔偿责任。刑事错案司法赔偿责任是指国家司法机关在行使司法权的过程中对公民造成不应有的损害，司法机关对受到司法损害的公民承担的一种责任，它是一种对外责任。例如，因错误的死刑判决，剥夺他人的生命权，即使以后为受害人恢复了名誉，改正了刑事判决，也无法挽回受害人的生命，典型的“聂树斌”案。因受害人被司法机关超期羁押或错误的自由刑，而侵犯他人身自由的，即使以后恢复了受害人的自由，但其权利已被侵害，并且不可恢复，典型的“佘祥林案”、“赵作海案”。侵犯生命权、人身权和财产权的情形，都需要国家通过适当的司法赔偿来弥补受害人。

3. 惩戒责任。惩戒责任是指错案的发生是由于司法人员的主观过错和违法行为而造成，或者至少是导致错案的原因之一，或者司法人员严重违反法定程序本身构成错案的，司法人员承受不利的纪律处分、组织处理、行政直至刑事责任的不利追究。“一切有权力的人都容易滥用权力，这是万古不易的一条经验。有权力的人们使用权力一直到界限的地方才休止。”“越是有权力的人就越是拼命地取得更多的权力”。权力天生就有被滥用的倾向，对于因权力滥用而导致的错案，司法赔偿只是国家对受害人有限的补偿，为了司法的有效运行，还需要对司法人员的个人滥用权力的行为进行责任追究，以司法人员的违法行为和主观过错作为惩戒的依据。

进一步言之，在追究司法人员个人的错案责任时，还应考虑到司法工作是一项专业性工作，如同医疗工作中即使医务工作者善良、真诚地从事救治并且尽到了必要的注意义务，因为人的认识能力是有限的，医疗事故的发生有时也是不可避免的。对待医疗事故，既要考虑医疗事故对患者及其家属的损害，也要平衡医疗工作的职业探索风险和技术限制。在追究司法人员错案责任时也应从受害者和司法人员两方面考量，立足于两个基本点：一方面，是为了落实“有权必有责”的权责对应原则，让造成错案的司法责任者受到惩处，让受害者所受的损害得到弥补；另一方面，也要充分考虑司法判断错误可能性的客观存在，警示告诫司法机关和司法者，切实提高司法能力水平，完善司法办案规程和机制，尽最大可能防止错案发生。对由于客观原因造成的错案，应考虑建立类似于医疗职业的探索风险责任豁免制度，即司法人员已经尽到必要的注意义务、因客观条件限制等造成的错案，出现损害的应作为“无过错的风险责任”由司法机关集体来承担。

六、从错案责任到司法责任

值得关注的是，近来司法理论和实务界在司法责任的认定和追究方面出现了一种认识和做法：回避“错案”概念的争议，直接从“司法责任”切入进行认定和划分。认为检察人员在检察办案活动中故意违反法律和有关规定，或者工作严重不负责任，导致案件实体错误、程序违法以及其他严重后果或者造成恶劣影响的，都应当依法承担司法责任。依据具有可责性的具体内容，将司法责任分为故意违反法律法规责任、重大过失责任、检察办案瑕疵责任和监督管理责任四种，通过列举具体情形追究相应的司法责任。

笔者以为，这是对司法人员因过错而导致严重后果的个人责任以及司法监管者监督管理责任的进一步划分，但这种责任的追究范围不限于造成错案后的追责，对程序违法情节较轻、案件质量存在轻微问题的也要承担检察办案瑕疵责任。应当说这种从追究司法责任的实际操作性出发，在思路上绕过了先认定“错案”再追究“责任”的路径，采取了有司法办案的“权”就得负司法办案的“责”的逻辑，通过较为周全的考虑与列举担责基本情形的设计来规定和追究司法责任，不失为一种搁置法学理论争议、解决司法实际问题的务实办法。

若要从根本上解决有关错案的理论和实务问题，仍然无法回避“错案”概念的界定这一理论难题。笔者建议，应当立足于回应人民群众纠正和防止冤假错案的强烈呼声，针对解决当前刑事司法领域存在的突出问题，以刑事错案为突破口，先行统一各司法机关的基本认识，把错案定位于比较严重的执法错误案件，确定错案的判断标准，明晰错案的概念范畴，扩张错案责任的外延，完善错案责任体系，与错案的发现和纠正机制进行合理衔接，进而达到纠正和防止错案的目的，守住社会公平正义的最后一道防线。

刑事错案背后的心理偏差及其矫正

于新民　林　强*

在我国，对刑事错案产生原因的研究由来已久，综其所述包含以下：刑讯逼供、证据搜集的“口供中心主义”、强迫自证其罪、忽视辩护律师意见；非法取证，隐瞒、伪造证据，阻止证人作证，甚至是强迫证人作假证；司法考核体制不合理；侦查机关片面追求破案率；司法不独立；社会舆论对司法的影响甚至是干预；公、检、法之间片面强调配合，轻视制约；司法经费不足；等等。① 以上分析具有较强的说服力，但这些论述尚未触及刑事错案产生背后的深层次因素。例如，在一些刑事错案中侦查人员对犯罪嫌疑人的无罪供述视而不见，对其提供的有价值的无罪线索予以漠视，就不单单是“命案必破”的办案压力而导致的，因为即便存在较强的办案压力，亦或者不当外界因素的干扰，其也应当认识到，采取刑讯逼供手段取得虚假供述的案件一旦被认定为错案，侦查人员本身将面临严厉的刑事责任追究。站在理性人的角度讲，这些外部压力还难以迫使侦查人员放弃重大利益攸关的理性选择，而之所以实施上述不当的侦查行为，根本缘由在于本文所探讨的各种心理偏差的影响。

一、刑事错案背后的心理偏差

（一）因惰性（惯性）、经验等情感因素而导致的心理偏差

1. 尚未决策（判断）时的心理偏差。

“隧道视野”是一种常见的认知偏差，指只局限在有限的选择中而限制了

* 作者单位：天津市人民检察院。

① 参见陈永生：《我国刑事误判问题透视——以20起震惊全国的刑事冤案为样本的分析》，载《法学研究》2007年第3期；何家弘、何然：《刑事错案中的证据问题——实证研究与经济分析》，载《政法论坛》2008年第2期；龚德云：《佘祥林冤案背后亟待法制建构的正当侦查程序》，载《湖南公安高等专科学校学报》2005年第4期；毛立新：《佘祥林冤案中的侦查错误剖析》，载《江西公安专科学校学报》2005年第6期。

眼界。这种对刑事司法制度有负面影响的认知偏差源于主体的倾向性选择，属于主体自然属性。① 在日常生活中，人们对某件事情的处理大多在有限的方法中进行选择，人们宁愿在这几种有限的方法中抉择不定，也不愿意探求新的途径和方法。在刑事侦查领域，“隧道视野”导致的心理偏差往往会使侦查人员只盯住某个人或某个案件，而无暇顾及在其头脑中还存在的其他人或者案件，造成了对本该接受调查的对象的排除。② 同样，原本可以从我们头脑中指向犯罪嫌疑人的作案条件，也被我们人为地排除了。

“结果偏差”又称为结果效应，它是发生在决策评估过程中的一种偏差式判断，即当决策结果与决策质量不存在实质性联系时，评估者仍然根据结果信息评估决策质量。③ 简而言之，人们往往根据结果的好坏对决策的质量作出评价，结果呈现好的样态，评估者认为这样的结果是由好的决策而产生的，结果呈现坏的样态，评估者认为这是由于坏的决策而导致的。这种心理偏差产生的根源在认知角度而言有三种可能的解释：结果启发式、结果验证说和运气能力说。

2. 决策（判断）过程中的心理偏差。

“证实性偏差”是指个体在判断自己的信念或假设并进行决策时，往往认为支持性的论据更具说服力，并有意或无意地寻找与已有信念或假设一致的信息和解释，忽视可能与之不一致的信息和解释。④ “证实性偏差”本质上是通过寻求证据以达到印证既存信赖、期望或假设的目的，证实性偏差的表现形式包括寻找能够证明既存设信的证据和排斥与此种设信相悖的证据。“偏见是通过人们的判断和推理起作用的。在感性认识的过程中，人们往往根据他们见到的现象是否与他们已有的模式和偏见来修正自己的感觉。偏见还会修正记忆，同一件事，人们往往按照已有的心理倾向性剪裁取舍当时的感觉，保留各自的印象，事后几位目击者对当时情况的回忆可能有很大出入甚至大相径庭。人们本该用严密支持偏见的印象。当判断得出的结论反映某些人的偏见时，这些人会认为这些判断在逻辑上是正确的；而当结论与偏见相反时，他们会认为这些

① See Findley, Keith A, Scott, Michael S: Multiple Dimensions of Tunnel Vision in Criminal Cases, 2006 The Wisconsin Law Review, p. 291.

② 任延涛：《刑事侦查失误的心理机制分析》，载《吉林公安高等专科学校学报》2009 年第 5 期。

③ 相鹏、徐富明、郭永玉、李海军、孔诗晓、孟贞贞：《决策评估中的结果偏差》，载《心理科学进展》2013 年第 8 期。

④ 转引自吴修良、徐富明、王伟、马向阳、匡海敏：《判断与决策中的证实性偏差》，载《心理科学进展》2012 年第 7 期。

判断在逻辑上是错误的。这种逻辑上曲解的原因在于：当人们的观点与命题一致时，只需要较少的证据就足够了；为了支持与他们的偏见一致的结论，人们选择、省略或增加前提；为了判断支持偏见，人们改变判断的意义；有时为了证明偏见，完全忽略逻辑规律的要求。"①“证实性偏差”在刑事司法中的表现较为显著，“侦查工作的研究已经表明，一旦警察已经认定一名嫌疑犯，他就会有一种趋势，即只收集证明其犯罪嫌疑的证据而忽视其他可能的假设，并会对证实这种假设应采取的调查方式视而不见。”②

3. 决策（判断）形成后的心理偏差。

“信念坚持”即个体在形成某种信念后，往往会质疑与该信念不相符的信息，对那些信念与信息之间不具有对应性的信息解释为对信念支持的信息。即便是面对现实已对信念构成重大挑战时，个体依然可能并不对信念的正当性、正确性进行检讨，而盲目地坚持已有信息。而此种坚持则会造成刑事司法实践中的判定偏差。个体之所以会出现这种心理偏差，可能是由于维护个体尊严而产生的，为了在决策失误时保持心理的平衡或者免受由于决策失误而导致的惩罚。“重申效果”是指当个体对某种主张反复强调时，无论这种主张是否具有正当性，都会强化个体对该种主张的信心。在刑事司法中，这两种心理偏差使得坚信犯罪嫌疑人有罪的案件承办人很难改变初始观点，即使面临充分的证据证明犯罪嫌疑人无罪。而且，坚信犯罪嫌疑人有罪的时间越长，重申该结论及其证据基础的次数越多，该信念越根深蒂固。③

“后见偏差”与“结果偏差”是一种相似但是不同的判断偏差，“后见偏差”从心理上加强了事件既定结果的合理性和必然性，显著的既定结果可能会诱发评估者自动搜索和加工该结果的支持信息。将注意的焦点固定在对既定结果的支持上，并对与结果相左的判断进行相应修正。“后见偏差”仅仅关系到主观判断，而“结果偏差”则较为复杂。④

（二）因错误的价值倾向导致的心理偏差

“正当事业腐败”是指那些认为自己所追求的目标具有正当性的人，可能

① ［英］贝斯黑莱姆著：《偏见心理学》，邹海燕、郑佳明译，湖南人民出版社 1989 年版，第 44 页。

② ［英］麦高伟等著：《英国刑事司法程序》，姚永吉等译，法律出版社 2003 年版，第 198 页。

③ 参见黄士元：《刑事错案形成的心理原因》，载《法学研究》2014 年第 3 期。

④ 相鹏、徐富明、郭永玉、李海军、孔诗晓、孟贞贞：《决策评估中的结果偏差》，载《心理科学进展》2013 年第 8 期。

会采取不正当的手段来实现该目标，并且会借助该目标的正当性为自己申辩，从而维持心理的平衡。在刑事司法中，为了实现查清犯罪事实、将罪犯绳之以法这一正当目的，侦查人员可能会认为，采取一些不正当手段（如刑讯逼供等）是合乎正义的，甚至是实现正义所必不可少的。① 因“正当事业腐败”而导致的行为偏差应当予以强烈谴责，原因并不仅仅在于为了实现正义的目标而采取了非正义的行为，而更加在于目标并非正义的目标，该目标本身并不具有正义性。

“情感附着”强调的是人的情感对人行为的影响，该种心理偏差会使得司法工作人员偏离中立性，从而表现出与普通人一样的情感用事。心理学的研究证明，对象或者事件在头脑中的表征常常被标上不同性质的情感标志，这些情感标志会影响人们对对象或事件的判断。② 例如，当侦查人员面对手段凶残、严重摧残道德情感的犯罪行为时，其对于该行为的内心憎恶会引发其强烈的行为动力，即通过侦查行为打击该类犯罪行为的积极性。“动机偏差”和“目标追求”是指，人们的动机和目标决定了人们的注意力的几种方向，影响着他们搜集、处理和解释信息的方式。这种心理偏差解释了个体在进行决策或者判断时，其内心已经形成了一定的动机和目标，并且这种动机和目标影响了个体注意力的方向，从而将一些客观信息进行了过滤，这种偏颇的信息搜集方式会对信息的客观性产生影响。

二、心理偏差导致刑事错案的机制及规律的证成

（一）侦查阶段心理偏差导致错案形成的证成

1. “证实性偏差”的影响不可低估。

在刑事侦查领域，一旦侦查人员形成了某人为犯罪嫌疑人的内心确认，则会积极主动地搜集那些能够证实自己观点的证据，且会有意或者无意地回避对犯罪嫌疑人有利的证据，并且在出现对犯罪嫌疑人有利的证据或者解释时，往往会忽略这些证据或者解释。一般而言，刑事侦查领域的证实性偏见通过以下几个方面导致侦查错误：不去寻找可能推翻自己结论的证据或者有意忽视上述证据；没有考虑备择假设，也即与原假设相对的假设；不能正确评估证据的证明力。在对已经形成的信念和判断进行印证的过程中，侦查人员一旦发现对上

① 转引自黄士元：《刑事错案形成的心理原因》，载《法学研究》2014 年第 3 期。

② 李艾丽莎、张庆林：《风险决策中的情感因素》，载《中国临床康复》2006 年第 2 期。

述信念和判断有抵牾的情形时，可能会导致其心理失衡，进而产生一种受挫感。根据对刑事错案的深入研究发现，侦查人员在对犯罪嫌疑人进行讯问过程中，遇到犯罪嫌疑人辩解（也即审讯挫折）后并不从自身讯问策略，侦查方向上进行反思，而是更多地认为公权力受到了冒犯和侮辱，案件事实即在眼前，于是偏离正常的讯问轨道，进行刑讯逼供等非法侦查方法，从而导致了错案的产生。心理学上的“挫折—攻击”理论能够很好地解释上述现象。该种理论认为，个体遭受挫折后，可能会出现不同的反应，其中包含外罚性攻击反应及内罚性反应。外罚性反应是指把受挫的愤怒情绪指向外部，对特定的角色或者社会进行攻击。

2. “正当事业腐败”表现最为显著。

在笔者搜集到的20件刑事错案标本中，有18件错案存在刑讯逼供的情形，占错案总数的90%。在佘祥林案中，侦查人员对佘祥林进行了长达10天10夜的高强度的突击审查与轮流审问，一天只吃两顿饭，不给喝水，不让睡觉，连打带骂。① 在河南赵作海案中，据赵作海回忆，侦查人员除对其使用了车轮战、不让吃饭睡觉、恐吓等一般刑讯手段外，还采用了用手枪敲头、用木棒打头、催眠、在头顶放爆竹等许多离奇的刑讯手段。受商丘市检察院指定，负责侦办赵作海被刑讯逼供案的唯县检察院出具的《起诉意见书》认定，赵作海第二次被拘留的第二天（1999年5月9日），柘城县当时主管刑侦的副局长丁中秋将审讯赵作海的人员分为三个组。原刑警大队大队长罗明珠明确要求，三个审讯组应不间断轮番审讯赵作海。从5月8日至6月10日，赵作海先后被控制在柘城县老王集乡派出所和柘城县公安局刑警队，分别被拷在连椅上、床腿上或摩托车后轮上，侦查人员分班轮流审讯和看守，这种体罚控制情况持续长达33天。为获取赵作海实施故意杀人的供述，罗明珠持枪威吓赵作海，并指使、纵容李德领、王松林、周明晗、郭守海、司崇兴等人采取用木棍打、手枪敲头、长时间不让休息和吃饭等方法轮番审讯。②

3. “信念坚持”与“重申效果”伴随其中。

倘若侦查机关在进行侦查之初，错误地认定了犯罪嫌疑人，则其内心即可能确立了犯罪嫌疑人有罪的信念，如果该信念在后续侦查过程中反复环绕，该信念即获得了内心确信，即便出现可能证实犯罪嫌疑人无罪的证据，也很难动摇侦查人员对该信念的坚持。在湖北京山佘祥林案件中，警方在所发现的无名

---

① 参见张立：《愚人节这天，他“无罪出狱”》，载《南方周末》2005年4月7日。

② 参见牛亚皓：《冤枉赵作海的公安局副局长被起诉了》，载《成都商报》2010年7月14日。

尸体高度腐烂的前提下并没有进行相关的指纹、血型、DNA 等物证鉴定，就草率地认定该尸体系佘祥林离家出走的妻子。[①] 因而，佘祥林进入了侦查人员的视野，根据张在玉亲属的证言，佘祥林与妻子张在玉夫妻关系紧张，佘祥林曾经有过外遇，侦查机关因而将佘祥林列为重点犯罪嫌疑人。即便是错误认定死者身份，在后续的侦查过程中如果采取正当的侦查手段，错案仍然是可以避免的。然而，侦查人员确认佘祥林为重点犯罪嫌疑人后，即确立了佘祥林有罪的信念，在后续侦查过程中，佘祥林反复交代其在张在玉离家出走的当晚，从凌晨两点半到六点一直在外面寻找妻子下落，其间曾经两次搭乘路过汽车，而且被搭乘汽车的司机证实了上述说法。侦查人员在调查至此即应当怀疑佘祥林实施杀害其妻子张在玉的合理性，然而，侦查人员认定佘祥林实施犯罪行为的信念依然顽固地存在其头脑中，并没有考虑该事实是挑战佘祥林实施杀害妻子行为的有力证据。在其后的侦查行为中，侦查人员为了进一步获得证实佘祥林有罪的证据，对其进行了刑讯逼供，最终导致了错案的发生。

（二）检察环节心理偏差导致错案形成的证成

1. “隧道视野”导致案件证据的错误评判。

以检察机关在刑事案件中履行法律监督职能的两个部门为证，一是侦查监督部门履行审查逮捕职能、立案监督、侦查活动监督职能；二是公诉部门主要履行移送审查起诉的职能。这两个部门履行相应职能的方式主要是审查侦查机关报捕案卷（当然，也有当事人控告申诉，从而开展立案监督职能的情况）。在审查侦查机关移送的侦查案卷时，由于侦查机关在此之前已经做了大量的侦查工作，如果案件中犯罪嫌疑人拒绝供述所犯罪行，侦查人员可能会对其刑讯逼供、诱供等，那么案卷中就犯罪嫌疑人对其所犯罪行予以“供认”。检察机关在阅读上述案卷时，如果没有外在信息来源（如辩护律师提出无罪的辩护意见等），思维便被局限在侦查机关所认定的犯罪嫌疑人有罪的证据上，其内心便也形成了犯罪嫌疑人有罪的理念，很难再考虑其他的可能性。事实上，要求检察机关通过审查案卷，发现案件中存在其他的犯罪嫌疑人、可能存在犯罪嫌疑人无罪的证据等也是强人所难，因为案卷中所有证据已经全部指向了侦查机关所认定的犯罪嫌疑人，再考虑其他可能性在思维上似乎是无从下手。在湖

① 该案侦查人员在尸体出现 6 个小时后，就认定该尸体系被害人张在玉的尸体，而并没有履行正常的侦查手续，如扩大侦查范围，进行细致辨认，开展相关的物证鉴定，因而，该案侦查行为实在草率之至。

南滕兴善故意杀人案件中，公安机关认定为“杀人抛尸”现场的马兰洲上游，曾有邻村划渡船的船工王明正等人反映看到过女性尸块。水中漂浮的物体，只会从上游漂到马兰洲下游，滕兴善在马兰洲杀人抛尸，尸体绝不会漂到马兰洲上游。另外，水文站出具证据证明，案发时，侦查机关认定的河中的作案地点与河岸唯一的一条通道被大水淹没，犯罪嫌疑人与被害人无法到达作案地点。犯罪嫌疑人交代的杀人手段与侦查机关的尸检报告不符。① 然而，该案检察机关对上述证据并未予以采信，仍然对犯罪嫌疑人批准逮捕，并且移送法院审判。在该案中，存在不可排除的证据矛盾，该种矛盾直接导致了对犯罪嫌疑人是否实施了故意杀人行为的合理性怀疑。然而，检察机关却囿于公安机关提供犯罪嫌疑人实施故意杀人的所谓“证据”，不再考虑本案中犯罪嫌疑人实施作案的现实可能性值得怀疑，仓促根据公安机关提交的证据认定犯罪嫌疑人实施故意杀人的行为，导致了错案的发生。

检察机关办案人员因“隧道视野”的心理偏差，可能会偏离其所应当行使的法律监督职权，并在内心情绪上与犯罪嫌疑人有明显的对立，对犯罪嫌疑人提出的合理辩解采取非理性的态度，不去思考这背后可能存在的诸多隐情。如在浙江慈溪吴大全案件中，吴大全回忆说，到检察院后，他想翻供。面对提审，他坚决否认参与杀人、抢劫。他辩解说，他招供的内容是从史毕幺那里听来的，还举报了真正的凶手是史毕幺和陈全。但检察官说，“如果你翻供，我们就把案子打回公安局。”当时，他担心若打回公安局，又要受苦。所以就没有翻供。② 在本案中，检察人员囿于“隧道视野”的束缚，认定犯罪嫌疑人吴大全确系本案凶手，从内心上与犯罪嫌疑人吴大全产生了情绪对立，这种情绪对立导致检察人员模糊了法律监督职能，最终成为了错案的助推手。

2. “动机偏差”和“目标追求”导致对案件的草率结案。

正确的动机和目标产生正确的行为，错误的动机及目标往往导致行为的偏差。在我国，检察机关是国家的法律监督机关，在刑事程序中主要履行审查逮捕和提起公诉的职能，这两种职能是检察机关在刑事案件中行使法律监督职能的集中体现，其本应当追求公平正义的价值理念，实现打击犯罪与保障人权的价值目标的均衡。然而，随着我国犯罪形势的变化，检察人员面临着越来越大

① 参见陈拓：《农民17年前因杀人碎尸被枪决，当年被害人仍在世》，载《民主与法制时报》2006年2月13日。

② 转引自陈闻高：《对吴大全错案的反思》，载《吉林公安高等专科学校学报》2011年第5期。

的办案压力，加之不正当的外部因素的干扰，如被害人家属的不正常上访、缠访等，导致检察人员在内心急于将案件审结，在一些案件中，可能无暇顾及案件中被认定为犯罪嫌疑人无罪的可能性。此外，对案件侦查的过分迁就，可能会导致其作出错误的决定，在我国当前的司法语境下，此种决定可能对错案的形成产生了内在的影响。如在检察机关的审查逮捕环节，对于严重的刑事犯罪如故意杀人、强奸等案件中，检察机关的案件承办人员可能发现案件证据存在疑问，甚至存在非法取证的可能性，但是案件的性质十分严重，或者案件本身具有重大的社会影响，社会关注率过高，检察机关为了迁就侦查办案的需要或者屈服于社会舆论的压力而作出了批准逮捕的决定。而在检察机关开展刑事程序的后续环节公诉环节中，公诉部门承办人员在本院已经作出批准逮捕的前提下，囿于检察机关整体考核的压力，很难作出不起诉的决定，因为该种案件一旦作出不起诉的决定，检察机关可能面临国家赔偿的不利局面。

（三）审判阶段心理偏差导致错案形成的证成

虽然对法律案件进行判决的法官们，都必须严格遵循“以事实为依据，以法律为准绳”的审判原则，但不可忽略的是，在一定程度上，认知差异的存在可能会使他们受到“后见偏差”不同程度的影响，而作出不同决策。① 也即，对于一些审判人员而言，对于被侦查机关立案侦查，检察机关批准逮捕并移送起诉的案件，其可能基于对职业共同体的信任，而主观地认为某人之所以成为犯罪嫌疑人，并走向被告人的席位，总是有诸多证据证实此人实施了案件所指控的犯罪行为。不然，被告人不会被卷入刑事程序之中，并被侦查机关、检察机关作出法律上的否定性评价。这样，审判人员就会产生一种“先入为主”的主观偏见，这种主观偏见会把原先与被告人仅仅具有偶然联系的证据看作是对被告人的有力指控，并且忽视对被告人有利的证据，于是“隧道视野”的心理偏差就此形成。此外，要求审判人员颠覆侦查机关、检察机关对案件事实的判断本身即具有挑战性，可能基于惰性而选择决策上的依赖，也即将判决结果建立在对前述刑事程序的认同上，从而规避颠覆性判决可能带来的不利后果。

① 彭慰慰：《模拟法官决策中心理控制源对后见偏差的影响》，载《心理科学》2012年第2期。

三、刑事司法中心理偏差的矫正

（一）侦查机关侦查思维、侦查理念的更新

1. 心理偏差理论知识的普及，增强克服心理偏差的意识。

刑事错案的源头在于侦查错误，这与我国刑事诉讼中的“侦查中心主义”有重大关系。有学者指出：“中外刑事诉讼的历史已经反复证明，错误的审判之恶果从来都是结在错误的侦查之病枝上的。”① 根据心理学的研究表明，虽然不可能从根本上杜绝心理偏差对办案的影响，但是，对法律社会心理学相关理论的宣传及推广，让人们知晓心理偏差的相关理论对弱化心理偏差的影响是积极有效的。应当通过法律通识课讲授心理偏差相关知识的方式让司法人员知悉心理偏差的存在、种类、影响等，此可以帮助司法人员认识到心理偏差的存在，并对其危害有足够的了解，在内心上对心理偏差引起警觉与注意，此有助于削弱心理偏差对司法人员的影响。对侦查机关而言，就是要及时更新侦查理念、侦查方法，保持对刑事侦查高度的警惕性，不可过早地形成犯罪嫌疑人有罪的结论，根据侦查的进展情况及时修正侦查方向，否则侦查人员可能会受到“隧道视野”及“证实性偏差”等心理偏差的影响。为了强化上述知识及理念，侦查机关可以通过典型错案警示教育等形式增强学习相关理论知识的主动性和自觉性。

2. 树立开放性侦查思维，避免思维的僵化。

侦查机关要保持对案件侦查的开放性态度，彻底根除头脑中存在的落后理念，避免刑事侦查思维的僵化。在办理具体的案件中，并且应当认识到符合常理的概率决策有时并不能把握引发错案的机会性因素，错案仍会在精密的逻辑推理中如幽灵般显现。要加强对侦查人员的教育培训，尤其是对办理刑事案件的基层侦查机关而言，更应当注重加强对法律理论知识的学习，建立合理的知识结构，彻底破除部分侦查人员“重打击犯罪，轻人权保护”的侦查理念，逐步树立打击犯罪应当兼顾人权保障，实体公正以程序公正为先的侦查理念。在侦查行为上，要彻底摒弃“口供中心主义”的证据搜集思路，转变成依靠客观证据、现代科学技术手段的侦查思路。

3. 建立公开透明的办案程序，消除与辩护律师的对立情绪。

程序的公开透明可以确保司法人员在从事司法活动时有足够的警觉，并且获得充分的外在信息，以冲抵心理偏差对办案的影响。司法实践中，一些侦查

---

① 李心鉴著：《刑事诉讼构造论》，中国政法大学出版社1992年版，第179页。

人员对辩护律师持有对立性情绪，对其辩护权采取漠视的态度，严重削弱了犯罪嫌疑人辩护权的实现，是对犯罪嫌疑人自我防卫权的严重侵蚀，破坏了法律的公正和严肃性，也不利于实现对刑事侦查权的监督。把刑侦权暴露在阳光之下的最简单方法，就是严格实施我国《刑事诉讼法》第33、36、37条之规定，让辩护律师能在第一时间介入案件的刑侦过程，为犯罪嫌疑人提供充足的法律帮助，严格保障犯罪嫌疑人的人权。“犯罪嫌疑人自被侦查机关第一次讯问或者采取强制措施之日起，有权委托辩护人”“辩论律师在侦查期间可以为犯罪嫌疑人提供法律帮助”“辩护律师会见在押的犯罪嫌疑人、被告人，可以了解案件有关情况，提供法律咨询等”，以上为我国刑事诉讼法的明文规定。程序的公开透明以相关诉讼主体的积极参与来保障和实现，而犯罪嫌疑人、被告人由于处在被国家追诉的地位上，在刑事司法程序上独立完成自我辩护的权能明显受到限制，因而辩护律师的帮助是必不可少的。辩护律师作为犯罪嫌疑人、被告人的法律帮助者，承担着专业法律技术的支持功能，能够有效弥补犯罪嫌疑人、被告人诉讼参与权能不足的问题，显著提高司法程序的正当性、公开性。

（二）检察机关审查逮捕理念及方式的转变

1. 审查逮捕理念及模式的转变。

要根除侦查中心主义的顽疾，就必须加强检察机关的法律监督，尤其是对侦查机关适用强制措施的监督与制约。如果说刑事错案的整体源头在于侦查错误，那么刑事错案在检察环节就以审查逮捕程序的错误批准（决定）逮捕为显要。笔者所搜集到的20起刑事错案中的犯罪嫌疑人均被采取了逮捕这一强制措施，而在检察机关，这些案件本应当以“事实不清，证据不足”作出不批准逮捕决定的，对犯罪嫌疑人采取逮捕的强制措施在事实上影响了案件的走向。因为检察机关一旦对犯罪嫌疑人批准逮捕（或者决定逮捕），依靠本院公诉部门对案件的定性、证据审查等进行纠错并不实际，司法实践中也鲜有实例。而法院则在顾忌整体业务考核的压力下尽量作出有罪判决，整个刑事诉讼的错案便不可避免了。因而，检察机关的审查逮捕环节至关重要。在新《刑事诉讼法》实施前，我国行政审批式的审查逮捕程序极容易导致审查逮捕人员“先入为主”的思维模式，并直接导致“隧道视野”的心理偏差。在原《刑事诉讼法》下，审查逮捕人员往往阅读侦查机关的报捕案卷，由于缺少讯问犯罪嫌疑人、听取辩护律师意见等要求，审查逮捕人员往往对侦查机关的定罪思路有依赖性。新《刑事诉讼法》完善了审查逮捕程序，从法律的条文规定来看，审查逮捕程序的公开、透明性更强。从预防刑事错案的角度而言，推动审查逮捕程序的诉讼化改革具有积极意义。当然，当务之急是转变审查逮捕工作对侦查活动的过度迁就，切实树立打击犯罪与保障人权的双重价值理念，并对逮捕的负面作用保持清醒的认识。对外来人员、底层社会人员的程序性权利给予更多关照，切不可为了保障侦查需要一捕了之。此外，如何推动在审查逮捕程序中对辩护律师权利的保护是值得司法实践进一步思考的，也即让审查逮捕阶段听取辩护律师意见的程序更加规范，使得辩护律师提供相关证据的程序确实有效，尤其是在重大刑事犯罪案件中尤为重要。

2. 重罪羁押理念应当更加慎重。

在我国，除非存在特殊情形，涉嫌重罪的犯罪嫌疑人均会被批准逮捕。而在采集的错案信息中，所有的犯罪嫌疑人均被采取了逮捕的强制措施。这些案件中，公安机关提请批准逮捕的犯罪嫌疑人涉嫌犯罪的证据并不充足，有些案件甚至存在明显的证据矛盾，但是检察机关依然对涉案犯罪嫌疑人作出了批准逮捕的决定。从我国司法运行的现状来看，重罪羁押的理念根深蒂固，即便是根据新《刑事诉讼法》，涉嫌 10 年以上徒刑的犯罪嫌疑人也属于应当逮捕的情形之一。重罪羁押是预防性羁押的一种重要表现形式，在风险社会中，重罪羁押对社会防卫具有积极作用。然而重罪羁押却存在罔顾案件事实的可能性，也即对一些严重危害社会的刑事案件，法律不分青红皂白而一律对涉案犯罪嫌疑人予以逮捕，牺牲了这部分犯罪嫌疑人平等的诉权，而且可能导致错案的发生，因为这部分犯罪嫌疑人也可能是无辜者。在我国上述情形更为糟糕，因为一旦对犯罪嫌疑人作出批准逮捕的决定，事实上检察机关的自我纠错机能即宣告失灵，在检察环节对案件进行纠错已经不可能。而在法、检互相配合的司法体制之下，要求法院对检察机关批准逮捕、移送审查起诉的案件宣告无罪是不可能的。因而，检察机关的重罪羁押理念应当予以破除，在当前的法律框架下，应当严格掌握逮捕的证据条件，对于案件证据存在矛盾的重大刑事犯罪案件，应当严格审查，细致甄别，切不可为了维护社会安定、保障诉讼的需要而直接作出批准逮捕的决定。在一些检察人员的心理上，重罪羁押是一种较为可靠的策略性选择，因为对一个涉嫌重罪的犯罪嫌疑人作出不批准逮捕的决定要面临放纵犯罪的道德指控，而且可能背负起潜在社会安全损失的责任，而且根据《刑事诉讼法》的规定，逮捕的证据条件仅要求有证据证明涉嫌犯罪即可，并不要求形成完整的证据锁链，案件证据存在矛盾，并不能据此说案件不存在证明犯罪嫌疑人涉嫌犯罪的证据。要解决上述问题，最根本的就是要树立起高度的责任感，应当认识到错误逮捕涉嫌重罪的犯罪嫌疑人是刑事错案产生的重要程序性原因，一言以蔽之，重罪羁押应当慎重。

（三）审判机关审判理念的转变

对于心理偏差相关理论的普及对审判人员而言同样具有重要意义，并且着重强调审判实践中常见的“后见偏差”的消极影响。针对审判人员在审判中可能出现的“后见偏差”，可以让决策者（审判人员）考虑事件其他可能性结果并分析其影响，以分散其对已知结果的过度注意或关注。[①] 通过特殊的指导程序来提醒审判人员，唤起审判人员对于“后见偏差”的警觉，意识到“后见偏差”的存在，从而尽量排除这种心理偏差的影响。审判人员应当牢固树立尊重和保障人权与打击犯罪并重的司法理念。审判人员应当将新《刑事诉讼法》规定的尊重和保障人权落实到审判实践中，把保障人权放在更加突出的位置，对于严重的以非法方法收集的证据（刑讯逼供，诱供，强迫证人取得的证言等）予以排除，平等保护被告人的人权及被害人的权益，做到不偏不倚。应当真正树立“无罪推定”及“疑罪从无”的司法理念，做到不枉不纵，以法律事实作为审判的依据。对于重大刑事犯罪案件亦应当严格贯彻上述司法理念，因为错案的发生往往在重大刑事犯罪案件中得到体现，而只要审判人员能够坚持上述司法理念，错案的发生便可以得到根本杜绝。

（四）弱化外部环境对司法人员心理偏差的影响

我国刑事错案绝大部分属于命案，我国各级各地公安机关对侦查人员业绩的考核一直非常强调破案率，各级各地公安机关在证明本地公安取得重大成绩时一直将破案率的提高作为一项重要指标。[②]“命案必破”的侦查理念，使得各级公安机关对命案怀着急切结案的心理，过分的心理压力会导致各种心理偏差的出现。但是，笔者并不认为“命案必破”的侦查理念会直接导致刑事错案，“命案限期侦破”才是导致刑事错案发生的直接诱发因素。“命案必破”当然违背了人类的认识规律，也即人类的认识能力是受到外在环境的限制的，并不能对一切客观事实达致清晰认知，人类认识的事实总是徘徊在“绝对真理”与“相对真理”之间。诚然，“命案必破”加大了侦查人员侦办案件的心理压力，但是适度的心理压力可以提高办案的积极性，避免命案被束之高阁。相反，命案限期侦破则明显违背了刑事侦查的客观规律，因为并非所有刑事案

---

① 参见彭慰慰：《模拟法官决策中心理控制源对后见偏差的影响》，载《心理科学》2012 年第 2 期。

② 陈永生：《我国刑事误判问题透视——以 20 起震惊全国的刑事冤案为样本的分析》，载《法学研究》2007 年第 3 期。

件在一定期限内都可以通过侦查人员的努力而侦查清楚，相反，一些命案在短时期内是难以侦破的，其中一些命案也许永远都无法侦破，只能留待刑事科学技术的进步给破案带来新的解决可能。“限期侦破”无疑极大地加剧了侦查人员的心理负担，迫使其在一定期限内必须找到作案的犯罪嫌疑人，在证据尚不充足的情况下，侦查人员可能迫于限期结案的心理负担错误地认定某人为犯罪嫌疑人，而不再考虑其他的可能性，这就陷入了“隧道视野”的心理偏差之中。尤其是当案件侦查陷入难题、僵局之时，一些地方的政法委迫于舆论（民愤）压力或者基于被害人一方上访因素的考虑，对命案限期侦破有着比较强烈的追求，侦查机关的承办人员在外部压力之下，更可能罔顾案件证据情况，而做出一些错误的侦查行为。因而，当前应当取消“命案限期侦破”的要求，即便在一些具有强烈社会影响的刑事案件中，也应当切合案件的实际情况，听取案件侦查人员对案件的意见，不能为了迅速平息民愤或者消除社会舆论关注点而要求侦查人员限期侦破案件。

一些重大刑事案件发生后，在当地甚至是全国往往引起强烈的反响。在上述情况下，检察机关作为国家的司法部门，其是否对案件批准逮捕、移送审查起诉等往往引起较大关注。外界对司法机关的期待、要求、评价，甚至是缠检缠诉，往往给具体承办案件的检察人员带来巨大的压力，这些压力可能促使检察人员忽略案件中存在的疑点，在主观上急于结案，错失了发现并纠正错案的机会。因而，检察人员在行使职权时应当免受来自外部的压力，独立公正地行使检察职权。应当创造条件保证检察机关能够独立公正地行使检察职权，确保宪法关于检察机关独立行使检察职权的规定落到实处。此外，应当对司法实践中的公检法联席会议制度进行制度性反思，该种制度一定程度上削弱检察机关与法院行使职权的独立性。并且由于在该会议上检法两家往往对案件不甚熟悉，贸然对案件进行表态，也束缚了后续案件审查职能的发挥，使得检察机关的审查逮捕、移送起诉以及法院的判决权被先前表态绑架，不利于公检法之间相互制约功能发挥。

随着司法改革的逐步推进，人民法院独立地位得到了强化，近年来公检法之间自觉性的配合逐渐减少，但在一些重大刑事案件中出现地方政法委协调办案的情形日渐增多，成为办案机关协调配合，影响审判中立的主要形式。政法委制度本身并不是产生刑事错案的根源，其主要原因只是权力的不当介入，破坏了个案办理应恪守的审判中立原则。因此，司法中立的恪守，要求改变传统的维稳思维模式，通过法治途径来约束权力的不当行使以确保社会稳定和国家的长治久安。在互相配合，互相制约作为法律明确规定的法律框架下，应当逐步摈弃协调办案和协作办案的传统，强化对审判中立的保障，以各级党委政府为切入口，加强国家权力之间的限制、监督和制约，才是理性的选择。[①] 消除审判人员对公、检的过分配合以及不正当外部因素的干扰，首要的任务就是要建立明确而严格的错案责任追究机制，并通过典型错案启示审判人员，无论处在怎样的外在压力之下，对案件的公正判决都将是最终目标。

① 参见赵秉志：《防范冤错案件中法治理念的重塑》，载《法制日报》2013 年 7 月 17 日。

完善我国出罪机制的几点思考

崔　峰　孙　琴*

近年，围绕着出罪问题学界展开了一系列的讨论，如醉驾一律入罪是否合理及如何出罪、安乐死如何出罪、情节轻微的贪污贿赂犯罪如何出罪等产生了不同的争论。本文分析了我国出罪机制的立法现状及理论缺陷，剖析了构建我国出罪机制的理论和现实支撑，提出完善我国出罪机制的几点建议。

一、出罪概念阐释及研究范围的框定

"法无明文规定不为罪，法无明文规定不处罚"是罪行法定原则的精髓所在，其主要目的在于限制司法权的随意扩张和滥用，对法律未明文规定的行为绝对禁止入罪，但这是否意味着对法律有明文规定的行为就必须严格依照法律定罪处罚却是值得商榷的。一般认为"罪行法定原则只是限制法官对法无明文规定的行为入罪，但并不限制法官对法有明文规定的行为出罪"①。法律本身不可避免地具有滞后性和有限性，因此，对入罪我们应当持审慎态度并避免绝对化，而对出罪则应持开放态度并保留足够的空间。

从严格意义上讲，出罪并不是一个专业的法律术语，"出"显然是与"入"相对应的，"入罪"是指将某种行为纳入刑法的调整范围，"出罪"则是将原本作犯罪处理的行为排除出去，不再按犯罪处理，这可以说是最简单的出罪概念。从应然和更广义的角度讲，将一些具有一定社会危害性的处于刑法调整边缘行为经由立法和司法途径排除在犯罪之外也是出罪的应有内容，即"非犯罪化"②。这种"排除"，一般是通过犯罪构成要件与犯罪概念两方面的限定来实现。大陆法系国家采取的构成要件该当性、违法性、有责性"三阶

---

* 作者单位：山西省人民检察院。

① 陈兴良：《入罪与出罪：罪行法定原则司法化的双重考察》，载《法学》2002年第12期。

② 张明楷：《司法上的犯罪化与非犯罪化》，载《法学家》2008年第4期。

层”递进紧缩式犯罪构成模式本身就具备出罪功能，同时可罚的违法性、期待可能性、被允许的危险等重要理论都具备出罪功能。英美法系国家采取犯罪本体要件（犯罪行为和犯罪意图）、责任充足要件（或称抗辩事由）“双层次”的犯罪构成理论同样具有出罪功能，加上其判例法的特点，也可结合个案具体情况实现灵活出罪之功能。我国的犯罪构成理论本身并不具有出罪功能，因此主要是通过犯罪概念的限定来实现，即《刑法》第13条“但书”——“情节显著轻微危害不大的，不认为是犯罪”，从反面对不被认定为是犯罪的情形作出了限定，这是我国犯罪概念至关重要的组成部分。

实质上，我国刑法中的“但书”规定来源于我国特殊的“立法定性+定量”的二元制犯罪规定模式，即犯罪概念不仅规定危害行为的性质，而且作出程度上的要求，即定量，而“情节显著轻微危害不大的，不认为是犯罪”恰可把一部分具有社会危害性但却符合此条件的危害行为排除出去。世界范围内，多数国家采取的是“立法定性+司法定量”的一元制犯罪规定模式，即犯罪概念仅规定危害行为的性质——即定性，至于定量因素则完全交由司法实践进行处理，使大量案件在实践中实现了“以量出罪”。① 而在我国“立法定性+定量”模式下，纳入刑法考量范围的情节包括能够反映行为人的人身危险性及其行为的社会危害性程度，并足以影响定罪、量刑、行刑的各种主客观事实情况。据笔者的不完全统计，“情节”二字在《刑法》中共出现了344次，关于情节的界定由重到轻更多达七种：情节特别恶劣、情节恶劣、情节特别严重、情节严重、情节较轻、情节轻微、情节显著轻微。正是这些具体情节决定了行为社会危害性的大小，成为判断违法与犯罪的重要标准。由于成文法的局限性，法律不可能穷尽所有，因此，“但书”恰恰是通过对犯罪概念的紧缩，来实现对那些形式上符合犯罪构成要件的刑法边缘行为的出罪。可以说，我国“立法定性+定量”的犯罪规定模式，更需要在司法过程将“立法定量”了的硬性规定结合个案的具体情况来实际量化，这个过程正是根据犯罪的实际情况结合“但书”来完成的。因此，本文研究的出罪既包括立法上的不规定为犯罪，也包括司法中的不按犯罪处理；既需要通过实体法的规定来实现，也需要借助于程序法的应用来完善，是一个广义上的出罪概念。

---

① 关于二元制的犯罪规定模式与一元制的犯罪规定模式的区别，如盗窃罪，我国规定的是盗窃超过一定数额的财物构成盗窃罪，即故意盗窃的行为+价值超过一定数额以上二者兼具才构成犯罪，而一元制的犯罪规定模式下，盗窃构成犯罪，则无论盗窃数额多少都构成犯罪，只是由司法者来决定是否予以处罚。

二、我国出罪机制的现状梳理及缺陷剖析

在我国讨论出罪，《刑法》第3条前半段有罪必罚的规定——“法律明文规定为犯罪行为的，依照法律定罪处刑”——成了一个难以逾越的法律障碍，该规定与罪行法定原则的精神实质严重冲突，扼杀了本源意义上罪行法定原则应有的出罪解释机能，导致我国出罪机制先天缺陷，造成刑事诉讼法和司法解释的相关规定与实体法严重冲突的尴尬局面，实践中普遍存在的超法规出罪也缺乏应有的规范。

（一）刑法中有罪必罚的规定导致我国出罪机制先天缺陷

罪行法定的经典表述是“法无明文规定不为罪，法无明文规定不处罚”，但我们并不能依此得出“法有明文规定就必为罪，法有明文规定就必处罚”。目前世界多数国家都坚持罪行法定原则，包括成文法国家的成文法律和判例法国家的生效判例在内，都仅仅有入罪的限制，对出罪则不加限制，因为罪行法定原则的根本在于限制法官的随意入罪，但它并不限制法官的出罪权。我国《刑法》第3条前半段有罪必罚的规定与各国关于罪刑法定的规定相比都是独一无二的，是被扭曲的罪行法定，这已被众多的学者们所批判，在此笔者不再赘述，该规定使得罪行法定本身具有的出罪解释机能无法发挥，导致了我国出罪机制的先天缺陷，并给通过程序法出罪设置了难以逾越的篱笆。

（二）《刑事诉讼法》超越《刑法》规定而出罪至少是形式违法

我国《刑法》中有罪必罚的独特规定，一方面造成了刑法应用方面的困境，另一方面造成《刑事诉讼法》要与《刑法》保持内在一致就不能擅自设定出罪规则，否则一旦通过程序法出罪就显然违反实体法。如《刑事诉讼法》第15条规定了六种“不追究刑事责任的情形”，第五项是“犯罪嫌疑人、被告人死亡的”，这与有罪必罚的刑法要求显然不符，因为嫌疑人、被告人死亡，只是涉及人身为对象的那部分刑罚无法执行，而诸如罚金、没收财产等附加刑仍可以执行。又如《刑事诉讼法》第110条①、《刑事诉讼法》第173条

① 《形事诉讼法》第110条：“人民法院、人民检察院或者公安机关对于报案、控告、举报和自首的材料，应当按照管辖范围，迅速进行审查，认为有犯罪事实需要追究刑事责任的时候，应当立案；认为没有犯罪事实，或者犯罪事实显著轻微，不需要追究刑事责任的时候，不予立案。”

第二款规定的酌定不起诉等①，应当说都是违反有罪必罚规定的。

这些程序法中的出罪规定与实体法中出罪限制的背离，说明我国的刑事立法缺乏内在的统一性和协调性，而根源还在于刑法有罪必罚的规定堵塞了程序法的出罪通道。从本来意义上讲，刑事诉讼过程有其独立的程序功能，这些出罪规则应当是契合程序的独立出罪需求的，但由于立法的内在不协调而导致这些本应充分发挥作用的出罪制度，如不起诉制度，特别是酌定不起诉等，未能发挥其应有的作用。

（三）司法解释出罪主体混乱、标准不一

通过司法解释出罪，本也应是出罪机制中的一种有效措施，但目前这方面显然也存在着诸多不尽人意之处。第一，参与解释的主体混乱，最高人民法院、最高人民检察院、甚至公安部都参与其中。而按照我国法律规定，公安机关显然不是司法解释的有权主体，对此学界多年来备加批判。第二，司法解释出罪的标准混乱，有的是突破法定刑底线，有的是对已符合构成犯罪的行为采取轻刑化、有罪无刑化、无罪化处理，甚至有些是突破我国的犯罪构成理论而出罪。如按照2000年最高人民法院公布实施的《关于审理交通肇事刑事案件具体应用法律若干问题的解释》的规定②，对于损失超过30万元的交通肇事案件，如果未造成相关人员伤亡、仅仅是财产损失，那么被害人是否得到相应赔偿的“事后”情节决定犯罪的成立与否，这与我国现行的犯罪构成理论明显冲突。再如依据最高人民法院、最高人民检察院2009年联合发布的《关于办理妨害信用卡管理刑事案件具体应用法律若干问题的解释》的规定③，对恶意透支信用卡的，以是否偿还来作为是否成立犯罪和处罚的依据，与我国的犯罪构成理论同样不符。第三，有些解释虽合情理，但缺乏相应的理论依据。如最高人民法院的司法解释规定对有些农村妇女因严重自然灾害、生活困难等原因，外出与他人重婚或者同居的，应向其严肃指出，重婚是违法犯罪行为，但

---

① 《刑事诉讼法》第173条第二款：“对于犯罪情节轻微，依照刑法规定不需要判处刑罚或者免除刑罚的，人民检察院可以作出不起诉决定。”

② 《关于审理交通肇事刑事案件具体应用法律若干问题的解释》第2条第一款第3项：“造成公共财产或者他人财产直接损失，负事故全部或者主要责任，无能力赔偿数额在30万元以上的”，应当以交通肇事罪定罪处罚。

③ 《关于办理妨害信用卡管理刑事案件具体应用法律若干问题的解释》第6条第五款：“恶意透支应当追究刑事责任，但在公安机关立案后人民法院判决宣告前已偿还透支款息的，可以从轻处罚，情节轻微的，可以免除处罚。恶意透支数额较大，在公安机关立案前已偿还全部透支款息，情节显著轻微的，可以依法不追究刑事责任。”

一般可不以重婚罪论处。这样的解释客观讲是符合社会情理的，但在我国现行的刑法理论中显然缺乏根据。

（四）司法实践中大量超法规出罪与刑法出罪限制严重背离

实际上，我国司法实践中的超法规出罪很早就存在，但其适用的范围比较小，司法机关对这类案件的处理又都很“低调”，因此不容易被注意到。如国家为了加大对贿赂案件的打击力度对行贿人作出的特别规定：“行贿人在被追诉前主动交代行贿行为的，可以减轻处罚或者免除处罚”，按照法律规定的最大让步是定罪免刑，而实践中为了重点打击受贿犯罪，绝大多数的行贿行为并未被宣告为“罪”。又如刑事和解适用的案件，最初主要是一些轻伤害案件，后逐步超出法律的规定拓展到交通肇事、重伤害等，并以该政策为依据超越现有法律对很多案件进行了非犯罪化、非刑罚化处理。再如，醉酒型危险驾驶出罪①，有人认为醉酒驾驶应当一律入罪；还有人认为，我国《刑法》总则的规定适用于分则的所有犯罪，当然更包括相关的司法解释，虽然该解释对醉酒驾驶没有明确情节要求，但对该罪的认定同样应受到总则但书规定的制约。因此，对“情节显著轻微”的醉酒型危险驾驶就不应以犯罪论处。如深圳龙岗区法院受理的莫某醉酒驾驶案，2011 年底莫某醉酒驾驶，检察机关向法院提起公诉并提出判 2 个月的量刑建议，法院却作出了免刑的判决，理由是莫某醉酒驾驶的距离并不远，情节轻微②。

三、完善我国出罪机制的理论和现实支撑

刑法结构的理想状态是“严而不厉”，“严”是指刑事法网设计严密，“厉”则指刑罚制定得严格、苛刻。我国目前却是“厉而不严”，即“刑罚严密而法网疏漏，并没有把所有值得科处的危害行为均包容进来，出现了空白地带”③。我国近年来不断通过刑法修正案增加罪名来严密刑事法网，但同时我们还应不断完善出罪机制，从而使我国的刑法结构状态和效力范围更加合理。

---

① 《最高人民法院、最高人民检察院、公安部关于办理醉酒驾驶机动车刑事案件适用法律若干问题的意见》第 1 条：“在道路上驾驶机动车，血液酒精含量达到 80 毫克/100 毫升以上的，属于醉酒驾驶机动车，依照刑法第一百三十三条之一第一款的规定，以危险驾驶罪定罪处罚。”

② 参见惠铭生：《有种醉驾免刑叫“开得不远”》，载《广州日报》2012 年 6 月 16 日第 2 版。

③ 参见储槐植：《严而不厉：为刑法修订设计政策思想》，载《北京大学学报（哲学社会科学版）》1989 年第 6 期。

（一）世界范围内刑法谦抑思想的客观影响

“刑法的谦抑性，又称刑法的经济性或者节俭性，是指立法者应当力求以最小的支出——少用甚至不用刑罚，获取最大的社会效益——有效地预防和控制犯罪”①。它包括罪的谦抑性和刑的谦抑性两个方面。罪的谦抑性是指立法者应合理划分犯罪圈以限定刑法对社会生活的干预范围，其实质是“非犯罪化”思想；刑的谦抑性是指对已经构成犯罪的行为能用非刑罚措施予以矫正就不要用刑罚措施，在必须得用刑罚措施的情况下也尽量用较轻的，其实质是“非刑罚化”思想。随着社会的不断发展及人权思想的扩展等，刑法的谦抑性思想对各国法律都发生了重大影响。随着我国经济、社会的快速发展，刑法先后出台了8个《修正案》以不断严密刑事法网，但与此同时，如何结合个案进行出罪无疑同样重要，否则可能因“重整体，轻个体”而导致刑法机能的不协调。毕竟刑法只是保障法，并不能包治百病。

（二）落实我国宽严相济刑事政策之现实需求

我国宽严相济刑事政策的侧重点主要体现在“宽”上，即以宽大的政策为导向，对一些轻微案件进行出罪。然而，法治首先表现为法律规则之治，以政策替代法律，超越现行法律规定而出罪，尽管符合“人权保障”的法治精神，也只能在法治国建设之初才能被容忍。随着法治的发展、立法技术的成熟、司法者素质的提高，应逐步通过完善国家的出罪机制来克服没有法律依据却具有公正性的司法，以实现从事实上的非正式出罪处理到法律上的一般化的正式出罪处理的转变。

（三）期待可能性理论与我国出罪需求之契合

期待可能性是指“在行为时的具体情况下，能够期待行为人避免实施犯罪行为而实施合法行为。在行为人没有期待可能性的时候，即便其对犯罪事实具有认识，也具有违法性认识的可能性，但也不承担故意或者过失责任”②。该理论的产生以阻却行为人承担刑事责任为动因，始终是沿着健全出罪机制的方向发展前进。现在该理论已超出最初“无期待可能性则无刑事责任”的含义，向“期待可能性减弱则刑事责任减轻”的方向演进，并在德国、日本、我国台湾地区等获得广泛认可，在出罪方面发挥了重要作用。应当说，期待可

① 陈兴良著：《刑法哲学》，中国政法大学出版社2003年版，第6页。

② ［日］大谷实著：《刑法总论》，黎宏译，法律出版社2003年版，第266页。

能性理论对弥合我国出罪机制的缺失有重要借鉴意义，如陈兴良教授所言“期待可能性理论是我国刑法理论中的一个重要问题，它对于正确地对行为人进行刑事归责具有重要意义”①，特别是对我国刑法中规定的伪证罪，窝藏、包庇罪，窝藏、转移、收购、销售赃物罪等都把犯罪嫌疑人的近亲属包括在主体内，但对常人而言，要在亲情与国法之间选择后者是极其困难的，也不符合我国传统法中“亲亲得相隐”的朴素情怀。再例如对于确实为情势所迫、情理所容、缺乏期待可能性的安乐死案件等。② 所以在这些方面引入期待可能性理论极有必要，为这些明显违背常人情感的做法建立恰当的出罪路径，在刑事立法和司法过程中逐步建立一种恰当的途径实现与社情民意的对接，减少法院判决与民众朴素的公平正义理念之间的隔阂。当然，在具体应用中，我们要严格控制以防滥用。诚如有些学者所言，期待可能性理论已经“破门而入”，在中国刑法学中登堂入室已是大势所趋③。

四、完善我国出罪机制的制度建构和具体路径

“正确贯彻罪行法定原则应当是，依据刑法契约精神，在不突破底限的前提下，入罪坚持合法，出罪（含从轻发落）注重合理”④。因此，结合但书的出罪功能，完善实体法的相关规定，发挥程序的分流作用，建立“有罪不一定罚”的出罪机制。

（一）完善我国出罪机制的制度建构

1. 去掉《刑法》第3条前半段。

我国刑法有罪必罚的规定，严重违背了罪刑法定原则的精神实质，在下一次的修订中应当予以删除，对此学界已达成一致和共识。遵循罪行法定的本源意义，在实体法和程序法形成内在一致性的基础上，对犯罪的“非犯罪化”和“非刑罚化”处理就有了更加开阔的空间。

2. 确立但书可直接作为判决依据的法律地位。

按照法律，“但书”作为刑法总则中的一项内容，完全可以作为判决的依

① 陈兴良：《期待可能性问题研究》，载《法律科学》2006年第3期。

② 参见梁根林：《刑事政策视野中的安乐死出罪机制》，载《政法论坛》2003年第4期。

③ 王政勋：《论期待可能性理论的合理性——基于言伴语境理论的考察》，载《法律科学》2008年第4期。

④ 参见储槐植：《刑法契约化》，载《中外法学》2009年第6期。

据，但目前实践中并没有单独援引“但书”作为依据的判决，如上海法院的张美华伪造身份证案件①，一审、二审都是在裁判理由部分用但书加以论述了，判决依据引用的却是刑事诉讼法的有关规定，这实质上是回避了实体刑法的依据。笔者主张，但书应当可以直接作为判案依据。最高法院在1989年11月4日《关于一审判决宣告无罪的公诉案件如何适用法律问题的批复》中规定：“对被告人有违法行为，但情节显著轻微，危害不大，不认为是犯罪的，可在宣告无罪判决的法律文书中，同时引用《刑法》第10条（现为刑法第13条）和《刑事诉讼法》第11条第一项（现为刑事诉讼法第15条第一项）的规定作为法律根据。”该解释虽然已经失效，但对现在还是具有一定的参考意义。而且在我国理论界中，也有些权威学者提出了类似的主张，认为“在考察某种行为是否构成犯罪时，固然必须根据刑法条文的规定，同时需要认定该行为的社会危害性程度，如果行为情节显著轻微危害不大的，就应当使用《刑法》第13条但书的规定，不认为是犯罪”，且“在判决宣告无罪时，可在宣告无罪判决的法律文书中，同时引用《刑法》第13条和《刑事诉讼法》第15条第一项的规定作为法律根据”②。

3. 明确期待可能性思想的法定地位。

笔者认为，期待可能性思想完全可以融入我国刑法的犯罪构成理论中，其研究的实际上是我国犯罪主观要件的内容，即相对的意志自由与主观恶性有无的问题，如果行为人行为时没有可选择性，则其行为并不能体现其主观恶性，也就不能追究其刑事责任。在我国刑法中虽然没有任何期待可能性的字样，但在《刑法》第14条、第15条关于犯罪故意与犯罪过失的规定中体现了期待可能性的思想，即行为人在明知或者应当预见自己的行为会发生危害社会的结果的情况下，是否实施该行为是具有可选择性的，法律期待行为人抑制危害社会的行为，行为人却由于故意或者过失违反了此种期待并导致了危害结果的发生，因此应承担刑事责任。《刑法》第16条体现的则是无期待可能性思想，即由于不可抗力行为人已失去了行为的可选择性，也就不存在主观的罪过，因此不够成犯罪。笔者赞成一些学者们提出的将无期待可能性融入不可抗力规定

① 被告人张美华不慎遗失居民身份证，因其户口未落实，无法向公安机关申请补办居民身份证，遂以其本人照片和真实的姓名、身份证号码和暂住地地址，出资让他人伪造了居民身份证一张。其在银行使用上述伪造的居民身份证办理正常的银行卡取款业务时，被银行工作人员发现而案发。检察机关提起公诉后，法院以张美华伪造居民身份证的行为情节显著轻微，危害不大，不能认为是犯罪而作出了无罪判决。

② 高铭暄、马克昌主编：《刑法学》（上编），中国法制出版社1999年版，第74－75、81页。

中以作为法定免责事由的主张，这样对一些缺乏期待可能性的行为，便可依法出罪，如亲亲相隐，及司法解释所规定的有些贫困地区的妇女由于遭受了天灾人祸，为生活所迫流离失所，在这种情况下与他人重婚的，可不按犯罪处理等。

4. 加强立法解释，规范司法解释。

首先，应当加强立法解释。因为在我国“立法定性 + 定量”的犯罪规定模式下，对定量因素的细化实质是对犯罪构成要件的细化，这样重要的权力应由立法机关统一行使。其次，对由司法机关进行的定量解释，应进一步明确化、统一化。在刑法分则中，定量因素体现在诸多罪名当中，而即便同类型的犯罪“量”的规定也不统一。如同样是侵财类犯罪的“数额较大”，盗窃罪的规定是 500 元至 2000 元以上①，敲诈勒索罪的规定是 1000 元至 3000 元②，诈骗罪的规定则是 3000 元到 1 万元以上③。这容易造成普通民众对犯罪认识的混淆，不利于公众对刑法的预见和适应，因此司法解释对个罪的定量因素逐一明确不是最佳方法，可考虑构建同类型犯罪数额同样标准。

（二）完善我国出罪机制的具体路径

对符合出罪条件的案件，在刑事诉讼的各个阶段应当都能够实现。立案阶段，侦查机关可不予立案。侦查终结后，侦查机关可撤销案件。审查起诉阶段，检察机关对符合法定不起诉的案件，应当作出不起诉的决定；对犯罪情节轻微，依照刑法规定不需要判处刑罚或者免除刑罚的案件，可以作出酌定不起诉决定；对二次补充侦查的案件，仍然证据不足，不符合起诉条件的，应当作出存疑不起诉决定。笔者认为，现阶段，需要更加关注和应用好的是酌定不起诉和存疑不起诉制度。酌定不起诉对于分流刑事诉讼活动的压力，将一些微罪案件及时出罪，化解社会矛盾起着重要的作用。在实践中存疑不起诉多局限于一些轻微刑事案件，对于一些重大刑事案件作出存疑不起诉的少之又少，而迄今发生的错案中无一不是证据存在缺陷、不能排除合理怀疑的。虽然存疑不起诉不是真正彻底的出罪了——在发现新的证据符合起诉条件时，检察机关还可以提起公诉——但在一些重特大案件两次补侦后已陷入僵局的情势下，大胆应

---

① 1997 年 11 月 4 日最高人民法院《关于审理盗窃案件具体应用法律若干问题的解释》第 3 条。

② 2000 年 5 月 12 日最高人民法院《关于敲诈勒索罪数额认定标准问题的规定》。

③ 2011 年 3 月 1 日最高人民法院、最高人民检察院《关于办理诈骗形式案件具体应用法律若干问题的解释》。

用法律的规定，作出存疑不起诉决定，对于案件及时出罪，防范冤假错案是具有极其重要的现实意义的。在审判阶段，同样可以实现出罪所追求的价值目标，对于一些情节轻微不需要刑法干预的案件及达成刑事和解的案件等，法院应结合但书规定大胆作出无罪判决或依法予以从轻处罚等。

社区矫正法律监督工作的改进途径

太原市人民检察院课题组

《刑法修正案（八）》规定对判处管制、缓刑以及假释的罪犯依法实行社区矫正，这是我国首次在基本法中对社区矫正作出规定。2012年3月通过的新《刑事诉讼法》又规定对暂予监外执行罪犯依法实行社区矫正。至此，社区矫正制度基本确立。为促进太原市社区矫正法律监督工作，提高检察监督水平，课题组以检察监督为视角对太原市开展社区矫正工作情况进行了全面调研摸底和分析论证，以期深入推进社区矫正工作及检察监督工作。

一、太原市社区矫正工作现状

截至2014年11月12日，太原市正在社区矫正的服刑人员共计2042人，其中管制5人，缓刑1942人，假释38人，暂予监外执行39人，剥夺政治权利18人。太原市社区矫正工作基本由基层司法所具体承担，目前全市社区矫正机构做到了对全市社区矫正人员的全覆盖，各个司法所对本辖区在矫人员均建立了社区矫正档案。调研发现，社区矫正人员档案内容较为全面，重要的法律文书基本没有遗漏，社区矫正法律法规要求的各项文书也基本落实。各司法所均有人员负责社区矫正工作，社区矫正工作人员基本都接受了司法局的相关培训。社区矫正手段与时俱进，司法局为司法所提供了具备GPS定位功能的专用手机，由司法所给重点监控在矫人员配发，通过GPS定位监控其活动范围，极大地提高了监管效率，降低了监管难度；部分司法局还为基层司法所提供了人脸识别系统用来记录社区矫正人员报到情况，如果在矫人员不按时报到将记录在案，这样对有效督促在矫人员按时报到作用明显，杜绝了签字报到中存在的补签虚报情况。

检察机关对社区矫正工作的监督力度不断加大。目前，我市尚没有设立专门的社区矫正检察室，均采取巡查的方式开展工作，各基层检察院监所检察部门定期、不定期地对本辖区社区矫正机构进行检察监督，发现问题能够及时予以纠正，并针对较为严重的违法问题依法发出《纠正违法通知书》，通过巡查及时发现社区矫正工作中的职务犯罪线索，万柏林区院立案查办了一起社区矫正机构人员职务犯罪案件。

二、社区矫正工作存在的问题

调研发现我市社区矫正工作存在的一些不容忽视的问题，主要集中在以下几个方面：

（一）对在矫人员监管不到位，存在再犯罪情况

数据显示，我市共有 7 名在矫人员再犯罪，占在矫人员的 0.34%，其中万柏林区 1 人，晋源区 2 人，清徐县 2 人，阳曲县 2 人。在矫人员再犯罪固然有其本身原因，但也同时反映出社区矫正机构在监管、教育、矫正等方面的缺失。例如社区矫正人员吴某某于 2012 年 5 月至 2013 年 1 月在万柏林区进行社区矫正，但社区矫正工作人员严重不负责任，违反社区矫正相关规定，不正确履行监管规定和教育职责，未定期进行家访、了解在矫人员思想动态和现实表现，未按规定对吴某某进行考核，没有及时掌握该犯疾病情况，对于吴某某未按规定提交病情复查报告的情形，没有及时处理，致使吴某某在矫正期间脱管，并再次犯罪，于 2014 年 4 月被沈阳市沈河区人民法院判处有期徒刑 20 年，并处罚金 70 万元，该犯现已收监执行。万柏林区人民检察院对该所负责人何某某涉嫌玩忽职守罪立案侦查，目前一审已作出有罪判决。

（二）违规惩处不严格，存在脱管现象

有一些在矫人员违反管理规定，甚至拒绝矫治，但是社区矫正机构未及时向司法局申请给予警告，更没有及时提出收监建议。例如，小店区某司法所由临时聘用人员负责社区矫正工作，监管混乱，对两名长期脱管人员不履行管理职责，不仅给社会治安带来隐患，而且使附近群众误认为缓刑即等于“免刑”，保外就医即等于“释放”，造成了不良的社会影响。有的在矫人员与社区矫正人员较为熟识，工作人员碍于情面没有严格管理，造成各种签到、学习、劳动、思想汇报材料造假情况普遍存在。

（三）人员配置不足，教育管理不到位

我市绝大多数社区矫正机构只有一名工作人员，基本是司法所长担任，绝大多数不具备法律专业学习经历，法律素养不足，执法意识不强，在交付、矫治、处理等环节把关不严，漏洞较多。同时，基层司法所长又往往兼任数个工作，最多的兼任 6 个其他职务，有的司法所长坦言，包括社区矫正在内的司法

所工作是“副业”，主业是街道、乡镇的其他“重点”工作。而根据社区矫正相关法规要求，社区矫正工作需要做很多具体、细致的工作，比如每月要组织在矫人员学习教育两次，每月家访两次，每月组织在矫人员社会服务 8 小时等，如果本辖区在矫人员较多，工作量会直线上升。社区矫正工作人员“兼职”来做这项工作，档案造假、管理不到位的现象是在所难免的。调研中就发现思想教育记录千篇一律，社区服务内容一年 12 个月都是“除草”等现象。司法局对司法所人员的管理，也受体制局限，社区矫正工作得以有效开展还存在一定困难。

（四）法院交付执行不及时，存在漏管现象

根据最高法《刑诉法解释》第 436 条，对判处缓刑的罪犯，人民法院应当在判决、裁定生效 10 日内，将判决书、裁定书、执行通知书等法律文书送达罪犯居住地的司法行政机关，同时抄送居住地的县级人民检察院。调研发现，法院未在规定时间内向司法局送达法律文书的情形较多，有的延迟时间较长，最长的延迟送达 21 个月。在延迟送达期间内，罪犯按规定应当到社区矫正机构报到，但法院不送达执行文书，按照规定社区矫正机构在未接到相关法律文书前不负责对社区矫正人员的监管，因此在延迟送达时间段，对罪犯没有任何监管措施，处于漏管状态。长时间的漏管使罪犯处于无人监管状态，损害了刑罚执行的严肃性，不利于对罪犯的管理、矫正，同时也给社会稳定带来隐患。例如，尖草坪区社区矫正人员赵某某因盗窃罪于 2013 年 2 月 1 日被判处有期徒刑一年六个月缓刑二年，法院于 2013 年 2 月 17 日签署执行通知书，但直到 2013 年 9 月 8 日才送达司法局，赵某某于 2013 年 9 月 24 日报到，造成赵某某漏管近 7 个月，其后，赵某某在矫正期间又犯盗窃罪，被判处有期徒刑二年。该案中赵某某虽在矫正期间再犯罪，但是漏管期间没有及时得到矫正教育也是不容忽视的因素。

（五）法院缓刑考验期起止时间存在随意性，可能侵犯矫正人员合法权益

《刑法》第 73 条规定“缓刑考验期限，从判决确定之日起计算”。调研发现，各个法院执行通知书中对缓刑考验期起止时间随意性很大，有的法院以判决书落款日期为起点，有的则以判决生效之日为起点，而更多的是以判决交付执行之日为起点，这几种计算方法带来的后果是被矫正人员的缓刑考验期存在差异，有的甚至相差几个月。这种执法不统一，不但有损于法律的统一正确实施，而且有损于司法的权威性、严肃性，同时还有可能“延长”罪犯的缓刑

考验期，如果在“延长”期内在矫人员再犯罪将可能被撤销缓刑，这样带来的直接后果就是损害社区矫正人员的合法权益。

（六）检察机关的法律监督力度须进一步加强

根据法律规定，检察机关负责监督社区矫正工作的正确开展，在检察机关内部分工上，这项工作由监所检察部门（现为刑事执行检察部门）来完成。调研发现，检察机关对社区矫正工作监督中存在以下几个薄弱环节：

1. 重程序监督，轻实体监督。监所检察人员对社区矫正工作的监督大都以法律文书是否齐全、相关矫正活动是否开展等程序监督为主，而较为轻视对判决、裁定中实体部分的监督，认为判决、裁定已经生效，既然公诉部门都已认为判决适当，因此就没必要再次审查。这样带来的后果就是本该发现的一些明显错误判决而没有及时发现。另外，对于一些异常的假释、暂予监外执行案件，也没有引起重视，可能漏掉一些涉及违规、违法减刑、假释、暂予监外执行的案件线索。

2. 监督力度薄弱，对暂予监外执行人员监督重视不足。社区矫正工作人员对在矫人员管理不严格现象，负责日常检察监督的检察人员有的提出了纠正意见，而部分则没有及时提出纠正意见。尤其是对于法院决定暂予监外执行的案件，检察机关在检察监督中没有给予充分的重视。一般而言，暂予监外执行的罪犯其社会危险性要大于缓刑罪犯，一方面是由于暂予监外执行的罪犯有的刑期较重，有的属于累犯；另一方面，对暂予监外执行的罪犯没有进行社会调查评估，因此对暂予监外执行的罪犯监督管理是社区矫正的一项重点、难点工作。根据相关法规，由监狱管理部门作出的暂予监外执行决定，期限为 6 个月到 1 年，过了期限，则由监狱管理部门根据情况作出相应决定。但是法院作出的暂予监外执行决定没有时间限制，也就是说，法院一旦作出监外执行决定，其效力相当于整个服刑期间，除非中途决定收监。因此对于法院决定暂予监外执行的社区矫正人员是否符合暂予监外执行的条件，是否需要收监执行，主要由社区矫正机构来判断、评估。目前我市的实际情况是，司法局向法院建议收监的暂予监外执行罪犯屈指可数。这种无期限的暂予监外执行，或已成为罪犯逃避法律制裁的一个“可选项”。由于缺乏其他制约因素，社区矫正机构对这部分社区矫正人员的管理应当作为检察监督的重点。但检查中发现，检察人员对这部分在矫人员的检察监督重视不足，监督力度弱。按《社区矫正办法》规定保外就医人员应当每月报告身体情况，每三个月提交病情复查情况报告，检查中发现，有的保外就医人员，几年来从未提交病情复查情况报告，而社区矫正机构也未作出相应处理，检察机关也未对此情况发出检察建议，以及建议收监，致使一些本应该收监的保外就医人员，长时间不能收监执行。

3. 检察机关对社区矫正的监督手段较为落后。目前检察机关对社区矫正监督普遍采取上门监督的方式，与社区矫正机构没有实现数据互联互通，无法实现远程监督、同步监督，对于一些偏远乡镇较多的地区而言，检察机关不能及时有效地开展社区矫正监督是客观存在的现实问题。

4. 检察监督人员不足，监督能力有待进一步提高。随着《刑事诉讼法》的修改，检察机关监所检察部门职能工作大幅增加，但是人员却没有增加。社区矫正监督只是监所工作的一部分，监所检察人员还要履行其他的监督任务，凸显出检察人员严重不足的问题。我市 10 个基层院监所检察部门一般配备 1—2 名工作人员，每个基层院负责监督的基层司法所数量平均在 10 个左右，社区矫正人员平均在 200 人左右，检察人员社区矫正监督工作量较大，尤其一些偏远乡镇较多的县、市。同时，一些监所检察人员监督中发现问题的能力欠缺，存在不会监督、不愿监督、监督不力的现象。

（七）司法机关在互相配合、协调联动方面还需进一步加强和规范

社区矫正工作是一项系统工程，需要各机关各司其职、密切配合，形成合力，但目前在这方面还存在一些不尽如人意的地方。在实际工作中主要遇到以下几个具体问题：

1. 对于脱管的社区矫正人员上网追逃工作，遇到困难。根据《社区矫正办法》第 27 条规定，人民法院裁定对社区矫正人员收监执行的，由司法行政机关及时将罪犯送交监狱或者看守所，公安机关予以协助。《山西省关于进一步加强对社区服刑人员监督管理的意见》第 8 条规定，被决定收监执行的社区服刑人员在逃的，由公安机关负责追捕，司法行政机关协助。在实际执行中，脱管人员往往不知所踪，需要公安机关上网追逃，但由于受到网上追逃条件设置，公安机关难以将脱管人员列为网上追逃对象，失去这一重要手段，使得收监工作难度加大，造成久拖，无法及时执行。

2. 收监程序存在障碍。在实际工作中，检察机关发现暂予监外执行人员不符合规定，向法院建议收监，但法院认为不能据此启动收监审查程序，使得检察机关监督程序不顺畅。《刑事诉讼规则》第 648 条规定："对于暂予监外执行的罪犯，人民检察院发现罪犯不符合暂予监外执行条件、严重违反有关监管规定或者暂予监外执行情形消失的，应当通知执行机关收监，或者建议决定机关作出收监决定。"所以，按照此规定检察机关直接建议法院作出收监决定的，法院应当启动收监审查程序。但法院认为必须经司法局建议收监才能启动

程序，理由是：《社区矫正实施办法》只规定了司法行政机关提出收监执行的建议后，法院应当在十五日内依法作出决定的收监审查程序，而没有规定对检察机关的建议也应当启动相关程序。由于检察机关通知司法局向法院建议收监需要一个过程，使监督效果和监督效率打了折扣，也使得《刑事诉讼规则》第648条的规定形同虚设。但目前我们只能通过各方协调、配合予以解决，建议尽快从司法解释层面予以明确和细化，使检察机关的监督程序规定更具权威性和可操作性。

3. 在收监执行中，各机关之间缺乏有效配合，存在收监执行不及时现象。在监督中发现，法院决定收监的暂予监外执行人员，有的不能得到及时收监执行，而原因却都是一些程序性的细节问题。例如：监狱要求提供判决书原件3份、起诉书原件、批捕书原件，复印件一律无效，否则不予收监，仅此一项要求就难以做到，造成“无牢可投”的情况；对于被收监人及亲属的无理纠缠，执行机关不能及时果断采取措施，有的甚至采取拖延、推诿等消极做法，无形中助长了这种不良做法，使得收监难以进行。检察人员在收监执行方面也耗费了大量精力，从始至终的督促、协调。这种执行不力的状况，使逃避法律惩罚的行为有恃无恐，严重损害了司法的严肃性。建议出台相关法规，明确收监执行的相关程序和期限，以及各机关具体责任，使收监工作能够及时、有效开展。

三、完善社区矫正法律监督工作的对策建议

（一）落实制度，加强矫治，严格管理，最大限度防范再犯罪的发生

社区矫正人员再犯罪的主要原因是社区矫正机构在严格监管、教育矫治方面存在不足，尤其是在预防在矫人员再犯罪方面工作不到位。对此，建议矫正机构逐案认真分析，查找管理疏漏，制定整改措施。检察机关将对发现的再犯罪人员社区矫正情况进行重点监督，找出社区矫正监管方面存在的漏洞，深查再犯罪背后是否存在相关人员的渎职犯罪。

（二）各司其职，密切配合，严格公正执法，切实做好社区矫正工作

社区矫正是我国刑罚执行制度的重要内容，也是社会管理创新的重要领域，责任重大。严格规范执法行为是有效教育、管理、矫治服刑人员的前提。

人民法院应当维护判决、裁定的严肃性，在判处缓刑前依法进行社会调查

评估，判决生效后及时将社区服刑人员交付执行，做好与司法局的交接工作，并及时抄送检察机关；人民法院应严格把握直接决定暂予监外执行的标准，并依法告知和将文书送达人民检察院，接受人民检察院的法律监督。

公安机关应积极与司法行政机关密切配合，增强责任意识，尤其是抓捕在逃人员工作，公安机关应当与司法局积极配合、依法履职，对于上网追逃存在的技术性问题，协调相关部门解决，及时上网追逃，尽快将在逃人员抓捕收监。对于在收监工作中遇到的无理纠缠、威胁恐吓等严重干扰收监工作的情况，公安机关应当与司法局密切配合，及时有效采取措施，及时制止并有效震慑这种抗拒、干扰司法的违法行为。

监狱系统应当做好与各单位的沟通配合，及时将暂予监外执行材料送达司法局，并抄送人民检察院；对于法院决定收监的罪犯，监狱应当积极做好接受工作，不设置无法律依据的程序障碍，及时接受罪犯服刑。

社区矫正机构应严格规范执行社区矫正法律法规，对违反规定的在矫人员要及时发现、处理，并做好与审判机关、检察机关、公安机关的沟通配合，及时将不符合社区矫正的人员收监；同时加强内部管理，明确基层社区矫正人员归属，加大人员配备，强化对社区矫正人员的业务培训，提高工作能力。

检察机关要强化监督力度，优化监督手段，提高监督效率。对发现的在矫人员违反规定而没有受到相关处理的，要及时提出纠正意见，尤其对于“三类”罪犯和暂予监外执行的罪犯，更要作为重点监督对象。如果发现在社区矫正中存在徇私舞弊现象要及时调查、依法严肃处理。在监督中注重实体审查，做到程序、实体并重。检察人员要提高监督的敏感性，及时发现判决裁定中存在的违法情形，对异常的假释、暂予监外执行案件，要引起重视，对案件线索要及时处理。建议将社区矫正机构网络与检察网络实现互联互通，检察机关通过网络即可实现对社区矫正工作的实时同步监督。

（三）顺应发展，充实队伍，规范司法

随着社会的进步，刑罚轻刑化和非监禁化成为发展趋势，这将赋予社区矫正工作更多更重的承担和更为广阔的发展探索空间。作为司法工作的重要组成部分，社区矫正机构工作人员的专业化建设及素质提升亟须加强，配齐配强专业人员才能保证其有精力、有能力规范地开展社区矫正工作，使罪犯得到有效的教育矫治，复归社会。为保证社区矫正工作依法统一实施，检察监督至关重要，队伍建设必须与所承担的工作规模相匹配，才能保证检察监督权及时、准确、有效地行使。各级检察院应当将监所检察机构建设和人员职数的科学配备，提上重要的议事日程，予以配齐配强。对于矫正人员较多的应该设立派驻

检察室，并不断规范监督方式、监督内容和监督程序，使之制度化、规范化，切实担负起法律监督职责，及时监督纠正社区矫正工作中的违法问题。

（四）完善社区矫正相关法律，统一司法依据

目前社区矫正工作主要的法律依据是2012年1月10日出台的《社区矫正实施办法》。随着社区矫正工作的不断深入开展，各地又相继出台了社区矫正实施细则，司法机关也出台了涉及社区矫正工作的司法解释，这些规范性文件之间存在衔接问题，有的甚至存在矛盾，例如《社区矫正实施办法》与最高人民法院《刑事诉讼法解释》在法院交付执行的时间上存在差异（《办法》规定为3日，《解释》规定为10日）。建议立法机关尽快根据社区矫正的实践经验，修改完善社区矫正法规，并以法律的形式确定下来，以便统一社区矫正执法依据，使社区矫正工作更加规范，为推进依法治国和维护国家长治久安做出应有贡献。

刑事诉讼法适用篇

违法所得没收程序在我国的适用、问题与前景

赵建波*

2012年修改后的《刑事诉讼法》针对犯罪嫌疑人、被告人逃匿、死亡案件新设了违法所得的没收程序，该程序的设置，填补了我国相关立法的空白，对于依法惩治贪污贿赂犯罪，及时处置犯罪嫌疑人、被告人逃匿或死亡案件的涉案财产具有积极意义。作为一项新制度，两年多来违法所得没收程序在我国司法实践中适用还比较有限，在适用过程中也存在一些问题。

一、违法所得没收程序在我国的适用情况

新《刑事诉讼法》实施两年多来，法学界对违法所得没收程序的研究和探讨日渐深入，最高检也一直鼓励各地检察机关适用违法所得没收程序，发挥其应有的作用，但是总体上讲，在我国的司法实践中，违法所得没收程序的适用仍然比较有限，还处于“探索运用”阶段，远未达到“充分利用”① 的程度。笔者将这两年多来我国适用违法所得没收程序的案件情况加以汇总，共有19起案件。

（一）适用的案件类型

根据新《刑事诉讼法》第280条的规定，违法所得没收程序适用于“贪污贿赂犯罪、恐怖活动犯罪等重大犯罪案件”。从实际汇总的这19起案件可以看出，涉及贪污贿赂案件有16起，占84.2%；涉及毒品类案件2起，占10.5%；涉及集资诈骗案件1起，占5.3%。由此可见，在近两年多来我国的司法实践中，违法所得没收程序对贪污贿赂型案件的效果更为明显、适用率更

---

* 作者单位：河北省石家庄市桥西区人民检察院。

① “探索运用”和“充分运用”都是曹建明检察长在相关讲话中谈及违法所得没收程序时使用的用语。另外，最高检反贪污贿赂总局相关负责人也在不同场合使用过这两个词语。

高。违法所得没收程序在贪污贿赂案件中的意义被多次强调，可以想见，以后这一趋势仍会继续。

（二）适用该程序的对象

在这19起案件中，有4起属于“犯罪嫌疑人、被告人潜逃，在通缉一年后不能到案”的情形，占21.1%；有15起属于“犯罪嫌疑人、被告人死亡”的情形，占78.9%。从司法实践来看，虽然违法所得没收程序对犯罪嫌疑人逃往境外的案件更有价值，可以对其“釜底抽薪”，但现阶段，跨国司法协助和跨境追赃的渠道还不够通畅，特别是侦查机关对犯罪嫌疑人转移到境外的财产不容易查清，因此逃匿案件适用违法所得没收程序还比较少见。在上述15起犯罪嫌疑人死亡的案件中，侦查期间死亡的有4起，审查起诉期间死亡的有4起，法院审理期间死亡的有7起。

（三）处理结果分析

在这19起案件中，有10起案件法院已经作出裁定，剩下的9起案件还没有进一步的处理结果。其中，有2起经过法院开庭审理，但是结果未公布；有7起法院已经受理（其中有1起已过法院6个月的公示期，6起还在公示期内）。这表明违法所得没收程序在司法实践中还存在着一些障碍和难题，截至2015年4月底，在这18起案件中，只有10件有明确的处理结果，其余的要么开庭审理后没有公布处理结果，要么过了公示期还没有开庭审理，这其中有哪些因素阻碍了程序的正常运行，是否存在超期办案等问题，还需要进一步考察。

二、违法所得没收程序在适用过程中的问题

违法所得没收程序在我国《刑事诉讼法》中属于一种新生制度，由于相关的法律规定不太健全，在司法实践中对其的理解和适用也不一致。具体而言，违法所得没收程序在适用过程中存在两个相联系的问题：一是已适用违法所得没收程序的案件，是否正确，是否有可探讨的余地；二是未适用违法所得没收程序的案件，是否可以（或者应当）适用该程序，以达到该制度的设计初衷。

（一）已适用违法所得没收程序的案件，是否正确

1. 对案件类型的理解。

新《刑事诉讼法》第280条的规定从案件性质方面对适用特别没收案件的范围作出了限制。从立法目的来看，设置违法所得没收程序的目的在于，在犯罪嫌疑人、被告人逃匿、死亡等不能正常启动刑事程序情况下，也能及时处

置涉案财物，避免涉案财物长期处于不确定状态。没有这些涉案财物，也就没有启动没收程序的必要性。很明显，贪污贿赂犯罪、恐怖活动犯罪在所有犯罪种类中最容易产生违法所得，但是，其他如非法集资类犯罪、毒品类犯罪等，也会产生巨额的违法所得，在这些犯罪类型中，也有必要通过没收程序对违法所得予以追缴、没收。但是，当前哪些犯罪类型可以适用违法所得没收程序，不能漫无限制。全国人大法工委刑法室指出，目前违法所得没收程序“应限于贪污贿赂、恐怖活动犯罪案件，应在积累经验的基础上再探讨逐步扩大适用范围”，在司法实践中遵从这种理解更为稳健。当然上述探讨只适用于“犯罪嫌疑人、被告人逃匿，在通缉一年后不能到案的”情形。对于犯罪嫌疑人、被告人死亡的，不受案件类型的限制。① 在上述19起案件中，有1起属于非法集资案件，2起属于毒品类案件，这3起案件都是属于“犯罪嫌疑人、被告人死亡”的情形，因此从案件类型上讲适用违法所得没收程序并无不当。

2. 对“重大”的理解。

如前所述，新《刑事诉讼法》第280条除了对适用的案件类型予以限制外，在情节上也必须达到“重大”程度。问题在于对“重大”的理解。根据最高法的司法解释，“重大案件”是指“犯罪嫌疑人、被告人可能被判处无期徒刑以上刑罚的；在全省、自治区、直辖市或者全国范围内有较大影响的；其他重大犯罪案件”。但是，在司法实践中，除了《最高人民法院关于适用〈中华人民共和国刑事诉讼法〉的解释》（以下简称《刑诉法解释》）列举的刑期或社会影响外，对“重大”的理解还应当引入涉案金额标准。对于贪污贿赂犯罪来讲，“重大”的数额标准应该在10万元以上。② 在上述19起案件中，16起属于贪污贿赂案件，其中有2起受贿案件涉案金额低于10万元，其中南宁陈某案涉案金额为6.4万元，泰州吴某某案涉案金额为94304元，不符合“重大”标准，这两起案件是否可以适用违法所得没收程序，不无疑问。但实践中这两起案件并未被法院驳回，体现了新制度实施前期的一种宽容态度。

3. 关于溯及力的问题。

新《刑事诉讼法》没有对违法所得没收程序的溯及力这一问题作出规定。

① 《最高人民法院关于适用〈中华人民共和国刑事诉讼法〉的解释》（2012年12月20日公布）第507条。

② 2012年修订的《人民检察院刑事诉讼规则（试行）》将特别重大贿赂案件的标准界定为“涉嫌贿赂犯罪数额在五十万元以上，犯罪情节恶劣的”，但是贪污贿赂案件是否属于“重大”，仍没有统一的标准。根据《刑法》第383、386条关于贪污罪和受贿罪的处罚规定，涉案数额在10万元以上的，处10年以上有期徒刑或无期徒刑，似可以此界定“重大”的标准。

按照旧《刑事诉讼法》第15条规定，犯罪嫌疑人、被告人死亡的，不追究刑事责任，已经追究的，应当撤销案件，或者不起诉，或者终止审理，或者宣告无罪。而刑事责任的直观表现就是刑罚，包括主刑和附加刑。那么，在新法实施之前已经处理完毕的案件，自不应根据新法的规定再次提起一次诉讼。在犯罪嫌疑人、被告人逃匿一年不能归案的情形，除了诉讼时效的经过，一般不会导致案件的终结；但在犯罪嫌疑人、被告人死亡的情形，却会导致案件的终结。在上述19起案件中，新法实施之前因犯罪嫌疑人、被告人死亡而终止审理的案件有6起。既然如此，新法实施后再对这6起案件提起违法所得没收申请，是否正确，不无疑问。

（二）是否有案件可以适用违法所得没收程序而未适用

我国官员外逃和自杀的形势十分严峻。在这些逃匿或自杀官员中，有相当一部分应该说可以适用违法所得没收程序。从违法所得没收程序的制度设计初衷来讲，涉嫌贪污贿赂的官员是最重要的规制对象。但司法实践中，对此类案件适用违法所得没收程序的还比较少，与庞大的外逃和死亡官员数量相比，更是微不足道。①

笔者在“中国裁判文书网”上以“一审刑事裁定书”为关键词进行检索，发现有2起因被告人死亡而终止审理的受贿案件可以适用违法所得没收程序但未适用（符合新《刑诉法解释》第520条第一款：在审理案件过程中，被告人死亡……人民检察院可以向人民法院提出没收违法所得的申请）（详见表1）。

表1　新《刑事诉讼法》实施后可以适用违法所得的受贿案件

犯罪嫌疑人（被告人）	涉嫌罪名	处理结果	备注
徐某某	受贿	终止审理	甘肃省金塔县人民法院，（2011）金刑终止字第1号
吴某	滥用职权罪、受贿罪	终止审理	江苏省邳州市人民法院，（2014）邳刑二初字第328号

① 这或许与违法所得没收程序的适用条件有关。首先，适用该程序必须是在办案机关立案侦查之后，这就排除了一大部分在纪检调查期间自杀的情况，要解决这一问题，必须考虑该程序与纪检调查程序的对接。学界或者法律实务界包括纪检监察部门对这一问题还缺乏足够的探讨。其次，适用该程序如果是逃匿的情况，必须是犯罪嫌疑人未归案。而如今国际追逃追赃行动开展得如火如荼，有相当一部分的官员被劝返或者遣返，这种情况下虽不适用违法所得没收程序，但仍可以实现追赃目的。

上述2起案件之所以没有适用违法所得没收程序，可能有几个原因：一是这两名被告人的受贿数额可能没有达到“重大”的标准；二是不存在依照刑法应当追缴的违法所得，或者违法所得财产的种类、数量、所在地没有查清楚。到底属于哪种情形，或者是因为思想认识原因未适用违法所得没收程序，还有待进一步考察。

除了这两起案件，在相关的新闻报道中，时常可见一些官员因涉嫌违纪违法不堪重负而自杀的情形，如果自杀在立案侦查之后发生，自应根据已查明的犯罪事实申请没收违法所得。但对这些自杀官员的处理，是否适用违法所得没收程序追回赃款，媒体没有进一步的跟踪报道。

三、违法所得没收程序在我国适用较少的原因分析

新《刑事诉讼法》实施两年多来，违法所得没收程序的重要性和意义被反复提及，但在司法实践中适用仍比较有限，究其原因，有以下几个方面。

（一）关于该制度规定的立法不足影响了适用效果

关于违法所得没收程序的规定主要体现在新《刑事诉讼法》和最高法司法解释中。新《刑事诉讼法》第22章规定的没收程序只有4个条文，只是粗略勾勒出这一制度的轮廓。随后最高人民法院在适用新刑诉法的司法解释中，对该程序的适用条件和范围、对申请的审查和处理、管辖、公告以及审理期限、救济制度等问题作了细化，使得该制度在司法实践中的可实施性有了进一步的提高。但是，从制度和司法实践层面来讲，现有的制度设计还存在一些漏洞，影响了适用范围和实践效果。

1. 未明确违法所得没收程序的证据标准。

根据新《刑事诉讼法》第280条的规定，特别没收案件的证明对象非常明确，即“依照刑法规定应当追缴其违法所得及其他涉案财产”，检察机关“应当提供与犯罪事实、违法所得相关的证据材料”，第282条规定“人民法院经审理，对经查证属于违法所得及其他涉案财产……应当裁定予以没收”，在这里“查证”二字该如何理解，实际上就是证明标准问题。围绕有关财产是否“属于违法所得及其他涉案财产”，到底是适用民事诉讼中的“优势证据标准”，还是适用刑事诉讼中的“排除合理怀疑标准”，法律没有明确规定，司法实践中违法所得没收案件在开庭审理时，相关财产是否属于“犯罪违法所得”，往往成为控辩双方争议的焦点。上述江西上饶李华波案、广西南宁陈某案、江苏南通陈西案、云南西双版纳岩某案中，都是如此。检察机关在相关案件中是否可以提起违法所得没收程序，没有统一的标准，实践中不好把握，

影响了这一制度的适用。

2. 检察机关提起违法所得没收申请的裁量权过大。

新《刑事诉讼法》第280条规定“对于……人民检察院可以向人民法院提出没收违法所得的申请”，“可以”二字表明检察机关对于是否提起违法所得没收申请有自由裁量权。之所以作这样的规定，可能是因为立法者在确立这一制度时，担心规定的条件不够周延，违法所得没收程序有滥用的可能。这种考虑不能说没有道理，但在法律上刚确立一个新制度，并且期待这一制度能真正实现立法初衷、产生良好效果的情况下，赋予检察机关自由裁量提起违法没收申请的权力是否合适，值得讨论。特别是在这一制度实施之初，在缺少指导性案例的情况下，很多司法机关即便碰到此类案件，一般也不敢轻易启动该程序。

检察机关每年都有绩效考核的任务，如果是犯罪嫌疑人、被告人逃匿案件，在司法实践中，对一个跑到国外、可能根本抓不回来的人立案，将直接影响对检察院结案率的绩效考核。此外，办理贪腐案件有一定的政策性，在嫌疑人死亡、出逃的情况下，如果没有强大的上级压力，检察院没有动力启动这个程序。[①] 在这种环境下，赋予检察机关提起违法所没收程序的自由裁量权，也会影响这一制度的适用。

（二）司法机关的能力与这一制度的要求还有差距

从违法所得没收程序的制度设计可以看出，这一程序所适用的主体范围是特定的，其启动、运行和终结必须由法律授权的主体依法进行，主要涉及三方主体：侦查机关（公安机关或检察机关的职务犯罪侦查部门）、检察机关和人民法院。从这两年多来违法所得没收程序的适用情况来看，我国司法机关的能力与这一制度的要求还不适应，影响了这一制度的实施效果。

首先，违法所得没收程序对侦查机关查赃能力提出了新的要求，特别是对财产来源、去向、用途要加强追查。新《刑事诉讼法》第280条规定了检察机关“应当提供与犯罪事实、违法所得相关的证据材料，并列明财产的种类、数量、所在地及查封、扣押、冻结的情况”，但检察机关（公诉部门）只是负责审查侦查机关移送的相关材料，实际上对涉案财产和违法所得进行调查的工作都由侦查机关负责。

目前，贪污贿赂犯罪往往伴随着大量的违法所得或其他涉案财产，犯罪嫌疑人藏匿、转移赃款的手段也越来越复杂化、高科技化、隐蔽化，加上一些办

---

① 中国人民大学法学院副教授魏晓娜的观点。

案人员仍然存在“重办案，轻追赃”的思想认识，以及技术侦查措施不完善，特别是在犯罪嫌疑人、被告人逃往境外的情况下，对犯罪嫌疑人转移到境外的违法所得，仍缺少一些有效的国际合作途径。皮之不存，毛将焉附。在这类案件中，如果违法所得及其他涉案财产的去向、用途不能查明，不采取相应的查封、扣押、冻结等措施，提起违法所得没收程序就是一句空话。

其次，检察机关是有权启动违法所得没收程序的唯一主体，肩负着一种责任感和使命感，但实际上，如上所述，检察机关在缺少相关指导性细则的情况下，提起违法所得没收申请的积极性还有待进一步提高。检察机关享有提起违法所得没收申请的酌情裁量权，但这种权力是否毫无限制？如果侦查机关认为应该申请没收违法所得而向检察机关提出，在检察机关否决时，公安机关可否申诉？相关法律对这些内容规定不明确，而实际上检察机关是否提起违法所得没收申请，主动权全在于自身。因此，在这种情况下，检察机关对这一新制度应当采取积极应对的态度，这样才能保证其实施效果。

最后，法院作为违法所得没收程序的审判机关，在现阶段还缺乏明确的规程，在审理相关案件时处于摸索阶段。① 例如，根据法律规定，法院公告后，涉案人亲属及其他利害关系人要主动向法院提供相关证据主张权利，如果近亲属或者利害关系人认为涉案财产并非违法所得，需向法院提出异议，若无异议，则需明确表示放弃。如果既不表示异议，也不明确表示放弃，法院应该怎么办？实践中，有些法院采取上门征求意见的方式。又如，没收违法所得案件是新类型案件，目前尚无标准的法律文书样式，刑事裁定书的文号应该如何编写？对涉案人应该采用哪种称谓，是“犯罪嫌疑人”“被告人”还是“罪犯”？司法实践中不同法院有不同的做法。在刑事裁定书的文号方面，云南西双版纳案件是“刑初特字”，江苏南通案件是“刑二初字”，江苏泰州案件是“刑二没初字”。在涉案人的称谓方面，西双版纳案件和鞍山案件使用的是“被告人”，南通案件和泰州案件使用的是“犯罪嫌疑人”。在这些方面，都需要最高院出台规定，以使法院在审理相关案件时有据可依。

---

① 笔者在中国裁判文书网进行检索，仅有2起适用违法所得没收程序的案件有裁定书，分别是南通市中级人民法院作出的陈西受贿案一审刑事裁定书、泰州市中级人民法院作出的吴某某受贿案一审刑事裁定书。另外，从云南省西双版纳傣族自治州中级人民法院网站可以找到被告人岩哈死亡没收违法所得一案的裁定书，剩下的违法所得没收案件裁定书均未公布。

四、违法所得没收程序在我国的前景展望

违法所得没收程序是2012年修订的《刑事诉讼法》新增的内容，正式确立为法律制度之后，学者们从不同角度对这一制度进行了深入研究，相关的成果非常丰富，总体上说学界对这一制度在司法实践中发挥重要作用有充分的信心；从实践的角度看，最高检屡次强调要充分发挥这一制度的作用，并从多个方面进行了部署。目前，在我国反腐力度加大的情况下，职务犯罪追逃追赃工作是反腐败工作的重要组成部分，而违法所得没收程序是开展追逃追赃工作的有力法律武器，因此我们有理由相信，违法所得没收程序会在将来的司法实践中发挥更大的作用。为此，可以在以下几个方面作出努力：

（一）进一步完善违法所得没收程序的内容

两年多以来，违法所得没收程序在司法实践中得到了一定范围的适用，但同时也暴露出一些问题，特别是这一制度有很多不明确的地方，严重影响了实施效果。为了保持法的稳定性，近期再次修法可能性不大，因此最好是通过司法解释的方式进一步完善违法所得没收程序的内容。司法解释要进一步明确规定违法所得没收程序的条件；明确违法所得没收程序中的证明标准；符合条件的案件，检察机关经过审查通过后应当启动违法所得没收程序，设置侦查机关的异议和救济机制；加强对犯罪嫌疑人、被告人的近亲属和利害关系人的保障措施；等等。

（二）检察机关将违法所得没收案件列入考核项目

最高检虽然要求各级检察机关全面排查和清理本辖区犯罪嫌疑人通缉在逃或死亡的案件，对符合条件的案件提起违法所得没收申请，并对一些重点案件进行督办。应该说，在一项新制度实施之初，对历史遗留案件进行一次彻底的清理，是很有必要的。如果能落实到位，那么往往会出现一个相对集中的适用新制度的高潮，这一高潮过后，新制度的适用会趋于稳定。但最高检并没有确定一个截止期限，据笔者掌握的资料，截至目前，只有北京市对符合条件的违法所得没收相关案件提起申请，其他的省份都没有批量提起违法所得没收程序的案件。本文第一部分考察的几个案件，都是间断性提起的，没有形成规模效应。因此，最高检在检察机关的考核项目中应该增加“违法所得没收案件”这一细目，这样会大大增强检察机关适用这一新制度的积极性，并且最高检也能对这一制度实施中存在的问题进行汇总，进而做出科学的应对。

（三）侦查机关进一步增强追赃意识

如前所述，违法所得没收程序对侦查机关追踪和调查犯罪嫌疑人、被告人的财产来源、去向、用途的能力提出了更高的要求。侦查机关在查办相关案件时，要改变过去“只重查案，不重查赃”的错误观念，查案与查赃同时进行，不可偏废。在案件初查阶段，对初查对象可从调查财产入手，通过银行、房管、车管等机构查清初查对象及其近亲属所有的动产和不动产，初步判断被调查的财产是否为涉案财产，为立案后尽快对犯罪嫌疑人的财产采取控制措施提供依据；立案后，可以进一步通过搜查、讯问（询问）等手段查漏补缺，将初查阶段的调查进一步向前推进，查证犯罪嫌疑人隐匿的财产，并及时采取相应的控制措施。在此过程中，要重视将每一次调查结果予以汇总，最后形成一份关于涉案财产的书面材料，在侦查终结时作为证据材料随案移送检察机关审查，法院审理时也可以作为证据当庭出示。

对于犯罪嫌疑人、被告人逃往境外，财产也被转移到境外的案件，侦查部门要敢于、善于通过启动刑事司法协助程序，请求相关国家的司法机关协助，将犯罪嫌疑人转移到境外的犯罪资产调查清楚，并采取查封、冻结或扣押等措施。在此基础上，再通过启动违法所得特别没收程序，作出生效裁定，进而追回境外犯罪资产。在这方面，李华波案件的顺利突破提供了一种可供借鉴的模式。

法律的生命在于实施。目前我国反腐败进行得如火如荼，国际合作追逃追赃不断取得新进展，随着侦查部门追赃的意识和能力不断提高，检察机关对违法所得没收程序的重要性有更深刻的认识，我们相信违法所得没收程序将来在司法实践中的适用会越来越广泛，真正达到甚至超过立法者的预期效果，我们也相信这一制度在司法实践的淬炼下会更加完善。

[参考文献]

［1］孙乾：《贪官逃匿一年即可没收非法所得》，载《京华时报》2014 年 11 月 20 日。

［2］袁定波：《最高检挂牌督办 10 起违法所得没收案件 5 起已申请法院审理》，载《法制日报》2015 年 1 月 19 日。

［3］郭启明：《2014 年深圳反腐报告出炉：“塌方式”腐败被查处》，载《南方都市报》2015 年 1 月 26 日。

［4］赵晓蕊：《犯罪嫌疑人、被告人逃匿、死亡案件违法所得没收程序的研究》，广西民族大学 2013 年硕士论文。

［5］何正华：《没收潜逃、死亡涉案人员违法所得几个程序问题探讨》，载《中国检察官》2012 年第 2 期。

［6］全国人大常委会法制工作委员会刑法室：《〈关于修改刑事诉讼法的决定〉解释与适用》，人民法院出版社 2012 年版。

［7］张旭、张洁：《检察机关适用违法所得没收程序初探》，载《云南大学学报（法学版）》2014 年第 3 期。

［8］黄风：《我国特别刑事没收程序若干问题探讨》，载《人民检察》2013 年第 13 期。

［9］时延安、孟宪东、尹金浩：《检察机关在违法所得没收程序中的地位和职责》，载《法学杂志》2012 年第 11 期。

［10］邵劭：《特别没收程序的理论和适用问题探析》，载《法商研究》2014 年第 4 期。

［11］周晓永：《检察机关适用违法所得特别没收程序的思考》，载《人民检察》2013 年第 6 期。

［12］薛淑兰：《刑事诉讼法修改后人民法院追缴腐败等重大犯罪境外赃款赃物实务探讨》，载《人民司法》2012 年第 9 期。

［13］陈雷：《论我国的违法所得没收程序》，载《法治研究》2012 年第 5 期。

［14］《没收姚升违法所得案——犯罪嫌疑人、被告人死亡情形下，没收违法所得案件的审判程序、相关法律文书的制作方式及文书中的称谓》，载《刑事审判参考》（总第 97 集），法律出版社 2014 年版。

［15］陈卫东、李响：《论违法所得没收程序中的利害关系人》，载《政法论坛》2015 年第 1 期。

检察机关参加庭前会议的理论与实证研究

张雪樵[*]　李忠强[**]

2012年3月14日修改后的《刑事诉讼法》借鉴了域外预审程序的有益经验，修改和补充了庭前审查程序，其中增加的第182条第二款明确规定："在开庭以前，审判人员可以召集公诉人、当事人和辩护人、诉讼代理人，对回避、出庭证人名单、非法证据排除等与审判相关的问题，了解情况，听取意见"，确立了庭前会议程序。[①] 随后，2012年12月20日公布的《最高人民法院关于适用〈中华人民共和国刑事诉讼法〉的解释》（以下简称《刑事诉讼法解释》）和2012年11月22日公布的《人民检察院刑事诉讼规则》（以下简称《刑事诉讼规则》）相继对庭前会议作出了进一步规定，初步构建了庭前会议制度。新设定的庭前会议程序，被学界认为是一个亮点，被寄予厚望："如果说整个审判程序的改革是一个美丽的皇冠的话，庭前会议制度的构建则是这顶皇冠上最耀眼的明珠之一。"[②] 但立法规定均较为原则，因此各地检察院、法院等在实践中纷纷探索，庭前会议过程中的具体做法不一，各地探索实践的模式也不尽相同，呈现出程序的简易性、内容的单一性和审判启动的易发性等特点。而且学界对庭前会议的一些具体程序问题还存在一定争议，影响了庭前会议制度运行的成效。庭前会议与检察人员息息相关，检察人员必须进一步理解和把握《刑事诉讼法》关于庭前会议的有关规定，为全面履行公诉职能和法律监督职责夯实基础，也要根据修改后《刑事诉讼法》的立法精神和司法体制改革要求，尽快建立完善检察工作机制。为此，现对司法实践中庭前会议实

---

* 作者单位：原浙江省人民检察院，现为最高人民检察院。

** 作者单位：浙江省人民检察院。

① 根据《最高人民法院关于适用〈中华人民共和国刑事诉讼法〉的解释》《人民检察院刑事诉讼规则》相关条文规定，均称之为"庭前会议"；学界也有称其为"审前会议"。

② 陈卫东、杜磊：《庭前会议制度的规范构建与制度适用》，载《浙江社会科学》2012年第11期。

施情况做一深入调研和思考。

一、基于立法的理论分析

（一）庭前会议的内涵

庭前会议，是指在开庭审理前，人民法院召集公诉人、当事人和辩护人、诉讼代理人，对与审判相关的问题，了解情况和听取意见，为开庭审判程序作准备的预备程序。① 从刑事诉讼法以及相关司法解释的立法目的来看，庭前会议制度的宗旨是确保法庭的集中审理，提高庭审的质量及效率，保障控辩双方诉权的行使。会议的重点在于集中处理那些可能导致庭审中断、影响庭审顺利进行的突出的问题，如回避、管辖权异议、申请重新鉴定、调取证据和非法证据排除等。

（二）庭前会议的演绎轨迹

我国庭前会议制度作为刑事诉讼的重要内容之一的确立，伴随着庭前准备程序不断的进步和演化而产生。

第一阶段（1979—1996 年）。1979 年《刑事诉讼法》第 108 条规定，人民法院对提起公诉的案件进行审查后，对于犯罪事实清楚、证据充分的，应当决定开庭审判；对于主要事实不清、证据不足的，可以退回人民检察院补充侦查；对于不需要判刑的，可以要求人民检察院撤回起诉。该法实行的是起诉案卷整体移送和法官庭前的案卷审查制度，法官在庭前准备中对案件事实作实质审查和判断，庭审作用弱化，容易产生法官先入为主和庭审走过场的弊端。审判程序走向了一个极端，即审前程序的作用一定程度上超越和替代了审判的作用，导致了庭审功能发挥不足，审判权威受到制约。

第二阶段（1996—2012 年）。鉴于前述弊端，为突出审判为中心，强化庭审功能，1996 年《刑事诉讼法》对此进行了重大修改，人民检察院不实行全案移送，第 150 条规定人民法院对提起公诉的案件进行审查后，对于起诉书中有明确的指控犯罪事实并且附有证据目录、证人名单和主要证据复印件或者照片的，应当决定开庭审判。庭前只进行程序性审查，不实行实质性审查。司法实践中，出现两方面问题：一是审前准备程序的庭前审查的虚无化，法官在对公诉材料的形式审查后，直接进入了庭审程序；二是所有与案件有关的实体和

---

① 张军、胡云腾主编：《中华人民共和国刑事诉讼法适用解答》，人民法院出版社 2012 年版，第 293 页。

程序问题均在庭审中解决，法庭审理程序延长，甚至还会不断地因法定事由出现而中断程序。同时，在事前没有了解案件主要事实和证据情况下，法官对案件庭审重点把握不准，审判引导的有效性不足，庭审时间和案件诉讼时间必然延长。审判程序走向了另一个极端，即过于注重庭审解决处理案件的作用，导致庭审效率不高。

第三阶段（2012 年至今）。2012 年修改后的《刑事诉讼法》重新设计了庭前准备程序，改革证据移送和庭前审查制度，在检察机关将案件材料和证据全部移送法院基础上，增加庭前会议制度，进一步实现公正与效率的平衡。庭前会议制度的设置标志着我国刑事审判程序步入了精细化、科学化的发展轨道。

（三）庭前会议的价值与功能

1. 制度价值。

我们说，程序的内在价值是判断一项诉讼程序是否具备善的品质的内在标准，庭前会议制度体现了公正、效率和人权的制度价值。

一是公正价值。公正（正义）是法律制度的最高目标和首要价值，刑事诉讼亦是如此。诉讼公正包括实体公正和程序公正两个方面。刑事诉讼最终要实现实体的公正，而实体公正有赖于程序公正的保障。在设计审判程序时，要突出保障当事人和其他诉讼参与人，特别是犯罪嫌疑人、被告人和被害人的诉讼权利，使得审判前程序尽量透明，审判程序公开和中立，“正义不但要实现而且要以看得见的方式实现”。如果判决或诉讼中的处理决定是通过正当程序作出来的，那么，其结果就要比通过非正当程序作出来得更能让被告人、被害人以及社会大众接受，这不仅减少了当事人上诉、申诉的比例，还增强了判决的权威性和说服力。美国大法官特雷勒（Traynor）说，真实最可能发现在诉讼一方合理地了解另一方时，而不是在突袭中。① 在刑事诉讼中，控辩双方的地位天然不平等，收集、固定证据的能力不平衡，案件信息掌握不对称，在诉讼中对抗能力失衡。因此，需要在庭审前设置适当的程序，让被告方通过参与庭前会议，在庭前掌握各类案件信息材料，充分了解案件证据情况，为提前做好庭审辩护工作夯实基础，确实可以有效地提高案件质量。所以说，庭前会议充分体现了庭审公正的价值。

二是效率价值。司法资源的有限性是一个不争的事实。“一个社会，无论

---

① Roger J. Traynor, Ground Lost in Criminal Discovery, 39 N. Y. U. L. Rew 228, 249 (1964)。

多么‘公正’，如果没有效益，必将导致社会集体的贫困，那也谈不上什么公正，即使有这种‘公正’，也是社会和人们所不取的。”① 诉讼程序也要讲究效益，即诉讼效率。经济分析法学派的代表人物波斯纳认为，“效益与公正是同一词，正义的第二种含义，简单地说，就是效益。”一项符合经济效益要求的刑事程序必须确保司法资源的耗费降到最低程度，同时使最大量的刑事案件尽快地得到处理，也就是提升庭审效率。如果对于回避等程序性问题在庭审时候提出来，就会导致延期审理，拉长了审理期限，不利于案件的及时裁判，耗费大量的司法资源。我国庭前会议制度的建立，改变了刑事审判程序由起诉到审判直接过渡的状态，在起诉、审判之间介入中间准备程序，控辩审三方均可以充分了解各方对庭审中程序问题的要求，尽可能减小庭审中各方因程序问题产生的不必要的对抗和冲突，在确保庭审公正的情况下提高庭审效率。

三是人权价值。任何改革措施和程序设计，都必须把保障公民的基本权利放在首位，“没有公民的基本权利作支撑，任何诉讼程序规则都可能带明显的技术性和手续性，而不具有深厚的价值含量”。② 刑事诉讼法不仅是规范国家权力运行的规则，更重要的功能是防止诉讼过程中公权力对公民宪法权利的非法侵犯，即保障人权。每次刑事诉讼法的修改，在人权保障方式和程度上都会表现得更加明显，力度更大。根据修改后《刑事诉讼法》要求，庭前会议的一项重要内容就是要处理非法证据排除问题。对非法证据根据案件的具体情况进行判断和处理，来达到制止和预防侦查机关以刑讯逼供等非法方法收集犯罪嫌疑人、被告人供述和采用暴力、威胁等非法方法收集证人证言、被害人陈述，从而体现庭前会议的人权保障价值。

2. 庭前会议的预期功能。

从当前的庭前会议程序来看，承载着刑事案件的分流处理、合理配置诉讼资源、保证审判活动的正当性、确保审判的不间断性和公正性等功能。

一是交换信息的功能。我国 1996 年修改的《刑事诉讼法》，确定检察机关起诉时移送起诉书、证据目录、证人名单和主要证据复印件的案件移送制度。该制度存在明显不足：一方面，法官不能在审理之前充分掌握案件情况，所以无法对庭审中的焦点问题和安排作出准确判断；另一方面，辩护方无法从法院了解案件所有情况，对控方情况的掌握仅限于起诉书和证据目录所载内容，与此同时，控方也无法了解辩方掌握的案件信息情况，不能提前做好有效

① 张文显著：《法学基本范畴研究》，中国政法大学出版社 1993 年版，第 273 页。

② 高景峰、刘中琦：《完善检察机关法律监督职能健全刑事诉讼法律监督体系》，载《国家检察官学院学报》2011 年第 2 期。

应对准备。设置庭前会议程序就是搭建一个帮助控、辩、审各方实现信息交换目的的平台。在庭前会议中，可以进一步实现控、辩、审三方的信息交换，促进控辩双方抗辩力量平衡和明确法庭审理的焦点问题。一方面，现行刑事诉讼法确立全案移送制度，将所有案件材料在检察机关审查起诉时一并移送到法院，实现了法院对全部案件信息的掌握；另一方面，辩护人可以从法院复制案件所有材料；同时，在庭前会议中，控辩双方充分展示证据、观点等信息，实现信息交换，确保控辩双方对抗力量趋于平衡，为提高案件审理质量夯实基础。

二是分流程序的功能。《刑事诉讼法》第208条规定，“基层人民法院管辖的案件，符合下列条件的，人民法院可以适用简易程序审判：（一）案件事实清楚、证据确实充分的；（二）被告人承认自己所犯罪行，对指控犯罪事实没有异议的；（三）被告人对适用简易程序没有异议的。”立法增加了被告人选择适用简易程序的权利，并且是作为简易程序适用的必要条件。庭前会议制度为被告人选择适用简易程序提供了了解信息、发表意见的平台。法官、检察官、被告人、辩护人、被害人以及辩护人、诉讼代理人等可以协商适用程序，为进一步提高诉讼效率做好铺垫。

三是强化庭审的功能。庭前会议程序确立，进一步强化了庭审中心主义的功能，具体职能和程序也以此为中心来设计。一方面，通过庭前会议的协商和证据展示，控、辩、审三方明确了案件审理的重点和争议点，庭审活动将围绕重点和焦点问题做好准备，并围绕此问题进行审理，控辩双方将以此展开辩论；另一方面，开庭前在庭前会议中解决了回避、出庭作证等程序问题，排除了干扰和中断审理的各种因素，有效地促进法庭集中审理。

四是规范公诉权的功能。从刑事诉讼历史来看，起诉有两种模式：一是起诉法定主义，一是起诉便宜主义。检察官在审查起诉过程中，根据案件具体情况，在法定范围内，就案件事实的认定和法律的适用，酌情作出公正、合理的决定，即检察官享有自由裁量权，这是各国普遍的现象。诉讼裁量权是检察官自由裁量权的重要组成部分。庭前会议中，参加各方交换案件信息和证据材料之后，特别是被告方从控方获取相关信息，有利于提高辩护能力，依法提出辩护意见，帮助检察机关克服先入为主的预判、减少不当起诉，有利于在开庭审理前及时修正起诉事实和证据，一定程度上起到抑制、规范公诉权行使的作用，有效防止冤假错案的发生。

五是说服被告人的功能。在一些案件中，庭前会议还有附带的功能，如说服被告人如实交代犯罪事实，配合接受审判的作用。控辩双方对案件事实和证据等信息交换之后，如果反映出案件的事实清楚、证据充分，被告方的内心通过比较和衡量，不但会主动放弃无谓的对抗予以认罪，辩护律师也会说服教育被告人只有积极配合审判才最符合其利益。与此同时，可以简化审理程序，增强对判决结果的接受度，有利于化解社会矛盾，提升刑罚的教育作用。

二、基于实证研究的反思

（一）全国运行情况分析

《刑事诉讼法》修改实施后，全国各地对庭前会议运行机制进行了积极探索，并不断有个案见诸报端。为了解全国运行情况，我们对2012年1月至2015年12月间的报道案件进行查阅，为体现案件情况的权威性，仅限以检察院、法院的主要媒体《检察日报》、《人民法院报》报道案件为对象进行统计分析。经统计，全国有32个庭前会议运行的相关报道案例，来源于16个省市，案件具有一定的代表性。这些案件的庭前会议体现几个特点：

1. “几多”案件类型比例高。

大部分适用案件体现出被告人、被害人等当事人多，犯罪事实多，罪名多以及证据材料多的案件特点。黑社会犯罪5件，职务犯罪4件，毒品犯罪3件，故意杀人犯罪3件，故意伤害致死犯罪2件，非法经营犯罪3件，盗窃犯罪2件，非法吸收公众存款犯罪1件，生产、销售伪劣产品犯罪1件，其他犯罪8件。其中，涉及多罪名的有11件，占34.4%。

2. 适用审级层次丰富。

庭前会议并不局限于一审案件的适用，也有在二审、再审案件中适用，但一审案件适用占绝大多数。一审案件28件，二审案件3件，再审案件1件。

3. 引发程序呈多元化。

以法院自行决定启动为主，有16件，占50.0%；因检察院提议启动的有8件，占25.0%；辩护人申请启动的有4件，占12.5%；被害人因申请向被告人追赃而启动的1件，占3.1%；情况不明的3件。

4. 参加人员组成不均衡。

除有2件不明外，在30个案件中，检察人员、审判人员参加了所有案件；近一半的被告人没有参加庭前会议，参加的只有16件，占53.3%；大多数案件有辩护人参加，共有27件，占90.0%；而辩护人、被告人同时参加的案件仅有13件，占43.3%；被害人参加的只有1件，占3.3%；被告家属参加的1件。

5. 启动原因错综复杂。

既有法定原因启动程序，如非法证据排除、管辖、回避、公开审理、提供证据、证人出庭作证等，也有非法定原因启动程序，如为化解上访矛盾、请求追赃等原因，而大多案件往往有多个原因交织。将其进行分类，案情原因的13件；因证据争议10件；案情原因、证据争议2件；量刑情节争议1件；量刑情节、证据争议1件；管辖异议1件；调解（和解）2件；息访1件；不明确1件。

6. 结果达到预设目标。

根据报道，从庭前会议的处理过程和结果看，庭前会议还是取得了明显成效。针对启动原因，所有案件都完成了庭前会议的任务目标，有效率达到100%。梳理了案情，确定了争议焦点和庭审重点15件案件；完成证据开示10件，但没有明确是单向还是双向开示；会议中排除了非法证据1件，确认证据不足、事实不清1件；确认争议证据合法、驳回非法证据排除申请6件；确定侦查人员出庭作证1件；平息当事人上访1件，成功调解（和解）2件。

（二）浙江调研情况分析

1. 全省整体运行情况。

修改后的《刑事诉讼法》实施以来，浙江省全面实施庭前会议制度。根据检察机关数据统计显示，2013年1月至2014年4月全省检察机关移送起诉案件120986件，全省公诉部门共派员出席庭前会议42件次，全省刑事案件召开庭前会议的平均比例仅为0.035%。相比较，江苏省的平均适用率较高，达到0.36%。① 总的来看，浙江省的庭前会议适用比例并不高。（见表1）

表1　浙江、江苏庭前会议适用比率比较

	浙江省检察机关（2013年1月—2014年4月）	江苏省检察机关（2013年1—11月）
提起公诉案件数（件）	120986	60000
庭前会议案件数（件）	42	217
适用率	0.035%	0.36%

① 杨宇冠：《非法证据排除与庭前会议实践调研》，载《国家检察官学院学报》2014年第3期。

表2　乐清市检察院办案数据

	件	人
提起公诉案件数	2599	4282
召开庭前会议案件数	9	35
适用庭前会议所占比例	0.35%	0.82%

表3　乐清市检察院庭前会议运行基本情况

序号	案由	提请(召集)人	提请形式	审级	启动原因	形式	次数	主持人	参与人	辩方证据开示	处理结果(针对启动原因)	庭审结果
1	王培隆等二十三人涉黑案	检察院	书面	一审	案情重大，明确庭审重点、争点	会议	1	审判长	审判长、公诉人、辩护人等	无	确定了庭审重点，提高诉讼效率	作有罪判决
2	蔡勇贩卖毒品案	法院	无	一审	非法证据排除（被告人供述系刑讯逼供所致）	会议	1	审判长	审判长、公诉人、辩护人	无	庭前排除了非法证据	作有罪判决
3	张仁安等五人故意伤害案	法院	无	一审	被害方对伤势鉴定结果存在疑问；听取各方对民事赔偿意见	会议	1	审判长	审判长、公诉人、辩护人	无	确定庭审重点，提高诉讼效率	作有罪判决
4	陈兴明故意伤害案	辩护人	书面	一审	非法证据排除（对证人证言真实性有异议）	会议	1	审判长	审判长、公诉人、辩护人	无	不排除非法证据	作有罪判决
5	何术林盗窃案	辩护人	书面	一审	非法证据排除（被告人供述系刑讯逼供所致）	会议	1	审判长	审判长、公诉人、辩护人、被告人	无	庭前排除了非法证据	撤回起诉
6	钱彦芳受贿、串通投标案	检察院	书面	一审	案情重大，明确庭审重点、争点	会议	1	审判长	审判长、公诉人、辩护人、被告人	无	确定庭审重点，提高诉讼效率	作有罪判决
7	林建余故意伤害案	法院	无	一审	明确庭审重点、争点；民事赔偿	会议	1	审判长	审判长、公诉人、辩护人	无	确定庭审重点，提高诉讼效率，达成赔偿协议	作有罪判决
8	李娟放火案	辩护人	书面	一审	明确庭审重点、争点	会议	1	审判长	审判长、公诉人、辩护人	无	确定庭审重点，提高诉讼效率	作有罪判决
9	李敏贩毒案	辩护人	书面	一审	非法证据排除（搜查程序违法，需要排除合理怀疑）	会议	1次	审判长	审判长、公诉人、辩护人	无	通知侦查人员出庭，补强证据	作有罪判决

2. 基层院运行情况——以乐清市检察院为样本。（见表2、表3）

为了近距离考察庭前会议在司法实践中的运行情况，我们选取了浙江省乐清市检察院为样本，对其运行情况进行了调研。选取乐清市检察院为样本主要基于以下几个考虑：第一，该检察院地处浙江省的经济最发达地区；第二，检察院整体实力较强，有在职干警共125人，其中公诉科有25名干警，近几年的年公诉案件量均超两千件，居全省前茅；第三，是我省检察机关贯彻修改后《刑事诉讼法》关于庭前会议规定重点实施、改革地区，庭前会议实施的案件量在全省基层院中最大。

2013年1月至2014年4月乐清市检察院移送起诉案件2599件，召开庭前会议9次，召开比例为0.35%，远高于全省平均比例0.035%。该院办理了同期全省2.15%的刑事案件，庭前会议数量却占全省的21.42%。

9个庭前会议运行案例中，涉黑案件1件，贩毒案件2件，故意伤害案件3件，放火案1件，受贿、串通投标案1件，盗窃案1件。庭前会议的提起方式上，检察机关提请的有2件，占22.22%；辩护人提请的有4件，占44.44%；法院自行决定召开3件，占33.33%。提请方式上，检察机关、辩护人提请的均有书面申请，法院决定召开的均没有书面形式告知。在参加会议人员上，所有召开庭前会议案件的被告人委托了辩护人，审判长、公诉人、辩护人都参加会议，而被告人参加会议的有2件，占22.22%，所有被害人都没有参加会议。

庭前会议所要解决的具体事项，也即庭前会议启动原因，主要涉及案情重大，需要明确庭审重点、争议焦点，非法证据排除，民事赔偿协商等内容。从实际运行情况看，一个案件庭前会议的启动往往有多个原因。非法证据排除的案件有4件，明确案件重点焦点问题的有4件，涉及民事赔偿的有2件。由此可见，庭前会议启动原因和解决问题中，非法证据排除和明确重大案件争议焦点是启动的主要原因。所有案件召开1次庭前会议就已经解决问题。

从庭前会议的处理结果看，针对启动原因，其中8件取得成效，有效率达到88.89%。有4件分别确定庭审重点、提高诉讼效率和达成赔偿协议；非法证据排除的4件案件中，有2件排除了非法证据，有2件排除非法证据申请不成立（其中1件明显不成立，1件通过侦查人员出庭作证来补强证据）；有1件对伤势鉴定意见和赔偿没有取得共识。

庭前会议案件中，都没有出现检察机关进行法律监督的情况，也没有辩方出示证据的情况。

（三）运行中实践的反思

从全国公开报道反映情况看，庭前会议的召开效果非常好，均能实现程序启动目的。但是，我们困惑的是，浙江省刑事案件总数位居全国第二（仅次于广东），公诉部门人均办案数量位居全国第一，案多人少矛盾非常突出，而庭前会议能提高案件办理效率，为何适用比率却如此低呢？我们通过对全省杭州、宁波、温州、绍兴、金华、舟山等地的十多个市、县检察院实地调研，发现庭前会议效果的事实情况并非如此。由于立法规定的模糊，庭前会议实践运用中还存在一些不同认识，各地理解和适用上存在较大差异性，成效也不一致，一部分案件召开庭前会议后没有实现程序启动目的，检察机关参与庭前会议的积极性不高，适用案件总体数量少。主要体现在：

1. 关于诉讼效率提升。

将庭审中的部分程序问题安放在庭前会议中解决，能不能确实提高案件的诉讼效率存在不同认识。从各类报道中可以发现，有人为拔高庭前会议的实际效果的现象，如“召开庭前会议后，庭审周期缩短三分之一；本来需要一天的庭审，结果仅用一个半小时完成”等。[①] 实际上，“就像看戏，人们只注意台上演员的举手投足、剧情演绎而不注意台前的排练和预演”。[②] 殊不知，台上一分钟，台下十年功。上述报道只让我们看到了庭审时间的缩短，而没有注意到庭前会议召开需要花费多长时间。我们需要思考，庭前会议时间加上庭审时间需要的时间总量是多少？两者总时间能否比没有召开庭前会议的审判时间明显缩短？调研发现，相当多的基层公诉人提出质疑，认为适用庭前会议提升诉讼效率的问题要具体问题具体分析。一方面，庭前会议保障庭审连续性的作用是非常明显的，提前解决部分问题可以减少庭审中断的可能性。另一方面，由于参加庭前会议也要像开庭一样做好准备工作，而基层院案多人少矛盾突出，庭前会议的适用无疑加重了基层检察院办案负担，参加会议等于增加一次开庭工作量，如果不加选择地过多适用庭前会议，使之变成为常规程序，不仅不能提高诉讼效率，反而降低了诉讼效率。

2. 关于程序适用主动性。

基于前述原因，基层检察院普遍认为，除非疑难复杂案件、聚众型犯罪案件和党委、政府关注案件确有必要之外，检察机关往往不会主动建议法院召开庭前会议。事实上，实践中出现制约庭审效率的程序性问题的比例并不高。即使有，基层院的公诉人更愿意通过口头、电话等简单的、非正式的途径沟通解决问题。因此，基层检察机关对庭前会议适用的主动性明显不足，纷纷表示不

---

① 参见毛奶全、周思海：《复杂案件召开庭前会议》，载《人民法院报》2013 年 3 月 22 日；孟焕良、鹿轩：《鹿城法院试行刑事案件庭前会议》，载《人民法院报》2012 年 11 月 20 日；梅贤明：《三明中院试水庭前会议制度》，载《人民法院报》2013 年 2 月 23 日；等等。

② 龙宗智著：《刑事庭审制度研究》，中国政法大学出版社 2001 年版，第 146 页。

应过多、过滥适用庭前会议，从浙江省的庭前会议数量上可见一斑。相反，因法院在开庭前审阅了案卷，为了提前解决一些问题或者明确案件争议点，在召开庭前会议的积极性上更为主动，一部分辩护人为了全面掌握案件事实证据和检察机关指控要点，也会积极提出申请。也有反映，一些辩护人掌握新证据后不愿申请或者参加庭前会议，担心对己方不利。

3. 关于程序功能定位。

在功能定位上，立法和实务发展不相一致。一方面，根据《刑事诉讼法》和两高的司法解释的立法规定，召开庭前会议是“了解情况，听取意见”。是不是仅仅只能够“了解情况，听取意见”，会议能否对此作出处理决定？在前述的实务操作中可见，往往是超越了立法的规定，对一些问题作出了实际处理和决定。另一方面，关于庭前会议程序的目的，一般认为主要是为了缓解庭审工作压力，提前解决程序问题，防止庭审出现突然袭击，提高诉讼效率。但实际上，不仅仅程序问题，如非法证据排除、对证据异议等实体问题也需要处理，尽管立法已将实体问题列入范围，但是能否作出处理决定，除《刑事诉讼法解释》规定附带民事诉讼可以调解外，还是没有明确作出规定。实务中，庭前会议经常成了统一意见的预备会，通过庭前会议提前沟通案件疑难问题，以取得一致意见，以此来提高开庭效果，而很多问题实际上就是实体问题。所以有人担心“以会代审”，召开过庭前会议的案件，在庭审时可能就不再会有不同声音出现，庭审会有向表演性质活动发展的趋势，由此庭前会议可能会架空庭审的实质效果。

4. 关于启动程序。

程序启动上，实务中有三点不同认识。一是庭前会议事由确定不明。《刑事诉讼法解释》对适用庭前会议案件范围有了规定，既包括程序问题也有实体问题，还规定了“需要召开庭前会议的其他情形”，究竟还有哪些情形，兜底条款是否意味着所有案件都可以适用呢？实践中，有法定事由之外的如赔偿、息访等也作为启动事由的做法。二是提起主体不明确。《刑事诉讼法》规定审判人员“可以召集”，《刑事诉讼法解释》规定当事人及其辩护人、诉讼代理人申请排除非法证据，人民法院对证据收集的合法性有疑问的，应当召开庭前会议。除此之外的事由，当事人及其辩护人、诉讼代理人可否申请？人民检察院可否提请或者提出召开庭前会议的建议？《刑事诉讼法》没有明确规定。而《刑事诉讼规则》规定，人民法院通知人民检察院派员参加庭前会议的，由出席法庭的公诉人参加。由此可见，人民检察院是根据人民法院自己决定或同意当事人及其辩护人、诉讼代理人申请才参与到庭前会议的。为什么不赋予作为控诉方的检察机关的提请和建议权呢？显然立法并不合理，而在司法实践中，很多检察机关却是根据案情需要行使召开庭前会议的建议权。三是适用审级不明确。对于上诉审和再审案件，可否适用庭前会议，立法并没有明确，适用中有争议，认为二审、再审案件已经过一审，不需要召开庭前会议。但是，在实践中确实有些案件也有召开庭前会议的必要，而且也适用了庭前会议。

5. 关于参加人员范围。

主持和参加人员确定上，实务中没有明确的操作标准，做法不一。一是主持人不明确。立法规定“审判人员”召集庭前会议，该“审判人员”是作为庭前会议的主持人还是参加人，“审判人员”由几人组成，主持和参加庭前会议后的审判人员是否应当参加庭审，二是参加人不明确。《刑事诉讼规则》规定，由出席法庭的公诉人参加庭前会议。依法律规定，根据案件情况可以通知被告人参加，使得被告人参加会议具有不确定性，难以保障其诉讼权利。实践中，为了协商民事赔偿问题召开庭前会议，一些案件却没有通知被害人参与，使得被害人权利保护上缺位。三是除了主持和参与人外，可否让其他人参与旁听，各地认识不一，有邀请与案情无关人员旁听的做法。基于对隐私和案件秘密的保护，庭审对旁听者的人员范围、录音录像等有明确纪律要求。尽管属于庭前阶段的庭前会议区别于庭审，但是否应该以及如何界定其案情与工作秘密的关系值得深思。另外，应当参照庭审纪律，对保护隐私和国家秘密作出具体要求。

6. 关于证据开示义务。

根据《刑事诉讼法解释》规定，审判人员可以询问控辩双方对证据材料的异议。我们认为，控辩双方应当充分、全面、客观地展示相关证据是证据异议和补充新证据的前提。实际上，从调研显示，庭前会议主要是对公诉部门提交的证据材料发表意见，辩护人一般不提供公诉部门已经提交之外的新证据材料。辩护人对公诉部门普遍具有防备心理，担心在庭前会议中提交本方掌握的证据容易被控方利用而对付自己，所以寄希望于“庭上见”，对控方搞突然袭击。所以，庭前会议的证据开示变成了控方单方面的证据开示，一定程度上影响了检察机关证据开示的积极性。

7. 关于非法证据排除效果。

当前立法规定的庭前会议效力有限。审判人员可以就“是否申请排除非法证据”向控辩双方了解情况、听取意见，那么庭前会议中出现非法证据如何排除，是否由参加庭前会议的审判人员决定排除，还是待到正式庭审的时候排除。实践中有两种截然相反的意见。一种意见认为，不能局限于法律规定“了解情况，听取意见”，如不对管辖、回避、证人等问题作出处理决定，就无法体现出会议的效率价值，司法实践中对此都是作出处理决定的，只要有充分事实证据，非法证据亦应当如此。另一种意见认为，法律规定庭前会议是听取意见，不能对实体问题进行处理。在一些地方实践中，庭前会议权力在扩张，不仅仅“了解情况、听取意见”，在庭前会议中对非法证据直接予以排除，已经实质上行使了庭审的一部分职能。

8. 关于检察监督。

调研中发现有观点认为，庭前会议是程序开放性的活动，有别于庭审的严格程序，一般不需要检察机关进行法律监督，鉴于庭前会议程序的非严格性，检察机关也无法对其进行法律监督。大部分人认为，检察机关依法对刑事诉讼过程进行法律监督，当然应该对庭前会议活动情况进行法律监督。但是，应当看到当前庭前会议基本没有检察监督，也难以进行监督的局面，说明法律监督不但没有得到重视，反而有弱化趋势。从立法规定看，庭前会议程序虽是庭审程序不可分割的一部分，也应当遵循一定的程序，但有别于庭审，对程序要求应当远低于庭审。由于立法没有更加具体明确、严格的程序要求，检察机关没有监督的具体标准，无法像对庭审一样进行法律监督。所以，如何实现对庭前会议进行有效监督，需要进一步探索。

三、庭前会议中检察职能的完善

十八届四中全会提出“推进以审判为中心的诉讼制度改革”。庭前会议是刑事案件已经进入法院审理阶段，而且是离庭审最近的一个诉讼程序，检察机关及其刑事指控不是诉讼的“中心”，那么该怎么去把握检察的职能定位？该怎样去行使应有的职权以“确保侦查、审查起诉的案件事实证据经得起法律的检验”？为有效参与庭前会议程序，实现检察职能，以充分发挥庭前会议的预期功能，有必要根据刑事诉讼法及司法解释规定的立法本意，进一步解决司法实践中存在的问题，加强和完善庭前会议中的检察职能。

（一）庭前会议的程序性质

审判中心主义，意味着整个诉讼制度和活动围绕审判而建构和展开，审判阶段对案件的调查具有实质化的特征，侦查是为审判进行准备的活动，起诉是开启审判程序的活动，执行是落实审判结果的活动，审判中控诉、辩护、审判三方结构成为诉讼的中心结构。[①] 虽然庭前会议是在审判阶段，但并没开始对事实证据进行实质性的审查，所以庭前会议是程序性的、辅助性的。同时，刑事诉讼程序特点和诉讼结构，注定了庭前会议既充满对抗性，又有协商性。

---

① 张建伟：《审判中心主义的实质与表象》，载《人民法院报》2014年6月20日第5版。

1. 庭前会议的程序性。

庭前会议是审判程序的一部分，立法已经明确其任务是“了解情况，听取意见”，说明庭前会议的基本任务不是解决纠纷和处理实体问题，而更多体现的是程序性审查，它是一个庭前整理程序，是为庭审做准备的会议，它以解决庭审程序为基本出发点，不以处理实体问题为目的。即使涉及了一些如非法证据排除的实体问题，也是为促进庭审公正、高效进行所做的准备性活动，解决问题的重心还是在庭审阶段，不可能取代和凌驾于庭审活动。

2. 庭前会议的辅助性。

庭前会议作为庭审程序的重要组成部分，与庭审既有联系也有区别。实践中，既有审查起诉阶段的诉前会议；也有合议庭组成之后，在完成了各种开庭准备工作的基础上，于庭审之前召开的预备庭会议；还有在庭审之后临时召开的庭外调查活动。任何不是在审判程序中，为庭审做准备，于正式开庭审理之前召开的且有控辩审三方参与的有关会议都不是立法所规定的庭前会议。因此，必须明确其辅助性：一方面，庭前会议也不是所有案件所必经程序，只有存在可能导致庭审中断的争议问题和案件重大复杂的，才有必要召开庭前会议；另一方面，庭前会议并非是庭前程序的全部内容，只是庭前程序中的一个重要组成部分，是辅助性程序。

3. 庭前会议的对抗性。

控诉与辩护是诉讼构造这一矛盾统一体中两个对立的方面和诉讼职能。自审判制度的确立，庭审的对抗性就天然存在。控审分离、审判中立后，控、审之间的对抗性愈加激烈。这也是确保查明案件事实、增强司法公信力的刑事审判构造需求和基础。作为庭审重要组成部分的庭前会议，在制度实施过程中，应当贯彻有效辩护原则，充分保障被告人和辩护人的辩护权，同时也要保持控辩双方的动态平衡。因此，对于程序参与权，控辩双方都不可或缺，必须确保控辩审三方参与；对有关事项审查，均应当同时听取控、辩双方以及相关当事人的意见；控辩双方均应当承担如实提供意见的义务，并对有关情况作出明确表示。

4. 庭前会议的协商性。

随着刑事司法理念的发展，刑事诉讼程序的协商性呈逐步扩大趋势。庭前会议程序也体现了控辩双方合意的思想，与程序法定性相比，它的协商性体现在：一是提起程序的协商，庭前会议不是必经的法定程序，根据当事人及其辩护人、诉讼代理人申请排除非法证据的申请以及其他情形，法院根据情况决定召开；二是会议内容的协商，对涉及庭审的若干程序和实体问题进行辩论和协商，也可以对民事诉讼进行调解，还可以对适用简易还是普通诉讼程序进行协商；三是程序协商，在什么地方召开，以会议还是听证形式以及会议中应该遵循的程序，立法都没有作出限制性规定，相比于庭审，更加灵活；四是处理结果协商，庭前会议确认的证据和事实情况，无非在庭审的时候可以简化举证、质证程序，只要出现法定事由就可能出现变化，并不说明已经采信而“不可更改”，对确定采用简易程序的案件也可以再次改变为普通程序；等等。

（二）检察机关的角色定位及职能行使原则

1. 角色定位。

审判中心主义的实质是审判的实质化，审判成为整个诉讼程序的中心。法官是整个审判体系的平衡轮，起着维持个人权利与政府权力之间的调节作用。[①]《刑事诉讼法》明确审判人员是庭前程序的主持者，所以检察机关就是程序参加者，而且作为控方，是不可或缺的参加者，必须围绕“庭审”这一重心行使检察权。那么，以审判为中心是否与检察机关的法律监督相矛盾，是否还需要检察机关的法律监督？事实上，以审判为中心并没有改变宪法确定的职权配置格局，《中共中央关于全面推进依法治国若干重大问题的决定》明确要求“加强对司法活动的监督，完善检察机关行使监督权的法律制度，加强对刑事诉讼、民事诉讼、行政诉讼的法律监督。”说明“以审判为中心”与检察机关的法律监督权并不矛盾，这意味着强化法院地位的同时不能忽视检察机关法律监督权的行使，两种职权齐头并进，都要加强。我国《宪法》和《人民检察院组织法》规定，人民检察院是国家的法律监督机关，依法独立行使法律监督权。法律监督是中国检察制度的根本性质和理论基础。检察机关开展法律监督是行使法定权力的重要内容，更是履行宪法职责的直接体现。《刑事诉讼法》第8条规定：“人民检察院依法对刑事诉讼实行法律监督。”庭前会议是刑事审判的重要组成部分，人民检察院应当依法对其实行法律监督。因此，在庭前会议中，检察机关承担着程序参加者与法律监督者的双重角色定位。

2. 职能行使原则。

（1）必须坚持公开公正原则。

庭前会议的主要目的是促进庭审的有效开展，进而提高庭审质量，所以它对控辩双方以及其他诉讼参与人均应当公开透明、公正处理。对庭前会议的提起、召开、处理事项和处理结果，都要向有关人员公开透明。对检察机关而言，应当向被告人及其辩护人公开相关案件和事实材料以及程序，不得隐藏、

① 张建伟：《审判中心主义的实质与表象》，载《人民法院报》2014年6月20日第5版。

销毁能够证明被告人罪轻、无罪的相关证据材料。同时，根据权利义务的统一性要求，应当督促被告人及其辩护人展示相关的证据材料。“司法的灵魂与生命在于公正，公正是司法固有的品格。”与此同时，庭前会议也是保障当事人及其辩护人诉讼权利和救济其诉讼权利的一种法定程序，可以在庭前发现错误、纠正错误，防止轻率地将被告人交付审判。因此，要确保庭前会议的程序公正，充分体现被告人诉讼主体地位，尽可能允许其参与到庭前会议中来，还要保障其在庭前会议中的诉讼权利。

（2）必须坚持诚信参与原则。

一个正常、合理的庭前会议应当是在法官主持下，必须有控辩双方参与，并以控辩双方对抗为主、法官组织协调活动为辅的共同参与的程序和机制。控辩双方应当相互尊重，充分交换意见，双方展示最大的诚意，毫无保留地让对方可以了解查阅本方掌握的全部案件证据情况。由于对案件信息拥有的数量和影响力存在不均衡性，作为司法机关的检察机关拥有的案件信息量不是被告方可以比拟的，因此更应该体现司法诚信，这是检察机关客观公正品格的必然要求，也是提升检察公信力的必要手段。要充分保障被告人的辩护权，就是要保证被告人及其辩护律师明确指控的范围和依据，以便做好充分的辩护准备；要充分保障被告人获得有利证据的权利，必须提供辩方合理要求提交的相关证据，提取辩方请求收集的证据材料；对辩方异议的程序性问题和非法证据申请进行充分的核查、积极补充证据材料，对于辩方提出关于侵犯诉讼权利的申诉和控告进行调查、核实。

（3）必须坚持防止预断原则。

庭前会议是为集中、实质的庭审做准备，应围绕“管辖、回避、调取证据、非法证据排除、证人出庭作证、不公开审理”等方面达成共识、查明争议而进行协商。为了防止法官产生庭前预断，一方面，除针对非法证据排除的辩论之外，我们不主张对案件事实和证据进行辩论，也就是说，控辩双方不能就需要通过庭审才能查明的案件事实和争议内容进行辩论。控辩双方发表意见，仅对一方提供证据材料作进一步说明，表明态度，不应该对对方意见进行反驳。只要明确了案件事实的争议焦点即可，具体的案件事实、证据的争议应当在庭审当中解决，以防止先入为主，架空庭审的实质审判。另一方面，要在确定参加会议人员、会议活动公开范围和案情公开程度等方面进行准确把握，鉴于召开庭前会议的案件都不是简单案件，甚至社会影响重大，要注意防止案情不适当地被扩大知情面，导致外界舆论不当影响甚至左右法官的判断。

（4）必须坚持真实自愿原则。

庭前会议一般处理程序性问题，对于非法证据排除、附带民事诉讼等实体问题的处理，立法中明确当事人及其辩护人、诉讼代理人可以提出排除非法证据的申请，还可以对附带民事诉讼进行调解。根据法律和司法解释规定，庭前会议只是就非法证据排除问题了解情况、听取意见。我们认为，审查起诉阶段检察机关可以排除非法证据，同理，庭前会议中有控辩审三方的参与，在控辩双方一致意见的前提下应该可以对非法证据排除作出处理，但是考虑到证据采信是庭审中非常重要的内容，应当给予证据充分质证的机会，非法证据排除的重心要放在庭审阶段。因此，非法证据排除、附带民事诉讼的调解等实体问题的处置应当遵循当事人真实自愿原则，检察机关在庭前会议中应当加以遵循。具体体现在，一是当事人及其辩护人、诉讼代理人有权决定是否提出非法证据排除申请，这是被告方的诉讼权利，如果庭前会议中没有提出申请，在庭审时提出非法证据排除也应当被允许；二是如果控辩双方在庭前会议中真实自愿达成解决非法证据排除协议的和被告方、被害方达成调解协议的，应当允许。

（5）必须坚持快速高效原则。

庭前会议主要目的在于促进庭审的有序、顺利开展，提高当庭审判的效率，尽可能降低诉讼拖沓的可能性，以确保庭审的连续性。如果庭前会议过于冗长，等于是将庭审活动简单地分割成庭前会议和当庭审判两个阶段，总时间上可能得不到缩减，所以要避免庭前会议的拖沓。由此，庭前会议的时间、地点确定都要突出协商性，要协调、沟通解决各个相关程序问题，将具有实质性争议的问题留到庭审中解决。

（三）职能构成分析

在管理学理论中，职能（competency）是指人、事物、机构具有的功能和所起的作用，机构的职能一般包括机构所承担的职权、作用等内容。职能是一个组织或机构存在的前提，是一个组织必须发挥的作用和必须完成的任务。宪法、法律对检察机关的角色定位决定了检察职能，但庭前会议中的检察职能构成，应当结合审判中心主义视野下庭前会议的程序要求，从程序参加者、法律监督者两个维度分析。

1. 维度之一：程序参加者。

以审判为中心的诉讼制度中，检察机关作为控方，起到承上启下的作用，是审判程序的启动者。在庭前会议中，围绕案件焦点问题，检察官既要牢牢把握审查案件、控诉犯罪的职能，确保起诉案件事实证据经得起法律的检验，也应当切实履行客观公正义务。

（1）界定案件适用范围。

对于当事人及其辩护人、诉讼代理人申请排除非法证据的案件，证据材料较多、案情重大复杂的案件，社会影响重大的案件，以及其他需要召开庭前会议的案件，均可以启动庭前会议程序。实务中，主要把握住两点：一是申请排除非法证据的案件；二是重大复杂案件，特别是对于当事人众多的如黑社会性质犯罪、集资诈骗犯罪、非法吸收公众存款犯罪等聚众型的案件。只要涉及“四多”的案件，即被告人、被害人等当事人多，犯罪事实多，罪名多以及证据材料多的案件，可以考虑召开庭前会议。对于案情简单、事实清楚的案件，即使被告人不认罪，一般不需要召开庭前会议。鉴于同样需要通过解决程序问题和明确案件新的争议点来提高诉讼效率，所以在二审、再审程序中召开庭前会议应该也是可行的，实践中也有一些这样的案例。①

（2）提议启动程序。

启动庭前会议实务中，应当注意区别几个概念性问题，即庭前会议的申请权、启动权和参与权。庭前会议申请权，是指提出召开庭前会议的动议（申请）的权利，其实质是一种诉权；庭前会议启动权，是指同意动议或者决定召开庭前会议的权力；庭前会议参与权指的是作为诉讼参与主体，有参加庭前会议的权利。庭前会议的程序启动上，立法明确规定了两种情况：一是法院依职权自行决定，二是法院因当事人及其辩护人、诉讼代理人申请排除非法证据而决定召开。立法没有将检察机关规定在内，这显然是不合理的。检察机关是控诉机关，从权利义务平等和诉权的角度看，作为诉讼主体之一的检察机关应该被赋予提议权或者建议权；从案件情况了解的程度看，此时检察机关比审判人员、被告方更全面、清晰，对案情的争议点和可能出现的问题更有发言权；检察机关也需要了解辩护方的观点，以做好诉讼准备工作；给予检察机关的提议权或者建议权，最终决定权还在审判人员手里，无须担心检察机关滥用权力。

（3）规范参加路径。

与公开的庭审相比，庭前会议程序的程序规范性低于庭审的要求，透明度不够高，但要考虑到所处阶段的特殊性，还是应当遵循一定的程序要求。检察机关可以根据案件实际情况，向法官提出建议：庭前会议开始时，主持人应当宣布案件的来源，起诉的案由和审判人员、书记员、参加人员、旁听人员名单，召开庭前会议的事由、目的；应当宣布庭前会议的纪律，明确公开活动情况，是否允许录音录像；告知各参加人员有关回避、充分表达意见等诉讼权利

① 参见近年来《人民法院报》中关于广西壮族自治区高级法院、湖北省高级法院、上海市高级法院、浙江省高级法院、安徽省高级法院等审理的二审、再审案件中召开庭前会议的案例报道。

和保守案件事实证据秘密的义务。为了提高效率，要根据程序的逻辑性来确定会议发言顺序，先由被告人作是否有罪的答辩，然后进行证据开示和交换，被告人、辩护人、公诉人等依次就回避、非法证据排除、出庭证人名单等问题作出说明，控辩双方发表意见，法院组织或主持刑事和解、调解，法院综述双方意见和作出有关问题处理决定并记录在案。

（4）行使控方证据知悉权。

庭前会议中要明确庭审争议焦点，就必须建立在控辩双方要有效了解案件事实和证据情况的基础上。所以，对于控辩双方充分展示本方证据显得尤其重要，只有这样，才能让控辩审三方全面、客观掌握证据，明白争议焦点，也能有效防止庭审的突然证据袭击。事实上，控方对证据开示方面做得比较到位，这不仅是支持控方指控事实的需要，同时也是对在起诉时已经全面提交案卷材料的客观反映。而辩方对于新证据的提供往往有所保留，甚至搞突然袭击。① 从美国、英国、日本等国证据交换制度的发展历程看，应当明确当事人的证据开示责任，在辩护律师具有取证权的情况下，证据开示责任应当是相互性的，由单方开示向双方展示发展。这样，才能有利于全面实现开示制度欲达到的公正与效率的目的。② 各国同时也规定了证据开示的处罚措施，如《美国刑事诉讼规则》第16条规定，如果当事人没有按照要求展示证据，有三项处罚措施："法庭可以命令该当事人进行证据透露或检查，同意延期，或者禁止未透露的证据出示，也可以根据情况签署其他适当的命令。法庭可以限定证据透露或者检查的时间、地点和方式，也可以规定适当的期限和条件。"③ 由于检察官具有更充分的资源而且其搜集的证据往往构成案件事实的主要基础，相对而言，检察官承担证据开示责任的诉讼意义大于辩护方。但是，从长远看，反向的开示也不可缺少，否则，不仅影响诉讼效益，而且也妨碍检察证据开示的积极性，反过来又影响辩护方及时和有效地获取实质性的案件信息。我国立法应当明确庭前会议中控、辩双方证据开示的义务，对于在庭前会议之前取得的新证据，均应当在庭前会议时加以出示。检察人员根据《刑事诉讼规则》第431

① 如2012年11月6日，番禺法院审理被告人吴某某职务侵占一案召开庭前会议，在检察人员出示证据之后，辩护律师表示没有新证据提供。第二天庭审时，辩护律师出示两份庭前会议之前取得的新证据。参见《论庭前会议操作细则的完善与检察机关的应对》，参见 http：//www. xzbu. com/9/view－3807326. htm，2014年7月4日访问。

② 龙宗智：《刑事诉讼中的证据开示制度研究（上）》，载《政法论坛》1998年第1期。

③ 卞建林译：《美国联邦刑事诉讼规则和证据规则》，中国政法大学出版社1998年版，第67页。

条“了解辩护人收集的证据”的规定，在庭前会议中应当向审判人员提出要求辩护方出示新证据的建议，如有违背程序者，建议法庭酌情予以处理。

（5）说服被告人。

检察机关参加庭前会议时，要根据案件实际情况，建议法庭通知被告人参加会议。由于控、辩双方对案件信息拥有量和影响力不均衡，被告人和辩护人缺乏对案情的正确判断。检察机关要通过证据开示，让参加庭前会议的被告人认识到案件事实清楚、证据确实充分的客观现实，进而理解、服从、不对抗公诉，促使被告人主动放弃对司法的戒心、不作无谓的对抗并予以认罪服法，促成案件和解、调解，缓解被告人和被害人之间关系；同时要用事实和证据让辩护律师认识到只有积极配合审判才最符合被告人的利益，从而为维护被告人利益去说服教育被告人。由此，可以简化审理程序，还可以进一步提高简易审理程序的比率，提高诉讼效率。与此同时，让公众了解、理解检察执法，从而支持、尊重检察机关的执法活动，这对于检察公信力的形成和提升也具有非常重要的意义。

（6）化解社会矛盾。

在庭前会议中，被害人或者法定代理人、近亲属提起附带民事诉讼的，可以进行调解。对于部分因民间纠纷引起可能判处三年有期徒刑以下刑罚的犯罪和部分过失犯罪，被告人真诚悔罪，通过向被害人赔偿损失、赔礼道歉等方式获得被害人谅解，被害人自愿和解的，双方当事人可以和解，可以依法对被告人从宽处罚。对当事人之间进行调解和促成和解，有利于减少他们之间的仇恨，化解矛盾，修复社会关系。进而简化程序以及提高被害人、被告人双方对判决的认可度，防止和减少上诉率、上访率，节约社会资源。检察机关在参与庭前会议过程中，发现被告人与被害人存在刑事和解可能的，可以建议法院启动刑事和解程序，并运用群众工作方法参与到矛盾化解工作中去。被害人或者法定代理人、近亲属提起附带民事诉讼的，及时向法院提出调解的建议。

（7）发现和纠正错误。

当前很多冤假错案发生的原因是错误地采信了被告人认罪的虚假供述。在庭前会议过程中，由于环境的变化，被告人的供述和辩解也可能会发生变化。如果发现被告人提起非法证据排除申请、提出无罪辩解，有翻供情形，以及供述与其他证据之间存在矛盾的，公诉人应当在庭前会议中认真核实案件细节和有关证据。一方面补充完善证据材料后证实证据的合法性，另一方面及时识别虚假供述，排除刑讯逼供证据和冒名顶替犯罪等情形，有效降低冤假错案发生可能性。必要时，根据案件事实和证据变化情况，及时在开庭审理前修正起诉的事实和证据等内容，以减少不当起诉，规范公诉权行使。

（8）确定庭审方式。

庭前会议中，刑事和解、附带民事诉讼调解、被告人认罪等情况的发生，影响案件审判程序分流。由繁到简有两个走向：第一，适用简易程序。对于刑事和解的案件，法律均要求其事实清楚、证据确实充分，被告人对案件事实和证据没有异议，且有真诚悔过表现。因此，不管被告人最终有没有及时履行和解协议，只要不违背《刑事诉讼法》和司法解释关于简易程序规定，在征求被告人同意后，人民法院就可以决定对达成刑事和解的案件适用简易程序。人民检察院根据案件实际情况，也可以向法庭提出适用简易程序的建议，人民法院应当在庭前会议中作出适用简易程序的决定。第二，适用速裁程序。当前，已经在全国试点刑事案件速裁程序。可以在当事人和解的基础上，探索设立适用范围更广的认罪速裁程序。对于案件事实清楚、证据确实充分，被告人自愿认罪，当事人已经和解的案件，可以适当扩大认罪速裁程序的案件范围，庭前会议之后进入审理的，可不再进行法庭调查和法庭辩论，缩短审理时间。

（9）监督程序的效力。

尽管庭前会议不涉及罪与非罪、此罪与彼罪、罪轻与罪重的实体性评价，但是庭前会议笔录是在审判人员主持下、相关人员参与下形成的，应当具备一定法律效力。只有赋予庭前会议的法律约束力，才能有效杜绝“证据突袭”、随意改变承诺和事实等架空庭前会议的现象，真正实现庭前会议提高审判效率的目的。《刑事诉讼法解释》规定控辩双方对证据材料没有异议的，庭审时举证、质证可以简化，由此也说明立法对庭前会议中控辩双方对证据材料没有异议的意见是予以认可的。我们认为，被告人及其辩护人签字确认的笔录具有法律效力，应当予以约束，必要时检察机关应当向法庭提出监督意见：对于控辩双方已经确认的事实和证据以及被告人承诺，没有新的证据，在庭审中不能改变；已经决定排除的非法证据，控辩双方不得在庭审中作为证据进行举证质证；对于排除非法证据的申请在庭前会议中被驳回，没有新的事实和证据的，在庭审中不得再次申请非法证据排除；审判人员在庭前会议中要求控辩双方出示证据，而对于控辩双方不予以提供、出示庭前会议日之前取得的且有利于本方的证据，在庭审中不得再出示；当事人在庭审中发表与庭前会议结论相反的意见，审判人员应当及时制止，检察出庭人员应当建议审判人员予以制止。

（10）落实被告人的律师帮助权。

对于被告人在押且没有辩护人的案件，是否适用庭前会议？实践中有争议，一般认为不适用。① 理由是由于庭前会议的召开涉及具有专业性、技术性的事项，在辩护人缺位的情况下，庭前会议难以取得预期的效果，辩护人的参加能够使被告人诉讼权利落到实处。我们认为，应该区别情况对待。庭前会议目的是听取和了解程序问题、非法证据排除方面的意见，在审判人员主持下进行，尽管程序严格性上有别于庭审，有受审能力的被告人即使在没有辩护人情况下，也应该都是可以适用庭前会议的。因此是否有辩护人，不是庭前会议召开的必要条件，但是应当区别四种情况对待：一是依法必须指定辩护人的。根据法律规定必须给予指定辩护的案件，如果没有辩护人的，不适用庭前会议。对于盲聋哑人、负刑事责任的精神病人、可能被判处死刑、无期徒刑的人、未成年人等，没有委托辩护人的，依法应当在庭前会议前为其指定辩护人。二是可以指定辩护人的。对于共同犯罪中其他被告人已经委托辩护人的、有重大社会影响的案件、抗诉案件、可能是无罪案件等情况，被告人没有委托辩护人的，依法可以为其指定辩护人。如需指定辩护的，应当在庭前会议前为其指定辩护人。三是自行委托辩护人的，应当通知辩护人参加。四是不属于依法应当指定辩护，也没有委托辩护人的，仅通知被告人参加庭前会议，但应当告知其有委托辩护人的诉讼权利。我们认为，为了保障被告人和辩护人的诉讼权利，对于依法应当指定辩护的辩护人必须参加庭前会议，否则被告人的承诺将不能在法庭上用来反对被告人；对于被告人已经委托的辩护人应当参加庭前会议，但是辩护人经通知未到场，经被告人同意的，人民法院可以召开庭前会议。

（11）保障限制行为能力人诉讼权利。

《刑事诉讼法》第270条规定，对于未成年人刑事案件，在讯问和审判的时候，应当通知未成年犯罪嫌疑人、被告人的法定代理人到场。无法通知、法定代理人不能到场或者法定代理人是共犯的，也可以通知未成年犯罪嫌疑人、被告人的其他成年亲属，所在学校、单位、居住地基层组织或者未成年人保护组织的代表到场，并将有关情况记录在案。该规定同样适用于庭前会议，合适成年人在场不仅是法律规定，也是保障未成年嫌疑人基本权利、案件公正办理的重要程序，人民法院应当通知法定代理人或其他合适成年人到场。到场的法定代理人可以代为行使诉讼权利，法定代理人或者其他合适成年人可以依法维护未成年人的诉讼权利。限制行为能力被告人参加庭前会议的，限制行为能力人往往心智不全，对事物不一定能有清晰的判断和认识，法定代理人到场能够很大程度上帮助辨别、监督司法程序。因此，为了更好保障限制行为能力人的

① 闵春雷、贾志强：《刑事庭前会议制度探析》，载《中国刑事法杂志》2013年第3期。

诉讼权利，可以要求法定代理人一同参加。聋、哑的被告人，应当有通晓聋、哑手势的人参加，并且将有关情况记录在案。

2. 维度之二：法律监督者。

贯彻落实党的十八届四中全会精神，检察机关要切实履行法律监督职能，在加强人权司法保障工作中要发挥应有作用，力争对诉讼程序进行多角度、全方位的监督，更好地尊重和保障人权。① 以审判为中心，法官居于主导地位，根据控辩双方举证质证情况，有较大的自由裁量权，可以自主采信证据和认定案件事实并承担判决结果，因而更需要对其进行法律监督。在庭前会议程序中，检察机关不能作为被动的“舞台上的表演者”，这样会偏离了其监督者的角色定位，必须在依法履行公诉职能的同时，承担起对该程序进行法律监督的职责。

（1）对庭前会议启动必要性的监督。

只有那些存在可能导致庭审中断的程序性争议、非法证据排除申请和重大复杂的案件，才有召开庭前会议的必要。召开庭前会议具有可选择性，而非必要程序，要在符合刑事诉讼法和相关司法解释的情况下适用。当事人提出排除非法证据申请的和检察机关有明确理由提出召开庭前会议的，法院一般应当同意召开。人民法院在将庭前会议时间、地点书面通知人民检察院的同时，应当告知召开庭前会议目的以及需要解决的问题。对于没有必要的案件适用庭前程序，无疑会增加诉讼成本，检察机关可以向人民法院提出不宜适用的监督意见。

（2）对庭前会议参加人员范围的监督。

庭前会议是庭审的重要组成部分，当事人参加庭前会议是重要的诉讼权利，应当予以保障，根据案件具体情况，应当通知相关人员参加庭前会议；庭前会议不同于庭审，为防止舆论影响和庭前预判，有些案件事实、证据情况在开庭前还要处于一定的保密状态，因此对参加人员、旁听人员的范围以及媒体报道，要依法加以限制。因此，公诉人有责任审查并向人民法院提出建议，以确定参加人范围，是否需要公开报道、接受采访。

（3）对庭前会议参加人诉讼权利保障的监督。

要监督人民法院是否有侵犯当事人、其他诉讼参与人的诉讼权利和其他合法权利的情况，如，是否已经充分保障辩护人的阅卷权；是否在庭前会议前已经通知当事人、法定代理人、辩护人、诉讼代理人参加会议，并告知会议时

① 樊崇义：《审判权与法律监督权都要加强》，载《检察日报》2014 年 11 月 4 日第 3 版。

间、地点；是否在会议之前告知当事人应该享有的诉讼权利；是否违反管辖规定；审判组成人员是否符合法律规定，或者该回避的没有回避；是否违反审判公开的规定；是否对出庭证人进行保护；等等。公诉人对依职权发现的和当事人提出的阻碍其依法行使诉讼权利的申诉或者控告进行审查，情况属实的，应当通知有关机关予以纠正。

（4）对被告人及其法定代理人、辩护人诉讼行为的监督。

在保障被告人、辩护人合法诉讼权利的同时，也要加强对其非法行为的监督。认真审查辩护人收集有关被告人不在场、未达到刑事责任年龄、属于依法不负刑事责任的精神病人的证据是否符合法律的规定；审查辩护律师收集与本案有关的材料是否经证人或者其他有关单位和个人同意；辩护律师向被害人或者近亲属、被害人提供的证人收集的材料是否经过人民检察院或者人民法院许可，是否经过被害人或者近亲属、被害人提供的证人同意；辩护人是否有帮助被告人隐匿、毁灭、伪造证据或者串供，威胁、引诱证人作伪证以及进行其他干扰司法机关诉讼活动的行为。

（5）对审判人员主持情况及其职务行为的监督。

对审判人员的监督，体现在两个方面：一方面，对庭前会议主持和审理职务行为的合法性监督。庭前会议旨在解决可能导致庭审中断的各种问题，但是庭前会议只是庭审的准备程序，人民法院在此阶段能够解决的事项应限定在法定范围内和法定程序内。第一，导致庭审中断的程序性事项，如申请回避、管辖权异议、申请调取或者提供证据材料，对出庭证人、鉴定人名单提出异议，申请不公开审理，等等；第二，除了非法证据排除外，其他涉及证据采信、证据质证和事实认定等影响到定罪量刑的实体性问题，人民法院只能了解情况、听取意见，不能作出处理决定；第三，对于回避等程序性问题的处理，需要依法由院长、审判委员会等作出，庭前会议主持人员无权直接决定。检察机关可以对上述问题依法进行监督。另一方面，对审判人员渎职和贪污贿赂等职务犯罪行为的监督。监督的视线不能局限于案件处理程序，应当加大对审判人员这一“人”的监督。对有关人员是否有贪污受贿、徇私舞弊等行为进行监督，保证程序的公正性。要认真审查审判人员是否存在故意毁损、篡改、隐匿、伪造、偷换证据或者诉讼材料，收受、索取当事人及其近亲属或者其委托律师等人的财物或者其他利益，违法采取、变更强制措施，违法采取查封、扣押、冻结等措施，违法主持当事人协商达成和解，以及违法组织当事人就附带民事诉讼进行调解等行为。

自侦案件信息公开之限制

陈晓明*

1998年最高人民检察院发布《关于在全国检察机关实行“检务公开”的决定》十几年来，我国检务公开的范围由形式公开到实质公开，公开的内容由检察职能公开到案件信息公开，公开的方式由单一化到多样化，“以公开促透明，以透明促公正，以公正促公信”的作用日趋彰显。目前，最高人民检察院（以下简称高检院）确定检务公开的原则为“公开是原则，不公开是例外”，检务公开的例外在高检院文件中涉及国家秘密、商业秘密、个人隐私、未成年犯罪，以及其他按照法律法规和高检院有关规定不应当公开的内容，但没有针对自侦案件信息的公开作出例外规定。由于规定的笼统性和自侦案件的特殊性，本文认为有必要借鉴国外、境外侦查信息公开的经验，结合我国国情，对自侦案件信息公开进行限制，以便在保障公众知情权与保护公民个人隐私权、维护国家安全和社会秩序、保障诉讼活动顺利进行之间取得平衡。

一、自侦案件特殊性与侦查信息公开之限制

侦查是指侦查机关采取侦查措施调查犯罪事实、收集犯罪证据、发现犯罪嫌疑人，从而认定犯罪嫌疑人是否犯罪而为提起公诉作准备的程序。为防止犯罪嫌疑人逃匿、串供或毁证，保护犯罪嫌疑人、被害人及相关人员的隐私权和人身安全，现代刑事诉讼法确立了侦查不公开原则。该原则主要包括侦查过程不公开和侦查内容不公开，前者指禁止公开侦查手段等，除侦查人员和诉讼参与人外，任何人均不得介入侦查活动，防止泄密事件阻碍侦查破案；后者指禁止未经审判公布犯罪嫌疑人涉罪信息，以避免对尚未定罪的犯罪嫌疑人名誉造成难以弥补的损害。

但是，民主原则强调公民拥有知情权，公权行为必须对公民公开并受其监

---

* 作者单位：河北省邢台市人民检察院。

督，公民有权知悉侦查机关的办案程序是否正当，是否存在侵犯人权行为。因此，如何把握侦查公开与不公开的界限，如何在侦查便利和权利保障之间取得平衡，是建立健全侦查信息公开必须考量的问题。

我国检察机关自侦案件包括贪污贿赂罪案和渎职罪案，自侦案件除了具备一般刑事案件的共性之外，还具有自身特殊性，这就要求在检务公开中，既要借鉴域外侦查信息公开经验，也要综合考虑自侦案件特殊性，从而妥善制定自侦案件信息公开规则。

（一）侦查对象特殊性

人民检察院作为国家法律监督机关，侦查贪污贿赂罪案和渎职罪案，是对国家工作人员职务活动进行监督的重要形式，侦查对象多为国家工作人员，是特殊主体。犯罪人具有较高的知识水平和丰富的社会阅历，从萌发犯罪动机到实现犯罪目的，乃至如何掩盖罪行、逃避追究，大都经过周密计划，较之一般刑事犯罪人反侦查能力更强。他们手中掌握实权，社会关系盘根错节，侦查阻力大、干扰多，有的领导干部因与犯罪人是老同事、老部下，为其说情开脱，肆意护佑，对办案人员施加压力；有的领导干部因与犯罪活动有牵连，怕“拔出萝卜带出泥”，祸及自身，极力干扰侦查工作；有的知情人畏于权势，害怕打击报复，心存顾虑，不敢大胆检举揭发；等等。因此，在时机尚不成熟时公布侦查信息，会导致关系网、干扰层的干预与阻碍。

（二）证据狭窄性

自侦案件特别是贿赂类案件的证据狭窄性尤为显现，犯罪人作案不留现场，赃款系种类物而非特定物，没有受害人①，知情者可能是犯罪人的亲朋好友或者部下，或是曾求助于犯罪人的行贿人，能够认定犯罪的证据极其有限，且多为人证。因而公安机关一些重要侦查方法在自侦工作中意义不大，如公安机关通过勘查现场，收集大量痕迹物证，进而捕捉犯罪线索，甚至抓获犯罪人；又如作案时间是公安机关划定侦查范围、确定犯罪嫌疑人的重要依据。自侦案件证据依赖于人证的狭窄性特点，促使侦查人员必须考虑保护证人的安全，排除证人犹豫作证的任何可能，公布侦查信息同样需以保障证人安全为前提。

---

① 除没有谋求更没有获得不正当利益而被勒索给予索贿者以财物的人之外。

（三）犯罪手段隐蔽性

自侦案件事实往往被假象所掩盖。如贪污犯罪表现为涂改、伪造凭证、虚报冒领或者收入不记账，从账面上看没有破绽。贿赂犯罪可能表现为馈赠、买卖、借贷，甚至赌场上的输赢。如果在尚未固定犯罪证据之前公布侦查信息，极易导致犯罪人或相关人员以假乱真、弄假成真，逃避法律制裁，给侦查破案制造障碍，增加成本。

（四）人证易变性

自侦案件人证的易变性较为普遍。一是口供易变。犯罪嫌疑人对口供时供时翻，或先供后翻，或以没有非法占有公私财物为由，否认犯罪事实，或以没有利用职务之便为由辩解其行为合法，等等。二是证言易变。特别是贿赂案证人，或本身是行贿人，或与案件有某种利害关系，因此极易翻证。理由通常有：不是索取、收受钱物，而是借用；不是为谋取利益送礼，而是亲朋好友之间的馈赠；有的受贿人的上级或同事甚至以直接证人的面目出现，把受贿款的去向证明为用于公用。三是新证据否定原有证据。如行贿人拿出借款条以否定原行贿证言；有关单位为掩盖真相，采取巧立名目、开条子、出收据等手段，制造与原定罪证据相悖的书证。人证的易变性警示侦查信息公开时需对犯罪事实和证据公开进行必要限制，防止串供、翻供、反证的情况发生。

（五）犯罪扩散性

自侦罪案的扩散性，一方面表现为犯罪人犯罪活动时间长、次数多，有的在几年、十几年内连续作案，多达十几次、几十次。另一方面表现为犯罪人之间的扩散，既有本部门、本行业内的水平扩散，也有沿着权力网络向下或向上的垂直扩散。一条线索往往牵扯出数起窝案串案，一案多人、一人多案、大案套小案、此案连彼案等，如果公开侦查信息的时机不当，会导致尚未进入侦查视线的犯罪人订立攻守同盟，进行反侦查活动。

二、域外及我国台湾地区规则侦查信息公开之限制

2008年国际《关于推进知情权的亚特兰大宣言与行动计划》呼吁知情权是基本人权，是公民参与社会治理，提高行政效率，打击腐败，实现人类发展、社会包容和公民政治权利的基础。与此同时，该宣言允许信息公开有例外，认为在公开信息比不公开信息更危害公共利益之时，可以不公开。

1994年国际《关于媒体与司法关系的马德里准则》则强调，表达自由是

每一个民主社会最重要的基础，媒体有责任收集信息向公众传达，对庭审前、庭审中和庭审后的司法活动进行评价。但该《准则》不排斥在司法调查程序阶段对法律秘密的保守，并通过列举限制公开内容，这些限制性条款归纳为：未成年人等特殊群体保护限制、犯罪过程公开限制、国家安全理由限制。其中国家安全理由限制，不能对当事人的权利特别是辩护权形成威胁。

域外及我国台湾地区信息公开的法律渊源是宪法和信息自由法，目的是保障公民的知情权和监督权等基本人权。但基于侦查信息的特殊性，各国各地区在信息自由法框架下均制定限制性条款，由立法或者最高司法部门出台专门文件规范侦查不公开与信息公开之间的关系。

（一）美国

美国《处理媒体关系的指南》在规定执法机关公开信息义务的同时，认为应当考虑公众知情权、个人公正受审权、政府对司法进行有效管理的责任三种利益的平衡，对不应公开的信息作出具体规定①：一是不公布正在调查信息，不发表对其性质、进度的评论。公众需要公布信息以保护公共利益、安全、福利的，需经联邦检察署或者司法机构批准。二是不公开个人先前犯罪记录，除非政治避难或者引渡案件需确认被告人的身份，或以前裁判是当前控诉的一部分。三是限制与预断相关的因素，包括对被告人性格观察；被告人陈述、拒绝陈述或无陈述；调查过程中的推断，如痕迹、DNA 等测试以及被告人拒绝测试；证人身份、证言及其可信度；与证据和辩论有关的陈述；任何被告人有罪的意见，对指控进行有罪或减少罪责答辩的可能性。

美国律师协会于 1966 年发表雷尔顿报告，认为新闻界在报道犯罪新闻时，必须在社会大众知情权与涉案嫌犯接受公平审判的权利之间取得平衡点，不应报道嫌犯被指控的罪嫌、有损嫌犯人格与声誉、嫌犯以前犯罪记录、口供或自白、证人证词可信度、司法机关检验结果等内容。②

（二）英国

英国《信息自由法》对信息公开的限制基于两方面的考虑：一是信息公开不能以损害公共利益为代价；二是信息公开不能以损害第三方利益为代价。该法规定，如果信息公开申请人申请的材料属于可能影响执法程序、疑犯公平

---

① 高一飞著：《警务公开比较研究》，载 http：//www. 21ccom. net/articles/zgyj/xzmj/article_ 2010120125551. html。

② 《雷尔顿报告》，百度词条。

受审、个人隐私、个人安全和生命，以及可能泄露执法消息来源和执法技术而导致规避法律的情况，允许执法机关保留，以保护执法过程不受干预。

英国《国家机密法》规定的保密信息有：安全和情报信息；国防信息；国际关系信息；犯罪和特别侦查权力信息。认为犯罪和特别调查权力信息的披露，可能导致犯罪发生；为被拘者脱逃提供便利，有碍对其实施安全监管；妨碍预防或侦查犯罪；妨碍对嫌犯拘捕和起诉。任何持有此类信息、文件或者物品的人，如果明知或者有理由相信此类信息依法不许披露而未经合法授权披露的，将被追求刑事责任。①

（三）我国台湾地区

我国台湾地区“政府信息公开法”对限制公开的信息做了具体规定，立法理由为：如果公开犯罪侦查等信息，影响到侦查破案，导致罪犯逍遥法外，影响社会治安，妨害被告人接受公正裁判，危害他人生命、身体、自由或财产的，应限制公开或不提供此类信息。

我国台湾地区“检察、警察暨调查机关侦查刑事案件新闻处理注意要点”强调侦查刑事案件须慎重处理新闻，避免发言不当，并规定了侦查终结前应当保密、不得泄露或发布新闻的内容②：是否自首或自白及内容；传讯、羁押、搜查、扣押、勘验、鉴定、限制出境等，未实施或应实施的侦查方法；侦查方向、进度及内容；足使疑犯逃亡，或毁灭、伪造、变造证据，或串通共犯和证人；被害人被挟持尚未脱险，危及其安全；侦查笔录、照片、录音录像、电子记录等文件和物品；危及疑犯和亲属隐私或名誉；危及被害人隐私或名誉；未成年人姓名、照片、住所、就读学校等内容；举报人和证人姓名、身份、住所及陈述内容；其他足以影响侦查活动的事项。

三、自侦案件信息公开之限制

侦查信息的不当公开，危及案件的侦破工作，侵害公民的合法权益，存在着公布事实残缺、有误，导致舆论审判、法官预判，触动犯罪嫌疑人逃跑、串供、隐匿销毁罪证，危及证人、受害人安全等诸多风险。正因如此，各国对侦查信息公开进行了特殊限制，大致可以归纳为：对于可能影响侦查破案的限

---

① ［英］萨利·斯皮尔伯利著：《媒体法》，周文译，武汉大学出版社2004年版，第406－413页。

② 卜亚琼：《台湾地区侦查不公开原则及其借鉴意义》，载http：//www.chinalawedu.com/web/173/wa2014042108514556902324.shtml。

制，影响犯罪嫌疑人接受公平审判的限制，影响国家安全、商业隐私、个人隐私的限制，泄露侦查技术和方法导致规避法律的限制，等等。在国际准则框架下，借鉴域外经验，根据《中华人民共和国保守国家秘密法》及其实施办法、《人民检察院办案工作中的保密规定》等有关法规，结合我国自侦实践，本文认为自侦案件侦查信息的限制应考虑如下方面：

（一）犯罪线索和举报、控告材料

1. 受理的犯罪线索以及在侦查中发现的新线索，一律不得公开。2. 受理举报和控告，应在专门场所进行，无关人员不得接待、旁听、处理和询问。3. 专人负责举报和控告材料的收发、拆阅、登记、转办、保管，当面或电话举报的接待、接听、记录、录音等工作。举报网站应由专人登录、专门计算机处理。4. 严禁泄露举报人的姓名、工作单位、住址和举报内容。5. 不准私自摘抄和复制、扣押、销毁举报和控告材料。6. 向被举报单位或举报人核实情况，应在不暴露举报人、控告人的情况下进行。讯问犯罪嫌疑人，不得出示举报原件或复印件。7. 对匿名举报，除侦查工作需要并经主管副检察长批准外，不准鉴定笔迹。8. 举报材料不得直接作为刑事诉讼证据。9. 宣传报道和奖励举报有功人员，未征得举报人同意，不得公开举报人身份信息。

（二）侦查方案与侦查手段

1. 初查以秘密调查为主，不得向被调查人和无关人员暴露初查意图。2. 制订案件侦查工作计划，要有具体保密措施。3. 采取技侦手段或侦查措施，以及使用多媒体示证系统等，应严格控制知情面；通过技侦手段获取的证据不准公开。4. 采取强制措施，搜查、扣押、查询银行存款和冻结银行账户等侦查措施的具体实施时间、方法，在实施前应严格保密。5. 逮捕决定在执行前应严格保密。上级检察院发现逮捕错误的，在作出撤销原决定的决定前应当保密。6. 通过国际刑警组织及香港、澳门特别行政区有关组织进行案件协查，不得泄露案件侦查的总体方案和手段。

（三）检察机关内部资料

1. 立案侦查的请示、报告、阅卷笔录、补充侦查材料、检察委员会会议记录等应严格保密，未经批准，不得向他人提供。2. 外出调查不准携带案卷。如确需携带，应通过机要寄出；如情况十分紧急，必须两人专管，严防丢失。3. 不准在公共场所谈论正在侦查案件的内容，禁止携带案卷和调查材料探亲访友、游览、购物等。4. 不得向案件当事人和非办案人员泄露案情，不得为犯罪嫌疑人及其亲属以及受其委托的人打听案情、通风报信。5. 用于办案工作的计算机，没有安装保密设备的不得与内部局域网联接，更不得与公共网络联接，涉密存储介质要按规定严格管理。6. 出境调查案件携带材料，严格按国家保密局、海关总署《关于国家秘密文件、资料和其他物品出境的管理规定》执行。7. 在国际司法协助中，需要提供秘密事项的，应呈报最高人民检察院批准。

（四）国家安全、个人隐私和未成年人信息

1. 不予公开属于国家保密法规定的涉及国家秘密、国家安全的信息，包括涉及国家秘密、国家安全的证据及获取犯罪证据的特殊措施，以防止危害国家利益。2. 不予公开涉及个人隐私和商业秘密的信息，以保护当事人名誉和维护社会公德。3. 不予公开涉及未成年人的信息，以保护未成年人健康成长。4. 不予公开证人的情况和证词的内容，以保护证人安全。5. 如果需要保护被害人隐私，则不予公开被害人部分或者全部情况。6. 公开后可能导致社会矛盾激化或造成社会重大负面影响而危及社会稳定的信息不予公开。

（五）防止舆论审判和法官预断

无罪推定原则主张犯罪嫌疑人未经法定程序判决有罪之前应推定为无罪，是国际公约确认的一项基本人权，也是联合国在刑事司法领域制定和推行的最低限度标准之一。《马德里准则》规定“秘密保守的目的主要是为了实现对被怀疑和被控告的个人的无罪推定的实现。”虽然基于信息公开的要求应当向社会公开涉案信息，但不应使犯罪嫌疑人陷入舆论审判，而侵犯其受无罪推定原则保护的权利。因此，一般不能公开犯罪嫌疑人是否自首或自白及其内容，以及个人的先前犯罪记录等与预断相关的信息，防止有罪推定形成舆论审判，以及品格证据影响法官裁判。

以上是在审判之前检察机关不公开的侦查信息，在审判期间或之后，则应适用另外规则。当侦查信息公开与以上不公开内容发生冲突时，只有当公开侦查信息的公共利益大于不公开的公共利益时方可公开。

刑事诉讼伤情鉴定中存在的问题及对策

曹建雄　田莹莹*

伤情鉴定作为专门的司法活动，深刻影响着刑事诉讼活动进程，其既是定罪量刑的重要依据，也与人权保障息息相关。根据《刑事诉讼法》第 146 条、第 192 条、《人民检察院刑事诉讼规则（试行）》第 252 条和第 253 条第二款之规定，我国刑事诉讼中的犯罪嫌疑人、被害人、辩护人、被害人的法定代理人、近亲属、诉讼代理人等诉讼参与人均可申请重新鉴定。法律赋予了众多主体申请重新鉴定的权利，而关于重新鉴定的时限、次数等关乎司法实践的重要问题却缺乏规范性立法，一定程度上阻碍了诉讼的顺利进行。

一是“一案多鉴”现象较为普遍，鉴定意见的唯一性受到质疑。“一案多鉴”产生的一个重要原因，在于选择鉴定时间的不同，被害人在案发后伤情存在不稳定期，大多都经历了由重到轻的恢复期，司法实践中的通行做法是伤后三个月进行鉴定。对于神经官能性损坏的鉴定，在初次鉴定后，通过身体自愈或者受害人的积极锻炼，伤情会不断恢复，当再次鉴定时，就会面临前后鉴定意见不同的尴尬局面。另一个原因在于鉴定机构的地位性质不明确，导致鉴定机构缺乏监管，其自律完全依赖于自身的约束与素质，有时受当事人闹访等情况的影响，作出前后不同的鉴定意见。面对多个鉴定，司法机关取舍不当就会引发当事人的不满甚至信访。而且，由于重新鉴定无次数上的限制，一旦当事人觉得鉴定结果对自己不利，便会申请重新鉴定，从而使同一问题反复鉴定，最终导致案件久拖不决。

二是外伤与疾病共同导致危害结果发生的案件，参与度分析的鉴定意见如何适用，存在认识差异。参与度是指实际发生的后果与外界损伤之间的因果关系，也就是法律上的因果关系程度，通常以百分数表述。比如，北京市高级法院法医室伤与病关系研究组拟定的《外伤在与疾病共同存在的案件中参与度的评判标准（草案）》对因果关系参与度的认定、参与度对损伤程度评定、量

* 作者单位：河北省张家口市赤城县人民检察院。

化赔偿责任等进行了规定。在该草案中，以因果关系参与度的大小作为衡量赔偿责任的主要标准。涉及刑事犯罪的，参与度越低的不认为是犯罪或者处以较轻刑罚。

在人身伤害案件中，参与度鉴定是量化分析致害行为与损害后果之间关联程度的基本方法，是确定行为人法律责任的关键环节。赔偿义务多以损伤参与度作为抗辩理由，要求减轻或免除其赔偿责任。然而，我国法律没有规定损伤参与度对人身损害赔偿责任的评定标准。唯一对参与度有较为细化说明的《外伤在疾病共同存在的案件中参与度的评判标准（草案)》又缺乏全国适用的效力，仅仅可以作为司法实践中的参考，给办案人员带来诸多困惑。

三是重新鉴定程序复杂，而且未限制申请重新鉴定的次数。从当事人提出重新鉴定申请，再到获得鉴定意见这一流程，需要经过多个部门、多项手续。同时，受启动鉴定时间迟、提交鉴材不完备、鉴定事项不明确等种种因素的影响，司法鉴定周期延长情况时有发生。

根据《刑事诉讼法》及《人民检察院刑事诉讼规则〈试行〉》规定，在侦查阶段，侦查机关或者侦查部门应当将用作证据的鉴定意见告知犯罪嫌疑人、被害人。如果犯罪嫌疑人、被害人提出申请，可以补充鉴定或者重新鉴定。在法庭审判过程中，当事人和辩护人、诉讼代理人有权申请重新鉴定、调取新的物证，法庭对于此种情形可以延期审理。这表明，当事人在任何诉讼阶段都可以提出重新鉴定的申请，并且一般情况下很少被驳回。由于法律未对重新鉴定的条件、次数、期限加以限制，导致实务中反复申请重新鉴定、被害人拒绝配合重新鉴定的现象经常发生。此外，《刑事诉讼法》只规定对犯罪嫌疑人作精神病鉴定的期间不计入办案期限，而对伤情、物价等鉴定意见的重新鉴定，期限是计入办案时间的。一旦司法机关启动重新鉴定程序，委托司法鉴定机构、取得当事人配合都需要一定的时间，当受委托的司法鉴定机构出于主客观等原因不予受理之后，办案机关还得重新寻找具有鉴定资质的司法鉴定机构进行鉴定，往往耗时数月甚至更长时间。在此过程中，易面临超期羁押的困境。

如何应对司法实务中出现的这些实践难题？笔者认为，应当从以下几个方面着手应对：

第一，细化重新鉴定、补充鉴定的规定。首先，要限制重新鉴定的申请条件，并设立一定的“门槛”。重新鉴定的启动应当符合下列情形之一：鉴定意见与案件其他证据不协调，可能存在错误；原鉴定人应当回避而没有回避，原鉴定违反鉴定程序；鉴定人、鉴定机构的资质有问题；鉴定人采用的鉴定方法不科学，存在其他合理怀疑。其次，重新鉴定应当以两次为限。数次鉴定意见不同的，应该区分不同情形作出不同的处理。同一机构就同一伤情作出的鉴定意见不同的，鉴定人员必须出具最终鉴定意见，并配合出庭作证，以增强证据的证明力。不同机构就同一伤情作出的鉴定意见不同的，应当交由权威的第三方鉴定机构作出终局鉴定意见。针对多次鉴定结果不同，而被害人又拒绝配合重新鉴定的情形，应当本着“疑点利益归于被告人”的原则，被害人承担法律上的不利后果。最后，不论重新鉴定是否有最终鉴定意见，只要案件所处阶段的诉讼期限届满，就应当依法释放被羁押的犯罪嫌疑人或者变更强制措施，坚决防止出现超期羁押现象。

第二，制定系统性法规，将参与度作为定罪量刑、赔偿依据。伤情鉴定作为专门性的司法活动，其在立法中涉及的内容繁多且自成体系，诉讼活动的规范化要求伤情鉴定立法的系统化。这个系统性法规应对伤情鉴定中的参与度鉴定加以规定。刑法上的因果关系具有定罪机能和量刑机能，是确定刑事责任的依据。刑事因果关系不仅包括行为与结果之间的事实联系，还强调行为人是在主观罪过的状态下实施该行为。刑法中的偶然性因果关系，由于伤害行为与伤害结果之间掺入了疾病等其他因素，因而难以判断。这就要求办案人员在办案过程中积极查明案件，全面收集证据，然后厘清各种事实联系，综合判断。笔者认为，行为人在实施致害行为时对致害结果是有预料的，主观罪过、致害行为、危害结果的产生就说明其具有刑事可罚性，应当承担法律上的否定性评价。不过对于致害行为与危害结果之间参与度较小的，可不作犯罪处理或者减轻处罚。建议有关部门尽快出台与参与度相关的法律法规，并参考吸收《外伤在疾病共同存在的案件中参与度的评判标准（草案）》的合理内容，将鉴定意见中关于伤情的鉴定及参与度分析作为定罪、量刑的依据，确定赔偿责任。

第三，完善司法鉴定行业的管理与监督。在“一案多鉴”、“多头鉴定”等情形下，检察机关审查起诉时采用的鉴定意见，往往伴随着当事人的质疑与抵触，同时也影响了人民法院对案件的公正审判。因此，应当加强对司法鉴定行业的管理与监督。一是明确鉴定机构的性质。将伤情鉴定从司法机关中剥离出来，并以中立、客观的方式提供证据，防止司法不公。另外，鉴定机构还应当成为责任的独立承担者。二是明确鉴定人强制出庭的义务。规定其不出庭的法律后果，强化其出庭作证的法律意识。同时，可以通过适当的经济补偿和司法保护，进一步完善鉴定人的权利保障制度。三是建立错鉴追究制。对于司法鉴定机构及鉴定人因其主观过错，导致鉴定有误给当事人造成损失的，司法鉴定机构应当返还鉴定费并承担赔偿责任。司法鉴定机构赔偿后，可以向有故意或重大过失的鉴定人进行追偿。鉴定人在鉴定活动中有犯罪行为的，依法追究相应的刑事责任。四是积极整合规范现有资源，使司法鉴定机构分布日趋合理。同时，提高司法鉴定人准入“门槛”，不断健全完善鉴定人员选任制度，通过考试、培训、职务晋升等方式，注重吸收在司法鉴定行业有高级职称或从事司法鉴定业务时间长、经历丰富、品行端正的鉴定人才。五是中央及各省、自治区、直辖市应当设立一家终局鉴定机构。当本地区内的某个案件因司法鉴定意见不同，导致司法机关办案人员无法判断时，应交由该鉴定机构提供最终鉴定意见。

“审判中心”背景下刑事庭审质证交叉询问规则之完善

薛正俭*

交叉询问规则是英美法系控辩双方在法庭上对各自传唤的证人进行盘问时所遵循的一套规定。我国现行的《刑事诉讼法》虽然借鉴了英美法系对抗制的一些审判方式，但没有系统地建立相应的法律规则，庭审调查质证等还存在诸多问题。我国当下正在推进以审判为中心的诉讼制度改革，完善和健全适合我国国情的交叉询问规则成为必需，通过发挥交叉询问在庭审质证中的作用，切实保证庭审能够查明事实、认定证据、保护诉权、公正裁判。笔者结合我国法庭调查质证实际和“审判中心”改革要求，并借鉴英美法系国家对于交叉询问的规定及实践，提出完善我国庭审质证环节交叉询问规则的实践构想。

一、交叉询问的实质

交叉询问（Cross Examination），又称反向盘问、反诘询问，在英美法系刑事审判中被广泛采用，作为查明案件事实的方法，交叉询问被视为对证人证据进行质证最有效的方法，也是发现事实真相、到达正义的最佳途径，被认为英美法系对抗制司法模式的标志之一。交叉询问是指英美法中在案件庭审时，首先由提出证据的一方对证人进行“直接询问”，然后由对方对证人进行“交叉询问”，目的在于暴露证人的偏见或偏袒，揭示某个证人的不可信。[①] 在英美法系庭审模式下，基于刑事诉讼庭审直接言词原则，控辩双方对证人的询问实际就是举证质证的过程，包括主询问、交叉询问、再主询问、再交叉询问等几个环节。交叉询问中，在形式上是一方询问主体（公诉人或辩护人）从相对的角度对另一方证人通过当庭询问的方式进行检验，其实质是对对方证人证言的真实性进行审查。同时，在交叉询问过程中须依法遵守两个规则：反对诱导

* 作者单位：宁夏回族自治区中卫市人民检察院。

① 程味秋：《外国刑事诉讼法概论》，中国政法大学出版社 1994 年版，第 73 页。

性询问规则和坚持询问相关性规则。

交叉询问的基本方法有：一是举证方主询问。请求传唤证人的一方对该证人首先进行询问，主要作用是支持自己的观点与待证事实，控辩双方都必须通过主询问来证明自己的诉讼主张。二是交叉询问，即对方的反询问。针对主询问中该证人陈述中的纰漏或弱点，辩方对该证人进行质疑、质询，这是交叉询问中最关键的程序，也是交叉询问的精髓。交叉询问的目的主要是为了攻击对方的主张，削弱对方证据的证明力，降低对方证人的可信性，或者引起陪审团的合理怀疑。三是举证方的再主询问。交叉询问结束后，举证方可再次询问，再主询问主要目的是针对反询问中出现的问题、质疑、怀疑进行进一步论证，或者给予主询问一方一个解答疑团的机会，因为交叉询问中的问话多是引导性的，范围限制小，证人没有机会解释，而再主询问就提供了恢复该证据可信度的机会。四是对方再交叉询问。再主询问完毕后，对方当事人可以针对证人在再主询问时陈述的事项进行再交叉询问，而且对于其他事项，经法庭酌定许可，也可以进行询问。五是举证方结束询问。交叉询问通常由举证方结束询问。

从狭义看，交叉询问规则主要是指与交叉询问的方法和内容直接相关的行为准则。根据《元照英美法词典》解释，交叉询问是指在听审或开庭审理程序中，一方当事人对对方提供的证人进行的询问。反询问应在提供证人的本方对该证人进行主询问之后进行，目的在于核查证人的证言或质疑证人或其证言的可信性，如指出证言与证人先前所作证言中的矛盾之处，向证人提出疑问，诱使证人承认某些事实以削弱证言的可信性等。在交叉讯问中允许提诱导性问题，但通常只能限于主询问中涉及的事项以及证人的可信性问题。① 交叉询问是英美法系国家在刑事审判中广泛采用的查明案件事实的方法。

二、交叉询问的特点

1. 通过主询问提出开放性问题，借助证人的回答证明某项有利于己方的事实。由于控辩双方所处立场、目的不同，导致主询问和交叉询问方式存在较大差异。主询问是询问人向出庭的己方证人发问，通过证人主动提供有关信息，以表明己方证言的可信度。证人一般作有利主询问者的回答，普通证人主要叙述其亲历的事实，或鉴定人、有专门知识的人根据其专业知识、经验进行判断。证人通过自行回答询问者提出的开放性问题，说出询问者想要证明的某项事实。

---

① 薛波主编：《元照英美法词典》，法律出版社 2003 年版，第 354 页。

2. 交叉询问的对方证人一般作不利于询问者的回答。英美法系国家在主询问中不得使用诱导性问题（或称引导性问题），而在交叉询问中可以适用诱导性问题。一般诱导性问题在提问内容中已经包含了可供选择的封闭性答案。为了确保证言的真实性，主询问不使用诱导性问题。主询问中，己方证人一般会配合询问者，如果询问者使用诱导性问题，己方证人往往会顺着询问者的思路回答，容易“诱导”证人，干扰或影响证言的真实性。

3. 交叉询问的主要目的不是通过证人证言证明某项事实的真实存在。交叉询问的主要目的与主询问不同，其希望通过对对方证人的交叉询问，检验该言词证据形成是否合理、真实，使法官或陪审团对该证人证言的可信度产生怀疑，或者限制、缩小对方证人证言对法官或陪审团可能产生的影响。交叉询问质疑证人或其证言的主要内容：向审判人员表明证人具有某种偏见、敌意、动机或者收受利益以至于证人可能伪造或掩饰其证言；向审判人员表明证人在感知、心智（知觉、记忆力）方面存在缺陷以至于可能影响其证言；向审判人员表明证人有不诚实的性格特征；向审判人员表明证人当庭证言与以往证言存在不一致；通过证明证人在证言中出现错误直接反驳其证言。

三、我国法律和“两高”司法解释对交叉询问的规定

我国修改后的刑诉法对直接人证调查作出的有关规定，以及最高人民法院在《关于适用〈中华人民共和国刑事诉讼法〉的解释》第 202 条、第 212 条、第 214 条、第 215 条，最高人民检察院在《人民检察院刑事诉讼规则（试行）》第 442 条、第 443 条，均为涉及交叉询问方面的规定，其主要内容可以归纳为三点：（1）调查被告人、被害人，应先由他们陈述案情，然后控辩双方可以对其进行发问。审判人员认为有必要时可以发问。（2）在调查被告人、被害人以后，首先由控诉方举证，然后由辩护方举证。证人、鉴定人除由审判庭根据需要传唤的以外，可分为控诉方要求传唤的和辩护方要求传唤的。（3）调查证人、鉴定人，应当首先由审判长核实其身份及与案件的关系，告知法律责任并让其在保证书上签字。在这一开始程序结束后，即先由传唤证人的一方询问，然后经审判长许可再由对方询问。审判人员认为必要时，可以询问证人、鉴定人。

我国刑事庭审中直接人证的调查，与典型的以英美为代表的交叉询问制度确有显著的区别，虽因缺乏某些因素，但在广义上仍界定为一种交叉询问。因为：（1）根据我国《刑事诉讼法》的规定和立法精神，刑事庭审由控辩双方向法庭举证，因双方立场相对，体现在直接人证调查上，只能采用具有抗辩式特点的询问方式，即主询问与交叉询问相结合的询问，符合交叉询问的基本模

式；(2) 立法和司法解释中对询问顺序和询问方式的规定，体现了一些交叉询问在技术方法上的重要特征。即发问以控辩双方为主进行，首先由传唤证人的一方询问，然后由诉讼对方询问。这种调查主体的多元性和询问内容及方法上具有一定程度的抗辩性，使得这种人证调查具有了交叉询问的基本的外部特征。

由于特殊的制度背景和运行条件以及诉讼传统，我国刑事庭审中的交叉询问呈现出十分明显的自身特色，主要表现为直接人证调查的有限性，缩小了交叉询问的适用范围；交叉询问制与审问制并存，限制了交叉询问的适用效力；交叉询问的"和合性"较强，抗辩性较弱等。

四、以审判为中心：完善我国庭审质证中的交叉询问规则

(一) 明确交叉询问主体、范围和顺序

我国刑事诉讼的交叉询问仍然应该是控辩双方在法官的主持下，遵循一定的规则，在法庭上通过质疑、辩驳等方法对言词证据的可采性和证明力进行审查，从而影响认证的一种诉讼活动。交叉询问是质证的一个手段，必须有相关规则保障。

1. 交叉询问的主体。

交叉询问的主体是指哪些人有资格在法庭上对言词证据进行质询以及哪些言词证据在法庭上被质询，它分为交叉询问的询问主体和被询问主体。

(1) 交叉询问的询问主体有：公诉人、被害人、被告人、辩护人、法官。公诉人担负证明所控犯罪事实的任务，被害人作为犯罪行为侵害的对象，他们通过发问证明指控事实，以使犯罪人受到追究，应是交叉询问的询问主体。被告人虽处于被追诉的地位，但他的行为是否构成犯罪还处于待定状态，法律赋予其辩护权；辩护人因法律规定的辩护制度而辅助被告人行使辩护权，他们通过发问影响法庭，以证明被告人罪轻或无罪，也应为交叉询问的询问主体。法官是法庭的主持者，又负有查明案件事实的责任，对于控辩双方发问不到或不清楚之处可以补充发问，法官应为交叉询问的询问主体。有公诉人代表国家对犯罪进行指控，附带民事诉讼原告人及其诉讼代理人等不宜成为交叉询问的询问主体。

(2) 交叉询问的被询问主体有：被害人、被告人、证人、鉴定人和侦查人员。被告人、被害人和证人包括辩方证人，都是知道案件真实情况的人，他们的陈述是否具备证据的可采性和证明力，需要接受控辩双方的质询，因而他们也是交叉询问的被询问主体。鉴定结论是否科学、可靠，鉴定人是否具备资

格等问题需要控辩双方在法庭上对鉴定人询问进行确认；侦查人员制作的讯（询）问、勘验等笔录的制作过程及其内容的真实性等需要控辩双方通过在法庭上对侦查人员询问来发现其中的矛盾和不实之处，故鉴定人和侦查人员是交叉询问的被询问主体。

2. 交叉询问的范围。

交叉询问的范围包括适用对象范围和适用程序范围。一般来说，对方所申请的证人均可作为本方的交叉询问对象，即辩护人可对公诉人申请出庭的证人进行交叉询问，公诉人可对辩护人申请的证人进行交叉讯问。此外，被害人在多数场合下，也被要求以控方证人身份出庭作证，因此，被害人出庭也将受到来自辩护方的交叉询问。实行交叉询问目的是维护正当程序和寻求实体真实，应限于控辩双方有争议的事实，而通知证人等到庭质询需要一定的财力支持，耗费大量的时间，故对每件案件的言词证据都进行交叉询问既不现实又无必要。因此应分情况处理：一是法院在给被告人送达起诉书时，应讯问他对起诉书的意见，若案件达到事实清楚、证据充分，被告人对起诉书指控的犯罪事实和定性无意见，表明他既承认犯罪行为又承认行为的责任，即选择了认罪，法律应当尊重其对个人权利的处分，此类案件没有必要传唤证人等到庭质询，可依法简化处理。若被告人对起诉书指控的全部或部分犯罪事实否认或对定性有异议，此类案件应传唤证人等到庭质询。二是对于事实清楚、证据充分，且适用简易程序审理的案件，被告人供认犯罪事实，犯罪情节又较轻，公诉人出庭支持公诉意义不大，此类案件无必要传唤证人等到庭质证。

3. 交叉询问的顺序。

交叉询问的顺序是指庭审时控辩双方各自向法庭举证和对言词证据质询的次序，它是法庭调查的一个阶段。庭审安排质证的顺序，应由提请传唤的一方进行主询问，再由另一方进行交叉询问，之后再进行主询问、再交叉询问，如此交替连续进行；法官认为有必要的，可以在控辩双方询问之后进行补充询问。

（1）公诉人向法庭举证，控方证据接受调查。由公诉人对被害人进行主询问，引导被害人向法庭展示其所了解的对控方有利的事实；接着由被告人、辩护人对被害人进行交叉询问，交叉询问的范围应限于与主询问的内容有关的问题和与证人诚信有关的问题，目的是得到对交叉询问方有利的陈述，努力发现对方陈述的破绽，以贬低其可信性。控辩双方可再主询问和再交叉询问，再主询问是给主询问方进行补充或解释的机会，询问的内容限于交叉询问中出现的事实，目的是对己方证人同意的有利于交叉询问的某些事实进行补充或解释，恢复被交叉询问破坏的陈述的可靠性。再交叉询问的目的与交叉询问的目的基本是一致的。这里宜将公诉人宣读起诉书后由被害人陈述的规定改作控方证据举证并接受质询，因为现行刑事诉讼法虽提高了被害人的诉讼地位，将其列为案件当事人，但毕竟被害人与案件有利害关系，他陈述的客观性会受到影响而可能与起诉书指控的事实不一致，他不具有和公诉人共同原告的诉讼地位。然后控方再依次传唤证人、鉴定人和侦查人员到庭接受控辩双方的主询问和交叉询问。

（2）辩方向法庭举证，辩方证据接受调查。辩方可以提请传唤本方证人、鉴定人出庭作证。由辩方的辩护人、被告人对证人主询问，然后接受公诉人、被害人的交叉询问，辩控双方还可再主询问和再交叉询问。控辩双方对每个言词证据交叉询问后，审判人员认为需要可以进行补充性询问。

（3）两种特殊情况的质证顺序：第一，控辩双方均提请作证请求传唤的共同证人的询问顺序，应该规定“谁主张，谁主询问”，先让控辩双方对其所欲证明之事实分别加以说明，对于某一事项，由对该项待证事项负有法律上的举证责任的一方当事人先对此证人进行询问，再由另一方交叉询问。第二，对法官依职权所传唤的证人的询问顺序，应当先由法官对其主询问，核实证据性质，但这并不属于举证责任性质的主询问，然后由控辩双方对此证人进行交叉询问。法官依职权确定控辩双方的询问顺序，对案件的特定事项负有举证责任的一方一般应当先行发问。

（二）诱导性问题的质证方式与运用完善

1. 确立一般禁止主询问方诱导性发问规则和反询问受主询问范围限制规则。

交叉询问属于对抗制刑事审判必不可少的法庭调查手段，典型的交叉询问必须遵循上述两项规则。禁止主询问方诱导性发问规则是举证方禁止在向己方证人等询问中明示可能的答案，从而暗示证人等按询问者的答案作出回答。诱导询问的询问者有强烈的主观倾向，容易使被询问者的回答失去真实性，不利于查清事实。诱导性提问实际就是设置陷阱，使证人逐步陷入无法自拔而又无法改口的被动境地。我国刑事审判引入了对抗制成分，交叉询问自然也在引入之列。

但是，我国在完善交叉询问规则时，应结合实际，在确立反询问受主询问范围限制规则同时，对于诱导性问题，应确立一般禁止主询问方诱导性发问规则，同时，要明确规定一般禁止主询问方诱导性发问规则的例外情形，即应当避免可能影响陈述或者证言客观真实的诱导性讯问、询问以及其他不当讯问、询问。一般禁止主询问方诱导性发问规则的例外可考虑为：一是涉及与案件关键事实无直接联系的预备性、过渡性问题可以使用诱导性询问。二是证人或被害人当庭陈述与过去的不一致，可以根据其过去的陈述进行诱导性询问。三是为了唤醒证人记忆或当庭对质的需要，可以使用诱导性问题。

2. 我国关于诱导性问题的法律规定。

我国司法实践对于庭审中是否可以采用诱导性问题一直存在争议。“两高”司法解释也存在分歧。《最高人民法院关于适用〈中华人民共和国刑事诉讼法〉的解释》第213条明确规定：“向证人发问应当遵循以下规则：……（二）不得以诱导方式发问……”“前款规定适用于对被告人、被害人、附带民事诉讼当事人、鉴定人、有专门知识的人的讯问、发问。”由此可见，最高法对诱导性发问采取了绝对禁止的做法。但《人民检察院刑事诉讼规则（试行)》第438条规定：“讯问被告人、询问证人应当避免可能影响陈述或者证言客观真实的诱导性讯问、询问以及其他不当讯问、询问。”“辩护人对被告人或者证人进行诱导性以及其他不当讯问可能影响陈述或者证言的客观真实的，公诉人可以要求审判长制止或者要求对该项陈述或者证言不予采纳。”由此可见，《人民检察院刑事诉讼规则（试行)》并非完全限制诱导性发问，而仅是对公诉人提出的可能影响陈述或证言的客观真实性的问题，以及对辩护人对被告人的诱导性发问予以限制。

3. 在庭审质证中使用诱导性发问应区分两种情形。

根据英美法系国家司法实践，交叉询问发生在主询问之后，且内容应主要围绕主询问的内容。而在我国，一审法庭讯问先由公诉人讯问被告人，如果被告人不认罪，此时被告人的实际供述或辩解情况尚不清楚，公诉人不宜直接以诱导性发问讯问被告人。因此，根据法庭中讯问被告人的目的、侧重点、策略，公诉人需要根据被告人认罪态度不同而有所差异。

（1）当被告人选择认罪时，应采用开放性问题发问。一般来说，在公诉人第一轮讯问中，其供述本身具有较强的证明力，此时，公诉人对被告人的讯问即具有出示证据的效果。在这种情况下，公诉人对被告人的讯问应基本采用开放性问题，通过短问长答的方式，由被告人自行对案件基本事实进行全面、连续地陈述，以便从中发现其陈述矛盾，针对矛盾可递进、循序渐进地诱导询问。

（2）如被告人选择不认罪，可先暂停发问，待辩护人发问后，公诉人可要求在补充讯问环节，通过交叉询问方式对其当庭辩解的真实性进行诱导式发问，以便反驳或质疑。被告人不认罪或者存在较多否定指控辩解的情况下，被告人在接受讯问时，一般不会按照公诉人的提问回答问题，此时，公诉人可以对其采用诱导性发问方式，通过组织有效讯问或者列举其他证据，以使其虚假陈述或无理辩解中的矛盾、疑点得以暴露，使得审判人员对其可信度产生怀疑，或者迫使被告人接受或承认某项有利于控方的事实。当然，辩护人不应对不认罪被告人使用诱导性发问。这种情形下辩护人发问具有“主询问”的特点，如果允许诱导性发问，就可能出现辩护人诱导被告人供述或辩解，影响被告人供述或辩解的真实性。“只有主询问才约束诱导性询问（但也不是绝对禁止），反询问中诱导性询问恰恰是必要的质证手段。”① 因此，《人民检察院刑事诉讼规则（试行）》的规定符合交叉询问的基本原则，对于公诉人对不认罪被告人的发问具有重要的指导意义和价值。

（三）公诉人在运用庭审质证交叉询问规则应注意的事项

1. 做好庭前质证准备工作。对于对方可能申请出庭的证人，公诉人要在庭前充分了解其背景情况，包括证人的年龄、心智、精神状况、表达能力、学历情况、与当事人的关系、与案件处理结果是否有利害关系，以及庭前的证言情况等。对于对方拟申请出庭的鉴定人或者有专门知识的人，公诉人应重点了解其专业背景、专业水平、经验、在所从事领域内的知名度、受认可度、与当事人或者案件有何种关系。公诉人应着重考察对方证人证言是否可能对案件定罪量刑产生重大影响、该证人与被告人或案件是否有重大利害关系、证言是否存在前后不一致或矛盾、证人作证能力是否存在缺陷、证人品格是否可能受到质疑等方面。同时，要结合对方证人的特点拟定询问提纲，根据其个人基本情况、证言情况以及其证言中的漏洞情况制作询问提纲；认真阅读案卷材料，对整个案件事实和证据情况了如指掌，对于证人等当庭陈述与庭前陈述不同而且这种不同对案件的事实认定有较大影响时，应通过自己掌握的全案事实和证据及时做出反应，发现问题，在质证中进行有力的诘问，以便澄清事实。

2. 安排好发问的顺序。在有证人出庭的情况下，公诉人应当安排好发问的顺序。一般可以按案件发生的经过，也可以从案件的核心问题开始进行发问。对存在矛盾或者有虚假可能性的事实陈述等重要事项，要有针对性地进行发问。

3. （讯问）询问应从没有争议，或被（讯问）询问者无法回避的问题开始。这样做可避免庭审讯问一开始就陷入对抗、尴尬的境地，放松被询问者的戒备心。从没有争议的事实开始发问，公诉人就有引导的空间。首先，没有争议的事实是不可否认的事实，如果被（讯问）询问者连没有争议的事实都否

① 张建伟：《公诉人，你可以做得更好》，载 http：//zhangjw. fyfz. cn/b/826123，访问日期 2015 年 8 月。

认，审判人员就会对被（讯问）询问者的可信度产生怀疑。其次，此类问题有助于放松被（讯问）询问者的抵触情绪，有利于公诉人进行后续的发问。

4. 询问应简洁清楚，避免提出复合性问题，确保一问一答。简单明了的问题，既能让被询问者更好地理解，从而作出比较清楚的回答；也能让审判人员在短时间内对案件有清晰的把握。特别是在一问一答的询问节奏下，可以保证公诉人在交叉询问中始终发挥引导作用，确保被询问者的回答总体上在公诉人的掌控之中，这是保证交叉询问效果的重要手段。

5. 避免不适当地提出诱导性问题。控方证人对来自控方的提问一般都积极配合，如果在主询问中提出不当的诱导性询问，证人容易接受暗示而提供虚伪陈述。在司法实践中灵活运用这一规则，避免不适当地提出诱导性问题。

6. 在交叉询问中，应避免给被询问者过多解释的机会。交叉询问的目的是质疑证人或证言，因此在交叉询问环节，公诉人指出对方证人证言的缺陷或证人可信度存在的问题即可，不需要针对上述问题让对方证人进行解释。反之，将必然削弱交叉询问的效果。

非法证据排除规则的司法适用辨析

王树茂*

近年来，一些重大冤错案由于“亡者归来”或“真凶落网”而得以陆续曝光，其中最为深刻的一条教训就是刑讯逼供获取的有罪供述，连闯侦、诉、审三关，是最终成为酿成冤错案的重要原因。在总结刑事司法经验教训的基础上，2010年6月13日，“两高三部”联合颁发了《关于办理死刑案件审查判断证据若干问题的规定》和《关于办理刑事案件排除非法证据若干问题的规定》（以下简称“两个证据规定”）。2012年修改后的《刑事诉讼法》，吸收“两个证据规定”的立法成果，正式确立了非法证据排除规则，在刑事法治进程中迈出了具有里程碑意义的一步。

“两个证据规定”实施以来，尤其是《刑事诉讼法》施行两年多以来，非法证据排除案例为数不多①，排除效果有限②，折射出诸多司法困境。究其原委，既有对法律规范的不正确理解，又有司法实践中的变形走样；既有司法人员的观念素质影响，又有司法体制机制的制约。本文结合法律文本、司法案例和体制环境，辨析司法适用中的问题、原因和对策，以期推动非法证据排除规则的正确有效实施，并对相关规则的完善建言献策。

一、非法证据的范围界定

2012年修改后的《刑事诉讼法》确立了特定的非法证据范围，同时分别

---

* 作者单位：广州市人民检察院。

① 陈瑞华教授认为，由于法院排除非法证据的案例少之又少，我们无法对此进行富有意义的实证研究和经验分析。参见陈瑞华著：《看得见的正义》，北京大学出版社2013年版，第153页。笔者从亲身办理的司法案例入手，结合从北大法律信息网下载以及直接获得的刑事裁判文书，对非法证据排除规则的司法适用作出辨析。

② 有学者实证调研后认为，“从东北三省检察机关实施非法证据排除的情况来看，整体的排除比率偏低，排除效果有限。”参见闻春雷：《东北三省检察机关新刑诉法实施调研报告》，载《国家检察官学院学报》2014年第3期。

规定了瑕疵证据和违法证据。司法实践中，非法言词证据的范围有明显的扩大化倾向，并且混淆非法证据与瑕疵证据、违法证据（以下简称“三类证据”）的界限，将后两者也作为非法证据予以排除。

（一）非法证据的立法界定

《刑事诉讼法》第54条规定了非法证据的内涵和外延，界定了非法证据排除的范围。本条前半部分“采用刑讯逼供等非法方法收集的犯罪嫌疑人、被告人供述和采用暴力、威胁等非法方法收集的证人证言、被害人陈述，应当予以排除”，确立了非法言词证据的排除范围，没有将威胁、引诱、欺骗等非法取证方法纳入其中。“两高”的司法解释对其中的“刑讯逼供等非法方法”作了进一步的明确。最高人民法院《关于适用〈刑事诉讼法〉的解释》第95条规定：使用肉刑或者变相肉刑，或者采用其他使被告人在肉体上或者精神上遭受剧烈疼痛或者痛苦的方法，迫使被告人违背意愿供述的，应当认定为《刑事诉讼法》第54条规定的“刑讯逼供等非法方法”。《关于适用〈刑事诉讼法〉的解释》将非法供述界定为“肉刑或者变相肉刑（或者相当方法）+迫使违背意愿供述”两个要件。最高人民检察院《人民检察院刑事诉讼规则（试行）》第65条第二款、第三款规定：刑讯逼供是指使用肉刑或者变相肉刑，使犯罪嫌疑人在肉体上或者精神上遭受剧烈疼痛或者痛苦以逼取供述的行为。其他方法是指违法程度和对犯罪嫌疑人的强迫程度与刑讯逼供或者暴力、威胁相当而迫使其违背意愿供述的方法。《人民检察院刑事诉讼规则（试行）》将非法供述区分为两种情形：一是“肉刑或者变相肉刑逼取供述”；二是“相当方法+迫使违背意愿供述”。可见，“两高”的相关解释采取的是“等内”的限缩性解释，也未将“威胁、引诱、欺骗”等取证方法获取的供述包括在内。

此外，刑事司法解释还规定了两类瑕疵证据。① 一类属于不可补正的瑕疵证据，应当强制性排除；另一类属于可以补正的瑕疵证据，适用裁量性排除。仅就被告人（庭前）供述而言，最高人民法院《关于适用〈刑事诉讼法〉的解释》第81条规定了不可补正的瑕疵证据，即被告人（庭前）供述具有下列情形之一的，不得作为定案的根据：（一）讯问笔录没有经过被告人核对确认的；（二）讯问聋、哑人，应当提供通晓聋、哑手势的人员而未提供的；（三）讯问不通晓当地通用语言、文字的被告人，应当提供翻译人员而未提供

---

① 最高人民法院《关于适用〈刑事诉讼法〉的解释》第69条至第94条规定，八种法定证据种类分别存在哪些瑕疵情况下不能作为定案的根据。本文仅选择与刑诉法第54条确立的非法言词证据联系紧密的“被告人庭前供述”作为论述对象。

的。第82条规定了可以补正的瑕疵证据，即讯问笔录有下列瑕疵，经补正或者作出合理解释的，可以采用，不能补正或者作出合理解释的，不得作为定案的根据：（一）讯问笔录填写的讯问时间、讯问人、记录人、法定代理人等有误或者存在矛盾的；（二）讯问人没有签名的；（三）首次讯问笔录没有记录告知被讯问人相关权利和法律规定的。这些被告人供述，在讯问方式、取证手段方面存在瑕疵，并且在讯问笔录上反映出来，侵犯了被告人的诉讼权利，有可能影响到供述的自愿性和真实性，属于瑕疵证据。

为了抑制侦查违法行为，客观上也为了证明证据收集合法性，《刑事诉讼法》确立了“拘留后立即送看守所羁押，并且在看守所内讯问”和“讯问过程同步录音录像”两项制度。未在规定的羁押（办案）地点或者没有进行同步录音录像而获取的犯罪嫌疑人供述，笔者称之为“违法证据”。《刑事诉讼法》第83条规定，拘留后，应当立即送看守所羁押，至迟不得超过二十四小时。第91条规定，逮捕后，应当立即将被逮捕人送看守所羁押。第116条规定，犯罪嫌疑人被送交看守所羁押以后，侦查人员对其进行讯问，应当在看守所内进行。第121条规定，可以对讯问过程进行录音或者录像，对于可能判处无期徒刑、死刑的案件或者其他重大案件，应当对讯问过程进行录音或者录像。问题是：违反这两项规定获取的被告人供述，是否应当予以排除。对此，《刑事诉讼法》和相关司法解释均没有明确。最高人民法院颁发的《关于建立健全防范刑事冤假错案工作机制的意见》（以下简称《意见》）第8条规定：“采用刑讯逼供或者冻、饿、晒、烤、疲劳审讯等非法方法收集的被告人供述，应当予以排除。除情况紧急必须现场讯问以外，在规定的办案场所外讯问取得的供述，未依法对讯问进行全程录音录像取得的供述，以及不能排除以非法方法取得的供述，应当排除。”

（二）非法证据的司法界定

司法实践突破文本规定，对非法供述的范围有扩大化倾向。其一，将其他非法方法（“刑讯逼供或者相当方法”之外的）获取的供述作为非法证据予以排除，比如言语威胁、许诺诱骗获取的供述。然而，立法和司法解释并未将一切采取违法手段获取的供述纳入非法供述的范围。换言之，其他非法方法获取的供述，虽然也违背了犯罪嫌疑人、被告人的意愿，不具备自愿性和合法性，但是不属于《刑事诉讼法》第54条确立的非法言词证据的范围。

其二，混淆非法证据与瑕疵证据的界限，对于上述瑕疵证据（尤其是不可补正的瑕疵证据）也作为非法证据予以排除。根据法律规定，瑕疵证据虽然也可能导致被排除的程序性后果，但是，不属于《刑事诉讼法》第54条规定的非法证据的范畴，无须列入证据收集合法性调查范围，一经查证属于不可补正或者不能补正的瑕疵证据，法庭即可决定不作为定案根据，无须列入证据收集合法性调查的范围。

其三，混淆非法证据与违法证据的界限，将未在规定的羁押（办案）地点或者没有进行同步录音录像而获取的供述，甚至将违法采取强制措施期间获取的供述，也作为非法证据予以排除。① 鉴于刑讯逼供行为多发生在规定的办案场所之外，不进行同步录音录像，未在规定的办案场所或者没有进行同步录音录像而获取的供述，虽然属于违法证据，但是未必就是采取刑讯逼供或者相当手段而获取的供述，将此类供述视为非法证据予以排除，混淆了非法证据与违法证据的界限。况且，上述《意见》的法律效力存疑，它既不是司法解释，也不属于对类案具有法律拘束力的个案批复，属于规范性指导文件，不能在法律文书中正式引用，不具有刚性的法律拘束力，充其量只能发挥刑事司法政策的柔性指导作用。

笔者认为，无视立法规定，不当扩大非法供述的外延，混淆非法证据与瑕疵证据、违法证据的界限，盲目扩大非法证据的排除范围，表面上看来有利于适用非法证据排除规则，实则欲速则不达，不利于实施已有的立法成果。“一个不加区分的非法证据规则隐含的危险是，刑事司法机关在司法实践中很可能不严肃对待这一规则。”②

（三）非法证据范围不当扩大的原因

最高法关于执行1996年刑事诉讼法的解释曾规定：“严禁以非法的方法收集证据。凡经查证确实属于采用刑讯逼供或者威胁、引诱、欺骗等非法的方法取得的证人证言、被害人陈述、被告人供述，不能作为定案的根据。”有的司法人员和辩护律师由于思维定势，罔顾2012年刑事诉讼法的新规定，想当然地将“威胁、引诱、欺骗”等非法方法获取的供述，也纳入非法证据的排除

① 陕西省延安市中级人民法院（2011）延中刑初字第00049号刑事判决书认定：被告人侯桂斌刑拘后长时间被留置在侦查人员办公室不送往看守所，有违规行为，其非法证据应予排除。江西省南康市人民法院［2005］康刑初字第23号刑事判决书认定：对被告人吉森林监视居住违反法律规定，吉森林的供述笔录系在其被违法采取强制措施期间所作的有罪口供，属于非法证据，不能作为认定案件事实的依据。

② ［德］约阿西姆·赫尔曼：《关于中国〈刑事诉讼修正案（草案）〉的报告》，载颜九红主编：《跨文化视域下的刑事法学》，中国检察出版社2013年版，第198页。

范围。有的律师囿于诉讼立场和利益偏好，期望将所有违法证据、瑕疵证据纳入非法证据排除范围，以期毕其功于一役，达成程序性辩护的目标。此外，《刑事诉讼法》第116条、第121条只是倡导性的规定，并没有规定绝对性的排除后果，上述不具有法律拘束力的《意见》，对于未在规定办案场所或者未进行同步录音录像而获取的供述，绝对性地赋予了证据排除的程序性制裁后果，不当地扩大了非法证据的外延。

（四）应当重新界定非法证据的范围

2012年《刑事诉讼法》，基于控制犯罪与保障人权的价值平衡，确立了特定的非法证据范围。非法证据中“非法”仅指“刑讯或者与之相当的非法取证手段”，不宜盲目扩大。非法证据与瑕疵证据、违法证据之间的立法意旨、规制范围明显不同，取证方式违法、形式瑕疵的被告人庭前供述虽然在合法性和自愿性方面存在问题，但是不属于非法供述的范围，不能不加区分地作为非法证据排除。对于未在规定办案场所获取的或者没有进行同步录音录像犯罪嫌疑人供述，在目前立法现状下，虽然不能作为非法证据予以排除、一概否定其证据资格，但是为了实现惩罚犯罪和保障人权之间的价值平衡，尤其为了防范冤假错案，辩护律师可以从供述获取方式的违法性和供述内容的真实性入手，提请司法人员注意审查供述的证明价值。司法人员应当注重审查供述的真实性和可信性，在“采信”层面上审查其证明力大小，慎重作为认定事实的根据。

鉴于非法证据存在发现难、查证难、认定难、排除难等现实困境，为了切实抑制侦查违法，尤其为了遏制刑讯逼供，最高司法机关可以适时通过联合颁布司法解释，将未在规定办案场所获取的或者没有进行同步录音录像犯罪嫌疑人供述，纳入非法证据范围，赋予绝对排除的程序性制裁后果，以增强非法证据排除规则的刚性效力和可操作性。随着侦查手段的进步和控制犯罪能力的增强，动态审视非法证据的内涵外延，适时将“威胁、引诱、欺骗”等非法方法、疲劳审讯获取的言词证据纳入非法证据的范围，逐步从立法上扩大排除规则的适用范围，不断提升刑事诉讼的人权保障水平。

二、非法证据认定主体职责之间的冲突

《刑事诉讼法》第54条第二款规定，在侦查、检察、审判时发现有应当排除的证据的，应当依法予以排除，不得作为起诉意见、起诉决定和判决的依据。据此，非法证据排除规则的诉讼阶段，分为审前排除（侦查阶段排除、检察阶段排除）和法庭审理排除（一审、二审），涵盖了刑事诉讼全过程。从

司法实践看，非法证据排除规则的实施，在侦查、检察、审判阶段，分别存在自我纠错的现实难题、追诉犯罪与诉讼监督的职责冲突、放纵犯罪与保障人权的两难选择。

（一）侦查阶段的非法证据排除

侦查阶段的非法证据排除，除了《刑事诉讼法》第54条赋予侦查机关移送审查起诉时排除义务以外，《公安机关办理刑事案件程序规定》和《人民检察院刑事诉讼规则（试行）》还规定，侦查机关（部门）报请逮捕时也有排除非法证据的义务①，扩大了侦查阶段的排除义务。鉴于侦查机关在办理刑事案件中，分为刑侦和预审两个阶段，分别由刑警部门和预审部门承担，刑警部门负责初步的收集证据，预审部门负责证据的最终固定、并作出案件的处理决定（撤案或者移送审查起诉）。提请批准逮捕时，是否存在非法证据，能否作为逮捕的根据，由刑警部门决定。移送审查起诉时，是否存在非法证据，能否作为起诉意见的根据，应当由预审部门决定。鉴于关键的非法证据尤其是有罪供述一旦被排除，有可能导致不能提请逮捕、难以追诉甚至撤案的法律后果，直接影响到逮捕率、破案率、移送起诉率等绩效考核指标，轻则影响相关侦查人员的职业形象和升迁前途，重则有可能实施内部惩戒和行政追责。侦查阶段的非法证据排除，面临自我发现、自我纠错的双重难题，侦查机关是否具有“明察秋毫”的慧眼和“壮士断腕”的勇气，是一个很大的疑问。可以说，侦查阶段的非法证据排除，立法宣示意义大于实际意义。

（二）检察阶段的非法证据排除

1. 追诉犯罪与诉讼监督的职责冲突。

检察阶段的非法证据排除，体现在审查批准（决定）逮捕阶段和审查起诉阶段。刑事诉讼体制中，检察机关作为法律监督机关，承担追诉犯罪和诉讼监督的双重职责。司法实践中，检察阶段的非法证据排除，存在追诉犯罪与诉

---

① 《公安机关办理刑事案件程序规定》第67条第三款规定，在侦查阶段发现有应当排除的证据的，经县级以上公安机关负责人批准，应当依法予以排除，不得作为提请批准逮捕、移送审查起诉的依据。《人民检察院刑事诉讼规则（试行）》第65条第一款规定，对采用刑讯逼供等非法方法收集的犯罪嫌疑人供述和采用暴力、威胁等非法方法收集的证人证言、被害人陈述，应当依法予以排除，不得作为报请逮捕、批准或者决定逮捕、移送审查起诉以及提起公诉的依据。

讼监督的职责冲突。① 一方面，检察机关与侦查机关均为追诉机关，侦查取证活动为后续的审查起诉作准备，检察机关承继侦查阶段收集固定的证据，形成利益攸关的接力关系；另一方面，检察机关在审前程序中又要对侦查权实施监督制约。其中，在侦查监督活动中，对立案、侦查活动实施司法监督，对侦查机关（部门）适用逮捕措施实施"司法控制"。在审查起诉活动中，担负对侦查结论的"入罪过滤"功能和侦查活动的"程序净化"功能。"入罪过滤"功能体现为实体上作出起诉或者不起诉的审查结论。"程序净化"功能体现为：区分非法证据、瑕疵证据与违法证据，对证据收集合法性进行审前调查核实，主动排除非法证据，要求侦查机关合理解释或者补正瑕疵证据，对违法取证提出纠正意见。

2. 恪守客观公正义务。

如何权衡解决这一冲突？鉴于检察机关的公诉部门承担追诉犯罪和诉讼监督的双重职责，长远之计，是对检察机关内设部门的设立、职能进行重组配置，增强内部监督制约。"应当逐步推动人民检察院内部诉讼职能与诉讼监督职能的相对分离，亦即人民检察院的办案部门专司控诉、监督部门专司监督。"② 由不同的内设部门分别履行追诉犯罪、诉讼监督的职责。当务之急，要求检察人员树立正确的司法理念。须知"刑事诉讼法禁止不择手段、不问是非及不计代价的真实发现！""证据法则的保护功能，关键在于证据能力之限制！"。③ 根本之道在于坚持检察官的客观公正义务，要求检察官在侦查监督、审查起诉活动中，站在客观中立的立场，既要支持配合侦查活动、保障诉讼活动的顺利进行，又要制约监督侦查活动、保障被追诉人的人身自由权，切实发挥"司法控制"、"程序净化"和"入罪过滤"功能，监督侦查取证活动的依法进行，审查证据材料的合法性，依法排除非法证据材料，根据瑕疵证据的补正情况取舍，严格审查违法证据的真实性和可信性，正确作出批捕与否或

① 有学者实证调研后指出："尤其是一些重大案件或者命案的办理过程中，对于排除非法证据以后就难以定罪的案件，纠结于非法证据的证明力，不敢排除、不愿排除，担心排除以后就不能保证控诉的质量，就难以惩罚犯罪。对于非法证据排除规则价值认识上的误区导致该规则本身的实施大打折扣，非法证据排除的要义在实践中难以真正实现。"参见闽春雷：《东北三省检察机关新刑诉法实施调研报告》，载《国家检察官学院学报》2014年第3期。

② 参见陈卫东：《人民检察院适用非法证据排除规则若干问题的思考》，载《国家检察官学院学报》2013年第1期。

③ 林钰雄著：《刑事诉讼法》（上册），中国人民大学出版社2005年版，序言、第361页。

者起诉与否的诉讼决定。①

法庭审理阶段，一旦启动证据收集合法性调查，意味着支持起诉指控的证据体系，首先面临法庭的程序性审理，如果关键的定罪证据被排除，则有可能导致指控犯罪的证据体系坍塌，整个起诉活动将归于无效，出庭支持公诉的检察官承担的追诉犯罪与诉讼监督的职责冲突更为激烈。此时，更加要求检察官恪守客观公正义务。在出庭支持公诉活动中，检察官不仅仅代表国家追诉犯罪，还要切实维护法律的正确实施，维护被追诉人的诉讼权利，努力协助法庭发现事实真相，包括程序性事实真相和实体真相，如果关键的定罪证据被排除，则要敢于撤回起诉或者支持法院作出无罪判决。②

（三）法庭审理阶段的非法证据排除

1. 放纵犯罪的舆论压力。

刑事诉讼法坚持司法裁判的终局性原则，设置的法庭审理排除制度，分为法庭主动启动和当事人申请启动两种方式，贯穿于一审、二审全过程，将非法证据排除纳入法庭审理的对象范围，这是非法证据排除的最后一道防线。在审理该类案件中，一旦法官排除非法证据，导致作出疑罪从无的无罪判决，经常承受放纵犯罪、打击不力的舆论压力。法庭能否启动调查程序和作出排除结论，取决于法官是否具备程序正义的观念，是否处于独立、中立和超然的地位。有的法官又矫枉过正，走向另一个极端，将瑕疵证据、违法证据也作为非法证据予以排除。

2. 维护程序正义。

诚然，非法证据排除规则实施的后果，难免导致有些真实的证据材料也被排除，妨碍事实真相的发现，有可能放纵犯罪。刑事诉讼学说史上，非法证据之所以应当被排除，最初以非法证据尤其是非法口供难以保证任意性和真实性、妨碍发现实体真相为由，发展为以保障基本人权、对违法侦查惩戒为由，非法证据即使具备真实性也必须予以排除的程序性制裁。“在刑事诉

---

① 检察机关严格执行非法证据排除规则，2013 年至 2014 年，因排除非法证据不捕、不诉共 1285 人，纠正非法取证行为 3797 人次，要求补正 1.6 万人次。参见孙谦：《关于修改后刑事诉讼法执行情况的若干思考》，载《检察日报》2015 年 4 月 9 日。

② 台湾地区林钰雄教授认为：“正如判决被撤销有许多可能的理由一样，无罪判决也有许多成因，可能因为检察官卸责，也可能是因为检察官尽责，（如主动调查对被告有利的证据，甚或无罪判决），但更可能因为其他情势推移所致，例如被告或证人翻供或灭证，以致法院依所存之其他证据无法形成有罪判决的心证。”参见林钰雄著：《严格证明与刑事证据》，法律出版社 2008 年版，第 183 页。

讼中，对个人权利的关切经常为发现真相设限，并和查明案件事实的需要相冲突。”① 刑事诉讼任务不仅仅是发现事实真相，而且应当权衡保护其他特定的社会价值。一旦实施非法证据排除规则，刑事诉讼价值的天平偏向于保障人权，查明实体真相的任务则暂时让位于维护程序正义的目的。即使某些个案中非法证据被排除确实导致放纵犯罪的后果，也是刑事法治进步付出的应有代价。“从长远意义上看，非法证据排除规则所带来的放大效应和对公共利益、司法权威与纯洁的维护可能大于某一次对犯罪分子的放纵。”② 非法证据规则的有效实施，严格瑕疵证据的准入门槛，对违法证据的慎重采信，除了有利于从源头上防止冤假错案之外，还必将形成倒逼机制促使侦查模式的升级转型，促使侦诉机关提高依法办案水平，促进庭审的中心化和实质化，由此撼动日趋固化的“侦查中心主义”诉讼构造，推动“以审判为中心”的诉讼制度改革。

（四）非法证据排除的机制保障

从刑事诉讼体制角度看，非法证据排除规则的本质，在于实现检察权对侦查权的监督和审判权对侦诉权的制约，旨在保障对被告人实施合法追诉和公正审判。非法取证行为一经法庭审理查证属实，除了导致证据被排除的程序性制裁后果之外，还严重影响侦查机关的执法形象，影响侦查人员的职业前途，牵涉到对相关侦查人员的行政责任追究和惩戒问题，构成刑讯逼供等犯罪的，还要追究刑事责任。这些行政惩戒和法律后果无疑影响非法证据排除的程序启动和结论走向，形成非法证据排除规则实施的客观障碍，亟须司法体制机制的配套完善。“与私法领域相比，程序法的意义和效果更加依赖于外部环境——尤其是直接依赖于所在国家司法制度运行的制度背景。”③ 非法证据排除规则的有效实施，不仅取决于公安司法人员的观念素质，而且依赖于司法体制机制保障。

其一，从保障检察权、审判权的独立行使和防范冤假错案的机制建设切

① ［美］米尔吉安·R. 达马斯卡著：《比较法视野中的证据制度》，吴宏耀、魏晓娜译，中国人民公安大学出版社 2006 年版，第 186 页。

② 樊崇义、冯举：《论非法证据排除规则在我国的确立》，载郎胜主编：《刑事辩护与非法证据排除》，北京大学出版社 2008 年版，第 5 页。

③ ［美］米尔吉安·R. 达马斯卡著：《比较法视野中的证据制度》，吴宏耀、魏晓娜译，中国人民公安大学出版社 2006 年版，第 231－232 页。

入，减少外来干扰尤其是政法委对重大个案的协调和定论①。其二，防止片面追求破案率、批捕率、起诉率、有罪判决率等业绩考核指标，树立起“成功惩罚犯罪是成绩、避免无辜者受到刑事追究更是成绩”的新业绩观，建立健全符合司法规律的绩效考核标准。② 其三，按照新一轮司法改革的部署，切实落实权责利一致的法官、检察官办案责任制③，确立司法人员的主体地位。通过制度设计排除内外干扰、消除职业顾虑，保障承办案件的检察官、法官能够独立办案，并根据理性、良心和内心确信作出非法证据排除的决定。

三、非法证据排除的证明责任

审前阶段的非法证据排除，属于单方面查明是否存在非法证据的情形，不存在证明责任的划分问题。刑事诉讼法和司法解释对于侦查机关如何查明非法证据的方式途径，没有明确规定。按照刑事诉讼法和司法解释的规定，结合司法实践做法，检察机关查明证据收集合法性的方式途径主要有：一是调取、查阅和比对被告人庭前供述笔录；二是调取相关的原始证据，如同步录音录像、看守所出入所体检材料；三是要求侦查机关出具情况说明或者作出解释；四是调查核实相关情况，如讯问被告人，询问侦查人员、看守所管教、同仓犯，伤情鉴定，勘查现场。获取这些证据材料的途径有两条：要求侦查机关补充提供和自行补充侦查。

（一）证据收集合法性调查的启动门槛

法庭审理阶段的非法证据排除，司法解释谓之为“证据收集合法性调查”，属于程序性诉讼，涉及证明责任的分配问题，关乎诉讼进程的推进和结果走向。刑事诉讼法和司法解释对于当事人提出的非法证据排除申请，要求提供非法取证的时间、地点、人员、方式、内容等相关线索或者材料，不属于严

---

① 中央政法委印发的《关于切实防止冤假错案的规定》第 15 条规定，对事实不清、证据不足的案件，不予协调；协调案件时，一般不对案件定性和实体处理提出具体意见。

② 2015 年 1 月 20 日召开的中央政法工作会议，要求各级政法机关取消不符合司法规律的业绩考核指标。

③ 党的十八届三中、四中全会作出的决定，均有重申落实法官、检察官办案责任制的内容。中央全面深化改革领导小组第三次会议审议通过的《关于司法体制改革试点若干问题的框架意见》，把司法责任制作为改革试点的重要内容之一，以完善主审法官、合议庭办案责任制和检察官办案责任制为抓手，突出法官、检察官的主体地位。

格意义上的证明责任，充其量属于举出证据推进诉讼进程、启动法庭相关调查的责任，类似于“争点形成责任”。“被告方提供的相关证据或线索，只要证明对被告人供述取得的合法性‘有疑问’的，就足以达到说服法庭受理的程度了。”① 此种责任门槛不宜过高，以免造成将当事人的诉求拒之门外的后果。② 如果被告人及其辩护人没有提出申请，法庭发现了非法取证线索，则应当履行诉讼照料义务，主动启动法庭调查。

（二）检察机关承担证明责任

1. 检察机关举证责任范围。

基于无罪推定原则，根据《刑事诉讼法》第 57 条第一款的规定，一旦启动证据收集合法性调查，由作为控方的检察机关承担举证责任（证明责任），包括举出证据的责任和说服法庭的责任。检察机关承担指控犯罪、证实犯罪的职责，公诉人无疑应当证明证据收集合法，证明列入调查范围的证据材料具备证据资格，可以作为指控证据使用。如此一来，公诉人似乎可以只出示证明证据合法性的证据。然而，一旦启动证据收集合法性调查，检察官的客观公正义务要求公诉人全面出示有利和不利的证据，亦即证明证据收集合法与否的所有证据，尤其是自行调查核实过程中收集的新证据，以协助法庭查明是否存在非法取证的事实。如果公诉人只是选择性出示证明证据收集合法的证据材料，隐匿反向的材料，法官应当依职权予以调取。否则，证据收集合法性调查将沦为一场优胜劣汰的竞技，被告人由此沦为丛林法则下的羔羊，非法证据排除在很大程度上将仅能成为美好的理想目标。

2. 庭外调查核实的范围。

为了切实维护平等武装、实质对抗的控、辩关系，鉴于刑事诉讼法明确了检察机关承担公诉案件中被告人有罪和证据收集合法性的证明责任，法庭在运用庭外调查核实权澄清事实真相时，应当恪守控、审分离原则：在实体事实领域，着重调查核实被告人无罪和罪轻的事实情节，辅助调查核实被告人有罪和罪重的情节，不予收集证明被告人有罪的新证据；在程序事实领域，调查核实非法取证的事实证据，对合法取证的事实证据不予调查核实，更不能补充收集。上述不予庭外调查收集的事实证据，由公诉机关承担举证责任，以实现控、辩双方实质的

① 陈瑞华著：《刑事证据法学》，北京大学出版社 2012 年版，第 297 页。

② 湖南省双峰县人民法院（2011）双刑初字第 22 号刑事判决书认定：被告人邓卫齐及其辩护人谢利池、被告人刘爱民没有举出公安机关对其进行了刑讯逼供的证据，其非法取证应予排除的意见，本院不予采纳。

平等武装。否则，将有悖于无罪推定原则，直接虚化检察机关的举证责任，进一步加剧天然失衡的控、辩关系，造成控、审联合压制被告人的恶果。

（三）证据收集合法性的证明方式

根据刑事诉讼法和司法解释的规定，证据收集合法性的证明方式主要有：当庭播放同步录音录像、宣读情况说明、宣读看守所干警和同仓犯证言、出示看守所出入所体检材料、法庭通知侦查人员或者其他人员出庭说明情况。

1. 证明方式的局限性。

由于证据收集合法性调查结论，关乎追诉活动成效和侦查机关的执法形象，导致上述证明方式渗入利害关系，不可避免地存在自身局限性。具体是：对讯问过程的同步录音录像，是证明审讯合法性和供述自愿性的手段，一旦控辩双方对供述内容发生争议，还可以作为证明供述真实性的证据，但是，对于审讯之前是否采取刑讯手段强制被追诉人的意志以后才实施审讯则无法证明。加盖了单位公章、并由侦查人员签名的情况说明，对关乎自身利害关系的取证过程作出解释说明，经常被诟病为“自证清白”。即使是执行羁押任务的看守所，由于同样隶属于侦查机关，出具的情况说明也难以保证中立性和客观性。为此，最高人民法院颁发的《关于适用〈刑事诉讼法〉的解释》第101条明确规定，情况说明不能作为证明证据收集合法性的唯一证据。看守所干警和同仓犯的证言，有利于发现耳闻感知的刑讯情况，但是干警和同仓犯很可能基于身份角色不敢如实作证。看守所的出入所体检情况，有利于发现造成人身伤害的刑讯情况，但是对于没有造成伤情的刑讯情况难以发现。① 侦查人员出庭说明侦查取证情况，法律身份上属于程序证人，当庭接受控辩双方的交叉讯问尤其是被告人的质问，有助于探明侦查取证事实真相。然而，侦查人员出庭说明侦查取证情况尤其是审讯情况，即使侦查人员采取了刑讯逼供等违法取证手段，要求其如实说明，无异于自证其罪，违背了趋利避害的人性本能。

2. 弥补证明方式局限性的对策。

非法证据排除涉及对侦查权的监督制约，除了依法要求侦查机关提供证据材料和作出合理解释之外，检察机关不能坐堂问案，应当尽量采取自行侦查、

---

① 湖南省株洲市中级人民法院（2011）株中法刑二终字第47号刑事裁定书认为：上诉人（原审被告人）王庆元、尤明惠均提出：“其口供系公安机关采取刑讯逼供及诱供的非法手段获取，不是其真实意思的表达”。经查，根据看守所的入所体检记录，二被告人收押时身体状况良好，公安机关也出具了由讯问人签字证明的办案说明，证明无刑讯逼供事实，且现二人身体状况也无任何不良情况，故此上诉理由不能成立，不予采纳。

调查核实的方式，注意补充看守所管教、同仓犯的证言，通知相关人员出庭说明情况，以免陷入侦查机关“自圆其说”的循环论证。法庭审理过程中，法庭通过当庭讯问被告人，调查当事人提供的线索和材料，注重发现需要庭外进一步调查核实的事实。组织对被告人的伤情进行成因鉴定①，通知控辩双方到羁押场所、讯问地点等侦查取证现场进行实地勘查，以此印证被告人供述和出庭侦查人员证言的真实性和可信性。

（四）非法证据排除的证明标准

非法证据排除的证明标准，既是检察机关履行举证责任应当达到的法定程度，也是法庭作出裁决结论的法定依据。司法实践中，对于检察机关履行举证责任后，是否达到证明标准的理解不准确，直接影响非法证据排除的成效。

1. 准确理解“排非”的证明标准。

《刑事诉讼法》第53条规定了“犯罪事实清楚，证据确实、充分”的实体证明标准。对于证据收集合法性的证明标准，立法规定有一个变化过程。《关于办理刑事案件排除非法证据若干问题的规定》第11条规定了非法言词证据的证明标准，“对被告人审判前供述的合法性，公诉人不提供证据加以证明，或者已提供的证据不够确实、充分的，该供述不能作为定案的根据。”确立了检察机关举证不能或者举证不足、未能达到“证据确实、充分”的排除标准。2012年修改后的《刑事诉讼法》第58条规定了非法证据排除的证明标准，“对于经过法庭审理，确认或者不能排除存在本法第五十四条规定的以非法方法收集证据情形的，对有关证据应当予以排除。”“确认”与“不能排除”犹如一个硬币的两面，“确认”从正面立论，是指有证据证实存在非法取证情

① 广西壮族自治区南宁市中级人民法院（2011）南市刑二终字第28号刑事裁定书认为：虽然在侦查期间，许、黎二人的身体确有损伤，但其二人所受到的损伤的来源可以通过本案的证据得到解释，即由于其二人在被抓获的过程中而受到的损伤。因为，1. 平果县看守所的健康检查笔录，证实许、黎二人对自己身体的损伤进行了解释，并未说到是被刑讯逼供所致；2. 许、黎二人对自己身体损伤原因的陈述能够得到“抓获经过”中相关内容的印证，即在抓捕其二人的时候，双方进行了激烈的对抗，且该证据是由平果县公安局巡警大队出具，其与侦查部门是两个独立部门，出具的时间也是案发当天，其真实性、客观性应当得到确认；3. 从许、黎二人的损伤部位及损伤的性状、特征看，损伤的部位主要分布于头面部的局部和双下肢，性状及特征均为表皮瘀血及擦伤，符合在抓捕时激烈对抗而形成的损伤；4. 放射科报告单也证实了许、黎二人身体脏器均未有受到损伤的事实。因此，许、黎二人身体上的轻微损伤的来源可以得到合理的解释，从而也可以排除其二人身体的轻微伤与刑讯逼供的联系。

况，法庭应当据此作出排除结论；“不能排除”则从反面规定，检察官举证不能或者举出的证据不能排除“非法取证的可能性”，亦即存在非法取证的合理怀疑。显然，“确认”的证明难度高于“不能排除”。司法实践中，由于证明方式受限，兼顾考虑侦查机关的执法形象，大多依据“不能排除”的证明标准，作出“存疑从有”的排除结论。

2. 正确把握“不能排除”的合理怀疑。

如何把握“不能排除”的合理怀疑？针对证据收集合法性证明方式的局限性，要求法官综合评析客观证据和主观证据、原始证据和衍生证据的证明力，正确形成内心确信。具体来说：注重比对被告人庭前供述的稳定性和当庭翻供情况，从中发现供述是否具备合法性和自愿性；注重审查同步录音录像，是否全案、全程、全部覆盖讯问过程，查明未能录像的真正原因；综合看守所出入所体检材料、伤情鉴定等客观证据，确认被告人的伤情成因；将被告人提出看守所进行辨认、起赃的，是否形成对应的辨认笔录和提取笔录，是否起获相应的赃款赃物；慎重判断侦查机关出具的情况说明的证明力；对于出庭说明情况的侦查人员，询问侦查取证的细节问题，从中探明事实真相，对于自说自话的侦查人员，从回答问题的逻辑性和合理性角度，判断其证言的真实性和可信性。经过法庭审理、庭外调查核实，仍然不能排除非法取证的合理怀疑，应当作出排除结论。①

四、非法证据排除的审理时机

法庭审理阶段的非法证据排除，涉及程序问题和实体问题孰先孰后的审理顺序问题，直接影响排除规则的实施成效。对此，立法规定有一个变化过程。司法实践中，这一尚存争议的问题亟须明确。

（一）相关司法解释含混不清

《关于办理刑事案件排除非法证据若干问题的规定》第5条规定：“被告

① 湖南省益阳市中级人民法院（2012）益法刑二终字第73号刑事裁定书认定：关于上诉人姚某佳及其辩护人提出姚某佳受到刑讯逼供，其供述应予排除的意见，经查，姚某佳在被抓获归案后曾供认参与第一笔盗窃犯罪，后称该供述系公安机关在赫山公安分局会龙山派出所刑讯逼供所得，且在逼供期间，其手铐因铐得过紧而无法打开，系由消防出警剪开。经赫山检察院调查，益阳市第一看守所干警罗某明、狱医丁某风均证明姚某佳进入看守所时行走不便，赫山区消防中队亦有出警证明证实该中队向会龙山派出所出警为一名犯罪嫌疑人强行剪开手铐。综合现有证据，不能排除刑讯逼供的合理怀疑，故对姚某佳参与第一笔盗窃犯罪的供述不予采信。

人及其辩护人在开庭审理前或者庭审中，提出被告人审判前供述是非法取得的，法庭在公诉人宣读起诉书之后，应当先行当庭调查。”确立了程序优先的审理方式。刑事诉讼法没有规定非法证据调查（证据收集合法性调查）与实体犯罪事实调查的先后顺序。最高人民法院《关于适用〈刑事诉讼法〉的解释》第100条规定：“对证据收集合法性的调查，根据具体情况，可以在当事人及其辩护人、诉讼代理人提出排除非法证据的申请后进行，也可以在法庭调查结束前一并进行。”意味着证据收集合法性调查可以作为单独的程序优先进行，也可以与实体犯罪事实调查同时进行。① 在非法证据排除的审理时机方面，《关于适用〈刑事诉讼法〉的解释》第100条在“两个证据规定”确立的“程序优先”的基础上，又提出了“一并进行”的审理方式，给司法实践任意解释开了“口子”，沦为颠倒裁决顺序的依据，直接影响非法证据的排除成效，无疑是立法上的倒退。

（二）司法实践颠倒裁决时机

法庭对证据收集合法性调查之后，究竟何时作出裁决结论，刑事诉讼法和司法解释没有明确规定。《关于适用〈刑事诉讼法〉的解释》第102条规定：“人民法院对证据收集合法性进行调查后，应当将调查结论告知公诉人、当事人和辩护人、诉讼代理人。”这似乎隐含法庭应当首先作出程序裁决结论，否则，何来“告知调查结论”之说。然而，对于何时作出裁决结论，有地方司法机关作了大幅度的扩张解释，认为可以在宣判前作出决定或者在判决书中一并作出。②

如果是首先进行证据收集合法性的法庭调查，作出程序性裁决结论后，再进行实体犯罪事实的法庭调查，属于程序优先的审理方式。如果证据收集合法

---

① 据最高人民法院参与起草《关于适用〈刑事诉讼法〉的解释》的同志解读：从司法实践来看，上述规定（先行调查原则）在适用中引发了一些问题，主要是规定对非法证据排除调查一律先行进行，不利于庭审的顺利进行，需要作进一步修改。参见《刑事审判参考》总第88期，第110页。陈卫东教授认为：“这主要是考虑到庭审一经启动随即进入对证据收集合法性的调查，会打乱庭审节奏，使庭审无法正常进行。”参见陈卫东：《人民检察院适用非法证据排除规则若干问题的思考》，载《国家检察官学院学报》2013年第1期。

② 某省高级人民法院制定的《非法证据排除程序操作规范（审委会讨论稿）》规定，难以当庭作出“排非”决定的，庭审后，合议庭认为现有证据材料能够作出是否排除相关证据决定的，可以在宣判前将决定及理由书面告知公诉人及申请人，也可以在判决书中一并表述。

性和实体犯罪事实的法庭调查一并进行，由于现行司法解释没有明确规定，有些司法机关在法庭审理完毕之后，合议庭再就程序问题和实体问题一并评议，如果非法证据被排除之后，在案证据仍然能够证明犯罪成立的话，则在判决书中一并作出程序结论和实体结论。司法实践中，基于诸多现实利益考虑，司法机关乐意采用混合进行、一并作出结论的审理方式。①

（三）裁决时机直接影响非法证据排除成效

在“排非”结论的裁决时机方面，有学者一度认为应当作出程序性结论后方可进行实体审理②，后最高人民法院的司法解释又认为“被告方一旦提出排除非法证据的申请，法院就要优先启动对此问题的审查程序，这应属一般原则。但在特殊情形下，法院虑及诉讼效率，也可以暂时搁置此一程序性申请，待对其他证据的法庭调查结束后，再启动对该证据的程序性审查。……但在这种例外情形下，法院也应遵循证据能力优先证明力的原则，在调查公诉方证据的合法性之前，不评判其证明力。”③ 此种观点允许审理顺序存在例外情形，但是仍然坚持程序裁决优先原则。

司法实践中混合进行调查、一并作出结论的审理方式，不符合诉讼逻辑和裁判规律，直接影响非法证据排除规则的实施成效，至少存在如下弊端：一是给被告方造成了进退两难的辩护境地。被告方如果对尚待作出“排非”结论的证据的证明力发表质证意见的话，则意味着默许其合法性，认可其证据资格；如果不发表质证意见的话，则意味着被迫放弃了质证权利，并承担由此带来的不利诉讼后果。二是造成被排除的非法证据不当地影响法官的内心确信。现行刑事诉讼法恢复了庭前案卷材料全部移送制度，《人民检察院刑事诉讼规则（试行）》第71条规定：“被排除的证据应当随案移送。”因此，无论是检察阶段主动排除还是经法庭审理后排除的非法证据材料，法官都能接触阅看，按照先入为主的心理学规律，在后续的对全案证据的分析评议中，被排除的非法证据依然可能不同程度地影响审理法官。加之不首先作出程序性裁决结论，

---

① 非法证据排除结论是一个涉及惩罚犯罪与保障人权、诉讼公正与诉讼效率平衡的重大诉讼决定，需要合议庭综合评议慎重作出，一般需要提交审判委员会讨论决定。以往司法实践中，重大案件甚至需要政法委协调后方能作出决定。

② 陈瑞华教授认为，2012年刑事诉讼法和《非法证据排除规定》都确立了“程序审查优先原则”，这使得程序性裁判程序具有中止实体性裁判程序的效力，法庭围绕被告人刑事责任问题所进行的庭审活动即告暂时中止。在对侦查行为的合法性以及是否排除非法证据的问题作出决定之后，法庭才能恢复对案件实体问题的继续审理。参见陈瑞华主编：《刑事证据法学》，北京大学出版社2012年版，第295－296页。

③ 陈瑞华：《非法证据排除程序再讨论》，载《法学研究》2014年第2期。

将会被排除的证据仍然在法庭上举证质证，进一步强化了法官的内心确信。倘若如此，非法证据排除规则有被虚置的危险。法官如何避免受到被排除的非法证据的影响，是一个必须正视的问题。三是不符合集中审理、及时评议原则，审、判分离的这段间隔时间，客观上为外来干扰提供了充分的机会，不利于落实审理者裁判、裁判者负责的办案责任制，最终有可能造成非法证据排除问题在庭上对抗激烈、庭后又被“和谐”的局面。

（四）重新确立“程序优先”的审理方式

显然，程序优先的审理方式可以省略被排除证据的举证和辩论工作，有利于提高诉讼效率，防止法官内心受到非法证据的污染，压缩外来干扰空间，可以更好地保障被告人的诉讼权利和实体权利。目前立法现状下，法庭审理中，应当尽量采取程序优先的审理方式。退一步讲，即使采取一并进行的审理方式，也应局限于法庭调查阶段的讯问环节①，在后续的举证环节和法庭辩论阶段，则应当优先进行证据收集合法性的审理，不允许一并进行举证、辩论，更不允许在判决书中宣告程序性裁决结论，待作出程序性裁决结论后，方可进行实体问题的举证、辩论，恢复实体事实的法庭审理，将实体结论建立于程序结论之上。

针对《关于适用〈刑事诉讼法〉的解释》第100条含混不清的法源隐患，建议颁发新的司法解释，废除一并进行的审理方式，明确规定：一旦被告人及其辩护人提出“排非”申请，并提供初步的线索和材料的，或者法庭主动启动，就应当中止实体犯罪事实的调查，立即进行证据收集合法性调查，在作出相应的审理结论、形成单独的裁决文书，并且告知当事人之后，方可恢复实体问题的审理。法官在裁决文书中应当详述认证过程和判决理由，以便更好地接受当事人的诉权制衡和二审法院的审级监督。

---

① 一并对被告人进行程序、实体事实的法庭讯问，一则便于集中审理，二则可以避免重复传带被告人出庭接受讯问。

关于广西检察机关刑罚执行监督工作情况的调研报告

广西壮族自治区人民检察院调研组

2015 年 5 月 25 日至 30 日，广西壮族自治区检察院与各民主党派广西区委、自治区工商联、无党派人士代表组成联合调研组赴柳州、桂林、河池开展刑罚执行监督工作情况专题调研。调研期间，联合调研组采取召开座谈会、实地考察、书面调研、查阅资料等方式，详细了解当前制约检察工作的一些体制性机制性难题，认真听取基层一线干警和群众代表的意见，实地考察了宜州监狱、英山监狱、柳州市第二看守所、河池市金城江区东江镇司法所和桂林市七星区东江街道司法所等刑罚执行场所。同时，向全区检察机关调取了相关资料，结合此次实地调研情况，形成调研报告如下：

一、2011 年以来刑罚执行监督工作的基本情况

（一）依法全面履行刑罚执行法律监督职责，确保国家法律在刑罚执行中得到正确实施

1. 不断深化刑罚变更执行同步监督。

刑罚变更执行是刑罚执行活动中的重要内容。五年来，全区检察机关认真贯彻执行最高人民检察院有关刑罚变更执行监督规定，切实强化对减刑、假释、暂予监外执行活动的日常监督，认真落实减刑、假释、暂予监外执行案件的逐案审查制度和职务犯罪罪犯减刑、假释及暂予监外执行的备案审查制度，强化对计分考核、立功奖惩、病情鉴定等源头环节的监督，积极出席减刑、假释案件庭审，不断提高监督质效。特别是《刑事诉讼法》修改实施后，检察机关刑罚变更执行同步监督在立法上得到明确，全区检察机关以此为契机，积极探索同步监督新举措，不断深化和完善对刑罚变更执行活动的同步监督。此外，全区检察机关引入保外就医罪犯病情鉴定进行法医文证审查程序，加大对暂予监外执行工作监督力度。2011 年 1 月至 2015 年 5 月，全区检察机关共审

查提请减刑、假释、暂予监外执行案件 111307 件，审查减刑、假释裁定和暂予监外执行决定 90831 件，派员出席减刑、假释法庭 9635 件，检察纠正减刑、假释、暂予监外执行不当情形 2458 件。

2. 着力加强刑罚交付执行检察。

刑罚交付执行是刑罚执行的起始环节，全区检察机关认真履职，切实加大监督力度，严格把好刑罚执行的“入口”关。通过加强日常派驻检察，重点检察收监、出监活动，确保罪犯交付执行的法律文书齐全，程序合法。加强对监狱违法拒绝收押罪犯行为的监督，督促监狱严格按照《监狱法》的相关规定接收罪犯，严格监督看守所与监狱落实交接罪犯的各项程序规定，避免出现推诿扯皮导致罪犯无法交付执行刑罚现象。2013 年，根据修改后《刑事诉讼法》对看守所罪犯留所服刑的新规定，全区检察机关积极与公安、司法行政机关协调，联合开展对罪犯交付执行和留所服刑专项检查活动，全面对看守所余刑 3 个月以上的罪犯交付执行、留所服刑、收监执行以及检察监督工作开展清理、检查，实现全区看守所余刑 3 个月以上的罪犯均交由监狱执行刑罚，无违法留所情形。

3. 深入推进社区矫正法律监督。

2010 年 5 月，广西正式启动社区矫正试点工作，检察监督工作伴之而来。全区检察机关加强与公安机关、司法行政机关协调配合，认真履行社区矫正监督职责，积极参与社会治理创新。我们坚持定期检察与日常检察相结合、全面检察与重点检察相结合。在每半年至少开展一次全面检察的基础上，采取突击检察、工作抽查等不定期检察方式掌握社区矫正执行机关和社区矫正人员的真实情况，促进执行机关规范执法。同时，充分发挥派驻乡镇检察室开展社区矫正法律监督工作职能。2012 年，自治区检察院在制定全区派驻乡镇检察室工作职责规定时，单列一章规定社区矫正法律监督内容，以凸显社区矫正法律监督工作的重要性。截至 2015 年 5 月底，全区共建立乡镇检察室 226 个，有效地协助了基层监所检察部门做好社区矫正检察工作。与此同时，我们加强与司法行政机关的沟通协作，通过开展联合检查，共同推进社区矫正深入开展。2013 年以来，自治区检察院与自治区司法厅联合检查组先后深入玉林、贵港、柳州等地，对社区矫正执行情况和法律监督情况进行了检查，有效地促进了社区矫正工作。此外，我们还以核查纠正社区服刑人员脱管漏管综治考评工作为抓手，坚决防止漏管、脱管和又犯罪，推进社区矫正工作稳步健康发展。

4. 积极探索财产刑执行监督。

依法对人民法院执行财产刑实行法律监督，依法纠正财产刑执行活动中的违法情形。同时，加强与人民法院、公安机关、司法行政机关等相关部门的工作联系，推动将财产刑执行情况作为罪犯悔改表现情节并与减刑假释相挂钩，强化对服刑罪犯执行财产刑的监督，促进财产刑执行活动依法顺利进行。其中，桂林市积极探索财产刑执行监督模式，健全工作机制，规范监督程序，细化工作措施，构建内外结合、上下联动的工作格局，推动财产刑执行监督工作取得较大进展，形成了较好的工作经验，在2015年全国检察机关刑事执行检察工作会议上得到交流。2015年5月，最高人民检察院在全国六个省（区）开展财产刑执行检察试点工作，广西成为全国首批试点单位之一。为进一步开展好财产刑执行检察试点工作，自治区检察院研究制定《广西检察机关开展财产刑执行检察试点工作实施方案》，并确定在桂林、梧州、武鸣、灵川、苍梧、全州六个市、县检察院作为全区财产刑执行检察试点单位。

5. 切实保障被监管人员的合法权益。

全区检察机关加大对被刑事执行人死亡等事件事故的监督力度，严查违法提审、违规使用警戒具和超时超体力劳动克扣囚粮囚款等侵犯被监管人员合法权益的问题。努力探索检务公开，严格落实检察官约见、检察官谈话制度，采用入监（所）、出监（所）问卷调查、检察官信箱入监室等不同形式的被监管人诉求表达和权利救济方式。认真办理被监管人员及其亲属的控告、举报和申诉，为在押人员反映问题开辟绿色通道，依法保障被监管人员行使举报控告申诉权。充分尊重和保障律师执业权，加大对违法拒绝安排律师会见、妨碍律师依法执业等问题的纠正力度，切实维护被监管人的合法权益。例如，2012年东兴市检察院督促和建议公安机关加大资金投入，改善监管条件，在市看守所各监室安装了17个大容量的电热水器，同时给每一个在押人员新增一床被褥，确保寒冬里所有在押人员每天都能洗上热水澡，吃饱穿暖，体现人文关怀。2013年，桂林市城郊地区检察院向当时的自治区第四劳教所发出要求制定十项具体落实措施防范禽流感疫情的检察建议被采纳，切实保障劳教人员的健康权。

6. 持续加强对监管活动中违法问题的监督。

坚持把维护监管场所秩序稳定作为刑罚执行监督工作首要任务，对刑罚执行和监管活动中存在的不当或违法情形敢于纠正，对监管场所苗头性安全隐患积极监督，取得了良好的法律监督效果。2011年1月至2015年5月，全区检察机关共检察发现各类刑事执行违法情况4928件，书面提出纠正违法意见3566件，已经纠正3533件；检察发现各类刑事执行问题漏洞3793件，书面提出检察建议1686件，已整改1679件。2012年9月，自治区检察院针对自治区第一看守所监管民警李某为在押犯罪嫌疑人提供手机打电话的违法情形，及时向自治区公安厅发出纠正违法通知书。2013年，南宁、桂林、钦州等地监督辖区看守所建立未成年犯集中关押模式，为未成年犯提供良好的羁押环境。

7. 临场监督执行死刑工作正常有序开展。

全区各市级检察院认真贯彻执行《人民检察院临场监督执行死刑工作规定》，加强刑事执行检察部门与公诉部门沟通、协调，切实履行监督职责，确保死刑执行活动依法规范进行，注重保障死刑罪犯的基本权利。特别是2013年，《人民检察院刑事诉讼规则》修改实施以来，刑事执行检察部门承担了对死刑的临场监督工作，全区各地在开展监督工作中不断探索，在探索中积累经验、认真总结，并在总结的基础上制定了符合本地区工作实际的规范性文件，促进死刑执行临场监督工作规范、有序地进行。如柳州、梧州、玉林等地认真履行对死刑执行临场监督的职责，结合实际探索建立和制定了相关的规范性文件，取得了一定的工作经验，有效地保证了死刑执行监督工作的顺利开展。截至目前，全区检察机关在开展的死刑执行临场监督工作中尚未发现执行违法情况。

8. 积极查办刑罚执行活动中的职务犯罪。

长期以来，全区检察机关将查办刑罚执行和监管活动中的职务犯罪案件的数量和质量作为衡量刑事执行检察工作取得成效的重要标准之一，不断增强刑事执行法律监督刚性。2011 年 1 月至 2015 年 4 月，全区检察机关切实发挥“以自治区院为主导，以市级院为主体，以基层院为基础”办案机制的作用，共立案查处刑罚执行中的职务犯罪案件 34 件，有力地维护了刑事执行活动的公平公正，提升了刑事执行检察监督权威。由自治区检察院监所检察处对全区涉及刑罚执行和监管活动职务犯罪案件线索实行专人负责制，将案件线索分包给处领导及办案骨干，加强案件线索摸排及重大案件督办。派员现场指导，参与案件侦破工作。充分发挥派出检察院办案主力军优势。据统计，在全区检察机关所办理的与刑罚执行相关的职务犯罪案件中，派出检察院查办案件占案件总数的60%以上，并协办或领办了全区较有影响的案件。其中，南宁市茅桥地区检察院办理的桂林兴安县看守所原民警王万安故意杀人案、所长盘定龙妨害作证案在2014 年被评为首届全国检察机关监所检察部门“十大精品案件”。

9. 认真办理罪犯又犯罪案件。

全区检察机关坚持把打击罪犯又犯罪活动作为维护监管秩序稳定的有力手段，认真履行立案监督、审查逮捕、提起公诉、审判监督等相关诉讼监督职能以及预防和打击脱逃、牢头狱霸、破坏监管秩序等刑事执行检察监督职能。其中，南宁市茅桥地区检察院办理黎塘监狱罪犯韦任清脱逃近 20 年的脱逃案，北海市两级检察院办理社区服刑人员陈洁承在社区服刑期间开设赌场案，岑溪市检察院办理留所服刑罪犯黄德林、黎远强、关善杰、陈少明破坏监管秩序案等再犯案件，取得了良好的法律效果，对打击再犯起到了震慑作用。

（二）强化专项检察活动和巡视检察，不断提升刑罚执行监督效果

1. 以专项检察活动为抓手，集中解决刑罚执行中的突出问题。

2011 年以来，全区共开展 5 个关于刑罚执行和监管活动监督专项检察活动，通过专项检察纠正了一批刑罚执行活动中的违法情形，完善了相关工作机制，取得了较好的法律效果和社会效果。2011 年，根据最高人民检察院的统一部署，自治区检察院组织开展监管场所戒具和禁闭使用情况专项检察，对全区看守所、监狱、劳教所的戒具和禁闭使用情况进行了全面检察，集中纠正了监管场所在戒具和禁闭使用中的突出问题，提出纠正意见 170 件，检察建议 56 件，均被监管单位采纳。广西开展专项检察活动经验在最高人民检察院电视电话会议上作发言交流。2012 年，自治区检察院与自治区高级法院、自治区司法厅联合开展“职务犯罪罪犯减刑、假释及保外就医专项检查和老病残罪犯刑罚执行情况”专项检查活动，清理、核查职务犯罪罪犯减刑、假释及保外就医专项检查和老病残罪犯刑罚执行情况，分析工作中存在的办理减刑、假释案件工作不规范、职务犯罪罪犯减刑、假释案件开庭率不高、职务犯罪罪犯减假保所占比例较高等问题，并提出了相应的改进意见。共对 2256 名老病残罪犯减刑、假释、保外就医进行核查，对符合条件但无法办理假释、保外就医的 298 名罪犯，积极提出检察建议，予以协调解决。2013 年，为贯彻落实修改后刑事诉讼法的有关规定，最高人民检察院、公安部、司法部联合组织开展罪犯交付执行与留所服刑专项检查和“回头看”活动，自治区检察院按照最高人民检察院的统一部署，会同自治区公安厅、自治区司法厅联合开展对看守所交付执行、留所服刑和监狱收监罪犯等执法活动的专项检查，共清理余刑一年以上罪犯 26 人，专项活动期间提出纠正违法意见 131 人，纠正 127 人，其中纠正看守所迟延交付 116 人、看守所违法留所服刑 10 人、监狱拒收收监 5 人。保障罪犯交付执行、留所服刑和监狱收监活动的依法、顺利进行。2014 年，自治区党委彭清华书记、崔智友检察长等领导对阳朔县看守所在押人员被体罚虐待事件作出重要批示，自治区检察院为此专门在全区范围内组织开展为期 2 个月的看守所监管执法专项检察活动，清理纠正发生在看守所监管活动中的各类违法情形和存在的司法不规范等可能导致司法不公和重大事故等苗头性、倾向性问题。专项检查活动期间共向被监督单位提出整改意见建议 265 件（次）。同时，在活动期间，自治区检察院制定印发《广西检察机关监所检察人员四项禁令》，进一步规范全区监所检察人员职业道德和纪律作风建设。2014 年 4 月起，为深入贯彻落实中央政法委《关于严格规范减刑、假释、暂

予监外执行切实防止司法腐败的意见》和最高人民检察院的有关要求，自治区检察院部署开展了为期9个月的减刑、假释、暂予监外执行专项检察活动。全区检察机关共监督有关部门对60名罪犯收监执行。为强化对专项检察活动的督促指导，自治区检察院多次召开党组会议专题研究，崔智友检察长、卫福喜副检察长定期听取情况汇报，研究贯彻落实措施。崔智友检察长亲自带队深入全区19所监狱及派驻监狱检察室，对专项检察活动开展情况进行调研督查，督促各级检察院积极行动，确保各项工作部署落到实处。

2. 依托上级检察院巡视检察，着力强化对监管活动和派驻检察的督促整改。

2012年以来，自治区、市两级检察院共对137个监管场所及派驻检察室进行了巡视检察，发现监管场所执法不当、违法情形184件，提出纠正184件，并及时督促予以纠正，全部获采纳；责成派驻检察室落实工作制度136件次，完善了监督机制，强化了监督效果。2014年，自治区检察院借鉴最高人民检察院监所检察厅巡视检察的内容、原则和方式方法，共对6个监管场所及其派出、派驻检察机构开展巡视检察，且每次巡视时间不少于3天，发现监管安全隐患、罪犯超时劳动等刑罚执行和监管活动中存在的问题30多项，提出整改意见均获得采纳。与此同时，自治区检察院建立巡视检察工作与派驻监管场所检察室规范化动态管理相结合的工作机制，把巡视检察意见作为派驻检察室规范化等级的重要参考标准，对巡视检察中，发现的监所管理、监管执法和派驻检察室工作中存在的突出问题，督促相关单位及时整改。根据规范化检察室动态管理办法，对不符合规范化检察室标准的，及时作出降低或撤销等级的决定，促使派驻检察人员增强责任意识，抓实、抓好日常监督工作。

（三）建立健全刑罚执行监督机制，不断完善刑罚执行监督规范化体系

自治区检察院高度重视刑事执行检察机制建设，联合其他部门制定了一系列的规范性文件和规章制度。如自治区检察院与自治区高级法院、公安厅和司法厅联合制定《关于律师会见在押犯罪嫌疑人、被告人有关问题的意见（试行）》，依法保障律师在刑事诉讼活动中的执业权利，规范律师执业行为和司法机关的司法行为，保障在押人员的合法权益；与自治区公安厅、司法厅、民政厅联合制定《广西壮族自治区监管场所被监管人员死亡处理办法》，加强和规范全区监管场所被监管人员死亡处理工作；与自治区高级法院、公安厅、司法厅共同制定了《关于办理减刑、假释案件具体应用法律若干问题的规定》，对减刑、假释案件的法律应用及开庭程序等内容作出明确规定，厘清实际工作

中存在的细节问题；与自治区高级法院、公安厅、司法厅、卫生厅、总工会等13家相关单位联合制定《关于综合治理看守所安全管理工作的实施意见》，充分调动各相关部门积极参与综合治理看守所安全管理工作，加强对看守所监管活动的监督；与自治区高级法院、司法厅、公安厅制定《广西壮族自治区社区矫正工作实施细则（试行）》，明确各职能机关职权责任，突出检察机关对社区矫正各执法环节实行监督，进一步推进规范全区社区矫正工作。

全区各地也积极建立健全规范刑事执行检察司法行为的长效工作机制。南宁市检察院、南宁市茅桥地区检察院与该市公安局、四个看守所召开联席会议，共同制定了《罪犯交付执行与留所执行工作机制》，进一步加强和规范看守所监管活动，促进了罪犯交付执行更加及时。桂林市检察院联合市中级法院制定《财产刑执行及监督工作办法》，建立财产刑执行法律文件移送备案制度和查询制度。为进一步加强对财产刑执行的监督，专门制定《桂林市人民检察院财产刑执行检察监督工作办法（试行）》，进一步明确各部门职权范围，强化监所、公诉、侦监和控告申诉等部门的工作联系制度。梧州市检察院与该市中级法院、监狱在召开联席会议基础上，共同拟定《关于办理罪犯减刑、假释案件的若干意见》等，通过制定业务工作规则、细化办案流程、编印执法手册等，使各个司法办案环节的程序和要求具体化。

（四）全面加强刑罚执行检察机构建设，不断提升派驻检察水平，促监督执法规范化

1. 坚决落实“小机关、大派驻”原则，加强派驻检察工作。

认真贯彻落实最高人民检察院《关于加强和改进监所检察工作的决定》要求，积极加强派出检察院机构建设，精简派出检察院内设机构，充实派驻检察室一线办案力量。对于派出检察院，在满足机关工作正常运转的情况下，打破内设机构的限制，将检察人员充实到各派驻检察室，根据监所检察工作特点，每个检察室即是一个办案组，承担对监管场所的检察任务、职务犯罪预防和侦查工作，实现检力下沉。2011年，南宁市茅桥地区检察院被最高人民检察院授予“全国检察机关监所派出检察院工作先进集体”称号。而其他各基层检察院监所检察部门与派驻检察室，则实行“科室合一”模式，即把县区检察院监所检察科和驻看守所检察室合并，由监所检察部门负责人担任派驻检察室主任，一套人马，两块牌子，整合内设机构。

2. 以规范化检察室评定活动为抓手，着力促进派驻监管场所检察工作规范化。

根据最高人民检察院的统一部署，每三年组织开展一次派驻监管场所检察

室规范化等级评定活动，对全区所有派驻监管场所检察室的派驻检察工作情况、人员配备与机构设置情况及派驻工作条件进行全面考核。为进一步加强管理，自治区检察院研究制定《广西检察机关派驻监管场所规范化检察室动态管理办法》，对规范化检察室实行动态管理，促进日常派驻检察工作规范有序。在2014年第四届全国检察机关派驻监管场所检察室规范化等级评定中，全区有12个检察室被最高人民检察院评定为一级规范化检察室，103个检察室被自治区检察院评定为二级规范化检察室，检察室达到规范化等级标准的占全区派驻监管场所检察室总数的98.3%。

（五）切实加强刑罚执行检察队伍建设，着力提升队伍整体素质和监督能力

1. 建立三级人才库，积极发挥人才示范引领作用。

2011年以来，全区各市级检察院建立监所检察三级人才库，自治区检察院建立包括业务培训、综合写作、理论研究、侦查、法医鉴定五个门类的全区检察机关监所检察二级人才库，入库人数达36人，并有13人入选最高人民检察院刑事执行检察厅一级人才库。

2. 强化业务培训、岗位练兵、理论调研，提高监督执法水平。

重点围绕执法工作规范化，加强对实务问题的培训和对新增业务的学习交流，强化刑事执行检察理论研究。2011年以来，累计培训人数达到600余人次。

3. 深化职业道德教育和加强纪律作风建设。

2014年，广西检察队伍中涌现了勇斗歹徒英勇负伤的北海市检察院监所检察科科长苏军熙，积劳成疾晕倒在法庭上的驻平南监狱检察室主任张东华等一批先进典型，全区检察机关发扬“张飚精神”，进一步加强道德教育，提升职业荣誉感和工作积极性。同时，结合党的群众路线教育实践活动、“增强党性、严守纪律、廉洁从政”、“三严三实”专题教育和规范司法行为专项整治等活动，不断转变工作作风，严格工作纪律。

二、当前检察机关刑罚执行监督中存在的主要问题

多年以来，全区检察机关在刑罚执行和监管活动监督中做了大量的工作，为维护刑罚执行领域的公平公正发挥了积极作用。但还存在一些困难问题，仍需研究解决。

（一）监督意识有待进一步提高，工作理念有待进一步转变

1. 业务发展不平衡，尤其是新增刑罚执行监督业务开展进度缓慢。部分

单位和干警对刑罚执行监督的重要性认识不到位，尤其是《刑事诉讼法》修改后，由传统监所检察到刑事执行检察的司法理念尚未真正转变，加上缺乏现成的工作经验，导致实践中一些监督往往流于形式，实际效果不明显。

2. 监督不到位的现象仍然存在。部分派驻检察室对派驻检察工作角色定位不够准确，职责不明，重配合，轻监督。个别检察人员过多地强调加强与监管场所的配合协作，或者认为即使提出监督纠正意见，如果不被监督单位采纳也没有其他办法，对发现的问题，没有一纠到底的勇气。

3. 日常监督工作有待进一步规范。主要表现在数据填报不准确，备案的法律文书质量有待提高，检察建议书和纠正违法通知书等主要法律文书制作不够规范，使用不够准确，上级检察院的审查把关作用没有充分发挥，等等。

（二）刑罚执行监督体制机构建设需进一步统一规范

1. 派驻检察室机构设置不规范。全区 120 个派驻监管场所检察室中，只有 6 个检察室是经编制部门批文认可并核定编制职级，其中派驻自治区看守所检察室为正处级，5 个派驻监狱检察室为正科级，其余均无定编定员，无法实现与监管单位的对等监督。

2. 绝大多数市区检察院无专门的刑罚执行监督机构。全区 32 个市区检察院有 30 个未设立刑罚执行检察部门，由其他部门人员兼职负责社区矫正法律监督、财产刑执行监督等刑罚执行监督工作，不利于上级检察院监所检察部门对其业务的指导，严重影响了工作的全面开展及成效。

3. 派出检察院管理关系不顺，不利于管理和业务指导。目前，广西现有的四个派出检察院，都由市级检察院派出，业务指导由市级院监所检察部门承担。但派出检察院内部机构设置不一，没有统一管理的标准，导致监所派出检察院的专业功能和作用未能充分发挥。

（三）刑罚执行监督检务保障工作不到位

1. 派驻监狱检察室基础设施落后。绝大多数派驻检察室依附于监管场所提供的办公场所，吃、住及办公都与监管场所捆绑在一起，硬件基础较为薄弱，开展监督比较被动。

2. 派驻监狱检察室信息化建设滞后。全区 19 所监狱及其派驻检察室，派驻监狱检察室与监狱基本没有实现监控和信息联网，监督手段还停留在“数据靠手填、监督靠人盯”的落后状态。另外，公安机关看守所的监控和信息系统已经升级，但驻所检察室的“两网一线”建设却没有得到同步更新。

3. 派驻检察津贴没有落实到位。没有落实 2011 年《最高人民检察院关于加强人民检察院派驻监管场所检察室建设的意见》关于将派驻检察室经费科目单列，按照派驻监管场所民警的标准落实派驻检察人员生活补助费的要求，一定程度上影响了干警的工作积极性。

（四）刑罚执行监督队伍力量薄弱

1. “人少事多”的矛盾突出。目前，全区基层检察院从事刑罚执行监督工作的一般为2至3人，“二人科”情况较为普遍。要承担对看守所、监狱等执行机关的派驻检察，工作任务已经十分繁重，对于新增刑罚执行监督业务，如财产刑执行监督、社区矫正监督等业务进展不尽如人意。

2. 队伍年龄老化问题严重，队伍缺乏活力。随着监所检察部门职能的不断扩大，全区监所检察部门人员偏少且年龄偏大的问题日益凸显。据统计，全区监所检察人员中，56岁以上的占12%左右，45岁至55岁的占51%。

3. 派驻检察有被监管单位“同化”的趋势。部分检察人员从事派驻工作时间过长，5年轮换一次的工作制度落实不到位。尤其是派出检察院的检察人员不能交流，长期在监狱、看守所等封闭的环境里工作，与管教民警朝夕相处，重配合轻监督的现象普遍存在。

（五）刑罚执行监督机制建设不完善

1. 有关刑罚执行及其检察监督的法律法规不完善、不统一，尤其是刑罚执行监督法律法规大多较为原则，缺乏系统的可操作性强的具体规定，成为制约工作发展的瓶颈问题之一。如《人民检察院监狱检察办法》、《人民检察院看守所检察办法》、《人民检察院监外执行检察办法》没有及时更新，已经不能适应新的监督需求；对纠正违法通知书、检察建议书等法律文书适应标准和程序没有明确规定；一些新增业务如财产刑执行监督、社区矫正法律监督缺乏相关规范性文件；等等。

2. 协调机制不健全，监督工作不顺畅。缺乏沟通协调机制的国家层面的设计，“监督”与“配合”关系的问题未能得到妥善处理，虽然检察机关监督积极性高并单独下发文件要求对相关工作进行监督，但是被监督单位因其上级业务部门无相关的规定而不配合或敷衍检察机关的监督。如派驻检察人员进监渠道不畅；各相关单位对新法规、新政策的理解不统一；等等。

3. 考核机制有待进一步完善。现行的考核机制多是上级机关对下级机关或派驻检察室工作上量化的要求，因人员力量的限制，主要靠下级报数据的方式考核，易造成数据虚高、监督务虚等问题，考核机制对工作的导向和促进作用发挥不够。

三、进一步加强刑罚执行监督工作的意见和建议

（一）转变思想理念，切实提升刑罚执行监督工作水平

1. 强化监督意识，切实承担起监督责任。结合“三严三实”专项教育和规范司法行为专项整治等活动，进一步转变思想，树立和践行“四个维护”有机统一的工作理念，不断强化监督的意识，坚持客观公正立场，坚守公正司法底线，把维护刑事执行公平公正作为价值追求，把维护刑事执行场所监管安全稳定作为重要任务，把维护刑事被执行人合法权益作为基本要求，把维护社会和谐稳定作为奋斗目标，切实承担起监督的主体责任。

2. 进一步深化检务公开，积极引入外部监督。畅通检务公开渠道，细化公开内容和公开范围。如将“罪犯考核计分公示”、“拟提请减刑、假释公示”和“检察机关监督职能”等内容向罪犯公开，向家属及人民群众公开，主动将外部监督引入减刑、假释的考核计分环节，增强刑罚变更执行的透明度。在乡镇检察室和基层司法所社区矫正办公室等地设置检务公开栏、社区矫正宣传栏，公布检察机关开展社区矫正监督工作职责、流程、办公电话及社区矫正监督内容等，使矫正人员和当地居民充分了解检察机关的职能，进一步提高法律监督的司法透明度及公信力。

（二）严格规范履职，依法全面开展对刑罚执行的监督

1. 进一步规范和加强刑罚交付执行和变更执行监督，维护刑罚执行公平正义。切实运用好刑罚变更执行同步监督手段，加强对刑罚变更执行各环节的监督。进一步强化对刑罚交付执行的监督，依法纠正人民法院对被判实刑但审前未羁押的罪犯不依法收押执行、看守所对被羁押的罪犯不依法交付、监狱对被交付执行的罪犯违法拒收等突出问题。

2. 进一步加强和规范侵害被监管人合法权益的监督。加大对被刑事执行人非正常死亡等事件事故的监督力度，监督纠正违法提审、违规使用警戒具和超时超体力劳动等问题。充分尊重和保障律师执业权，加大对违反规定拒绝安排律师会见、妨碍律师依法执业等问题的纠正力度。充分发挥派驻检察职能作用，重点办理被监管人员及其亲属的控告、举报和申诉，及时发现冤假错案线索并认真开展调查处理，切实防止和纠正冤假错案的发生，守好公平正义的最后一道防线。

3. 进一步加强和规范监管场所安全防范检察，维护刑事执行场所监管秩序安全与稳定。认真加强对“重点岗位”、“重点人员”、“重点部位”和“重

点环节”的安全防范检察，以零容忍的态度督促整改。通过深入实地，准确、全面掌握监管情况，及时发现安全隐患，认真监督纠正。

4. 进一步加强和规范社区矫正法律监督、财产刑执行监督，维护社会和谐稳定。结合正在开展的社区服刑人员脱管、漏管专项检察活动，着力解决制约社区矫正及法律监督工作中的突出问题，紧密结合核查纠正监外执行罪犯脱管漏管综治考评工作，推进社区矫正法律监督工作全面深入发展。积极开展好财产刑执行检察试点工作，创出亮点、创出经验。

5. 进一步加强对死刑执行临场监督。进一步完善相关工作机制，促进死刑执行工作依法有效开展。

6. 进一步抓好查办和预防刑事执行领域职务犯罪案件工作。强化办案意识，不断完善案件线索发现和移送机制，拓宽发现线索的渠道，提高获取案件线索的能力。

（三）完善体制机制，切实提高监督规范化水平

1. 结合检察改革要求，做好监所检察机构更名为刑事执行检察机构的工作。

2. 进一步规范派出检察院的管理。尽快理顺派出检察院的机制建制，进一步加强对派出检察院的统一管理，建立统一考评机制，着力解决派出检察院机构不全、布局不合理、管理不规范等问题。

3. 规范派驻检察室的机构设置和人员配备。进一步贯彻落实最高人民检察院的要求，按照同级派驻、对等监督的原则规范派驻监管场所检察室机构设置。

4. 进一步健全考核机制。科学制定刑罚执行检察考核考评办法，上级检察院成立督查小组，定期或不定期组织开展督查，采取自上而下的巡视检察、发现问题的考核机制，结合自下而上的量化考核，真正做到以考核促业务、鼓干劲、创佳绩。

5. 加强顶层制度设计。加强与政法各部门的协调沟通，在充分调研基础上联合制定可操作性强的司法解释性文件，为刑罚执行业务提供详细具体的操作规程，解决制约工作发展的瓶颈问题，推动各项业务规范有效开展。

（四）坚持强基固本，加强刑罚执行监督检务保障

1. 加强派驻检察室基础保障。加强与公安、司法沟通协调，将派驻检察室的硬件建设需求纳入看守所和监狱的硬件设施建设规划，在监管场所建设过程中预留派驻检察室硬件设施建设空间。同时，设法解决派驻检察室装备设

施、执法车辆等方面的具体问题，落实派驻检察津贴，解决派驻检察人员工作和生活的实际困难。

2. 着力加强派驻监管场所检察室信息化建设。推进派驻看守所检察室监控系统升级和看守所检察信息管理系统改造工程。推动监狱监控系统和监管信息系统建设，实现派驻监狱检察室与监狱的监控联网和信息联网。推进与监狱减刑、假释网上协同办案平台建设，实现减刑、假释工作的信息化管理和跨单位协同。推动与社区矫正机构的监管信息共享平台建设，强化对社区矫正执行的同步监督。

3. 加强刑事执行检察队伍专业化建设。结合检察业务特点，加强岗位练兵和业务培训，进一步提高刑事执行检察人员监督能力和业务水平。强化刑事执行新规定和新形势下刑事执行检察工作专题研讨，加强不同地区刑事执行检察部门之间的交流。认真落实派驻检察人员轮岗交流制度，防止检察人员发生岗位疲劳或被同化现象。

（五）完善立法，加强对刑罚执行及检察监督的顶层设计

建议尽快制定结构合理、内容详尽的刑罚执行法典，将刑罚执行的有关规定集中化、具体化，并在法典中单列一章刑罚执行监督的内容，对刑罚执行监督作出系统、可操作性强的规定。

1. 统一刑罚执行机构。改变目前由人民法院、公安机关、监狱等多头执行、机构分散的状况，由不承担侦查、起诉和审判等职责的司法行政机关负责，形成职责统一、体系完整的刑罚执行格局。

2. 由人民法院统一行使刑罚变更执行的权力。改变目前减刑、假释、暂予监外执行由人民法院、监狱管理机关、公安机关分头决定的状况，取消监狱管理机关和公安机关对暂予监外执行的决定权。

3. 制定统一的减刑、假释计分考核制度。严格规范刑罚执行机关对罪犯服刑表现的计分考核标准，为提请减刑、假释提供客观的事实依据。

4. 赋予检察机关刑罚变更执行程序的参与权和抗诉权。完善刑罚变更执行程序，确立监管场所提出、检察机关提请、人民法院裁定的权力配置模式，赋予检察机关对刑罚变更执行的提请权和法院审判活动的参与权。人民检察院认为人民法院减刑、假释裁定不当的，应当有权提出抗诉，不应仅仅限于提出纠正意见。

5. 赋予检察机关纠正违法通知书和检察建议书强制法律效力。

新刑诉法实施后非法证据排除工作实证分析

——以南昌市人民检察院办案实践为例

羊忠民　刘彤彤*

修改后的《刑事诉讼法》确立了非法证据排除规则，明确了检察机关的非法证据排除义务。2013年南昌市院在总结全市检察机关非法证据排除工作实践的基础上，根据有关上位法律、法规，制定了《南昌市检察机关非法证据排除规则实施细则》。对非法证据的界定、自侦阶段非法证据的预防、审查逮捕和审查起诉阶段非法证据排除程序、审判阶段非法证据排除的应对等与检察机关职能相关的非法证据排除工作进行了详细规定。并在工作实践中积极探索非法证据排除工作的创新举措和应对思路，取得了良好的成效。

一、开展非法证据排除工作的主要措施

非法证据排除规则的确定，对检察机关的执法观念、侦查模式、案件审查都提出了更高的要求。南昌市检察机关在检察工作的各个环节都对防止和排除非法证据作出了积极的探索。

（一）不断强化证据质量观念

南昌市检察机关就非法证据排除工作与公安、法院加强沟通，共同强化证据质量观念。包括：派员到全市公安机关刑侦业务培训班授课，对新《刑事诉讼法》施行后侦查取证等方面应注意的问题和近年来公安机关侦查案件的质量问题进行了深入分析，并收集整理了存在问题的典型案例，有针对性地指导公安机关办案活动；与南昌市公安局、南昌市中级人民法院联合会签了《关于办理毒品犯罪案件若干问题的指导意见》，其中明确规定毒品案件移送审查起诉时随案移送通话记录和入看守所体检表。

---

* 作者单位：江西省南昌市人民检察院。

（二）严格规范取证行为

一是严格言词证据调取程序。坚持审录分离原则，由检察技术人员对讯问过程进行全程同步录音录像，要求每一份讯问笔录必须要有录音录像资料相对应。对侦查人员在看守所的提审活动作出规定，要求提讯证上记载的每一次提审都必须要有相应的笔录、同步录音录像资料相对应。尝试扩大同步录音录像的覆盖范围，对案件中一些重要的证人的询问过程也实行全程同步录音录像。要求采用规范的审讯语言和注重笔录用语，避免指供、诱供、刑讯逼供的嫌疑。对每次立查新案时，犯罪嫌疑人在办案区停留最长时限及各时段工作安排进行详细研究，防止办案程序违法。二是规范实物证据调取。注重调取实物证据的时效性，在审讯突破之后，尽快调取相关的物证、书证证据对犯罪事实予以印证，尤其是第一时间调取容易灭失的证据。注重调取实物证据的规范性，要求侦查人员严格按照新刑诉法和刑诉规则的要求提取相关证据，如开展搜查、扣押等相关证据收集工作时必须出具相应法律文书，调取书证尽量调取原件，无法调取原件时必须在复印件上注明提取人员，原物存于何处，提取时间等内容。

（三）完善证据审查机制

一是自侦部门建立证据审查补正机制。将证据合法性的审查作为侦查终结前的必经程序，在案件侦结前要求承办人对证据来源、收集程序，证据的客观性、合法性、关联性等方面严格把关。在反贪局、反渎局务会讨论案件侦结时，把证据合法性的审查作为重要内容之一，要求承办人对获取证据的合法性一一予以说明。邀请侦监和公诉部门提前介入自侦活动，在审查逮捕、侦查终结、移送起诉等阶段对证据进行综合评估，一旦发现有非法证据及时予以排除，瑕疵证据及时予以补正，不能补正的，重新按照法定程序进行收集。二是建立侦监、公诉部门提前介入侦查机制。积极与公安机关协商沟通，达成对证据收集、固定、提供、转化等工作意见。对于重大复杂案件，侦监、公诉部门主动介入侦查引导取证，强化对侦查活动的监督，提高证据质量，在第一时间排除非法证据。南昌市检察院公诉处制定了《死刑案件基层院实体审查指导意见（试行）》，要求死刑案件侦查机关的同级检察院公诉部门适时提前介入引导侦查，并在受理案件后对证据收集是否全面、合法进行审查，充分发挥基层院在死刑案件实体审查中的积极作用。三是强化侦监、公诉部门证据审查职能。在审查批捕和审查起诉时告知犯罪嫌疑人非法证据的含义及影响、有权向检察机关申请非法证据排除等权利，犯罪嫌疑人提及非法取证的，要求其提供非法取证的人员、时间、地点、手段等线索及证据，并记录在案。建立涉嫌非法证据听证机制，在审查批捕和审查起诉过程中，发现可能存在非法证据，听取犯罪嫌疑人、辩护人、被害人及其诉讼代理人的意见，并充分听取侦查机关的意见，为侦查机关和辩护人就证据合法性问题发表意见提供平台。对移送审查批捕和审查起诉的每起案件的证据材料进行深入细致的审查，重点关注各类证据生成的程序违法或瑕疵、相互矛盾的证据、前后不一的供述、证言和陈述以及侦查人员有关取证的书面说明。对犯罪嫌疑人提出非法证据排除申请，或在审查中发现非法证据，启动“非法证据”排除初查机制，向侦查机关调取同步录音录像、入看守所体检体检表、提讯记录，要求侦查人员做出相关说明并提供证据证明。对犯罪嫌疑人提供的线索、证据进行求证，或通知其代理律师提供证据。坚决排除非法证据并做好善后工作，对被排除的非法言词证据，发出纠正违法通知书，要求侦查机关说明情况，重新制作询问笔录；对取证程序、形式违法被排除的证据，要求侦查机关依照法定程序重新进行取证；对涉嫌伪造证据、刑讯逼供的，及时移交反渎部门，坚决予以查办；排除的非法证据影响犯罪事实的认定的，退回公安机关补充侦查，补充侦查后，符合起诉条件的提起公诉，不符合起诉条件的作存疑不诉。

（四）积极应对非法证据调查

一是准确记录关键节点犯罪嫌疑人的身体状况，形成体检报告。南昌市检察院与江西省监狱局中心医院签订了《犯罪嫌疑人入看守所健康检查合作协议》，确定江西省监狱局中心医院为入看守所健康检查的定点医院，该医院对全市检察机关办理的案件中拟羁押于南昌市第一看守所的犯罪嫌疑人进行体检，用以证明犯罪嫌疑人在收押时的身体状况。南昌市东湖区检察院与南昌市第一医院建立了医疗定点协作机制，在办案过程中，由医院定时指派门诊医生到办案区对办案对象进行身体检查，并详细记录形成台账。二是严格落实讯问犯罪嫌疑人全部、全面、全程同步录音录像。保证讯问犯罪嫌疑人录音、录像的完整性和连续性，在庭前会议和庭审过程中根据取证合法性证明的需要，播放同步录音录像，真实再现犯罪嫌疑人接受讯问时的场景，证明侦查人员讯问行为合法性，并固定相关证据。三是主动对瑕疵证据进行合理解释和补正。对庭审阶段发现存在非法证据情况要证明取证合法性的，主动提请人民法院通知有关侦查人员或者其他人员出庭说明情况，对瑕疵证据作出合理解释和补正。对于被告人无法提供有效具体线索的，结合全案其他证据作出判断，对其无理辩解，滥用非法证据审查申请进行回应，并提请法院确定其申诉为无理辩解。如东湖区院在起诉吴碧雯涉嫌滥用职权、受贿一案时，辩护律师在庭审中针对吴碧雯在异地羁押在宜春市奉新县看守所时，笔录制作时间、同步录音录像时间、看守所登记的提审时间存在不一致的情况，提出吴碧雯在此期间供述应认定为非法证据。区院公诉部门经审查，要求侦查部门作出合理解释，侦查部门出具了当时奉新看守所因装修导致停电，以致时间出现部分出入的情况说明，并提供了看守所的书面证明材料和装修合同予以佐证，作出了合理解释，吴碧雯当庭予以认罪。

二、开展非法证据排除工作的成效和典型案例

2013 年以来，南昌市检察机关共排除非法证据 29 份，其中在审查逮捕阶段排除非法证据 1 份，证据种类为犯罪嫌疑人供述。在审查起诉阶段共排除非法证据 28 份，证据种类包括：书证、鉴定意见、证人证言、犯罪嫌疑人供述、被害人陈述。要求侦查机关对瑕疵证据进行补正或作出合理解释 88 份，侦查机关补正或作出合理解释的 59 份。共向侦查机关发出纠正违法通知书 15 份，提出检察建议 56 份。在审判阶段进行证据合法性调查案件 3 件，经庭审调查，排除犯罪嫌疑人供述 1 份。

在上述实践中，违法取证行为产生的证据包括必须排除的非法证据和可以补正、解释的瑕疵证据。非法证据主要包括：一是疑似刑讯逼供，未能排除合理怀疑的；二是取证程序严重违法的，如违反回避制度，没有正当理由提外审获得的口供，等等。瑕疵证据主要包括：一是讯问未成年人未通知法定代理人或合适成年人到场；二是讯（询）问人员未达到 2 名；三是辨认笔录没有见证人签名；四是提取书证的程序瑕疵，如证据调取人不签名。其中包括以下几个典型案例：

（一）喻某盗窃案

西湖区人民检察院侦监部门在提审涉嫌盗窃案的喻某等三名犯罪嫌疑人时，三人均翻供，否认存在犯罪事实，并控告侦查机关办案人员刑讯逼供，称对其使用了警用电棍逼取有罪供述，且向承办人员展示了手臂上的伤痕。按照《人民检察院刑事诉讼规则（试行）》第 70 条规定，承办人员对该案中可能涉及的非法取证行为进行调查核实，包括仔细讯问了三名犯罪嫌疑人；多次询问侦查机关办案人员讯问犯罪嫌疑人的过程和细节；调取了侦查机关讯问犯罪嫌疑人时的同步录音录像；咨询法医关于犯罪嫌疑人伤痕的情况；要求侦查机关对犯罪嫌疑人供述的合法性进行说明。经过上述核查工作后，承办人员发现调取的同步录音录像资料声音模糊不清，且并非全程同步，不能完全排除犯罪嫌疑人没有遭到刑讯逼供；法医认为犯罪嫌疑人身上的红色状斑痕可能为电击造

成；犯罪嫌疑人关入看守所时的体检报告没有表述是否有体表伤痕的记录。综上，承办人员认定该案“存在非法取证的重大疑点不能排除”，对犯罪嫌疑人的供述予以了排除，并要求侦查机关立刻补充证据。

（二）刘某诈骗案

青云谱区院侦监部门在审查公安机关提请逮捕涉嫌诈骗犯罪嫌疑人刘某时，犯罪嫌疑人的辩护律师向该院提出了非法证据排除申请，理由是侦查机关对犯罪嫌疑人刘某有提外审的情况，并通过提外审获取了犯罪嫌疑人刘某的有罪供述。该院侦查部门组织全科干警仔细审查案卷，分析案卷证据，要求侦查机关提供了提外审的情况说明，并将该案提交检委会讨论。最后，根据《中华人民共和国刑事诉讼法》第 54 条、第 116 条第二款的规定，依法排除了侦查机关提外审获取的刘某的讯问笔录，并向侦查机关发出了纠正违法通知书。

（三）毛某、陈某某妨害公务案

安义县院公诉部门办理毛某、陈某某涉嫌妨害公务罪一案时，发现该案当事人，即受到毛某、陈某某暴力袭击的民警仍参与案件调查讯问，其相关材料仍被公安机关作为证据使用，违反了《中华人民共和国刑事诉讼法》第 28 条关于回避的规定。安义县院随即依照《中华人民共和国刑事诉讼法》第 54 条的规定，向公安机关发出函件指出其存在的问题，同时要求对此次侦查活动作出补正或合理解释。函告发出后，公安机关并未能及时对此作出补正或合理解释，安义县院遂对该部分证据予以排除，并向县公安局发出相关检察建议，要求其及时纠正相关违法活动，更换办案人员依法对相关事实进行重新侦查取证。

三、非法证据排除工作中存在的问题

（一）执法理念还未彻底转变

工作中还存在“重实体，轻程序”、“重破案，轻人权”“重口供，轻物证”的错误理念。在侦查活动中，往往注重证据的关联性和真实性，不注重证据的合法性。往往以侦破案件为重点，对保障犯罪嫌疑人合法权益不够重视，导致程序公正受到影响。往往对犯罪嫌疑人口供过于依赖，对其他证据尤其是物证等客观证据的搜集不够重视，一旦言词证据被排除，将导致犯罪追诉的失败。例如，南昌市院公诉处审查起诉的一起贩卖毒品案件中，由于侦查机关未能当场在涉案车辆上搜出毒品，对毒品含量未进行鉴定，且未将鉴定结果告知犯罪嫌疑人。导致部分犯罪证据不被法庭采信、部分事实无法认定，案件定性由贩卖毒品罪转变为非法持有毒品罪等量刑相对较轻的罪名。

（二）侦查工作机制还不能完全适应新要求

一是侦查手段有限，证据种类不丰富。南昌市自侦部门目前的信息化侦查手段，仅限于对电话、房产、车牌、银行账户等信息的查询了解，而且大多需要有关单位的支持配合，容易出现信息外泄情形，影响案件初查。新《刑事诉讼法》规定的技术侦查措施，目前由于人力、物力限制还未开展，不能适应新形势对侦查活动的要求。自侦活动仍然主要依靠言词证据定案。二是办案人员侦查水平有待提高。部分办案人员不规范的取证行为影响了证据效力，部分办案人员尤其是年轻侦查员在讯问方面经验的缺乏，影响了讯问效果。修改后的《刑事诉讼法》对侦查人员就侦查合法性问题出庭作证作出了规定，侦查人员的庭审应变能力也亟待培养。

（三）非法证据难以及时发现

侦监、公诉部门对侦查活动提前介入的相关机制不完善，侦查监督途径有限，不能对侦查活动及时跟进，存在不少非法取证行为难以及时发现。而非法证据一旦在侦查终结后被发现，却往往因时过境迁、取证条件丧失，难以补查补正，导致案件“流产”的负面效果。

（四）应对非法证据排除的措施有待强化

一是公诉部门证明证据合法性的手段有限。新《刑事诉讼法》要求检察机关对侦查机关取证的合法性举证进行证明，加重了检察机关的举证责任。而目前公诉部门举证主要通过调取讯问同步录音录像、被告人入看守所体检证明、提讯记录，要求侦查人员做出相关说明等方式进行举证，证明手段单一且证明力有限。入看守所体检表往往内容简单，无法真实反映犯罪嫌疑人入所时的身体状况，而侦查机关作出“没有非法取证行为”的情况说明证明力不强。二是检察人员应对庭审活动的能力有待提高。非法证据排除规则使犯罪嫌疑人或辩护人当庭申请非法证据排除的情况大幅增加，庭审对抗性将增强。且修改后的《刑事诉讼法》对侦查人员出庭作证进行了规定，将增加公诉人控庭难度，公诉人和侦查人员的庭审应变能力都有待提高。

（五）非法证据排除的后果将对检察机关考评和社会矛盾化解产生一定压力

检察机关既承担着追诉犯罪的职能，又承担着对侦查活动进行监督、对非法证据进行排除的职能，二者在一定程度上存在矛盾。目前的考评标准对不起诉率和无罪判决率都有一定限制。非法证据被排除后，不诉率和无罪判决率都有可能会上升，影响到检察机关的考评成绩。同时又容易引起被害人的不满，激发社会矛盾，增加办案风险。

四、检察环节防止非法证据和应对非法证据排除对策和建议

（一）树立以合法证据为中心的办案观

充分认识和理解非法证据排除规则所体现的程序正义和人权保障理念。充分认识和理解检察官的客观公正义务。改变过去重“客观真实”、忽视“法律真实”的惯性思维模式，严格贯彻证据裁判原则，将合法证据作为事实裁判的根据。从查明的诉讼观转向证明的诉讼观，把握证据能力的概念，坚决防止非法证据。

（二）完善侦查工作机制

一是要进一步加强初查工作。一方面加强初查的计划性、秘密性，防止涉案人员串供、损毁证据或藏匿、转移资产。另一方面注重初查的细致性，注重细节，更多地获取对案件有用的各种信息资料。二是要加强收集口供以外的证据。充分利用信息引导侦查，通过询问、查询、检查、调取物证、书证等不限制人身自由和财产权利的侦查措施，从外围获取足够的涉案信息和犯罪证据。改变“口供为证据之王”的现状，尽可能减少对口供的依赖。三是切实提升讯问水平。一方面要在初查以及充分外围取证的基础上，制定周密提纲，提高首次审讯的成功率。另一方面要加强对侦查人员讯问技巧的培训，发挥老侦查员经验丰富的特长，实现“老带新”、“传帮带”，全面提高侦查人员讯问能力。四是要重视收集证明取证行为合法性的证据。严格落实犯罪嫌疑人讯问过程的同步录音录像制度。询问证人可以邀请证人家属、单位同事在场见证，以证明取证的合法性。密切关注犯罪嫌疑人的身体状况，发现问题及时报告并给予医治。侦查终结时应将犯罪嫌疑人入所体检证明附卷移送。五是要依法严格取证。严格执行关于侦查工作的执法规范，严格依法采取强制措施，完善并落实犯罪嫌疑人权利义务告知机制，注重证据形式的完善和固定，确保取证过程始终做到依法、文明、规范。

（三）加强对非法证据的预防

一是建立自侦部门的内部监督机制。包括，建立专人审查制，在自侦部门内部确立法律水平高、办案经验丰富的同志或者设立审查小组，对证据合法性进行审查；建立集体把关制，在自侦部门讨论侦结案件时，需对证据合法性进行专门说明和认可；建立侦查阶段证据补证制，对发现存在瑕疵和漏洞的证据，及时采取相应措施，及时补正或重新收集。二是完善提前介入引导侦查制。侦查部门要进一步加强与侦监部门、公诉部门的沟通，从案件侦查需要出发及时邀请侦监部门、公诉部门人员介入侦查工作，通过引导、监督侦查机关取证，为审查逮捕、审查起诉工作做好准备。一方面加强对取证行为合法化的引导，使收集来的证据符合证据能力要求，能够被法庭采信；另一方面加强对全面、客观取证行为的引导，注重物证、书证等客观证据的收集，同时兼顾有罪证据和罪轻、无罪证据的收集。三是全面加强对侦查活动的法律监督。侦监部门应强化监督职能，将侦查监督活动适当提前和延后，而不仅限于审查逮捕的七天时间。一方面建立与侦查机关的信息互通机制，在报送侦查机关报送批捕前及时掌握案件信息。另一方面加强对侦查活动的跟踪监督，对重大、敏感案件或容易造成非法取证的案件及时跟进，及时监督，及时纠正。监所部门应加强对犯罪嫌疑人出入所的监督，主要包括对提外审情形的审查批准监督，提外审归来的体检和谈话监督。对犯罪嫌疑人提出的非法取证情况，及时记录在案，及时调查核实，及时向办案单位和侦监部门反馈，并提醒办案单位做好补强和重新取证工作。四是探索尝试在侦查活动中引入人民监督员监督制度。对自侦案件建立监督案卡，供人民监督员定期或不定期审查；在讯问犯罪嫌疑人时，除涉及保密的案件外，可邀请人民监督员到场见证；对重大、复杂和疑难案件、改变强制措施案件，可邀请人民监督员参与讨论，对侦查活动和采取强制措施进行监督。

（四）加强非法证据排除能力

一是提高审查逮捕、审查起诉案件承办人员审查证据能力。不仅要重视对证据内容的审查，还要重视对证据形式的审查。重点关注各类证据生成的程序违法或瑕疵，相互矛盾的证据，前后不一的供述、证言和陈述以及侦查人员有关取证的书面说明。在提审犯罪嫌疑人时，对证据出现瑕疵或矛盾的事实进行重点讯问。加强对主观证据的复核力度和对瑕疵证据的补强意识。加强对鉴定意见、勘验笔录、视听资料、电子证据的审查能力。在审查报告中应专门对证据的采信情况及排除情况进行分析，并说明理由和拟处理的方案。二是高度重视辩护人的意见。新《刑事诉讼法》中明确了律师从侦查阶段起就具有辩护人身份。且在审查逮捕和审查起诉阶段均有权向检察机关提出意见。由于所处立场差异，辩护人更倾向于对有罪或罪重证据的排除，也更容易发现非法证据和瑕疵证据。因此审查逮捕和审查起诉承办人应加强与辩护人的沟通，鼓励辩护人提出意见，对辩护人存有疑异的证据应重点核实，并作出答复。

（五）加强对非法证据排除的应对

一是充分利用庭前会议解决证据能力问题。庭前会议是修改后的《刑事诉讼法》中新增设的程序，旨在解决证据材料较多、案情重大复杂、社会影响大的案件中管辖、回避、非法证据排除等与审判相关的问题。检察机关应充分利用庭前会议就证据问题加强与辩护人、审判人员的沟通。准备好证明取证行为合法性的证据材料，对瑕疵证据的采信情况进行说明。对辩方证据和辩护方案提前掌握，减少庭审质证压力，降低非法证据排除对庭审效果的影响。二是加强庭审应变能力培养。一方面要加强公诉人的庭审应变能力培养。重点加强对庭审预案制作、突发情况应对及处理等能力的培养。另一方面要加强对侦查人员庭审应变能力的培养，重点加强对逻辑思维和口头表达能力的培养。

（六）加强非法证据排除的后续处理工作

一是及时将非法证据排除情况反馈给侦查机关并进行纠正。一方面，在非法证据排除后，应将被排除的证据种类、证据缺陷、被排除的理由向侦查机关说明。并通过检察建议的方式，对侦查活动中存在的问题指出并纠正。另一方面，应系统梳理非法证据排除工作，采取典型案例、主要问题、诉讼后果、改进建议的形式向公安机关制发专题情况通报，放大法律监督效应。二是加强对非法证据排除后的风险预警工作。对因非法证据排除而可能作不批捕、不起诉处理的案件，应按照现有的执法办案风险评估预警机制做好风险评估和防控预案。着重加强对证据问题的解释说明。

非法取证诉讼监督问题研究

李明蓉*

非法取证之害无须赘言，近年来为社会公众熟知的冤假错案几乎都潜藏着非法取证的身影。然而，遏制非法取证的路径方向、非法证据的排除向度以及检察机关介入监督的正当性等问题却争议已久。修改后《刑事诉讼法》创造性地将非法证据排除扩展到检察审查环节，赋予检察机关相应的排除职责，这意味着检察机关可以名正言顺地开展非法取证的诉讼监督。然而，“法律的生命在于实践”，从法律文本走向法律实现，需要良性的法律条件和社会土壤，诉讼监督成效也需磨合调试的艰辛历程。因此，立足修改后刑诉法的正式实施，探索开展理论审思与实证比对，无疑有助于推动非法取证的诉讼监督。笔者主持课题小组开展实证调研，由福州市平潭县（P）、福清市（F）、长乐市（C）和三明市永安市（Y）、宁德市寿宁县（S）五个样本检察院①提供数据、案件素材并完成初步论证分析材料。课题研究注重理论架构的统摄和实证分析的运用，比对分析样本基层检察院修改后《刑事诉讼法》实施前后一年（2012、2013 年）开展非法取证诉讼监督的情况后，从宏观和微观层面审思展望非法取证诉讼监督的实现路径。

一、研究范围厘定

非法取证的诉讼监督关涉非法取证行为认定与诉讼监督程序运作，取证行为合法性包括积极与消极取证行为的合法性判断。然而，消极取证诉讼监督面临着现实尴尬，更多涉及侦查人员主观判断，较难从客观存在推定主观认识。课题组试图收集相关数据和案例，但受监督理念、执法环境等诸多因素影响，

---

* 作者单位：福建省人民检察院。

① 样本的选择综合考虑福建省内基层检察院近年来诉讼监督工作开展情况，并权衡考量各地经济社会发展水平。样本单位中，福清、长乐可归为沿海相对发达地区，平潭目前仍属沿海相对欠发达地区（随着平潭综合实验区开放开发，经济社会高速发展）；永安可归为山区相对发达地区，寿宁则属山区相对欠发达地区。

可认定消极取证的样本难以获取。基于实证研究取样的科学性和结论的适用性，课题研究倾向将非法取证限定于积极的取证行为。另外，职务犯罪侦查中非法取证问题也逐渐成为关注热点，但涉及因素较为复杂且相关实例较少，也未作为课题研究对象。

取证合法性主要涵涉取证主体、证据表现形式和取证手段合法性等三个方面，取证合法性判断衍生证据能力规则。侦查人员违反法律程序所获取的证据，并不都被视为“非法证据”而一概排除，取证程序不规范或程序瑕疵的证据，司法解释将其视为“瑕疵证据”，一般适用“可补正的排除规则”。基于此，可从实际认定的非法证据、瑕疵证据推定非法取证行为。

非法取证的诉讼监督强调法律责任的追究，包括对非法取证的行为责任和行为人责任。行为责任追究除适用证据能力规则外，还可通过检察建议、纠正违法等方式纠错并防范类似行为；行为人责任追究可灵活运用检察建议向相关单位建议党政处分或直接查处可能涉嫌的职务犯罪。当然，问题关键更在于如何判定证据的合法性，派员调查核实、侦查人员出庭作证、庭前会议等，均属诉讼监督方式。

二、非法取证诉讼监督的理论基础

制度成效需立足运作实践的现实考量，更要涉及正当基础的理论剖析，非法取证诉讼监督同样需要完成理论证成。非法取证诉讼监督在制度构建上显示强劲生命力，但事物普遍性并不足以证明事物合理性。为此，应当付诸理论思索，寻求非法取证诉讼监督的理论基础。

（一）保障人权理论

保障人权理论认为，国家打击犯罪行为必须依法定授权、手段、方式和程序进行，不得侵犯公民合法权利，如侦查行为侵犯公民合法人身权利和诉讼权利，需对侦查行为加强监督。刑事诉讼追求打击犯罪与保障人权的平衡，打击犯罪主要通过侦查、审查逮捕、审查起诉、审判等诉讼环节的运行，其中，侦查是国家追究犯罪、维护稳定与秩序的重要环节。在保障人权视角下，侦查所采手段不应当是无边际的，须有一定限度。非法取证侵犯公民最基本、最重要的权利，如人身权、财产权和隐私权等，要予以规制，否则会打破打击犯罪与保障人权的平衡，违背法治社会中侦查程序的基本价值追求。检察权产生源于防止法官擅断恣意和防止警察滥权，从而实现警察国向法治国的转变。检察机关在履行法治守护者职能过程中，要重视对侦查权力运行的监督与制约。

（二）程序正义理论

实体正义就是在查明事实基础上做到有罪当罚、无罪不罚、轻罪轻罚，重罪重罚；而程序正义则通过限制国家权力的滥用以保障犯罪嫌疑人乃至全体公民的人权。实体正义需要程序正义来保障，缺失了程序正义，实体正义的价值目标难以企及和实现。按程序正义要求，刑事诉讼法禁止不择手段、不问是非以及不计代价的真实发现。非法取证是程序非正义的主要表现，影响司法公信力，阻却司法功能发挥。检察机关的产生本身就是程序正义的要求，其处在侦查和审判机关中间环节，通过审查逮捕、审查起诉制衡侦查，纠正非法取证行为，从而保障和实现司法公正。

（三）阻却违法理论

阻却违法理论认为，对非法取证予以诉讼监督，在于抑制违法取证，保证司法纯洁性。刑事诉讼中权力控制首先要处理好诉讼中心环节即检警关系，明确检警职责划分，通过检察机关法律监督职能的履行，对国家权力中最具有扩张性、侵略性的侦查权力进行制约，防止侦查行为和侦查权力对个人权利的不法侵害，特别是剥夺侦查机关通过非法取证行为获取不当利益的可能，加大对非法取证行为的制裁，最大限度减少侦查违法的动力。

（四）客观公正义务

客观公正义务是指检察官为实现司法公正，在刑事诉讼中不应站在当事人立场，而应站在客观立场，努力发现案件事实。该义务要求检察官不仅是一方当事人，更负有协助法官发现真实、维护公正的责任，不仅要收集对被告人不利的证据，追诉犯罪，还要收集对被告人有利的证据。检察机关是法律监督机关，这种角色定位是检察机关一切职能和义务的本源。法律监督与检察官客观公正义务高度契合。落实客观公正义务，检察机关要淡化片面追诉倾向和有罪推定思维，改变检察机关仅仅是承担控诉职责一方当事人看法，监督侦查机关客观公正侦查，因为如果侦查活动不客观公正，检察机关审查起诉、审查逮捕就很难做到客观公正。非法取证基于有罪推定理念，对其疏于监督悖离了检察机关职责和客观公正义务。

三、非法取证诉讼监督的法律规制

理论证成仅是立法确认的前提要件，非法取证诉讼监督被纳入立法几经周折。2010 年“两个证据规定”未完全明确非法证据排除规则适用主体等。司法实践中仅由法院在审判阶段适用规则，使侦查机关调取、审查证据游离于规则，不利于遏制非法取证。修改后《刑事诉讼法》赋予公检法三机关在各自阶段负有相应非法证据排除义务，据此非法取证诉讼监督的法律框架初步搭建。①

（一）证据问题的发现方式

发现刑事证据问题，是检察机关适用证据能力规则，开展非法取证诉讼监督的基本前提。依现有立法，主要有以下发现方式：其一，控告申诉受理。控告申诉部门将受理非法取证的报案、控告、举报作为重要职责，依此建立健全相应的控告申诉受理机制。其二，案件审查。审查逮捕和审查起诉中等，检察机关应建立专门审查证据收集方法与诉讼程序是否合法的相应规制。其三，与律师沟通交流。修改后《刑事诉讼法》健全完善了包括会见权、阅卷权、表达权等在内的律师执业权利的相关规定，律师可在侦查阶段提前介入，为辩护律师及时掌握非法取证信息提供便利。其四，侦查合法性说明。检察人员可要求侦查机关对疑似非法取证的证据收集合法性进行说明。

（二）证据问题的调查认定

修改后《刑事诉讼法》明确规定，检察机关发现侦查人员以非法方法收集证据的，应当进行调查核实。调查核实作为一种严厉的诉讼监督手段，仅在严重非法取证中适用。而为权衡非法取证的惩处与侦查活动的保障进行适当取舍：其一，规范启动程序。需报经检察长批准进行，此处以非法方式收集证据限于有关司法解释规定的应当调查核实的行为，而非一般程序违法行为。其二，严格终结程序。调查完毕报请检察长决定后，对于经核实的非法证据依法排除，并据非法取证情节分别做出提出纠正意见、移送立案侦查等处理。其三，设置救济程序。侦查机关对检察机关提出的纠正违法等监督方式，可申请复查，同时设立上级检察院监督机制，严防非法取证监督权的恣意使用。

（三）证据能力规则的适用

证据能力规则涵盖非法证据排除与瑕疵证据限制排除。修改后《刑事诉讼法》明确规定，检察机关应当对证据收集的合法性加以证明，这既是审查证据合法性的需要，更是拟排除相应证据的应有之义。现有规范下，应致力于

① 参见孙谦主编：《〈人民检察院刑事诉讼规则（试行）〉理解与适用》，中国检察出版社2013年版，第57－67页。

架构庭前证明机制，涵盖审查起诉阶段补正证据、补充合理解释以及庭前会议听取意见，落实证人、侦查人员出庭作证等相关制度规定。

四、修改后《刑事诉讼法》实施前后的实证比对

制度运作最终必然落到实践，非法取证诉讼监督成效需要经受司法实践比对分析。通过样本检察院修改后《刑事诉讼法》实施前后一年相关数据分析，大致还原非法取证诉讼监督情况，从侦监、公诉、监所等环节，较为直观地概览监督概况。

（一）样本单位非法取证诉讼监督情况概览

1. 侦监环节。

五个样本检察院 2012 年、2013 年分别提出纠正违法 40 件、54 件，比升 35%。违法取证情形大多为证据表现形式不合法，如讯问犯罪嫌疑人及证人笔录大量复制粘贴，查封、扣押物证不规范，书证、鉴定、和辨认笔录不规范等。针对侦查取证轻微违法（瑕疵证据）提出纠正违法，未涉及非法证据排除且未启动非法取证调查。

2. 公诉环节。

2012 年、2013 年分别针对取证违法提出纠正违法 27 件、38 件，比升 40.7%，其中，Y 院 2012 年、2013 年分别提出纠正违法 7 件、17 件，比升 1.43 倍，其余样本检察院同比基本持平；邀请侦查人员、鉴定人和证人出庭作证 4 件、15 件，比升 2.75 倍；召开庭前会议 8 次、16 次，比升 1 倍；启动证据合法性审查 24 件、52 件，比升 1.17 倍。2012 年均未排除适用，2013 年虽未认定以刑讯逼供等非法方式获取证据，但要求瑕疵证据补正 34 件，对未能补正或作出合理解释的排除适用 10 件。

3. 监所环节。

监所环节主要通过受理控告、举报、申诉或入所体表检查发现非法取证线索。2012 年、2013 年，样本检察院分别受理在押人员反映的以刑讯逼供等非法方式获取证据 31 件、37 件，比升 19.4%；反映以其他违法方式获取证据 6 件、12 件，比升 1 倍，但上述反映均未能获得采纳，通过入所体表检查启动非法取证调查后也未能认定。

（二）非法取证诉讼监督情况比较分析

1. 样本检视。

由于样本检察院对于非法取证认定以及诉讼监督认识不一，收集取样口径

难求一致，且由于样本基数小，个别样本检察院对某项工作的重视都可能对结果产生重大影响。如Y院2013年重点加强公诉环节纠正违法取证工作，提出纠正违法17件，较2012年增加10件，而总样本2013年纠正违法数仅增加11件，总体来看数据涨幅较大，但事实并不尽然。据课题组补充调研，全省范围内公诉环节纠正违法取证数据确实有所上升，但涨幅不大。我们认为可能基于以下原因：其一，《刑事诉讼法》通过后，样本检察院加强贯彻实施新法衔接力度，对非法取证诉讼监督已较为强调，可能导致2012年、2013年增幅不大；其二，样本检察院对于新法贯彻实施存在一定滞后性，可能导致2013年上半年、下半年对于非法取证诉讼监督存在较大波动；其三，样本检察院对于新法理解尚未到位，更多体现为理念的转型，实质监督方面尚不明显。因此，虽课题组在样本选取中颇费工夫，但样本结果仅能大致反映新法实施前后检察机关对于非法取证诉讼监督概况，且仅能为后续分析提供盖然性数据支撑。

2. 规律解读。

样本自身存有瑕疵，并不妨碍对于非法取证诉讼监督情况的大致剖析，刑诉法正式实施前后诉讼监督工作主要体现下列规律。

（1）总体趋势。各项诉讼监督均有所强化但各环节增长不均：侦监环节纠正违法取证力度明显加大，说明侦监环节作为非法取证诉讼监督的前沿关口，较好贯彻立法规定；但该环节对于证据合法性审查较为不足，各样本检察院基本上均未排除证据适用。相反地，公诉环节对于证据合法性审查力度明显加强，对不能补正的瑕疵证据排除适用10件，但多系轻微违法情形，事后发出纠正违法较少，说明该环节较为重视证据材料对起诉工作的影响，对非法取证实际责任追究有所忽视。而监所环节对于非法取证诉讼监督则有待加强，虽然监所部门受理相关非法取证控诉数量有所上升，但实际认定非法取证几乎没有，这与当前监所环节监督观念、人员配备、监督难度等诸多因素相关。

（2）监督重点。对轻微非法取证的诉讼监督明显，对以刑讯逼供等非法方式获取证据行为的诉讼监督仍显不足。2013年样本检察院虽然依据《刑事诉讼法》、刑诉法规则规定启动非法取证调查，但均未实际认定非法取证，也未排除相关证据适用。这说明《刑事诉讼法》修改以来，侦查机关较为强调规范侦查取证，也说明检察机关非法取证诉讼监督仍面临困境。相对应的是，对于轻微非法取证的诉讼监督大幅上升，说明检察机关与侦查机关在落实法律规定、规范取证等方面形成共识。

（3）责任追究。非法取证诉讼监督事实上涉及非法取证的行为责任与行为人责任，即对于非法取证及行为人的否定评价。调研发现，各环节对于非法取证的诉讼监督基本上仅针对非法取证体现的证据载体，未指向取证行为人。

一般而言，行为人责任可运用检察建议（建议党政处分）或查处职务犯罪，但修改后《刑事诉讼法》实施一年以来，样本单位尚未有相关实例。这说明实务中对于非法取证诉讼监督的认识大多仍然停留于证据材料自身，尚未完成“由事及人”的转变，对于非法取证行为人的责任追究有待加强。

五、非法取证诉讼监督的障碍

夯实理论基础并依据法律重新梳理非法取证诉讼监督的基本流程，为发现法律实现障碍提供基本向度。现有法律文本已大致构建非法取证诉讼监督的基本框架，遗憾的是，通观修改后《刑事诉讼法》的正式实施情况，严格意义上对于以非法方法收集证据的非法取证的诉讼监督极为罕见，更多仅是针对收集证据不符合法定程序要求补正或作出合理解释，且亦较少排除适用。从收集取样来看，当前非法取证诉讼监督面临障碍大致归纳如下。

（一）理念转型：柔性监督向刚性监督过渡

对于非法取证的诉讼监督现状，应是正处于从柔性监督转向刚性监督的理念转型。“两个证据规定”出台后，各地已先后部署开展相关工作，虽对于侦查机关、检察机关是否担负非法证据排除职责认识不一，但实务中更多倾向将二者纳入非法证据排除体系。各地检察机关也相继依据规定要求开展非法证据排除、侦查人员出庭作证、庭前会议等相关试点工作，只是囿于“两个证据规定”法律位阶较低，更多指向刑事政策指导，实务中更多体现为柔性监督，部分检察机关未能落实到位；修改后《刑事诉讼法》整合吸纳了相关试点工作成效，将“两个证据规定”相关要求大部分转化为立法规定，实际上要求加强刚性监督。然而，修改后《刑事诉讼法》实施一年以来，虽有部分基层检察院加强了相关衔接工作，仍有不少单位仍面临理念的转型，即对于非法取证诉讼监督由柔性监督向刚性监督过渡的转型。

（二）角色困惑：犯罪追诉与诉讼监督困惑

检察机关作为国家公诉机关，负有追诉犯罪职能，能否作为公正的中立裁决者，履行诉讼监督职责，依法对非法取证予以诉讼监督？学界争议已久，甚至有学者提出检察机关“更多地是充当侦查机关诉讼代理人的角色，与申请排除非法证据的被告方处于对立的地位”①。修改后《刑事诉讼法》明确检察机关负有非法取证诉讼监督职责，但质疑之声却并未消弭。实践中，确有部分

① 陈瑞华：《非法证据排除规则的中国模式》，载《中国法学》2010年第6期。

检察人员未能转变执法理念，秉持犯罪追诉立场审查证据，甚至认为证据能力适用规则不利于客观事实查证，这恰恰成为相应诉讼结构失衡的首要因素。刑事诉讼中具体活动应当纳入诉讼构造，形成“控、辩、裁”三方构造的诉讼结构，对于非法取证诉讼监督同样并不例外。以审前阶段为例，犯罪嫌疑人及其辩护人担当控方角色，控诉存在非法取证行为；侦查机关担当辩方角色，否定非法取证成立；而检察机关无疑应当作为中立监督者与事实裁决者。追诉角色与监督、裁决角色混同，难免造成诉讼结构失衡，因此对于非法取证诉讼监督不力也在“情理”之中。

（三）运作难题：非法取证发现与应对困境

流程监督面临的现实困境既有法律原因，更有实践因素，实践方向的因素可从发现与应对两方面进行分析。

1. 发现方式与发现能力受限。

依现有规范，检察机关可通过控告申诉受理、案件审查、与律师沟通交流以及要求侦查合法性说明四种渠道发现非法取证线索，但实际运行情况并不乐观。首先，控告申诉受理方面，仅受理非法方法收集证据以及特定情形非法取证线索，且基层检察人囿于执法观念问题，往往并未积极履行该项职能，致使实际通过该项渠道进入证据合法性场域受检的“非法证据”较为少见。其次，案件审查方面，审查对象往往局限于侦查机关移送的书面材料，这类材料在侦查环节经过侦查人员加工固定，能够真实反映的信息较为有限。如言词证据方面，侦查机关移送笔录并不能完整再现取证情况，相反复制粘贴、选择性记录以及加工痕迹等现象较为多见，表面上难以判定为非法取证。最后，律师交流方面，且不论检察人员是否愿意加强与律师的沟通联系，律师本身发现非法证据的权利也实际受限。修改后《刑事诉讼法》虽规定律师可在侦查阶段提前介入，但实践中律师往往在犯罪嫌疑人已做有罪供述后才能介入会见，律师也可能局限于取证能力，无法保全相关证据。在侦查合法性说明渠道方面，其仅是对瑕疵证据的补正，侦查人员应对经验较为丰富，实际上难以发现有效信息。

2. 应对手段与应对经验不足。

应对非法取证，检察机关在手段与经验等方面尚显不足。如对非法方法收集证据的调查核实，现有规范规定较为完备的运作程序、提供了七种可供采取的方式，但实际启动调查核实程序的很少。在认定非法证据、适用证据能力规则方面，除对于“以非法方法收集言词证据以及收集物证、书证不符合法定程序，可能严重影响司法公正的”明确可以进行排除或限制排除外，对于其他非法证据认定后应如何进行监督，是否可以适用排除，立法并未明确，实践中做法不一。另外，在庭审应对方面，实际面临着更大困境，自“两个证据规定”实行，尤其是修改后《刑事诉讼法》正式实施以来，被告人翻供、辩护律师在庭审中申请排除非法证据逐渐增多，虽然通过庭前会议不少异议得到消除，但类似“闹庭现象”却并不鲜见，对社会认知进行误导，激化被告人家属甚至社会公众不满情绪。检察人员一旦疏于审前证据审查，未对潜藏“非法取证”进行事先查证，审前未作适当预案，仓促应战，极易面临尴尬局面。

（四）监督效益：非法取证收益与成本博弈

一方面，侦查人员作为理性自然主体，实施非法取证行为，实际上是非法取证收益与成本博弈的结果。侦查机关打击犯罪业绩的优劣与维稳效果的好坏直接挂钩，相关刑事政策因此成为刑事程序的导向。早前公安部门提出“命案必破”工作目标并以此考核工作业绩，其影响根深蒂固。追求破案率，必然要求较高的刑侦水平和技术，否则难以避免冤假错案。另一方面，侦查人员获取证据手段匮乏，证人出庭在实务中并不多见，侦查人员仍依赖传统取证方式获取证据。压力之下，侦查人员有时会铤而走险，依赖非法取证侦破案件。案件进入审查逮捕、起诉阶段后，作为打击犯罪的“同行”，检察机关开展非法取证诉讼监督往往较为谨慎，担心动起真格影响公检两家关系，不利于打击犯罪刑事政策顺利实施。因此，往往仅是从逮捕、起诉风险角度，要求侦查机关对瑕疵证据进行补正或做出合理解释，对可能存在的以非法方式收集证据等非法取证行为却未予深究，导致非法取证成本较低，权衡博弈之下，容易陷入非法取证屡禁不止、非法取证诉讼监督萎靡不振的境地。

六、非法取证诉讼监督的路径展望

在贯彻落实修改后《刑事诉讼法》的大背景下，应当更多寄望于实践对相关制度的梳理与完善，需要程序规制的完善，更要强化实体惩防，震慑、防范非法取证行为的发生。

（一）宏观向度：夯实诉讼监督的基础

1. 监督理念的强化提升。

自侦监环节开始，检察机关即负有非法证据排除职责，对于涉嫌非法取证的，需调查核实并决定是否排除；无须排除的应充分证明证据的合法性，可运用同步录音录像佐证或邀请侦查人员、鉴定人出庭说明情况；确属非法证据的，应当坚决排除，防止非法证据持续污染。从证据排除效益看，自行排除非法证据明显优于犯罪嫌疑人、被告人提出后排除，因为审前排除还可再行收集证据、纠正瑕疵证据，起诉后则将在庭审中承担举证不能、举证不力，甚至被宣告无罪的风险。因此，诉讼监督运作、效益配比不应仅是柔性倡导，相反应演进为刚性要求，为实践运作提供理念指导。

2. 诉讼结构的重新梳理。

检察机关追诉角色为人诟病，实际上却与监督角色并不矛盾，二者理应统一于客观公正立场。在“控、辩、裁”三方构造的非法取证监督程序诉讼结构中，检察机关更应恪守客观公正义务。由于控诉非法取证行为的控方与否定成立非法取证的辩方天然上并不对等，作为中立监督者与事实裁决者的检察机关应当致力维系三方关系平衡，总体上可从保障控方权利、落实辩方义务入手。

（二）微观向度：完善非法取证诉讼监督的制度规制

1. 监督流程的节点控制。

通观证据问题的发现、调查、认定与制裁的完整体系，蕴含了非法取证诉讼监督的基本流程，可考虑据此设定若干节点，有针对性地查找监督的薄弱环节加强控制。如“发现”环节，可依据相关规范及司法实践，设置控告申诉受理、案件审查、律师交流、侦查合法性说明等相关节点，或可进一步细化。针对控告申诉受理节点线索匮乏，除传统书面、口头、电话等举报方式以及检察长接访、下访巡访等相关制度外，还可以依托新兴的官方微博、微信以及互联网、新闻媒体等方式扩大社会知晓度，并可设立专项举报奖励基金等多种渠道，这也是诉讼监督的前置方式。又如“调查”环节，同样可细化程序启动、调查、终结、救济等节点。“认定”环节较为复杂，可针对不同证据类型设置相应节点。相应地诉讼监督手段也可进行配套细化，如侦监环节的每案必提、提前介入、捕后跟踪、“大三长”联席会议；公诉环节的捕诉联动、退回补侦、检察长列席审委会、庭前会议以及审前阶段的检察建议（更换承办人）、纠正违法等，并将监督手段融入具体节点，增强节点控制实效。

2. 制裁体系的多元设置。

非法取证的诉讼监督最终必须落实到行为制裁，才能凸显监督刚性，取得实效。通常意义上，这种制裁包括程序制裁与实体制裁，程序制裁主要是证据能力规则的适用，直接排除非法证据或限制排除瑕疵证据；实体制裁则是指对非法取证人员的实际影响，一般包括提出纠正意见（建议纪律处分）、查处涉及的职务犯罪等，可据此构建非法取证的多元化制裁体系。

结　论

在前文中，梳理了非法取证诉讼监督的理论基础与文本规定，比对分析了修改后《刑事诉讼法》实施前后一年实践情况，从中归纳提炼诉讼监督规律，解析监督运作困境，提出相应对策建议。不难看出，非法取证诉讼监督背后有着深层制度乃至执法理念原因。囿于篇幅无法深入分析论证，仅对所发现问题进行初步总结，对可能完善措施和发展趋势略作探讨。

修改后《刑事诉讼法》实施前后一年，对于非法取证的诉讼监督总体加强，但增长不如预期且增幅不均。总体来看，侦监环节纠正违法力度明显加大，但公诉、监所环节靠近司法终端的纠正违法以及对非法取证行为人产生实际影响的检察建议或查处职务犯罪较为薄弱，反映了涉及深层次、实质性诉讼监督工作仍然有待加强。而作为非法取证诉讼监督核心的证据合法性审查方面，各环节均较为薄弱，被排除适用的基本为未能补正或作出合理解释的瑕疵证据，反映了审查中涉及的诉讼程序制衡不足，需要完成诉讼化构造。

修改后《刑事诉讼法》确立了检察机关对于非法取证的诉讼监督，是多方博弈的结果，彰显了法治理念的进步，但实效却仍有待于实践检验与提升。期冀本文对于非法取证诉讼监督的检视与展望有助于实践理念的更新，藉此带动制度体系的健全完善，从而促进法律文本向法律实现的成功转化。

规范取证程序　防止错案发生

周习武*

古往今来，人们对是非、善恶、好坏的评定标准始终秉承“铁证如山，有理有据”。从某种意义上讲，强调证据的重要地位和作用，倡导和规范从业人员遵守良好的职业道德和行为举止。新的历史条件下，进一步强化证据意识，规范执法行为，对于提高司法人员素质，促进执法公正，提高案件质量，有着重要的现实意义。

一、证据意识的内涵及遵循把握的规则

证据意识的内涵，实质是要求办案人员在头脑中始终确立证据为先、证据为主、证据牢靠的理念，把握证据收集的规则，缜密搞好调查、审查。依据法律规范客观、准确运用，最大限度地实现证据运用的规范化和准确性，保证案件质量并在法定时限内办结。提出证据意识问题，首先要弄清什么是证据。我国《刑事诉讼法》第48条规定：可以用于证明案件事实的材料，都是证据。证据包括：（1）物证；（2）书证；（3）证人证言；（4）被害人陈述；（5）犯罪嫌疑人、被告人供述和辩解；（6）鉴定意见；（7）勘验、检查、辨认、侦查实验等笔录；（8）视听资料、电子数据。证据必须经过查证属实，才能作为定案的根据。

由此看出，证据在案件中的地位、作用突出，分量很重。证据反映的情况必须客观真实全面，而不是虚假、片面的。从一定意义上讲，证据是案件质量的生命源泉和内在动力，是认定案件事实、准确定性的关键，必须高度重视，真实地收集、审查和运用好证据。通过扎实有效的证据将案件办成铁案，经得起历史和现实的检验。为此，应把握以下几个环节：

* 作者单位：辽宁省人民检察院。

（一）注重全面收集证据，夯实取证的法定根基

《刑事诉讼法》第50条规定：审判人员、检察人员、侦查人员必须依照法定程序，收集能够证实犯罪嫌疑人、被告人有罪或者无罪、犯罪情节轻重的各种证据。严禁刑讯逼供和以威胁、引诱、欺骗以及其他非法方法收集证据，不得强迫任何人证实自己有罪。必须保证一切与案件有关或者了解案情的公民，有客观地充分地提供证据的条件，除特殊情况外，可以吸收他们协助调查。这些规定，对收集证据的主体身份、渠道来源、有罪证据和无罪证据、公民义务作证等都作了明确规定，提出了“严禁刑讯逼供和以威胁、引诱、欺骗以及其他非法的方法收集证据”限制性条款。修改后的《刑事诉讼法》从第54条至第58条增加了有关排除非法证据规定，其立法本意在于确保获取证据的合法性和实效性，排除一切非法方法收集证据。

（二）遵循采信证据的基本要求，保持取证的正确方向

真象与假象是一对既相互依存又相互对立的矛盾统一体，时常出现迷惑不解，难以分辨的情况，容易使人迷失方向，甚至被蒙混过关。《刑事诉讼法》第51条规定：“公安机关提请批准逮捕书、人民检察院起诉书、人民法院判决书，必须忠实于事实真象。故意隐瞒事实真象的，应当追究责任。”这一规定既是对案件事实提出严格的要求，又是限定在事实背后应有证据跟踪、证据铺垫、证据保障，防止人为主观臆断，以确保对事实认定的准确性和合法性。否则，罗列的事实再多、叙述得再具体，没有真实可信可靠证据的支撑和认定，则难以经得住推敲和检验，涉案事实、定性等方面就会出现背离法律的问题，犯下办案方向路线上的错误，酿成不良后果。

（三）把握证据的根本原则，守住证据确实、充分的标准防线

《刑事诉讼法》第53条规定：“对一切案件的判处都要重证据，重调查研究，不轻信口供。只有被告人供述，没有其他证据的，不能认定被告人有罪和处以刑罚；没有被告人供述，证据确实、充分的，可以认定被告人有罪和处以刑罚。”理解把握这一条款，概括取证必须遵守的四项原则：重证据，不轻信口供原则；忠实于事实，不主观臆断原则；证据必须是合法取得原则；证据必须经过查证属实原则。上述原则表明证据是客观事实，不是人为左右的，更不能主观臆断，随心所欲而取。证据所证明的，是案件的真实情况，不能证明案件真实情况的，不能当证据使用。证据不单指证明被告人有罪的事实，也包括证明被告人无罪的事实；既包括罪重的事实，也包括罪轻或者从轻、减轻、免

除刑事责任的证据。这其中要完全体现出证据的确实、充分，应当符合“定罪量刑的事实都有证据证明”、“据以定罪的证据均经法定程序查证属实”、“综合全案证据，对所认定事实已排除合理怀疑”三个法定标准条件。

二、证据意识淡化、取证不当发生错案的认定标准

司法实践中，错案的发生有深刻的背景和复杂的原因。一般情况下都发生在前、办理在后，司法人员依法办案的过程，是通过收集、审查和分析判断现有的案件证据，按照主观与客观相一致的原则，大胆科学准确地“复原”或“重现”过去的犯罪事实过程。这期间的诉讼过程情况复杂，不便于准确界定把握，很容易出现差错，甚至发生错案、瑕疵问题。依据《刑事诉讼法》、《民事诉讼法》、《人民检察院刑事诉讼规则（试行）》、《人民检察院民事诉讼监督规则（试行）》、《检察机关执法工作基本规范》和《人民检察院审查逮捕质量标准》、《人民检察院办理起诉案件质量标准（试行）》、《人民检察院办理不起诉案件质量标准（试行）》等法律和工作规定，结合检察工作实际，界定发生错案的认定标准。

（一）逮捕错案认定标准

1. 逮捕错案分为错捕和错不捕。

（1）因没有犯罪事实或者依法不应当追究刑事责任而撤销案件的；（2）因没有犯罪事实或者依法不应当追究刑事责任而不起诉的；（3）因没有犯罪事实或者依法不应当追究刑事责任而被判决无罪并已发生法律效力的；（4）对涉嫌犯罪的县级以上各级人民代表大会代表，未依法报经许可或者罢免而批准逮捕的，以错捕论。

对于符合逮捕条件的犯罪嫌疑人依法批准逮捕后，因证据不能达到提起公诉或者作出有罪判决的标准，或者出现不应当追究刑事责任的新的事实、证据，或者法律、司法解释有新规定而不认为是犯罪，或者因犯罪嫌疑人有立功表现、真诚认罪悔罪并积极赔偿损失而取得被害人谅解，被依法从宽处理，而撤销案件、决定不起诉或者判决无罪终止追究刑事责任的，不属于错捕。

批准逮捕后，因决定撤销案件、不起诉或者判决宣告无罪终止追究刑事责任而依法进行国家赔偿的案件，是否存在错捕情形，依照本标准的规定认定。

对依法应当逮捕的犯罪嫌疑人不批准逮捕的，为错不捕。

错不捕可以依据以下处理结果确认：（1）以无社会危险性不批准逮捕的，

致使犯罪嫌疑人实施新的犯罪或者严重影响刑事诉讼正常进行的；（2）以不构成犯罪不批准逮捕的，经上一级人民检察院复核改为批准逮捕，在案件事实、证据无变化的情况下，经法院审理作出有罪判决并已发生法律效力的；（3）上级人民检察院发现下级人民检察院不批准逮捕的决定违反刑事诉讼法和本标准的有关规定，改为批准逮捕，经人民法院审理判处有期徒刑以上刑罚并已发生法律效力的。

2. 延长侦查羁押期限案件。

批准延长侦查羁押期限，具有下列情形之一的，为错误延长羁押：（1）对不符合逮捕条件的犯罪嫌疑人批准延长侦查羁押期限的；（2）对不符合《刑事诉讼法》第154条、第156条、第157条规定的犯罪嫌疑人，批准延长侦查羁押期限的；（3）对检察机关自行侦查案件的犯罪嫌疑人，不符合《刑事诉讼法》第158条规定，批准重新计算侦查羁押期限的。

（二）公诉错案认定标准

1. 对没有实施犯罪行为或者符合《刑事诉讼法》第15条规定情形不应当被追究刑事责任的人提起公诉的；

2. 对犯罪事实不清，证据不足的案件提起公诉的；

3. 对犯罪事实清楚，证据确实充分，依法应当追究刑事责任的人，作出不起诉决定的；

4. 对裁判确有明显错误，依法应当提出抗诉（支持抗诉）而未提出抗诉（支持抗诉）的；

5. 其他认定事实、适用法律有严重错误，造成严重后果或恶劣影响的案件。

（三）职务犯罪侦查错案认定标准

立案侦查的案件，因未依法正确履行侦查职责，最终作撤销案件、不起诉或者判决宣告无罪并发生法律效力的。

（四）民事行政检察错案认定标准

适用法律错误或违反法定程序，导致错误决定的。

（五）刑事申诉、处理上访案件错案认定标准

1. 刑事申诉案件。

刑事申诉复查决定被纠正的。

2. 处理上访案件。

（1）明确属于检察机关管辖的案件，而故意推诿酿成具有重大恶劣影响的群体上访事件或造成其他严重后果的。

（2）因工作严重不负责任或失职酿成具有重大恶劣影响的群体上访事件或造成其他特别严重后果的。

三、规范办案取证工作的程序、步骤

没有规矩不成方圆。调查取证工作讲究的是规范性、程序性和实效性，办案人员必须遵循法定原则和取证规则。这是防止错案发生，保证法律正确实施，维护司法机关形象，遏制司法腐败的关键。办案中应坚持实体审查、程序审查并重的原则；坚持依法审查、公开、公平、公正的原则；坚持实事求是、有错必纠的原则。依法规范办案行为，恪守执法规范。

（一）取证要规范

证据是查明案件事实的前提和基础，是突破案件的主攻方向和首要关口。一切案件进展的第一步首先要获取证据。将主要证据拿下来，“冲破黎明前的黑暗”就能为及时办结案件扫清障碍，迎来胜利的曙光。因此，在刑事诉讼过程上，控辩双方都有责任收集、提供与案件事实相关的证据材料，那么如何收集、取舍和采信证据才合法，如何确保证据的合法性、真实性和稳定性，这其中有科学严谨的规则和内在的要求。司法实践中，出现有争议、有影响的错案，从一定意义上讲，就是因办案取证不规范，而酿成不良影响和严重后果。所谓不规范，包括取证违法和取证方法不当。通过归纳，不规范取证的表现主要有：利用威胁、恐吓方法取证；欺骗、忽悠、诱导获取证言；怠慢证人，引起证人不满，证人不如实出证；利用召开座谈会“集体取证”；等等。这些不规范的取证方法影响证据的质量，甚至取不到真实、全面特别是核心的主要证据，容易导致出现错案。为此，应注意以下几点：

1. 要科学、周密取证。遵循查证规则，研究制订突破案件、定性定罪获取有效证据的行动方案。作为控方而言，检察机关作为举证责任的主体，需要履行收集证据、在法庭上提出证据和运用证据的法定程序、步骤，以此赢得法庭的采信和认定。无论是证明被告人有罪、无罪证据，还是罪重、罪轻证据都要在办案前有的放矢地收集，达到有备无患，多多益善，便于取舍。作为辩方，辩护人的责任是根据事实和法律，提出犯罪嫌疑人、被告人无罪、罪轻或者减轻、免除其刑事责任的材料和意见，维护犯罪嫌疑人、被告人的诉讼权利和其他合法权益。经被害人或其近亲属及提供的证人同意，可以向其收集与本案有关的材料，也可以申请人民法院、人民检察院收集、调取证据。作为被告方，因犯罪除自身供述的证词外，对其他证据的举证是受客观条件限制的。《刑事诉讼法》第118条规定：侦查人员在讯问犯罪嫌疑人的时候，应当首先讯问犯罪嫌疑人是否有犯罪行为，让他陈述有罪的情节或者无罪的辩解，然后向他提出问题。犯罪嫌疑人对侦查人员的提问，应当如实回答。但是对与本案无关的问题，有拒绝回答的权利。这一条款其立法本意重视发现案件的真实情况，把握供述在查明案件事实方面的证据价值，确保案件客观、公正办结。

2. 选择适当的时机、场所进行。依照法定程序，及时通知证人到适当的场所作证。场所的选定应保密、安全，避免在证人所在的单位、工作地点和住所内公开进行。询问时要按照事先准备的询问计划或方案有条不紊、简明有序进行，不能有意拖延时间，防止证人产生烦躁、不满或者疲意，影响如实、全面地作证。作为证人须依法履行作证义务，如实作证并得到法律有效保护。

3. 注意把握良好的取证方法。办案人员应向证人主动出示身份证明，讲明来意，说明找其取证的理由，使证人知道自己的处境与本案的关系。向其明确依法作证是公民须履行的法定义务。不能向证人透露证人不应当了解的案情和有关证据情况，不能向证人预测被告人可能要受到的处罚，更不能对案件的最后处理结果先下断言。

4. 讲究规范用语和文明办案。敬重、诚挚、和蔼对待证人，拉近沟通、交流距离，防止训斥、责怪，引起对方反感。用语要规范、准确，讲法言法语，不能使用不健康的语言或令人费解，产生歧义，更不能用暗示、诱导性的语言。不能使用“大概”、“可能”、“大约”之类不确切措词。

（二）质证要规范

质证，是法庭确认证据最重要的环节。整体运用不规范，各方意见发表不充分，不仅容易把不真实的证据确认了，而且也容易把真实的证据否定了。实践中，因质证环节薄弱，出现错案的实例和教训是屡见不鲜的，应当引起高度的重视。我国《刑事诉讼法》明确提出证据由控辩双方提出，交叉询问，法庭当庭认证等规定，在制定该规则时应当更细致、更具有操作性，如必须要求证人出庭等。对于用来定案的所有证据都应摆到法庭上进行质证。证人证言，是定案的重要证据。对证人所提供的证言要通过发问、审查、分析、辨明其真实性和可靠性，特别是资格、能力、年龄等，必须符合法定条件，否则不予认定，从而保证庭证的质量。

（三）认证要规范

认证也叫认定证据，即对提取的证据经过法庭质证，听取各方面意见后，确认证据具有法律效力，从而作为定案依据的程序。这其中在诉讼阶段对证据的审查实质就是“过筛子”、“去伪存真”的工序，是法庭审理案件最关键的一项质证、认证重要活动。一般程序大都是在法庭质证之后，控辩双方没有异议，统一认识后，审判人员当庭宣布本证据予以采信、认证，可以作为定案的依据。若控辩双方对出示的证据意见不一致时，由合议庭在审理后评议认证。

四、防范因取证不当而发生错案的路径

防止错案的发生，确保办案质量，要靠广大司法人员转变执法观念，树立正确的证据意识，本着对法律、对社会、对公民高度负责的精神，严格依法办案。要科学制定完善制度，建立防止错案发生的有效工作机制。在实体方面，从立案、侦查、起诉、审判各个环节均应贯彻无罪推定原则。在程序方面，树立科学的证据观、人权观，坚持以人为本，实事求是，建立起合法而有序的办案程序规则，以及严格的违法办案惩治机制和错案责任追究机制。通过一系列强有力的保障机制，将事实、证据研究透，将法律适用好，把案件办好、办实、办成“铁案”，切实经得住历史的检验。

（一）从客观、全面的角度认识证据

首先，深入研究案情中有法律意义细节的证据。一些案件的发生，社会上有这样或那样的声音，甚至责怪、误解，这实属正常。司法实践中，多数人在评论和探讨案情的时候，容易忽略有法律意义的细节问题，特别是相关证据，而这些往往对一个诉讼案件的最终判决可能有决定作用。不同细节的证据往往决定案件的不同法律后果。比如，同样是用凶器伤人，事先持有凶器和随手抓东西伤人，则法律适用上、认定罪责就不同。这就要求在讨论案件时，必须关注有法律意义的细节证据，坚持“用证据说话”，通过证据明确事实，排除是非，达到以理服人。其次，注重兼顾和吸取来自社会的多方因素。从一定意义上讲，社会各界人士对法律的认知、理解和对涉案问题的评价，会给司法人员更好地履行职责，注入良好的源泉和动力。因为法律并不单是司法人员的法律，而是全体公民的法律。“法要容情”，体现包容、大度。要使案件办得得体、到位和公正，司法人员应广泛听取对涉案问题正面和反面、积极和消极的多种不同意见。只要对案件的认定能起到帮助、指导和矫正作用，就应当虚心听取，合理吸收和采纳有益因素，化解和融通消极因素。否则，案件质量就会

失去普遍意义，法律的适用也会失去社会基础。就司法机关而言，有利于提醒其正视具体案件中可能遇到的特殊情况，对正确适用法律作出积极的反应。

（二）依据事实、证据和法律研讨有争议性的问题

一是应事先吃透案情，弄清来龙去脉，把握焦点问题。是有罪还是无罪，是此罪还是彼罪，是罪重还是罪轻，适用法律正确与否，等等。二是制作审查案件情况的汇报提纲。主要分为：案件性质、案件来源和诉讼过程、判决的简要经过。当事人、被告人的基本情况、犯罪事实及相关证据情况；说明需要研究、解决的主要问题。比如是管辖问题、证据问题、定性问题，还是案件事实的认定问题，等等。现有几种不同意见和承办人最后的倾向性意见及理由。三是汇报、讨论好案件。指定专人承办，部门负责人审定，集体讨论研究，报检察长审批。研讨有争议、有影响的案件必须事实清楚，证据充分，否则就没有实质上的意义。情况失实就可能导致讨论结果的错误。因此，研讨前务必准备充分，在法律文书的文字综合和语言表达能力上下功夫。汇报案件应突出证据意识，做到条理清晰，层次分明，使人听起来“顺”，能明白怎么回事。便于发挥集体智慧，准确为案件“会诊”“确诊”。这样才能取得实实在在量的积累和质的收获，使案件办得扎实、有效。

（三）依照法定程序，严格审查把关

认真搞好审查批捕和审查起诉工作，加大对审判监督和对刑罚执行监督力度，提高法律监督能力和水平。充分发挥业务处、检察委员会的职能作用，确保对案件定性、事实和证据及法律适用上认识的一致性和排他性。坚决排除非法证据，保证证人按时出庭作证，及时发现和纠正证据不当或者适用法律不正确及判决、裁定错误问题。各级检察院对所办理的案件进行认真自查；上级检察院对下级检察院所办理的案件进行严格审查；对法院的判决、裁定进行监督审查；通过受理和审查举报、控告、申诉中发现问题；等等。

（四）完善制度遏制刑讯逼供

深刻的教训表明，许多错案发生的根源在于“屈打成招”，主要是少数办案人员漠视人权，采取非法途径甚至令人发指的手段对待犯罪嫌疑人、被告人获取证据，并非是犯罪嫌疑人、被告人的真实供述，而是在经不住肉体折磨和精神压力下，被迫作出虚假供述的。因此必须从根本上消除用刑讯逼供取证这一顽症模式。具体措施包括：坚持实行讯问实行同步录音录像制度；确立侦押分立制度，即负责案件侦查讯问的机关与羁押犯罪嫌疑人的机关应分别设立；

强化检察监督，通过建立被羁押人员接受讯问前后身体检查等制度，将检察人员对监所内的侦查人员讯问活动的监督得到根本落实。

（五）建立错案责任追究工作机制

对于错案的发生，应当准确分清是非，界定责任。错案、瑕疵案件的责任分为全部责任、主要责任和次要责任。根据责任人承担的责任，有管辖权的检察机关应依据《检察人员纪律处分条例（试行）》，给予相应的处分。

其他篇

检察视角下小产权房的困境及治理对策

——以大连市甘井子区为例

大连市人民检察院课题组*

小产权房问题是房地产领域的热点问题，目前已经陷入了两难困境：一方面政府无法将存量小产权房合法化，因为与现行法律规定和政策相违背；另一方面，涉及重大民生保障问题而不能轻言取缔。寻找解决小产权房的对策是政府部门和学术界当前都必须直面的问题。大连市甘井子区处于城乡结合部，检察机关在调研中发现辖区小产权房问题突出，遂成立课题组，努力在检察视角下思考小产权房的困境和治理对策。

一、甘井子区小产权房的基本情况

（一）小产权房的数量及分布

本文所称小产权房系指在农村集体土地上开发建设的，因未缴纳土地出让金，而无法获得国家有权机关颁发房产证的房屋、建筑。小产权房需符合两个条件：一是所占土地性质为农村集体土地；二是未缴纳土地出让金、未获得国家有权机关颁发的产权证。

（二）甘井子区小产权房的类型及成因

调研发现，甘井子区的小产权房主要有四类：

---

* 课题组成员：林徽，1960 年出生，男，大连市甘井子区人民检察院检察长；洪雅军，1972 年出生，女，大连市人民检察院研究室副主任；于政文，1968 年出生，男，大连市金州区人民检察院纪检组长；刘传涛，1974 年生，男，大连市人民检察院民事处副处长；张胜男，1982 年生，女，大连市人民检察院行政处主任科员；王禹，1977 年出生，女，大连市甘井子区人民检察院研究室主任；刁鹏飞，1991 年出生，男，大连市甘井子区人民检察院研究室科员。

1. 集体土地上农民的集资楼类型的小产权房。20 世纪 90 年代起，因甘井子区不再对农民的宅基地进行单独审批，而是为有需要的农民集中提供集体建设用地，由农民集资进行施工建设，即“集资楼”。如南关岭村和姚家村，辖区内小产权房均为彼时大连市政府“小城镇化”规划建设中所盖的集资楼。此外，其他街道下辖各村也存在同类情形。

2. 村改居等区、街道统一规划、统一安置形成的小产权房。城市化进程中，农民统一上楼作为“农转居”工作内容之一，使很多原来拥有自家宅基地上独立房屋产权的农民变成了不再拥有房屋产权的“市民”。以小辛村为例，根据政府文件精神和指示，于 2001 年建成小区总建筑面积 14 万平方米，由于当时是边盖楼边办手续，程序滞后于建设进度，完工后，因机构调整，后期的相关手续未能及时办理，导致 1200 多户动迁居民已住楼 10 余年，尚未办理产权证。还有因基础设施建设等整村规划、搬迁回迁的住房中大部分为小产权房，如沙岗子村的“周转房”。

3. 村集体、村民个人自行开发或与开发商联合开发出售所形成的小产权房。面对房价的极速攀升，为了获得巨额的经济利益，一些村经济组织、村集体甚至村民个人联合开发商在集体土地上，甚至包括耕地上建设房屋用于出售，导致产生大量的小产权房。这种情况的小产权房在红旗街道的岔鞍村，营城子街道的大黑石村以及革镇堡街道的夏家河子村尤为严重。

4. 企业、个人在租赁的集体土地上建设厂房、别墅等形成的小产权房。这种形式的小产权房又分两种情况，一是 20 世纪 90 年代，村级企业为扩大生产经营而形成的厂房扩建、增加企业建筑面积等，如南关岭木材市场等企业扩建占地 200 多亩用于商业经营用地，既无证也无手续；另一种情况是钻政策的空子，在明知政策规定不准集体组织之外的成员购买集体土地上房屋的情况下，以租代购，租用农用地开发建设小产权房。如革镇堡街道前革镇堡村的蓝田山庄项目，即为租用农用地建别墅，面积达上千亩。

二、小产权房存在的问题

第一，小产权房的权利瑕疵使得所有者的相关权益难以得到法律的保障。由于小产权房无产权证，使得其让所承载的财产性权利难以实现，如处分、流转面临违规、违法困境，同时，与所有权息息相关的身份等方面的权利也受到阻碍，如子女落户与教育、物业费缴纳标准不一致等……小产权房的非法律性，也使得司法救济手段缺失，如当前对于小产权房问题引发的诉讼纠纷法院多不受理。

第二，小产权房的质量、相关配套设施的建设等存在安全隐患。农民集资楼以及村集体等联合开发商建设出售的小产权房，因为没有获得土地使用权证、规划许可证等官方认可，其施工建设主体的资质以及建设过程中的监管均可能存在问题。楼体建材质量是否达标、配套设施是否齐全，消防安全、排污系统是否符合相关标准等都存在严重的安全隐患。

第三，小产权房，尤其是村集体、村民个人自建或联合开发商建设用于出售的小产权房影响统一规划、耕地保护和村民利益。首先，小产权房影响区域的统一规划和城市化进程，特别是企业、工业园区的小产权面积大，如按照有证房动迁，导致补偿资金压力过大；若如果不按标准补偿，双方无法达成一致，导致动迁不能或延迟。其次，小产权房极易造成国有资产的严重流失，包括直接税费的流失和间接资源的流失①。此外，村集体与开发商联合开发的楼盘不同程度存在暗箱操作，难以使村民的利益得到保障；为追求高效益又确保"耕地红线"②，有的村集体甚至把耕地划给开发商开发，把减少的耕地面积移至无耕种条件的荒地，使"红线"变"虚线"。

第四，小产权房的补偿标准难以界定，影响动拆迁、核发产权、土地流转工作的顺利进行。涉及动拆迁的小产权房，因缺乏统一补偿标准，极易引发上访等事件。以南关岭村为例，动迁中涉及政府"西拓北进"规划下的小产权房150多万平方米，动迁时按照国有产权标准进行了补偿；而涉及政府"小城镇建设"规划下的镇企业外迁形成的小产权房由于面积过大，无力按国有产权标准进行补偿，群众上访率高，工作难度巨大。在核发产权、土地流转等项工作中也存在同样的障碍。

三、检察视角下小产权房治理的思路及具体对策

（一）小产权房治理的思路

小产权房在当前政府推行权力清单制度、房地产登记制度改革、棚改、土地流转、核发土地林地产权等大的社会背景下，已到了急需解决的紧要关头，在治理思路上应坚持：顶层设计，限定时限；设定节点，分门别类；清理整顿，规范未来。

---

① 直接税费是指城市配套设施费、建筑安装税、土地增值税的减免；间接资源的流失是指因小产权房大部分是"多层建筑"，造成土地资源和空中资源的浪费。

② 耕地红线，指经常进行耕种的土地面积最低值。它是一个具有低限含义数字，有国家耕地红线和地方耕地红线。现行中国18亿亩耕地红线。2009年6月23日国务院新闻办公室举行新闻发布会，国土资源部提出"保经济增长、保耕地红线"行动，坚持实行最严格的耕地保护制度，耕地保护的红线不能碰。

1. 顶层设计，限定时限。

小产权房是全国性问题，非某个县、某个区政府部门能解决。须由国务院统领全国，开展全国范围内统一清理行动，划清政策法律界限，层层成立清理整顿组织，摸清底数，把握原则，在时限内解决现存所有小产权房问题。

2. 设定节点，分门别类。

小产权房的形成包含了20世纪90年代中后期政策性导向的历史因素、客观因素，也有21世纪初的利益驱动等现实原因、主观原因。因此，政府及相关部门对其进行规制和治理，既要从历史脉络出发，又要考虑现实社会环境，做到依据小产权房形成的实际情况设定时间节点、分门别类，或核发产权，或划归违建清理，区分处理。如甘井子区清理小产权房，建议第一个时间节点为20世纪90年代中后期。例如当时为整合用地发展工业，在集体土地上兴建集资楼，如大连湾街道棉花岛村，引进中国一重（大连）有限公司中国第一重型机械集团公司项目，为此安置农民统一上楼，至今未获得独立的产权证；第二个时间节点为2001年至2007年。甘井子区进入城市化全面推进时期，开始大规模旧区改造、村改居等工作，用于改善村民居住的“周转房”、“旧改房”、回迁房大批建成。第三个时间节点：2008年以后。为了获得超高的经济利益，建设开发用于出售的商品住宅楼房、别墅区等。应细划三个时间节点，区分小产权房类别，分类处理。

3. 清理整顿，规范未来。

在处理机制方面，可以采取以行政行为主导方式，争议解决引入法院审理机制，发现职务违法犯罪提交纪检和检察机关处理。在处理结果上，应该根据分类，分别给予核发产权、政府收购改变房屋性质做动迁安置棚改房屋、政府给予补偿清理、无偿铲除违章建筑等具体措施。通过清理整顿，制定制度规范和标准，使以后有关小产权房问题有法可依，有章可循。

（二）小产权房治理的具体对策

1. 由政府主导治理行为，纠正懒政怠政。

懒政怠政的本质是行政不作为，具有隐蔽性、欺骗性和危害性。以调研中的小产权房形成的原因来看，每一类小产权房的背后，都存在不同程度的懒政怠政因素。以集资楼和安置住宅楼为例，除政策主导外，主要还是个别行政部门或个人懒政怠政的原因而致，如果当时相关部门能够做到依法行政，关键环节盯紧跟进，部门负责人或权限变更时做好政务的交接，就不会存在该类小产权房了。

在解决小产权房问题上，个别政府部门工作态度不积极，推诿敷衍，或是管理手段不力，对违法问题采取的措施唯罚款论，给违法者造成“有钱就能把事摆平”的错觉，客观上助长其造成更大的危害。如面对在建小产权房，土地资源管理、规划、工商等部门在相继进行罚款的“软”处罚后，缺乏从根本上抑制小产权房的“硬”手段，导致很多开发主体在多次被处罚（罚款）后，继续建设完工。多年来形成的顽疾，需要政府及相关部门的共同努力，以直面矛盾的勇气，做到动真格，以实际行动展现治理小产权房的决心和勇气。同时，对个别部门、个别人员懒政怠政的现象要严肃处理。

2. 查处小产权房问题背后的职务犯罪。

小产权房问题之所以产生并逐渐演变为影响房地产市场秩序乃至社会发展的棘手问题，原因是多方面的，但地方政府相关行政执法部门的履职不力，不作为、滥作为，甚至是从中收受贿赂为小产权房的开发建设开绿灯等行为，危害不容小觑。党的十八届四中全会通过的《中共中央关于全面推进依法治国若干重大问题的决定》中指出“检察机关在履行职责中发现行政机关违法行使职权或不行使职权的行为，应该督促其纠正”。具体到小产权房问题的解决中，检察机关对行政执法机关的法律监督一方面表现为通过检察建议等提醒督促其不要慢作为、怠作为，为其行政执法行为提供拉力；另一方面则体现为对其失职渎职等滥作为、不作为及贪污贿赂行为等进行查处和打击，为依法行政、规范执法提供推力。

（1）深挖“非法占用农用地”等刑事犯罪背后的职务犯罪。对小产权房占地建设过程中各审批环节进行审查，对构成职务犯罪的依法查处。

（2）加大对行政执法部门“以罚代刑”监督力度，对行政机关在小产权房执法中涉嫌玩忽职守犯罪的案件严肃查处。

（3）对村集体联合开发商建设小产权房并出售，从中获取高额利润的，严查运作过程中村干部是否存在受贿、开发商是否存在行贿犯罪。

3. 把握公平正义原则，兼顾各方的合法利益。

对小产权房治理要坚持公平正义原则，归根结底是权利、责任的合理确定与划分。小产权房问题涉及的利益主体包括：集体经济组织成员（简称村民）；村集体组织（简称村委会）；土地行政管理等部门为代表的地方政府；国家；非集体经济组织成员（包括城市居民、外来者等）；房地产开发商。依据公平原则，分析不同利益主体对小产权房的权利和责任，在此基础上确定责任承担的主要框架：

对于农民集资楼类型的小产权房，以及统一规划、统一安置形成的小产权房，其出现的根本原因在于国家政策，实属社会发展过程中不能预期的事件，我们应当尊重历史发展和人类认知事物的规律，正视其存在，并由政府主导解决，应尽快为此种类型小产权房所有者办理有效的产权证明，维护其合法权利。虽然村民不应承担任何责任，但对于统一安置的村民确实获得了增容、改善居住条件等实惠，做出一些利益牺牲也有合理性。

对于村集体、村民个人自行开发或与开发商联合开发出售所形成的小产权房，应本着“谁建设、谁负责”的原则，由开发建设的村集体、村民、开发商承担责任，但按照《中华人民共和国城乡规划法》的规定、国务院《关于严格执行有关农村集体建设用地法律和政策的通知》，已经明确对农村集体土地用地实施“规划许可”，并禁止城镇居民到农村购买宅基地农民住宅或小产权房，因此，2008 年以后的小产权房建、售、购环节都存在违规、违法成分，而地方政府也存在查处不力，监管失职之责。据此，联合建设者负主责、购买者负次责，承担按份责任，而政府则负补充责任。

对于企业、个人在租赁的集体土地上建设厂房、别墅等形成的小产权房，因为法律明确规定建设用地的审批制度和不得擅自改变土地使用性质，其主要责任应由建设者承担，与建设者签订租赁协议的村委会，也应因疏于对使用土地的方式进行限制而承担责任。但囿于当时的历史条件，政府当时以默许的形式鼓励无经济来源的各村自谋经营，搞活经济、增加收入，因此地方政府也必须要为当时的放纵行为造成的后果承担责任，给予适当补偿。

四、立法建议

（一）完善立法，赋予小产权房合法地位

赋予小产权房合法地位，因其存在具有合法性。根据《宪法》第 10 条规定，国家和集体都是土地的所有者，土地的使用权可以依照法律规定转让。由此得出，集体土地所有权与国有土地所有权在宪法上应当是平等的，集体土地与国有土地使用权的转让也应当是平等的。我国现行《土地管理法》、《城市房地产管理法》等法律将《宪法》第 10 条所规定的土地使用权限制解释为国有土地使用权，有违宪之嫌。因此，在加强对小产权房各种违法违规现象进行法律打击的同时，国家必须加快小产权房法律问题解决的立法进程。笔者建议，立法层要充分考虑社会各阶层利益，在法律上明确集体土地使用权同样可依法转让，转让的形式应包括出让、转让、出租、抵押、作价入股等，在此基础上规定详细的流转方式和程序，严格限制可转让土地的范围，让农民真正的享有土地所有权、收益权和处分权，从根本上赋予适格的小产权房合法地位。

（二）城镇居民购买农民房屋合同无效值得商榷

2008 年 12 月，最高人民法院发布《关于为推进农村改革发展提供司法保

障和法律服务的若干意见》（法发［2008］36号），要求各级人民法院对改变土地集体所有性质、改变土地用途、损害农民土地承包权益的流转行为，要依法确认无效。对违反法律、行政法规以及相关国家政策的宅基地转让行为，以及其他变相导致农民丧失宅基地使用权的行为，应当依法确认无效。自此，各地法院大部分将城镇居民购买农村房屋包括小产权房买卖合同认定为无效合同。这个规定本意是保护农民的权益，但是随着近年农民社会保障与城市居民的逐渐趋同，此规定反而成为影响农民利益实现的障碍，农民的房屋没有城里人购买就失去了市场，失去了城乡二元的正常流动。此规定也与《物权法》精神相悖，村民建造房屋，买卖住房都是合法的，只是在未经登记的情况下，不发生物权变动的效力，但买卖合同本身是成立并生效的，如果强行认定合同无效，有违当事人意思自治民法理论。

（三）建立土地市场，规范农村集体建设用地使用权流转秩序

建立城乡统一的建设用地市场，是农村集体建设用地使用权有序流转和与国有土地同权同价的基础。农村集体建设用地入市流转，为的是优化资源配置，提高土地利用效率和产出率，只要把握好集体建设用地流转与保护耕地的关系，防止出现为了追求经济效益而侵蚀耕地“红线”的倾向，政府不是资产者代表，就不应参与、干涉当事人之间的交易行为。但政府需要完善相应的配套制度，如产权登记制度、价值评估制度等，对流转过程尽到监管义务。与此同时，自愿公平是农村土地流转中需要把握好的基本原则。因为农民和集体组织是土地产权的主体，因此必须尊重农民意愿，在把转让、入股等完整土地权能赋予农民的同时，必须建立起完善的制度保障，建设公开透明的流转交易程序，万流归宗，使小产权房纳入市场化、法制化轨道，使农民的土地等财产权利切实得到保障。

参考文献：

1.《中共中央关于全面推进依法治国若干重大问题的决定》。

2. 关于小产权房问题处置的政策建议，国务院发展研究中心《调查研究报告》，2010年第177号。

3. 房地产蓝皮书谈小产权房的处置：《区别情况分类处理》，载《中国新闻网》2014年4月29日。

4. 梁爽：《根治小产权房需制度创新》，载《房地产业》2015年第3期。

5. 专家：《小产权房问题应该逐渐区别对待分别处置》，载《人民网》2014年4月29日。

6. 刘英团：《小产权房治理应避免“一刀切”》，载《人民法院报》2013年12月26日。

7. 参见《华生再答周其仁教授的批评——小产权房合法化，会不会天下大乱?》，载 http：//www. eeo. com. cn/2014/0627/262675. shtml。

8. 罗肖：《推行权力清单制度重在“制度”二字》，载《光明日报》2015年3月25日。

9. 于宏伟：《推行权力清单是政府依法履职的基础》，载《人民网－理论频道》，2015年1月22日。

受贿罪中退交收受财物的法理解读和司法认定

陈　洁　肖艳芳*

我国《刑法》第385条对受贿罪进行了规定。所谓受贿罪是指国家工作人员利用职务上的便利，索取他人财物的，或者非法收受他人财物，为他人谋取利益的行为。

2007年最高人民法院、最高人民检察院出台的《关于办理受贿刑事案件适用法律若干问题的意见》（以下简称《意见》）第9条第一款规定："国家工作人员收受请托人财物后及时退还或者上交的，不是受贿。"这一司法解释为受贿罪的认定提供了一定的标准，但是理论界和实务界对这一司法解释的理解仍然存在着较多的分歧，伴随着对惩治腐败和与之相关的受贿犯罪的打击与惩处，如何准确、细致、合理地解读此条文就显得十分迫切与重要了。

一、关于对收受财物及时退交行为的法理解读

《意见》第9条第一款对于收受财物后及时退交行为不是受贿的规定是司法解释，而此司法解释是对刑法的解释，其解释的范围应当在刑法所明确的内涵中作细致性的说明，而不能脱离刑法作扩张性的解释，否则就违背了罪刑法定的基本原则。因此，对于《意见》第9条第一款规定内容的理解也应当基于刑法对受贿罪规定的犯罪构成要件，而不能置罪名的法定要件于不顾，对司法解释进行独立性理解。

（一）收受财物及时退交行为只能限定于不构成受贿罪的行为

收受财物及时退交行为只能限定于不构成受贿罪的行为，也就是说只有不符合受贿罪构成要件的行为才能认定为收受财物及时退交不属于受贿。我国

---

* 作者单位：吉林省人民检察院。

《刑法》规定受贿罪是指国家工作人员利用职务上的便利，索取他人财物，或者非法收受他人财物，为他人谋取利益的行为。受贿罪侵犯了国家工作人员职务行为的廉洁性及公私财物所有权。受贿罪严重影响国家机关的正常职能履行，损害国家机关的形象、声誉，同时也侵犯了一定的财产关系。受贿罪在主观方面表现为故意，目的是非法占有公私财物。在客观方面表现为利用职务便利，索取他人财物，或非法收受他人财物为他人谋取利益。可见，受贿罪的犯罪行为分为索贿与收受贿赂，下面就从这两种受贿行为来进行分析。

1. 索贿行为不适用《意见》第 9 条第一款规定。

索贿行为因其主观上具有明显的受贿故意，即便贿赂后退还或者上交的，依然能够成受贿罪，因而不得适用《意见》第 9 条第一款。索贿行为因行为人在其实施接受财物之前的索贿行为时已经有受贿故意，接受财物时就成立受贿罪，故索贿不适用《意见》第 9 条第一款的规定。受贿罪所侵犯的犯罪客体包括国家工作人员职务行为的廉洁性，行为人在履行职务行为时，索取财物的，就侵害了职务行为廉洁性，同时具备了受贿罪的主观故意，所以行为人如果索取贿赂，即便日后主动退还或是上交的都不影响其受贿罪的认定，对于其主动退还或上交财物的行为只能作为量刑情节加以考虑。因此，索贿行为作为受贿罪中受贿主观故意明显，且严重损害国家工作人员职务廉洁性的犯罪行为，是必须要排除在《意见》第 9 条第一款规定之外的。

2. 不具有受贿故意的收受财物行为可认定为不是受贿。

《意见》第 9 条第一款规定意在区分罪与非罪，目的是为了将不构成受贿罪的特殊情形以司法解释的形式明确下来，而不是将已经构成受贿罪的行为因具备了某些条件而不作为犯罪处理。因此，《意见》第 9 条第一款“不是受贿”的规定，并不是说“收受财物后及时退还或者上交的”构成犯罪，但不追究刑事责任，而是指收受财物行为本身并不符合受贿罪的犯罪构成。行为人只有在主观上不具有受贿故意的情况下，在客观上因为某些原因收受了财物的才符合《意见》第9条第一款“不是受贿”的规定。有学者指出，《意见》第 9 条第一款包含两种情形：一是收受他人财物并不具有受贿故意的情形；二是虽有受贿故意但基于刑事政策的理由而不以受贿罪论处的情形。① 还有人指出：“司法解释认为收受财物后及时退还或者上交不是受贿罪的根本理由，是根据《刑法》第 13 条规定的情节显著轻微危害不大的，不认为是犯罪，从而认为该行为不是犯罪。将这种行为不认为是受贿罪，有利于鼓励国家工作人员

① 李建明：《收受他人财物后退还或者上交时受贿罪构成的影响》，载《人民检察》2007 年第 16 期。

悬崖勒马，及时自行纠正错误，正所谓在犯罪的道路上架设一条后退的黄金桥。”① 但这些观点都违背了罪行法定原则，误读了该意见的精神，在法学理论和司法实践上都是说不通的，一是《意见》第 9 条第一款明确规定的是“不是受贿”，这绝不能理解成虽然构成受贿罪，但情节显著轻微不以犯罪论处，或者构成犯罪但免予刑罚处罚。索贿及具有受贿故意的收受财物行为已经构成受贿罪就不能将其非犯罪化，更不能借用刑事政策的理由，将有罪变为非罪。纵然刑事政策对刑法的制定确实具有指导作用，但对于已经制定的刑法，刑事政策就只能在刑法已经规定的范围内起作用，而不能高于刑法的效力作出违反刑法规定的指导性解释。同时，我国《刑法》分则对受贿罪构成进行了明确的限制，司法机关不能轻易将符合刑法规定的犯罪构成的行为不以犯罪处理。否则，就会违反了罪刑法定原则，严重损害刑法作为成文法的地位，也势必会导致司法权的适用无标准化甚至是滥用。二是在目前反腐败斗争形势非常严峻的情况下，运用刑事政策将刑法明文规定的受贿行为作为无罪处理，就更不合适了。在受贿罪等职务犯罪既普遍且严重的背景下，在司法解释原本旨为严厉惩罚受贿罪的情况下，将《意见》第 9 条第一款的规定扩大至已经构成受贿罪的情形，恐怕并不符合刑事政策的本意。三是《刑法》第 13 条但书的适用条件是苛刻的。《刑法》第 13 条但书虽然是对犯罪构成的例外性适用，但这种例外性适用并不是无限制地通用的，不能认为任何犯罪都可以无条件地通过但书条款逃避刑法制裁，否则刑法将毫无威慑力可言。例如，对于包括受贿罪在内的有明确量刑数额的犯罪而言，如果犯罪行为已经达到了刑法所规定的可以追究刑事责任的数额，那么是不可以轻易通过但书条款来免除其刑事责任的，况且受贿罪的起刑点目前依然较高，所以当行为人在具备受贿犯罪故意的情况下收受了达到可以追究刑事责任数额的财物后，就应当作为犯罪处理，而不能滥用但书条款视为不构成犯罪。

（二）符合不是受贿的退交行为应具备的条件

国家工作人员收受请托人财物后及时退还或者上交的，不是受贿。要判定收受财物及时退交的行为不构成受贿罪的，需要具备以下几个条件：

1. 主观上不存在受贿故意。

受贿罪的客体是国家工作人员职务的廉洁性；主观方面是故意，即主观上有主动接受请托人财物、非法占有请托人财物的受贿故意；客观方面表现为利用职务上的便利或利用与职务有关的便利条件等。罪刑法定原则中的“法”

① 何显兵：《论收受财物后退还或者上交的认定》，载《河北法学》2012 年第 3 期。

是指由国家立法机关制定的成文法，而不包括司法解释。司法解释是对刑法有关条文立法含义的解释，司法解释应当与刑法的立法本意保持一致而不能相背离。因此，《意见》第9条对受贿行为与收受财物及时退还行为的有关规定，也应当是在遵从刑法有关受贿罪犯罪构成要件前提下的规定。因而《意见》第9条第一款规定的收受财物及时退还行为，主要是指客观上虽然收受了他人财物，但行为人主观上并无受贿故意且主动及时地退交所收财物的一类行为。此种行为因行为人主观上没有受贿故意，即没有接受和非法占有请托人财物的故意，在犯罪客体上也没有侵犯国家工作人员职务的廉洁性，故不符合受贿罪的主观和客体要件，不构成受贿罪。

2. 客观上存在合理的阻却事由。

《意见》第9条第一款规定的收受财物行为之所以不构成受贿罪，就是因为收受财物的行为人主观上不具有受贿故意而客观上却收受了请托人的财物，那么就需要客观上存在一些合理的阻却事由，从而使这一情况得以发生。根据司法实践掌握的情况，这些阻却事由一般包括以下几种情况：

一是请托人强行留置给付财物，国家工作人员虽明确拒绝但是无法当场拒收的。比如请托人来到国家工作人员的办公室，在表明给付财物的意愿后，国家工作人员明确表示拒绝收受，但请托人将财物放下后便转身离开，此种情况下，国家工作人员虽然表明了拒收财物的本意，但是面对请托人放下财物后突然离开的情况，国家工作人员不便立刻追出去退还财物，可以及时将财物上交或是稍后主动将财物退还请托人。

二是请托人将大额财物伪装成价值十分微小的普通礼品，足以让人误以为是无法构成受贿的情况。例如，请托人将支票塞在价钱并非昂贵的烟盒内交给国家工作人员，国家工作人员以为只是普通礼品便收下了，直到许久后才偶然发现并及时主动退还或是上交的，可以证明国家工作人员没有受贿的主观故意，该种情况可以视为阻却事由。

三是请托人在交付财物时，国家工作人员内心确实拒绝，但是因为某些原因不能当场拒绝或是不便拒绝的，国家工作人员在事后能够及时退还或是上交的可以证明其没有受贿的故意。例如，请托人在国家工作人员的办公室欲给其送财物，国家工作人员明确表示拒绝，但此时有人敲门进来，请托人便趁机将财物放下离开，该国家工作人员因有其他人在场，就不便拒绝和推搡只得先收下后再行处理。如果该国家工作人员随后将财物退还或上交的，亦可视为无受贿的主观故意。

四是请托人通过邮寄等方式直接将财物送达至国家工作人员，国家工作人员被动接受的情况。例如，请托人事先表达过欲送财物给某国家工作人员，在国家工作人员明确拒绝后，请托人通过快递将贵重的财物邮寄给国家工作人员，国家人员在接受后及时将财物上交或是退还请托人的。此种情况下，国家工作人员被动接受财物，又能及时将财物退交的，可以认定主观上不具有受贿的故意。

五是请托人在国家工作人员不知情的情况下，将财物交给国家工作人员的家属等有特殊关系的人，国家工作人员知道后及时将财物退交的，也属于不构成受贿的阻却事由。但国家工作人员的家属或其他有特殊关系的人收受财物，此种情况涉及利用影响力受贿，在司法认定中也确实存在很多问题，在这里不多加论述。

3. 存在实际的退交行为。

国家工作人员在不具有受贿故意的情况下收受了请托人的财物，必须同时具有实际的退交行为，才能认为不构成受贿，如在收受财物后，客观上并未实施退交行为，则应当认定为其在收受财物后产生了受贿的故意，应当构成受贿罪。同时，退交的时间应当是“及时”的，只有及时退交，才能充分证明收受财物的国家工作人员在主观上不具有受贿的故意。

二、收受财物及时退交行为的司法认定

在司法实践中，退交收受财物的行为人是否构成受贿罪，要根据具体的情节来判断其主观上是否具有受贿的故意，因此，对于行为人退交财物各个细节上的考量就显得尤为重要，而争议最大的地方就是在司法实践中存在着不同的考量标准，所以如何正确、客观地评判收受财物后及时退交的行为对于认定行为人构成受贿罪与否是至关重要的。

（一）如何认定阻却事由

国家工作人员在收受财物的过程中只有存在真实、合理的阻却事由才能认定其收受财物的行为不具有受贿的故意。而阻却事由的真实性和合理性却是非常值得研究的细节性因素。

1. 阻却事由的真实性。

在办理受贿案件过程中，要仔细辨别阻却事由的真实性，明辨行贿人与受贿人之间的关系，通过认真的调查来识破某些行贿人与受贿人所精心设计的“伪及时退交财物行为”，让受贿行为无处遁形。主要可以从请托人与收受财物人的交往史、收受财物人在收受财物期间的生活和工作情况等方面进行认真地核查，从而准确地判断收受财物人所称阻却事由的真实性。例如，检察机关在调查某国家工作人员的受贿情况时发现该人在被调查前曾将一些贵重物品交

给一位请托人，该工作人员称此贵重物品是一位请托人此前通过邮寄方式送达的，因不愿让请托人受损失而未上交财物，只想找到请托人后将其退还，其直到近期才找到请托人地址，于是及时退还。作为案件的侦办人员，就要调查此国家工作人员与请托人的关系，他们之间是否曾经熟识、收受财物的人能否通过请托事项而知晓请托人的具体情况、请托人在收受财物人生活工作相关地区或管辖及涉及的某行业领域内的知名度和影响力的大小、收受财物人在收受财物前后是否做过曾惠及请托人的事情。综合种种细节考虑收受财物人是否真的很难找到请托人本人，从而证明收取财物人所称的阻却事由的真实性，进而判断此笔收受财物行为是否构成受贿犯罪。

2. 阻却事由的合理性。

阻却事由的合理性是指阻却事由是否能够客观有效地阻止行为人拒收财物，如果阻却事由并不能或是阻却事由的强度不足以阻止行为人拒收财物的，应当认定为受贿罪。例如，请托人将贵重财物伪装成价值微小的礼品赠与某官员的，某官员称误以为是不属于受贿范畴的小礼品而收下的。这就要调查这位官员此前是否有过类似的收受财物的经历，调查某官员是否能够明知这是伪装成小价值礼品的贵重财物、要调查请托人在送财物时是否针对财物的价值向某官员做过暗示以及某官员对暗示的反应、要调查请托人的请托事项的重要性、利害关系、可预期收益与赠送财物形式价值的等价程度等，从而判断在请托人伪装财物价值的情况下，收受人能否根据各种情况正确地判断出所受财物的实际价值或预估价值，进而评估该阻却事由的合理性，并为认定其是否构成受贿罪提供重要的参考。

（二）如何认定“及时”

可以说，在受贿犯罪的认定中，“及时退还”的争议最大，何为“及时”，是否应当有统一量化的标准，如果不需要设定统一的量化标准，那么又该如何把握“及时”的尺度，这些都颇有争议。首先，对于“及时”，是否有必要设置统一的量化标准呢？理论上有一种意见认为，可以借鉴《国家行政机关及其工作人员在国内公务活动中不得赠送和接受礼品的规定》，自接受礼品之日起1个月内填写礼品申报单并将其上缴指定的管理部门。[①] 在当前适用“两院”司法解释认定受贿犯罪的司法实践中，司法机关完全可以参照相应行政法规的规定，确定行为人及时退还、上交接受财物的具体时限。对于无正当理

① 邓维聪：《受贿罪中的及时退还财物之认定》，载《人民法院报》2007年11月1日。

由超过1个月才退还、上交财物，或者有足够证据证明行为人是为了“掩饰犯罪”才退还、上交财物的，均应确定为缺乏退还、上交贿赂财物的主动性和及时性，推定或者直接认定行为人具有收受他人财物的故意，如果财物数额达到规定标准，并且具备为请托人谋取利益的法律条件，自应按照受贿罪定罪处刑。① 对于此种观点，笔者并不认同，这里的“及时”不应当限定具体的时间期限，只要在合理的时间内，且能够表明国家工作人员主观上没有受贿罪的故意，就应当认定为属于“及时退还或上交”，从这个意义上说，司法解释使用“及时”这一术语是睿智的。②

那么，“及时”的认定标准又该是怎样的？笔者认为对于认定及时退还财物的性质而言，行为人在收受财物时只要存在真实、合理的阻却事由，并且在阻却事由消除后立即归还收受财物的则可以认定为及时退还。例如，在现实中请托人强行将财物留置在某国家工作人员家中，恰逢该名国家工作人员正欲赶往机场公出，虽被迫收受了请托人的财物，但因急于公出没有时间立即将财物退还或是上交，但只要因公外出结束后，该国家工作人员就即刻退交收受财物的，就证明其没有受贿的故意，属于及时退还，不能认定为受贿。因此，只要行为人在阻却事由消除后，将财物及时退还请托人或上交给相关部门，就应是“及时退还或上交”。同时，应当指出的是，在某些案件中，虽然保留所收受财物的时间较短，然而，如果能够查明具有明确的受贿故意，或者在阻却事由消失后却迟迟未上交、退还财物的，均应当认定为受贿。

（三）如何认定退交行为

1. 退交方式的认定。

退交行为应当是实际履行了的退交行为，即在收受财物后将收受财物退还给请托人或是上交有关部门，口头表示退还或是上交的不能认定为已经实行了退交行为，可视为在收受财物后产生了受贿故意，应按照受贿罪认定。

此外，如果行为人选择将财物上交，那么上交给哪个单位或者部门才能认定为是上交。一般来讲，国家工作人员收受财物后可将财物上交给上级、同级或是本单位纪检监察部门。在司法实践中存在这样一种情况，收受财物人将收受的钱款交给下属存入单位内部账户管理，此种情况是否构成受贿呢？这在司法实践中确实存在争议，笔者认为，严格来讲，不应当将上交于本单位账户或

① 游伟：《受贿罪司法解释适用中的疑难问题探讨》，载华东司法研究网。

② 于志刚：《关于收受请托人财物后“及时退还”的内涵解读》，载《山东警察学院学报》2008年第2期。

者小金库的行为，依照党纪、政纪的规定来处理；行为人因难以推却、退还等原因而收受他人财物的，应当上交于本单位纪检组、监察室或交由领导处理，如果直接上交于本单位账户或者小金库，不仅违反财经纪律，最为根本的是，贿赂款物直接上交于本单位账户或者小金库，容易使这笔款物直接脱离财经监管途径，可能滋生更多的腐败行为。因此，行为人将收受财物交给单位内部账户，如果款项实际上归行为人个人支配及使用就应当作为受贿处理。如果款项确用于单位公共性支出的，则不宜将此部分财物作为受贿处理。

2. 退交部分财物如何认定。

对于行为人在收受财物后，退交了部分财物的定性问题，笔者认为，行为人在收受财物时因阻却事由而无法拒收财物，因此行为人此时对全部财物在主观上均没有受贿故意，而在阻却事由消除后，行为人选择退交部分财物的，则行为人此时已经产生了对部分财物的受贿故意，受贿的数额以未退交的部分财物数额为准。

检察监督新领域、新方式研究

上海市人民检察院研究室课题组*

随着我国各项法律的不断完善，检察监督也在原有的基础上向新的领域拓展。2014 年 10 月 23 日，中共中央第十八届四中全会会议审议通过了《中共中央关于全面推进依法治国若干重大问题的决定》（以下简称《决定》），该《决定》对检察监督的领域和方式均提出了新的要求。① 其中，对部分行政强制措施的司法监督、对行政机关行政违法和行政不作为的督促纠正权以及公益诉讼制度，已成为近期公众热议的话题，也越来越受到社会各界的关注。检察监督的新领域在各个省市的进展和具体的制度改革方面，也各具特色，本课题将在归纳检察监督领域拓展的转型方向基础上，以上海市、江苏省为样本，围绕着对行政强制措施的司法监督、对行政机关行政违法和行政不作为的督促纠正、检察机关提起公益诉讼制度的完善这三个新的领域进行深入研究。

一、检察监督领域拓展转型方向之归纳

《决定》指出，完善检察机关行使监督权的法律制度，加强对刑事诉讼、民事诉讼、行政诉讼的法律监督；检察机关在履行职责中发现行政机关违法行使职权或不行使职权的行为，应督促其纠正。可见，检察机关对行政诉讼的监督，即“行政检察”是其中的重要一环。这是在“加强对刑事诉讼、民事诉讼、行政诉讼的法律监督”的基础之上，对检察机关履行“法律监督”职责

* 本课题系 2015 年度上海市哲学社会科学系列课题《检察监督新领域、新方式研究》阶段性成果。课题组负责人：陶建平（上海市金山区人民检察院代检察长，原市院研究室主任）；课题组成员：肖宁、万海富、王立华、蔡一军、王春丽、徐宏、张楚昊。

① 从《决定》的相关内容看，主要体现在以下七个方面：第一，对部分行政强制措施的司法监督；第二，对行政机关行政违法和行政不作为的督促纠正权；第三，检察机关提起公益诉讼制度；第四，司法机关的内部监督和司法人员的责任制度；第五，司法行政机关配合、制约机制的完善；第六，加强对刑事诉讼、民事诉讼、行政诉讼的法律监督；第七，完善人民监督员制度。

的领域拓展。《决定》还指出“完善对涉及公民人身、财产权益的行政强制措施实行司法监督制度。探索建立检察机关提起公益诉讼制度。”为检察机关完善对涉及公民人身、财产权益行政强制措施监督制度和督促行政机关履行职责，建立公益诉讼制度提供了政策依据。2014 年新修改的《行政诉讼法》进一步完善了行政检察监督，在监督范围、方式、权利以及程序方面都作了详细的规定。[①] 传统意义上，行政检察主要集中在检察机关对于行政诉讼判决的监督上，具体表现为抗诉制度，而根据新规定，行政检察监督不仅可以对行政诉讼判决进行监督，还可以对行政诉讼执行进行监督，针对发现的问题，检察机关可以根据性质和严重程度分别采取提出检察建议、支持起诉、督促起诉、提起行政公益诉讼、提请行政抗诉或发出再审检察建议、查处职务犯罪等六项措施。

（一）从权力单维制约权力到权力与权利双维制约权力转型

检察机关在刑事诉讼过程中行使的检察监督权，是宪法赋予的一项国家权力，在行政诉讼和民事诉讼中也是如此。行政诉讼，简单的来讲就是“民告官”，起诉权在民，是公民的一项重要权利。民事诉讼是解决平等主体之间的民事纠纷，起诉权在于权利的被侵害方，也是公民主张法益的一项重要权利。在行政诉讼和民事诉讼中，检察机关均不参与，但对于法院的判决、裁定、调解结果有检察监督权，这也是行使国家权力的一种表现。由此可见，传统的检察监督方式，无论是在刑事诉讼中，还是在民事诉讼、行政诉讼中，都是一种单维的权力制约权力模式。十八届四中全会提出“探索建立检察机关提起公益诉讼制度”，也就是说检察机关可以对侵害国家利益、社会公共利益的行为提起公益诉讼。比如在行政公益诉讼中，检察院认为行政机关的违法行政行为侵害了国家利益和社会公共利益，基于法律监督者的身份，可以以检察院自己的名义向法院提起行政诉讼。行政诉讼是个人、法人或其他组织认为国家机关作出的行政行为侵犯其合法权益而向法院提起的诉讼，也即民告官。检察机关

---

① 具体而言：首先，扩大了检察机关的监督范围，增加了对调解的监督，明确了不予受理和驳回起诉可以提起抗诉；检察机关还有权对行政案件的执行进行监督。其次，明确了检察建议的法律地位。《行政诉讼法》第 93 条规定地方各级人民检察院可以对同级法院的生效裁判有符合法律规定的情形的可以提出检察建议。再次，抗诉程序得到完善。新法明确规定了能够提起抗诉的情形，并且规定了抗诉的级别以及检察院提起抗诉的一系列审查期限和申请期限。最后，增加了检察机关调查核实的权利。修改后的《行政诉讼法》规定检察机关因履行法律监督职责提出检察建议或者抗诉的需要，可以向当事人或者案外人调查核实有关情况。

以自己的名义参加行政诉讼，其所属的地位就只能是行政诉讼中“民”的地位，因此检察机关在此所行使的不是国家权力，而是基于其法律监督者的身份形成的一种行政诉讼权利。其行政公益诉讼权利的行使，也属于对行政机关行政行为的一种有效监督方式。因此，检察监督领域的拓展，尤其是行政公益诉讼制度的不断完善，带来了一项新的检察监督类型，即权利监督权力。总而言之，我国的检察监督方式正在从权力单维制约权力向权力与权利双维制约权力发生转变。

（二）从事后性监督走向事后与过程相结合的监督

在刑事法领域，检察监督是一种贯穿刑事诉讼全过程的监督方式，但在民事法和行政法领域就不尽如此。根据《中国法律年鉴》数据显示，从 2011 年到 2013 年，全国法院对已生效的民事判决裁判再审审结的案件数量为 105408 件，人民检察院共提出民事抗诉 25993 件，提出再审检察建议 21086 件，3 年内再审后改判的案件数量为 7870 件，再审后发回重审的案件数量为 2446 件，再审后调解结案的案件数量为 5977 件。其中检察院提出抗诉或检察建议的案件占再审审结案件的 44.67%，由此可见，检察监督在民事案件纠错中占有很大的比重。然而，这些都是人民检察院对已经生效的判决、裁定提出的民事抗诉或再审检察建议。2012 年修改的《民事诉讼法》，加强了人民检察院对民事诉讼活动的法律监督。该法总则第 14 条规定，人民检察院有权对民事诉讼实行法律监督；分则第 208 条第一、二款规定，检察监督的范围是生效的判决、裁决和调解书。这所体现的仍然是一种事后性监督。在行政法领域，检察机关多数通过对行政诉讼监督实现对行政违法行为的法律监督。检察机关在对法院行政诉讼进行监督的同时，间接实现对行政机关的具体行政执法活动的监督。这种监督只能通过法院错误的生效裁判进行抗诉或发再审检察建议来实现。由此可见，在民事法和行政法领域，传统的检察监督主要是一种事后性监督。随着我国各项司法制度的不断完善，在民事和行政领域使得检察监督从事后性监督逐步向事后与过程相结合的监督转变。比如检察机关督促起诉制度，就是针对遭受损害的国有资产或社会公共利益，监管部门不行使或怠于行使自己的监管职责，检察机关依据宪法所赋予的法律监督权，督促有关监管部门履行职责，依法提起民事诉讼。这使得检察机关行使检察监督权的时间提高到起诉之前。因此，随着我国各项制度的不断完善，从事后性监督走向事后与过程相结合的监督，必将成为检察监督的转型方向之一。

（三）从非诉讼式走向诉讼与非诉讼相结合的监督

传统的行政检察监督的方法主要有提起抗诉、发送检察建议、纠正违法通知书和支持督促依法履行职能。抗诉是人民检察院对人民法院作出的判决、裁定，认为确有错误时，依法向人民法院提出重新审理要求的诉讼活动。抗诉可以分为两种，一种是按上诉程序提出的抗诉，即二审抗诉；另一种是按审判监督程序提出的抗诉，即再审抗诉，再审抗诉不受时间限制。检察建议是人民检察院为促进法律正确实施，在履行法律监督职能过程中，结合执法办案，建议有关单位完善制度，加强内部制约、监督，正确实施法律法规，完善社会管理、服务，预防和减少违法犯罪的一种重要方式。但是，无论是在抗诉还是在检察建议中，法院都不会以诉讼主体的方式出现，其检察监督的实现是一种非诉的方式，纠正违法通知书和支持督促依法履行职能更是如此。但是随着检察监督制度的不断创新，出现了一些以诉讼的方式实现检察监督权的路径，如行政公益诉讼。在行政公益诉讼中，检察机关是基于法律监督者的身份，以检察院自己的名义向法院提起行政诉讼的一种监督类型。在这种诉讼中，检察院所占据的是行政诉讼中原告的诉讼主体地位。由此，检察监督领域的拓展，也必将沿着从非诉讼走向诉讼与非诉讼相结合的监督方向发展。

二、检察监督领域拓展与方式转型的实证考察——以上海、江苏为样本

实践中，许多地方检察机关对行政违法行为的检察监督及参与公益诉讼等领域进行了一定的尝试与探索，并取得了有益的经验，但受制于法律依据缺乏，以及各种主客观原因的限制，无论是领域还是方法，这一时期各地的探索均存在较大差距，且发展相当不平衡。在党的十八届三中全会、十八届四中全会后，全国各地检察机关对如何建立健全行政强制措施司法监督、督促纠正行政违法行为和行政公益诉讼这三项制度，从实践操作、理论探讨及机制建设等层面，多角度进行探索，积累了有益的经验。2015 年 5 月 5 日，中央全面深化改革领导小组审议通过了《检察机关提起公益诉讼试点方案》。同年 7 月 1 日，全国人大常委会作出《关于授权最高人民检察院在部分地区开展公益诉讼试点工作的决定》，授权最高人民检察院在生态环境和资源保护、国有资产保护、国有土地使用权出让、食品药品安全等领域开展提起公益诉讼试点，试点地区包括湖北在内的 13 个省份。同时，依据《检察机关提起公益诉讼试点方案》，最高人民检察院选择北京、内蒙古、吉林、江苏、安徽、福建、山东、湖北、广东、贵州、云南、陕西、甘肃 13 个省、自治区、直辖市的检察

院开展改革试点。自2015年7月起开展改革试点，试点期限为两年。之后，被指定的13个省、市检察机关在法律授权下进一步探索，对行政执法检察监督开展了更加深入的实践。而未纳入试点的省市检察机关基本处于“待命”启动状态，原先的探索也基本被暂停，目前主要是对行政执法检察监督开展调研、论证，并起草相关文件的征求意见稿等，做好开展行政执法检察监督的准备工作。

至此，全国检察监督领域拓展与方式转型大致可以划分为两种模式，分别为试点模式和非试点模式。下面主要选择非试点省市的上海和试点省市的江苏为数据化考量的样本，对检察监督领域和方式的探索进行深入的实证分析：

（一）非试点模式检察监督领域拓展与方式转型的数据化考量——以上海为样本

近些年，上海检察机关一直关注督促起诉、支持起诉、检察建议等工作，以强化对行政执法活动的监督，来促进法治政府建设，也较好地发挥了检察工作对经济社会发展的服务和保障作用。从上海这些年的实践分析，反映出有限监督，有序推进，逐步构建多元化监督格局的特色。具体探索主要包括以下方面：

1. 有效运用督促起诉，促进行政机关依法履职。

例如，在2011年至2014年间，上海市各级民行部门共发出督促起诉类检察文书135件，为国家挽回经济损失11673余万元。其中：2011年度发出34件，为国家挽回经济损失1430余万元；2012年度发出75件，为国家挽回经济损失2890余万元；2013年度发出14件，为国家挽回经济损失6873余万元；2014年度发出督促起诉检察建议书12件，为国家挽回经济损失480余万元。在135件督促起诉文书中，针对行政机关发出的督促起诉检察文书43件，占31.9%；为国家挽回经济损失2368余万元，占20.3%。①

2. 结合多种监督方式，积极参与公益诉讼。

这些年，上海市检察机关不断尝试参与公益诉讼的实践，为推动公益诉讼发展提供了鲜活的实践样本。

一方面，通过督促起诉方式来参与公益诉讼。例如，2011年青浦区检察院受理了顾某某污染环境案，该案造成青浦主要河流淀浦河污染，导致西虹桥开发区徐泾水厂供水紧急停运，造成公共财产损失38万余元，后青浦区法院以环境污染罪判处顾某某有期徒刑一年，并处罚金人民币10万元，但相关受

① 上海市人民检察院研究室：《上海检察机关开展行政执法监督调研报告》。

损单位均未提起民事诉讼。区检察院经过大量的走访、调查，最终确定向青浦区河道水闸管理所等五家受损单位制发检察建议书，督促上述受损单位通过司法程序向顾某某追回经济损失。五家单位在收到检察建议后，相继向法院提起了民事诉讼，要求被告顾某某赔偿相关损失。该院就淀浦河水污染责任纠纷督促起诉检察建议案还获选全市民检精品案例。

另一方面，通过刑事附带民事诉讼方式参与公益诉讼。即检察机关在对犯罪案件提起公诉的同时，又代表国家或者集体经济组织提起附带民事诉讼，以保护国有资产。例如，2006 年嘉定区检察院在起诉杨某某破坏电力设备罪的同时，该院民事行政部门同时参与诉讼，通过提起附带民事诉讼的方式，要求杨某某赔偿电力分公司维修费，作为上海市检察机关首例刑事附带民事公益诉讼，并得到法院的判决支持。

3. 发挥检察建议作用，提升检察监督成效。

上海检察机关将检察建议作为履行法律监督职能的重要手段，以执法办案为依托，促进行政执法部门依法履职，并完善相关制度，从而提升检察监督的效果。据统计，仅 2009 年 1 月至 2012 年 5 月，上海市检察机关共制发检察建议 2904 份，收到回复 2189 份，回复率为 75.4%。其中向司法机关制发检察建议 888 份，占总数的 30.6%；向行政机关制发检察建议 570 份，占总数的 19.6%；向企事业单位制发检察建议 389 份，占总数的 13.4%；向其他单位制发检察建议 1057 份，占总数的 36.4%。例如，上海市检察机关就监外执行罪犯脱管、漏管等问题向公安机关、司法局和社区矫正机构制发检察建议，将数十名脱管、漏管的监外执行罪犯纳入监管，有效规范了社区矫正工作。检察机关反映的“非沪籍缓刑人员脱漏管问题突出”情况，经最高人民检察院转报后，全国还开展了缓刑人员脱漏管问题的专项检查。

4. 注重一类问题监督，督促依法行政。

上海检察机关在全国率先开展一类问题法律监督工作，经过多年的探索实践，已经形成了一些值得推广的做法。对于在执法办案中发现的规范执法行为、统一适用法律、实现执法平衡等方面存在的典型性、普遍性和导向性问题，检察机关通过向相关行政管理部门提出意见和建议，督促其纠正改进。一类问题监督提高了检察法律监督的层次，还提升了法律监督的权威性和影响力。上海检察机关开展的一类问题法律监督，范围涵盖了预防职务犯罪、规范行政执法、维护食品安全卫生、保障弱势群体权益、促进律师依法执业等诸多领域，促进了符合司法工作规律的类案监督工作机制的建立健全，也积累了一些对行政执法活动开展一类问题监督的典型案事例。① 2014 年 5 月，上海市检察院检委会还讨论通过了《上海市人民检察院关于加强一类问题法律监督的意见》，对一类问题的监督范围、监督重点、监督方式方法作出了明确规定。

2015 年 1 月 9 日，上海市检察院民事行政检察处专门下发的《关于慎重稳妥开展三项行政检察改革探索的通知》（以下简称《通知》），明确对于“完善对涉及公民人身、财产权益的行政强制措施实行司法监督制度”，“检察机关在履行职责中发现行政机关违法行使职权或者不行使职权的行为，应该督促其纠正”，“探索建立检察机关提起公益诉讼制度”三项重要改革任务，鉴于缺乏相关法律规定，各分院、基层院民行部门不得擅自决定启动相应程序。市院民行处将根据掌握的线索情况及高检院有关要求，适时开展三项行政检察工作探索。各分院、基层院民行部门可根据自身情况，开展先期调研、排查线索和申报试点等准备工作。② 之后，正如该《通知》所要求，上海检察机关对行政执法检察监督的具体实践被处于暂停阶段。

与此同时，上海检察机关对这项工作的重视度有增无减，并进行了大量的准备工作。《2015 年上海检察机关民事行政检察工作要点》③ 以及上海市检察院有关领导的重要讲话④均对此项工作给予高度重视。例如，2015 年 3 月 4 日下发的《2015 年上海检察机关民事行政检察工作要点》就要求上海检察机关要牢牢把握行政检察发展机遇，奋力开拓工作新局面，其中主要包括积极推进督促依法履行职责工作、探索提起公益诉讼制度、探索行政违法行为的检察监督，以及探索行政强制措施的检察监督。同年 7 月，上海检察院还下发了《上海检察机关探索开展行政执法检察监督指导意见（征求意见稿）》，向各级检察机关征询修改意见，为将来上海检察机关开展此项工作提供流程规范和制度保障。

（二）试点模式检察监督领域拓展与方式转型的数据化考量——以江苏省为样本

江苏省是高检院指定探索公益诉讼的省市之一。近些年，江苏省各地检察机关在检察监督的领域与方式上，积极探索，重点突出，并注重监督机制创

① 上海市人民检察院研究室:《上海检察机关开展行政执法监督调研报告》（内部资料）。

② 《关于慎重稳妥开展三项行政检察改革探索的通知》（沪检民〔2015〕1 号）。

③ 《2015 年上海检察机关民事行政检察工作要点》（沪检民〔2015〕2 号）。

④ 详见《周永年副检察长在全市检察机关民事行政检察工作会议上的讲话》（2015 年 3 月 2 日）。

新，取得较好成效，系被指定试点省市中探索较为成功的地区。据课题组调研，江苏省在检察监督领域和方式上的探索主要包括以下方面：

1. 积极探索公益诉讼，强化对重点领域的监督。

据调研，江苏省检察机关是较早建立公益诉讼制度、开展公益诉讼实践的地区之一。早在2009年，无锡市锡山区检察院即以民事公益诉讼人身份提起江苏省第一例环境公益诉讼案。之后，江苏省各地检察机关探索公益诉讼的力度不断加大，特别是对环境公益诉讼领域的探索，例如，泰兴“12·19”重大环境污染诉讼案判赔1.6亿元，还获评全国生态环境保护制度创新最佳事例。据统计，2011年以来，江苏省检察机关共办理各类公益保护类案件4295件，帮助挽回国有资产或公益损失30亿余元，有力地保障了国家和社会公共利益。① 这些案件涉及环境保护、国资保护、公共安全及消费者权益保护、古城和历史文化遗存保护及特殊人群权益保护等多个领域。② 2015年，江苏省被指定为全国探索公益诉讼的13个省市之一，同年9月，江苏省检察院确定南京、苏州、无锡、常州、泰州、盐城、徐州7个省辖市为试点地区，积极推进检察机关提起公益诉讼试点工作。

在民事公益诉讼方面，2011年至2014年间，江苏省检察机关共参与或办理公益诉讼类案件796件，有效维护了国家和社会公共利益。从这些案件类型分析，主要是集中于生态环境、消费者权益和特殊人群权益保护领域。其中，办理各类环境保护类公益诉讼418件，占民事公益诉讼案件总数的53%；办理公共安全及消费者权益保护类公益诉讼案件328件，占民事公益诉讼案件总数的41%；办理特殊人群权益保护类公益诉讼案件50件，占民事公益诉讼案件总数的6%，为2228名弱势群体维护合法权益金额共计6939.6万余元。从这些案件的办理方式看，其采取了多种方式与途径，主要包括：督促履行职责、督促起诉、支持起诉、开展公益调查以及直接提起公益诉讼等。③

在行政公益诉讼方面，江苏省各地检察机关也是积极探索，颇有成效。例如，仅在国有资产保护领域，江苏省各级院针对土地等国有资源出让转让、企

① 江苏省人民检察院：《以公益为核心积极探索　检察机关提起公益诉讼制度之路径》，载高检院民事行政检察厅编：《民事行政检察工作情况》2015年第7期（内部资料）。

② 《江苏省检察院确定七省辖市为提起公益诉讼试点地区》，载http://mt.sohu.com/20150920/n421618226.shtml，2015年9月30日访问。

③ 江苏省人民检察院法律政策研究室：《关于探索建立检察机关提起民事公益诉讼制度的调研报告》，载最高人民检察院法律政策研究室《检察研究参考》编辑部编：《检察研究参考》2015年第8期（内部资料）。

业改制、招标投标、征地拆迁等领域的国有资产流失现象，通过检察建议、督促起诉、支持起诉等方式，督促国有资产监管部门依法及时履行职责，追回受损的国有资产。2011 年以来，全省检察机关共办理该类案件 1450 件，帮助挽回国有资产损失 25.6 亿余元。

2. 注重环保领域检察监督，不断创新办案机制。

江苏省检察机关注重对环境保护领域的检察监督，并立足检察职能，不断创新办案机制，在服务生态文明建设方面发挥了积极作用。正如上文所提到的，2011 年至 2014 年间，江苏省检察机关办理的各类环境保护类公益诉讼案件占据民事公益诉讼案件总数的 53%。以常州市为例，2012 年至 2015 年 6 月，常州市检察院全程参与并指导基层院检察院民行部门办理环境公益类支持起诉案件 12 件，帮助国家挽回经济损失 2000 余万元。

江苏省各地检察机关在对环保领域执法的监督中，还不断创新检察监督的方式。例如，常州市检察机关在介入处理环保纠纷事件中发现，普通群众很难证明环境污染与自身利益受损直接相关，而环境保护行政执法部门受制于执法权限，打击侵权行为的力量明显不足。面对这些现实难题，常州市检察院作为牵头部门联合法院、环保以及高校科研机构成立课题组，在研究论证后，提出了“环境公益保护行政、民事、刑事三位一体”的思路，并着手构建运行环境公益保护新模式。2011 年 12 月，常州环境公益协会正式注册成立，成为江苏省首家符合公益诉讼原告主体资格的民间社团法人，确立了由协会作为原告、检察机关支持起诉的环境公益诉讼模式。再以无锡市为例，该市原先涉环保刑事案件由检察机关刑检部门办理，民事、行政申诉案件由民行部门办理，办案力量分散、信息沟通不及时，为此，2014 年 3 月，该市滨湖区检察院专门成立了生态环保检察室，统一办理涉及生态环保的民事、行政、刑事案件，全面整合检察资源，强化侦监、公诉、反渎、民行等部门在案件办理、线索移送等方面的合作，通过完善内部工作机制，形成打击破坏环境违法犯罪行为的合力。

3. 借助行政与司法衔接机制，督促行政机关依法履职。

由于行政与司法分属不同执法领域，江苏省检察机关有效借助行政执法与刑事司法网上衔接平台，加强与政府法制部门、行政执法单位的协调，实现网上信息共享，畅通合作渠道，拓宽行政违法线索的发现途径，提升行政执法检察监督工作成效。

以无锡市为例，该市检察院联合市公安局、市中级法院、市环保局、市监察局，共同建立环境行政执法与司法联动工作机制，实现环境保护行政执法与司法保障的有效对接，并定期召开联席会议，通报查处环境违法犯罪行为和联动工作情况，会商加强联动执法工作的意见和措施，部署联动执法检查工作，形成及时、快捷、高效制止和打击涉嫌环境违法和犯罪活动的工作机制。再以常州市为例，2014 年下半年，该市检察机关与市政府法制办正式会签《行政检察与行政执法监督工作相衔接的暂行规定》，从工作原则、职责分工、机制和平台的搭建以及具体工作要求等几个方面将衔接工作明确化、具体化。通过执法监督机制的衔接，监督力量的整合，改变了长期以来行政检察监督单兵作战、势单力薄的局面，实现了执法力量的增强、资源的共享和效果的双赢。

4. 探索行政执法检察监督，促进依法行政。

近些年，江苏省检察机关积极探索对行政行为的监督，同时注重构建行政执法检察监督的体系框架，为检察机关更好地履行行政执法监督职能，促进依法行政提供指导与依据。以常州市为例，从 2013 年到 2015 年 5 月，该市两级检察机关共受理行政执法检察监督案件 177 件。从监督对象上看，涉及全市 23 个行政部门，基本覆盖了行政管理的各个领域，虽然行政执法监督对象面广，但依然有所侧重，其中与百姓生活、社会公益密切相关的行政执法部门为重点监督对象。以督促履行职责为例，两年来共向行政机关督促履职 199 件，其中环保 26 件，工商 35 件，城管 5 件，税务 18 件，食药卫生监管部门 10 件、安监部门 53 件、司法行政部门 7 件，劳动仲裁委 15 件，占督促履行职责总数的 84.9%。从监督类型上看，既包括对行政机关怠于履行职责的监督，也包括对行政机关履行职责不当的监督。其中针对行政机关怠于履行职责的监督案件数量相对较多，为 182 件，占监督总数的 91.5%；针对行政机关违法履行职责的监督数量相对较少，为 17 件，占监督总数的 8.5%。从监督方式来看，检察建议是行政违法行为监督的主要监督方式，纠正违法通知书运用几乎为零，在行政执法监督过程中发现并移送犯罪线索的情形也不多。

三、检察监督领域拓展与方式转型的制度障碍

（一）检察机关拓展法律监督的立法依据不足

十八届四中全会提出探索建立检察机关提起公益诉讼制度，行政公益诉讼如火如荼地展开，但是我国目前立法情况却不容乐观。第一，对公益问题立法保护缺失。实践中，对于无直接利益关系的公益问题，大都是通过向行政、监察、检察机关投诉、举报等形式予以解决，立法上未提供诉讼途径救济。社会公益涉及每个个体的自身利益，这一点可以从近几年频发的环境保护、食品安全、消费者权益保护、国土资源流失、文化遗产流失等诸多社会问题上反映出来。而单单通过媒体爆光、相关部门监督等方式显然力度太小，侵害者不能得

到应有的惩罚，受害者不能得到及时的救济。第二，相关法条分散而缺乏可操作性。我国法律中，关于公共利益与公民利益保护的法条散落于《宪法》、《民法通则》、《环保法》及《行政诉讼法》等法律之中。规定都呈现原则化，对于权利的救济方式与渠道等操作层面问题并没有明确规定。其中，《行政诉讼法》作为行政诉讼最重要法律依据，时隔 24 年得到了首次修改，但在新法之中却对行政公益诉讼只字未提。

十八届四中全会还提出“深入推进依法行政”、“加强司法监督”等要求，具体到检察机关，最有效的方式就是加强行政执法和行政强制措施的检察监督，但是在相关立法方面却存在着诸多问题。第一，法律依据不够充分。在我国目前的法律体系中，宪法、法律、行政法规以及其他规范性法律文件对于行政执法和行政强制措施检察监督有所涉及。我国现行《宪法》第 41 条、第 129 条，《行政诉讼法》第 11 条、第 66 条，《治安管理处罚法》第 114 条第二款、第 116 条对法律监督有所涉及。另外，2001 年 7 月颁布的《行政执法机关移送涉嫌犯罪案件的规定》第 9 条、第 14 条，最高人民检察院 2001 年 9 月颁布的《人民检察院民事行政抗诉案件办案规则》第 2 条及最高人民检察院 2001 年 12 月颁布的《人民检察院办理行政执法机关移送涉嫌犯罪案件的规定》等规范性文件对行政执法和行政强制措施检察监督有所涉及。由此我们不难发现，虽然这类法律监督的相关法律依据在我国立法体系中有据可循，但这些零散的条款除了数量稀少之外，有些还存在偏重刑事诉讼程序法律监督，忽视行政法律监督的情况，相关立法情况并不乐观。第二，法律条文相互矛盾。考察我国整个法律体系，《宪法》赋予了检察机关法律监督地位，单行法律却又限制检察机关的法律监督权力。以行政机关执法适用比较多的《行政处罚法》为例，通篇未赋予检察机关法律监督权。有“母法授权，子法限权”之嫌。在实践中，与民事法律监督相比，行政执法检察监督开展并不顺利，这也与立法支撑不无关系。

（二）检察机关拓展法律监督依据的法律位阶较低

检察机关就法律属性而言，是专门的法律监督机关。法律监督权呈现着不断发展和丰富的趋势，特别是十八届四中全会以后，法律监督职能受到了空前重视，检察监督职能新方法和新领域的拓展成了重要的课题。但是，在全面推进依法治国的背景之下，法律监督权的行使必须依法进行。下面我们将对我国法律体系中现有的相关成文依据进行考察。

在行政执法监督和行政强制措施监督方面，除了《宪法》、《行政诉讼法》对检察机关的法律监督权进行了原则性规定之外，我们还找到一些具体制度。

全国层面，2012 年，国家工商行政管理总局、公安部、最高人民检察院《关于加强工商行政执法与刑事司法衔接配合工作若干问题的意见》，2007 年，国家环境保护总局、公安部、最高人民检察院《关于环境保护行政主管部门移送涉嫌环境犯罪案件的若干规定》；2006 年，监察部、最高人民检察院、国家安全生产监督管理总局《关于加强行政机关与检察机关在重大责任事故调查处理中的联系和配合的暂行规定》；2004 年高检院、全国整顿和规范市场经济秩序领导小组办公室、公安部联合发布《关于加强行政执法机关和与公安机关、人民检察院工作联系的意见》；2001 年国务院、最高人民检察院制定了《行政执法机关移送涉嫌犯罪案件的规定》和《人民检察院办理行政执法机关移送涉嫌犯罪案件的规定》；等等。地区层面，2010 年，上海市人民政府办公厅《关于认真办理司法建议和检察建议进一步规范行政行为的意见》；2008 年，湖北省人民检察院《湖北省检察机关民事审判行政诉讼法律监督调查办法（试行）》；2008 年，重庆市人民检察院、重庆市司法局《关于加强民事行政检察暨法律援助工作的协作意见（试行）》；2007 年，福建省环境保护局、福建省公安厅、福建省人民检察院《关于转发环境保护行政主管部门移送涉嫌环境犯罪案件若干规定的通知》；2005 年，重庆市高级人民法院、重庆市人民检察院《关于规范民事行政检察建议工作的若干意见（试行）》；等等。这些法律文件对行政执法监督、行政执法与刑事司法衔接工作提供了法律依据和运行程序。上述意见、规定在规范行政检察监督方面起到了一定的作用，但是经过分析我们不难发现，他们多由最高检单独或联合制定，有的甚至是地方性规定，国家立法机关制定的法律几乎没有，法律位阶明显较低，效力也比较局限，立法上的先天不足制约了检察机关对行政执法和行政强制措施方面的监督力度，对行政检察监督的发展十分不利。

再考察行政公益诉讼的法律依据。2014 年底，贵州省金沙县人民检察院起诉金沙县环保局一案正式立案，理由是“环保局怠于处罚逾期不缴纳排污费的企业”，这是我国首例行政公益诉讼案件。① 贵州省先行先试，制定了《关于创新环境保护审判机制推动我省生态文明先行区建设的意见》，明确国家机关、环保公益组织为了环境公共利益，可以依照法律对涉及生态环境的具体行政行为和行政不作为提起环境行政公益诉讼。顺应十八届四中全会要求，全国其他地区也纷纷效仿，制定了许多地区性规范性文件。如安徽省高级人民法院、安徽省人民检察院发布的《关于办理人民检察院提起行政公益诉讼案

① 庄庆鸿、杨梦晨：《环保局处罚排污企业不力遭检察院“官告官”公益诉讼》，载《中国青年报》2014 年 12 月 24 日第 03 版。

件适用法律若干问题的会议纪要》，广东省人民检察院通过了《广东省检察机关提起公益诉讼试点工作实施方案》，等等。但此类地方性法规法律位阶明显偏低，具有地区局限性。2015 年 7 月 2 日，最高检对外发布了《检察机关提起公益诉讼改革试点方案》，对检察机关在公益诉讼试点中的案件范围、诉讼程序等进行了明确，使检察机关提起公益诉讼有了全国性标准，但该方案属于最高检单独制定，对受理公益诉讼的法院及被诉行政机关的约束力仍无法保障。

（三）检察监督法律文书的效力不明确

目前检察机关使用较为成熟的法律监督文书主要有检察建议和纠正违法通知书。但在实际办案中，检察机关制发的法律监督文书往往难以取得良好的效果，检察建议和纠正违法通知书的监督方式面临被虚化的处境。以上海为例，截至 2015 年 8 月，检察机关对法院制发了 3 个再审检察建议，法院无一回函。检察监督法律文书的效力不明确主要表现在以下几方面：

第一，检察建议和纠正违法通知书的法律后果不明确。在法律和司法解释上，检察建议的操作依据多为检察系统内部的工作规定，而纠正违法通知书的主要法律依据是《刑事诉讼法》第 98 条、第 115 条等七处，以及《人民检察院组织法》有三处规定了“纠正意见”，但均未明确提及纠正违法通知书，更没有规定违反后的责任。与之相比较，苏联的检察机关发出的纠正违法指令和检察建议，相关单位则必须予以执行，并将相关结果限期报告检察长。[①] 我国的检察建议和纠正违法通知书因法律未规定违反责任，效力需要凭借受监督单位的“觉悟”来保障，在立法层面赋予法律监督文书明确效力势在必行。

第二，检察建议和纠正违法通知书的操作程序不统一。在我国现行的法律体系中，关于检察建议和纠正违法通知书的规定过于简单、笼统，对其适用范围、操作程序等关键问题没有明确的规定，以致检察建议和纠正违法通知书在司法实践中各地操作无法统一。检察机关业务工作由各个条线进行分别部署和指导，检察建议制发过程中的做法也不相同。由于法律未明确，两种文书的制发主体也未统一。以检察建议为例，有的以检察机关名义向建议单位发出，有的以检察院内部机构名义发出，甚至还有以案件承办人名义发出。在监督范围方面，纠正违法通知书的范围尚有据可循，但是检察建议的范围则因立法不明确而存在争议，其中，主要是结合执法办案发现的管理漏洞等问题提出针对性

① 陈建民、傅宽芝编：《检察院组织法比较研究》，中国检察出版社 1999 年版，第 398 - 399 页。

的改进建议，但也有的检察建议还包括追缴赃款，建议奖惩等事项，甚至有出现检察机关对不属于自己管辖的问题也向有关单位制发检察建议的情况。另外，在审批程序和文书格式等方面各地也不尽相同，需要立法进行规范。

第三，检察建议和纠正违法通知书的区分度较弱。当前在司法实践中，对于检察建议和纠正违法通知书两者之间并没有作出明确的区分和界定，主要依照司法习惯，检察建议可以对较多单位发出，而纠正违法通知书则通常向公安、法院等机关发出，因此，检察机关在向法院发出检察建议或纠正违法通知以代替抗诉权时，时而会出现彼此混用的问题。① 在对没有进入诉讼程序的违法行政行为采取检察建议或纠正违法通知的方式进行监督时，对两者进行明确的区分是十分必要的。

（四）检察监督新领域的范围界定模糊

在公益诉讼、行政执法监督和行政强制措施监督这三种检察监督方式中，检察机关对行政强制措施监督的范围较为明晰，检察机关提起公益诉讼的范围仍存在争议，而检察机关对行政违法行为的监督范围则显得过于模糊。

关于行政强制措施的范围，由 2012 年 1 月 1 日起实施的《行政强制法》进行了界定，范围包括限制公民人身自由、扣押财物等方式，最后以其他行政强制措施为兜底。而前文也提到，《决定》将检察机关进行行政强制措施监督的范围明确限制为涉及公民人身、财产的行政强制措施，为行政强制措施法律监督提供了较为清晰的监督范围。

而在公益诉讼方面，检察机关在试点过程中的案件范围能够在最高检《方案》找到依据，提出行政公益诉讼应重点针对生态环境和资源保护领域出现的行政机关违法行使职权或者不作为问题。但这仅仅是试点阶段的案件范围，检察机关提起行政公益诉讼的案件范围在理论界仍存在诸多的争议，有学者认为行政公益诉讼的范围应包括国有资产保护、国有土地使用权转让、生态环境和资源保护领域的相关行政行为②；有的学者则认为其范围应界定为国有资产流失案件、公害案件和其他损害国家、社会公共利益领域的相关行政行

---

① 陈为钢、顾文虎：《检察建议的基本理论问题》，载《上海政法学院学报》2009 年第 3 期。

② 石娟：《检察机关提起行政公益诉讼的范围和程序规范》，载《中国检察官》2015 年第 10 期。

为[①]；还有学者认为行政公益诉讼的范围应为损害公共利益的行政作为行为、损害公共利益的行政不作为和行政主体损害公共利益的抽象行政行为三个方面[②]，说法不一而足，有交叉之处，但却不尽相同。

再考察行政执法监督的范围，依据《行政诉讼法》，我国检察机关对违法行政行为的检察监督限于对具体行政行为生效裁决的法律监督，此类诉讼须由与该具体行政行为有“法律上利益关系”的行政相对人提起，此种监督属于事后监督。从某种意义上说，此种监督的对象不是行政行为，而是法院的裁判，不利于保护行政相对人合法权益，且这种监督的范围过于狭窄，属于间接方式，难以起到对行政违法行为的监督。除此之外，由于缺乏法律依据，实践中检察机关对行政行为的法律监督范围基本上被限制在对行政过程中犯罪行为的监督，即行政执法行为只有突破违法界限达到犯罪程度，才会进入检察机关的视野，检察机关会采用广义法律监督权中的职务犯罪侦查权来对构罪行政行为进行“监督”。而处于“合法行政”与“犯罪行为”之间的“行政违法行为”似乎处于法律真空地带，检察机关难行监督之实。《人民检察院民事行政抗诉案件办案规则》第八章规定，人民检察院可以向人民法院和有关单位提出检察建议，其中第48条规定，出现“有关国家机关工作人员、企业事业单位工作人员严重违背职责，应当追究其纪律责任的”“应当向有关单位提出检察建议的其他情形”时，人民检察院可以向有关单位提出检察建议。这是对行政执法检察监督的肯定，也是对检察建议形式进行行政执法检察监督范围的界定。但是如前文所述，行政执法范围十分宽广，行政执法行为的方式浩如烟海，要求检察机关对“有关国家机关工作人员、企业事业单位工作人员严重违背职责，应当追究其纪律责任的”的行为进行监督，监督缺乏重点。

四、检察监督领域拓展与监督方式转型的路径、原则及司法化构建

（一）检察监督领域拓展与监督方式转型遵循的基本原则

检察机关直接介入行政执法，毕竟不同于传统意义上的“一对一”行政监督以及行政诉讼检察监督，此时检察机关面对的是相对人和行政机关两方当事人，为确保行政检察监督具有可行性和实效性，并且应当规避因检察权直接

① 李涛：《浅析河南省检察机关提起公益诉讼的范围和程序》，载《检察实践》2005年第6期。

② 彭灵侠、何方：《行政公益诉讼的受案范围》，载《人民法院报》2014年5月21日。

介入行政执法带来的政府公信力受到侵蚀、行政效率受到侵害、监督方式冲突、诉讼结构失衡等风险，按照争议解决规律和程序正义的要求，进行制度安排和设计，因此，行政检察监督应当遵循以下原则、方式。

1. 比例原则。

比例原则为现代法治国家行政法的重要原则，它是立法者或行政机关针对同一目的之达成，有多种适合之手段可供选择者，选择对人民损害最小之手段，亦即在不违反或减弱所追求之目的或效果之前提下，面对多数可能选择之处置，应尽可能择取对人民权利侵犯最轻或最少不良作用之方法。比例原则引入行政检察监督领域体现为：在监督手段上，如果有多种监督方式可以行使的话，应选择有利于行政管理的经济高效（节省监督成本）、行政能动性发挥的方式；程序上，只有在无法通过行政救济（包括行政复议、行政诉讼及行政体制内部监督）途径解决，而且涉及国家利益、公共利益，行政检察监督才予以介入；实体上，涉及私法领域，检察机关应当尊重当事人意思自治、契约自由的原则，尽可能地减少公权力对市场的干预，以确保交易秩序的稳定。如在行政诉讼中，对被告行政机关与原告行政相对人之间达成的和解，只要不损害国家利益、公共利益的，检察机关应当予以尊重。这一原则有效的规避监督方式冲突及侵害行政效率的风险，例如面对环境保护执法部门的不作为，能采用检察建议的方式促使行政机关自行履职、纠错的，就不需要检察机关耗费更多时间、财力、物力提起公益诉讼，这样既提高了行政管理带来的效率，也规避了监督方式冲突带来的风险。

2. 事后监督原则。

在现实行政管理中，原则上只有出现行政主体违法、渎职时，并且通过其他救济途径无法解决或难以解决的情况下，检察权才介入对行政权的监督。这种监督制度针对的是已然之行政违法，属于事后监督。基于行政行为的公定力、先定力原则，在现实的行政过程中，行政行为应当具有相当的法律效力与强制力，其他公共权力部门应当给予尊重，以确保行政的连续性和稳定性及行政管理的效率。因此，检察机关在行政权运作之前及运作之中须予以充分的考量，以免造成对行政的不当干预。同时，基于检察监督资源的有限性，而行政权力所涉及的范围比较宽泛，为了保障监督的实效性及权威性，对行政权的检察监督应当以事后监督为原则。但对于即时性的行政强制措施，执行将给相对人带来不可回转的重大人身、财产上的损失，可以借鉴国外的司法令状制度，① 建立检察令状制度，检察机关可以要求行政机关说明必须采取即时性行政强制措施的理由，审查其合法性。这一原则有效规避了检察权介入可能带来侵害行政效率的风险。

3. 行政救济优先原则。

当检察机关发现行政违法行为损害国家利益或社会公共利益，而且难以通过其他救济途径解决，包括行政体系内部也难以通过纠错机制予以矫正，检察机关首选的是督促有关行政机关在合理的期限内履行自己的职责，而不是代行其职责。当个人和有关组织严重损害国家利益、公共利益时，而行政机关又消极不作为，检察机关应当尽可能督促行政主管部门处理，并将具体处理情况书面答复检察机关。若检察机关认为该书面答复缺乏正当理由，则可以使用其他有效的监督手段，如果该类不作为行政违法涉嫌渎职犯罪，检察机关应当依法立案侦查，追究有关人员的刑事责任；如果需救济的国家利益、公共利益，必须通过诉讼途径才能解决的话，则应当依法提出民事公诉或行政公诉。检察机关在监督方式、程序上的合理选择可以有效规避检察监督方式、手段多元化带来的冲突风险。

4. 适度监督原则。

行政执法活动涉及范围非常广泛，将所有行政执法活动全部纳入检察监督的视野，没有必要，也不现实。具体包括以下两点：

一方面，选择重点领域进行监督。目前我国正处于社会转型期，对政府执法行为提供的公共服务和公共产品质量提出了更高的要求，但在环境保护、社会保障、房地产业、金融证券业、治安管理、卫生监管等涉及民生问题的领域，存在较为严重的违法执法或行政不作为的现象，导致各种社会冲突。另一方面，把握好检察监督介入的尺度。检察机关对行政执法行为进行监督时要坚持有所为，有所不为，在监督范围事项和监督程序上要突出重点，要符合十八届四中全会决定的要求，分别把握好几类监督行为中各自的要件尺度。这一原则有效规避了检察权介入带来的侵害政府公信力的风险。

---

① 司法令状制度，通过司法令状的方式实现法律上的强制处分，并给予利害关系人适当司法救济的程序法制度。最早起源于英美法系国家，最初的刑事侦查令状只是执法的工具，经过数百年的演变，令状制度的人权保障价值日益彰显，其本质是通过司法权控制侦查权从而保障人权，在此衍生为通过检察权控制行政权从而保障相对人的人权（人身权、财产权）。

（二）新领域中行政检察监督方式的司法化构建

1. 对行政机关违法行使职权或者不行使职权检察监督的司法化构建。

《决定》中指出，检察机关在履行职责中发现行政机关违法行使职权或不行使职权，应当督促其纠正。（1）案件受理，在履行职责中发现。① 在现阶段检察机关与行政机关的行政执法信息共享系统尚未有效建立、运作之前，此处的履行职责侧重于检察机关自侦部门在办理涉嫌贪污贿赂、渎职侵权案件中发现的尚未构成犯罪的违法行为，或侦查监督部门通过现有的“两法衔接”平台发现线索，自侦部门及侦查监督部门将通过上述方式履行职责过程中收集的线索统一移交给民行部门；（2）立案审查。根据上述线索，民行部门以行政执法行为对相对人是否造成侵权或者授益为标准对上述线索进行区分，侵权行为中根据侵权的程度再次予以区分。若是侵权类行政行为，可参照民行部门依职权启动检察监督程序办理民事检察监督案件的程序，检察机关对上述线索进行审查，应当听取行政机关的意见，必要时要听取相对人意见。若对相对人侵权程度较大，检察机关应当告知相对人，其应先提起行政复议或者行政诉讼，穷尽上述救济途径后，相对人对结果仍不服，可向检察机关控申部门提交书面材料申请检察监督，控申部门再交材料移交民行部门进行审查。这里还应加以区分，如果当事人提起行政复议后直接申请检察机关监督的，检察机关审查后，将形成的检控结果向有决定权的机关或者职能部门提交，由其纠正违法行为或者追究实施机关的行政责任，同时可以制发检察建议、纠正违法通知书等；如当事人提出行政诉讼后，对法院生效判决、裁定不服，向检察机关申请检察监督的，则按照传统的诉讼监督模式，检察机关对生效的裁判文书进行审查，提出抗诉与否的处理意见，如行政机关违法，也可视情况制发检察建议。当事人提起诉讼或申请复议确有困难的，检察机关可以支持起诉或复议申请。对于应当由法院或复议机关受理的案件，法院或复议机关不予受理或驳回起诉、申请的，且已穷尽上诉、起诉程序的，无法继续通过诉讼、复议方式解决的，检察机关可以受理并依法解决行政争议。（3）调查取证。在审查此类案件过程中，除应当听取行政机关的意见，根据审查需要，经部门负责人批准，可以调查核实；经分管副检察长批准，可以调阅行政执法卷宗、向行政机关制发要求说明理由通知书。（4）处理结果。检察机关审查后，将形成的检控结

① 因行政执法行为的种类广，数量多，《决定》中做此限制主要为了提高检察监督的实效性，否则相对人可以随意就行政机关违法行使职权或者不行使职权向检察机关提出检察监督申请，以检察机关现有的办案力量、条件将无法胜任该项工作。

果向有决定权的机关或者职能部门提交，由其纠正违法行为或者追究实施机关的行政责任，同时可以制发检察建议、纠正违法通知书、督促履行职责、支持起诉甚至提起公益诉讼等；若是授益类行政行为，以行政许可为例，该行政许可行为可能侵害国家或者社会公共利益，但行政相对人因获得利益，一般不会提起行政诉讼或者复议，检察机关只能依职权启动检察监督程序，听取行政机关的意见，必要时要听取相对人意见，发现行政机关违法颁发行政许可的，根据违法情节程度，可制发检察建议、纠正违法通知书、督促履行职责，如有侵害对象的，根据情况可支持起诉，必要时提起公益诉讼等，此类案件的后续具体审查过程、程序与上述基本一致。

2. 涉及公民人身权、财产权的行政强制措施检察监督的司法化构建。

《行政强制法》对行政强制的对象、条件、种类、程度都做了规定。《决定》指出“要完善对涉及人身、财产权益的行政强制措施实行司法监督制度”。从广义上理解，行政强制措施也属于行政行为的一种，《决定》为何单独指出要完善对涉及人身、财产权益的行政强制措施实行司法监督制度。究其原因，与近年来各地发生不少行政机关违法采取行政强制措施侵害公民人身权、财产权的案例有关。再者，我国现行的国家赔偿制度不完善，启动国家赔偿的程序要求过高，赔偿标准过低，导致公民人身权、财产权受损后，也无法受到有效救济、补偿。① 所以《决定》做此要求，这样最大限度的在约束行政权行使和保护公民合法权益之间寻求平衡，也提高了检察监督的实效性。这一领域检察监督的司法化构建，应区分依当事人申请和检察机关主动发现两种情形，具体建议如下：

一是依当事人申请。（1）案件受理。依当事人申请。②（2）立案审查。当事人对行政机关做出的行政强制措施决定不服，提起检察监督申请，按照行政处理优先原则，行政相对人应先提起行政复议，穷尽行政救济途径后，相对人对结果仍不服，可向检察机关控申部门提交书面材料申请检察监督，控申部门再将材料移交给民行部门进行审查，具体审查程序上，原则上仍要听取行政机关和相对人的意见。（3）调查核实。根据审查需要，经部门负责人批准，可以调查核实；经分管副检察长批准，可以调阅行政执法卷宗、向行政机关制

① 按照现行《国家赔偿法》的规定，只赔偿相对人合法权益的损失，受客观诉讼影响较大。一言以蔽之，即便行政机关违法采取行政强制措施，也不一定能启动国家赔偿程序，而且赔偿标准过低，尤其涉及人身权赔偿这块。

② 这里的当事人除包括行政相对人外，还应当包括被限制人身自由的行政相对人的近亲属。

发要求说明理由通知书。（4）处理结果。将形成的检控结果向有决定权的机关或者职能部门提交，由其纠正违法行为或者追究实施机关的行政责任，同时可以制发检察建议、纠正违法通知书等。

二是检察机关主动发现。（1）案件受理。检察机关监所部门移送。在我国，涉及公民人身自由的行政强制措施主要由公安机关采取，包括强制、约束、收容、强制遣送、强制戒毒、强制隔离和强制治疗，扣留、强制带离现场等。现阶段检察机关设有驻监狱检察室、驻看守所检察室以及驻强制医疗所检察室，之前检察室监管的只是行政强制措施的执行过程，而对强制措施本身的合法与否并无过多涉及，现阶段根据《决定》的要求，检察机关应适当延伸检察监督的触角，监所处与民行处应建立起行政强制措施执法信息沟通、流转机制。（2）案件审查。检察室将这些行政强制措施的执法信息收集后，移交给民行部门进行审查，具体案件审查程序及后续处理和上文所述也基本一致，在此不予赘述。涉及财产权益的行政强制措施行使机关较多，包括工商、税务、食药监督、质量监督等部门，检察机关侦监部门通过“两法衔接”平台将相关执法信息、线索移交民行部门，条件允许的，可从侦监部门、自侦部门、民行部门抽取业务骨干，成立专项办公室，通过“两法衔接”平台收集整理相关信息，对违法线索进行审查。此处有个特殊情形，基于行政行为的公定力、先定力原则，在现实的行政执法过程中，行政行为包括行政强制措施，一经作出，未经有权机关依照法定程序撤销之前，认定为合法有效的，行政行为应当具有法律效力与强制力，必须履行。但如果行政强制措施的执行将给相对人带来不可回转的重大人身、财产上的损失，可借鉴国外的司法令状制度，① 建立检察令状制度，检察机关可以要求行政机关说明必须采取行政强制措施的理由，审查其合法性。

3. 检察机关提起公益诉讼制度的构建②。

《决定》指出“探索建立检察机关提起公益诉讼制度”，公益诉讼分为民事公益诉讼和行政公益诉讼。尽管课题此部分重点论述检察机关提起行政公益

① 司法令状制度，通过司法令状的方式实现法律上的强制处分，并给予利害关系人适当司法救济的程序法制度。最早起源于英美法系国家，最初的刑事侦查令状只是执法的工具，经过数百年的演变，令状制度的人权保障价值日益彰显，其本质是通过司法权控制侦查权从而保障人权，在此衍生为通过检察权控制行政权从而保障相对人的人权（人身权、财产权）。

② 随着《民事诉讼法》及相关司法解释的出台，民事公益诉讼显然已经受到理论界和实务界的共同推进，结合《决定》强调依法治国、依法行政的主基调，所以本文重点论述检察机关提起行政公益诉讼的模式构建。

诉讼的制度构建，但司法实践中会出现某一案件同属于民事公益诉讼与行政公益诉讼的情形。比如在环境污染案件中，工厂违规排污，影响了周边居民的饮水安全，侵害了社会公共利益，与此同时，如果环保部门不履行或疏于履行职责，则也构成对社会公共利益的侵犯，该案就具有了行政公益诉讼的性质，即同一案件兼具民事公益诉讼和行政公益诉讼的双重特征。此种情形下，国外通常赋予当事人选择权，由当事人自己决定是提起行政公益诉讼还是民事公益诉讼来保护公共利益。但基于行政机关本身的职责和行为效率，由行政机关处理该类案件具有一定的优势，因此，检察机关的功能应是督促行政机关及时纠正不作为，积极采取补救措施避免公共利益受到进一步的损害。基于此，在此类环境污染案件中，检察机关优先选择行政公益诉讼，有利于促使行政机关正确履行职责，及时有效维护公共利益，符合公益诉讼的宗旨和本质。

对于检察机关提起行政公益诉讼案件的程序设计，建议如下：（1）案件受理。检察机关在履行职责中发现生态环境和资源保护、国有资产保护、国有土地使用权出让等领域负有监督管理职责的行政机关违法行使职权或者不作为，造成国家和社会公共利益受到侵害，公民、法人和其他社会组织由于没有直接利害关系，没有也无法提起诉讼的，可以向人民法院提起行政公益诉讼。试点期间，重点是对生态环境和资源保护领域的案件提起行政公益诉讼。（2）立案审查。一是侵害的国家利益或社会公共利益；二是该行为系行政机关或者授权组织违法作为或不作为引起。（3）调查取证。检察院有权在法律允许的范围内向有关单位和个人调查、收集证据，包括询问作为被告的行政机关与证人；向有关的单位与个人收集书证、物证、视听资料；指派或聘请专家鉴定；对现场进行勘验；等等。但需要特别说明的是，检察院享有调查、取证权，并不意味着检察院同时负有举证的责任，诉讼中的举证责任仍应由作为被告的行政机关承担。（4）诉前建议。诉前建议程序指的是当检察机关确定行政机关有侵害国家、社会公共利益行为时，在起诉前，应先向有关行政机关发出检察建议，要求其立即纠正违法行政行为或行政作为，接受检察建议的行政机关应当在一定期间内作出答复，如果不予答复或答复超过法定期限，以及有充分证据证明有关行政机关拒绝行使职权或仍怠于履行职责的，检察机关可启动起诉程序。（5）提起诉讼。检察机关针对已经受理并经过调查取证的案件并不是“凡案必诉”，而是要坚持三大基本原则：其一，行政前置原则。也就是前面所谈的诉前建议程序。其二，重大公益原则。只有当行政行为严重侵害了国家利益或社会公共利益，检察机关才能提起公益诉讼。其三，必要性原则。必要性原则指在缺乏与案件有直接利害关系的具体原告的情况下，已经没有其他可以替代的救济方式，检察机关方可提起行政公益诉讼。这主要有两层含义：一是没有具体原告；二是非诉讼的方法已经用尽，检察机关提起行政公益诉讼成为唯一且最佳的手段。检察机关与行政机关各司其职，检察机关不能一遇到行政违法行为即提起行政公益诉讼，应给予行政机关纠正错误、挽回损失的机会，这样既提高了行政管理效能，也防止司法资源过度消耗和浪费。因此，倘若建立检察机关提起行政公益诉讼制度，需要对现行的行政诉讼法作出相应的修改，以为检察机关提起行政公益诉讼提供明确的程序规范和立法保障。

此外，实践中尚有两个程序性问题需进一步明确：一是可否对检察机关提起反诉。由于检察机关提起行政公益诉讼是为了国家利益和社会公共利益，并非为自己主张权利，因此，它没有独立的实体权利，故此类案件不适合反诉。二是关于诉讼后果的承担。由于对此类案件检察机关并不享有实体上的权利与义务，因此，法院经过审理，认为检察机关的起诉有事实和法律根据的，应当依法判决被告承担法律责任，如果法院认为检察机关的起诉不能成立，可驳回诉讼请求，但不能判决检察机关承担实体上的法律责任。

（三）行政执法检察监督保障机制构建

1. 完善相关立法。

目前，我国检察机关对行政执法活动实行监督的法律依据主要是宪法的规定，即我国《宪法》第129条，但该条是原则性规定，人民检察院对国家机关活动的监督必须由法律法规作出明确规定。例如，我国《刑事诉讼法》《民事诉讼法》和《行政诉讼法》分别规定人民检察院有权对刑事诉讼、民事诉讼和行政诉讼实行法律监督，同时规定了人民检察院对诉讼活动实行监督的具体制度。由于有法律的明确，目前人民检察院对诉讼活动的监督制度已经成熟和基本完善。因此，应当在《行政处罚法》《行政许可法》《行政强制法》等相关行政法律法规中明确规定“人民检察院有权对行政执法活动实行法律监督”，同时规定人民检察院对行政执法实行监督时享有相关的权利，行政执法机关应当履行的义务。行政执法监督权的明确规定，将为检察机关开展行政执法监督提供法律依据。

尽管最高人民检察院已经制定出台了《检察机关提起公益诉讼改革试点方案》，在理论探索和实践经验的基础上制定《人民检察院行政执法监督规则》，对人民检察院行政执法检察监督遵循的原则、监督范围、方式、程序等具体问题作出规定，保障和规范人民检察院依法对行政执法实行监督，更好地发挥检察机关行政执法监督权。同时检察机关以立法机关授权的名义从全国层面及地方层面与行政机关共同立法，制定相关制度，条件成熟，提请立法机关立法。

2. 加强内外协作。

（1）对内方面。一是充分合理配置市院、分院、基层院三级院行政执法检察监督力量，完善一体化办案模式。从行政执法的实践来看，行政执法行为大多发生在基层，并且基层行政机关违法执法发生率也相对较高，但从目前本市基层民行部门的人员配备情况看，呈现出总体人员数量少，女多男少，熟悉行政执法业务的人员少的特点，已不能适应当前进一步加强行政执法检察监督的新要求，基层行政执法检察工作因此也受到一定程度的限制。为突破基层行政检察的发展困境，一方面要多途径强化干警行政执法检察监督水平，通过开展培训、竞赛、实战演练等方式提升监督能力；另一方面积极整合市院、分院、基层院三级院的行政执法监督力量，广泛开展案件交流研讨、协助办案等机制，形成上下各有分工、各有侧重、各负其责、紧密配合的一体化工作格局。二是建立检察机关内部一体协作机制。整合侦监、预防、民行、反渎、反贪等部门力量，制订行政执法信息资源共享、执法备案卷宗协同审查、移交犯罪线索等制度，统筹发挥侦查监督、督促履职、预防调查、民行调查、查办职务犯罪等职能，提升工作合力。

（2）对外方面。一是建立起检察机关与行政机关的行政执法信息共享系统，完善行政检察与行政执法监督衔接机制。加强与政府法制办、监察部门等行政执法监督部门的衔接，通过组织开展专项监督等方式，挖掘监督线索，形成对行政执法行为的外部监督合力。二是完善行政执法机关的案件移送机制，明确移送标准和程序。行政执法机关与检察机关可以采取定期召开联席会议、互派联络员的方式通报案件线索，对案情复杂、疑难，性质难以认定的案件，行政执法机关可以向人民检察院咨询，可商请检察机关提前介入。三是建立案件协查机制。行政执法机关在开展重要行政执法工作时，可邀请检察院派员参与，在查处重大事故类案件时，可以邀请人民检察院派员协同调查。调查过程中，如果发现与事故责任有关的行政机关怠于履行职责或者国家工作人员涉嫌职务犯罪的，事故调查组应当及时将有关材料移交参与事故调查的人民检察院，由人民检察院依法查处。四是注重加强与党委、人大、政府等相关部门的沟通协调，争取支持，形成党委领导、人大支持、政府负责、检察监督、部门司职的监督模式，为推进行政检察一体化发展营造良好的外部环境。

3. 积极发挥非政府组织在提起公益诉讼中的作用。

《宪法》第 2 条规定：人民依照法律规定，通过各种途径和形式，管理国家事务，管理经济和文化事业，管理社会事务。《宪法》第 41 条规定：公民对于任何国家机关和国家工作人员，有提出批评和建议的权利；对于任何国家机关和国家工作人员的违法失职行为，有向有关国家机关提出申诉、控告或者检举的权利。不难发现，公民成为行政公益诉讼的起诉主体是有明确宪法依据的，也符合人民主权的宪法原则。非政府组织是以保护公共利益为宗旨的非赢利性组织，比如消费者协会、残疾人协会、少年儿童保护组织、动物保护组织、妇女维权组织等。非政府组织的宗旨和本质决定了其对公共利益的分外关注，这支力量是行政公益诉讼的积极推动者和参与者。但一旦赋予公民和非政府组织享有直接提起行政公益诉讼的权利，法院将面临前所未有的压力，司法资源亦可能被过度消耗。另外，公民和非政府组织自身的独立性较弱，代表能力亦非常有限，面对多元复杂的公共利益，他们往往会选择代表自己最关心的一种或几种社会公共利益，而可能将与自身直接利益不大相关的“国家利益”束之高阁，同属“公共利益”范畴的“国家利益”即便受到了侵害，也有可能陷入“无人问津”的窘境。因此，有必要在公民或非政府组织提起诉讼前设置检察机关审查程序。即公民或非政府组织在向法院提起诉讼之前应当先向检察机关申请提起诉讼，检察机关应立即进行审查。经审查，确实存在侵害公共利益的行政行为的，检察机关应立即督促行政机关及时纠正，行政机关不纠正或怠于纠正的，检察机关应当向法院提起行政公益诉讼；若符合起诉条件，而检察机关在法定期限内不予答复或怠于履行职责的，公民或者非政府组织可以自己的名义向人民法院提起行政公益诉讼。公民先向检察机关申请提起诉讼，再由检察机关依靠国家力量督促行政主体尽快纠正违法行政行为或行政不作为，从而实现在较短时间内花较小成本达到维护公共利益的目的。当然，检察机关在前置审查时，可能作出起诉决定，也可能认为不属于公益诉讼范围或其他法定原因而不予起诉，公民对其审查后的不起诉决定不服或者认为在法定期限内没有履行职权时，其应当有自行起诉的救济权利，这也是对检察机关怠于履行公益维护职责的一种补救。英美法系国家普遍采取的是前置审查起诉模式，即公民提起公益诉讼之前，必须通知并要求有关国家机关制止损害社会公共利益的违法行为或者提起诉讼，当有关国家机关不提起诉讼时，公民才可提起诉讼。如美国《反欺骗政府法》规定，公民个人提起诉讼时，需将诉状密封后送交美国司法部，该部在收到诉状后60天之内必须作出是否参与并为主要原告的决定。如果司法部决定不参与，个人原告可以自己诉讼到底。如果司法部参与，个人仍是原告之一。①

① 高小田：《美国政府实施反欺骗政府法》，载《法制日报》1990年4月20日第4版。

完善涉检信访工作机制探究*

高宗祥**

涉检信访作为我国信访制度的重要组成部分，旨在通过法律以外的手段来化解社会矛盾、稳定社会秩序，社会意义十分重要。近年来中央对涉法涉诉信访工作改革进行了全面部署，为完善涉法涉诉信访机制带来了发展机遇，提出了新要求。因此，着眼涉检信访工作机制，如何定位与发展，已成为理论界和实务界关注的热点，成为提上日程的重要课题。本文即以涉检信访为出发点和着力点，从涉法涉诉信访改革的背景和框架下，进行阐述、剖析和论证，以期促进涉检信访相关机制的改进与完善。

一、涉检信访工作机制的含义

（一）涉检信访的概念

“信访”一词系当代我国党政机关在处理人民来信来访工作实践中形成的新词汇。我国现行宪法法律没有信访权概念，但一般认为《宪法》第41条有关公民批评、建议、申诉、控告和检举权的规定，是公民信访权的法律依据，是宪法确认并保护的一项公民基本权利。2004年，全国涉诉信访工作会议首次提出“涉诉信访”的概念，最高检《关于开展集中处理涉检信访活访动的通知》提出“涉检信访”的概念。2005年国务院《信访条例》从行政法规层面进一步明确公民、法人或者其他组织反映情况，提出意见、建议或者投诉请求的权利。2007年，《人民检察院信访工作规定》明确界定涉检信访的概念。实务中，一般对涉检信访需做狭义理解。本文认为，为突出和明确研究重心，有必要对涉检信访的概念进行限缩性定位，进行具体化阐释，避免超出这项制度可能承载的范围，导致问题泛化。确切说，涉检信访是涉法涉诉信访中涉及

---

* 本文系2014年度最高人民检察院检察理论课题“涉检信访工作机制研究”（项目号GJ2014C37）的阶段性成果。

** 作者单位：安徽省人民检察院。

检察机关、检察人员的部分上访事件或案件，与检察机关、检察业务、检察人员相关，在日常生活中反复运用形成，带有行政化色彩的通俗用语。它与涉法信访相对应，都属涉诉信访，既有关联性，是后者的重要组成部分，也存在差异性，不能等同、混淆。涉检信访不同于不服法院生效裁判、公安机关刑事不立案的申诉，而是较多地集中在不服检察机关不立案、不批捕、不起诉、撤销案件等处理决定的申诉上。同时，调整范围不宜泛化处理，对于本由其他机关处理，而检察机关审查申诉请求后未予支持的类型，例如不予立案、复查后作出不予抗诉等处理决定都不能纳入涉检信访，匿名举报由于无法与信访人取得联系，无法向其反馈处理信息，也不宜列入涉检信访。

（二）涉检信访工作机制概念

机制泛指一个复杂的工作系统和某些自然现象的客观规律，是在各种有效方式、方法基础上总结和提炼，并经过实践考察与检验，已证明为有效的较为固定的制度化方法，一般需要依靠多种方式、方法来起作用。我们认为，涉检信访工作机制是指保障和服务涉检信访工作在实践中有效运转的贯穿于各个环节的经过实践检验能够奏效的一系列相互联系、相辅相成的工作程序、规则的总称。从过程或阶段角度来看，这些机制大体包括源头治理、信访处理、终结、监督制约等方面。它们建立在实践基础上，经过一定程度的归纳、加工和提炼，具有明显的系统性，并上升到一定的理论层面，体现了对涉检信访工作规律性、本质性的认识。

二、现行涉检信访工作机制存在的主要问题

（一）涉检信访工作机制存在内生逻辑缺陷

涉检信访案件的办理，实际上就是检察机关解决涉及自己的问题，这种体制的存在具有现实性，但为检察机关处理涉检信访案件预置了难以逾越的障碍。检察机关在“运动员”与“裁判员”身份合二为一时，如何自我约束、公正司法、给出一个令社会公众认可的处理结论。这一问题应当是涉检信访工作机制发生和创新的逻辑起点，也是引发涉检信访案件办理过程中各种问题的根源。近年来，检察机关逐渐制定了一系列较为科学的制度，比如涉检信访案件异地交办制度、涉检信访公开听证制度等，对促进涉检信访工作发展起到了积极的推动作用，但这些制度尚处零星状态，还没有达到将检察公信力提升到令社会满意的程度，横亘在检察机关与信访人之间的误解需要通过健全机制框架来化解。

（二）涉检信访考核评价机制存在导向性偏差

依法而治在涉检信访工作领域的体现是，依法按程序解决信访人反映的涉及检察机关、检察人员的有关问题，至于最终的结果是否能够满足信访人的诉求，主要在于信访人的诉求是否合法合理。有关单位和部门不应对承办单位和承办人员设置不合理的息诉罢访要求，否则便会产生倒逼效应。当前，一些地方不能正确处理法治与稳定的关系，“维稳”压力与“维权”舆论左右信访工作。为了不断施压地方检察机关，尽可能将案件化解在基层，在信访考核评价机制中设置了不合理的考核标准，比如对赴省进京访等实行一票否决，这种做法授信访人以权杖，置一线检察办案人员于尴尬境地，其最终的结果是信访工作行政化，与依法治访的科学理念背道而驰。

（三）涉检信访工作机制体系化构建不足

一是信访分类解决机制不健全，对诉与访没有进行充分离析。理论上，诉与访的区分尚没有形成统一的认识。实务中很长一段时间，对涉检信访定义过宽，几乎凡是与检察权相关的事项，就认定为涉检信访事项。这既不利于诉讼的进行，也不利于信访的处理。对信访人没有区分合理访与无理访，从而采取不同处置应对措施。一些地方无理访甚至老赖现象时有发生，这些人因生无可寄，强拿硬要，没有底线，但一些检察机关迫于各种压力，姑息退让，形成负面效应。二是联系协调机制松散。实践中，信访人多头信访严重，检察院与法院及其他机关之间缺少分工及信息共享机制，往往一事多办，甚至出现不同的处理结论。就检察机关内部协作来说，配合也不顺畅，尤其是基层检察机关，除控告申诉部门外，其他部门对解决信访问题明显缺乏主动性。

（四）涉检信访承载功能过于宽泛化，存在错位现象

相关规定对信访职责的规定比较原则，包含范围非常广泛，这也直接导致信访功能的泛化。从涉检信访范围说，既有涉及自侦案件的，又有对公安、法院、行政行为进行监督的，还有对违法违纪行为进行控告、举报等方面。涉检信访承载功能较多，涉及范围较广。从应然角度看，在国家行政、司法制度设计完善、高效运转的情况下，信访不应成为解决社会矛盾的主要方式，而应是一种拾遗补漏性的制度，对整个社会的稳定和矛盾的解决起着次要补充作用。所以说涉检信访应是社会意见表达的一种重要渠道，而不应是权利救济的主要渠道。当前从涉检信访承载的功能来说，偏离了其本位，成为解决问题的“万能机器”。功能错位主要表现在：一是权利救济功能的超负荷承担。对于

涉检信访的功能来看，权利救济只是附带性、补充性功能。但从近几年信访总量来看，涉及权利诉求类比例逐年上升，占涉检信访总量的半数以上，长年居高不下。大量涉及权利救济事项通过信访渠道寻求解决，使得信访对权利救济的补充性功能却成为其当前承担的主要功能，其他功能反被边缘化。二是程序意识进一步弱化。当前，一些检察院从社会稳定和息诉罢访的角度考虑，在解决纠纷时并不强调对程序的遵守，而是超越法律规定的程序，以特殊方式加以解决，对社会公众形成不遵守程序也能解决问题的错误导向，客观上助长了越级访和缠诉缠访现象的发生。三是司法公信力受到严重影响。实践中，涉检信访成为党、政、法三种权力得以共存共栖的载体①。在有错必究的司法原则下，信访制度为其他机构和人员干预司法提供了制度性的便利，并能通过信访渠道随意改变司法机关相关决定，造成了司法公信力和司法权威得不到应有尊重。

（五）涉检信访工作机制运行保障制度缺位

徒法不能自行，涉检信访工作需要运行保障机制，这些应当是涉检信访工作机制体系中的一部分。一是机制运行不能仅仅依靠自觉。许多好的工作机制，比如公开审查、公开听证、信访调处制度等，因为程序复杂，对办案人员能力要求较高，实践应用程度不高。二是根据既有机制要求，应当配合的有关机关或部门拒不配合、消极配合时，运行效率会大打折扣。比如一些信访人认为缠闹有利可图，信访过程中行为偏激，无视信访秩序，而检察机关缺少必要的应对手段。

三、构建涉检信访工作机制应当考虑的因素

（一）进一步明确涉检信访的功能定位

当前，由于强调将维护社会稳定作为信访工作首要任务，造成其权利救济功能被过分地突出，超负荷地承担了大量纠纷解决职责。这一对权利救济功能的过分发挥，造成涉检信访功能定位出现偏差和混乱，也反过来影响了涉检信访制度的社会效果。“中国体制转轨与社会转型带来的一系列预期后果和非预

① 参见李宏勃著：《法制现代化进程进程中的人民信访》，清华大学出版社2007年版，第8页。

期后果共同导致了信访制度的功能变迁。”① 当前应弱化涉检信访的权利救济功能，使其成为次要功能。同时发挥涉检信访反映社情民意的作用，通过民意表达和民主监督来实现公民参与国家管理的权利，使公民通过涉检信访，参与政治生活和利益表达。检察机关信访部门要明确其接待来访、信息收集和材料中转的功能定位，降低群众对其权利救济的预期，使涉检信访真正成为联系群众的窗口和纽带。对于需要救济的事项，应及时转至相关部门办理，履行好监督职责。

（二）突出法治理念在完善涉检信访工作机制中的核心地位

法治理念是指按照法治的思维和逻辑来观察、分析和解决社会问题，是建立在良法善治和法的价值目标基础上的一种思维方式，是根植于法的功能和特点之上的一种决策模式，它强调了法律在指导、规范和推进社会生活和社会管理中的核心作用。当前，由于理念偏差，人治化解决、处理涉检信访问题的惯性思维大量存在，使得一些本应通过正常法律程序解决的问题得到超乎寻常的解决，助长了对涉检信访解决方式的各种错误认识。把涉检信访纳入法治轨道，突出法治理念在构建涉检信访机制中的核心作用，是化解目前涉检信访面临困局、真正发挥好其功能作用的长效之策和必由之路。当前，要从树立正确的价值导向、建立规范的行为指引、树立和维护司法权威等方面促进涉检信访法治化。

（三）把程序公正贯穿在涉检信访工作机制构建的始终

从涉检信访的功能定位看，涉检信访主要功能并不是解决实体问题，不应是权利救济的主要途径，沟通、中转应是其更重要的功能。所以从涉检信访制度的设计本源和初衷看，其更多的是各种程序化机制的有机组成和载体。当前，涉检信访机制构建中应确立程序优先、程序公正的理念，突出其程序化的特点，通过程序正义的充分实现来推动实体公正的充分实现，通过程序公开、公正，让信访人心服、信服，达到申诉人息诉罢访、案结事了目的。近年来，涉检信访有了较为明确的程序，但涉检信访数量居高不下、缠诉闹访现象突出，说明现有程序还有完善空间。“程序化的工作模式有着权威的示范效应，可以使信访者在每一个程序中感受到公正的存在，从而消解信访者的抗拒心

① 参见徐继敏：《行政信访的功能分析》，载《河南财经政法大学学报》2013 年第 5 期。

理。”① 当前涉检信访的首要问题就是要建立完善、公正的工作程序，对于接访、受理、处理和反馈等各个环节，都要有明确具体的操作流程，实现办理程序法定化、期限化。同时要加强非诉讼纠纷解决机制建设，通过诉访分离，使涉检信访从司法解决与非诉讼纠纷解决之间的纠缠中解放出来，使其与司法救济机制重叠或抵触之处进行整合并逐步融入司法程序中，使其具有的非诉讼纠纷解决机制属性与内容能够得到展现，进而与司法救济程序以外的其他解决方式有机统一起来，② 保证涉检信访事项都能够妥善解决。

四、涉检信访工作机制的健全与完善探析

（一）完善涉检信访源头治理机制

1. 强化案件质量管理制度建设。

提高办案质量是减少涉检信访的基石。要在充分研究三大诉讼法及其相应司法解释的基础上，析分出各类诉讼的程序并制定相应的工作要求和质量标准，强化对各类案件办理流程的管理。要强化案管部门对其他办案部门的监督制约作用，及时做好案件预警和质量评估反馈工作。重视业务部门监督制约机制建设，保证案件流转的顺畅，杜绝“带伤”案件继续流转，及时找出问题并加以解决。

2. 探索释法说理程序建设。

涉检信访高位运行、久访不息，这既有信访人法律素养等客观原因，同时检察机关释法不到位也是不容忽视的重要因素。探索建立释法说理程序，有助于减少涉检信访案件的发生。要重视检察文书说理功能，尽可能在文书中做到说理充分、释疑到位。不便于在检察文书中大篇幅说理的，可以创新说理方式，另行制作理由书等方式对当事人释理。对于法律素养较低，不能理解检察处理结论的案件当事人，可以通过公开答复程序，向周围的群众说理，向媒体公开。重视发挥律师在息诉罢访中的积极作用，探索代理律师协助释法说理制度。

3. 信访预判与前置处理制度。

信访是公民的一项民主权利，涉案当事人经释法说理程序依然不服，不能生硬地采取堵塞渠道的方式阻止信访。控告申诉部门要加强同其他业务部门的联系协调，构建涉检信访联动机制。其他业务部门在办案过程中，对涉案当事

① 龙婧婧：《涉检信访之宪政分析》，载《江苏警官学院学报》2011 年第 5 期。

② 任瑞兴：《涉诉信访与法治的中国路径》，载《北方法学》2009 年第 4 期。

人信访意愿以及可能出现的风险行为及时评估分析，及时通报控申部门做好风险管控工作。控申部门在处理信访案件中发现其他业务部门工作存在瑕疵，要及时反馈并督促做好瑕疵补正工作。对信访意愿强烈的涉案当事人，有关业务部门还要采取疏导的办法，通过告知书等形式主动告知其信访渠道，引导其依法信访。

（二）完善涉检信访处理机制

1. 以办案效能建设为中心，加快信访办理流程。

一是加快推进诉访分离。长期以来，诉访不分，常常导致信访取代司法成为终局性的纠纷解决方式，严重损害了司法终级性原则，与法治要求背道而驰。推动诉访分离，既是界定信访范畴的必要举措，也是实现分类处置信访事项的前提。当前，无论是理论上还是实务中，对诉与访的离析缺乏统一标准，认识存在分歧，这种现状对信访工作的效能影响较大。理论上，诉是诉讼法规定的能够通过诉讼渠道予以救济的法律上的请求权，而访是诉讼法之外或在诉讼法有所涉及但缺乏救济渠道的请求权。不服检察机关终结性处理决定的刑事申诉应属诉的范畴，这类申诉在整个涉及检察机关案件中的比重较大，也是引起涉检社会矛盾的焦点，纳入涉检信访范畴是实践倒逼形成的，理论上不必锱铢必较。应当以实践为基础统一认识、明确规定，只要有助于在法治框架下便于具体操作即可。

二是科学建构分类处置机制。以同一机构、同一程序解决涉检信访中不同问题，不符合信访工作的客观规律。在明确界定涉检信访范围的前提下，对涉检信访事项进行分类处置，是提高信访处理效能的关键。检察机关要进一步完善同其他司法、行政机关的外部联系、协调以及信息共享机制，在防止信访堵塞的同时，避免多头处理；进一步完善检察内部机构之间协同、合作机制，形成工作合力，保障信访事项导入顺畅，处理便捷。实践中还可以研究分类标准，从合理访与无理访、群体访与个人访等角度进行分类，有针对性地提出处理方案。

三是探索建立时效管控机制。检察机关要在对涉检信访事项进行分类的基础上，就各类信访事项的办理程序进行合理安排，并结合实践，对程序中的各个环节规定明确的处理时限。案管部门与控申部门要密切配合，做好对超时限办理信访案件的督查检查。目前，各类刑事案件办理逐步网络化，时限计算比较明确。但对信访事项，网络办公系统还不完善，需要对受理、审查、流转、处理、回复等制定相应的管控制度。

2. 以限权制约为中心，推行信访办理公开。

一是程序公开，保障信访人程序处分权利。当前，由于信访工作难度大，有关部门对信访处理程序不愿公开、不敢公开，信访人对处理程序缺乏了解，增加了信访处理的难度。为了保障信访人的知情权、选择权，检察机关应当公开处理程序。信访人可通过了解公开听证程序的条件，选择是否举行公开听证；可以在了解回避程序后，根据需要决定是否申请他人回避，保障信访人权利，有效革除抵触和不信任情绪，让信访人知道其权利何时用尽，有利于促进申诉人息诉罢访。

二是引入外部监督元素，创新公开办理机制。除了对重大、疑难、复杂或者当事人缠访闹访的案件进行公开听证外，还要积极探索对涉检信访案件实行公开论证、公开答复和公开示证，提高办理案件透明度。要充分重视中立第三方介入公开办理，提高办案的公信力。可选择一些社会影响大、处理难度高以及疑难复杂的涉检信访案件，邀请无利害关系的特定人员参与公开办理，积极听取第三方的意见和建议，缓和信访当事人对立情绪。

（三）完善涉检信访终结机制

1. 深入推进诉访分离制改革。

近年来，中央政法委后还出台了一些涉法涉诉信访终结政策性文件，但是实践探索相当谨慎，而且效果不佳。受绩效考核中稳定压倒一切的影响，原办案部门对信访人的不合理诉求仍给予满足，导致终结徒有虚名。有些走完法律程序的信访当事人反复缠访闹访，严重损害法治权威，影响社会秩序和公平正义。信访终结法治化是信访制度改革的客观需要。中央《关于依法处理涉法涉诉信访问题的意见》要求建立涉法涉诉信访事项导入司法程序机制，建立涉法涉诉信访依法终结制度。这意味着决策层决定将诉讼案件从普通信访中剥离出来，实行司法调判与信访处理相分离，同时要求不再统计、交办、通报终结案件，重点做好对信访人的解释、疏导工作。在诉、访分离的法治背景下，对于已穷尽法律程序、案件处理结果正确的涉检信访事项，已不属于诉权行使，其性质类似于普通的行政信访。因而，涉检信访终结适用的对象不是诉，而是访，这就与作为一般行政信访终结相类似，是完善信访处理机制的一种尝试。

2. 健全涉检信访三级终访制。

涉检信访终结机制是对已穷尽法律程序、案件处理结果正确的涉检信访事项，信访人仍缠访、缠诉的，经过一定程序依法予以终结，除有法定理由，不再复查、交办和考核，并将信访人纳入教育、疏导等后续工作范围的制度安排。终结作为救济终局制度，要恪守法律底线，坚持程序正义，充分保障信访人的合法权益，提高终结的权威性。在对象上，涉检信访终结应当着重针对检察机关作出终局决定的信访案件，针对决定正确但仍不息诉罢访的问题，而不针对特定的信访人。对非涉检信访案件，如不服法院生效裁判及公安机关不立案的监督案件，不能纳入涉检信访范围。涉检信访终结决定具有终局性，这是由涉检信访终结程序的特殊性和对象的特殊性决定的。① 在标准上，既要坚持已穷尽法律程序，案件处理结果正确，也要坚持合理诉求已依法按政策公正处理。程序上，经过三级检察机关采取相应方式复查后，可以经由省级或最高检察机关决定终结，其后如果仍以同样事由信访的，各级检察机关均不再受理。通过信访终结机制的重构与完善，可以将信访从司法的体外循环机制演变成司法的内在元素，② 畅通出口，依法剔除无理缠访现象，破解“无限申诉”难题。

（四）完善监督保障机制

1. 完善内部协作和制约机制。

一要强化控申检察部门的监督制约作用。进一步明确控申部门的职能定位和权责分工，突出控申部门对信访事项办理中的全程监督功能。对于转交其他部门办理的案件或事项，控申部门要切实履行督促监督职责，加强对相关部门办理工作的跟踪掌握力度，促进信访案件及时办结。二要完善内部协作配合机制。要进一步完善信访案件的分流、办理、反馈、答复、催办和督办等机制，将涉检信访作为检察机关各个部门都应承担的工作职责，加强上下级检察机关的联动协作，发挥整体功能，实现无缝对接。三要完善涉检信访责任倒查机制。对于重信重访以及信访办理中有瑕疵或质量有问题的案件，更要把责任倒查作为必经程序，认真查清原因，分清责任。对因处置不及时、职务不作为以及办理错误或办理结果、程序有瑕疵的等，要根据责任大小，坚决追究责任，着力解决入口不畅、程序空转和终而不结问题。

2. 健全缠诉闹访处置机制。

由于种种原因，部分单位和部门在处理涉法涉诉信访问题时，对缠诉闹访的当事人作无原则的让步，成为助长缠诉闹访现象的重要因素。一些信访当事

---

① 王念峰：《建立完善涉检信访终结机制的思考》，载《检察日报》2011 年 11 月 16 日。

② 汪庆华著：《政治中的司法：中国行政诉讼的法律社会学考察》，清华大学出版社 2011 年版，第 118 页。

人不顾法律规定和实际情况，提出过高要求，甚至无理缠诉闹访。要将涉检信访纳入法治轨道，其中重要一条就是要依法处理。相关部门要在法律规定的框架内，采取打击与保障人权、正面引导教育相结合的原则，对缠诉闹访行为制定统一的处理规定和程序。各部门之间也要加强协作配合，正确区分缠诉闹访行为的性质和危害程度，因势利导。对那些无理缠诉闹访或利用上访煽动闹事、破坏国家机关工作秩序和社会秩序的，要坚决打击，教育信访人依法、依规信访。

3. 完善被害人救助制度。

涉检信访案件中，有许多信访当事人由于犯罪而导致贫困，特别是有些被害人因犯罪行为而受到伤害或财产遭受损失，却不能通过诉讼程序获得合理补偿，造成生活困难。对于这些人在法度之外、情理之中的诉求给予适当解决，保障其基本生存需求，体现了司法机关的人文关怀。当前，检察机关对刑事被害人的救济制度已经初步建立起来，但是起到的作用和效果还不明显，亟须加强。当前要明确救助的标准、条件和程序，推动司法救助规范化，提高司法救助的法律和社会效果。要适当扩大救助范围。对于刑事案件被害人或其近亲属得不到合理补偿；举报人、证人等向检察机关举报、作证等受到打击报复得不到合理补偿；检察机关在执法过程中给当事人造成人身或财产损失等原因导致信访人生活困难的，可根据实际情况适当救助。同时要加强与其他社会部门的协作链接，将符合条件的被求助人纳入社会保障体系或帮助其就业，推动司法救助社会化。

4. 完善涉检信访考评机制。

当前涉检信访考评体系还存在一些不合理的指标、被考评的检察机关意见较多。如将进京访、赴省访等次数作为评价信访工作的主要指标，甚至设置一票否决；考评主要针对信访部门，而其他业务部门则在信访考评中没有任何责任；重“信”轻“访”倾向突出，造成不重视来信问题的处理等。推进涉检信访步入法治轨道，应当合理、科学界定指标考核体系，发挥正确的导向和激励作用。建议采取以下措施加以完善：一要设立科学的考核标准。淡化纯数量的考核指标，把涉检信访办理质量和效果作为核心考核内容，如涉检信访案件化解情况、群众性突发上访事件处置情况、源头预防和苗头排查处置情况、涉检信访息诉罢访率等。二要全面覆盖各个检察业务部门。涉检信访的源头主要是检察机关各个业务部门，特别是对不服检察机关处理决定的案件，相关业务部门更应承担一定的信访责任。考核设置中要分清各业务部门在涉检信访工作中的责任和地位，除考核信访部门的入口分流、处置办理和监督督促外，还应考核承办部门对信访案件的办理质量和效率。三要推动评价手段科学化。实践中考核评价数据主要依靠各地上报或者依靠考核部门自行掌握，缺乏数据的准确性。当前可结合检察机关信息化建设的契机，推动涉检信访网上受理、流转、办理和终结，使所有办案过程在网上都能方便查询和汇总，利用网络全程、动态监管涉检信访工作的运转和考评信息的采集。

检察机关加强中小微企业知识产权保护机制实证研究

赵凤梅[*]　陈　玲[**]

目前知识产权已成为我国提高自主创新能力、建设创新型国家的核心战略资源。对于中小企业而言，运用知识产权保护策略是企业成长过程不可或缺的竞争手段，也是能否做大做强的关键因素之一。[①] 截至2008年底我国中小企业在数量上占全国企业总数的99%，在知识产权保护上处于“非知识产权”状态，严重阻碍了中小企业的自主创新与健康成长。[②] 从实践中寻找途径、从机制上研究检察机关如何加强对中小微企业知识产权保护具有重要的现实意义。

一、我国中小微企业知识产权保护的核心问题

我国目前中小微企业知识产权保护不利，概括起来主要存在以下三个方面的核心问题。

（一）中小微企业自身存在的问题

中小微企业普遍缺乏知识产权保护意识、创新能力、自我保护能力。中小微企业处于企业发展初期，企业生存压力大，融资困难，这个阶段企业的管理者很多时候只顾眼前利益，忽视知识产权保护问题，多数中小微企业在创新的方向上凭感觉或者为了减少成本将有限的创造力集中在如何复制和模仿大企业

---

* 作者单位：山东建筑大学。

** 作者单位：济宁市人民检察院。

① 杨克拉：《中小企业知识产权保护策略研究》，载《科技进步与对策》2007年第12期。

② 赵亚静：《促进我国中小企业知识产权建设对策研究》，载《商业研究》2014年第6期。

的产品上，完全放弃了对自主创新能力的挖掘。[①] 中小企业更没有知识产权专业人员储备，熟稔知识产权原理的领导者和雇员寥寥无几，知识产权管理无从谈起。[②] 多数中小微企业对自身所应拥有的专利、商标等知识产权没有申请法律的保护，更谈不上通过专利池、防御商标和联合商标等制度来全面保护自己企业知识产权。中小微企业一旦遇到知识产权诉讼，往往会处于被动的地位。

（二）国家权力机关对中小微企业知识产权保护存在的问题

1. 行政管理体系政出多门、管理职能未能充分发挥。

我国主要的知识产权专利权、著作权和商标权分别受辖于不同的行政机关，国家知识产权局、新闻出版署（局）、工商局等部门分别对上述知识产权进行管理，不畅通的企业知识产权建设的宏观体制由此形成[③]。这种管理体制容易形成诸多管理部门的管理多元交叉或者虚空。

2. 司法保护有局限性。

在国家知识产权战略的大格局下，同为司法机关的各级人民法院已经逐步开始了知识产权案件审判模式的改革，各级法院逐步建立了知识产权审判专门机构，在审理知识产权案件的专业化、统一化方面有了很大的进展。实践中司法保护的力度、范围及效果对中小企业来说还不够理想，表现为民事诉讼保护成本高昂、民事诉讼周期过长、民事赔偿额度低惩戒力度不够，因此需要加强对严重侵害知识产权行为的刑事制裁，加强检察机关对知识产权的刑事保护。

3. “两法衔接”仍然不到位。

自 2001 年 4 月国务院发布了《关于整顿和规范市场经济秩序的决定》提出了“两法衔接”的概念，十几年的时间过去了，目前“两法衔接”的现状仍然不理想，在实践中基于知识产权违法行为的特殊性，违法与犯罪的界限难以把握，行政机关在执法中存在畏难情绪，很少将涉刑知识产权案件向检察机关机关移交。

---

① 姜南、朱国华：《加强中小企业知识产权能力建设研究》，载《现代管理科学》2011 年第 10 期。

② 余翔、李伟：《中小企业知识产权保护能力建设初探》，载《知识产权》2013 年第 1 期。

③ 赵亚静：《典型国家中小企业知识产权建设经验及其对我国的启示》，载《内蒙古社会科学（汉文版）》2013 年第 2 期。

（三）立法、政策方面存在的问题

与美国等发达国家相比，我国政府对中小微企业创新的政策支持力度远远不够，在财政、税收、立法中对中小微企业的技术创新的支持、优惠和保护都有待提高和完善，在财税政策方面的政策法规手段单一而乏力，不但存在着规模和所有制歧视，而且税收的优惠仅限于所得税和增值税，无法适应不同规模、不同性质的中小企业需求①。

二、检察机关中小微企业知识产权保护中的角色定位

检察机关作为刑事司法机关，在中小微企业知识产权保护中首先要明确职能和角色，既不能错位也不能越位，否则会与知识产权的行政保护冲突，也有可能因为检察机关作为公权力的强势地位损害了其他人的权利。

（一）从本质上讲检察机关参与对中小企业知识产权保护是一种“间接参与”

知识产权是一项民事私权，因此检察机关参与加强中小微企业知识产权保护是一种“间接参与”，检察机关主要通过帮助企业加强知识产权保护意识、完善知识产权管理制度、协调社会资源对中小企业进行知识产权保护援助等工作实现。

（二）从程序上讲检察机关对中小微企业知识产权保护主要是行使监督权

检察机关作为宪法规定的法律监督机关，在中小微企业知识产权保护中依法承担法律监督职能，检察机关的监督具有强制性和专门性，涵盖立案、侦查、审判、执行的全过程，因此从程序上讲，检察机关在中小微企业知识产权保护中的角色是做好监督者，检察机关从各个环节真正起到监督作用，切实做好立案程序的监督、审判程序的监督和执行程序的监督。

（三）从实体上讲检察机关对中小企业对知识产权保护通过打击犯罪实现

对于严重的知识产权侵权行为，运用刑事司法手段有更为直接的效果、更

① 徐向艺、任荣：《中美中小企业技术创新管理比较研究——国际经验与启示》，基金项目报告第6页。

能起到警示和震慑作用，检察机关在实体上对中小微企业知识产权保护，就是通过启动刑事法律程序追究实施侵害行为人的刑事责任，达到维护知识产权合法权利人和国家对知识产权有序管理的目的。[①] 具体表现为，检察机关启动刑事司法程序打击侵犯知识产权犯罪；对知识产权案件中执法人员的贪污受贿、滥用职权、玩忽职守、徇私舞弊等为侵犯知识产权犯罪活动充当保护伞的职务犯罪予以重视。

三、检察机关中小微企业知识产权保护的障碍

（一）知识产权检察保护的体制障碍

检察机关内部对知识产权案件的管理分散在侦查监督、审查起诉、民事行政等部门，缺乏统一的协调组织和专门的办案机构。知识产权案件与其他普通刑事犯罪相比，在犯罪构成、犯罪特点和证据事实认定等方面均有特殊性，检察机关缺乏对知识产权保护独立的保护体制，会直接影响到知识产权刑事司法保护的实现。

（二）知识产权检察保护的机制障碍

检察机关知识产权保护在机制上存在行刑衔接、刑事司法与民事审判协调的障碍。在我国知识产权案件的行刑衔接工作成为我国检察机关面临的一个重大而独特的问题。[②] 虽然关于行刑衔接出台了一些文件，但是在实践中由于上述文件对于移送程序、移送范围、移送材料、移送标准、不移送的法律后果等规定得不够明确，再加上地方保护、部门利益等因素的影响，导致行刑衔接并不通畅。知识产权保护机制中也涉及刑事司法与民事审判衔接和信息共享的问题，目前工商机关、知识产权局、国家新闻出版机关获得的关于知识产权侵权的信息不能及时与检察机关共享，使得检察机关的监督权不能有效行使。

（三）知识产权检察保护的人才和手段障碍

知识产权刑事犯罪与其他犯罪相比专业性强，犯罪嫌疑人往往是有组织、高智商的专业人士，基于犯罪客体的特殊性，需要检察机关的办案人员具有针对知识产权犯罪的专门人才，目前检察机关对于应对知识产权犯罪专业人才的

---

① 王建涛、梁治德：《检察机关在知识产权保护中的完善路径》，载《湖北警官学院学报》2013 年第 10 期。

② 吴汉东：《中国知识产权法制建设的评价与反思》，载《中国法学》2009 年第 1 期。

培养和储备明显不足。由于检察机关存在自身能力不足、意识欠缺等因素，检察机关在知识产权保护中比较多地存在侧重打击手段、忽视保护手段的现象，比较重视批捕数、起诉数、判决数等数据，对于通过刑事司法手段为权利人挽回损失缺乏重视。

四、检察机关保护中小微企业知识产权的实践

检察机关可以从以下三个方面进行加强中小微企业知识产权保护的实践。

（一）着力帮助中小微企业提升知识产权自我保护能力

检察机关通过深入研判中小微企业对检察工作的新要求，及时发现和依法妥善处理影响中小微企业发展的苗头性、倾向性问题，派出干警给中小微企业进行知识产权保护宣传，聘请专家给中小微企业高管人员进行知识产权制度培训，帮助中小微企业完善知识产权管理制度，协调专业中介机构、行业协会加强对中小微知识产权保护。

（二）与区域内各行政机关建立良好的合作联动、强化监督职能

1. 与行政机关建立密切联系、尝试两法无缝衔接。

检察机关与相关行政机关建立良好的联系，完善联席会议、信息通报、备案审查等工作机制，监督行政执法机关依法移送涉嫌犯罪案件，实现网上衔接、信息共享，提高工作效率。

2. 建立信息共享平台。

检察机关要重视信息共享，规范辖区内公安、检察机关刑事案件信息资源的有效利用，提升全市刑事案件办理质量和诉讼效率，实现侦、捕、诉工作的顺利衔接，增强公安、检察机关打击刑事犯罪的合力，严防冤假错案。

3. 加强对知识产权犯罪的监督工作。

加强对知识产权行政处罚案件的备案审查，对涉嫌犯罪的及时提出移送公安机关的建议，并监督公安机关立案侦查。监督纠正执法、司法机关对侵犯知识产权犯罪案件中的不当行为。

（三）提升检察机关知识产权保护的能力、有效打击与知识产权保护有关的犯罪

1. 提升检察人员能力。

检察机关通过聘请知识产权专家给检察人员授课，让检察人员了解知识产权制度的意义和特点，提升检察机关处理知识产权犯罪的办案能力，在行使检

察权的过程中把握知识产权案件的特点。

2. 协调内部知识产权保护机制。

知识产权刑事案件由侦查监督部门和公诉部门分别负责逮捕和审查起诉，知识产权保护的有关部门还有民行检察部门，检察机关内部这三个部门要保持密切联系和沟通，探索侦查部门、公诉部门、民行检察部门合一的可行性和措施。

3. 有效打击侵害知识产权犯罪。

充分履行批捕、起诉职能，坚决严厉打击侵犯知识产权犯罪活动，对于事关国家利益或形象、直接危害群众身体健康和生命安全、严重损害消费者利益、扰乱市场经济秩序的知识产权犯罪，积极提前介入、引导侦查取证、加强出庭公诉工作。

4. 严肃查办和有效预防危害知识产权管理秩序的职务犯罪活动。

坚决查处国家工作人员纵容包庇制假售假、侵犯知识产权的职务犯罪案件，以及在市场监管、社会管理、行政审批等活动中滥用职权、玩忽职守、徇私舞弊等严重危害知识产权权利人权益和执法公正的职务犯罪案件；及时发现和查办涉及知识产权的民事、行政裁判不公背后的司法腐败，维护司法公正。

五、结论

知识产权犯罪案件逐步呈现高发事态，知识产权刑事司法保护的必要性和现实性，迫使我们对检察机关如何加强知识产权保护作出思考；中小微企业作为相对弱势的企业群体，需要检察机关在保护手段和方式上更具有针对性。

科学构建司法公信力评价体系

任文松*

司法公信力关系着司法制度的政治合法性，体现着司法权力的运行状况，展示着司法机关的社会形象，在整个社会的信用体系中居于重要地位。在现代司法过程中，人民群众对司法工作的认同程度是检验司法公信力大小的重要参考和依据。科学构建人民群众评价司法公信力体系，了解、掌握、分析人民群众对司法公信力的评价情况，进而找到司法公信力不高、阻碍司法公信力提升的症结所在，是切实提高司法公信力的有效途径。

一、评价主体的分类

在理论层面上，人民群众是司法公信力的评价主体，其概念范畴之内的所有人都可以对司法公信力进行评价。但司法公信力的评价主体将因司法体验、法律知识、文化水平的差异而对司法公信力作出不同的评价。我们建议根据评价主体与司法工作之间关联程度的大小，将司法公信力的评价主体分为四类人员。一是司法机关工作人员，其作为司法体制内人员，最为了解和熟悉当前司法工作的真实情况；二是党委、人大、政府、政协等单位工作人员，其日常工作与司法工作具有较为密切的联系，对司法工作情况有着较为直观和深刻的认识；三是司法参与人，其有过与司法机关零距离接触的经历，对司法工作的实际情况感受最为直接，信息掌握也比其他群众更为充分；四是普通群众，他们虽然未直接接触司法，但通过传统媒体、新媒体的宣传报道在内心也能够形成对司法工作状况的认识。在进行司法公信力评价时，应采取随机抽查的方式从上述四类人员中选定具体受访人员。

二、评价指标的选取

评价指标的选取将直接决定司法公信力的评价结果，原因在于不同的评价

---

* 作者单位：辽宁省人民检察院。

指标在人民群众心中有着不同的重要程度，司法工作在这些不同评价指标方面的表现对于司法公信力的贡献程度也存在差别，这实际上关系到每一个评价指标在司法公信力评价体系中的权重。在选择评价指标时应重点注意以下三个方面的问题。一是应当围绕影响司法公信力的主要因素，例如司法公开、司法效率、司法公平等方面进行选取。二是应当针对司法公信力评价的主要对象，例如司法机关、司法人员、司法环境等方面进行选取。三是应当分层级选取评价指标，并依据这些评价指标对司法公信力的影响程度进行评估，形成层次分明、逐级递进、结构合理的评价体系，以获得司法公信力相对客观的评价结果。

三、评价机构的确定

关于组织开展人民群众评价司法公信力的评价机构，有学者主张由较高学术权威和研究水平的高等院校或者科研机构作为第三方开展调查和评估，如此虽然能够增强评价机构的客观性与中立性，但却可能导致评价机构的过于外化。原因在于，学术机构对司法工作和司法政策的了解不够充分，由其主导评价工作而得出的结论很难为人民群众特别是司法机关所认可和接受。若由司法机关自身开展评价工作，则会因评价机构过度内化而导致司法公信力的评价结果缺乏中立性，人民群众也难免会对评价结果产生质疑。因此，建议由了解和熟悉司法工作并有较高研究能力的机构例如各地的法学会作为第三方评价机构，如此可以有效防止评价机构的过于外化和内化。评价机构可以根据实际情况，采取自身评价以及联合专门调查机构的方式开展评价工作。

四、评价机制的建立

科学完备的司法公信力评价机制不仅有利于获取相对客观的评价结果，甚至还能产生一定的溢出效应，促进司法公信力的提升。在建立人民群众评价司法公信力体系过程中，应当注重以下评价机制的构建。一是受访人保护机制。人民群众对司法公信力进行评价是其关切司法工作、积极参与司法工作的表现，因此评价机构应当对受访人的个人信息进行严格保密，坚决防止因泄露受访人个人信息而对受访人造成不良影响；如果因泄露受访人信息而对受访人造成损害的，应当对受访人进行充分的赔偿或者补偿。二是评价机构与司法机关的沟通协调机制。评价机构在开展人民群众评价司法公信力工作中，需要从司法机关获取与评价工作相关的司法信息，评价工作完成后还需要向司法机关通报评价结果，因此评价机构与司法机关应当通过联席会议等形式加强沟通协调，及时解决工作中出现的问题。三是评价机构与受访人员的配合协作机制。

评价机构应当选择对受访人学习、工作、生活影响最小的方式进行访问，并尊重人民群众对司法公信力的评价结果，即使这种评价是出于受访人个人情感因素作出明显偏离公信力的非理性评价，如此才能更为全面客观地反映司法公信力的真实状况。

五、评价结果的运用

评价机构应当对调查获得的数据和资料，进行定量分析和定性研究，并以定量和定性分析为基础撰写综合研究报告，翔实分析各项评价结果的具体指向性意义，进而梳理出当前影响司法公信力的薄弱环节和突出问题，并提出具体的完善意见和建议。由于司法公信力的评价体系受设计人主观认知能力的限制，因此根据司法公信力评价体系所得出的评价结果不能简单地等同于客观的司法公信力，而应视为在一定程度上接近或者反映了司法公信力的现状。司法公信力的评价结果不能用于司法机关内部的排名或者检验司法公正的唯一依据，而应作为司法机关加强自身工作的重要参考，以有效促进司法质量、司法效率、司法效果和司法队伍素质等的提升。司法公信力的评价结果应当在条件成熟时向社会公开，接受人民群众的监督。

上海自贸试验区刑事检察情况及司法应对

朱毅敏　严忠华　付红梅*

为进一步适应经济全球化新趋势，2015年4月，国家加快实施自贸试验区战略，在粤津闽三地设立新的自贸试验区并扩展上海自贸试验区范围，以更积极有为的行动，推进更高水平的对外开放。随着自贸试验区各项改革措施的不断深入推进，上海市浦东新区检察院直接管理上海自贸试验区范围内的检察工作，该院立足检察职能，通过惩治和预防各类刑事犯罪，为自贸试验区改革创新和培育国际化、市场化、法治化的营商环境提供服务保障，切实维护自贸试验区优良的法治环境。本文深入分析上海自贸试验区设立尤其是扩区后发生的刑事案件，并对案件办理中反映的自贸试验区建设及管理领域的特点、问题进行总结分析，为上海自贸试验区扩区及制度创新辐射累计可复制、可推广的制度和司法经验。

一、自贸试验区刑事案件基本情况及特点

（一）基本数据

2015年4月，上海自贸试验区从原来的28.78平方公里扩展至120.72平方公里，即覆盖范围扩展至陆家嘴金融片区、张江高科技园和金桥开发区。2014年1月至2015年11月（2014年1月至2015年3月原自贸试验区20.78平方公里和2015年4月至2015年11月120.72平方公里），办理与自贸经济活动相关的刑事案件191件258人。

提起审查起诉的刑事案件共涉及《刑法》分则11类18个罪名，主要包括破坏金融管理秩序犯罪、金融诈骗犯罪、侵犯知识产权犯罪以及侵犯财产犯罪、扰乱公共秩序犯罪等，涉及的罪名主要包括逃汇、信用证诈骗、非法吸收公众存款、伪造、变造金融票证、票据诈骗、销售假冒注册商标商品、合同诈

---

* 作者单位：上海市浦东新区人民检察院。

骗以及盗窃、信用卡诈骗、职务侵占、招摇撞骗等。按照罪名受理量在全部案件中占比（按照审查起诉案件统计）依次为：盗窃罪占31%、信用卡诈骗罪占15%、销售假冒注册商标的商品罪占10%、职务侵占罪占7%、合同诈骗罪占4%，余下的逃汇罪、伪造、变造金融票证罪、票据诈骗罪、诈骗罪、伪造、变造、买卖国家机关公文、证件、印章罪、妨害公务罪、交通肇事罪、故意伤害罪、寻衅滋事罪、掩饰、隐瞒犯罪所得罪、招摇撞骗罪均占3%。

（二）自贸试验区刑事案件特点分析

1. 从总体上看，案件体量增长，涉及金额巨大。自贸试验区范围内刑事案件增长反映了市场主体对司法需求趋于旺盛，其中金融犯罪案件数量持续大幅攀升①，增幅最明显的是破坏金融管理秩序、金融诈骗等两类典型犯罪，案件类型上新增了逃汇、贷款诈骗等案件。此外案件涉及金额巨大，如自贸试验区首例特大虚开黄金税票案，犯罪嫌疑人郭某等人，通过其控制的10余家公司，在没有真实黄金买卖业务的情况下，让他人虚开增值税专用发票，价税合计人民币达1.8亿元，在自贸试验区影响较大。又如，2015年来该院办理的3起假借P2P债权转让业务非法吸收公众存款案，非法吸收投资款2亿余元，危害性较大、犯罪手法专业，带来的金融风险不容忽视。

2. 从犯罪类型上看，仍以原保税区的传统型犯罪为主。据统计，目前占比最高的案件类型仍然是盗窃、信用卡诈骗、职务侵占等传统类型犯罪，虽有一些新情况出现，但尚未发现和自贸试验区成立前的罪名分布有质的变化。原因在于，原保税区作为自贸试验区的雏形，贸易开放在自贸试验区挂牌成立前就已进行，有着较为成熟的监管体系。自贸试验区成立以后，相继出台了很多相较于区外更为优惠、便捷、国际化的外商投资、金融、海关、财政和税务法规政策，利用这些新的政策违法犯罪需要一段时间才能凸显。尤其是金融制度的创新是自贸试验区国家战略的重头戏，和贸易、航运等众多行业领域有密切的关联，但金融制度的创新是在中国人民银行的宏观审慎原则下进行，新的制度机制目前仍处在试点探索、由点及面推开的阶段，因而利用自贸试验区新制度、新政策钻空子的情况出现也有一个时间过程。

3. 从犯罪手段上看，传统犯罪出现作案手段翻新。在侵犯财产犯罪中，出现了大量新型的犯罪手法，较之传统的盗窃、诈骗行为，更加隐蔽，更难分

① 实际上的金融领域犯罪数可能更大，一方面由于审级的调整，利用未公开信息交易、内幕交易、泄露内部信息等案件，已不在基层院受案范围；另一方面一些涉及金融领域的犯罪，最终以其他罪名起诉，亦不在统计数据中。

辨。以信用卡类犯罪为例，近两年出现三种新类型：第一种是获取信用卡信息型，大部分被告人通过欺骗、隐瞒的方式获取到家庭成员或朋友的个人信息和身份证明，小部分被告人系通过技术手段窃取他人的信用卡信息予以冒用。第二种是名为信用卡业务实为贷款业务的案件，如有的信用卡名为“小微采购卡”，有的消费项目名为“安居分期付”、“财智金”、“易达金”、“万用金”等，虽然也是先刷卡后还款，银行以信用卡为载体提供的授信业务本质上是一种借贷法律关系，通过综合该业务中授信额度的适用方式、资金用途、还款要求、还款效力、银行承但的义务等形式要件，不能直接认定为信用卡诈骗罪。第三种是伪造信用卡型，既有被告人伪造信用卡后使用，也有被告人在明知的情况下购买伪造的信用卡而使用。

4. 利用自贸特质实施犯罪的现象开始凸显。自贸试验区投资贸易便利化的先行先试形成了区内独特的经贸环境，物权证、信用证、离岸公司等成为自贸要素，为不法分子实施违法犯罪提供了可乘之机。如在李某信用证诈骗案中，犯罪嫌疑人李某在自贸试验区保税仓库中租赁仓中仓，虚构存储于该仓库中 1500 吨货物为外商所有的事实（李某为该外资公司的实际控制人），指使犯罪嫌疑人叶某冒充该仓库的管理人员，使用伪造的仓库印章，出具虚假的仓单，并提供了伪造的海关进境货物备案清单。以委托进口上述货物的名义，先后骗取 4 家进口代理商开立的远期信用证项下资金 671 万余美元。此外，海关、工商、税务、“一行三会”等陆续发布政策和细则等，由于其涉及门类众多、专业性强，一般非专业从业人员只闻其名、不知其详，部分从业人员亦难以完整认知，因而出现了一些不法分子利用该特点进行非法敛财的现象。

二、上海自贸试验区刑事案件中引申出新情况、新问题

（一）投资贸易领域

1. 虚构贸易背景，借道转口贸易实施逃汇、骗取出口退税等犯罪的情况正在显现。上海自贸试验区作为我国松绑资本项目管制的试验田，对开放资本项目作了有益的尝试，在外汇管理政策上做了一定的突破和创新，但这些措施的核心是简政放权，简化手续，方便企业，提高效率，自贸试验区内对资本项目未实现完全可兑换，仍有较多的限制和管制。在目前我国国内经济相对疲软，资本外逃情况较为严重、汇率尚未实现市场化的情况下，出于资本逐利的本性，行为人依然会利用经常项目进行逃汇。一些不法分子利用转口贸易等跨境贸易活动的环节复杂、真实性难以甄别、境外取证困难，以及境内外经贸管理制度的差异等特点，借助相关金融结算工具，虚构贸易项目进行逃汇、信用

证诈骗、骗取出口退税等犯罪。如自贸试验区首例逃汇案件就是一起典型的利用虚假转口贸易进行逃汇的案件。该案被告人以中国境内企业、境外关联公司作为三方交易主体，利用转口贸易两头在外、不受海关监管的特点，通过虚构转口贸易背景或虚增转口贸易金额的方式，向中国建设银行、中信银行等提供形式上的贸易合同、发票、虚假提单等对外付汇和相关的备案材料，将境内外汇资金非法转移至境外两家离岸企业的银行账户。即借转口贸易之名行非法转移资金之实。

虚假跨境贸易会引发我国对外贸易和外汇统计的数据失实，挤兑了信贷资源，也将陷银行于巨大风险中，带来洗钱、逃税和热钱涌入等一系列衍生问题，是国际贸易一线放开、监管重心后移的新课题，值得司法机关和综合监管机构重点关注。虚假跨境贸易的成因在于自贸试验区跨境贸易壁垒大量消除，货物流、资金流、单证流相分离，我国适应境外贸易查证的工作机制尚在完善过程中，不法分子利用其实际控制的多个境外公司或离岸账户，构建复杂的国际转口贸易流转环节，以虚构国际转口贸易业务假象的方式行逃汇、骗取出口退税等违法犯罪之实，形成难以识别、难以评价、难以定罪的作案特点。

2. 货物权证、仓单、信用证、离岸公司、离岸账户、保税仓库等要素成为不法分子实施犯罪过程中经常利用的载体。货物权证、仓单、信用证、离岸公司、离岸账户、保税仓库等几个要素，具有跨境、涉外、资金流动自由等典型特征，既包含原保税区的既有功能在内，又和自贸试验区新的改革举措息息相关，成为不法分子经常利用的手段或载体。如前文所述李某信用卡诈骗案中，李某进行信用证议付过程，向议付行提供了虚假的商业发票、装箱单、货权转移单、货权证明文件、仓储合同等随附单据，骗取信用证项下资金后，用于归还个人债务。在另一起合同诈骗案件中，犯罪嫌疑人董某也是利用代理商对外开具远期信用证并代为进口货物，通过伪造货物权证及代理商的工商营业执照，将一批存放在保税仓库中的货物低价销售给原货主出口商，套取银行信用证项下资金使用。上述案件反映出，自贸试验区投资贸易便利化的先行先试形成了区内独特的经贸环境，一些不法分子开始利用这些特点和渠道，以新的形式和手段来作案。相关金融、行政监管部门对犯罪涉及相关领域事中、事后监管环节的细部监管措施和衔接需进一步强化。

3. 利用自贸试验区便利环境转移定价，给涉案数额认定带来巨大困难。虽然目前利用海关新政进行走私的案件极少，但自贸试验区内出现了一些新型的走私形态。如利用自贸试验区通关便利出现行为人先虚假备案进区，在自由运输的途中或仓库调换货物，后根据真实货物报关逃税；双 A 企业出借过关免检的资格，为走私让道。自贸试验区更加便利的通关和贸易环境，使利用转移定价[①]的案件凸显。如在某走私案中，国内A公司和自贸试验区内B公司系新加坡K公司的全资子公司（A公司与自贸试验区B公司为不同名称，但成员一致的影子公司），主要经营业务是向母公司进口合成橡胶后在国内市场销售。A公司与新加坡K公司签订合同后，由供应商德国朗盛公司直接向润悦公司发货，B公司以转口贸易的形式将业务归口至新加坡K公司。由于业务周期较长和国际橡胶市场价格持续下行等原因，为降低价格风险，A公司决定按照市场价格的变动来确定向K公司进口合成胶的价格，并按照该测算价格制作合同及发票，用于向海关申报进口，申报价格大部分低于新加坡K公司的采购价格。货款则定期与K公司结算，年底供应商再以返利方式给予补贴。在此过程中跨国公司利用特殊关系，对集团内部有关企业的成本，费用和利润进行人为的调整，从而达到规避税收或提高市场占有率的目的。转移定价由于不是在独立竞争的基础上按正常交易原则所确定的价格，在某种程度上可视为价格瞒骗的一种手法，该公司以低报价格的方式少缴税款，最后又以直接向母公司返利的形式，做到了“体内损失，体外补”。该案也由于存在偷逃税款数额无法精确认定等不确定因素做存疑不起诉处理。

4. 资本认缴制度新政应对举措不足，易引发刑事风险。上海自贸试验区在挂牌成立不到八个月的时间内，新注册企业数达到9589家，已相当于上海综合保税区20余年的总量。[②] 内资企业在各项改革举措尚未落地时，急于“抢占先机”，内资企业比例大幅反超外资企业。在认缴制下新设企业实有资本少导致财产查控难，从目前发生的民事纠纷看，部分案件处理中已有新设内资企业停止经营，拖欠企业注册服务费、经营场所房租等，导致债权人权利得不到保障，自贸试验区法庭受理的17件以新设企业为被告的投资贸易案件中，4件案件申请了财产保全，但均未保全到足额财产，在目前经济发展放缓、一些行业性不景气的现象增多的情况下，极易诱发刑事案件，被害人的合法权益难以得到有效保障。

（二）金融领域

1. 金融创新催生了新型案件。在以透支消费功能的传统信用卡业务之外，

---

① 按照“经济合作与发展组织”（以下简称OECD）《关于避免双重征税的协定范本》中的定义，跨国公司转移定价（TRANSFER PRICING）系指跨国公司中关联企业间转移货物，无形财产或提供服务所使用的价格。

② 来自网络《上海自贸试验区奇迹：注册企业八个月远超二十年》2015年8月19日访问。

银行推出了一些名为信用卡、实为各种贷款的业务，如前所述的“小微采购卡”、“安居分期付”、“万用金”等，部分银行为提高市场比重，片面追求发卡数量而忽视了对申请人资信证明的审核或者对持卡人过度授信，导致这类贷款处于高风险中。如彭某某骗取贷款案中，银行向被告人发放了一款名为“小微采购卡”的银行卡，用于企业经营。“小微采购卡”系针对上下游企业之间购销活动中的下游企业的授信，是银行借鉴国际采购卡供应链模式基础上的创新业务。该案中，银行认为被告单位不符合贷款条件转而推荐“小微采购卡”，该业务虽然由银行的信用卡部所推出，以信用卡为载体，但其由上游企业公司作为保证人，银行授信基础系申请人及保证人的信用，在领卡合约中约定发放资金系用于生产经营，且资金是直接发放至上游公司账户，因此认定涉案的“小微采购卡”实质上属于贷款业务，最终以骗取贷款罪定罪起诉。

此外，经济政策的变化引发行业性金融案件频发，主要集中在钢贸行业及白酒行业。钢贸行业市场需求低迷，白酒行业受于国家严控“三公”消费及“塑化剂”事件的影响，遭受到巨大的冲击，经销商库存加大，导致资金链断裂。钢贸、白酒行业的从业人员为了缓解资金压力，很多人把信用卡当做融资工具，导致该两行业信用卡诈骗、骗取贷款案件的高发。

2. 借操作新概念的案件增多，假借P2P非法吸收公众存款案有蔓延之势。除理财产品及传统高息借贷外，辖区范围内还出现了炒作和虚假宣传如“负面清单”、“股权基金”、“债券基金”等非法集资案件，其中P2P网贷案件均属涉众型案件，犯罪手法专业，其特点主要表现在：一是虚构“债权转让”投资理财项目，超出业务范畴以高额回报率、保本保息为诱饵吸引投资者。如犯罪嫌疑人李某某在经营上海某信息服务有限公司期间，注册成立网站，虚构公司具有国家大型基础设施投资项目，以年化收益率9%－16%不等的高息理财为诱饵，通过网络宣传及发放传单方式向社会不特定公众融资，并签订网络借款协议或者出借服务协议，将融资款用于员工工资、公司运营等，后因资金链断裂导致无法正常还款，至案发募集资金达数百万元人民币，仍有大部分无法兑现。二是无金融经营许可，通过理财加资金池模式，对外发放贷款。如孙某某非法吸收公众存款案中，被害人投资款均被直接转入孙某某个人或由其注册成立的公司银行账户，犯罪嫌疑人实际上是将被害人的资金归集后形成资金池，再将资金用于转贷，吸收投资款6000万余元。三是以转让其本人债权的方式，掩盖非法吸收公众存款事实。即犯罪嫌疑人以个人名义与借款人签订借款合同和抵押合同，形成债权债务关系，再将个人名下的债权进行合并拆分进行转让，与投资者签订服务协议，从而掩盖非法吸收公众存款的事实。

3. 对资产管理类机构的监管不及时，使得非法金融活动犯罪难以得到及时防治。在办理非法集资案件中发现，一些犯罪分子以资产公司、创投公司的名义从事非法金融活动，这些公司虽然有工商登记注册，但并不持有金融许可证，金融监管部门对此类机构监管尚不到位，工商部门也主要对其进行注册登记，这种监管上的薄弱环节，导致此类资产管理机构的监管。例如，在一起非法吸收公众存款案中，犯罪嫌疑人路某在自贸试验区注册一家资产管理公司后，利用自贸试验区实行负面清单管理、部分公众对相关自贸试验区改革措施不甚了解的情况，故意对负面清单进行错误解读，谎称其公司可以在自贸试验区从事负面清单未涉及的外汇保证金交易，与多名被害人签订代客理财协议，并承诺给予被害人每月 12%—18% 的高额返利，从多名被害人处非法吸收投资款，涉案金额高达人民币 2000 余万元。

（三）知识产权保护领域

自贸试验区虽然强调放松管制、消除壁垒，促进贸易自由，但是它绝不是知识产权犯罪的避风港，知识产权的专属性和地域性不会随着自贸试验区的设立而改变，自贸试验区内的绝大部分知识产权保护的问题通过现有的保护机制亦可以解决。如以平行进口为例，从区内运入境内区外销售的货物视为进口，自贸试验区平行进口问题的解决与境内区外平行进口问题的解决并没有区别，但是自贸试验区内知识产权保护领域仍出现一些值得关注的新动向。

1. 自贸试验区内侵犯知识产权犯罪案件逐渐凸显。一是“定牌加工”侵犯商标权案“民转刑”一触即发。定牌加工实质根据境外企业的授权贴牌生产并且产品全部销往境外。在 2013 年 11 月至 2015 年 4 月上海自贸试验区法庭受理的 20 件因出口商品涉嫌商标侵权被海关扣押。在通关便利化、商品认定简化等政策推动下，加工贸易企业在自贸试验区内开展贴牌加工业务将越来越多，对于“定牌加工”或者贴牌加工涉嫌侵犯商标权的案件，关键看贴牌加工行为是否导致混淆应当结合商标权人的商标识别效力所及的地域范围而定。海关需特别加强关注自贸试验区内贴牌加工企业来料加工模式仓库货物核销进行监管规制，一旦发现贴牌产品流入境内妨害境内市场秩序，必将予以惩治。二是电商非自营商品被诉侵权案件多。目前自贸试验区内已发生多起涉及知名电商非自营商品知识产权侵权纠纷诉讼案件。而该类案件一旦其行为性质和数额达到了严重危害社会秩序和国家利益的程度，就可能从民商事案件转化为刑事案件。

2. 网络侵犯知识产权问题突出。网络环境下的侵权、犯罪行为涉及制作、储存、传输、服务器架设、线上线下推广、广告加盟等多个环节，随着网络技术的日益成熟，各侵权犯罪环节已分工明确组织有序，逐步形成网络侵权犯罪产业链条。2014年共办理利用互联网侵犯知识产权的案件12件，以侵犯著作权、商标权类犯罪为主。销售平台犯罪场所相对集中，即在淘宝网上开设网店，销售侵权产品。与有形物相比，知识产权发明成本较高，但复制、链接成本却较为低廉，因此侵犯知识产品往往能够给犯罪分子轻易带来巨额利益。如刘某某侵犯著作权一案中，刘某某系仅有初中文化水平的农民，但其通过网上联系到的网游私服"一条龙"公司，通过支付对方一定的费用，就完成了从游戏服务器端私服架设、服务器租赁维护、开区合区等一系列专业复杂的流程。网络空间已然形成一个虚拟社会，在网络游戏私服黑色产业链中，登载招揽用户广告的网站论坛甚至收取"保护费"以换取游戏私服免受黑客攻击的网络黑客组织，均可以从中获取非法利益。

（四）取证难度进一步加大

1. 涉外因素增多，跨境取证难度大。自贸试验区案件涉外因素多，虽然直接涉外的案件少，但是较多非涉外案件仍存在诸多涉外因素。如前所述对离岸公司、离岸账户的调查。再如走私犯罪的一部分涉及国外，且往往隐藏在正常商贸活动中，很多情况下，行为人往往将真实的合同、发票、单证等证据放置境外供货商处。我国司法机关难以通过境外司法协助获取证据，又无法直接到境外取证或者审核证据，导致该类案件在证据上显得比较单薄。按照《关于适用〈中华人民共和国刑事诉讼法〉的解释》第405条规定到境外取证手续繁杂，历时较长，不利于案件侦破，且依照国际惯例，只有当中国与他国签订的刑事司法协助条约，并在条约中设立"免认证"的条款的，相关境外证据才无需通过使馆认证，但手续仍不简便。

2. 新政策驱动下，对取证的要求更高。海关监管领域"自动审放"、"简化无纸通关随附单证"、"统一备案清单"等制度创新，以企业信用为前提，对低风险单证实行计算机自动验收，对一线进境备案清单以及二线不涉税的进出口报关单取消随附单证的要求，同时简化区内备案清单格式，改变了以前企业在申报环节需要提供提单、合同、发票、装箱单等纸质随附单据和"人工、实时、逐票"的审单模式，固然减轻了企业负担，提高了一线进出境通关效率，但也给不法分子便利走私埋下隐患，给取证带来困难。尤其是在无纸化通关背景下，向企业调取真实单据的可能性加大，且大量走私案件的证据存在于电子账册、电子合同、邮件及网络聊天记录等信息材料中，而电子证据在取得后需要经过形式转换才能作为书证材料使用，这需要侦查部门在获取此类证据时，严格按照法律进行，并提前布局，确保取证效果。

3. 电子材料易删除，证据意识不高。一方面网络犯罪证据容易删除，保存难。网络没有明确的国界和地区的界限，人们受时间空间的约束大大缩小，有的行为人租用国外服务器，如取证不及时容易导致证据灭失，如有的数据即便不被删除也只能保存3个月。而随着网络技术的不断发展进步，如智能手机的普及、APP软件、云计算的广泛运用，各种新类型案件层出不穷，如何发现并固定证据，成为知识产权司法保护不得不面对的问题。如吴某等人在淘宝网用他人名字登记了18家网店由其实际经营，但因其拒绝提供密码和账户，导致公安机关未能及时取证，无法对其销售记录予以确认，最终本案因证据不足未能定罪处罚。另一方面自贸试验区内国内贸易和跨境贸易往往以电子邮件、传真、电话、短信等快捷方式发送订单、确定价款，特别是在双方交易形成一定的模式后，为了交易便利，纸质的交易合同较多的被上述方式替代。但当事人对相关电子材料的发送主体、发送地址、送达方式等经常没有明确约定，电子材料成为诉讼中的证据薄弱环节。

三、服务保障上海自贸试验区刑事检察工作的有效举措

在上海自贸试验区成立以来，浦东新区检察院立足检察职能，解放思想、努力找准服务保障、履行职能的切入点和着力点，推出法律服务保障综合措施，为上海自贸试验区建设营造良好的法治环境。

（一）创新工作机制，提升自贸试验区司法保障水平

1. 出台指导意见。自贸试验区挂牌成立，浦东新区检察院及时出台《浦东新区人民检察院服务保障中国（上海）自由贸易试验区建设的若干意见》，明确提出了服务保障自贸试验区建设的指导思想、工作重点、工作方式、目标任务。自贸试验区扩区并在一级政府框架下具体实施自贸试验区建设的新背景下，又出台《关于加强完善保障措施全力服务保障自贸试验区扩区新战略的工作意见》，全面提升检察服务能级。

2. 初步形成了五个主要工作机制。一是建立自贸试验区内刑事案件处理协作机制。该院与浦东公安分局签订了《关于自贸试验区刑事案件法律适用和加强工作衔接若干问题的会议纪要》，进一步明确了涉自贸试验区刑事案件的办案指导思想、管辖标准、法律适用等问题。二是初步形成了检察直接参与综合监管机制，与管委会监管和综合执法局建立了工作对接，推进建立和参与了综合执法联席会议制度，聚焦自贸试验区知识产权司法保护、环境保护重点开展了基础工作。三是建立起了“两法”衔接机制，与外汇管理局、银监局、证监局、保监局以及管委会金融管理局建立了工作政策和信息及时交互、金融案件查处专业协作、金融风险监控和法制保障措施会商等金融司法保障协作机

制。四是建立与管委会、海关的预防工作合作机制，以“法治保障自贸试验区建设”为主题，会同上海市检察院预防处、自贸试验区管委会纪检组、相关海关开展了廉政公益海报巡展、廉政授课、法治宣讲等预防职务犯罪廉政教育系列活动，努力做到自贸试验区内机关、企事业单位廉洁风险可防可控。五是初步形成政法机关司法保障配合机制，推动实施政法机关重要工作信息及时互通、重大执法措施相互征询、重大案件办理深入会商制度，与派驻自贸试验区法庭建立了民商事案例共同研判、共同培训等四项制度，形成了工作合力。

（二）建立自贸检察智库，形成注重“检智结合”新格局

以检察工作为落脚点，以学术研究为支撑，对标自贸试验区建设需求，成立由国际商贸、金融、知识产权、航运等专业领域的专家学者和合作机构组成的自贸检察智库，为自贸试验区检察工作提供决策咨询和智力支持。

1. 提供交流平台。结合国内外自贸试验区建设的不同特点及发展趋势，通过搭建论坛和法律政策研究平台等形式，邀请智库专家深度解读自贸试验区政策法律前沿问题，为自贸试验区检察工作提供动态监测、效果评估和决策咨询建议。

2. 促进疑难问题解决。智库专家参与分析研究解决自贸试验区检察工作中遇到的复杂案例和疑难问题，协助建立一批数据统计分析、典型案例等专题数据库，为检察智库运行提供有力的数据支撑，促进检察工作研究手段和方法的创新。

3. 参与检察实务。组织检察智库专家参与自贸试验区检察工作实践考察、案例研讨、听庭评议等活动，引导和支持智库专家就自贸试验区刑事司法政策及民商事法律适用等问题开展专题研讨和成果交流，形成检智结合、互动交流的良好格局。

4. 开展课题调研。在检察机关服务保障自贸试验区建设的重点领域、关键环节与智库专家或相关机构联合开展课题调研，并适时以新闻发布会等形式发布研究成果。两年共参与上海市检察院牵头的检察工作服务自贸试验区建设的7个课题的调查研究工作，既为检察机关服务保障自贸试验区建设提供了强有力的理论支撑和实践指导，同时也为深入推进自贸试验区建设决策提供了参考。

（三）搭建合作平台，加强多地自贸试验区沟通协作

浦东新区检察院主动牵头广州市南沙区检察院、深圳市南山区检察院、珠海市横琴新区检察院、天津市滨海新区检察院、福州市检察院、厦门市湖里区

检察院6家自贸试验区所在地检察院，签订《关于建立自贸试验区检察工作对接合作机制的备忘录》，搭建对接合作平台，形成优势互补、资源共享的自贸试验区检察工作新格局。一是加强信息沟通交流。通过建立工作简报、自贸试验区检察工作政策性文件等信息材料的交流制度等方式，加强自贸试验区检察院之间的信息沟通和交流，互相学习借鉴，拓展工作视野。二是加强检察研究合作。各自贸试验区检察院就涉自贸试验区相关法律适用、检察执法热点、难点及趋势性问题互相征询意见，开展联合调研，适时组织专题性自贸法律问题研讨会，会商解决影响检察服务保障自贸试验区建设的瓶颈问题。三是加强执法配合衔接。通过会商、征询意见等方式提高自贸试验区刑事、民事、行政检察司法政策、执法标准的协同性，积极探索跨地区自贸试验区违法犯罪活动的检察执法配合、衔接机制建设，提高自贸试验区检察执法工作的合力。四是联合开展法制宣传。通过邀请对方提供素材或参与编制等方式加强合作，并联合开展涉自贸试验区检察典型案例编制、发布以及专题检察法制宣传活动，提升自贸试验区检察工作的辐射面和影响力。

2015年9月，浦东新区主办“首届沪粤津闽检察机关服务保障自贸试验区建设交流研讨会”，来自沪粤津闽检察机关的检察人员、自贸检察智库专家学者、上海“一行三会”、上海自贸试验区管委会片局有关领导等40余名参加研讨会。研讨会围绕着检察机关服务保障自贸试验区建设的定位、自贸试验区改革创新背景下的刑事司法应对、以及服务保障自贸试验区的机制探索等问题进行交流研讨，为加强自贸试验区建设提供有力的司法保障和高效优质的法律服务，加强四地自贸试验区检察机关之间的沟通协作建言献策。研讨会被多家电视报刊等媒体报道，取得了较好的反响。

（四）多措并举，提高检察宣传及引导能力

1. 发布检察白皮书。针对在检察执法中发现的涉及监管体制健全和民商事主体行为的法律风险隐患等问题，编写检察白皮书向社会通报或定向发布，有效保障和促进自贸试验区改革创新和制度完善。2015年以来已发布《2014年度自贸试验区刑事检察白皮书》《2010—2014年度浦东知识产权检察白皮书》《2014年度浦东新区金融检察白皮书》3个白皮书。

2. 发布典型案例。对涉及自贸试验区的金融、知识产权案件和环境保护等领域、具有法治导向的刑事、民事诉讼典型案件适时发布，引导商贸主体准确把握涉自贸经营活动的法律尺度，有效预防涉自贸民商事法律纠纷发生。

3. 发布法律指南。编写《自贸试验区建设与海关重要岗位廉政风险防控预防指导手册》等法律指南，加强对自贸试验区经贸活动、依法行政等法律

政策的法理研究、实务评判并及时向社会公布，切实提高自贸试验区政府部门和商贸主体法治水平。

4. 主动延伸职能，放大工作效应。有效运用综合性检察建议和个案化建议相结合的方式，积极向有关主管部门建言献策，取得了一定成效。如在办理全市首例利用虚构转口贸易进行逃汇牟利案件中，针对发现的银行在新型金融融资产品领域存在的管理漏洞，及时制发检察建议，提出针对性的预防对策，并邀请国家外汇管理局上海分局及本市 25 家银行的外汇部门负责人旁听案件庭审，较好地实现了“办理一案、教育一片”的办案效果。

四、进一步提升自贸试验区刑事检察工作水平的对策建议

（一）完善证据认定体系，提高涉外案件取证能力

1. 以实质认定为大前提，对证据充分程度的把握做折中处理。自贸试验区内涉外案件或案件的涉外因素增多，但跨境取证、国际刑事司法协作、证据的转换等诸多方面仍存在客观困难。在实质认定的前提下，细化有利于操作的证据规则，如建议经有关部门责令提供真实的贸易单证后，行为人仍提供虚假的单证文件等证明材料，应推断为该笔贸易虚假。以自贸试验区首例利用虚假转口贸易进行逃汇的案件为例，该案涉及的资金流向比较复杂，涉及境外多个国家，若逐笔查证资金对应的贸易真实性，实践中存在诸多障碍。根据案件的实际情况，司法机关对证据充分性的规格做了适度调整。该案中，被告人向银行提供了与转口贸易有关的合同、发票、提单等材料，用于外汇资金的收付，虽然形式上符合我国办理转口贸易收付汇的单证要求，但经查证被告人向银行递交的提单签章系伪造。在外汇管理部门行政调查过程中，被告人经外汇管理部门要求，仍然未能提交真实的提单来证明贸易真实性，故认定被告人以转口贸易名义付汇至境外所依据的提单不真实，贸易不存在。

2. 建立自贸试验区与港、澳在信息网报沟通、调查取证、调查及引渡犯罪嫌疑人等方面加强协作，对通过港澳警方、海关联络渠道获取的境外证据，结合案件其他证据情况，其证据为真实的，法院应予以采信。在自贸试验区司法机关与港澳司法部门紧密协作的基础上，形成协作模式，逐步与其他国家和地区推广，降低司法成本，有效维护自贸试验区营商环境。

3. 赋予自贸区所在司法机关直接开展司法协助的功能（渠道）。通过国家刑事合作和国际刑警组织的跨国刑事协查机制建设，赋予公安部所属的国际刑警国家中心局在上海的办事处完整的国际刑事合作功能，以加强对涉自贸试验区的跨境刑事案件的查办力度。检察机关内部要加强不同层级的国际合作，提

高国际化背景下检察办案的司法效率。

（二）强化重点领域的研判及违法犯罪预防

1. 着眼办案寻找区内法律适用的特殊性、空白点，积极拟定刑事法律适用实务操作意见和完善立法建议，为上级部门的法律适用指导性意见的形成奠定基础。例如对跨自贸试验区行政犯的法律适用问题、适应刑事犯罪国际化程度的办案趋势、加强国际刑事合作的重视关注等方面的研究。要着眼区内行政管理型法律调整修改与经济活动纠纷解决层面的法律衔接点，积极发挥检察机关的法律政策研究功能，对区内法律纠纷解决机制、金融开放、安全审查机制和反垄断审查机制等所涉及的相关法律调整、设置作出有效的专业回应，为区内法律、政策的制定和完善提供检察专业意见和立法机构的决策参考；注意将执法办案中发现的一类问题、一类案件以及经济社会问题上升到法律规范层面来考量。

2. 不断加强对涉新政的具体法律适用前瞻性研究。一些新政推行的时间不久，犯罪案件案发尚有一定的滞后，但需未雨绸缪、防范于未然：一方面重点关注涉新政的民事纠纷变化的情况。如上海自贸试验区法庭 2014 年受理的出口商品被诉侵害商标权案件占商标侵权纠纷案的 69% 情况，① 重点关注知识产权过境执法和贴牌加工的商标侵权问题，采取“进入市场可能性理论”，以平衡知识产权保护与促进贸易自由。另一方面进一步加强新政调研，对具体法律适用作出预判。如我国对外资独资医疗机构的经营中，外籍医生未经我国注册取得执业医师资格的情况下先行执业的情况，是否对其非法行医的行为追究法律责任，笔者认为对其在境外有医生执业资格，因跨国就医转入自贸试验区开展医生职业，应根据其主观故意、历史表现等综合予以评价。又如对“区内企业货物流转自行运输”与在监管区内占有和运输某些限制出口货物的行为认定。由于在自贸试验区内企业可以自行或委托境内运输企业车辆在区内自行结转货物，因此一般不可能通过运输路线来判断行为人的走私犯罪意图。笔者认为对于行为人在监管区内占有或运输某禁止出口的货物，在没有进行伪报、瞒报的方式骗取通关，不宜直接认定走私犯罪，当然如果有证据证明行为人改装运输车辆夹带等明显预备走私行为的，可能成立犯罪预备。

3. 加强对重点领域的犯罪预防。涉“自贸试验区新政”纠纷、涉跨境和离岸贸易纠纷、涉进出口贸易环节知识产权纠纷等自贸试验区贸易转型、扩大

① 孙黎、朱俊：《提升自由贸易试验区知识产权保护水平的思考》，载《上海审判实践》2015 年第 4 期。

开放的重点领域案件的特点、趋势、法律适用难点进行定期跟踪，并重点开展预防。如针对融资租赁领域潜在违法犯罪加大预防力度，融资租赁行业同银行等金融机构一样是以资金为主体运转的行业，其对资金的便利流转及资金与资产间的灵活转换，加之融资租赁法律关系涉及出租人、承租人、出资人、担保人诸多方面，并有房地产抵押、知识产权抵押、收费权质押等交易结构，法律关系和交易结构复杂，且自贸试验区内所涉及的融资对象大多以飞机、船舶、大型机械设备等作为标的物，涉及资金数额巨大，因此特别需更加重视该领域违法犯罪的预防工作，防止不法分子利用融资租赁模式通过虚构融资租赁关系、对租赁物低值高估、售后回租、构建复杂关系等手法骗取银行贷款、高利转贷等金融犯罪，或作为掩盖洗钱、恐怖融资的幌子。

自贸试验区扩区后，辖区面积大幅增加，陆家嘴、张江、金桥地区将来可能有大量涉及电子信息、生物制药、互联网软件的企业落户，或者与自贸试验区发生关联，这些行业涉及的外国品牌、技术秘密等知识产权可能成为不法分子重点侵害的对象，案件的复杂程度和数量也有可能显著提高。因此，监管部门应当注意促进区内电子商务平台对知识产权的保护及对平台商户的规范管理，提防假冒货物经营者通过多个港口过境或者在自贸试验区转运货物来掩盖冒牌事实，逃避运输跟踪和货物检查；或者利用海关对自贸试验区保税仓库相对宽松的监管把盗版和假冒产品“洗白”，以掩盖其非法来源。

（三）强化协作机制建设，铸造形成司法共治

1. 进一步加强政法机关服务保障自贸试验区工作合力的机制建设。自贸试验区对国际化、市场化、法治化营商环境的内在法治需求对政法工作合力提出了新的要求，因此公检法三机关要进一步加强在自贸试验区高度开放及法律调整、修订背景下的工作合力建设。一是建立实施必要案件会商制度。对于有重大社会影响或社会敏感度高的案件、涉及利用自贸试验区改革创新政策犯罪案件、涉及在区内特殊法律背景下疑难复杂案件、新类型案件的界定，以及在执法、司法中遇到的热点、难点等问题，实行公检法三机关会商制度。会商后形成会议纪要或工作备忘录，以加强区内执法、司法工作标准的统一性，提高执法效率和司法权威。二是建立实施重大执法、司法措施等事前征询制度。对于重大执法、司法措施出台、重大专项执法活动以及对涉及自贸试验区法律调整、修订的司法机关建议反映，对于向社会、新闻媒体发布社会关心关注案件的报道的外宣口径把握，公检法三机关事先互相征询意见建议，以增强各自执法、司法环节的有机衔接和内在协同。三是完善日常工作信息及时交互制度。对于每月案件受理及办理情况的基本数据、工作简报，各自上级部门下发的司

法政策、司法解释、办案指导性意见等及时进行信息传递和交互，以达到对外数据发布的统一性、政策执行的协调性。

2. 继续以推进“两法”衔接工作机制为抓手，深入参与自贸试验区管委会综合监管和执法工作机制建设。自贸试验区管委会正在建设的综合监管和执法信息共享平台是对由事先审批向事中事后监管工作管理模式转变的一种管理制度的创新安排，是一种动态监管的探索尝试，旨在实现区内职能部门的有效联动、增强监管执法的协同性。该平台和“两法”衔接工作机制在很多方面具有高度的契合性，如果两者成功对接，会对自贸试验区内的法治建设、司法保障将产生巨大的推动作用。一是加强两个工作机制和信息共享平台的对接建设。在目前检察机关与自贸试验区管委会已经形成的积极推进自贸试验区“两法”衔接战略合作工作框架基础上，将现行“两法”衔接工作机制和信息化平台植入自贸试验区正在建设的综合监管和执法信息共享平台，实现行政执法与刑事司法的全面、有效对接。二是在对接的基础上，加强政法机关和区内执法机构的工作合力。进一步加强与区内综合监管和执法局、海关、市场监管局、知识产权局等行政执法机关的工作衔接，形成合力，以自贸试验区知识产权保护、环境保护等国际社会关注热点为重点，积极参与区内行政执法机关综合监管和执法以及联勤联动。三是与区内金融监管部门深度合作，运用常设性工作平台，加强职能部门之间的查案合力。对可能涉及引发洗钱、逃汇等刑事违法犯罪的趋势性问题和阶段性重点，通过会商形成工作衔接标准和机制，及时做好相应的执法标准研究、会签，使行政执法与刑事司法有序、无缝衔接。

3. 有侧重地加强法治宣传和法治引导。继续以检察建议、白皮书、典型案例发布相结合的方式，对自贸试验区相关监管主体和市场主体在运行过程中存在的管理漏洞，制发检察建议及时提醒，尤其要在反洗钱、反恐融资、反逃税“三反”机制形成中体现上海检察的有效支持功能，在知识产权、环境保障、依法行政及政府转变职能进程中体现检察贡献度。加强典型案例发掘意识，对涉及区内外的金融、知识产权案件和环境保护等领域具有法治导向的典型刑民案件适时发布，并定向向自贸试验区管委会等监管单位通报。尤其要加强对利用金融制度创新、海关监管一线放开、跨境贸易及电子商务实施逃汇、骗取出口退税、洗钱等犯罪查处的案例收集、制作，体现打击力度和法律释明。

（四）进一步加强专业化检察团队建设

1. 探索构建符合自贸试验区运行特点的检察一体化办案框架。自贸试验区入驻企业的不断增加，加之上海自贸试验区扩区后，相关金融、投资贸易及知识产权纠纷可能出现日益上升的趋势，且案件的涉外因素大量增加，办理难度大，探索检察机关在民事、行政、刑事三项执法知识产权保护方面的有机衔接势在必行。结合司法改革精神，根据自贸试验区国际化、经贸行业集聚化、非居住化的特点，突破原有侦查监督、公诉等检察业务门类划分的传统思维，重点关注自贸试验区国际化金融、商贸活动向匹配的专业检察属性构建，在金融、商贸、航运和知识产权保护专业领域设置检察部门。对知识产权案件实行“刑民合一”，侵犯知识产权刑事案件与民事侵权案件有程度、情节轻重上的内在紧密联系，因此要探索和推进民事检察、行政检察和刑事检察在知识产权领域的有机衔接和执法联动，通过整合法律监督线索、开展线索联合评估、案件会商等制度的建立与实施，加强知识产权案件在民事检察办案与刑事追究之间的联动和合力。

2. 以借力理念快速建设自贸检察专业队伍。自贸试验区处在我国改革开放的前沿，作为服务保障自贸试验区建设的检察机关而言，打造一支具有金融、贸易、航运、知识产权等专业知识的检察官队伍以解决相关领域的专业问题是当务之急。要以与自贸试验区国际化、法治化营商环境相适应的检察人力资源开发为目标，加快专业人才集聚。一是深入开发自贸试验区检察智库作用，迅速提高和加强相关专业领域的法律监督专业深度、提高监督权威，并加强对金融、知识产权等专业领域以及服务业扩大开放所可能存在的法律风险的及时预判和专业分析，形成强有力的专业化法律服务保障意见和措施。二是大力引进成熟的专业人才。积极引进金融、贸易、航运、知识产权等领域有法学教育背景的专业人员，并从相关专业研究机构、国际仲裁机构引进具有专业研究能力的成熟人才充实检察队伍。三是以更加开放的思维加强检察官专业化、职业化培养措施。通过将培养对象定向选送金融、贸易、航运等专业机构及国际仲裁机构、人民法院的国际商事裁判部门、市政府法制办、自贸试验区管委会等单位交流锻炼或跟班学习，加快熟悉掌握相关专业领域的国际惯例等实务运作规则、规律和纠纷解决机制。同时，建立人员轮训制度，保持若干人次离岗专训制度。